Millennium 2/2005

Millennium 2/2005

Jahrbuch zu Kultur und Geschichte
des ersten Jahrtausends n. Chr.

Yearbook on the Culture and History
of the First Millennium C.E.

Herausgegeben von / Edited by

Wolfram Brandes (Frankfurt/Main), Alexander Demandt (Berlin),
Hartmut Leppin (Frankfurt/Main), Helmut Krasser (Gießen)
und Peter von Möllendorff (Gießen)

Wissenschaftlicher Beirat / Editorial Board

Albrecht Berger (München), Thomas Böhm (Freiburg), Barbara E. Borg (Exeter),
Hartwin Brandt (Bamberg), Arne Effenberger (Berlin), Jas Elsner (Oxford),
Marie Theres Fögen (Frankfurt/Main und Zürich), Geoffrey Greatrex (Ottawa),
Peter Heather (Oxford), Gerlinde Huber-Rebenich (Jena), Rosamond
McKitterick (Cambridge), Andreas Luther (Berlin), Gabriele Marasco (Viterbo),
Walter Pohl (Wien), Karla Pollmann (St. Andrews), Christoph Riedweg (Zürich),
John Scheid (Paris), Heinrich Schlange-Schöningen (Berlin), Andrea-Barbara
Schmidt (Louvain), Johannes Zachhuber (Berlin), Constantin Zuckerman (Paris)

Walter de Gruyter · Berlin · New York

∞ Gedruckt auf säurefreiem Papier, das die US-ANSI-Norm
über Haltbarkeit erfüllt.

ISBN-13 (Print): 978-3-11-018254-5
ISBN-10 (Print): 3-11-018254-8
ISBN-13 (Online): 978-3-11-018512-6
ISBN-10 (Online): 3-11-018512-1

Bibliografische Information Der Deutschen Bibliothek

Die Deutsche Bibliothek verzeichnet diese Publikation in der Deutschen
Nationalbibliografie; detaillierte bibliografische Daten sind im Internet über
<http://dnb.ddb.de> abrufbar.

© Copyright 2005 by Walter de Gruyter GmbH & Co. KG, D-10785 Berlin

Dieses Werk einschließlich aller seiner Teile ist urheberrechtlich geschützt. Jede Verwertung
außerhalb der engen Grenzen des Urheberrechtsgesetzes ist ohne Zustimmung des Verlages
unzulässig und strafbar. Das gilt insbesondere für Vervielfältigungen, Übersetzungen, Mikroverfilmungen und die Einspeicherung und Verarbeitung in elektronischen Systemen.

Printed in Germany

Umschlaggestaltung: Christopher Schneider, Berlin
Datenkonvertierung: Werksatz Schmidt & Schulz GmbH, Gräfenhainichen

Inhalt

Editorial VII

Thomas Johann Bauer
   Johannes der Täufer und die Frau des Masistes. Zur Rezeption von Hdt. 9,
   108–113 in Mk 6, 17–29 1

Katharina Luchner
   ‚Gott' und Selbstrepräsentation in den Briefen des Synesios von Kyrene . . 33

Laurent Pernot
   Au-delà de Babel: le langage de la louange et de la prière 63

Constantin Zuckerman
   Learning from the Enemy and More. Studies in "Dark Centuries" Byzantium 79

Johannes Zachhuber
   Das Universalienproblem bei den griechischen Kirchenvätern und im
   frühen Mittelalter. Vorläufige Überlegungen zu einer wenig erforschten
   Traditionslinie im ersten Millennium 137

Wolfram Brandes
   Das Gold der Menia. Ein Beispiel transkulturellen Wissenstransfers 175

Karin Mosig-Walburg
   Hanniballianus rex 229

Jürgen Strothmann
   Der beherrschte Raum und seine Grenzen. Zur Qualität von Grenzen in
   der Zeit der Karolinger 255

Kai Trampedach
   Reichsmönchtum? Das politische Selbstverständnis der Mönche Palästinas
   im 6. Jahrhundert und die historische Methode des Kyrill von Skythopolis 271

Manfred Clauss
   Claustra Aegypti – Alexandria und seine Häfen 297

Miszelle:
Felicitas Schmieder
   Fastrada – Karl der Große, die Bayern und Frankfurt am Main 329

Autoren dieses Bandes 337
Abkürzungsverzeichnis 339

Editorial

Auch das zweite Jahrbuch Millennium führt Forschungen verschiedener Disziplinen zum ersten Jahrtausend n. Chr. zusammen. Aus kulturhistorischer Sicht bestätigt sich diesmal erneut die Relevanz einer Beobachtung, die bereits das Themenspektrum des ersten Jahrbuchs prägt: Grenzen und Abgrenzungen zwischen Religionen, Kulturen, Regionen und Staaten erweisen sich bei genauerer Betrachtung als durchlässig und veränderlich.

Drei Beiträge fokussieren dieses Phänomen durch die Betrachtung verschiedener Formen der Kommunikation zwischen christlichen und paganen Diskursen. Der Theologe THOMAS JOHANN BAUER (Johannes der Täufer und die Frau des Masistes. Zur Rezeption von Hdt. 9, 108–113 in Mk 6,17–29) analysiert, wie eine bekannte Passage des Neuen Testament, die Geschichte um die Tötung Johannes des Täufers, eine herodoteische Geschichte reflektiert. Der Evangelist verwendet die Erzählung aus seinem paganen Bildungskontext in kompetenter Weise und kann dabei voraussetzen, daß seine Leser diesen Bezug ebenfalls herzustellen wissen. Die Wurzeln der frühen christlichen Literatur sind demnach nicht nur im Alten Testament und der frühen jüdischen Literatur zu suchen, sondern auch im paganen Umfeld. Pagane und christliche Bildungsgemeinschaften teilen also offensichtlich einen Paideia-Horizont, der mithin wenigstens partiell ein gemeinsames Kommunikationsfundament darstellt.

Eine vergleichbare Fragestellung verfolgt auch die Klassische Philologin KATHARINA LUCHNER (‚Gott' und Selbstrepräsentation in den Briefen des Synesios von Kyrene), indem sie darlegt, wie problematisch es ist, in einem komplexen religionsgeschichtlichen Umfeld eine Einzelperson „dem" Heidentum oder „dem" Christentum zuzuschlagen. Sie erörtert das Briefcorpus des Synesios, eines um 400 wirkenden Bischofs mit ausgedehnter philosophischer Bildung, unter gattungeschichtlichen Gesichtspunkten. Gerade dadurch kann sie sich von einen Interpretationshaltung lösen, die lediglich fragt, ob Synesios eher Heide oder Christ gewesen sei. Vielmehr zeigt sie insbesondere an der Verwendung des Gottesbegriffs die Bedeutung des Adressaten auf: Synesios präsentiert sich dem einen Briefpartner gegenüber als engagierter Bischof, dem anderen als geistreicher Literat, einem weiteren gegenüber aber als neuplatonischer Denker. Was aus moderner Sicht als widersprüchlich erscheint, findet sich hier zumindest in der Selbstinszenierung einer Person.

Der Gräzist und Religionshistoriker LAURENT PERNOT (Au-delà de Babel: le langage de la louange et de la prière) greift über konkrete intertextuelle Beziehungen und individuelle Perspektivierungen hinaus und analysiert gemeinsame Merkmale paganer und christlicher Gebetssprache. Hier läßt sich ein gemeinsames diskursives Substrat erkennen, das einem wechselseitigen religiösen Verstehen durchaus zuträglich gewesen sein kann.

Vier weitere Beiträge beschäftigen sich mit Phänomenen transregionalen Transfers von Wissensformen und Techniken. Als Byzantinist erörtert CONSTANTIN ZUCKERMAN (Learning from the Enemy and More. Studies in "Dark Centuries" Byzantium) mehrere Probleme der byzantinischen Geschichte während der sogenannten Dunklen Jahrhunderte, die die Bedeutung der Verbindungen zwischen dem Byzantinischen Reich und den Staaten jenseits der Ostgrenze verdeutlichen. So diskutiert er die Einführung einer Kopfsteuer durch Konstans II. (641–668), die offenbar unter dem Eindruck vergleichbarer arabischer Maßnahmen geschah und in den 30er Jahren des 8. Jh. zu einem Konflikt zwischen Konstantinopel und dem Papst führte, wobei sich kirchen- und steuerpolitische Auseinandersetzungen überlagerten. In einem zweiten Teil diskutiert er die Entstehung der byzantinischen Kriegsflotte, bei deren Organisation ebenfalls markante arabische Einflüsse erkennbar sind. Schließlich geht er auf die Entwicklung der sogenannten Themenverfassung ein, die nicht vor der ersten Hälfte des 8. Jh. zu datieren sei. Dieser Beitrag macht deutlich, wie viel Grundlagenarbeit für diese Epoche der Geschichte des Mittelmeerraums noch zu leisten ist und wie bedeutend zumal die Einflüsse aus dem arabischen Raum auf Byzanz gewesen sein müssen, die sodann, vermittelt durch das Byzantinische Reich, wiederum auf westliche Regionen ausstrahlten.

Um den Ost-West-Transfer innerhalb der griechisch-römischen Welt geht es JOHANNES ZACHHUBER (Das Universalienproblem bei den griechischen Kirchenvätern und im frühen Mittelalter. Vorläufige Überlegungen zu einer wenig erforschten Traditionslinie im ersten Millennium). Er verfolgt das Universalienproblem, eine der Hauptfragen des scholastischen Denkens, in seiner Frühzeit. Dabei zeigt er auf, wie stark dieses philosophische Problem auf die Formulierung der theologischen Frage der Trinitätsdefinition einwirkte, indem er eine Linie von Amphilochius von Laodicea über Gregor von Nyssa bis hin zu Maximus Confessor und schließlich Johannes Scotus Eriugena zieht, von der Antike ins Mittelalter, vom Osten zum Westen.

Eine überraschende Verbindung zwischen Süden und Norden stellt schließlich WOLFRAM BRANDES her (Das Gold der Menia. Ein Beispiel transkulturellen Wissenstransfers). Aus der Edda, altisländischen epischen Dichtungen des 13. Jh., ist Menia bekannt, als eine Riesin, die zusammen mit ihrer Schwester Fenia an der Mühle Grotti Reichtum, Glück und Friede hervorbringt; aufgrund der Ausbeutung durch König Frodi bewirken sie jedoch später nur noch Krieg und Tod. Diese Gestalt läßt sich mit der griechischen Vita des Heiligen Pankratios in Verbindung bringen, die am Ende des 8. Jh. in Sizilien entstand, die ihrerseits Einflüsse der langobardischen Heldensage aufweist. Menia hieß die Großmutter des Alboin, des Langobardenkönigs, der 568 sein Volk nach Italien führte. Als Vermittler kommen die Waräger in Frage, die seit dem 10. Jh. in byzantinischen Diensten standen. So wird die weite Reise eines literarischen Motivs erschlossen und ein byzantinischer Einfluß auf die Eddaliteratur bewiesen, der bislang unbekannt und unerwartet war.

Während die genannten drei Artikel den intellektuellen Transfer in den Mittelpunkt rücken, handelt KARIN MOSIG-WALBURG (*Hanniballianus rex*) über feindselige Beziehungen zwischen Rom und seinem östlichen Nachbarn, dem Sassanidenreich. Dabei nimmt sie u.a. die persische Handlungslogik in den Blick, obschon diese angesichts der Quellenlage ungleich schwerer zu erschließen ist als die römische. Hanniballianus erhielt von Constantin dem Großen im Zuge der Ordnung seiner Nachfolge den für das spätantike Rom ungewöhnlichen Titel *rex* verliehen; offenkundig sollte er die Beziehungen zu den östlichen Nachbarn des Römischen Reiches pflegen. Dies wurde anscheinend vom Perserkönig Šāpūr II. als eine Bedrohung empfunden und bestärkte ihn in seinen Absichten, eine Revision des Vertrages von 298 zu erreichen, was zu dem Krieg zwischen den beiden Mächten führen sollte.

Fragen der Raumwahrnehmung und der Raumorganisation rücken zwei weitere Beiträge ins Zentrum. Der Mediävist JÜRGEN STROTHMANN (Der beherrschte Raum und seine Grenzen. Zur Qualität von Grenzen in der Zeit der Karolinger) geht der Frage nach, wie man die Grenze in karolingischer Zeit verstand und wie man sie ohne die Mittel der modernen Kartographie erfassen konnte. Ausgehend von der Kapitulariensammlung des Bendictus Levita verdeutlicht er, welche Bedeutung *loci*, die nach kirchlichem Muster gemäß einem bestimmten *ordo* in Abhängigkeit voneinander stehen, für die Organisation des Raumes haben. Dabei geht es somit nicht allein um Grenzen, sondern auch um die innere Struktur des Reiches.

Dem Verhältnis von Zentrum und Peripherie in dem vor einer bemerkenswerten kulturellen Vielfalt gekennzeichneten Römischen Reich wendet sich aus althistorischer Sicht KAI TRAMPEDACH zu (Reichsmönchtum? Das politische Selbstverständnis der Mönche Palästinas im 6. Jahrhundert und die historische Methode des Kyrill von Skythopolis). Dabei nimmt er eine Region in den Blick, die zum oströmischen Reich gehörte und im 7. Jh. unter arabische Herrschaft gelangen sollte, Palästina. Die Landschaft besaß im 5./6. Jh. zumal in kirchlicher Hinsicht eine ungewöhnliche Ausstrahlungskraft. Denn ihre Mönche pflegten aufgrund ihrer überregionalen Zusammensetzung, ihrer intellektuellen und asketischen Leistungen, ihrer Selbstwahrnehmung, stets konsequent orthodox gewesen zu sein, sowie ihrer Nähe zu den heiligen Plätzen der Christenheit ein elitäres Selbstverständnis. Vor diesem Hintergrund traten sie dem Kaiser gegenüber mit äußerstem Selbstbewußtsein auf und wurden ihrerseits mit höchstem Respekt behandelt. Kyrill von Skythopolis, dessen Schrift über die Mönche die wichtigste Quelle für diese Entwicklung darstellt, versucht diese Ansprüche zu unterstreichen, indem er die Form seines Werks an die einer Kirchengeschichte anlehnt.

Zwei Einzeluntersuchungen runden schließlich das Panorama ab. Das Scharnier zwischen Ägypten, das lange wegen seiner traditionalistischen Struktur eine Randstellung in der antiken Welt einnahm, und dem übrigen Mittelmeerraum bildete das 332 v. Chr. gegründete Alexandria. Seinen Zugang zum Meer erörtert der Althistoriker Manfred Clauss (*Claustra Aegypti* – Alexandria und seine Häfen). Jüngere archäologische Funde haben den Blick wieder auf die Häfen Alexandrias gelenkt, durch die zumal die Kornlieferungen Ägyptens gingen; doch darf man dadurch, wie Clauss betont, nicht den Blick für die Gesamtheit der durch ein Netz von Kanälen mit andere Teilen Ägyptens verbundenen Hafenanlagen aus dem Blick verlieren, die auch durch andere Quellenzeugnisse belegt sind.

In einer mikrohistorischen Studie erläutert Felicitas Schmieder (Fastrada – Karl der Große, die Bayern und Frankfurt am Main) die Gründe, die Karl den Großen veranlaßten, Frankfurt als Ort der „Aussöhnung" mit dem einstigen bayerischen Herzog Tassilo zu wählen, durch dessen Sturz die Grenzen des Frankenreichs nach vorne geschoben worden waren; überschattet wurde dieses Ereignis durch den Tod seiner Gattin Fastrada, in deren Person sich die Verbindung zu widerständigen Adligen verkörperte. Darin könnte der Grund liegen, warum Karl Frankfurt nicht wieder aufsuchte.

Gerade die Frage der Grenzen zwischen den Religionen und Regionen scheint eine besondere Bedeutung im gegenwärtigen interdisziplinären Gespräch zu haben und wird auch in den nächsten Millennium Jahrbüchern cine Rolle spielen – eine Debatte, an der zu beteiligen sich gewiß lohnt.

Wolfram Brandes   Alexander Demandt   Helmut Krasser
            Hartmut Leppin   Peter von Möllendorff

Editorial

This, the second Millennium Yearbook, also intends to combine research from different disciplines on the first millennium BC. From the point of view of cultural history, the relevancy of an observation made that already moulded the spectrum of subject-matters in the first Yearbook is confirmed: Under closer scrutiny, the boundaries and delineations between religions, cultures and nations appear permeable and alterable.

Three articles focus this phenomenon through the observation of different forms of communication in Christian and pagan discourse. The theologian THOMAS JOHANN BAUER (John the Baptist and the wife of Masistes. On the reception of Hdt. 9, 108–113 in Mk. 6,17–29) analyses in which way a well-known passage from the New Testament, i.e. the account of the killing of John the Baptist, reflects a passage in Herodotus. From his pagan educational context, the author of the gospel utilises the story in a competent manner, thereby being able to take his readers' capability of also making this connection for granted. The roots of early Christian literature are thus not only to be sought in the Old Testament and early Jewish writing, but also in a pagan context. Evidently therefore, pagan and Christian educational communities both shared a mutual concept of *paideia*, consequently at least partially representing a common basis of communication.

A comparable question is also pursued by classical philologist KATHARINA LUCHNER ('God' and self-representation in the letters of Synesius of Cyrene) by expounding on how problematical it is to subsume any individual under the heading of "pagan" or "Christian" in a complex religious historical environment. She discusses the corpus of letters by Synesius, a bishop with wide-ranging philosophical education active around the year 400, under genre-historical considerations. This precisely allows her to disengage from an attitude of interpretation which merely inquires as to Synesius having rather been heathen or Christian. Rather, by scrutinising the use of the concept of 'God', she identifies the relevance of the addressees: To one of his correspondents Synesius presents himself as a dedicated bishop, to another as an ingenious man of letters and to a further as a Neo-Platonic scholar. What may appear contradictory from a modern point of view is here at least found in an individual's self-stylisation.

The Greek scholar and religious historian LAURENT PERNOT (Beyond Babylon: the language of praise and of prayer) transcends palpable inter-textual relations and individual perspectives, analysing common characteristics of the pagan and Christian language of prayer. A common discoursive substratum is thus discernible, possibly conducive to a reciprocal religious understanding.

Another four articles deal with the phenomenon of the trans-regional transfer of types of knowledge and technology. As a Byzantinist, CONSTANTIN ZUCKER-

MAN (Learning from the Enemy and More. Studies in "Dark Centuries" Byzantium) discusses a number of problems of Byzantine history during the so-called "Dark Centuries", clarifying the importance of the connections between the Byzantine Empire and the countries beyond its western borders. Thus he discusses Constans II's (641–668) introduction of the poll tax, which seemingly took place under the impression of comparable Arab measures, leading to conflict in the thirties of the eighth century between Constantinople and the papacy, whereby contention on ecclesiastic and tax politics overlaid one another. In the second half of his text he discusses the development of the Byzantine war-fleet, whose organisation also features influences distinctively of Arab origin. Finally he addresses the issue of the so-called *themata*, the dating of which he locates to not before the first half of the eighth century. This contribution reveals, how much basic research yet remains to be performed for this era in the history of the Mediterranean and, above all, how significant the influences of the Arab World must have been for Byzantium, which then, communicated through the Byzantine Empire, were then to go on to influence the West.

The transfer between the East and West within the Greco-Roman World forms the subject of the article by JOHANNES ZACHHUBER (The problem of universals in Greek church fathers and the Early Middle Ages. Preliminary considerations on a little-researched line of tradition during the first millennium). He pursues the problem of universals, one of the central questions of scholastic thought, in its early stages. He thereby demonstrates how strongly this problem influenced the formulation of the theological question of the definition of the Trinity, by drawing a line of argumentation from Amphilochius of Laodicea over Gregory of Nyssa to Maximus Confessor, and then, finally, to John Scotus Eriugena – from Antiquity to the Middle Ages, from East to West.

An astonishing connection between the South and North is established by WOLFRAM BRANDES (Menia's Gold. An example of trans-cultural transfer of knowledge). Menia is known from the Edda, a series of thirteenth-century Old-Icelandic epics, as a giantess, who, together with her sister Fenia, produced riches, good luck an peace from the mill Grotti; then, due to their exploitation by King Frodi, only milling war and death. This figure can be connected with the Greek vita of St. Pancratius, composed in Sicily at the end of the eighth century, displaying on its part influences from Lombardic heroic sagas. Menia was the name of the grandmother of Alboin, king of the Lombards, who led his people into Italy in 568. Only the Varangians, in Byzantine service since the tenth century, can come into question as communicators of this tale. Thus, the long journey of a literary motif is expounded, proving a Byzantine influence on Eddaic literature so far both unknown and unexpected.

Where the three articles mentioned above are focussed on intellectual transfer, KARIN MOSIG-WALBURG (*Hannibalianus rex*) deals with the inimical relations between Rome and its eastern neighbour, the Sassanid Empire. Among others she thereby scrutinises the Persian logic of action, albeit, due to the scarcity of source material, this is incomparably more difficult to establish than the Roman one. In the course of Constantine the Great's ordering of his own succession, Hannibalianus was endowed with the – unusual for Late Antique Rome – title of *rex*; manifestly he was supposed to cultivate relationships with the eastern neighbours of the Roman Empire. This, though, was apparently regarded as a threat by Persian Emperor Šāpūr II, thus confirming him in his intention to achieve a revision of the treaty of 298, which was to lead to war between the two powers.

The questions of spatial perception and organisation are the focus of two further articles. Medieval scholar JÜRGEN STROTHMANN (governed space and its boundaries. On the quality of boundaries in the Carolingian Age) pursues the question how frontiers were understood in the Carolingian Age and how these were to be comprehended in the lack of modern cartography. Based on the collection of Benedictus Levita, he clarifies what importance *loci*, arranged in a certain *ordo* depending on each other according to a churchly pattern, had for the organisation of space. Therefore he not only deals with frontiers as such, but, consequently, also with the internal structure of the empire.

The relationship between centre and periphery of a Roman Empire characterised by a remarkable cultural diversity is addressed by KAI TRAMPEDACH (Imperial monasticism? The political self-image of Palestinian monks in the sixth century and the historical method of Cyril of Scythopolis). He thereby focuses on a region which belonged to the Eastern Roman Empire and was to fall under Arab rule in the course of the seventh century: Palestine. Especially in respect to the church this territory possessed an unusual attractiveness. For due to their supra-regional composition, their intellectual and ascetic achievements, their self-esteem of having consistently remained Orthodox, as well as their proximity to the sacred sites of Christendom, its monks cultivated an elitist self-image. Against this background they confronted the emperor with utmost self-confidence, on their part also being treated with the highest amount of respect. Cyril of Skythopolis, whose reports on the monks represent our most important source for this development, attempts to underline these claims, by shaping his writings in the form of a church history.

Two single studies may serve to round off this panorama. The linchpin between Egypt, for a long time occupying merely a peripheral position in the World of Antiquity due to its traditionalist structures, and the remaining Mediterranean region was represented by the city of Alexandria, founded in 332 BC. The city's access to the sea it discussed by Ancient Historian MANFRED CLAUSS (*Claustra Aegypti* – Alexandria and it harbours). Recent archaeological finds have redirected attention back to the harbours of Alexandria, especially as Egypt's grain export passed through them; still, as Clauss emphasises, one must not thereby lose sight of the entirety of harbour facilities connected to the other parts of Egypt via a grid of canals, documented in other sources.

In a micro-historical study, FELICITAS SCHMIEDER (Fastrada – Charlemagne, the Bavarians and Frankfurt on Main) explicates the reasons inducing Charlemagne to choose Frankfurt as the site for his "reconciliation" with the former duke of Bavaria, Tassilo, due to whose deposition the boundaries of the Frankish Empire had been expanded outwards; these events were overshadowed by the death of his wife Fastrada, who had personified a connection with the reluctant nobleman. This could be the reason for Charlemagne's failure to revisit Frankfurt.

Especially the question of boundaries between religions and regions seem to bear a special importance for interdisciplinary dialogue at present and will also play a role in forthcoming Millennium Yearbooks – a discourse which will certainly prove profitable.

Wolfram Brandes   Alexander Demandt   Helmut Krasser
           Hartmut Leppin   Peter von Möllendorff

Johannes der Täufer und die Frau des Masistes

Zur Rezeption von Hdt. 9, 108–113 in Mk 6,17–29

Thomas Johann Bauer

Markus erzählt den gewaltsamen Tod Johannes' des Täufers (6,17–29) – wie E. Lohmeyer zu Recht hervorgehoben hat – überraschend nüchtern und distanziert.[1] Eigentlich würde man einen Märtyrerbericht erwarten, der dem Täufer als charismatischem Propheten (vgl. 1,4–6) noch einmal die Gelegenheit gäbe, vor Gericht mutig für Gott und sein Wort einzutreten oder wenigstens unerschüttert bis in den Tod die Qualen der Folter zu ertragen.[2] Die Erzählung nennt zwar als Grund seiner Verhaftung die im Namen des Gesetzes[3] geäußerte Kritik an der Ehe des Königs Herodes mit Herodias, der Frau seines Bruders; doch stirbt der Täufer letztlich nicht als Zeuge für das Gesetz, sondern weil sich durch seine Kritik Herodias in ihrer Ehre verletzt sieht.[4] Nicht das Eintreten des Täufers für das göttliche Gesetz bestimmt die weitere Erzählung, sondern das durch Herodes behinderte Verlangen der Herodias nach Rache. Erst bei einem Gastmahl am Geburtstag des Herodes kommt ihre Rache ans Ziel. Vom Tanz seiner Tochter

---

1 Vgl. E. Lohmeyer, Das Evangelium des Markus (KEK 2), Göttingen ¹⁷1967, 121.
2 Zum Märtyrerbericht K. Berger, Formgeschichte des Neuen Testaments, Heidelberg 1984, 333–340; ders., Hellenistische Gattungen im Neuen Testament, in: ANRW 2. 25,2 (1984) 1031–1432, hier: 1248–1256. Zur Problematik der Bestimmung von Mk 6,17–29 als Märtyrerbericht J. Gnilka, Das Evangelium nach Markus (EKK 2), Bd. 1, Zürich 1978, 245f.
3 Die Formel οὐκ ἔξεστίν σοι in 6,18b bezieht sich auch sonst im NT (z.B. Mk 2,24 par.; 3,4 par.; Joh 5,10) ganz allgemein auf die Vorschriften des jüdischen Gesetzes; dazu H. Balz, ἔξεστιν ἔξον. EWNT 2 (²1999) Sp. 11–14. Gedacht ist hier an die Vorschriften in Lev 18,16; 20,21.
4 Es geht der Erzählung kaum darum, den Täufer als machtvollen Vertreter jüdischer Gesetzesobservanz zu stilisieren, der selbst Mächtigen furchtlos entgegentritt; gegen M. Tilly, Johannes der Täufer und die Biographie der Propheten. Die synoptische Täuferüberlieferung und das jüdische Prophetenbild zur Zeit des Täufers (BWANT 137), Stuttgart u.a. 1994, 59. Deshalb lässt sich auch nicht sagen, dass der Täufer für das Gesetz stirbt; gegen J. Gnilka, Das Martyrium Johannes des Täufers (Mk 6,17–29), in: P. Hoffmann (Hg.), Orientierung an Jesus. Festschrift Josef Schmid, Freiburg i.Br. 1973, 78–92, hier: 86. An Anfang und Ende der Erzählung mögen sich Motive der Prophetenbiographien und des gewaltsamen Prophetenschicksals finden; vgl. D. Dormeyer, Das Markusevangelium als Idealbiographie von Jesus Christus, dem Nazarener (SBB 43), Stuttgart ²2002, 115f.; Tilly a.a.O. 245–247. Insgesamt aber lässt sich Mk 6,17–29 hier nicht einordnen; vgl. D. Lührmann, Das Markusevangelium (HNT 3), Tübingen 1987, 115.

erfreut schwört Herodes, ihr jeden Wunsch zu erfüllen. Als die Tochter, nachdem sie ihre Mutter Herodias gefragt hat, den Kopf des Täufers fordert, muss Herodes, durch seinen Schwur gebunden, ihre Forderung erfüllen. Der Täufer wird so zum Opfer der unerbittlichen Rache der klug taktierenden Herodias und der Schwäche des Herodes. Einen tieferer Sinn seines Todes lässt die Erzählung nicht erkennen.[5] Die Pointe der Erzählung ist – mit M. Dibelius gesprochen –, „daß ein König sich in seinem Schwur fängt und etwas tun muß, was ihm selbst leid tut"[6].

Diese Erzählung des Markus besitzt eine überraschende Parallele in Herodots Erzählung von der Frau des Masistes (Hist. 9, 108–113): Auch hier wird eine Königin in ihrer Ehre verletzt und muss ihre Rache gegen den Willen des Königs durchsetzen; und auch hier verfängt sich ein König in seinem Schwur und muss eine ihm unangenehme Bitte erfüllen. Die Übereinstimmungen zwischen Mk 6,17–29 und Hdt. 9, 108–113 wurden bereits von H. Windisch (1917) und zuletzt von M. Hartmann (2001) ausführlich dargelegt, doch lehnen beide eine Benutzung Herodots durch Markus ab.[7] Die Berührungen kommen – so M. Hartmann – „über das vorgeprägte Gut (Motive, Motivreihen, Züge usw.) zustande, das in der antiken Literatur bereitliegt und auf das bei der Vertextung zurückgegriffen werden kann"[8]. Falls die Erzählung vom Tod des Täufers überhaupt auf literarische Vorlagen zurückgreife, dann auf die Elija-Erzählung (1 Kön) und das Esterbuch.[9] Doch sind die Gemeinsamkeiten mit der Elija-Erzählung und dem Esterbuch im Vergleich mit Hdt. 9, 108–113 minimal. S. Pelegrini hält demgegenüber zwar fest, dass „keine andere Geschichte aus griechischem oder jüdischem Milieu ... so viele Ähnlichkeiten mit Mk 6,19–29"[10] enthält wie Herodots Erzählung von der Frau des Masistes, doch interessiert sie Hdt. 9, 108–113 primär als für die Interpretation relevanter Intertext, nicht als bewusst gewählte Vorlage von Mk 6,19–29.

---

5 Vgl. Gnilka (s. Anm. 4) 84; ders. (s. Anm. 2) 246.
6 M. Dibelius, Die urchristliche Überlieferung von Johannes dem Täufer (FRLANT 29 [NF 12]), Göttingen [7]1967, 79f.
7 So H. Windisch, Kleine Beiträge zur evangelischen Überlieferung, in: ZNW 18 (1917) 73–83, hier 76–81 (bes. 78 Anm. 2); E. Haenchen, Der Weg Jesu. Eine Erklärung des Markus-Evangeliums und der kanonischen Parallelen, Berlin 1966, 241; M. Hartmann, Der Tod Johannes' des Täufers. Eine exegetische und rezeptionsgeschichtliche Studie auf dem Hintergrund narrativer, intertextueller und kulturanthropologischer Zugänge (SBB 45), Stuttgart 2001, 245–247.
8 Hartmann (s. Anm. 7) 234.
9 Vgl. Hartmann (s. Anm. 7) 201–221; R. Pesch, Das Markusevangelium (HThK 2), Bd. 1, Freiburg i. Br. 1976, 339; J. Ernst, Das Evangelium nach Markus (RNT 2), Regensburg 1981, 182; kritisch dagegen Gnilka (s. Anm. 4) 88; ders. (s. Anm. 2) 246.
10 S. Pellegrini, Elija – Wegbereiter des Gottessohne. Eine textsemiotische Untersuchung im Markusevangelium (HBS 26), Freiburg i. Br. u. a. 2000, 270.

Demgegenüber soll gezeigt werden, *dass* Markus seine Erzählung vom Tod des Täufers in bewusster Anlehnung an Herodot gestaltet hat, und dass sich dadurch nicht nur das auffällige Zurücktreten des Täufers erklärt, sondern auch die Intention und Funktion dieser so „unchristlichen" Erzählung im Markusevangelium erhellt. Dazu sollen zunächst beide Texte hinsichtlich der verwendeten Motive und ihrer Anordnung verglichen werden. Bei diesem Vergleich interessiert auch die Frage, *wie* Markus mit seiner Herodot-Vorlage umgeht. Ein Blick auf die Elija-Erzählung und das Esterbuch soll klären, ob und inwiefern Markus auch Motive dieser Texte rezipiert. Anschließend muss der Frage nach dem historischen Gehalt der Erzählung vom Tod des Täufers nachgegangen werden. Dies betrifft vor allem die Frage, wie sich die Erzählung des Markusevangeliums zum abweichenden Bericht vom Tod des Täufers in den *Antiquitates Iudaicae* des Flavius Josephus (18, 116–118) verhält. Am Ende stehen einige weiterführende Überlegungen, insbesondere, was die Benutzung Herodots im Markusevangelium für die Stellung des Verfassers und seiner Adressaten zur paganen Literatur bedeutet.

1. Vergleich von Mk 6,17–29 und Hdt. 9, 108–113

Die Erzählung von der Frau des Masistes findet sich an exponierter Stelle nahezu am Ende von Herodots *Historien* (9, 108–113); mit ihr schließt der Bericht von der Niederlage der Perser bei Plataä und Mykale (479 v. Chr.). Inmitten dieser Katastrophe zeigt Herodot den Perserkönig Xerxes mit seinen privaten Liebesabenteuern beschäftigt. Da er ohne Erfolg versucht hat, die Frau seines Bruders Masistes zu gewinnen, verheiratet er in der Hoffnung, so an sein Ziel zu gelangen, ihre Tochter Artaynte mit seinem Sohn Dareius, verliebt sich dann aber selbst in Artaynte. Diese gibt seinem Werben nach und wird seine Geliebte. Als Xerxes ihr als Lohn für eine „Liebesnacht" einen Wunsch gewährt und schwört, ihn zu erfüllen, fordert sie von ihm ein prächtiges Gewand, das seine Gattin Amestris für ihn gewebt hat. Amestris erfährt so von dieser Beziehung, sieht aber nicht in Artaynte, sondern in deren Mutter die Schuldige. Um sich an ihr zu rächen, nutzt sie den persischen Brauch, dass der König beim Gastmahl an seinem Geburtstag jede Bitte gewähren muss, und fordert von Xerxes die Frau des Masistes. Gegen seinen Willen muss ihr der König die Unschuldige überlassen. Während Xerxes versucht, seinen Bruder Masistes zu überreden, sich freiwillig von seiner Frau zu trennen, lässt Amestris sie bereits grausam misshandeln. Die Erzählung endet mit dem Aufstand des Masistes und seiner Söhne, den sie mit ihrem Leben bezahlen.

Berührungen mit der Erzählung vom Tod des Täufers bei Markus sind offensichtlich: Xerxes begehrt seine Schwägerin (Hdt. 9, 108), Herodes hat seine

Schwägerin geheiratet (Mk 6,17). In beiden Erzählungen nimmt eine in ihrer Ehre verletzte Königin grausame Rache: Herodias, weil sie sich durch die Kritik des Täufers an ihrer Ehe mit Herodes in ihrer Ehre verletzt sieht (Mk 6,19), Amestris, weil sie die Frau des Masistes als die eigentlich Schuldige am Ehebruch des Xerxes erachtet (Hdt. 9, 110).[11] Beide Königinnen müssen ihre Rache gegen den Willen des Königs durchsetzen und bedürfen dazu einer günstigen Gelegenheit, die sich bei einem Gastmahl am Geburtstag des Königs ergibt.[12] Der Widerstand der beiden Könige zeigt die Unschuld der Opfer an.[13] Darüber hinaus entsprechen beide Erzählungen einander nicht nur hinsichtlich der Motive, sondern auch in der Anordnung dieser Motive.[14]

Amestris und Xerxes	Herodes und Herodias
Amestris will das Verderben der Frau des Masistes (τῇ Μασίστεω γυναικὶ ἐβούλευε ὄλεθρον).	Herodias will den Tod des Täufers (ἤθελεν αὐτὸν ἀποκτεῖναι καὶ οὐκ ἠδύνατο). Herodes aber schützt den Täufer, da er ihn für gerecht und heilig hält, und hört ihn gern und lässt sich von seinen Worten bewegen.
1. Sie wartet dazu das Gastmahl (δεῖπνον) am Geburtstag des Xerxes ab.	Für Herodias ergibt sich eine günstige Gelegenheit beim Gastmahl (δεῖπνον) am Geburtstag des Herodes.

---

11 Dazu R. Heni, Gespräche bei Herodot, Heilbronn 1976, 49: „Ihre Annahme καὶ ταῦτα πρήσσειν ist nicht ganz eindeutig. Vielleicht ist es ein verhüllender Ausdruck ‚jene habe es mit Xerxes' oder (was wahrscheinlicher ist) soll es bedeuten: Sie stiftete ihre Tochter dazu an, dem Werben des Königs nachzugeben und den Mantel zu tragen." Die Reaktion der Amestris ist an sich nicht logisch. Ihr Zorn hätte sich entweder gegen Artaynte oder ihren Mann Xerxes richten müssen. Vgl. dagegen die Reaktion der Frau des Kandaules (Hdt. 1, 8–12).

12 Nicht zu halten ist die Deutung bei H. W. Hoehner, Herod Antipas (SNTS.MS 17), London/New York 1972, 158–164: Herodes wollte den Täufer eigentlich auch töten, fürchtete aber einen Aufstand seiner Anhänger. Die Bitte der Tochter (und ihrer Mutter) bot dann einen günstigen Vorwand, diesen Plan umzusetzen. Im Unterschied zu Markus wird bei Herodot zunächst nicht gesagt, warum Amestris ihre Rache nicht schon vorher durchsetzen kann. Aus der Gastmahlszene ergibt sich aber, dass Xerxes, ähnlich wie Herodes bei Markus, schützend vor der Frau des Masistes steht, d.h. Amestris rechnet offenbar mit seinem Widerstand und wartet deshalb, bis sie bei passender Gelegenheit Xerxes zwingen kann, seinen Schutz für die Frau des Masistes aufzugeben. Vgl. Heni (s. Anm. 11) 49f.

13 Bei Herodot wird dies explizit gesagt (9, 110 ἀναιτίην ἐοῦσαν πρήγματος τούτου), bei Markus implizit durch den Hinweis, dass Herodes den Täufer für einen gerechten und heiligen Mann hält (6,20). Vgl. R. A. Guelich, Mark (WBC 34), Bd. 1, Dallas 1989, 332.

14 Die Motive, die Markus nicht der Xerxes/Amestris-Szene, sondern der Xerxes/Artaynte-Szene entnimmt, sind in der tabellarischen Übersicht *kursiv* gestellt.

Amestris und Xerxes	Herodes und Herodias
An diesem Tag beschenkt der König die Perser.	*Die Tochter der Herodias darf als Lohn für ihren Tanz beim Gastmahl einen Wunsch äußern.*
	Herodes schwört, ihn zu erfüllen.
2. Amestris erbittet sich von Xerxes die Frau des Masistes (δοθῆναί οἱ τὴν Μασίστεω γυναῖκα).	*Die Tochter* fordert für ihre Mutter den Kopf des Täufers (θέλω ἵνα ἐξαυτῆς δῷς μοι ἐπὶ πίνακι τὴν κεφαλὴν Ἰωάννου τοῦ βαπτιστοῦ).
3. Xerxes widerstrebt es, die Frau seines Bruders preiszugeben, da sie unschuldig ist und er die Absicht der Amestris durchschaut.	Herodes ist darüber sehr traurig.
4. Da die Sitte ihn zwingt (ὅτι ἀτυχῆσαι τὸν χρηίζοντα οὔ σφι δυνατόν ἐστι βασιληίου δείπνου προκειμένου), muss er der Forderung der Amestris nachgeben. Vergeblich versucht Xerxes, seinen Bruder dazu zu bewegen, seine Frau freiwillig preiszugeben.	Aber er will wegen *seines Eides* und der Gäste (διὰ τοὺς ὅρκους καὶ τοὺς ἀνακειμένους) ihre Bitte nicht zurückweisen.
5. Amestris lässt inzwischen von den Leibwächtern des Xerxes (τοὺς δορυφόρους τοὺς Ξέρξεω) die Frau des Masistes holen, verstümmelt sie und schickt sie dann wieder nachhause.	Herodes schickt einen Leibwächter (σπεκουλάτορα) ins Gefängnis, um den Täufer enthaupten zu lassen, und gibt seinen Kopf der Tochter, die ihn an die Mutter weitergibt.

Anders als bei Herodot aber gibt bei Markus nicht ein jährlich wiederkehrender Festbrauch Herodias die Gelegenheit, sich zu rächen, sondern ein Versprechen und ein Schwur des Herodes an seine beim Gastmahl tanzende Tochter.[15] Herodias trägt zudem ihre Forderung nicht selbst vor, sondern für sie fordert die Tochter den Kopf des Täufers; entsprechend empfängt sich auch den Kopf ihres Feindes nicht unmittelbar vom König, sondern aus der Hand ihrer Tochter. Doch das Motiv des Königs, der sich in seinem Schwur verfängt und geben muss, was er nicht geben will, findet sich – wie oben bereits erwähnt – auch in Herodots Erzählung von der Frau des Masistes, wenn es auch hier strukturell und funktional anders eingeordnet ist. Auch hier betreffen die Übereinstimmungen zwischen Markus und Herodot nicht nur die Motive, sondern auch ihre Abfolge im Text.[16]

---

15 Im Text steht nicht, dass Herodias ihre Tochter schickt, um vor den Gästen zu tanzen, wie immer wieder behauptet wird; z. B. Lohmeyer (s. Anm. 1) 120; E.P. Gould, Gospel According to St. Mark (ICC), Edinburgh [10]1961, 111; Windisch (s. Anm. 7) 75.
16 Die Motive, die Markus nicht der Xerxes/Artaynte-Szene, sondern der Xerxes/Amestris-Szene entnimmt, sind in der tabellarischen Übersicht *kursiv* gestellt.

Xerxes und Artayne	Herodes und seine Tochter
Xerxes geht mit dem prächtigen, von Amestris gewebten Gewand zu Artaynte.	Die Tochter des Herodes tanzt beim Gastmahl zum Geburtstag des Königs.
1. Xerxes wird von Artaynte erfreut.	Sie findet Gefallen bei Herodes und den Gästen.
2. Xerxes gewährt ihr dafür eine Bitte (ἐκέλευσε αὐτὴν αἰτῆσαι ὅ τι βούλεταί οἱ γενέσθαι ἀντὶ τῶν αὐτῷ ὑπουργημένων) und versichert, ihr jede Forderung zu erfüllen. Artaynte vergewissert sich durch eine Rückfrage: δώσεις μοι τὸ ἄν σε αἰτήσω …	Herodes gewährt ihr deshalb eine Bitte: αἴτησόν με ὃ ἐὰν θέλῃς, καὶ δώσω σοι.
3. Xerxes verspricht und schwört (ὑπισχνέετο καὶ ὤμοσε).	Herodes schwört (ὤμοσεν), ihr jede Forderung zu erfüllen – „bis zur Hälfte seines Reiches" (Est 5,3.6; 7,2). *Die Tochter fragt ihre Mutter, was sie fordern soll.*
4. Artaynte fordert das Gewand.	Die Tochter fordert *den Kopf des Täufers*.
5. Xerxes will ihr das Gewand nicht geben, da er seine Frau fürchtet, die so einen Beweis für das Geschehene erhielte. Er bietet Artaynte als Ersatz eine Stadt, Schätze und ein Heer. Doch diese bleibt bei ihrer Forderung.	*Der König wird sehr traurig.*
6. Er gibt Artaynte das Gewand, die es voll Freude trägt und damit prahlt.	*Er fügt sich aber wegen des Eides und der Gäste.* Herodes lässt der Tochter *den Kopf des Täufers* bringen; *diese gibt ihn ihrer Mutter.*

Beide Texte stimmen – trotz einiger Unterschiede – so weitgehend überein, dass dies kaum nur eine Folge der Übernahme allgemein verbreiteter Motive und mündlicher Traditionen sein kann.[17] Denn der Vergleich zeigt, dass Markus dort,

---

17 Eine Auflistung der Motive (geprägte Bedeutungssyndrome) in Mk 6,17–29 mit ihren biblischen und außerbiblischen Parallelen bei Hartmann (s. Anm. 7) 168–189; zu den Motiven in Hdt. 9, 108–113 und ihren Parallelen W. Aly, Volksmärchen, Sage und Novelle bei Herodot und seinen Zeitgenossen, Göttingen ²1969, 202. Die Verbindung Gastmahl, Ehrverletzung der Königin, Freistellung einer Bitte und ihre widerwillige Erfüllung findet sich nur in Mk 6,17–29 und Hdt. 9, 108–113. Auch die bei Dormeyer, Markusevangelium 114f., genannten „Hofklatschgeschichten" über Caligula, Messalina und Nero bei Tacitus und Sueton bilden hierin keine Parallele. Damit ist zumindest für das Neue Testament das Urteil von Ch. Ehrhardt, Herodot, in: RAC 14 (1988) Sp. 849–861, widerlegt: „In der Bibel findet sich von H.s Werk keine Spur … und auch nicht bei den apostolischen Vätern" (Sp. 856).

wo er nicht mit der Xerxes/Amestris-Szene übereinstimmt, der Xerxes/Artaynte-Szene folgt, wie er umgekehrt dort, wo er nicht mit der Xerxes/Artaynte-Szene übereinstimmt, der Xerxes/Amestris-Szene folgt. Dies mag tautologisch klingen, heißt aber, dass Markus immer mit einer der beiden Szenen übereinstimmt. Formal sind die Abweichungen von Herodot dadurch bedingt, dass Markus die beiden Szenen seiner Vorlage ineinander geschoben hat. Als Rahmen übernimmt er das Gastmahl der Xerxes/Amestris-Szene (6,21), greift dann aber zunächst die Xerxes/Artaynte-Szene mit der „Freude" des Königs, der gewährten Bitte und dem Schwur auf (6,22–23). Geschickt führt er dann die Xerxes/Artaynte- und Xerxes/Amestris-Szene zusammen, indem er die Rückfrage der Artaynte an Xerxes bei Herodot (9, 109,8–9) in eine Frage der Tochter an ihre Mutter (6,24) verwandelt.[18] Damit bleibt auch bei Markus die Königin die eigentlich Fordernde, obwohl sie selbst – anders als bei Herodot – beim Gastmahl nicht anwesend ist. Dadurch wird aus den Forderungen der beiden Frauen bei Herodot eine einzige und zugleich wird der Festbrauch obsolet, da sich der König durch seinen Schwur auch der Königin ausliefert. Konsequent dominiert im weiteren Verlauf der Erzählung die Xerxes/Amestris-Szene mit der Forderung, einen Unschuldigen herauszugeben, der sich der König widerwillig und aufgrund eines auf ihm liegenden Zwanges fügen muss (6,25f.). Auch die Hinrichtung des Täufers orientiert sich an Herodot: Herodes entsendet einen Leibwächter (σπεκουλάτωρ),[19] um den Täufer zu enthaupten (Mk 6,27f.); auch Amestris lässt die Frau des Masistes von den Leibwächtern (δορυφόροι) des Xerxes holen, um ihr die Brüste, die Ohren, die Nase, die Lippen und die Zunge abzuschneiden (Hdt. 9, 112). Beide Erzählungen enden mit einer Reaktion im unmittelbaren Umfeld der Opfer: der Aufstand des Masistes und seiner Söhne bei Herodot (9, 113), die Bestattung des Täufers durch seine Jünger bei Markus (6,29).

Zumindest im Aufbau der Erzählung scheint Markus von Herodot abzuweichen, da er die Xerxes/Masistes-Szene (Hdt. 9, 112) übergeht, die bei Herodot zusammen mit der Xerxes/Artaynte-Szene die zentrale Xerxes/Amestris-Szene rahmt.[20] Dennoch zeigt sich bei Markus eine ähnliche Dreiteilung des Hauptteils

---

18 Möglicherweise scheint auch sprachlich hinter εἶπεν τῇ μητρὶ αὐτῆς in Mk 6,24 noch πρὸς ταῦτα εἶπε Ξέρξῃ aus Hdt. 9, 109,8 auf.
19 Das lat. Lehnwort σπεκουλάτωρ (speculator) bezeichnet zunächst innerhalb der römischen Armee Späher und Kundschafter. In der Kaiserzeit wurden den Legionen je zehn speculatores zugeteilt (CIL 3,4452), die auch Hinrichtungen zu vollziehen hatten (Sen. benef. 3,25). Innerhalb der Prätorianer dienten sie als Leibwache des Kaisers (Suet. Claud. 35,1; Tac. hist. 2,11.35). Vgl. LAW 3, Sp. 2855; Liddell/Scott 1626. In Mk 6,27 lässt die höfische Szenerie an einen Leibwächter denken; gegen G. SCHNEIDER, σπεκουλάτωρ. EWNT 3 (²1992) Sp. 629.
20 Zum Gespräch zwischen Xerxes und Masistes (Hdt. 9, 112) Heni (s. Anm. 11) 50–53.

wie bei Herodot. Denn das Hinein- (6,22 καὶ εἰσελθούσην τῆς θυγαθρός), Heraus- (6,24 καὶ ἐξελθοῦσα) und wieder Hineingehen (6,24 καὶ εἰσελθοῦσα) der Tochter teilt die Gastmahlszene in drei Abschnitte, wobei – analog zur Xerxes/Amestris-Szene bei Herodot – im mittleren Abschnitt die Königin den Kopf des Täufers fordert.[21] Eine weitere strukturelle Parallele ist die Einleitung des Hauptteils mit einem Genitivus absolutus, der einen zeitlichen Einschnitt markiert: χρόνου δὲ προϊόντος bei Herodot (9, 109), γενομένης ἡμέρας εὐκαίρου bei Markus (6,21).[22]

Die genannten inhaltlichen und strukturellen Unterschiede ergeben sich letztlich aus den historischen Vorgaben, insbesondere den familiären Verhältnissen des Herodes. Denn Xerxes begehrt vergeblich die Frau seines Bruders und gewinnt stattdessen deren Tochter als Geliebte, während Herodes die Frau seines Bruders geheiratet hat. Bei Markus resultiert die Ehrverletzung der Herodias nicht aus dem Ehebruch des Königs, sondern aus der Kritik des Täufers an der Ehe des Königs. Damit übernimmt Johannes der Täufer bei Markus die Opfer-Rolle der Frau des Masistes. Dies zeigt sich auch an der ambivalenten Haltung des Herodes dem Täufer gegenüber. Denn es ist merkwürdig, dass Herodes den Täufer zwar wegen der Kritik an seiner Ehe verhaften lässt, sich dann aber nicht nur seiner Hinrichtung widersetzt, sondern ihn noch dazu für einen „heiligen und gerechten Mann" hält, ihn gerne hört und sich von seinen Worten bewegen lässt (6,20 ... καὶ συνετήρει αὐτόν, καὶ ἀκούσας αὐτοῦ πολλὰ ἠπόρει, καὶ ἡδέως αὐτοῦ ἤκουεν).[23] Diese auffällige ambivalente Haltung des Herodes aber ist nötig, um einen zu Herodot analogen Widerstand des König aufzubauen, der Herodias wie Amestris nur gegen den Widerstand ihres Mannes an ihr Ziel ge-

---

21 Vgl. Gnilka (s. Anm. 4) 83.
22 Zu Herodot Heni (s. Anm. 11) 46; zu Markus Lührmann (s. Anm. 4) 117; Gnilka (s. Anm. 2) 250.
23 Damit soll auch gesagt werden, dass Herodes nicht jeden Empfindens für Moral und Gesetz entbehrt. Fraglich ist aber, ob man mit der Deutung so weit gehen kann wie Gould (s. Anm. 15) 112f.: "The gladness with wich Herod heard John is the tribute wich the moral sense, even in bad men, pays to the truth, and to boldness and freshness in the utterance of it." Noch mehr gilt dies für die beinahe masochistische Variante dieser psychologischen Deutung bei Gnilka (s. Anm. 2) 250: Gerade die Verlegenheit, in die der Furst gerät, mache den Reiz aus, die Begegnung mit dem Täufer immer wieder zu suchen. Lohmeyer (s. Anm. 1) 119, sieht ein Nachwirken alttestamentlicher Bilder, etwa des Verhältnisses Sauls zum Propheten Samuel. Kaum zutreffend ist die Annahme bei Ernst (s. Anm. 9) 184, in der ambivalenten Haltung des Herodes spiegle sich eine „glaubwürdige Erinnerung". Dass Mk 6,17–29 ein kürzerer Märtyrerbericht (6,17–18.27b[.29]) zugrunde liege, der später um die folkloristische Gastmahlszene erweitert wurde, wie Gnilka (s. Anm. 4) 86f., meint, mag durchaus zutreffen, doch liegt die Ursache für den Wechsel im Verhalten des Herodes nicht in der Erweiterung der ursprünglichen Tradition, sondern in Hdt. 9, 108–113.

langen lässt. Denn Xerxes will die Frau des Masistes, die er zunächst begehrt hat (9, 108), nicht der Amestris überlassen, weil er ihre Absicht durchschaut und weiß, dass ihr Opfer unschuldig ist (9, 110,13–14).

Die gegenüber Herodot veränderte Ausgangssituation macht die Geliebte des Königs und damit auch die Xerxes/Artaynte-Szene überflüssig, durch die der Ehebruch des Königs der Königin offenbar wird. Dennoch streicht Markus diese Szene nicht, sondern integriert sie in die Gastmahlszene und ändert dabei ihre Funktion. Dazu ersetzt er Artaynte, die Tochter der Frau des Masistes, durch eine Tochter des Herodes und der Herodias; aus der Liebesnacht, durch die Artaynte die Gunst eines Wunsches zuteil wird, wird der Tanz der Tochter vor Herodes und seinen Gästen.[24] Dadurch bleibt auch bei Markus die sexuelle Dimension der Szene erhalten, da bei Gastmählern gewöhnlich Dirnen tanzten, um durch ihre Darbietung die Gäste sexuell zu stimulieren. Historisch ist diese Szene daher undenkbar.[25] Indem bei Markus die Tochter den Wunsch der Mutter vorträgt, erhält die Szene eine gegenüber Herodot neue Funktion. Der Tanz der Tochter und der Eid des Königs werden zur günstigen Gelegenheit für die Rache der Königin und ersetzen den bei Herodot genannten Brauch, dass der König an seinem Geburtstag die Perser beschenkt (9, 110,9–12) und keiner beim Mahl vergeblich bitten darf (9, 111,2–3). Dennoch findet sich bei Markus noch eine Er-

---

24 Die zwar nur von wenigen, aber den besten Hss. bezeugte Lesart τῆς θυγατρὸς αὐτοῦ Ἡρῳδιάδος muss als *lectio difficilior* als die ursprüngliche gelten. Die Lesart τῆς θυγατρὸς αὐτῆς τῆς Ἡρῳδιάδος (gemeint ist Salome, die Tochter der Herodias aus erster Ehe) verdankt sich der Mt-Parallele (14,6) und der fehlenden Bezeugung einer gemeinsamen Tochter des Herodes und der Herodias bei Flavius Josephus. Gegen Gould (s. Anm. 15) 113.

25 Der Tanz der Prinzessin beim Gastmahl zur Unterhaltung der Gäste in Mk 6,22 par. ist in der antiken Literatur singulär. In Hdt. 2, 121,4 macht der Pharao zwar seine Tochter zur Dirne, doch begegnen hier weder Tanz noch Gastmahl; und auch bei Athen. *Deipnos*. 13,35f., tanzt die Tochter des Königs Hormates nicht, sondern sucht sich beim Gastmahl ihren Gemahl aus. Vgl. Lohmeyer (s. Anm. 1) 119f.; Gnilka (s. Anm. 2) 250. Guelich (s. Anm. 13) 332, hält den Tanz einer Tochter des Herodes dennoch für historisch möglich; hier spiegle sich die ganze moralische Verworfenheit des Hofes des Herodes. Vorsichtiger Pesch (s. Anm. 9) 341; Ernst (s. Anm. 9) 184. Gekünstelt ist die Erklärung bei Hoehner (s. Anm. 12) 156f., es habe sich um einen „anständigen" Tanz gehandelt, an dem nur respektable Personen teilnehmen. In Hdt. 5, 18–21 fordern die Perser von ihren makedonischen Gastgebern, dass deren Frauen zu ihrer Unterhaltung am Gastmahl teilnehmen (ohne Tanz); die Unschicklichkeit einer derartigen Forderung zeigt sich daran, dass der Prinz Alexandros makedonische Jünglinge als Frauen verkleidet, die die Perser töten sollen, sobald sie sich anschicken, sie zu berühren. Die Ambivalenz des Tanzes – hier eines Mannes – zeigt sich in Hdt. 6, 126–130, wo der Athener Hippokleides sich durch seinen Tanz beim Gastmahl um die Hochzeit mit der Tochter des Kleisthenes, des Tyrannen von Sikyon, bringt.

innerung an diesen mit dem Gastmahl verbundenen Festbrauch, da Herodes die Bitte nicht nur wegen des geleisteten Eides, sondern auch wegen der anwesenden Gäste erfüllt (6,26).[26]

Trotz „historisch" bedingter Änderungen entsprechen die Figuren der Erzählung des Markus in ihrem komplexen Zueinander und ihrer Charakterisierung völlig denen der Erzählung des Herodot. Wie Xerxes steht Herodes zwischen seiner Gattin und ihrem Opfer. Beide gerieren sich als mächtige Potentaten und unterliegen doch dem Willen starker Frauen. Beide setzen sich über Gesetz und Moral hinweg, ohne aber die „negative Größe gewissenloser Amoralität" (R. Heni) zu erreichen.[27] Herodias und Amestris sind nicht nur in ihrer Ehre verletzte und in ihrer Rache grausame Frauen, sie sind zugleich klug und bestimmt. Ihre Ziele erreichen sie nicht durch umsichtiges Argumentieren, sondern weil sie den günstigen Augenblick für ihre Forderungen erkennen und nutzen.[28] Ihre Opfer, Johannes der Täufer und die Frau des Masistes, bleiben ihnen gegenüber im Hintergrund und gewinnen in der Erzählung kaum eigenes Profil; die Frau des Masistes erhält bei Herodot nicht einmal einen Namen. Sie stehen als reine „Objekte" zwischen dem König und der Königin. Schuldlose Opfer sind beide in dem Sinn, dass ihnen kein Verstoß gegen Gesetz und Moral angelastet werden kann; und dennoch sind beide zugleich aktive Glieder in einer durch das Fehlverhalten des Königs ausgelösten Kette von Ereignissen, die zu ihrem Verderben führt: Johannes, weil er die Ehe des Herodes kritisiert und damit auch Herodias trifft, die Frau des Masistes, weil sie durch ihre Verweigerung zum Anlass der Beziehung des Xerxes zu ihrer Tochter Artaynte wird.[29] In beiden Erzählungen

---

26 Dafür spricht auch eine gewisse Nähe in der Formulierung und der Motivik bei ὁ βασιλεὺς διὰ τοὺς ὅρκους καὶ τοὺς ἀνακειμένους οὐκ ἠθέλησεν ἀθετῆσαι αὐτήν (Mk 6,26) und ὅτι ἀτυχῆσαι τὸν χρηίζοντα οὔ σφι δυνατόν ἐστι βασιληίου δείπνου προκειμένου (Hdt. 9, 111,2–3).

27 Zur Charakterisierung des Xerxes bei Herodot Heni (s. Anm. 11) 57 (hier auch das Zitat); R. Bichler, Herodots Welt. Der Aufbau der Historie am Bild der fremden Länder und Völker, ihrer Zivilisation und ihrer Geschichte, Berlin 2000, 357; H. Erbse, Studien zum Verständnis Herodots (UaLG 38), Berlin/New York 1992, 74–92; H. Saneisi-Weerdenburg, The Personality of Xerxes, King of Kings, in: E. J. Bakker u. a. (Hg.), Brill's Companion to Herodotus, Leiden u. a. 2002, 579–590. Zum Bild des Herodes in Mk 6,17–29 Ernst (s. Anm. 9) 184 f.

28 Zur Charakterisierung der Amestris Heni (s. Anm. 11) 43; Bichler (s. Anm. 27) 358 f.; zu Herodias Ernst (s. Anm. 9) 183 f.

29 Eine gewisse „Mitschuld" der Frau des Masistes könnte Herodot durch eine Bemerkung zu ihrer Verweigerung gegenüber Xerxes andeuten: τὠυτὸ δὲ τοῦτο εἶχε καὶ τὴν γυναῖκα· εὖ γὰρ ἐπίστατο βίης οὐ τευξομένη (9, 108). Hier zeigt sich das gesunde Kalkül einer Frau, die weiß, wie weit der allmächtige Potentat zu gehen bereit ist, und den sich dadurch für sie ergebenden Raum des Widerstandes innerhalb eines „absolutistischen Regimes" zur Gänze ausnutzt.

wird am eindringlichsten und lebendigsten die Figur des Königs mit seiner inneren Zerrissenheit geschildert. Deshalb muss er und nicht die Königin oder ihr Opfer als die Hauptfigur der Erzählung gelten.[30] M. Dibelius hat Mk 6,17–29 deshalb zu Recht eine „Anekdote über Herodes" genannt.[31] Das auffällige Zurücktreten Johannes' des Täufers in Mk 6,17–29 ist also ein Erbe der Herodot-Erzählung; dies gilt auch für das Fehlen aller Elemente, die für einen Märtyrerbericht typisch sind, so z.B. das Gerichtsverfahren mit der Befragung des Angeklagten und/oder eine Marterszene. Folglich lässt sich die Erzählung vom Tod des Täufers kaum der Gattung „Martyrium" zurechnen; vielmehr gehört sie – wie Herodots Erzählung von der Frau des Masistes – in das Umfeld der „Harems-Liebesgeschichten"[32]. Mit diesen verbindet sie das Milieu des Königshofes und das Thema der rachsüchtigen Königin, wenn auch die Rivalin um die Gunst und Liebe des Königs durch Johannes den Täufer ersetzt wird.

2. Alttestamentliche Motive in Mk 6,17–29

Die Erzählung vom Tod des Täufers enthält zweifellos Motive, die sich auch in alttestamentlichen Texten finden. Da Markus Jesus in Blick auf den Tod des Täufer sagen lässt „Elija ist schon gekommen, und sie haben mit ihm gemacht, was sie wollten" (9,13) und er auch sonst den Täufer mit dem wiederkommenden Elija identifiziert (vgl. 1,4–6; 6,14f.), liegt es nahe, dass sich in der Erzählung vom Tod des Täufers Motive der Elija-Erzählung in 1 Kön finden.[33] In der Tat erinnert die rachsüchtige Herodias an die Königin Isebel, die Elija töten lassen will (1 Kön 18,3; 19,1f.); und wie Elija mutig vor den König Ahab tritt, um ihn wegen der Vergehen Isebels zurechtzuweisen (1 Kön 21,17–26; vgl. 2 Chr 21,12–19; MartJes 2,14–16), so kritisiert auch Johannes der Täufer Herodes, weil er das Gesetz übertreten hat. Auch das Verhältnis des Königs Ahab zu Elija ist ähnlich ambivalent wie das des Herodes zum Täufer (vgl. 1 Kön 21). Doch die Königin Isebel kommt im Unterschied zu Herodias mit ihrem Vorhaben nicht ans Ziel. Auch der Anlass der Kritik ist ein anderer: Elija tritt machtvoll ein für die Alleinverehrung JHWHs in Israel und prangert herrscherliche Willkür an. Der Täufer dagegen sorgt sich auf der Grundlage des Verbotes, die Frau seines Bruders zu heiraten (Lev 18,16; Dtn 25,5f.), um die Ehe des Herodes. Dies macht ihn im Ver-

---

30 Vgl. Dibelius (s. Anm. 6) 79f.
31 Vgl. Dibelius (s. Anm. 6) 80.
32 Zu Herodots Erzählung von der Frau des Masistes als „Harems-Liebesgeschichte" vgl. E. Wolff, Das Weib des Masistes, in: W. Marg (Hg.), Herodot. Eine Auswahl aus der neueren Forschung (WdF 26), Darmstadt ³1982, 668–687, hier 673.
33 So Pesch (s. Anm. 9) 339; Guelich (s. Anm. 13) 331.

gleich zu Elija zu einem kleinlichen Repräsentanten einer marginalen Einzelvorschrift.³⁴ Insgesamt aber gilt für das Verhältnis zur Elija-Erzählung das Urteil von J. Gnilka: „Weil der Auftritt vor Königen ein beliebtes Motiv im jüdischen Martyrium ist, können Elija und Jezabel [Isebel] kaum als Typos des Täufers und der Herodias gelten."³⁵

Die Gemeinsamkeiten mit dem Esterbuch (besonders 5,1–8) beschränken sich darauf, dass der persische Großkönig Artaxerxes (465–424) der Königin Ester zweimal bei einem Mahl eine Bitte ἕως ἡμίσους τῆς βασιλείας μου (5,6; 7,2; vgl. 5,3; Mk 6,23) gewährt.³⁶ Dabei handelt es sich aber nicht um ein Gastmahl zum Geburtstag des Königs und die Königin Ester lädt dazu lediglich den König und Haman, den zweiten Mann im Reich, ein. Die Bitte wird der Königin selbst als reiner Gunsterweis gewährt; ein Tanz oder Vergleichbares fehlen ebenso wie ein Schwur des Königs. Zudem ist die Königin Ester im Unterschied zu Herodias keine rachsüchtige Frau. Ihre Bitte zielt auf die Rettung ihrer jüdischen Stammesgenossen, nicht auf das Verderben eines persönlichen Feindes.³⁷

Da folglich die Berührungen mit dem Esterbuch wie auch mit der Elija-Erzählung im Unterschied zu Hdt. 9, 108–113 partiell bleiben, kann man in ihnen kaum bewusst gewählte Vorlagen oder „Intertexte" sehen, die der Erzäh-

---

34 Ausführlicher Lohmeyer (s. Anm. 1) 118f.; vgl. auch Gould (s. Anm. 15) 111. Das Verbot der Ehe mit der Frau des Bruders scheint im 1. Jh. n. Chr. keineswegs unumstritten gewesen zu sein. Dafür spricht die differenzierende Diskussion dieser Frage in der späteren rabbinischen Literatur; vgl. H.L. Strack/P. Billerbeck, Kommentar zum Neuen Testament aus Talmud und Midrasch, Bd. 1, München ³1961, 680. Nach hellenistischen Vorstellungen war eine solche Ehe durchaus erlaubt. Sollte sich Ἡρωδιὰς ἐπὶ συγχύσει φρονήσασα τῶν πατρίων Ἡρώδῃ γαμεῖται τοῦ ἀνδρὸς τῷ ὁμοπατρίῳ ἀδελφῷ διαστᾶσα ζῶντος in J. AJ 18, 136 auf diese Gesetzesvorschrift beziehen, bleibt zu bedenken, dass Flavius Josephus den Pharisäern nahe stand. Skeptisch hinsichtlich der Anwendbarkeit dieser Vorschrift ist Pellegrini (s. Anm. 10) 261f., da Herodias die Frau eines Halbbruders des Herodes und nicht seines Bruders ist.
35 Gnilka (s. Anm. 2) 249. Zum Zeugnis eines Propheten/Märtyrers vor einem Fürsten Sir 48,12.22; Jer 38,14ff.; Mk 13,9; Apg 25,23ff. und auch die Märtyrerberichte 2 Makk 6,18–31; 4 Makk 5,1–6,30.
36 So auch Gnilka (s. Anm. 2) 246; ders. (s. Anm. 4) 88; anders Pesch (s. Anm. 9) 339; Ernst (s. Anm. 9) 185.
37 Gemeinsamkeiten zwischen Est 5,1–8 und Hdt. 9, 109 haben schon H. Gunkel zu der Frage veranlasst, ob beide Texte auf gemeinsame Quellen zurückgehen oder der Vf. des Esterbuches gar Herodot benutzt. Zu den Berührungen des Esterbuches mit Hdt. I. Hofmann/A. Vorbichler, Herodot und der Schreiber des Esther-Buches, in: ZMR 66 (1982) 294–302; H. Bardtke, Das Buch Ester (KAT 17,5), Gütersloh 1963, 337f.; A. Meinhold, Das Buch Ester (ZBK.AT 13), Zürich 1983, 17–19.

lung des Markus einen tieferen Sinn verleihen und ihre Konturen schärfen sollen.³⁸ Damit soll nicht bestritten werden, dass die Erzählung vom Tod des Täufers Motive der Elija-Erzählung und des Esterbuches enthält, die ein Leser wahrnehmen soll. Beide Texte aber konstituieren nicht in dem Maße den „Sinn" der Erzählung, dass der Täufer durch gezielte Anspielungen zum *Elija redivivus* und Herodias zur neuen Isebel oder Anti-Ester stilisiert würde.

Deshalb kann man auch das Esterzitat ἕως ἡμίσους τῆς βασιλείας μου nicht als Signal verstehen, die Erzählung vom Tod des Täufers in steter Konfrontation mit dem Esterbuch zu lesen. Durch dieses Zitat betont Markus zunächst die Größe des Geschenkes, das der König zu geben bereit ist. Da sich ein ähnliches, wenn auch anders eingeordnetes Motiv bei Herodot findet – Xerxes bietet Artaynte als Ersatz für das Gewand der Amestris eine Stadt, Gold und ein Heer (9, 109,14) –, stellt sich die Frage, warum Markus dieses durch die Worte des Artaxerxes aus dem Esterbuch ersetzt. Im Grunde betont dieser biblischen Bezug nur noch einmal die durch die Aufnahme der Herodot-Erzählung vorgegebene Stilisierung des Herodes zum persischen Großkönig.³⁹ Vielleicht wollte Markus durch das Esterzitat sicherstellen, dass eben dieser Aspekt der Erzählung auch von den Lesern wahrgenommen wurde, die mit Herodot nicht hinreichend vertraut waren. Dies könnte darauf deuten, dass ihm an einer ironischen oder polemischen Zuspitzung seiner Erzählung gelegen war. Denn der Herodes, der hier in der Pose des persischen Großkönigs erscheint, war in Wirklichkeit ein kleiner Vasallenfürst, der ohne Zustimmung des Kaisers über keinen Quadrat-

---

38 Hartmann (s. Anm. 7) 220, deutet auf diese Weise das Verhältnis zwischen Mk 6,17–29 und dem Esterbuch und erhebt die nur partielle Übereinstimmung zu einer besonderen Qualität: „Vorab muß man festhalten, daß der markinische Text auch ohne den Intertext ‚funktioniert' und Sinn macht. Allerdings wird ein kompetentes, in diesem Fall biblisch geschultes Lesepublikum die subtilen, d.h. transparent aber nicht explizit machenden Referenzen auf das Esterbuch hin kaum übersehen können. Die spezifische Art der Vertextung stellt zudem eine besondere Herausforderung dar. Einmal auf die ‚intertextuelle Spur' gekommen, werden die Leser das Esterbuch in den Prozeß der Sinnkonstituierung integrieren. Sie realisieren als ‚kundige Leser' die oben genannten gemeinsamen, aber auch differierenden Punkte. Auf jeden Fall werden die Konturen des bei Mk überlieferten Textes durch die intertextuelle Lektüre schärfer. Dies gilt für alle Ebenen des Textes, sowohl der Darstellung selbst als auch der Darstellungsmittel."

39 Eine derartige Assoziation der Herodot-Erzählung mit dem Esterbuch böte sich um so mehr an, wenn Markus eine von der Septuaginta (LXX) abweichende griechische Version des Esterbuches vorgelegen hätte, in der wie im hebräischen Esterbuch Ξέρξης statt Ἀρταξέρξης stand, oder er zumindest um diese Lesart des hebräischen Esterbuches wusste. Doch auch ohne dieses Wissen bleibt eine Affinität des Esterbuches mit der Herodot-Erzählung, da der hier genannte Artaxerxes I der Sohn Xerxes' I und der Amestris war.

meter seines Landes verfügen konnte. In dieselbe Richtung könnte die historisch nicht zutreffenden Bezeichnung des Herodes als βασιλεῦς zielen. Herodes, der eigentlich Antipas hieß (J. *BJ* 2, 94f.; *AJ* 17, 318), seit seinem Herrschaftsantritt (4 v. Chr.) aber nach hellenistischer Sitte den Dynastennamen „Herodes" gebrauchte, besaß nur den Titel eines Tetrarchen.[40] In seinem Testament hatte Herodes I das ihm von Rom gewährte jüdische Königtum unter drei seiner Söhne, Antipas, Archelaos und Philippos, verteilt. Dabei erhielt Antipas Galiläa und Peräa. Er sollte zunächst auch den Königstitel und damit die Oberhoheit über seine beiden Brüder erhalten, doch kurz vor seinem Tod (4 v. Chr.) teilte Herodes I den Königstitel dem Archelaos zu (J. *BJ* 1, 646. 664. 668; *AJ* 17, 146. 188). Als beide in Rom Anspruch auf den Königstitel erhoben, beseitigte Augustus die jüdische βασιλεία, und beließ den Erben des Herodes mit den ihnen von ihrem Vater zugeteilten Gebiete lediglich den Titel eines Tetrarchen (J. *BJ* 2, 20f.; *AJ* 17, 224–226).[41] Als Herodes 39 n. Chr. auf Drängen seiner Gemahlin Herodias im Rom erneut um den Titel eines βασιλεῦς nachsuchte, endete dies für ihn mit der Verbannung nach Gallien (*AJ* 18, 240–256).[42] Das zweimal gescheiterte Streben des Herodes nach einer Rangerhöhung konnte Markus sicherlich als bei seinen Lesern bekannt voraussetzen. So dürfte durchaus Ironie und vielleicht sogar Spott mitschwingen, wenn Herodes ὁ βασιλεῦς seine halbe βασιλεία zu verschenken verspricht. Die Bezeichnung des Herodes als βασιλεῦς bei Markus muss also weder auf das Esterbuch noch auf eine volkstümlichen Titulierung des Herodes zurückgeführt werden, zumal auch die Herodot-Erzählung den persischen Großkönig Xerxes als βασιλεῦς bezeichnet.[43]

---

40 Vgl. E. Schürer, Geschichte des jüdischen Volkes im Zeitalter Jesu Christi, Bd. 1, Hildesheim 1964 (Nachdr. der Ausg. Leipzig 1901), 431; W. Otto, Herodes (24). RE.Suppl. 2 (1913) Sp. 168–191, hier 170f. Flavius Josephus nennt in den *Antiquitates Iudaicae* entsprechend ab diesem Zeitpunkt Antipas nur noch mit dem Namen Herodes (vgl. auch *BJ* 2, 107). Auch Archelaos, der Tetrarch von Judäa, gebrauchte den Dynastennamen Herodes, nicht aber der dritte Tetrarch Philippos.
41 Ausführlich bei M. Stern, The Reign of Herod and the Herodian Dynasty, in: E. S. Safrai/M. Stern, The Jewish People in the First Century (CRI), Bd. 1,1, Assen 1974, 216–308, hier 277–282.
42 Näheres Schürer (s. Anm. 40) 449–449.
43 Für eine Übernahme aus dem Esterbuch plädiert Pesch (s. Anm. 9) 339 (in Anschluss an I. de la Potterie); zu βασιλεῦς als volkstümliche Titulatur des Herodes Gnilka (s. Anm. 2) 247; Guelich (s. Anm. 13) 329.

3. Der Tod des Täufers bei Markus und Flavius Josephus

Flavius Josephus kommt in seinen *Antiquitates Iudaicae* in Zusammenhang mit der Niederlage des Herodes gegen den Nabatäerkönig Aretas IV auf den Tod des Täufers zu sprechen, da man unter den Juden diese Niederlage als Strafe Gottes für die Hinrichtung des Täufers deutete (18, 116–119). Seine Angaben beschränken sich darauf, dass Herodes den Täufer aus Furcht vor politischen Unruhen in der nordöstlich des Toten Meeres gelegenen Festung Machärus inhaftieren und anschließend hinrichten ließ. Die Kritik des Täufers an der Ehe des Herodes, die damit verbundenen Mordabsichten der Herodias und die Ereignissen beim Gastmahl fehlen. Wie sind diese Unterschiede zu Markus zu bewerten?[44] Für M. Dibelius stimmen beide Berichte lediglich darin überein, dass Herodes den Täufer verhaften und hinrichten ließ.[45] Nach E. Schürer hingegen liegen keine Widersprüche vor, sondern die Angaben bei Markus und Flavius Josephus ergänzen einander.[46] Ihm ist darin zuzustimmen, dass der Text des Flavius Josephus einen Anteil der Herodias an der Hinrichtung nicht ausschließt. Dagegen spricht auch nicht, dass Markus sich hier des literarischen Motivs der gekränkten und rachsüchtigen Herrscherfrau bedient und für seine Darstellung Herodots Erzählung vom Tod der Frau des Masistes adaptiert. Denn dies mag nur die literarische Einkleidung der Tatsache sein, dass Herodias eine hervorragende Rolle beim Tod des Täufers zukam.

Worin diese besondere Rolle der Herodias bestand, lässt sich noch bei Flavius Josephus erkennen. Im Zusammenhang mit der Niederlage gegen die Nabatäer spricht er nämlich vom Tod des Täufers und von der Ehe der Herodias mit Herodes. Um sie zu heiraten, hatte Herodes seine erste Frau, eine Tochter des Nabatäerkönigs Aretas IV, verstoßen (*AJ* 18, 109). Von Seiten der Nabatäer wurde dieser Akt als politischer Affront empfunden, der den alte Grenzkonflikt zwischen beiden Reichen von neuem ausbrechen ließ.[47] Diese politisch angespannte und

---

44 Aufgrund der deutlichen Unterschiede in der Überlieferung vom Tod des Täufers und gewisser Züge in der Schilderung des Täufers bei Flavius Josephus kann man bei *AJ* 18, 116–119 eine spätere christliche Interpolation, wie sie sich im Werk des Flavius Josephus sonst mehrfach finden, ausschließen. Vgl. Schürer (s. Anm. 40) 438 Anm. 24; J. Ernst, Johannes der Täufer. Interpretation, Geschichte, Wirkungsgeschichte (BZNW 53), Berlin u. a. 1989, 255 f.
45 Vgl. Dibelius (s. Anm. 6) 85 f.; so auch Windisch (s. Anm. 7) 79 f.; ähnlich Gnilka (s. Anm. 2) 251 f.
46 Näheres Schürer (s. Anm. 40) 436–441; so auch Hoehner (s. Anm. 12) 120–122; Ernst (s. Anm. 44) 253; Hartmann (s. Anm. 7) 238 f.; Pesch (s. Anm. 9) 343.
47 Die Ehe war sicher schon zu Beginn der Regierung des Herodes Antipas auf Anraten des Augustus zur Grenzsicherung mit dem benachbarten Nabatäerreich geschlossen worden. Vgl. Schürer (s. Anm. 40) 433.

bedrohliche Situation könnte Auslöser für das Vorgehen des Herodes gegen den Täufer gewesen sein. Denn wie die Evangelien spricht auch Flavius Josephus vom großen Erfolg der Predigt des Täufers (καὶ τῶν ἄλλων συστρεφομένων, καὶ γὰρ ἤσθησαν ἐπὶ πλεῖστον τῶν λόγων). Aus Furcht, ein derartiger charismatischer Führer wie der Täufer könne zum Auslöser zusätzlicher politischer Unruhen werden, mochte es Herodes ratsam scheinen, ihn zu beseitigen (δείσας ὁ Ἡρῴδης τὸ ἐπὶ τοσόνδε πιθανὸν αὐτοῦ τοῖς ἀνθρώποις μὴ ἐπὶ ἀποστάσει τινὶ φέροι, πάντα γὰρ ἐῴκησαν συμβουλῆς τῆς ἐκείνου πράξοντες).[48] Da es Aufgabe der römischen Vasallenfürsten war, in den ihnen überlassenen Gebieten für Ruhe und Ordnung zu sorgen, war das von Flavius Josephus als Präventivmaßnahme gezeichnete Einschreiten des Herodes (πρίν τι νεώτερον ἐξ αὐτοῦ γενέσθαι), zumal angesichts der durch seine Ehe mit Herodias erneut aufgebrochenen Spannungen mit den Nabatäern, eine Frage seines politischen Überlebens.[49] Denn Herodes konnte damit rechnen, für eigene Versäumnisse, die ein Eingreifen der Römer erforderlich gemacht hätten, persönlich zur Verantwortung gezogen zu werden (μεταβολῆς γενομένης μὴ εἰ πράγματα ἐμπεσὼν μετανοεῖν).[50] Die Angabe bei Flavius Josephus, dass Herodes aus politischen Gründen gegen den Täufer vorging, entspricht deshalb sicherlich historischen Fakten.[51] Es ist zwar nicht auszuschließen, dass Johannes der Täufer im

---

48 Dies wäre um so wahrscheinlicher, sollte der Täufer von seinen Anhängern als messianische Gestalt gesehen worden sein; Spuren einer solchen Täuferinterpretation haben sich auch im NT erhalten (vgl. Lk 1,67ff.; Joh 1,19ff.); vgl. H. Thyen, (Ἰωάννης (2). EWNT 2 (²1992) Sp. 518–521. Dazu passt freilich die Aussage des Flavius Josephus nicht recht, der Täufer sei ein „guten Mann" und seine Tätigkeit sei eine rein religiöse (AJ 19, 117) gewesen. Doch ist diese Beschreibung wohl eine Anpassung an den Geschmack eines hellenistischen Publikums; vgl. Gnilka (s. Anm. 2) 251f.; Ernst (s. Anm. 44) 314f.
49 Vgl. Ernst (s. Anm. 44) 254f.; zu Stellung und Aufgaben der jüdischen Vasallenfürsten Stern (s. Anm. 41) 248. Die Befürchtung, dass religiöse Bewegungen leicht zu politischen Unruhen und damit zu einem Eingreifen der Römer führen konnten, könnte auch der Tötungsbeschluss des Hohen Rates in Joh 11,48 reflektieren: „Wenn wir ihn [Jesus] gewähren lassen, werden alle an ihn glauben. Dann werden die Römer kommen und uns die heilige Stätte und das Volk wegnehmen."
50 Zu bedenken ist, dass bereits 6 n.Chr. die Tetrarchen Antipas, Archelaos und Philippus in Rom wegen Vernachlässigung ihrer Pflichten angeklagt worden waren und Archelaos damals seine Tetrarchie verloren hatte (Str. 16 p. 765; Cass. Dio 55,27). Vgl. Otto, Herodes Sp. 171–173. Der Grund für die Absetzung des Archelaos waren die ständigen inneren Unruhen während seiner Regierung. Näheres dazu A.H. Jones, The Herods of Judea, Repr. London 1967, 158–168; B. Reicke, Neutestamentliche Zeitgeschichte. Die biblische Welt von 500 v. Chr. bis 100 n. Chr., Berlin/New York ³1982, 137f.
51 Auch Schürer (s. Anm. 40) 437f., geht davon aus, dass der eigentliche Grund für das Vorgehen gegen den Täufer ein politischer war, ohne darin einen Widerspruch zu den

Rahmen seiner Umkehrpredigt auch die Ehe des Herodes Antipas als Verstoß gegen das mosaische Gesetz anprangerte; aber es ist unwahrscheinlich, dass diese Kritik der eigentliche Anlass für die Verhaftung und Hinrichtung des Täufers war.[52] Wenn Markus diesen Punkt herausstellt und damit seine Erzählung vom Tod des Täufers beginnt, um eine Hdt. 9, 108–113 vergleichbare Ausgangssituation zu schaffen, stellt sich nicht nur die Frage, was Markus tatsächlich über die Vorgänge um den Tod des Täufers wusste, sondern auch, warum er seiner Darstellung eine Erzählung aus Herodots Historien zugrunde legt.

4. Historisches Wissen in Mk 6,17–29?

Der Vergleich mit dem Bericht des Flavius Josephus hat gezeigt, dass der Erzählung vom Tod des Täufers bei Markus durchaus mehr an historischem Wissen zugrunde liegen könnte als nur, dass Herodes den Täufer hinrichten ließ – obgleich Herodias tatsächlich nur indirekt zur Hinrichtung des Täufers beitrug. Allerdings wird das Charakterbild, das Markus von Herodes und Herodias zeichnet, durch Flavius Josephus bestätigt.[53] Die zahlreichen Bauprojekte und nicht zuletzt der Bau der prunkvollen neuen Hauptstadt Tiberias am See Gennesaret zeigen den immensen Reichtum des Herodes und seine Liebe zu Prachtentfaltung und Luxus (*AJ* 18, 27–28. 36–38).[54] Sein Bemühen um den Königstitel nach dem Tod seines Vaters und die Beteiligung an Friedensverhandlungen zwischen Rom und den Parthern im Jahr 36 n. Chr. (*AJ* 18, 101–105) lassen einen gewissen politischen Ehrgeiz des Herodes erkennen. Zugleich aber zeichnet ihn Flavius Josephus als trägen und phlegmatischen Menschen, der ganz unter dem Einfluss seiner Frau Herodias steht (ἀγαπῶν ἡσυχίαν *AJ* 18, 245; vgl. *BJ* 2, 182). Sie drängte ihn zu der verhängnisvollen Bewerbung um den Königstitel im Jahr 39 n. Chr. Dahinter stand nach Flavius Josephus nicht nur ihr Ehrgeiz, sondern auch gekränkter Stolz und Neid. Denn ihr Bruder Agrippa, dem sie einst, als er hoch verschuldet aus Rom fliehen musste, am Hofe des Herodes in Tiberias einen ehrenvollen Posten verschafft hatte (*AJ* 18, 147–150), hatte von Kaiser Caligula nicht nur die Tetrarchie des 33/34 n. Chr. verstorbenen Philippos, sondern

---

Angaben bei Markus zu sehen; vgl. Jones (s. Anm. 50) 180f.; Reicke (s. Anm. 50) 130; M. Steve, Flavius Josephus und das Neue Testament. Aus dem Amerikanischen von M. Vogel, Tübingen/Basel 2000 (engl. Originalausg. 1992), 234.

52 So auch Otto, Herodes Sp. 177.
53 Zum Bild des Herodes Antipas bei Flavius Josephus und seiner historischen Bewertung Otto, Herodes Sp. 188–190, vgl. auch Schürer (s. Anm. 40) 432f.
54 Die einzelnen Bauprojekte mit den Belegen bei Flavius Josephus nennt Otto, Herodes Sp. 174–177.

darüber hinaus auch den Königstitel erhalten (*AJ* 18, 237).⁵⁵ Markus hat demnach sehr bewusst Hdt. 9, 108–113 als Vorlage gewählt, da er diese Erzählung als ein geeignetes Mittel sah, jenseits einer bloßen Wiedergabe historischer Fakten die näheren Umstände des Todes des Täufers mit einem Charakterbild des Herodes und der Herodias zu verbinden.

Obgleich also die Erzählung vom Tod des Täufers im Markusevangelium nicht einer historischen Grundlage entbehrt, darf man dennoch nicht ihre Abhängigkeit von einer literarischen Vorlage außer Acht lassen. Dies verbietet es, Angaben des Markus unbesehen in den Bericht des Flavius Josephus einzutragen. Insbesondere gilt dies für die Angaben bei Markus, die sich auf die Herodot-Vorlage zurückführen lassen, selbst wenn sie der Bericht des Flavius Josephus nicht zwingend ausschließt.⁵⁶ So sind die ambivalente Haltung des Königs gegenüber dem Täufer sowie das Gastmahl mit dem Tanz der Tochter und dem Schwur des Königs hinsichtlich ihrer Historizität durchaus fraglich.⁵⁷ Wenn Markus in diesen beiden szenischen Elementen um seiner literarischen Vorlage willen von den historischen Fakten abweicht, kann man dennoch nicht von „Fehlern" sprechen, aus denen sich eine räumliche und zeitliche Distanz zu den Ereignissen folgern lässt.⁵⁸ Für unzureichende Kenntnisse der historischen Sachverhalte bietet die Erzählung des Markus nämlich nur einen sicheren Hinweis: der Name des ersten Mannes der Herodias. Nach Markus hieß er Philippos, nach Flavius Josephus Herodes (hier als Individual-, nicht als Dynastenname wie bei Herodes Antipas).⁵⁹ Als Mitglied der jüdischen Aristokratie war Flavius Josephus zweifellos

---

55 Vgl. Schürer (s. Anm. 40) 447f.; Otto, Herodes Sp. 187f.
56 Windisch (s. Anm. 7) 78f., allerdings sieht gerade in den Parallelen bei Herodot ein Beweis für die Echtheit des Berichts bei Markus, da sie beweisen, dass so etwas möglich ist. Auch Hoehner (s. Anm. 12) 120–122, sieht den Bericht des Markus als historisch zutreffend; skeptisch dagegen Dibelius (s. Anm. 6) 85f.; Tilly (s. Anm. 4) 57.
57 Für die Historizität des Tanzes der Tochter lässt sich nicht anführen, dass sich dieses Motiv nicht in Hdt. 9, 108–113 findet, da er eng mit Elementen verflochten ist, die sich auf die Herodot-Erzählung zurückführen lassen. Der Tanz setzt nämlich das Gastmahl des Königs voraus und bildet die Grundlage für die gewährte Bitte und den Schwur, in dem sich der König verfängt.
58 Gegen Lohmeyer (s. Anm. 1) 118.
59 Verschiedentlich wird behauptet, die Angaben bei Markus und Flavius Josephus widersprechen sich nicht, da der erste Ehemann der Herodias eigentlich Herodes Philippos heiße. So Pesch (s. Anm. 9) 340; Guelich (s. Anm. 13) 331; Hoehner (s. Anm. 12) 131–136; dagegen bereits Schürer (s. Anm. 40) 435 Anm. 19; vgl. auch W. Schenk, Gefangenschaft und Tod des Täufers. Erwägungen zur Chronologie und ihre Konsequenzen, in: NTS 29 (1983) 453–483, hier 467. Für diese Annahme existiert kein literarischer oder epigraphischer Beleg. Da es sich beim ersten Ehemann der Herodias um einen „Privatmann" handelte, ist der Gebrauch eines Dynastennamens auszuschließen.

mit der Genealogie des herodianischen Herrscherhauses vertraut, so dass seiner Angabe der Vorzug zu geben ist. Da kein weiterer Bruder des Herodes Antipas mit Namen Philippos bekannt ist, kann bei Markus nur der Tetrarch Philippos gemeint sein; dieser jedoch war der Ehemann von Herodias Tochter Salome. Markus selbst oder seine Quelle verwechseln hier also Mutter und Tochter.[60]

Die Frage, ob Markus genaue Kenntnisse über den Ort der Gefangenschaft und Hinrichtung des Täufers besaß, lässt sich nicht eindeutig beantworten. Flavius Josephus zufolge wird der Täufer nach seiner Gefangennahme in die nordöstlich des Toten Meeres gelegene Festung Machärus verbracht und dort hingerichtet (18, 119). Markus nennt den Ort der Gefangenschaft und Hinrichtung nicht, doch lässt die Art der Darstellung eine zu große Entfernung zwischen dem Gefängnis und dem Ort des Gastmahls nicht zu. Da unter den Gästen die „Ersten Galiläas" (Mk 6,21) genannt werden, dürfte die Erzählung des Markus für beides an Tiberias, die in Galiläa gelegene Residenzstadt des Herodes Antipas, denken.[61] Da die Verbindung der Hinrichtung des Täufers mit dem Gastmahl zum Geburtstag des Königs sich offensichtlich der Herodot-Vorlage und nicht historischer Erinnerung verdankt, ist diese kein hinreichender Grund, die Angaben des Flavius Josephus zum Ort der Hinrichtung des Täufers zu bezweifeln.[62] Ebenso erübrigt sich die Frage, ob Markus nicht auch an Machärus als Ort des Gastmahls und der Hinrichtung gedacht haben könnte, da sich hier neben der Zitadelle auch ein prunkvoller Palast des Herodes Antipas befand (vgl. J. *BJ* 7, 6,2).[63] Für Machärus als tatsächlichen Ort der Gefangenschaft des Täufers spricht, dass die Inhaftierung eines als Aufrührer erachteten Mannes eher in der abgelegenen Festung Machärus als in der zentral gelegenen Residenzstadt vorstellbar ist.

---

60 Dies könnte ein indirekter Hinweis auf Entstehungszeit und -ort des Markusevangeliums sein. Denn dieser „Fehler" spricht gegen eine unmittelbare zeitliche und räumliche Nähe zu den Ereignissen. Andererseits aber muss es entstanden sein, bevor die *Antiquitates Iudaicae* des Flavius Josephus eine größere Verbreitung erlangten.

61 Dazu Guelich (s. Anm. 13) 332; Schenk (s. Anm. 59) 467.

62 Damit ist auch die Frage unnötig, ob Gastmahl und Hinrichtung räumlich und zeitlich zu trennen sind. Der Text selbst geht von einer unmittelbare zeitlichen und örtlichen Verbindung von Gastmahl und Hinrichtung aus, so dass kein Raum dafür bleibt, dass Herodes Antipas seinen Leibwächter von Tiberias nach Machärus schickt und von dort den Kopf des Täufers bringen lässt; vgl. Guelich (s. Anm. 13) 333.

63 So z. B. Schürer (s. Anm. 40) 439–441 (bes. 441 Anm. 28); Hoehner (s. Anm. 12) 146–149; ablehnend dagegen Gnilka (s. Anm. 2) 251. Man hat Machärus durch archäologische Daten als Ort des Festmahls zu erhärten versucht, indem man zwei nebeneinander liegende rechteckige Räume als die *triclinia* deutet, zwischen denen die Tochter hin- und hergeht. Doch ist diese Interpretation der beiden Räume umstritten. Dazu ausführlich Hartmann (s. Anm. 7) 240–244.

Bedenkenswert ist, ob nicht auch Markus darum wusste, dass der Täufer in Machärus inhaftiert und dort hingerichtet wurde. Denn es ist auffällig, dass er weder für das Gastmahl noch für das Gefängnis des Täufers einen Ort benennt. Vielleicht wollte er durch diese Unbestimmtheit des Ortes sowohl dem historischen Faktum als auch seiner literarischen Vorlage gerecht werden. In Herodots Erzählung nämlich finden Gastmahl und Verstümmelung der Frau des Masistes in unmittelbarer zeitlicher und räumlicher Nähe in der persischen Hauptstadt Susa statt. Eine abgelegene Festung wie Machärus mochte Markus deshalb unpassend erscheinen. Ähnlich verhält es sich bei der Frage nach der Dauer der Haft des Täufers. Bei Flavius Josephus erfolgt seine Hinrichtung unmittelbar nach der Verhaftung, so dass für eine längere Gefangenschaft, wie sie Markus voraussetzt, keine Zeit bleibt.[64] Da der Spannungsbogen der von Herodot abhängigen Erzählung – die Königin muss wegen des Widerstandes des Königs für ihre Rache einen günstigen Augenblick abwarten – eine längere Haft des Täufers erforderlich macht, lässt sich auch hier nicht entscheiden, was Markus tatsächlich über die Dauer der Haft wusste. Da Herodes den Täufer, in dem er eine Gefahr für Ruhe und Ordnung sah, sicher mit dem Ziel seiner raschen Beseitigung gefangen nehmen ließ, ist seine sofortige Hinrichtung zumindest plausibel.

Diese Überlegungen betreffen nicht allein die Frage, ob und inwieweit Mk 6,17–29 für eine Rekonstruktion der Ereignisse um den Tod des Täufers herangezogen werden kann und in welchem Verhältnis seine Angaben zu denen bei Flavius Josephus stehen. Vielmehr gilt es zu erkennen, in welch hohem Maße die Erzählung des Markus nicht von historischen Fakten, sondern von seiner Herodot-Vorlage bestimmt wird. Der Textvergleich hat gezeigt, dass die tanzende Tochter die Xerxes/Artaynte-Szene (9,109) aufgreift; dazu hat Markus offensichtlich nicht nur den Tanz vor Herodes und den Gästen, sondern auch die Tochter erfunden. Die Erzählung des Markus setzt nämlich voraus, dass zu der Zeit, als der Täufer getötet wird, im Haus des Herodes eine gemeinsame Tochter des Herodes und der Herodias lebt, die möglicherweise den Namen ihrer Mutter trägt.[65] Flavius Josephus jedoch nennt nirgends eine gemeinsame Tochter des Herodes Antipas und der Herodias. Das muss nicht bedeuten, dass sie nicht exisitiert hat. Deshalb ist zu fragen, ob zwischen der Heirat des Herodes mit Herodias und dem Tod des Täufers ausreichend Zeit für die Geburt und das Heranwachsen einer Tochter bleibt. Da Markus sie einerseits als κοράσιον bezeich-

---

64 Vgl. Schürer (s. Anm. 40) 438.
65 Markus bezeichnet sie als Tochter des Herodes (6,22 εἰσελθούσης τῆς θυγατρὸς αὐτοῦ Ἡρῳδιάδος) und nennt Herodias ihre Mutter (6,24 εἶπεν τῇ μητρὶ αὐτῆς). Nicht eindeutig ist, ob sie bei Markus den Namen ihrer Mutter Herodias trägt. Denn der Genitiv Ἡρῳδιάδος in 6,22 könnte auch darauf verweisen, dass es seine Tochter „von Herodias", also eine gemeinsame Tochter beider ist.

net, andererseits aber davon ausgeht, dass sie alt genug ist für den frivolen Tanz beim Gastmahl, müsste diese Tochter beim Tod des Täufers etwa fünfzehn Jahre alt sein. Hier ergibt sich allerdings die Schwierigkeit, dass weder das Jahr der Eheschließung noch der Tod des Täufers eindeutig zu datieren sind. Aus Flavius Josephus lässt sich nur entnehmen, dass beide Ereignisse der Niederlage gegen Aretas IV im Jahr 36 n. Chr. vorausgehen.[66] Nach dem Synchronismus in Lk 3,1 begann der Täufer seine Tätigkeit in den Jahren 28/29 n. Chr. (15. Jahr des Kaisers Tiberius). Sollte diese Angabe korrekt sein und sollte der Täufer tatsächlich die Ehe des Herodes mit seiner Schwägerin Herodias kritisiert haben, ergäbe sich hieraus ein möglicher *terminus post quem* für die Heirat.[67] Eindeutige Schlussfolgerungen auf das Todesjahr des Täufers lassen sich aus den Evangelien nicht ziehen, da das zeitliche Nacheinander der Tätigkeit des Täufers und der Jesu sich einer theologischen Konstruktion und nicht historischen Fakten verdankt und Gefangenschaft und Tod des Täufers deshalb nicht vor dem Tod Jesu liegen müssen.[68] Für den Tod des Täufers kommen demnach die Jahre 30–35 n. Chr. in Frage. Auch wenn die Niederlage des Herodes als Strafe für die Hinrichtung des Täufers angesehen wurde, schließt dies nicht aus, dass sie schon einige Jahre vor dem Krieg erfolgte; solche kausalen Verbindungen können auch zwischen zeitlich weit auseinander liegenden Ereignissen hergestellt werden.[69]

Da die Verstoßung der Tochter des Aretas IV um der Herodias willen zum Krieg mit den Nabatäern führte, liegt es nahe, dass zwischen Eheschließung und Kriegsbeginn nicht zu viel Zeit verstrichen ist. Bedenkt man die für einen Krieg

---

66 Die Niederlage des Herodes kann sicher auf das Jahr 36 n. Chr. datiert werden, da Vitellius beim Tod des Tiberius (37) den auf dessen Geheiß begonnenen Rachefeldzug gegen Aretas IV abbrach, Vitellius selbst aber erst seit 35 n. Chr. Legat in Syrien war. Vgl. J. *AJ* 18, 120–125.
67 Allerdings könnte der Täufer auch erst einige Zeit nach der Heirat des Herodes mit einer solchen Kritik an die Öffentlichkeit getreten sein.
68 Gegen Otto, Herodes Sp. 181 f.; zur Problematik der Chronologie der Evangelien Schenk (s. Anm. 59) 453–459. Gegen die synoptische Chronologie spricht vor allem das Johannesevangelium, das Jesus und den Täufer gleichzeitig auftreten lässt und den Tod des Täufers nicht erwähnt. Selbst wenn die chronologischen Angaben der Synoptiker zutreffen sollten, ergibt sich das Problem, dass das Todesjahr Jesu sich nicht datieren lässt. Aufgrund der abweichenden Angaben zum Todestag Jesu im Johannesevangelium und bei den Synoptikern sind eindeutige astronomischen Berechnungen des Todestages Jesu über den Paschatermin nicht möglich; in Frage kämen mehrere Jahre zwischen 27 und 34 n. Chr. Vgl. H. Leroy, Jesus. Überlieferung und Deutung (Erträge der Forschung 95), Darmstadt ³1999, 92–97; G. Theißen/ A. Merz, Der historische Jesus. Ein Lehrbuch, Göttingen ³2001, 152–157.
69 Schenk (s. Anm. 59) 462 f., sieht jedoch eine große zeitliche Nähe beider Ereignisse als notwendig an, da die Niederlage nicht nur als göttliche Strafe, sondern als Rehabilitation des Täufers erachtet wurde.

nötigen Vorbereitungen, könnte die Ehe gegen Ende des Jahres 34 n. Chr. geschlossen worden sein. Allerdings ist auch ein größerer zeitlicher Abstand nicht auszuschließen, da Flavius Josephus die Ehe nicht als unmittelbaren Kriegsgrund, sondern lediglich als ἀρχὴ ἔχθρας (AJ 18, 113) bezeichnet.[70] Zudem ist zu bedenken, dass Aretas IV mit einem Eingreifen der Römer rechnen musste, die auf Frieden unter ihren Vasallenfürsten bedacht waren. Deshalb wartete Aretas IV für seine Vergeltung sicherlich eine günstige Gelegenheit ab, die sich im Jahr 34 n. Chr. ergab, als die Römer in Thronstreitigkeiten der Parther verwickelt waren. Für das Jahr 34 n. Chr. könnte jedoch die bei Flavius Josephus in Zusammenhang mit der Ehe genannte Romreise des Herodes Antipas sprechen (AJ 18, 109–110). Denn nach Flavius Josephus machte Herodes Antipas vor seiner Abreise im Haus seines Halbbruders Herodes (in Caesarea maritima oder Jerusalem) Station, wo er sich in seine Schwägerin Herodias verliebte, die zustimmte, ihn nach seiner Rückkehr zu heiraten. Darüber, wann und aus welchem Anlass diese Reise erfolgte, sagt Flavius Josephus jedoch nichts. Denkbar wäre, dass sich Herodes Antipas anlässlich des Todes des kinderlosen Tetrarchen Philippos im Winter 33/34 entschloss, nach Rom zu fahren, um bei Kaiser und Senat Ansprüche auf dessen Territorium zu erheben. Dies würde auch den Aufenthalt des Herodes Antipas im Haus seines Halbbruders erklären, da dessen Tochter Salome die Witwe des Philippos war. Vielleicht sah Herodias, deren Mann keinen politischen Ehrgeiz hatte (vgl. AJ 17, 53; BJ 1, 573), die Verbindung mit Herodes Antipas als Möglichkeit, ihre eigenen Ambitionen zu verwirklichen; Herodes Antipas durfte sich durch die Ehe mit der Enkelin Herodes' I eine Stärkung seiner Ansprüche erwarten.[71] Mag diese Spätdatierung der Ehe einiges für sich haben, beweisen lässt sie sich jedoch aus den Quellen nicht.[72]

---

70 Vgl. Schürer (s. Anm. 40) 444f.; Hoehner (s. Anm. 12) 126f.
71 Vgl. Schenk (s. Anm. 59) 462. 465f. Primär erotische Motive scheinen für die Ehe zwischen Herodes und Herodias wenig wahrscheinlich, da Herodes Antipas kaum jünger war als sein Halbbruder Herodes und auch Herodias (selbst bei einer Frühdatierung der Ehe) keine junge Frau mehr war.
72 Einer Datierung der Reise auf das Jahr 34 n. Chr. widersprach bereits Otto, Herodes Sp. 182: „Diese Reise, die den Zweck hatte, wichtige Angelegenheiten in der Hauptstadt zu erledigen ... kann nur in der Zeit bis 26 n. Chr., dem Jahre, in dem Tiberius für immer die Hauptstadt verlassen hat, erfolgt sein. Denn daß der Tetrarch Italien, aber nicht seinen Gönner Tiberius aufgesucht, sondern diesen geschnitten hätte, erscheint mir ausgeschlossen." Nach D. Kienast, Römische Kaisertabelle. Grundzüge einer römischen Chronologie, Darmstadt ³2004, 78, zieht sich Tiberius 27 aus Rom zurück. Die Argumentation Ottos ist jedoch nicht schlüssig. Denn auch wenn Flavius Josephus nur von einer Reise nach Rom spricht, schließt das nicht aus, dass diese Reise einen Besuch beim Kaiser in Capri einschloss. Denn der Notiz in AJ 18, 109–110 ist nicht mehr über diese Reise zu entnehmen, als dass sie nach Rom führte. Hoehner (s. Anm. 12) 128–131, nimmt an, dass Herodes Antipas nach Rom reiste, um

Gegen diese Spätdatierung der Ehe werden immer wieder die Angaben des Flavius Josephus über Agrippa I angeführt (*AJ* 18, 143–167). Als Agrippa hoch verschuldet Rom verlassen musste und nach Palästina kam, verschaffte ihm seine Schwester Herodias, die zu diesem Zeitpunkt bereits mit Herodes verheiratet war, den Posten des Agoranomos (Marktaufsehers) in Tiberias (*AJ* 18, 148–150). Als es zum Zerwürfnis mit Herodes kam, begab er sich zu L. Pomponius Flaccus, dem spätestens im Jahr 35 n. Chr. verstorbenen Statthalter von Syrien (*AJ* 18, 151–158), und reiste von dort über Alexandrien nach Italien (*AJ* 18, 159–161), wo er einige Zeit vor dem Tod des Tiberius (37 n. Chr.) ankam. Sollte die Ehe des Herodes und der Herodias erst im Jahr 34 n. Chr. geschlossen worden sein, bliebe für die Tätigkeit des Agrippa in Tiberias und seinen Aufenthalt bei Flaccus nur etwa ein Jahr Zeit.[73] Mag dies auch kurz erscheinen, so schließt dies dennoch eine Datierung der Heirat auf das Jahr 34 n. Chr. nicht aus, da Flavius Josephus über die Dauer des Aufenthalts in Tiberias und bei Flaccus keine Angaben macht.[74] Die Heirat des Herodes kann deshalb nur annähernd auf die Zeit von frühestens Ende der 20er Jahre bis spätestens 34 n. Chr. datiert werden, wobei für die Spätdatierung spricht, dass die Verbindung der Romreise und der Ehe mit dem Tod des Philippos plausibel scheint. Doch egal, ob man zu einer Früh- oder Spätdatierung der Hochzeit des Herodes Antipas mit Herodias tendiert, eine gemeinsame Tochter beider wäre auch bei einer Spätdatierung des Todes des Täufers in das Jahr 34 n. Chr. kaum alt genug gewesen, um vor den Gästen zu tanzen.[75]

Möglich wäre auch, dass Markus an die schon genannte Salome, Herodias' Tochter aus erster Ehe, denkt, sei es, weil er „seine Tochter" in 6,22 im Sinne von Stieftochter versteht, oder weil er sich bezüglich ihres Vaters irrt.[76] Bei einer Spätdatierung der Hochzeit und damit des Todes des Täufers aber könnte Salome keinesfalls mehr als κοράσιον bezeichnet werden, da sie 34 n. Chr. nach dem Tod des Tetrarchen Philippos bereits Witwe ist; zudem steht nicht fest, ob sie nach dem Tod des Philippos zu ihrer Mutter Herodias und deren Mann Herodes Anti-

---

sich mit Sejanus gegen Tiberius zu verschwören; als Anlass komme die Geburtstagsfeier des Sejanus 29 n. Chr. in Frage.

73 Gegen Otto, Herodes Sp. 180f. Schürer (s. Anm. 40) 443f., hält dieses Agrippa-Argument für nicht zwingend; vgl. auch Schenk (s. Anm. 59) 462.
74 Einiges spricht für die Sicht von Schenk (s. Anm. 59) 462: „Man wird auch hier davon ausgehen können, daß seine kurze Gastrolle in Tiberias eher als ein Sprungbrett zum Anteil an der Erbschaft seines verstorbenen Onkels Philippus jenseits des Sees Genezareth gedacht war. Da ihn seine Schwester darin aber nicht unterstützte, versuchte er es dann wohl von Flaccus aus und dann direkt in Rom, was über Hindernisse und Umwege ja schließlich 37 zu seinem Erfolg führte."
75 Schürer (s. Anm. 40) 441 Anm. 29, und Hoehner (s. Anm. 12) 153f., lehnen aus diesem Grund die Lesart τῆς θυγατρὸς αὐτοῦ Ἡρῳδιάδος in Mk 6,22 ab.
76 Vgl. Guelich (s. Anm. 13) 332.

pas zurückkehrte.⁷⁷ Ob eine Frühdatierung des Todes des Täufers das Problem löst, ist fraglich, da weder das genaue Jahr der Geburt des Salome noch das ihrer Heirat mit dem Tetrarchen Philippos bekannt ist. Ihr Geburtsjahr lässt sich annäherungsweise aus dem ebenfalls nur ungefähr bestimmbaren Geburtsjahr ihrer Mutter und der Ehe mit Philippos erschließen. Da Aristobulos, der Vater der Herodias, 7 v. Chr. von Herodes I hingerichtet wurde und Herodias zumindest älter war als ihre Schwester Mariamme, muss sie spätestens im Jahr 8 v. Chr. geboren sein.⁷⁸ Bereits 5/4 v. Chr. wurde sie von ihrem Großvater Herodes I mit ihrem 13–14 Jahre älteren Onkel Herodes verheiratet (*BJ* 1, 557; *AJ* 17, 14). Damit wäre eine Geburt der Salome kurz vor 10 n. Chr. denkbar. Aus der Ehe mit Philippos ergibt sich, dass sie keinesfalls später als 15 n. Chr. geboren sein kann, auch wenn nicht bekannt ist, wie lange vor dem Tod des Philippos im Winter 33/34 (*AJ* 18, 106–118) die Ehe geschlossen wurde.⁷⁹ Salome dürfte folglich um 10 n. Chr. geboren worden sein und könnte um 30 n. Chr. Philippos geheiratet haben.⁸⁰ Stimmt die Angabe bei Lukas (3,1), dass der Täufer im Jahr 28/29 n. Chr. seine Tätigkeit beginnt, war sie bei dessen Tod mit größter Wahrscheinlichkeit bereits verheiratet und lebte damit auch nicht mehr im Haus des Herodes.⁸¹ Sie könnte nur dann mit der bei Markus genannten Tänzerin identifiziert werden, wenn ihre Mutter Herodes Antipas vor 30 n. Chr. geheiratet hätte und der Täufer unmittelbar nach dieser Eheschließung hingerichtet worden wäre. Folglich kann nicht ausgeschlossen werden, dass nicht nur der Tanz, sondern auch die Tochter von Markus um der Herodot-Vorlage willen „erfunden" wurde.

Markus besitzt demnach kein über Flavius Josephus hinausgehendes Wissen über den Tod des Täufers. Das Verhältnis beider darf also nicht dahingehend bestimmt werden, dass beide einander ergänzen. Auch darf nicht übersehen wer-

---

77 Vgl. Schenk (s. Anm. 59) 465f.
78 Ob Herodias jünger ist als ihr 44 n. Chr. im Alter von 54 Jahren verstorbener Bruder Agrippa I (*AJ* 19, 350f.), lässt sich nicht sagen. Dass sie in der Genealogie der herodianischen Dynastie nach Agrippa und seinen Brüdern (*AJ* 18, 136) steht, besagt nichts, da Flavius Josephus stets zuerst die Söhne dann die Töchter nennt. Vgl. W. Otto, Herodias. RE.Suppl. 2 (1913) Sp. 202–205, hier Sp. 202.
79 Der Vermerk bei Flavius Josephus, dass die Ehe kinderlos blieb, besagt allerdings nicht – wie Schenk (s. Anm. 59) 465, meint –, dass sie alt genug war, um Kinder zu gebären und dass die Ehe lange genug dauerte, dass man Kinder erwartet hätte müssen.
80 Otto, Herodes Sp. 183, setzt die Geburt der Salome um 14/5 n. Chr. an, geht dabei aber davon aus, dass sie die bei Markus genannte Tänzerin ist und deshalb bei der Hinrichtung des Täufers als καράσιον gelten muss. Ähnlich Hoehner (s. Anm. 12) 154–156, der aus den gleichen Gründen die Geburt der Salome in die Jahre 15 bis 19 n. Chr. datiert.
81 Ähnlich Lohmeyer (s. Anm. 1) 118; gegen Pesch (s. Anm. 9) 341.

den, dass sich das Interesse des Markus mehr auf den Charakter des Herodes und der Herodias als auf einzelne historische Fakten konzentriert. Da aber die von ihm gezeichneten Charakterbilder beider weitgehend von Flavius Josephus bestätigt werden, kann die Erzählung des Markus nicht als bloße Erfindung abgetan werden. Die Erinnerung an den in den letzten Jahren seiner Regierung von seiner Gattin Herodias dominierten Tetrarchen Herodes und eine gewisse Affinität zu Herodots Bild des Königs Xerxes und seiner Gattin Amestris könnten für Markus den Ausschlag gegeben haben, seiner Darstellung des Todes des Täufers die Erzählung von der Frau des Masistes zugrunde zu legen. Ein weiterer Grund könnte in der Intention der Herodot-Erzählung liegen. Herodot weist nämlich ausdrücklich darauf hin, dass aus der unangemessenen Bitte der Artaynte und der Schwäche des Xerxes Unglück erwächst (Hdt. 9, 109,7f. τῇ [Artaynte] δὲ κακῶς γὰρ ἔδεε πανοικίῃ γενέσθαι). Dabei denkt er wohl nicht nur an die Verstümmelung der Mutter der Artaynte und den Tod ihrer ganzen Familie, sondern blickt voraus auf die zur Abfassungszeit der Historien bereits erfolgte Ermordung des Xerxes durch seinen eigenen Sohn Dareios (465 v. Chr.), der diese Tat seinerseits mit dem Leben bezahlte.[82]

Es ist nicht unwahrscheinlich, dass ein mit Herodot vertrauter Leser des Markusevangeliums auch die Erzählung vom Tod des Täufers in diesem Sinn deutete, obgleich Markus eine derartige Deutung nicht erkennen lässt. Aus Flavius Josephus jedoch wissen wir, dass die Niederlage des Herodes gegen Aretas IV als Strafe Gottes für die Ermordung des Täufers gesehen wurde. Mit dieser Niederlage aber war die Geschichte des Herodes Antipas noch nicht zu Ende. Lesern des Markusevangeliums dürfte kaum entgangen sein, dass Herodes Antipas seine Herrschaft verloren hat und in der gallischen Verbannung gestorben oder sogar auf Befehl des Kaisers ermordet worden ist.[83] Damit deutet sich eine weitere, unerwartete Übereinstimmung zwischen Markus und Flavius Josephus an. Für das Verhältnis der Erzählung des Markus zu Flavius Josephus bedeutet dies: Beide unterscheiden sich zwar im Detail und in der Art der Darstellung, stehen sich aber in der Tendenz überraschend nahe.

---

82 Wolff (s. Anm. 32) 671–673; vorsichtiger Heni (s. Anm. 11) 57; Erbse (s. Anm. 27) 91; zustimmend J. Blok, Women in Herodotus' Histories, in: E. J. Bakker u. a. (Hg.), Brill's Companion to Herodotus, Leiden u. a. 2002, 225–242, hier 230–232.
83 Näheres Schürer (s. Anm. 40) 447–449; Otto, Herodes Sp. 187f. Das Auftreten Herodes I als „Wohltäter" in zahlreichen griechischen Städten, darunter Athen, Sparta und Olympia, und die Nähe zur kaiserlichen Familie machten das herodianischen Herrscherhaus weit über Palästina hinaus bekannt. Vgl. Stern (s. Anm. 41) 243f.

5. Ertrag und Ausblick

Keine andere antike Erzählung zeigt so dichte Übereinstimmungen mit Mk 6,17–29 wie Hdt. 9, 108–113. Ist es jedoch zwingend, dass Markus sich an der Erzählung des Herodot orientiert? Oder könnte er eine ähnliche, von Herodot unabhängige Erzählung über das verhängnisvolle Liebesabenteuer des Xerxes benutzt haben? Dazu müssten die bei Herodot berichteten Ereignisse tatsächlich so oder zumindest ähnlich geschehen sein. Gegen die Historizität seiner Erzählung aber spricht, dass kaum denkbar ist, dass die Frau des Masistes sich dem Begehren des Großkönigs widersetzt hätte oder widersetzen konnte. Auch ist seltsam, dass Amestris die Schuld am Ehebruch des Xerxes nicht seiner Geliebten Artaynte, sondern deren Mutter zuschreibt.[84] Schließlich ist fraglich, ob der Bruder des Königs sich dem königlichen Befehl, seine Frau zu entlassen und eine Tochter des Königs zu heiraten, widersetzen hätte können.[85] Deshalb wirkt die Geschichte insgesamt konstruiert; ihr dürfte eine einfachere Erzählung vom Ehebruch des Xerxes und der Rache der Amestris an ihrer tatsächlichen Konkurrentin zugrunde liegen.[86] Diese hat Herodot wohl im Wissen um die Ermordung des Xerxes 465 v. Chr. und im Blick auf die korrespondierenden Erzählung von Gyges und Kandaules am Anfang der Historien (1, 8–12) bearbeitet.[87] Ein von Herodot unabhängiger Bericht der historischen Fakten kann deshalb ausgeschlossen werden. Da sich zudem nirgends eine direkte Variante zur Erzählung von der Frau des Masistes findet, scheidet auch eine Markus und Herodot gemeinsame mündliche Tradition („Volksmärchen") als Vorlage aus.[88] Nicht ausgeschlossen werden kann allerdings, dass Markus eine von Herodot abhängige Erzählung benutzt hat. Aber solange ein derartiger Text nicht bekannt ist, bleibt dies reine Spekulation. Insgesamt sind die Übereinstimmungen mit Herodot so groß, dass alles auf

---

84 Vgl. Heni (s. Anm. 11) 49; Aly, Volksmärchen 201, dagegen hält den Umschwung des Zornes der Amestris von Artaynte auf deren Mutter für „menschlich allzu begreiflich".

85 Zum künstlichen Charakter dieses Gespräches Wolff (s. Anm. 32) 670f.

86 Historisch kaum vorstellbar ist, dass Xerxes nach der Niederlage nicht das Gespräch mit dem zurückgekehrten Feldherrn *Artayntes* sucht (Hdt. 9, 107), sondern sich ganz seinen privaten Liebeshandeln widmet. Auffällig ist hier auch die Namensgleichheit dieses Feldherrn mit *Artaynte* der Geliebten des Königs. Bichler (s. Anm. 27) 359, gibt zu bedenken, ob nicht auch der merkwürdige Festbrauch von Herodot selbst ersonnen wurde.

87 Vgl. Wolff (s. Anm. 32) 672f.; zur Entsprechung beider Erzählungen ebd. 668. Dagegen meint Aly (s. Anm. 17) 202f., dass Herodot die Erzählung schon in dieser kunstvollen Form aus der mündlichen Tradition übernimmt, wenn er sie auch an einigen Stellen für seine Zwecke redigiert.

88 So Wolff (s. Anm. 32) 678; gegen Aly (s. Anm. 17) 202f.

eine direkte Abhängigkeit deutet, zumal Markus offensichtlich um dieser Parallelen willen auch von den historischen Fakten abweicht.

Bisher wurde vorausgesetzt, dass Mk 6,17–29 vom Verfasser des Markusevangeliums selbst stammt. Die markinische Verfasserschaft der Erzählung wurden aber immer wieder aus stilistischen und inhaltlichen Gründen bezweifelt.[89] Insbesondere wird auf zahlreiche im Markusevangelium singuläre Wörter und das Fehlen des für Markus typischen historischen Präsens verwiesen.[90] Für die Übernahme einer bereits fest gefügten Erzählung spreche auch, dass es sich um einen in sich geschlossenen Block handle, der auch an jeder anderen Stelle des Evangeliums stehen könne.[91] Dies ist jedoch kein hinreichender Grund, die Erzählung in ihrer heutigen Gestalt dem Verfasser des Markusevangeliums abzusprechen, zumal sich in der Erzählung stilistische Markinismen finden und sich somit die Behauptung eines nicht-markinischen Ursprungs auch stilistisch nicht erhärten lässt.[92] Keinesfalls kann gegen einen markinischen Ursprung der Erzählung ihr „heidnischer" und „unevangelischer" Charakter[93] angeführt werden. Denn dies verkennt, dass der „heidnische" Charakter der Erzählung daher rührt, dass Markus seine Erzählung in Anlehnung an einen „heidnischen" Text gestaltet hat. Andernfalls müsste man annehmen, Markus habe eine derartig unpassende Erzählung in sein Evangelium übernommen, weil er keine „bessere" Überlieferung vom Tod des Täufers zur Verfügung hatte und selbst nicht in der Lage war, diese ihm überkommene Erzählung dem Gesamtduktus seines Werkes anzupassen.[94] Demgegenüber ist zu fragen, warum und wozu Markus diese „heidnische" Erzählung in sein Werk übernimmt, statt den Tod des Täufers in der Art eines Martyriums zu gestalten. Denkbar wäre, dass er es vermeiden wollte, die Märtyrer-Rolle des Täufers zu betonen und damit seinem Tod einen Sinn zu geben. Sollte Markus durch eine derartige Stilisierung des Täufertodes einen qualitativen

---

89 Neben anderen z.B. Pesch (s. Anm. 9) 337; Gnilka (s. Anm. 2) 245f.; Ernst (s. Anm. 9) 182.
90 Im einzelnen Lohmeyer (s. Anm. 1) 118; Tilly (s. Anm. 4) 57ff.
91 Vgl. Hartmann (s. Anm. 7) 236f.
92 Vgl. Schenk (s. Anm. 59) 468–470; auch Hartmann (s. Anm. 7) 234–236, unter Verweis auf P. Dschulnigg, Sprache, Redaktion und Intention des Markus-Evangeliums. Eigentümlichkeiten der Sprache des Markus-Evangeliums und ihre Bedeutung für die Redaktionskritik (SBB 11), Stuttgart 1984.
93 Eine derartige inhaltliche Wertung von Mk 6,17–29 bereits bei Dibelius (s. Anm. 6) 78f.; R. Bultmann, Die Geschichte der synoptischen Tradition (FRLANT 29 [NF 12]), Göttingen ⁷1967, 328f.
94 Dies entspricht freilich der traditionellen Sicht des Markus als konservativen Sammler vorfindlicher Überlieferungen, in die er kaum redigierend eingreife; vgl. z.B. Pesch (s. Anm. 9) 15–32. Dazu kritisch G. Strecker, Literaturgeschichte des Neuen Testaments, Göttingen 1992, 155–161.

Unterschied zum Sterben Jesu andeuten wollen, um dadurch die Stellung und Funktion des Täufers gegenüber Jesus abzuwerten?[95]

Die Vermutung, dass die Erzählung vom Tod des Täufers Bezüge zur Passionserzählung enthält, ist nahe liegend, da bereits das Initium des Markusevangeliums (1,1–15) Johannes den Täufer und Jesus von Nazaret zueinander in Beziehung setzt.[96] Dazu dient auch die Wiederaufnahme der „herodoteischen" Elemente aus der Erzählung vom Tod des Täufers (besonders in Mk 15,1–15):[97] Die Hohenpriester klagen Jesus vor Pilatus an und suchen durch geschicktes Taktieren seine Hinrichtung zu erwirken. Die Juden dürfen sich zum Paschafest die Freilassung eines Gefangenen erbitten und fordern, von den Hohenpriestern aufgewiegelt, die Freilassung des Straßenräubers Barabbas und die Kreuzigung Jesu. Pontius Pilatus ist sich der Unschuld Jesu bewusst, gibt aber dem Druck der Volksmenge nach und lässt Jesus kreuzigen. Die Rolle des Pontius Pilatus erinnert hier deutlich an Herodes bzw. Xerxes, die Hohenpriester an Herodias bzw. Amestris und die „Juden" zeigen Züge der Tochter bzw. der Artaynte. Auch hier könnte Markus an der „Lehre" der Herodot-Erzählung gelegen sein: aus der Ermordung eines Unschuldigen erwächst Unglück. Denn inzwischen war Pontius Pilatus in Ungnade gefallen (36 n. Chr.) und abberufen worden (*AJ* 18, 88–89).[98] Jerusalem mit dem Tempel als Zentrum des jüdischen Kultes ist zerstört (70 n. Chr.) oder seine Eroberung durch die Römer ist zumindest absehbar.[99] Was Markus durch die Indienstnahme einer „profanen" Erzählung subtil andeutet, spricht Matthäus deutlich aus, indem er die Juden vor der Verurteilung Jesu sagen lässt: „Sein Blut komme über uns und unsere Kinder" (Mt 27,25). Die Tatsache, dass Markus damit einen heidnischen Text nicht nur als Deutungsrahmen für das Schicksal des Täufers, sondern auch für das Jesu benutzt, bedarf einer Erklärung. An sich würde man dafür einen Text aus den heiligen Schriften

---

95 So W. Schmithals, Das Evangelium nach Markus (ÖTK 2), Bd. 1, Gütersloh 1979, 315 f.

96 Näheres dazu bei H.-J. Klauck, Vorspiel im Himmel? Erzähltechnik und Theologie im Markusprolog (BThS 32), Neukirchen-Vluyn 1997, 21–27.

97 Im einzelnen Ernst (s. Anm. 44) 28; C. Wolff, Zur Bedeutung Johannes des Täufers im Markusevangelium, in: ThLZ 12 (1977) Sp. 857–865, hier 859 f.; B. van Iersel, Markus. Kommentar, Düsseldorf 1993, 154 f.

98 Nicht gesichert ist, ob ihm vom Kaiser der Selbstmord befohlen wurde (Eus. *h.e.* 2,7). Näheres bei D. R. Schwarz, Pontius Pilatus, in: RGG⁴ 6 (2003) Sp. 1489 f.; K.-S. Krieger, Pontius Pilatus – ein Judenfeind? Zur Problematik einer Pilatus-Biographie, in: BN 78 (1995) 63–83.

99 Dies hängt davon ab, ob man Mk 13 auf die Katastrophe des Jahres 70 n. Chr. voraus- oder zurückblicken sieht; zur Frage der Datierung des Markusevangeliums Ph. Vielhauer, Geschichte der urchristlichen Literatur. Einleitung in das Neue Testament, die Apokryphen und die Apostolischen Väter, Berlin/New York ⁴1985, 346 f.

der Juden („Altes Testament"), erwarten. Ein Grund könnte in der Gemeinde liegen, für die Markus schreibt, da das Markusevangelium sich an Heidenchristen wendet, bei denen genauere Kenntnisse der jüdischen Religion und damit auch der „alttestamentlichen" Schriften mit ihren spezifischen Vorstellungen nicht vorausgesetzt werden konnten. Offensichtlich aber konnte Markus annehmen, dass seine Adressaten mit Herodot oder zumindest mit der Erzählung von der Frau des Masistes vertraut waren.

Die Tatsache, dass Herodot in einem Werk dieser Zeit rezipiert wird, mag zunächst nicht überraschen, da er auch im ersten Jahrhundert n. Chr. ein viel gelesener Autor ist.[100] Überraschend aber ist, dass er in einem christlichen Werk rezipiert wird und dass diese Rezeption keine rein formal-mechanische ist. Das heißt: Markus übernimmt von Herodot nicht nur die Art und Weise, wie man eine derartigen „Hofintrige" erzählen kann, sondern er sieht in der Orientierung an ihr zugleich eine Möglichkeit, das Erzählte zu deuten. Dabei passt er seine Vorlage „kreativ" an die historischen Vorgaben an und schafft eine neue, literarisch überzeugende Erzählung. Zugleich kommt es ihm darauf an, dass seine Vorlage eindeutig erkennbar bleibt, wozu er auch kleinere historische „Fehler" in Kauf nimmt. Diese Art des Umgangs mit Herodot lässt Rückschlüsse auf den Verfasser des Markusevangeliums und seine Leser zu. Es handelt sich um Christen, die mit griechisch-römischer Bildungsliteratur und ihrer Auslegung nicht nur vertraut sind, sondern mit dieser Literatur und ihren Stoffen auch kompetent umzugehen wissen.[101] Weder für den Verfasser des Markusevangeliums noch für seine Adressaten kann folglich eine Aversion gegen die pagane Bildung und Literatur behauptet werden. Der hohen Stellenwert, den die paganen Literatur in den hier fassbaren frühchristlichen Kreisen eingenommen hat, wird daran erkennbar, dass man für die Darstellung und Deutung des Todes des Täufers – und indirekt auch des Todes Jesu – ganz selbstverständlich auf einen paganen Text zurückgreift. Die überkommene Literatur der griechisch-hellenistischen Bildung und Kultur war zumindest für einen Teil der frühen Christen eine Basis, auf der man die eigenen Anfänge reflektierte und interpretierte. Die Herodot-Rezeption in

---

[100] Näheres bei F. Jacoby, Herodotos (7). RE.Suppl. 2 (1913) Sp. 205–520, hier 510–514; R. Bichler/R. Rollinger, Herodot (Studienbücher Antike 3), Hildesheim u.a. 2001, 114–119. Da Herodot seit hellenistischer Zeit auch im Rhetorik- und Schulunterricht Verwendung findet, darf eine weite Verbreitung und entsprechende Vertrautheit mit seinem Werk bei Gebildeten angenommen werden. Für das 1. und 2. Jh. n. bezeugen Ps.-Longin, Plutarch, Favorin und Lukian die Verbreitung und Autorität von Herodots' Werk. Vgl. A. Touwaide, Herodotos (Ἡρόδοτος) [1] Der Geschichtsschreiber Herodot, in: NP 5 (1998) Sp. 469–475, hier 474; Erhardt (s. Anm. 7) Sp. 850–856.

[101] Zu den Adressaten des Markusevangeliums Pesch (s. Anm. 9) 12–15; Gnilka (s. Anm. 2) 33–35; U. Schnelle, Einleitung in das Neue Testament, Göttingen ⁴2002, 246 f.

Mk 6,17–29 zeigt damit, wie eng das Christentum bereits in seinen Anfängen mit der griechisch-hellenistischen Kultur und Literatur verflochten ist.[102] Die Anfänge der christlichen Literatur liegen also keineswegs nur in den Schriften des Alten Testaments und des Frühjudentums. Der Einfluss der paganen Literatur beschränkt sich dabei nicht nur auf literarische Formen und Gattungen; Mk 6,17–29 zeigt vielmehr, dass man auch den Inhalten dieser Literatur offen gegenüberstand. Wenn bereits der Verfasser des Markusevangeliums in so unbefangener Weise mit einem paganen Text umgehen kann, ist Vorsicht geboten gegenüber der These einer sekundären Hellenisierung des Christentums, die meint zwischen „Evangelium" und „griechischem Geist" eine eindeutige Trennung ausmachen zu können.[103] Dabei darf man nicht vergessen, dass sich das Christentum von Anfang an in einer hellenisierten Welt artikuliert; dies gilt auch für das jüdische Palästina des 1. Jh. n. Chr., in dem der Jude Jesus von Nazaret auftrat und die ersten christlichen Gemeinden entstanden.[104]

Interessant ist ein abschließender Blick darauf, wie Matthäus und Lukas mit diesem Abschnitt des von ihnen benutzten Markusevangeliums verfahren. Matthäus kürzt die Erzählung ganz erheblich, indem er die dramatischen Elemente reduziert (14,3–12). Auch scheint er zu wissen, dass Herodes und Herodias keine gemeinsame Tochter hatten, weshalb er die tanzende Prinzessin lediglich als Tochter der Herodias bezeichnet, wobei er wahrscheinlich an Salome denkt. Besonders fällt eine Änderung in der Einleitung ins Gewicht: Herodes lässt den

---

102 Bereits W. Schmid wandte sich im Anschluss an U. v. Wilamowitz-Moellendorff gegen eine Trennung der griechischen Literatur in pagan und christlich, wie sie auf Seiten der Klassischen Philologie z.B. von W. v. Christ und auf Seiten der Theologie von A. v. Harnack vertreten wurde. Ausführlich in Wilhelm von Christs Geschichte der griechischen Literatur, fünfte Auflage unter Mitwirkung von Otto Stählin bearbeitet von Wilhelm Schmid, 2. Teil: Die nachklassische Periode der griechischen Literatur, zweite Hälfte: von 100–530 n. Chr. (HdAW), München 1913, 907–910. Zur Stellung der christlichen Literatur innerhalb der griechischen Literaturgeschichte vgl. auch M. Hose, Kleine griechische Literaturgeschichte. Von Homer bis zum Ende der Antike, München 1999, 212–225.
103 So noch bei H. Kraft, Einführung in die Patrologie, Darmstadt 1991, 28f.
104 Zur Verbreitung der griechischen Sprache in Palästina und zum Grad der Hellenisierung des palästinischen Judentums im 1. Jh. n. Chr. vgl. J. N. Sevenster, Do You Know Greek? How Much Greek Could the First Jewish Christians Have Known? (NT.Suppl. 19), Leiden 1968; H. Rosén, Die Sprachsituation im römischen Palästina, in: G. Neuman/J. Untermann (Hg.), Die Sprachen im römischen Reich der Kaiserzeit (Beihefte der BJ 40), Bonn 1980, 215–239; G. Mussies, Greek in Palestine and the Diaspora, in: S. Safrai/M. Stern (Hg.), The Jewish People in the First Century. Historical Geography, Political History, Social, Cultural and Religious Life and Institutions, Bd. 2 (CRI 1), Amsterdam 1976, 1040–1064; M. Goodman (Hg.), Jews in a Graeco-Roman World, Oxford 1998.

Täufer nicht töten, weil er das Volk fürchtet, das ihn für einen Propheten hält. Damit fallen die ambivalente Haltung des Herodes gegenüber dem Täufer und der daraus resultierende Konflikt zwischen Herodes und Herodias über das Schicksal des Täufers fort, der bei Markus im Zentrum steht. Der Spannungsbogen der Erzählung und ihre Pointe gehen dabei verloren.[105] Deshalb befremdet es, wenn auch bei Matthäus Herodes durch die Bitte um den Kopf des Täufers betrübt wird. Insgesamt verschleiern die Änderungen den eindeutigen Bezug der Erzählung zu Herodot, der bei Markus klar erkennbar bleibt. Lukas hingegen tilgt die gesamte Erzählung und notiert lediglich, dass Herodes gegen den Täufer vorgeht, weil er ihn wegen der Ehe mit Herodias und anderer übler Taten kritisiert hat (3,19–20). Könnte es sein, dass Lukas, der mit hellenistisch-griechischer Geschichtsschreibung vertraut ist,[106] die Erzählung des Markus übergeht, weil ihm ihre Nähe zu Herodot zu offensichtlich und sie ihm deshalb zu unglaubwürdig war?

---

105 Vgl. Dibelius (s. Anm. 6) 81.
106 Dazu Vielhauer (s. Anm. 99) 399f.; Schnelle (s. Anm. 101) 287f.

Abstract

The author of the gospel according to Mark quite evidently drew up his version of John the Baptist's death (Mk 6,17–29) by (deliberately) referring to Herodotus' tale of Masistes' wife (Hdt. 9, 108–113). This use of Herodotus becomes central for pinning down the relation between the gospel and Flavius Josephus' description of John the Baptist's death (AJ 18, 116–118), since the above-mentioned author of the gospel willingly adopted a range of historical "blunders" in order to stick to Herodotus' tale as closely as possible. Only by realising this connection between Mark and Herodotus can the reader enable himself to interpret John the Baptist's death as well as the fall of Herod Antipas as a result of it: disaster naturally follows the murder of the innocent.

The description of John the Baptist's death in Mark, therefore, makes it obvious that its author is very familiar with a prominent piece of pagan learning. Furthermore, he deals with this non-Christian tradition in a competent way – but, more importantly, he also takes the knowledge of it for granted on the recipients' side. Thus, the development of Christian writing is marked by an intense contact or even dispute with pagan literature from its very beginning. Its roots must not be sought in the Old Testament and in Early Jewish Literature exclusively.

‚Gott' und Selbstrepräsentation in den Briefen des Synesios von Kyrene

KATHARINA LUCHNER

> Synesios von Kyrene, der adlige neuplatonische Philosoph und Hymnendichter, der um 410 Bischof von Ptolemais wurde, steht in eigentümlicher Weise zwischen den zwei Welten des untergehenden Griechentums und des Christentums.[1]

Mit diesen Worten beginnt Vollenweider seine Untersuchung (insbesondere der *Hymnen*) des Synesios und umreißt mit seinem Sprechen von den ‚zwei Welten', zwischen denen der Autor stehe, einen wesentlichen, wenn nicht den dominanten Aspekt wissenschaftlicher Auseinandersetzung mit Synesios. So trägt etwa gleich die erste moderne, immer noch maßgebliche Biographie des Synesios den Titel „Hellene *und* Christ"[2]. Ungefähr zeitgleich hat man versucht, der vielschichtigen intellektuellen Gestalt des Synesios mit einer ‚Bekehrung'[3] vom paganen zum christlichen Denken[4] beizukommen. Andere Interpreten meinen, Synesios eindeutiger fassen zu können: So hat man in ihm sowohl einen Vertreter eines letztlich in sich geschlossenen Neuplatonismus nach Maßgabe des Porphyrios gesehen als ihm auch eine prinzipielle Orientierung an der christlichen Theologie zugesprochen.[5] In der letzten umfangreichen Monographie[6] ist man wieder

---

Vorliegender Aufsatz ist die überarbeitete Fassung eines Vortrags, den ich im Januar 2005 im Rahmen des ‚Kolloquiums zur Kultur- und Religionsgeschichte der römischen Provinzen' an der Philosophischen Fakultät der Universität Erfurt gehalten habe. Allen Teilnehmern des Kolloquiums danke ich für Anregungen, Katharina Waldner darüber hinaus für ihre Gastfreundschaft. – Bianca Schröder danke ich für ihr nimmermüdes Interesse an (nicht nur) diesen Überlegungen zur Epistolographie.

1 Vollenweider, S.: Neuplatonische und christliche Theologie bei Synesios von Kyrene, Göttingen 1985 (= Forschungen zur Kirchen- und Dogmengeschichte. 35), 13.
2 Lacombrade, Ch.: Synésios de Cyrène. Hellène et Chrétien, Paris 1951; Grützmacher, G.: Synesios von Kyrene. Ein Charakterbild aus dem Untergang des Hellenismus, Leipzig 1913, muss in zahlreichen Einzelaspekten als überholt angesehen werden.
3 Vgl. Marrou, H. I.: La ‚conversion' de Synésios, REG 65, 1952, 474–484.
4 Ich benutze die Begriffe ‚pagan' und ‚christlich' hier und im Folgenden primär in einem dahingehend reduzierten Sinn, dass ich mit ihnen Denkformen und/oder Lehr- oder Bildungsinhalte im Hinblick auf ihre intellektuelle Herkunft bezeichne und somit sämtliche sich in einem rituellen Vollzug realisierenden Aspekte ausklammere.
5 Zu ersterem vgl. Bregman, J. A.: Synesius of Cyrene. Philosopher – bishop, Berkeley 1982 (= The transformation of the Classical heritage. 2), vgl. mit etwas anderer Akzentsetzung ders., Synesius of Cyrene. Early life and conversion to philosophy,

zum Modell einer Bekehrung zurückgekehrt – diesmal zu dem einer Bekehrung weg von der literarischen *Paideia* traditioneller Prägung hin zur ‚reinen' Betätigung im Bereich der Philosophie.[7]

Schon dieser ausschnitthafte Blick auf die Forschung legt die Vermutung nahe, dass Synesios' Denken in den uns – v.a. in Anwendung auf Autoren der Spätantike – offenbar allzu gewohnten Gegensatzpaaren nicht wirklich zu fassen ist; dass in seinem intellektuellen Kosmos Grenzverläufe und Übergänge sich nur unzureichend mit vorgefertigten, zum Teil aus der Beschäftigung mit anderen spätantiken Autoren gewonnenen Kategorien[8] nachvollziehen lassen. Neuplatonische Philosophie, christliches Denken und die anspruchsvolle ästhetische Schulung durch die Traditionen paganer *Paideia* interagieren, wie zu zeigen sein wird, in Synesios' Schreiben tatsächlich in – *stricto sensu* – „eigentümlicher" Weise. Wie das damit umrissene intellektuelle und ästhetische Spannungsfeld sich im Einzelnen konkretisiert, soll hier anhand des *Corpus* der synesianischen Briefe untersucht werden.

California Studies in Classical Antiquity 7, 1974, 55–88, zu letzterem Vollenweider (s. Anm. 1). – Zur speziell porphyrianischen Ausprägung von Synesios' Platonismus vgl. v.a. Garzya, A.: Il Dione di Sinesio nel quadro del dibattito culturale del iv secolo d. C., Rivista di Filologia e d'Instruzione Classica 100, 1972, 32–45, hier: 32–35. 39 (wieder als: ders: Synesios' Dion als Zeugnis des Kampfes um die Bildung im 4.Jh. n.Chr., JÖB 22, 1973, 1–14). – Freilich gab es auch immer Stimmen, die Synesios entweder jede Entwicklung absprachen (vgl. z.B. Festugière, A. J.: Sur les hymnes de Synésios, REG 58, 1945, 268–277) oder in ihm sozusagen ‚von Anfang an' einen Denker des Christentums sehen wollten (vgl. z.B. Hawkins, M.: Der erste Hymnus des Synesios von Kyrene, Diss. München 1939).

6   Schmitt, T.: Die Bekehrung des Synesios von Kyrene. Politik und Philosophie, Hof und Provinz als Handlungsräume eines Aristokraten bis zu seiner Wahl zum Metropoliten von Ptolemaïs, München u.a. 2001 (= Beiträge zur Altertumskunde. 146); Schmitt gründet seine These auf eine Interpretation des synesianischen *Dion*, die ich nicht teile.

7   Für eine umfangreichere Diskussion der hier skizzierten Probleme mit weiterer Lit. vgl. zuletzt Aujoulats Vorwort zum *Dion* in: Synésios de Cyrène, Tome IV, Opuscules I, Texte ét. par J. Lamoureux, trad. et comm. par N. Aujoulat, Paris 2004 (Budé), hier v.a. 123ff.

8   Dass Synesios in vielerlei Hinsicht eine intellektuelle Sonderstellung einnimmt, wird v.a. in der Forschung der letzten Jahrzehnte immer deutlicher: So meinte etwa noch H. Marrou (Synesius of Cyrene and Alexandrian Neoplatonism, in: A. Momigliano [Hg.]: The Conflict between Paganism and Christianity in the 4th century, Oxford 1963, 126–150, wieder in: ders., Patristique et humanisme, Mélanges, Paris 1976 [= Patristica Sorbonensia. 9], 295–319, hier: 150), in Synesios gleichsam den Anfangspunkt des christlichen Neuplatonismus in Alexandria fassen zu können, während Vollenweider 1985 (s. Anm. 1), 16 m.E. überzeugend argumentiert, dass Synesios' Denken auch im Osten seiner Zeit eine Einzelerscheinung darstelle.

Synesios' Briefe wurden vor allem auch als Quellen für die Faktengeschichte der Biographie ihres Verfassers bzw. für die lokalen Ereignisse oder Verwaltungsstrukturen der Pentapolis genutzt,[9] so dass die eben umrissene Fragestellung in dieser Weise bisher noch nicht systematisch an sie herangetragen wurde. Dabei sind es gerade die Briefe, die, anders als alle anderen uns erhaltenen Werke des Kyrenaiers, bei allen Schwierigkeiten in der Einzeldatierung doch wohl beinahe seine gesamte Lebensspanne umfassen;[10] vor allem die Verfechter einer Bekehrungsthese hätten sich somit zur Überprüfung der bisweilen hauptsächlich an einem einzelnen Werk (bzw. einer Werkgruppe) gewonnenen Interpretationen zuvörderst an sie verwiesen sehen müssen.[11] Eine systematische Analyse des Brief-*Corpus* kann also in diesem Sinn auch ein weiteres Argument für oder gegen eine ‚Entwicklung' (oder gar ‚Bekehrung') unseres Autors liefern.

Trotz der chronologischen Überlegenheit des Brief-*Corpus* muss freilich schon hier betont werden, dass die Briefe andererseits gewissen literarischen Regularien und damit inhaltlichen Beschränkungen unterliegen: Ganz deutlich zeigt nämlich der Briefautor Synesios, dass er im Bewusstsein der Traditionen des gerade zu seiner Lebenszeit besonders populären literarischen Genres[12] ‚Brief' schreibt.[13]

---

9 Vgl. hierzu die Forschungsüberblicke bei Schmitt (s. Anm. 6), 29–34 sowie in Synésios de Cyr., Tom. II. III., Correspondance, Texte ét. par A. Garzya, trad. et comm. par D. Roques, Paris 2000 (Budé), XXVIII–LVI. – Für einen breiteren zeitgenössischen Hintergrund, u. a. unter Heranziehung der Briefe, vgl. Albert, G.: Die Goten in Konstantinopel, Paderborn 1984; Cameron, A., J. Long with L. Sherry: Barbarians and Politics at the Court of Arcadius, Berkeley 1990; Liebeschuetz, J.H.W.G.: Barbarians and bishops. Army, church and state in the age of Arcadius and Chrysostom, Oxord 1990; Hagl, W.: Arcadius Apis Imperator. Synesios von Kyrene und sein Beitrag zum Herrscherideal der Spätantike, Stuttgart 1997. – Unter stilistischen, psychologischen bzw. mentalitätsgeschichtlichen Gesichtspunkten behandeln die Briefe z.B. Runia, D.A.: Repetitions in the letters of Synesius, Antichthon 13, 1979, 103–109, Roos, B.-A.: Synesius of Cyrene. A Study in His Personality, Lund 1991 (= Studia Graeca et Latina Lundensia. 2), hier: 17–51 oder Hose, M.: Synesios und seine Briefe. Versuch der Analyse eines literarischen Entwurfs, Würzburger Jahrbücher für die Altertumswissenschaften. Neue Folge 27, 2003, 125–141.
10 Vgl. Roques 1989 (s. Anm. 137), seine Einleitung in der Budé-Ausg. (s. Anm. 9), X ff. sowie die vorsichtigeren Angaben in Garzya 1979 (s. Anm. 17) *passim* und ders. 1989 (s. Anm. 17) *passim*.
11 Schmitt (s. Anm. 6) behandelt konsequenterweise einen Großteil der Briefe; da ich, wie bemerkt, seine Grundthese nicht teile, gehe ich auch im Folgenden nur gelegentlich auf seine Ergebnisse ein.
12 Hier und im Folgenden setze ich voraus, dass ein (zunächst v. a. durch formale Kriterien wie Augustinus, *retract.* 2,20: *habet quis ad quem scribat*) deutlich unterscheidbares literarisches Genre ‚Brief' existiert; zur Gattungsproblematik, zumal im Vergleich von antikem und modernem Gattungsbegriff, vgl. Thraede, K.: Zwischen Gebrauchstext und Poesie. Zur Spannweite der antiken Gattung ‚Brief', Didactica Classica

Damit sind die Briefe, zumindest in großen Teilen, den Konventionen ihrer literarischen Gattung verpflichtet.[14] Es ist also zu erwarten, dass auch sie – nicht anders als die übrigen Werke des Synesios – einen je eigenen Umgang mit Philosophie, Christentum und paganer *Paideia* aufweisen. Zutreffend hat man nämlich beobachtet, dass zum Beispiel im Hinblick auf die Verschmelzung und Anverwandlung von neuplatonischem und christlichem Denken durchaus Unterschiede zwischen den durch die verschiedenen literarischen Genres gebildeten Werkgruppen, etwa der *Hymnen*dichtung einerseits und den kleineren Prosawerken andererseits, bestehen: So wird die „Amalgamierung" beider Bereiche in den *Hymnen* weitaus konsequenter durchgeführt als in den Prosawerken.[15]

Damit ist nicht schon gesagt, dass sich zwischen einzelnen Werkgruppen inhaltliche Widersprüche ergeben; es bleibt weiterhin möglich, Inhalte, die in den Briefen nur angedeutet werden, gegebenenfalls aus anderen Schriften zu erklären. Zu rechnen aber ist auch für die Briefe mit einem spezifischen, an ihr literarisches Genre gebundenen Profil der Akzentuierung, Gewichtung und Kombination innerhalb des oben skizzierten Spannungsfeldes. Die so gewonnenen Ergebnisse lassen sich demnach nicht einfach auf ‚das' Denken des Synesios in seiner

---

Gandensia 20/1, 1980/1, 179–218, zu modernen Ansätzen Nickisch, R.M.G.: Brief, Stuttgart 1991 (= Sammlung Metzler. 260).

13 Die wichtigsten Stellen, an denen Synesios sich über das *Genus* äußert, versammelt Simeon, P. X. (H.): Untersuchungen zu den Briefen des Bischofs Synesios von Kyrene, Paderborn 1933 (= Rhetorische Studien. 18), 5–9, vgl. hierzu Roques (s. Anm. 9), L–LXX. – Zur Beliebtheit des Genres allgemein vgl. neben Sykutris, J.: ‚Epistolographie', RE Suppl. 5, 1931, 185–220, Courcelle, P.: Les lettres grecques en occident, de Macrobe à Cassiodore, Paris ²1948 (= Bibliothèque des Écoles Françaises d'Athène et de Rome 159), Koskenniemi, H.: Studien zur Idee und Phraseologie des griechischen Briefes bis 400 n.Chr., Helsinki 1956 (= Annales Academiae scientiarum Fennicae = Suomalaisen Tiedeakatemian toimituksia; T. 102,2) und Thraede, K.: Grundzüge griechisch-römischer Brieftopik, München 1970 (= Zetemata. 48) v. a. auch Garzya, A.: L'epistolografia letteraria tardoantica, in: ders.: Il Mandarino e il Quotidiano, Neapel 1983, 113–148.

14 Nicht eingehen kann ich hier auf die alte Kontroverse ‚Brief vs. Epistel': M. E. ist völlig klar, dass die Briefe der Sammlung nahezu ausnahmslos einem ausgeprägten ästhetischen Gestaltungswillen unterworfen sind; darauf deuten nicht nur die Einzelbemerkungen, die den Platz der Briefe im kulturellen Leben beschreiben (vgl. z.B. zum Vorlesen von Briefen *ep.* 101, v.a. 173, 4–10), sondern auch die Tatsache, dass Synesios einzelne Wendungen oder ganze Briefe eigens kopierte und verwahrte, vgl. unten Anm. 19.

15 Aujoulat (s. Anm. 7), XVII spricht im Hinblick auf die *Hymnen* von einem „amalgame entre le Christianisme et l'Hellénisme ... absent des œuvres en prose". – Ich teile Aujoulats Beobachtung grundsätzlich, würde sie aber etwas weniger absolut fassen.

Gesamtheit übertragen, sondern bilden vielmehr nur einen weiteren Baustein zu einem Gesamtverständnis dieses Denkens.

Um nun das beschriebene Spannungsfeld in der konkreten Umsetzung in den Briefen zu analysieren, nähere ich mich dem Brief-*Corpus* in drei Schritten: Nach einer kurzen Bestandsaufnahme und einem einleitenden Blick auf die verschiedenen Möglichkeiten, ‚Gott' zu erwähnen (*1.*) – am Gottesbegriff des Synesios hat sich ja die Diskussion um seine geistige Verortung besonders entzündet,[16] – untersuche ich zunächst gleichsam die beiden ‚Extreme' des Briefeschreibers Synesios: Briefe bzw. Passagen aus Briefen, in denen die Zuordnung des intellektuellen Gehalts jeweils relativ eindeutig scheint, in denen man einerseits nahezu ausschließlich entweder dem paganen Synesios begegnet, also dem Neuplatoniker oder dem *paignia* (‚Prunkstückchen' literarischer Bildung) verfassenden *homo litteratus* oder andererseits dem Bibelzitate schleudernden Kirchenmann (*2.*). Den letzten Schritt bilden Briefe, in denen pagane und christliche Inhalte nebeneinander begegnen (*3.*). Leitfrage für alle drei Kapitel ist, gemäß welcher *ratio* Synesios die verschiedenen ihm zu Gebote stehenden intellektuellen Inhalte und kommunikativen Mittel zum Einsatz bringt.

1. ‚Gott': Aber welcher? – Bestandsaufnahme

Unter dem Namen des Synesios liegt uns eine Sammlung von 156 Briefen[17] an etwa vierzig Adressaten vor, die in ihrer Zuschreibung an den Kyrenaier relativ

---

16 Vgl. hierzu nach wie vor Vollenweider (s. Anm. 1), dort auch ältere Lit., wenn man auch mit Strohm 1991 (in: Synesios von Kyrene, Hymnen, eingel., über. und komm. von J. Gruber, H. Strohm, Heidelberg 1991 [= Bibliothek der klassischen Altertumswissenschaften: Reihe 2; N. F. Bd. 82]), 32 Vollenweiders starke Betonung der Rolle Christi im Denken des Kyrenaiers etwas relativieren muss.

17 Ich folge durchgängig dem griech. Text von Garzya (vgl. Synesii Cyr. Epistolae A. Garzya rec., Rom 1979 [hiernach unter Angabe von Seite und Zeile zitiert] und die Budé-Ausgabe [s. Anm. 9]), s.a. die Anm. in ders., Opere di Sinesio di Cirene. Epistole, Operette, Inni, Torino 1989; immer noch nützlich ist Fitzgerald, A.: The Letters of Synesius of Cyrene, Transl. into English with Introd. and Notes, Oxford 1926; ein moderner Komm. fehlt, ebenso eine deutsche Gesamt-Übers., die ich in der nächsten Zeit fertigzustellen hoffe. Zahlr. Einzelstellen aus den Briefen sind übersetzt bei Schmitt (s. Anm. 6), eine Sammlung dt. Übers. längerer Briefe bietet Vogt, J.: Begegnung mit Synesios, dem Philosophen, Priester und Feldherrn. Gesammelte Beiträge, Darmstadt 1985 (ursprgl. erschienen 1968–1979). – Die wichtigsten Monographien zu den Briefen sind Fritz, W.: Die Briefe des Bischofs Synesius von Kyrene, Ein Beitrag zur Geschichte des Attizismus im 4. und 5. Jh., Leipzig 1898; Simeon (s. Anm. 13); Hermelin, I.: Zu den Briefen des Bischofs Synesius, Diss. Uppsala 1934; Roques, D.: Études sur la Correspondance de Synésios de Cyrène, Brüssel 1989 (= Collection

unbestritten sind.[18] Unklar ist, wie die Sammlung zustande kam; relativ sicher wurde sie erst *posthum* herausgegeben.[19] Ebenfalls unklar ist in vielen Fällen, ob wir es tatsächlich mit kompletten Briefen[20] zu tun haben: Nur relativ wenige Texte lassen durch Grußformeln oder ähnliche Bestandteile des üblichen Briefformulars sicher erkennen, dass sie vollständig in die Sammlung Eingang gefunden haben.[21] Teilweise hat man bloße Einzelsätze vor sich, bei denen man eher den Eindruck gewinnt, eine Art *Florilegium* besonders geglückter bzw. pointierter Formulierungen zu lesen,[22] während wieder andere Briefe beträchtlichen Umfang erreichen. In einem Fall (*ep.* 41) hat man wohl sogar davon auszugehen, dass eine Rede in die Briefsammlung Eingang gefunden hat. Offensichtlich folgt die Anlage des *Corpus* keinerlei chronologischen Gesichtspunkten. Auch ein inhaltlicher Gestaltungswille scheint mir im Hinblick auf die Abfolge der Briefe nicht gegeben,[23] so dass sich aus der Stellung im *Corpus* für die Interpretation eines Briefes oder einer Briefgruppe in der Regel nichts gewinnen lässt.[24] Dem entsprechend ist in vielen Fällen die Datierung eines einzelnen Briefes in ein

---

Latomus 205), vgl. auch ders., Synésios de Cyrène et la Cyrenaïque du Bas-Empire, Paris 1987 (= Études d'Antiquités Africaines).
18 Ernsthaft in Zweifel gezogen wurde lediglich *ep.* 128 (vgl. Garzya 1979 [s. Anm. 17], *ad loc.*); ich folge jedoch Garzya, der den Brief für echt hält, vgl. ebenso Roques (s. Anm. 9), 383f.
19 Zur Diskussion, v. a. auch zur Frage der aus *ep.* 5 (25,15–17) erschlossenen ‚Kopialbücher' (ἐφημερίδες) vgl. Seeck, O.: Studien zu Synesius, Philologus 52, 1894, 442–482, hier: 467f. sowie jetzt Roques (s. Anm. 9), Xff.
20 Der sprachlichen Einfachheit halber nenne ich alle in der Sammlung enthaltenen Texte ‚Briefe', auch wenn es im Einzelfall bisweilen wohl korrekter wäre von ‚Brief-Ausschnitt' etc. zu sprechen.
21 Dies ist z.B. bei einem Teil der Briefe an Herkulianos der Fall: *epp.* 140. 143. 145. 146.
22 Vgl. z.B. *ep.* 63: „Gebrauchen sollst Du die Freundschaft der Mächtigen, nicht aber sie missbrauchen." (Χρῆσθαι δεῖ ταῖς τῶν δυνατῶν φιλίαις, οὐ καταχρῆσθαι.) oder *ep.* 64: „Fordere nicht Großes, damit Dir nicht eines von beiden passiert: Unglück, wenn Du's bekommst oder, wenn Du's nicht bekommst, Unglück." (Μὴ αἴτει μεγάλα, ἵνα δυοῖν θάτερον ἢ τυγχάνων λυπῇς ἢ μὴ τυγχάνων λυπῇ.).
23 Anders zuletzt, v. a. ausgehend von den ersten vier Briefen des *Corpus*, Hose (s. Anm. 9), 131.
24 Eine Ausnahme könnten die zehn Briefe an Herkulianos darstellen, die eine zusammenhängende Gruppe bilden (*epp.* 137–146); doch herrscht auch hier schon im Hinblick auf die Chronologie Uneinigkeit, vgl. z.B. Cameron/Long (s. Anm. 9), 86 einerseits und Schmitt (s. Anm. 6), 497–563 andererseits *gegen* bzw. *für* eine chronologische Abfolge.

exaktes Jahr kaum möglich oder zumindest unsicher. Roques'[25] Versuche erscheinen hier oft plausibel, bleiben aber ebenso oft spekulativ.

Tritt man an eine derartige, derart inhomogene Sammlung mit der Frage nach der thematischen Organisation des Materials heran, ergibt sich als erstes eine relativ große Gruppe von Briefen,[26] die vor allem aufgrund ihrer Kürze oder ihres standardisierten Inhalts[27] kaum eine spezifische Aussage erlaubt: Abgesehen davon, dass hier offenbar ein in seiner Diktion attisch geschulter, gebildeter Autor der Spätantike schreibt, lässt sich ihnen kaum ein weiteres Charakteristikum hinsichtlich der religiösen oder intellektuellen Ausrichtung des Schreibenden abgewinnen.

Will man die dann verbleibenden Briefe gleichsam inhaltlich sortieren, ergibt sich eine zusätzliche Schwierigkeit dadurch, dass der nicht weiter spezifizierte Ausdruck ‚Gott' oder ‚der Gott' (θεός, ὁ θεός), also die bloße, nicht durch weitere Attribute näher bestimmte Erwähnung Gottes, scheinbar unterschiedslos sowohl in eindeutig christlichem als auch eindeutig paganem Kontext begegnet, letzteres teilweise neben einer ganzen *corona* paganer Gottheiten und Heroen sowie traditionell personifizierten Mächten (wie *Tyche* oder *Dike*) und mythologischer Topographie (z. B. Hades).[28]

Kurze Wendungen wie beispielsweise ein leicht resignierendes „das weiß Gott" (θεὸς οἶδε) liest man somit sowohl in einem Brief (*ep.* 93: 156,2), dessen erste zwei Drittel das historische *exemplum* des Themistokles in platonisierender Manier mit der freundschaftsstiftenden Rolle der Geometrie verbinden, als auch an anderer Stelle, wo man die identische Formulierung durch den Kontext zunächst eher auf den Gott der Christen beziehen würde (*ep.* 69: 125,8).[29] Ähnlich findet sich ein nahezu formelhaft wirkendes „von Gott" (παρὰ θεοῦ) einerseits in einem Brief an den Philosophen Troïlos (*ep.* 73: 130,7), in dem auch der Verfasser selbst sich explizit als ‚Philosophen' bezeichnet (130,3), um dann im weiteren Verlauf auf primär pagane Vorstellungen (131,5: ‚uralter' Orakelspruch etc.)

---

25 Roques 1989 (s. Anm. 17); für eine intensive Auseinandersetzung mit Roques vgl. Schmitt (s. Anm. 6).
26 Vgl. die Auflistung unten Anm. 51.
27 Dies gilt v. a. für die so zahlreichen Empfehlungsschreiben; vgl. z. B. *epp.* 17–21. 29. 30. 34. 38. 42. 43. 59. 68. 75 etc. Eine vollständige Auflistung samt Analyse nach typischen Aufbauelementen etc. bei Simeon (s. Anm. 13), 19–29.
28 Vgl. z. B. Tyche (*ep.* 40: 51,9, vgl. auch *ep.* 50: 89,11/2), Dike (*ep.* 43: 83,1; 52: 91,10), Hades (*ep.* 5: 17,13. 15, vgl. *ep.* 43, *passim* zur Vorstellung von Unterweltsstrafen), [Zeus] Xenios (*ep.* 5: 18,16), Hermes (*ep.* 45: 84,7), Kypris (*ep.* 75: 134,6), Priapos (*ep.* 5: 13,5), die Titanen (*ep.* 5: 14,6), Herakles (*ep.* 45: 84,7; 150: 268,12).
29 *Ep.* 93: *An Hesychios*: Garzya 1989 (s. Anm. 17), 239 datiert auf 411/2, Roques (s. Anm. 9), 243 auf 2. Drittel 412. – *Ep.* 69: *An Theophilos*: Garzya 1989 (s. Anm. 17) datiert auf Mitte 411, Roques (s. Anm. 9), 189 auf 2. Drittel 412.

zurückzugreifen; andererseits begegnet dasselbe „von Gott" (παρὰ θεοῦ) aber auch in einer Note an den Patriarchen Theophilos (*ep.* 90: 153,7), die neben der eindeutigen Identifikation des Adressaten als kirchlichem Würdenträger durch eine Berufung auf die ‚Gesinnung der Kirche' (τὸ ... τῆς ἐκκλησίας ἦθος 152,7) und eine Anspielung auf den Römerbrief fest in christlichem Kontext verortet wird.[30] Vermutlich sind die beiden Briefe (*ep.* 69 und *ep.* 90) relativ zeitnah entstanden (vielleicht stammen sie sogar beide aus dem selben Jahr 412 n. Chr.),[31] so dass jeder Gedanke etwa an eine diachrone ‚Umwidmung' oder Transferierung der ‚Gottes'-Nennung vom einen in den anderen Bereich schon anhand nur dieser beiden letztgenannten Briefe höchst unwahrscheinlich wird.

Dieser Befund erhärtet sich, wenn man alle anderen Stellen im Brief-*Corpus*, an denen Synesios das Wort ‚Gott' (θεός, ὁ θεός) benutzt, in die Untersuchung mit einbezieht. Zwar finden sich auch Fälle, in denen die Nennung ‚Gottes' durch eindeutige Attribute jeweils kontextgemäß als primär auf pagane Traditionen bezogen erkennbar wird: So wird zum Beispiel in einem Brief an den Bruder, der durchgängig mittels paganer literarischer Motive stilisiert ist, der dort beschworene Gott näher bestimmt als der, „den die Philosophie verehrt"[32]; ebenfalls paganem Denken entspringen die Kontextualisierungen ‚Gottes' als „(Gott) der Gastfreundschaft" oder „(Gott) der Freundschaft" oder aus Homer und Hesiod gewonnene Regeln über das Verhalten dieses Gottes.[33] Auch finden sich umgekehrt noch weitere Briefe, in denen das unmittelbare gedankliche Umfeld die – an diesen Stellen dann nahezu ausschließliche – Anknüpfung an den theologischen Horizont des Christentums nahe legt.[34] Insgesamt aber stellen diese

---

30 Vgl. mit Garzya 1979 (s. Anm. 17) Apparat *ad loc.* (*ep.* 90: 153,2/3) Röm. 12,15. – Die Wendung „von Gott" (παρὰ θεοῦ) begegnet auch in *ep.* 49 (89,1: *An Theotimos*: Garzya 1989 [s. Anm. 17], 161 datiert nur relativ, „vor *ep.* 91 [i. e. um 411], zeitgleich mit *ep.* 39", Roques 2000 [s. Anm. 9], 155 auf März 411), wo der übrige Kontext keine eindeutige Zuordnung zulässt.

31 *Ep.* 73: *An Troïlos*: Garzya 1989 (s. Anm. 17), 208 und Roques (s. Anm. 9), datieren übereinstimmend auf 412. – *Ep.* 90: *An Theophilos*: Garzya 1989 (s. Anm. 17), 237 und Roques (s. Anm. 9), 342 datieren übereinstimmend auf einen fortgeschritteneren Termin im Jahr 412.

32 Vgl. *ep.* 5: 17,6f.: ὄμνυμι σοι θεόν, ὃν φιλοσοφία πρεσβεύει.

33 Vgl. *ep.* 5: 18,16: „das weiß der Gott unserer Gastfreundschaft" (ὡς οἶδεν ὁ Ξένιος [sc. θεός]); *ep.* 96: 165,4: „beim Gott, den die Philosophie und die Freundschaft verehren" (... θεόν, ὃν καὶ φιλοσοφία καὶ φιλία πρεσβεύει); *ep.* 129: 219,14/5: „beim Gott deiner und meiner Freundschaft" (νὴ τὸν Φίλιον [sc. θεόν] τὸν ἐμὸν καὶ σόν); *ep.* 37: 49,9: „Gott gibt den Menschen nicht ‚alles zugleich'" (οὐδὲ τοῖς ἀνθρώποις ‚ἄμα πάντα' δίδωσιν ὁ θεός, vgl. Homer, *Il.* 4,320) oder ähnlich *ep.* 43: 76,1f. mit Bezug auf Hesiod, *Erga* 764.

34 Zusätzlich zu den Briefen an Theophilos (hierzu unten ‚2.') vgl. z. B. *epp.* 4. 12–14. 28. 39. 72. 96–98. 128.

beiden Gruppen nur eine kleine Minderheit innerhalb der gut 60 Briefe dar, in denen Synesios überhaupt ‚Gott' erwähnt; in der überwiegenden Mehrzahl der Fälle kann der Leser der Briefe hingegen nur Vermutungen darüber anstellen, was der Briefschreiber an einer konkreten Briefstelle eigentlich genau meint, wenn er von ‚Gott' spricht.

Dies liegt nun freilich vor allem auch daran, dass in der Mehrzahl der Fälle das Sprechen von ‚Gott' auf bloße, nahezu formelhafte Nennungen reduziert ist. Mit wenigen Ausnahmen, auf die unten noch einzugehen sein wird,[35] findet nämlich eine im engeren Sinne theologische Auseinandersetzung in den im *Corpus* der synesianischen Briefe überlieferten Texten nicht statt.[36] Ähnlich wie in den bisher zitierten Beispielen finden sich meist nur kurze Ausdrücke oder kleine eingeschobene Sätze wie „mit Gott" (σὺν θεῷ), „Gott sei Dank" (θεῷ χάριν), „mit Gottes als Führer" (θεῷ ἡγεμόνι), „Gott ist mein Zeuge" (μαρτυρεῖ ὁ θεός, μάρτυς θεός), „was Gott gewähren möge" (ὃ δοίη … θεός), „dem möge Gott zur Seite stehen" (θεὸς παρείη) oder „Gott ordnete an" (θεὸς ἐπέταξε), „Gott verlieh" (ἔδωκεν θεός), „Gott ließ die Erde beben" (θεὸς ἔσειε) etc.[37]

Derart unspezifische Bezugnahmen auf ‚Gott' finden sich bekanntlich auch bei Autoren, die zu keinem Zeitpunkt ihrer Biographie Christen waren, ja sogar bei erklärten Gegnern des Christentums. So beschwören beispielsweise Libanios oder Julian zwar auch den (paganen) „Gott der Freundschaft"[38]. Doch liest man in ihren Briefen, zwar seltener, aber dennoch, Wendungen, die ähnlich oder gleich lauten wie diejenigen, die Synesios benutzt. Auch Julian und Libanios kennen kurze Einwürfe wie „mit Gott" (σὺν θεῷ), „das weiß Gott" (θεὸς οἶδε), „mit Gott als unserem Mitstreiter" (τοῦ θεοῦ συμμαχοῦντος ἡμῖν), „was auch immer Gott gewährt" (ὅτι ἂν ὁ θεὸς διδῷ) oder „Gott verlieh" (ὁ θεὸς ἔδωκεν), „wenn Gott will" (ἢν ὁ θεὸς ἐδέλῃ), „Gott ließ regnen" (ὁ θεὸς ὕσῃ), etc.[39] Auch sie bezeichnen damit meist einen nicht näher bestimmten

---

35 V. a. *epp.* 66 und 67, an Theophilos, vgl. ebenfalls unten ‚2.'.
36 Zu den Briefen im *Corpus* des Isidor von Pelusium vgl. unten ‚4'.
37 Vgl. in der Reihenfolge der Nennung *epp.* 108: 193,13; 131: 226,19; 132: 229,4; 143: 253,6. – *ep.* 7: 28,4 (vgl. *ep.* 26: 10,14). – *ep.* 145: 256,2. – *epp.* 101: 171, 7/8 (vgl. *ep.* 123: 211,6); 146: 257, 5/6. – *ep.* 149: 267,15. – *ep.* 139: 243, 13–15. – *ep.* 91: 153: 11. – *ep.* 51: 91, 6/7. – *ep.* 61: 101,1.
38 Vgl. z. B. Julian *ep.* 78: 85,1 oder Libanios *ep.* 476,1. – Hier und im Folgenden zitiere ich Julian unter Angabe von Seiten- und Zeilenzahl nach der Ausgabe von J. Bidez: L'Empereur Julien. Œuvres complètes. Tome I.2. Lettres et Fragments, Paris ²1960; Libanios unter Nennung der Paragraphen nach der Edition von R. Foerster: Libanii Opera. Vol. X. Epp. 1–839. Vol. XI Epp. 840–1544, Leipzig 1921. 1922 (ND Hildesheim 1963).
39 Vgl. in der Reihenfolge der Nennung Julian *ep.* 13: 20,8/9. – Libanios *ep.* 1430, 4, ähnlich *or.* 57,13. – Julian *ep.* 14: 22,21/2. – Libanios *ep.* 1265,2. – Libanios *ep.* 688,1; 947,5; Julian *ep.* 9: 16,7. – Libanios *ep.* 1066,3. – Julian *ep.* 89b: 157,21.

‚Gott', nicht etwa eine durch den Kontext erschließbare konkrete, namentlich benennbare Gottheit.

Aus derartigen, nicht näher erläuterten singularischen Erwähnungen lässt sich also wenig mehr als eine – zunächst situative – Konzentration des Schreibenden auf einen einzigen Gott erschließen.[40] Im Fall von Libanios und Julian greift man in diesen Fällen – neben ihrem Anknüpfen an den traditionellen Polytheismus – *eine* grundsätzliche Tendenz ihres religiösen Denkens.[41] Für Synesios, der anders als Libanios und Julian an keiner Stelle seines Œuvres auf den Beistand einer Mehrzahl von ‚Göttern' (θεοί) hofft,[42] fasst man mit seiner durchgängigen Orientierung hin auf einen einzigen Gott in den für sich genommen wenig aussagekräftigen Formeln der Briefe ein wesentliches Charakteristikum seines Gottesbegriffs.[43]

Nimmt man die, wie erwähnt, meist problematischen Datierungen der Briefe als ungefähre Anhaltspunkte, so lässt sich feststellen, dass die Frequenz derartiger kurzer Nennungen ‚Gottes' in den Briefen diachron betrachtet tendenziell zunimmt. Freilich wird man diesen Befund – zumal auf der (verglichen mit anderen spätantiken Briefcorpora)[44] eher schmalen Materialbasis – vorsichtig interpretieren: Vermutlich fassen wir hier kaum mehr als einen Wandel in der Ausdrucksweise des Kyrenaiers. Ob man darin schon eine Art Anpassung an

---

40 Ähnliches gilt *mutatis mutandis* auch für die bei Synesios so häufigen Anreden seiner Adressaten als „heiliges/göttliches/gottgeliebtestes Haupt" etc. (ἱερὰ/θεία/θεοφιλεστάτη κεφαλή); auch sie finden sich ebenfalls bei Libanios und (weit seltener) bei Julian, vgl. z.B. Libanios *epp.* 417, 1 (ἱερὰ κεφαλή), 482,3. 490,2. 802,1 (θεία κεφαλή), 987,5 (ἱερὰ κεφαλή) *et al. loc.* sowie Julian *ep.* 36: 63,14 (πάντα θεία καὶ ἱερὰ κεφαλή), vgl. auch *ep.* 4: 14,5.
41 Vgl. hierzu sowie zum Verhältnis von Julian und Libanios (mit weiterer Lit.) Smith, R.: Julian's Gods. religion and philosophy in the thought and action of Julian the Apostate, London; New York 1995; Wiemer, H.-U.: Libanios und Julian, Studien zum Verhältnis von Rhetorik und Politik im vierten Jh. n.Chr., München 1995.
42 Vgl. für das bei paganen Autoren geläufige „bei den Göttern" (νὴ τοὺς θεούς) z.B. Julian *epp.* 33: 61,11; 40: 63,19; 82: 140,10; 111: 188,20 oder Libanios *ep.* 503,4. Synesios verzichtet darauf ganz bewusst, vgl. hierzu ep. 154 (unten ‚2.')
43 Der zeitgenössische Platonismus kennt auch eine spezifische Form der monotheistisch ausgerichteten Gottesverehrung und Frömmigkeit, vgl. Esser, H. P.: Untersuchungen zu Gebet und Gottesverehrung der Neuplatoniker, Diss. Köln 1967; Dörrie, H.: Die Religiosität des Platonismus im 4. und 5. Jh., Entretiens 21, 1975, 257–281, so dass auch im Hinblick darauf eine allzu rasche Verortung als ‚christlich' nicht geboten scheint. S. hierzu a. unten Anm. 83.
44 Vgl. z.B. die Briefcorpora des Isidor von Pelusium (ursprgl. wohl 3000, jetzt mehr als 2000 Briefe), des Libanios (über 1500 Briefe) oder des Nilus von Ancyra (über 1000 Briefe).

christliche Sprachformen sehen kann, scheint mir aufgrund der geschilderten Beleglage für die Briefe nicht eindeutig entscheidbar.[45]

Für unsere Fragestellung nach der konkreten Umsetzung des Spannungsfeldes zwischen literarischer *Paideia*, Philosophie und Christentum, kann die bloße Nennung ‚Gottes' allein somit keinen Hinweis liefern. Man wird sie deshalb, soweit sie in der beschriebenen Weise auf Formelhaftes reduziert ist, bei einer Sichtung der Verteilung der Inhalte innerhalb des *gesamten* Brief-Corpus zunächst außer Acht lassen müssen.

Versucht man unter dieser Voraussetzung einen Überblick über die Verteilung der Inhalte innerhalb der gesamten Sammlung zu gewinnen, so lassen sich vier inhaltlich unterscheidbare Gruppen erkennen: Die größte – etwa[46] 65 Briefe – erlaubt, wie bereits bemerkt, kaum eine Aussage über ein spezifisches spirituelles oder intellektuelles Profil des Verfassers. Nur geringfügig weniger Briefe (knapp 60) weisen eindeutig auf paganes Bildungsgut: Viele dieser Briefe könnten auch von einem paganen Autor der Spätantike stammen. In nur 17 Briefen rekurriert Synesios eindeutig auf christliche Gedanken oder Themen[47] und in 10 Briefen schließlich findet sich paganes und christliches Gedankengut unmittelbar nebeneinander,[48] oftmals gleichsam in Engführung. Auffällig ist also schon bei einer solchen ersten, etwas schematischen Annäherung – über 60 ‚neutrale' zu etwa 60 pagan und 17 christlich geprägten sowie 10 ‚gemischten' Briefen – der ungleich höhere Anteil an überwiegend ‚paganen' Briefen gegenüber den überwiegend ‚christlichen'.

Um es nochmals zu betonen: Dies liegt nicht daran, dass wir – soweit wir überhaupt datieren können – etwa rein quantitativ mehr Briefe aus Zeiten hätten,

---

45 Vollenweider (s. Anm. 1), 13 konstatiert für Synesios insgesamt „eine zunehmende Tendenz, dieselben [sc. seine Gedanken] vermehrt mit Hilfe christlicher Sprach- und Denkformen auszudrücken".

46 Die hier und im Folgenden gegebenen Zahlen sollen eher eine Vorstellung von den Relationen des Gesamt-*Corpus* vermitteln, als dass sie absolut zu verstehen wären: Zumal bei den von mir als ‚neutral' bzw. ‚pagan' klassifizierten Briefen kann man über die Zuweisung zu einer der beiden Gruppen sicherlich in einzelnen Fällen verschiedener Meinung sein; so lässt sich z.B. bisweilen die Frage möglicher (dann traditionell paganer) Personifikationen m.E. nicht eindeutig klären (vgl. z.B. *ep.* 47: 86,4: τῇ προ-νοίᾳ). In der Regel habe ich Briefe, die fast nur auf der Grundlage derartiger einzelner, m.E. nicht völlig eindeutiger Ausdrücke als dezidiert ‚pagan' zu klassifizieren gewesen wären, der Gruppe der ‚neutralen' Briefe zugerechnet; eine Lektüre aller Briefe des *Corpus* zeigt nämlich, in wie hoher Dichte und Eindeutigkeit Synesios den paganen Bildungshorizont in allen seinen Facetten auch innerhalb eines einzigen Briefes zu evozieren vermag. In diesem Sinne verzichte ich hier auf eine Auflistung aller 156 Briefe, für die Briefe an die wichtigsten Adressaten vgl. unten Anm. 51.

47 Vgl. *epp.* 4, 9, 12–14, 28, 39, 66, 67, 69, 72, 76, 90, 96–98, 128.

48 Vgl. *epp.* 11, 41, 42, 79, 89, 95, 105, 121, 126.

in denen Synesios sich explizit v.a. mit paganer Bildungstradition beschäftigte, etwa aus der Studienzeit oder der Zeit der Athenreise. Nicht diachron lassen sich gewisse Gesetzmäßigkeiten hinsichtlich der inhaltlichen Organisation des Brief-*Corpus* feststellen, sondern synchron, nach Maßgabe des Adressatenbezuges: Abgesehen von drei Ausnahmen[49] lässt sich nämlich eine eindeutige Korrelation zwischen der Verteilung von paganem und christlichem Gedankengut und dem jeweiligen Empfänger eines Briefes ausmachen.[50]

Offenbar schreibt Synesios *in der Regel* nicht an ein und denselben Adressaten einen rein pagan geprägten und dann ein andermal, und sei es Jahre später, einen ausschließlich christlich geprägten Brief (oder umgekehrt).[51] Paganer und christlicher Diskurs unterliegen demnach in diesen Briefen keineswegs einer vergleichbaren Amalgamierung wie etwa in den *Hymnen*. Zwar schließen sie einander keineswegs völlig aus, wie die ‚gemischten' Briefe zeigen, auf die unten (vgl. ‚3.') noch einzugehen sein wird. Trotzdem aber bedeuten (vorwiegend) paganer und (vorwiegend) christlicher Diskurs dem Briefeschreiber Synesios offenbar zwei verschiedene, je zu differenzierende Kommunikationssysteme, die adressatenbezogen zum Einsatz kommen. Dass sich diese Differenzierung zwischen paganem und christlichem Diskurs teilweise bis in die stilistische Ebene hinein verfolgen lässt,[52] wird im Folgenden zu zeigen sein.

---

49 Es handelt sich um die Briefe an Anysios (neutral: *epp.* 34, 59, 77, 78, 94 ϑ [ϑ = Gottes-Erwähnung]; pagan: *ep.* 6; christl.: *ep.* 14 ϑ; gemischt: –), Olympios (neutral: *epp.* 133, 149 ϑ; pagan: *epp.* 99 ϑ, 148; christl.: *epp.* 44, 96 ϑ, 97 ϑ, 98 ϑ; gemischt) und Simplikios (neutral: *ep.* 24; pagan: *ep.* 130; christl.: *ep.* 28 ϑ; gemischt: –).

50 Adressaten, die entweder nur einen einzigen Brief oder nur ‚neutrale' Briefe erhalten haben, bleiben im Folgenden unberücksichtigt, da sie keine Aussage hinsichtlich der Regelhaftigkeit einer derartigen Korrelation zulassen.

51 Anastasios: neutral: *ep.* 22; pagan: *epp.* 40 ϑ, 48; christl.: –; gemischt: *ep.* 79 ϑ. – Aurelianos: neutral: *epp.* 35, 37; pagan: *ep.* 31 ϑ; christl.: –; gemischt: –. – Bischöfe: neutral: –; pagan: –; christlich: *ep.* 72 ϑ; gemischt: *epp.* 41 ϑ, 42 ϑ. – Euoptios: neutral: 19 Briefe (davon 3 mit ϑ); pagan: 17 Briefe (davon 4 mit ϑ); christl.: –; gemischt: 3 (davon 2 mit ϑ). – Herkulianos: neutral: *epp.* 141, 144, 145 ϑ; pagan: *epp.* 137 ϑ, 138 ϑ, 139 ϑ, 140, 142, 143 ϑ, 146 ϑ; christl.: –, gemischt: –. – Hypatia: neutral: *epp.* 10, 15, 16, 124; pagan: *epp.* 46, 81, 154 ϑ; christl.: –; gemischt: – Nikander: neutral: –; pagan: *epp.* 1; 75; christl.: –; gemischt: –; Pentadios: neutral: 29 ϑ; pagan: 30; christl.: –; gemischt: –. – Priester: neutral: –; pagan: –; christl.: *ep.* 4 ϑ (*ep.* 13); gemischt: *ep.* 11 ϑ. – Pylaimenes: neutral: 7 Briefe (davon 1 mit ϑ); pagan: 8 Briefe (davon 5 mit ϑ); christl.: –; gemischt: –. – Theophilos: neutral: *ep.* 68; pagan: –; christl.: *ep.* 9 ϑ, 66 ϑ, 67 ϑ, 69 ϑ, 76, 90 ϑ; gemischt: –. – Theotimos: neutral: *ep.* 49 ϑ; pagan: *ep.* 51 ϑ; christl.: –; gemischt: –. – Troïlos: neutral: *epp.* 26 ϑ, 91 ϑ, 118; pagan: *epp.* 73 ϑ, 112, 123 ϑ; christl.: –; gemischt: –.

52 Vgl. zum rhetorischen Schmuck der Briefe allgemein Simeon (s. Anm. 13), 40–53.

Ähnlich verhält es sich mit den Erwähnungen ‚Gottes': Betrachtet man ihre Verteilung auf derart, nach Maßgabe des Inhalts gebildete Brief-Gruppen, so sieht man erstens – recht naheliegend –, dass in denjenigen Briefen, die ihren Verfasser als Christen zu erkennen geben, also in den oben als ‚christlich' bzw. ‚gemischt' bezeichneten, nur in dreien (*epp.* 44. 76. 147) die Gottes-Erwähnung fehlt; in den ‚neutralen' bzw. ‚paganen' Briefen ist dies natürlich weitaus öfter der Fall. Zweitens aber lässt sich festhalten, dass auch die Häufigkeit der Gottes-Nennungen über die bloße diachrone Zunahme und die gesteigerte Anzahl in christlichem Kontext hinaus tendenziell vor allem vom jeweiligen Adressaten abhängig zu sein scheint.[53]

Dies mag, abstrakt beschrieben, zumal im Hinblick auf einen längeren Zeitraum des Verfassens von Briefen an eine größere Gruppe von Adressaten, gezwungen erscheinen; hält man sich jedoch die aktuelle Produktionssituation vor Augen verliert sich dieser Eindruck m. E. sofort: Ob man nun mit der antiken Theorie die Perspektive von der ‚einen Seite eines Dialogs'[54] einnimmt oder im Verfassen eines Briefes einen Akt der Selbstpräsentation[55] bis hin zur Autofiktion[56] sehen möchte: Immer steht dem Verfasser des Briefes ein konkreter Empfänger vor Augen, an dessen individuelles Profil er – anders als bei einer anonymen größeren Hörer- oder Leserschaft – nicht nur den intellektuellen Horizont seines Schreibens allgemein, sondern auch die Präsentation der eigenen Person, gegebenenfalls eben auch durch Auslassung bzw. Selektion, anpassen wird. Der Synesios der Briefe tut dies nicht starr, gelegentlich scheint der Rhetoriker Synesios den an einen konkreten Empfänger und aktuellen Anlass gebundenen Briefe-

---

53 So begegnen die Gottes-Erwähnungen in den Briefen an Hypatia äußerst selten (in einem von insgesamt 7 Briefen), in denen an Herkulianos aber relativ häufig (in 7 von insgesamt 10 Briefen), beide Briefgruppen enthalten keinerlei Hinweise auf christliches Gedankengut, vgl. oben Anm. 33; um hier mit größerer Sicherheit Aussagen treffen zu können, bedürften wir aber wohl insgesamt einer größeren Anzahl von Briefen, in denen eine solche Erwähnung stattfindet.

54 Die wichtigsten antiken Texte zur Brieftheorie sind gesammelt bei Malherbe, A. J. (Hg.): Ancient Epistolary Theorists, Atlanta 1988 (= Society of Biblical Literature. Sources for Biblical Study. 19).

55 Ich folge hier dem Begriff im Sinn eines Interaktions-Geschehens wie ihn Ludolph, M.: Epistolographie und Selbstdarstellung. Untersuchungen zu den ‚Paradebriefen' Plinius des Jüngeren, Tübingen 1997 (= Classica Monacensia. 17), hier v. a. 29–40 im Anschluss an E. Goffman fasst.

56 Mit diesem, vor allem in der Autobiographieforschung vorgeschlagenen Begriff (vgl. Wagner-Egelhaaf, M.: Autobiographie, Stuttgart; Weimar 2000, 5) wird der Brief zu einem Medium, in dem sich sein Autor durch den auf den Adressaten gerichteten Schreibakt gleichsam selbst erschafft.

Schreiber Synesios fast zu übervorteilen.⁵⁷ In der Regel aber lässt sich eine passgenaue Abstimmung auf den jeweiligen Adressaten feststellen.

Wie diese konkret aussieht, soll im Folgenden zunächst anhand derjenigen Briefe dargestellt werden, deren Gehalt eine eindeutige Aussage über das intellektuelle bzw. spirituelle Profil ihres Verfassers erlaubt.

2. Christlich vs. Pagan – Die Briefe an Theophilos und Hypatia

In diesem Sinn wird man sich zunächst denjenigen Briefen zuwenden, die an Synesios' lebenslange Hauptbezugspersonen im paganen bzw. christlichen Bereich adressiert sind: denen an seine philosophische Lehrerin Hypatia⁵⁸ und denjenigen an Theophilos,⁵⁹ den Patriarchen von Alexandria. Er war Synesios' Vorgesetzter als Bischof, hatte ihn schon vorher getraut, so dass man einander wohl freundschaftlich verbunden war. Tatsächlich ergibt sich bei beiden Briefgruppen ein relativ homogenes Bild.

An Theophilos richtet Synesios insgesamt acht Briefe; dominierendes Thema sind Fragen oder Berichte des Bischofs Synesios an seinen Patriarchen. Zwei der Briefe (*epp.* 68. 80) an Theophilos verhandeln lediglich gemeinsame Bekannte, so dass man ihnen kaum ansieht, dass sie an einen Kirchenmann adressiert sind;⁶⁰ die übrigen sechs (*epp.* 9. 66/7. 69. 76. 90) rekurrieren ausdrücklich und nahezu ausschließlich auf vom kirchlichen Umfeld bestimmte Themen, freilich meist auf konkrete Fragen hinsichtlich bestimmter innerkirchlicher Verwaltungsakte.

---

57 Ein besonders deutliches Beispiel hierfür stellt z.B. *ep.* 121 dar; vgl. unten S. 57f.
58 Die Lit. zu Hypatia von Alexandria (PLRE II s.v. Hypatia 1, 575/6) ist Legion. Einen Überblick vermittelt die Monographie von Dzielska, M.: Hypatia of Alexandria, Cambridge, Mass. 1995; von den neueren Beiträgen zu ihrem Bild in den Briefen des Synesios seien stellvertretend für vieles andere genannt: Hose, M.: Der Bischof und die Philosophin. Über die Inszenierung eines Paares in den Briefen des Synesios an Hypatia, in: A. Heitmann u.a. (Hgg.): Bi-Textualität. Inszenierungen des Paares. Ein Buch für Ina Schabert, Berlin 2001 (= Geschlechterdifferenz und Literatur. 12), 323–333; Harich-Schwarzbauer, H.: Erinnerungen an Hypatia von Alexandrien. Zur fragmentierten Philosophenbiographie des Synesios von Kyrene, in: Feichtinger, B., G. Wöhrle (Hgg.): Gender studies in den Altertumswissenschaften. Möglichkeiten und Grenzen, Trier 2002 (= Iphis. 1), 97–108; eine neuere dt. Übers. bietet Kehl, A.: Die Briefe des Philosophen und Bischofs Synesios an die Philosophin Hypatia in Alexandria ins Deutsche übersetzt, in: M. Hurter u.a. (Hgg.): Hairesis. FS für K. Hoheisel zum 65. Geburtstag, Münster 2002 (= JbAC Ergänzungsband. 34), 281–286.
59 Theophilos war von 385–412 Patriarch von Alexandria, vgl. zu ihm Roques (s. Anm. 9), 110, Anm. 2, dort weitere Lit.
60 In *ep.* 80 spricht Synesios von einem Brief des Theophilos als „von deiner heiligen Hand" (ἐπιστολὴν τῆς ἱερᾶς σου χειρός 146,1), doch gilt für diese Wendung dasselbe wie oben für die Anrede „heiliges Haupt" o.ä. dargelegt.

Nur einmal, in einem besonders langen Brief (*ep.* 66),[61] nähert sich Synesios dabei im weitesten Sinn theologischen Fragestellungen an: Neben einer Exkommunikation und verschiedenen Streitigkeiten zwischen anderen Bischöfen geht es hier vor allem um die Einsetzung eines Bischofs, die gegen die Vorschriften des Nizaenums erfolgt war und die Synesios gerne im Nachhinein durch Theophilos legitimiert sähe. Synesios argumentiert mit der durch die ‚Häretiker' teilweise arg bedrängten Situation in den Gemeinden und schreibt: „Aber in Momenten, in denen es nicht mehr möglich ist, sich frei zu äußern, ist es ja eine Notwendigkeit, die Vorschriften weniger streng zu befolgen."[62]

Das damit aufgeworfene Problem des Entscheidungsspielraums einzelner kirchlicher Würdenträger wird freilich im Folgenden nicht weiter ausgeführt. Synesios beeilt sich vielmehr, gleichsam kompensatorisch, in unmittelbarem Anschluss den „Funken der Orthodoxie" (τῆς ὀρθοδοξίας σπινθῆρα *ep.* 66: 109, 9/10) zu preisen. Genauso verfährt er auch bei den im weiteren Verlauf des Briefes aufgeworfenen Fragen, unter welchen Voraussetzungen ein Ort heilig zu nennen sei (111,14–113,5), oder wo die Grenze zwischen Aberglauben (δεισιδαιμονία) und rechter Frömmigkeit (εὐσέβεια) gezogen werden müsse (v. a. 113,16–114,6).

Im Hinblick auf die rhetorische Formung sind die Briefe an Theophilos schlichter als die von literarischem Ehrgeiz geprägten außerhalb des kirchlichen Kontextes. Dieser Eindruck stellt sich vor allem auch dort ein, wo Synesios wiederholt Zitate des Alten oder Neuen Testaments mit ihrer oft reihend-parataktischen Ausdrucksweise verwendet. Völlig abwesend sind literarische Maßstäbe freilich auch hier nicht. So rühmt Synesios (*ep.* 9) etwa an einem Osterbrief des Theophilos zwar auch den „ungemein großen Zugewinn für die Lehre Christi" (29,15–30,1: μεγίστη προσθήκη τῷ διδασκαλείῳ τοῦ χριστοῦ). Wenn er dann aber in einem eleganten Chiasmus vor allem „die Größe der Gedanken und des Ausdruckes Anmut" lobt, fühlt man sich doch gänzlich an die Artikulationsformen und ästhetischen Maßstäbe traditioneller paganer Bildung erinnert.[63]

Ähnliches gilt – erwartungsgemäß – auch für diejenigen Briefe, die Synesios ausdrücklich in seiner klerikalen Funktion versendet, also Briefe an andere Priester oder Bischöfe, sowie für die große Schmährede auf den dem Synesios

---

61 Die Datierung des Briefes ist unsicher: Roques (s. Anm. 9), 173 datiert auf zweite Hälfte 407, Garzya 1989 (s. Anm. 17), 180 auf 411.
62 *Ep.* 66: 109,6: Ἀλλ' ἀνάγκη γὰρ ἐν καιροῖς ἀπαρρησιάστοις τὴν ἀκρίβειαν παραβαίνεσθαι.
63 Vgl. *ep.* 9: 30,3–5: … τὸ μὲν τῷ μεγέθει τῶν νοημάτων τὸ δὲ τῶν ὀνομάτων τῇ χάριτι.

verhassten Praes Andronikos, in unserer Sammlung geführt als *ep.* 41[64]: Hier bedient sich Synesios, zumindest am Anfang der Rede, eines ganzen Repertoires von Zitaten aus Neuem und Altem Testament.[65] Den Gestus dessen, der in den „heiligen Worten [sc. der Schrift]" nur unzureichend bewandert sei, legt er freilich trotzdem nicht ab,[66] um dann in unmittelbarem Anschluss doch wieder auf den Fall des alttestamentarischen Babylonierkönigs Senacherim anzuspielen, der durch „Gottes Gericht" (δίκῃ θεοῦ 52,13) bestraft worden sei.[67] Nur etwa eine Handvoll Briefe an Laien rekurrieren ähnlich eindeutig auf christliche Inhalte,[68] nur in einem einzigen Fall (*ep.* 28) knüpft sich eine konkrete Handlungsanweisung unmittelbar an ein Bibelwort.[69] Der Christus-Name oder ein Bezug auf das Heilsgeschehen in Christo findet sich auch in dieser gesamten ‚christlichen' Briefgruppe eher selten.[70] Im engeren Sinn theologische Auseinandersetzung, etwa in Form eines theoretischen Ringens um bestimmte kirchliche Dogmen, findet in diesen Briefen nirgends statt.

Betrachtet man nun demgegenüber die Briefe an Synesios' philosophische Lehrerin Hypatia, ergibt sich zunächst ein ähnlich eindeutiges Bild: Synesios' sieben Briefe an Hypatia (*epp.* 10. 15. 16. 46. 81. 124. 154) sind alle geprägt von der *einen* Hauptfunktion, eine enge persönliche Beziehung zur Lehrerin weiterzuführen bzw. wieder aufzunehmen, meist in Form von Klage und Bitte um seelischen Beistand. Dementsprechend sind auch hier wieder zwei Briefe (*epp.* 10. 16) kaum einer bestimmten intellektuellen Ausrichtung zuzuordnen, da sie ganz auf individuell-zwischenmenschlichen Zuspruch abzielen. Ein weiterer Brief rekurriert auf naturwissenschaftliches Gerät (*ep.* 15) und macht den Verfasser dadurch für den Kundigen wohl als Mitglied eines vor allem auch auf mathematisch-naturwissenschaftliche Kenntnisse abzielenden (neu-)platonischen Kreises kennt-

---

64 Roques (s. Anm. 9) und Garzya 1989 (s. Anm. 17), 120 datieren übereinstimmend auf 412; zu Andronikos vgl. PLRE II, s.v. Andronicus 1, 89–90.
65 Vgl. den Apparat bei Garzya 1979 (s. Anm. 17) *ad loc.*
66 Vgl. *ep.* 41: 52, 7–9: „Ich habe zwar nun die heiligen Worte [τὰς ἱερὰς συλλαβας] nicht wörtlich, Silbe für Silbe, auswendig gelernt [ἐξεμελέτησα], bin mir aber sicher, dass es eine Stelle in der Schrift gibt [i.e. Jer. 27,9], wo Gott mit diesen Worten bezeugt ist."
67 Vgl. *ep.* 41: 10–14 mit 2. Kön. 18f.
68 Vgl. z.B. v.a. *epp.* 44 sowie 96–98 an Olympios.
69 Es handelt sich wieder um einen sehr kurzen Brief(-Ausschnitt?), der deshalb – *pace* Roques (s. Anm. 9), 121, wohl kaum datierbar ist; Simplikios, an den auch *epp.* 24 und 130 adressiert sind, ist ranghoher Magistrat, vgl. PLRE II, s.v. Simplicius 2, 1013f. – *Ep.* 28: *An Simplikios*: „Gott sagt, man müsse Schuld vergeben [ἀφιέναι ... τὰ ὀφειλήματα, vgl. mit Garzya *ad loc.* Matth. 6,12f. 14f., Luk. 11,4]. Der eine schuldet nun eine Summe Geld, der andere Rechenschaft. Wer also darauf verzichtet, diese Rechenschaft gerichtlich einzufordern, der gehorcht Gott."
70 Vgl. hier wiederum v.a. die *epp.* 66 und 67.

lich.⁷¹ Drei Briefe jedoch weisen eindeutig auf traditionelle literarische Bildung, teilweise in wörtlichem Zitat: So beklagt Synesios etwa in *ep.* 81 mit den Worten des greisen Priamos aus Homers *Ilias* einmal mehr den Verlust seiner Söhne oder empfiehlt der Philosophin einen Bekannten an, indem er sich in die Rolle der Echo aus Platons *Kriton* begibt.⁷² Meist ist in diesen Briefen die Wortwahl gesuchter, die Syntax aufwändiger als in denen an Theophilos. Doch treibt Synesios die rhetorische Stilisierung nur selten einmal bis an die Grenzen seiner Möglichkeiten. Dies entspricht seiner Selbstpräsentation als ein der Zuwendung der ‚großen Lehrerin' bedürftiger ‚Schüler', so dass man hier beispielsweise die in den Briefen an den Bruder (vgl. zu diesen unten ‚3.') oftmals so dichte Folge witzig-manierierter Einfälle und Formulierungen vergebens sucht.

Auch die üblichen beiläufigen Nennungen ‚Gottes' sind in den Briefen an Hypatia äußerst selten. Beteuerungs- oder Grußformeln unter Nennung ‚Gottes' fehlen ganz. Der Anschaulichkeit halber sei hier das Ende eines kurzen Briefes an die Philosophin einem Abschiedsgruß an Synesios' Freund Olympios gegenüber gestellt. An Olympios,⁷³ bei dem es sich immerhin auch um einen ehemaligen Schüler der Philosophin handelt, schreibt Synesios (*ep.* 97: 165, 4–9)⁷⁴:

Lebe gesund und glücklich, der Du in der Gnade Gottes stehst (θεῷ κεχαρισμένε), mein dreifach ersehnter Kamerad (ἑταῖρε τριπόθητε)! Hoffentlich ist uns wieder einmal das Glück einer Zusammenkunft vergönnt, und Du reist nicht ab, bevor wir

---

71 Für den Kenner mag sich Synesios mit diesem Brief auf die naturwissenschaftlichen Interessen bezogen haben, die Hypatia besonders durch ihren Vater Theon (PLRE I, s.v. Theon 3, 907) kennengelernt hat; vgl. zu dieser Ausrichtung alexandrin. Gelehrsamkeit sowie zu dem von Synesios beschriebenen Instrument Raïos, D. R.: Archimède, Ménélaos d'Alexandrie et le ‚Carmen de ponderibus et mensuris', Ioannina 1989, 125–131.

72 Vgl. *ep.* 81: 146,11 das wörtliche Zitat des entsprechenden *Ilias*-Verses (*Il.* 22,44): ὅς μ' υἱῶν πολλῶν τε καὶ ἐσθλῶν εὖνιν ἔθηκεν: „der mich vieler und edler Söhne beraubt hat"; den Rekurs auf paganes Traditionsgut setzt Synesios bis zum Ende des Briefes fort; will man mit Garzya 1979 (s. Anm. 17) *ad ep.* 81: 146,14 die Wendung „ich hasse die Ungerechtigkeit" (μισῶ ... τὴν ἀδικίαν) auf *Septuag.* Ps. 118,13 bzw. Prov. 28,16 beziehen, so hätte man hier ein kleineres christliches ‚Einsprengsel' vor sich. – Zu *ep.* 46: 86,2/3 vgl. Platon, *Crit.* 54D. Freilich beträgt auch hier wieder der Text, der uns als *ep.* 46 überliefert ist, nur zwei Zeilen. Garzya nimmt an, dass uns der Fortgang des Briefes verloren ist, so dass wir hier nicht sicher sein können, ob Synesios im (möglichen) weiteren Verlauf des Briefes den dezidierten Verweis auf paganes Bildungsgut beibehält.

73 Vgl. PLRE II s. v. Olympius 1, 800f. Gegenüber Olympios, mit dem ihn offenbar eine herzliche Freundschaft verbindet, nimmt Synesios oftmals die Haltung eines ‚Mahners zur Philosophie' ein. Zur gemeinsamen Schülerschaft bei Hypatia vgl. *ep.* 133.

74 Roques (s. Anm. 9), 351 datiert auf erstes Halbjahr 398, Garzya 1989 (s. Anm. 17), 249 datiert relativ „etwas vor *ep.* 98", die er 251 auf 402/3 setzt.

einander getroffen haben. Wenn es aber Gott irgendwie anders geraten scheint (εἰ δὲ θεὸς ἄλλῃ πῃ βεβούλευται), denke an mich, auch wenn ich nicht bei Dir bin. Bessere als Synesios wirst Du nämlich viele finden, aber wohl keinen, der Dir mehr zugetan ist.

An Hypatia (*ep.* 16: 37, 3–9)[75]:

> Du selbst bist hoffentlich gesund und grüßt meine glückseligen (μακάριοι) Gefährten, [es folgen deren Namen], alle ohne Ausnahme. Und wenn noch jemand zu ihnen gestoßen ist, so dass Du ihm gewogen bist, ich ihm deswegen aber Gunst schulde, eben weil Du ihm gewogen bist, dann grüße auch jenen von mir als einen allerliebsten Freund. Was nun meine Angelegenheiten betrifft: Wenn sie Dir irgendwie am Herzen liegen (εἴ τι σοι μέλει), handelst Du großzügig; wenn aber nicht, dann sollen sie auch mir gleichgültig sein.

Vergleichbar sind die beiden Briefschlüsse sowohl in ihrem variierenden Bezug auf die traditionelle *formula valetudinis* und in ihrem philophronetischen Anliegen (Freundschaftsversicherung) als auch in ihrem Bemühen um das Erzeugen intensiver Emotionalität. In *ep.* 97 beschließt Synesios mit den zitierten Zeilen eine besorgte Frage nach Olympios' Gesundheit (vgl. *ep.* 97: 164, 12–14); im Brief an Hypatia gar eine verzweifelte Klage über den Tod der eigenen Kinder (vgl. v. a. *ep.* 16: 36,9–37,2).

Wo jedoch gegenüber Olympios ‚Gott' (θεός) sowohl zum Garanten der Vortrefflichkeit des Adressaten als auch zu derjenigen Instanz wird, welcher Synesios die letzte Entscheidung über die konkrete Umsetzung der freundschaftlichen Beziehungen überlässt, steht im Brief an Hypatia diese selbst. Ihr gegenüber konstruiert Synesios in *ep.* 16 einmal mehr eine bewusst asymmetrische Beziehung, deren Begründung („Gewogen sein" der Hypatia), Vollzug (Freundeskreis, Zuwendung der Hypatia) und Bedingungen („wenn sie *Dir* am Herzen liegen …") ausschließlich Hypatia anheimgestellt werden. Kein ‚Gott' stiftet hier die Gemeinschaft, die über eine bloße persönliche Bekanntschaft sogar noch hinausgeht („Und wenn noch jemand zu ihnen gestoßen ist …" etc.), sondern die Adressatin selbst ist Bedingung und Zentrum des hier mit wenigen Worten entworfenen Freundeskreises. Dies ist insofern typisch für Synesios' Briefe an die Philosophin, als man in ihnen bisweilen fast den Eindruck gewinnt, dass Synesios Hypatia selbst an die Stelle der anzurufenden metaphysischen Instanz setzt.[76]

---

[75] Roques (s. Anm. 9), 26, zweite Anm. 1 datiert auf Mai erstes Drittel 413; Garzya 1989 (s. Anm. 17), 103 setzt den Brief ebenfalls in die letzte Lebensphase: „ultime parole, con l'*ep.* 10, prima della morte."

[76] In dieser Hinsicht belegt die durch die Erwähnung des Todes der Kinder relativ sicher als ‚spät' (vgl. oben Anm. 75) datierbare *ep.* 16 außerdem zweierlei: Zum einen zeigt sie – einmal mehr gegen jede Form von Bekehrungsthese – eindeutig, dass Synesios auch nach seiner Bischofsweihe sich durchaus eines Diskurses bedient, der keine

Dem korrespondiert der stets überschwängliche Lobpreis, mit dem er auch gegenüber Adressaten aus dem gemeinsamen Bekanntenkreis auf sie Bezug nimmt: Sie ist „Mutter und Schwester und Lehrerin" (*ep.* 16), an die Synesios ‚sich auch im Hades erinnern wird' (*ep.* 124) und an die er denkt als „die ehrhabenste und gottgeliebteste Philosophin" (*ep.* 5) inmitten der „glücklichen Schar derer, die sich an ihrer göttlichen Stimme erfreuen dürfen", „als wahre Führerin (ἡ γνησία καθηγεμών) zu den Mysterien der Philosophie" (*ep.* 137).[77]

Wie der Patriarch Theophilos „heiligster und weisester" (*ep.* 9), „erlauchtester Vater" (*ep.* 66) ist, von dessen Zustimmung als „dem wichtigsten" die Entscheidungen des Kirchenmannes Synesios abhängen (*ep.*76),[78] so ist Hypatia gleichsam die intellektuelle und spirituelle „Führerin" des Philosophen Synesios. – ‚Führerin wohin?' möchte man fragen. Nur zu Hypatia selbst in die philosophische Gemeinschaft Alexandrias? – In manchen der Briefe hat man, wie gesagt, beinahe diesen Eindruck.

Einmal aber, in einem der zeitlich früheren Briefe (*ep.* 154),[79] der Schriften des Synesios begleitet, die er Hypatia mit der Bitte um Kenntnisnahme und Kritik schickt, spricht Synesios auch Hypatia gegenüber – offenbar völlig unbefangen – von ‚Gott' (θεός): Synesios grenzt sich dort ab einerseits von paganen (v. a. kynischen) Popularphilosophen, die „andauernd" – Kontext und Tonfall machen klar: inkompetente und substanzlose – „Gespräche über Gott" führen, die nur in „eine ihrer unschlüssigen Schlussfolgerungen" münden können.[80] Andererseits

---

christlichen Spuren trägt; zum anderen wird hier klar, dass auch die oben konstatierte diachrone Zunahme der Frequenz der ‚Gottes'-Nennungen kein starr angewendetes Prinzip darstellt.

77 Vgl. in Reihenfolge der Nennung *ep.* 16: 36,5; *ep.* 124: 212, 11 ff.; *ep.* 5: 25,19–26,1; *ep.* 137: 237,11–13; s.a. *ep.* 10: 30,7: „glückselige Herrin", 31,1/2; „deine göttlichste Seele".
78 Vgl. in Reihenfolge der Nennung *ep.* 9: 29, 14; *ep.* 66: 105, 14 und 110,5; *ep.* 76: 135,19.
79 Roques (s. Anm. 9), 423 datiert auf 404, Garzya 1989 (s. Anm. 17), 371 auf 405.
80 Vgl. *ep.* 154: 272, 13–16: οἱ μὲν ... προχειρότατοι ... εἰσὶ περὶ τοῦ θεοῦ διαλέγεσθαι (οἷς ἂν ἐντύχῃς, εὐθὺς ἀκούσῃ τινὰ περὶ τῶν ἀσυλλογίστων συλλογισμῶν), ... – Synesios bezeichnet seine Gegner in diesem Brief als ‚Weißmäntel' bzw. ‚Schwarzmäntel'. Die Bedeutung beider Begriffe ist äußerst umstritten. Vgl. zur Diskussion zuletzt Aujoulat (s. Anm. 7), 101–106, dort ältere Literatur, von der hier nur Treu, K. (Hg.): Synesios von Kyrene. Ein Kommentar zu seinem ‚Dion', Berlin 1958 (= TU 71.V.16), 5ff. hervorgehoben sei; Treu diskutiert die Identifikation der ‚Schwarzmäntel' mit a) kynischen *und* christlichen bzw. b) ausschließlich paganen Wanderpredigern und entscheidet sich überzeugend für b), wie bereits Lacombrade (s. Anm. 2), 148. Im Hinblick auf die zweite von Synesios inkriminierte Gruppe folge ich ebenfalls Lacombrade (s. Anm. 2), 148 der die ‚Weißmäntel' als nicht populäre, i.e. esoterisch orientierte pagane Philosophen identifiziert. Beide Gruppen lehnen aus unterschiedlichen Gründen ‚Bildung' im Sinne des Synesios, d.h. vor allem auch die literarischen Erzeugnisse ihrer Gegenwart, ab.

distanziert sich Synesios von esoterisierenden Philosophen und damit auch von denjenigen unter den Platonikern, die „in einem fort Schwüre stammeln wie ‚ja, wenn die Götter [Plural!] wollen', ‚nein, wenn die Götter nicht wollen'".[81] Und noch konkreter wird Synesios: Er selbst habe das zweite der übersandten Werke auf Gottes Weisung hin verfasst: „Gott" habe die Schrift „angeordnet und auch geprüft".[82]

Nun ist es prinzipiell denkbar, dass Synesios hier auch gegenüber seiner paganen Lehrerin auf christliche Vorstellungen rekurriert.[83] Der Kontext dieser Äußerungen weist freilich in eine andere Richtung: Synesios bezieht sich hier auf sein *Traumbuch* (Περὶ ἐνυπνίων),[84] eine Schrift, die sich zunächst in die Tradition von Traktaten über die mantische Funktion von Träumen einzureihen scheint. Tatsächlich diskutiert Synesios im *Traumbuch* aber vor allem auch den Begriff der *phantasia*, jenen „Sinn der Sinne" (αἴσθησις αἰσθήσεων *De insomn.* 5,2), jenes „Organ, das dem Menschen den Inhalt seiner Seele erst zum Bewusstsein bringt", mittels dessen er zur Erkenntnis gelangt, indem „die ‚Abdrücke' der Seele von der *Phantasie* gespiegelt werden".[85] Synesios' in diesem, ihm so wichtigen Punkt einigermaßen komplexe Überlegungen vollständig zu referieren, ist hier nicht der Platz. Doch mögen schon die wenigen, hier möglichen Hinweise einen Eindruck davon vermittelt haben, dass Synesios in *De insomniis* über weite Strecken nicht etwa Traummantik im engeren Sinn verhandelt, sondern vor allem

---

81 Vgl. *ep.* 154: 273, 10/11: ἀπὸ μόνου τοῦ τοὺς θεοὺς ἀπομόσαι καὶ κατομόσαι Πλατωνικῶς. Diese Gruppe charakterisiert Synesios als „noch verfluchtere Sophisten" (273,6: κακοδαιμονέστεροι σοφισταί), die sich erst „am Mittag ihres Lebens der Philosophie zuwandten." (273,9/19).
82 Vgl. *ep.* 154: 276, 10: Θάτερον δὲ θεὸς καὶ ἐπέταξε καὶ ἀπέκρινεν, vgl. 276, 20/1: καί τις ὀμφή με θεία περιχεῖται.
83 Gerade auch der alexandrinische Platonismus kennt eine Art „monotheistischer Grundlagenphilosophie" (Vollenweider 1985 [s. Anm.1], 16 unter Verweis auf Saffrey, H. D., L. G. Westerink: Proclus. Théologie platonicienne. 3, Paris 1978, LXXVI), die „nun auch den Verkehr mit den zahlreichen Christen" erleichterte (Zitat ebenfalls Vollenweider a. a. O.); vgl. aber auch oben Anm. 8.
84 Vgl. zu wichtigen Aspekten der Schrift die Einleitung in Lang, W.: Das Traumbuch des Synesius von Kyrene. Übers. und Analyse seiner philosophischen Grundlagen, Tübingen 1926 sowie Susanetti, D. (Hg.): Sinesio di Cirene. I Sogni. Introd., trad. e comm., Bari 1992 (= studi e commenti. 10) und die knappen Ausführungen in Cox Miller, P.: Dreams in Late Antiquity, Princeton 1994, 71–73 sowie zuletzt Aujoulat (s. Anm. 7), 187–267.
85 Die beiden letzten Zitate sind Langs (s. Anm. 84), 45 Paraphrase von *De insomn.* 4, 1 (134); die *capp.* 4–10 bilden den philosophischen Kern der gesamten Schrift. Zur speziellen Ausprägung der *phantasia* bei Synesios vgl. Aujoulat, N.: Les avatars de la Phantasia dans le Traité des songes de Synésios de Cyrène, KOINΩNIA 7, 1983, 157–177 und a. a. O. 8, 1984, 33–55 sowie zuletzt ders. (s. Anm. 7), 208–222.

eine stark idiosynkratische, tendentiell aber neuplatonische Seelenlehre. In dieser Hinsicht stellt das *Traumbuch* vielleicht die ‚philosophischste' unter den Prosaschriften des Kyrenaiers dar, und eben diese Schrift hat „Gott" angeordnet.

Synesios verbindet hier also sein schriftstellerisches Tun als Philosoph mit seinem religiösen Denken und knüpft damit an Inspirationsmodelle der paganen literarischen, vor allem auch der neuplatonischen Tradition an.[86] Der *gesamte* pagane Bereich bildet demnach in Synesios' Denken eine Einheit, Philosophie *und* literarische Bildung gehen Hand in Hand, und diesem gesamten Bereich sind offenbar wichtige Aspekte von Synesios' Gottesbegriff zugeordnet. Dieser Aspekt, eine enge Verbindung von Philosophie und Schriftstellerei bzw. Dichtkunst sowie deren Sakralisierung findet sich in den Briefen noch häufiger; so etwa gleich im ersten Brief der Sammlung, wo es heißt, dass Philosophie und Dichtkunst ‚*ein* Heiligtum bewohnten'.[87]

Wie verhält sich nun dieser pagane Gesamtbereich zu den christlichen Inhalten mancher – aller Wahrscheinlichkeit nach – zeitgleicher Briefe? Oder pointiert: Sind dieser pagane ‚Gott, den die Philosophie verehrt' (*ep.* 5), jener Gott, ‚der das Traumbuch befahl' (*ep.* 154) und der ‚Gott, der Senacherim strafte' (*ep.* 41) im Denken des Synesios der Briefe ein und derselbe? Und nach welcher Maßgabe artikuliert sich Synesios einmal im Namen des einen dann wieder im Namen des anderen?

Um hierauf eine Antwort zu finden, muss man sich denjenigen Briefen zuwenden, in denen Paganes *und* Christliches in unmittelbarer Konfrontation begegnen. Dies ist in zehn Briefen[88] des *Corpus* in höchst unterschiedlicher Intensität der Fall; innerhalb dieser Gruppe sind die für unsere Frage aussagekräftigsten drei Briefe an Synesios' Bruder Euoptios gerichtet.

3. ‚Pagan' vs. ‚Christlich' in Engführung – Die Briefe an Euoptios

Die Schreiben an Euoptios[89] bilden mit 41 Briefen die zahlenmäßig stärkste Gruppe des gesamten *Corpus*. Alle Briefe an den Bruder sind durch eine beson-

---

86 Vgl. hierzu Lang (s. Anm. 84), 32 ff., Susanetti (s. Anm. 84), 11 Anm. 4 sowie Aujoulat (s. Anm. 7), 195/6, der Synesios' inspiratorischen Gestus mit dem des Plotin konfrontiert. Zu antiken Inspirationsmodellen allgemein vgl. Thraede, K.: Artikel ‚Inspiration', in: RAC, Bd. 18, 1998, 330–365, hier: 330–340.
87 Vgl. *ep.* 1: *An Nikander* (Roques 2000 [s. Anm. 9], 1 datiert auf März bis Nov. 405; Garzya 1989 [s. Anm. 17], 66 gibt keine Datierung): 3,1–3: τοὺς μὲν ἀπὸ τῆς σεμνοτάτης φιλοσοφίας καὶ τῆς συννάου ταύτῃ ποιητικῆς.
88 Vgl. oben Anm. 48.
89 Vgl. zu Euoptios PLRE II, s. v. Euoptius, 422; zu Synesios' Familie Schmitt (s. Anm. 6), 144 ff. dort auch *passim* zu Euoptios; zu den Briefen an ihn Roos (s. Anm. 9), 30 ff.

dere Herzlichkeit des Tonfalls gekennzeichnet sowie eine besondere Neigung zum manieriert anspruchsvollen Scherz, der, teilweise elaboriert dargeboten, gleichsam eine augenzwinkernde Verständigung vor allem hinsichtlich des gemeinsamen literarischen Bildungshorizontes darstellt.[90] Daneben finden sich zahlreiche Mitteilungen alltäglicher Begebenheiten und Nöte. Dem entsprechend verhält sich etwa die Hälfte der Briefe im Hinblick auf unsere Fragestellung eher ‚neutral', 17 lassen sich eindeutig dem ‚paganen' Synesios zuschreiben,[91] in nur drei Briefen (*epp.* 89. 95. 105) findet sich, wie eben erwähnt, paganes und christliches Denken in Engführung. Kein einziger Brief an Euoptios lässt sich als ‚rein christlich' beschreiben, so dass auch in dieser Untergruppe sich die Gesamttendenz des *Corpus* mit dem quantitativen Überwiegen des paganen Gedankenguts manifestiert.

Dem Bruder gegenüber ist Synesios nun in keinerlei institutionellen Zusammenhang – sei es philosophischer Schülerkreis oder christliche Kirchenamt – eingebunden. Und gemäß dieser größeren Freiheit benutzt er bezeichnenderweise auch seinen Bruder als Mittler, um dem Patriarchen seine Bedenken gegen seine bevorstehende Wahl zum Bischof mitzuteilen (*ep.* 105).[92] Offenbar war für diese Nachricht der eben beschriebene, größere Spielraum in der Selbstpräsentation nötig, so dass Synesios sich mit diesem Anliegen nicht direkt an Theophilos wandte.

Synesios argumentiert in *ep.* 105 vor allem damit, dass er der hohen Würde, die das Priesteramt erfordere, nicht gewachsen sei. Es fallen Sätze wie: „Ein Priester muss ein göttlicher Mann (ἄνδρα θεσπέσιον) sein, der für jede Spielerei unzugänglich ist wie Gott selbst (ἴσα καὶ θεῷ ἀμείλικτον)" (185,12–14).

Man kennt ähnliche Formulierungen in ähnlichem Kontext etwa von Gregor von Nazianz.[93] In der Ablehnung des christlichen Amtes argumentiert Synesios zunächst pragmatisch: Er verweist auf seine Ehefrau, von der er sich nicht zu trennen wünsche, „vielmehr ist es mein Wille und Wunsch", so Synesios, „dass

---

[90] Am berühmtesten ist hier vermutlich *ep.* 5 an den Bruder, in der Synesios eine stürmische Überfahrt zu Schiff beschreibt; zu der zahl. Lit. hierzu vgl. Roques (s. Anm. 9), 93 f. sowie zuletzt Janni, P. (Hg.): Sinesio. La mia fortunosa navigazione da Alessandria a Cirene (Epistola 4/5 Garzya), Florenz 2003 (= BGA.1).

[91] Vgl. *epp.* 3. 5. 45. 52. 56. 57. 65. 104. 110. 111. 113. 114. 120. 122. 127. 132. 136.

[92] *Ep.* 105: *An Euoptios*: Roques (s. Anm. 9), 362 datiert auf 411, Garzya 1989 (s. Anm. 17), 270 auf 410.

[93] Auch Gregor weigert sich zunächst, das ihm angetragene Priesteramt anzunehmen und betrachtet noch in der Lebensrückschau diesen Schritt als erzwungen (*carm.* 2,1,11), wie er auch bemerkt, „dass keiner des großen Gottes Opfers und Priesters würdig ist, der sich nicht zuvor selbst als lebendiges Opfer Gott geweiht hat." (*or.* 20,4); vgl. auch ders., *ep.* 8 und *or.* 2, *passim*.

mir noch recht viele tüchtige Kinder zuteil werden" (187, 13/4). Dann aber formuliert er doch explizit seine inhaltlichen Bedenken gegen das Christentum. Er tut dies ausdrücklich im Namen der Philosophie (188, 3–9):

> Du weißt, dass die Philosophie den landläufigen Glaubenslehren (τοῖς θρυλλουμένοις τούτοις ... δόγμασιν) in vielem durchaus widerspricht (ἀντιδιατάττεται). Ich werde gewiss niemals anerkennen, dass die Seele im Ursprung später sei als der Leib. Ich werde nie behaupten, dass die Welt und alle übrigen Teile zusammen untergehen. Die viel beredete Auferstehung (τὴν καθωμιλημένην ἀνάστασιν) halte ich für etwas Heiliges und Geheimnisvolles (ἱερόν τι καὶ ἀπόρρητον), und bin weit entfernt, den Meinungen der Menge zuzustimmen.

Nimmt man hier zur Hilfe, was man aus den anderen Schriften weiß, so steht Synesios in all diesen Punkten seine neuplatonische Prägung im Weg: Er hält die Seele für unsterblich und unvergänglich, begreift den Kosmos als durchwaltet vom Alleinen und sieht die Seele nach ihrem Abstieg in die Welt nach dem Tod des Individuums wieder zum Alleinen zurückkehren.[94]

Für unsere Fragestellung relevanter ist die Lösung, die Synesios hier anbietet für den Fall, dass er trotz der geäußerten Bedenken Priester werden müsse. Schon in unmittelbarem Anschluss an die eben zitierte Stelle bemerkt er (*ep.* 105: 188, 9/10): „Nun lässt der philosophische Geist, der Aufseher des Wahren (νοῦς μὲν οὖν φιλόσοφος ἐπόπτης ... τἀληθοῦς), einen gewissen Gebrauch der Täuschung (τοῦ ψεύδεσθαι) zu." Und wenig später schlägt Synesios als Kompromisslösung, für den Fall, dass er nun tatsächlich ein kirchliches Amt übernehmen müsse vor, dass er „zuhause (τὰ μὲν οἴκοι) philosophiere, wenn ich aber draußen (τὰ δ' ἔξω) als Lehrer agiere, mich lieber des Mythos bediene".[95]

Nimmt man diese Aussagen ernst und überträgt sie auf unsere Frage nach der Selbstpräsentation in den Briefen, wird durch sie in letzter Konsequenz alles, was Synesios in seiner klerikalen Funktion unternimmt, dem Bereich des *mythos* (μῦθος) zugewiesen. Auch dies ist hier sicherlich ganz aus der platonischen Tradition heraus gesprochen, in der dem Mythos von Anfang an ein höchst problematischer Wahrheitsgehalt zugewiesen wird: Der Mythos bleibt zwar klar zurück hinter der Ebene des ‚wahren' Diskurses, eignet sich aber dennoch als eine Art Propädeutik für diejenigen, deren Seelen für diesen ‚wahren' Diskurs noch

---

[94] Schon der Ausdruck des ἀπόρρητον verweist ja auf neuplatonischen Kontext; vgl. zu den angesprochenen Punkten Vollenweider (s. Anm. 1), hier v.a.: 187f.: zum ewigen Chor des Seienden in *hy.* 1, 323–332; 188: zur Feier des Auferstehungsgeheimnisses als ἀναστάσιμον μυστήριον (so in *ep.* 13) und ebd. 133 zur Präexistenz der Seele.

[95] Vgl. *ep.* 105: 188, 17–189,1: τὰ μὲν οἴκοι φιλοσοφῶ τὰ δ' ἔξω φιλόμυθός εἰμι διδάσκων.

nicht bereit sind.⁹⁶ Die tiefere Wahrheit kann ja im Letzten überhaupt nur in der intellektuellen Schau nach dem Überspringen des ‚Funkens' erreicht werden. Wo Synesios also primär in seiner Rolle als Kirchenmann schreibt, würde man gemäß *ep.* 105 alles, was er in diesen Briefen äußert, als ein ‚draußen mythisieren' begreifen müssen.

Verwendet man das, was Synesios hier so eindeutig formuliert, als eine Art ‚Regel' für das gesamte Brief-*Corpus*, so erklärt sie hinreichend den hohen paganen Anteil bei denjenigen Briefen, deren Funktion über das bloße Aufrechterhalten oder Errichten von sozialen Bindungen hinausgeht: Da die meisten dieser Briefe eher dem privaten Kontext zuzuordnen sind, findet in ihnen eben kein ‚mythisieren' im oben genannten Sinn statt.

Bestätigt wird dieser Befund von einer Reihe von Briefen, die Synesios höchstwahrscheinlich *nach* Erlangung der Bischofswürde geschrieben hat. Sie illustrieren eben die in *ep.* 105 vollzogene Trennung (‚drinnen – draußen'; ‚Philosophie – ‚Philomythie'), am deutlichsten vielleicht *ep.* 126⁹⁷: Synesios tröstet sich hier angesichts des Todes eines seiner Söhne mit stoischer Weisheit, auch dies in gut neuplatonischer Tradition (man denke etwa auch an den Epiktetkommentar des Simplikios). Am Ende des Briefes kündigt Synesios dann an, dass er am Flussufer ein Kloster errichten wolle, wofür er auf ‚Gottes' Beistand hoffe (*ep.* 126: 215,2–216,4):

> Mein dritter und letzter Sohn ist nun auch von mir gegangen. Aber noch habe ich mir den Glauben an den Lehrsatz bewahrt, dass das, was unserem Einfluss entzogen ist (τὰ οὐκ ἐφ' ἡμῖν), weder gut noch schlecht sein kann.⁹⁸ Auswendig gelernt habe ich das schon vor langer Zeit, jetzt aber ist es mir zu einer inneren Überzeugung geworden, in die sich meine Seele in der gegenwärtigen Bedrängnis eingeübt hat. – [Es folgen philophronetische Versicherungen und wenige Sätze über gemeinsame Bekannte; der Brief endet mit den Worten:]
>
> Um frisches Wasser zu haben, suche ich einen Wasserbehälter oder einen Kübel aus Marmor. [...] Er soll im Fluss Asklepios liegen. Denn an seinem Ufer gründe ich ein Kloster (ἀσκητήριον) und suche schon jetzt nach heiligem Gerät. Möge Gott bei diesem Vorhaben mit mir sein (σὺν θεῷ δὲ εἴην ἐπιβαλλόμενος).

---

96 So etwa bereits in Platon, *Rep.* 2: 377A; zum *mythos*-Begriff Platons vgl. z.B. Murray, P.: What is a Myth for Plato?, in: R. Buxton (Hg.): From Myth to Reason? Studies in the Development of Greek Thought, Oxford 1999, 251–262. Murray beschreibt einen wesentlichen Aspekt von Platons *mythos*-Begriff folgendermaßen (a.a.O. 260): „A falsehood containing some truth, a story which aims at truth but which is not in itself true."

97 *Ep.* 126: An einen ansonsten unbekannten Asklepiodotos: Roques (s. Anm. 9), 259 datiert auf erstes Halbjahr 413, Garzya 1989 (s. Anm. 17), 305 auf 412.

98 Vgl. mit Garzya 1979 (s. Anm. 17) *ad loc.* Epiktet fr. 169 Schw. sowie Plotin, *Enn.* 1,4,8,18.

Fast als eine wörtliche Bestätigung der Maxime vom ‚drinnen' Philosophierenden ‚draußen' aber Mythisierenden kann man diesen kurzen Brief lesen: So tröstet die Philosophie den Synesios dieses Briefes in seinem privaten Schmerz; sobald er aber in seiner offiziellen Funktion als Mann der Kirche handelt, fügen sich seine Aktionen offenbar ganz in einen christlichen Erwartungshorizont. Beides steht in *ep.* 126 unverbunden nebeneinander, so dass auch die in *ep.* 105 annoncierte ‚Trennung' der beiden Bereiche aufrecht erhalten bleibt.

Ist also der so schwer zu fassende ‚Hellene und Christ' in seinen Briefen doch relativ einfach zu fassen und liefert gleichsam selbst eine Art ‚Formel'?

Dies ist nur dann zutreffend, wenn man nicht erwartet, dass Synesios sich in allen uns erhaltenen Briefen allzu starr an das in *ep.* 105 Beschlossene halte: Der *homme de lettres* Synesios scheint nämlich die vom Philosophen-Priester gezogene Trennlinie bisweilen gleichsam zu überrennen. So polemisiert Synesios beispielsweise in der bereits erwähnten *ep.* 121[99] gegen ein offenbar an ihn ergangenes Hilfsgesuch, indem er die dreiste Unverschämtheit des Bittstellers zu Beginn des Briefs mit einem Gespräch zwischen Polyphem und dem eingesperrten Odysseus illustriert (206,1–207,12). Die Ausführlichkeit und Elaboriertheit dieser kleinen Vignette steht in keinem Verhältnis zum argumentativen Gewinn, der aus dem Bild gezogen wird.[100] Gegen Ende desselben Briefes beschwört Synesios dann die Gerechtigkeit in allgemeineren Worten und erhebt sich selbst zum Gegenbeispiel (208, 13–15):

> Ich hingegen tue nur, was mir zukommt: Ich bete zu Hause und auch bei den gemeinsamen heiligen Handlungen (οἴκοι καὶ ἐπὶ τῶν κοινῶν ἱερῶν),[101] dass die Gerechtigkeit die Oberhand gewinnen möge ...

---

99 Vgl. oben Anm. 48. 57. – *Ep.* 121 ist an einen bedauerlicherweise nicht näher zu identifizierenden ‚Athanasios, den Wassermischer' gerichtet, vgl. Roques (s. Anm. 9), 378; Garzya 1989 (s. Anm. 17), 296 und Roques (s. Anm. 9), 378 setzen den Brief übereinstimmend ins Jahr 412.

100 Für den streng nachrechnenden Leser ergibt sich sogar die Konstellation, dass der unverschämte Bittsteller mit Odysseus und der Verfasser des Briefs dann mit Polyphem zu identifizieren wäre, was gleichsam quer steht zum eigentlichen Argumentationsziel (Erweis der Unverschämtheit des Bittstellers); da wir über den Adressaten nichts wissen, ist auch von daher nicht abzuschätzen, ob ein uns aufgrund unserer Unkenntnis nicht nachvollziehbarer Anspielungshorizont vorliegt, es sich hier um ein Versehen oder um ein hohes Maß Selbstironie handelt.

101 Garzya 1979 (s. Anm. 17), *ad loc.* weist hier auf Xenophon, *Mem.* 1,1,2 als Parallele hin; Xenophon sagt dort von Sokrates, dass er stets für jeden sichtbar geopfert habe „oftmals zuhause und oftmals auf den öffentlichen Altären der Stadt" (πολλάκις μὲν οἴκοι, πολλάκις δὲ ἐπὶ τῶν κοινῶν τῆς πόλεως βωμῶν); bei der Prominenz der Stelle scheint eine Anspielung wahrscheinlich, wenn auch der Wortlaut des Briefes sie m. E. nicht zwingend erweist. Synesios würde sich dann selbst indirekt als ‚von der Gerechtigkeit eines Sokrates' bestimmt darstellen.

Das Schreiben schließt mit einer Verfluchung des Adressaten. Wenn Synesios diesen Brief – was wahrscheinlich ist – tatsächlich in seiner klerikalen Funktion verfasst hat, verwendet somit auch der Kirchenmann (in der ersten Hälfte des Briefes) ausführlich den paganen Diskurs. Und im Sprechen vom Gebet, das „zu Hause und auch öffentlich" (denn so muss man die ‚gemeinsamen heiligen Handlungen' ja wohl verstehen) offenbar dem selben Gegenstand gilt, tritt die Trennung zwischen ‚draußen' und ‚drinnen' eher zurück.

An anderer Stelle, in der nun schon öfters erwähnten Rede um die Auseinandersetzung mit Andronikos (*ep.* 41), lesen wir dann, wie Synesios vollends die in *ep.* 105 so sorgfältig definierte Distanz zum Priestertum aufgibt. Eine Suada von Schmähungen seines Kontrahenten gipfelt dort in dem Ausruf (68, 11/12): „Meinem Priestertum werde ich nicht abschwören (οὐκ ἐξομοῦμαι τὴν ἱεροσύνην): Niemals soll Andronikos so große Macht haben!" Und in unmittelbarem Anschluss, wenn es darum geht, seine eigene Position in der Auseinandersetzung mit dem Praeses gegenüber einer größeren Öffentlichkeit zu artikulieren, fährt Synesios fort (68, 13–16):

> Aber wie ich kein ‚öffentlicher' Philosoph (φιλόσοφος ... δημόσιος) geworden bin, niemals auf Applaus aus war und auch keine Schule eröffnet habe – und doch um nichts weniger ein Philosoph war und auch jetzt noch sein möchte (οὐδὲν ἧττον ἦν τε καὶ εἴην φιλόσοφος)! –, so will ich auch kein ‚öffentlicher' Priester (ἱερεὺς δημόσιος) sein.

Freilich spricht Synesios in diesem Fall vor den Bischöfen, also – nach der Definition von *ep.* 105 –,draußen'. Trotzdem gewinnt man den Eindruck, dass hier die Trennung der beiden Bereiche dadurch relativiert wird, dass sie auch den Priester Synesios betrifft: Auch der Priester will nicht ‚öffentlich' sein. Ja es scheinen hier die Rollen von Priesteramt und Philosophentum mit trotziger Selbstverständlichkeit weit eher vereinbar als zuvor in dem Brief an Euoptios, sie scheinen zu konvergieren.

Diesem Befund korrespondieren umgekehrt die Erwähnungen ‚Gottes', die in den Briefen an Euoptios in immerhin neun der über 40 Briefe begegnen, und dies auch in Briefen, die aller Wahrscheinlichkeit nach aus der Zeit *vor* dem Priesteramt stammen.[102] Bemerkenswerter Weise ist Euoptios außerdem der einzige Adressat, dem gegenüber dieser ‚Gott' neben den überwiegend paganen Kontextualisierungen vereinzelt eindeutig als der Gott des Neuen und Alten Testaments erscheint, auch dies wiederum in den mit der Bischofswahl zusammenhängenden Briefen.[103] Affirmativ freilich verwendet Synesios auch hier Bibelzitate niemals, um weiterreichende Wesensaussagen über diesen ‚Gott' zu machen, sondern meist nur, um ethische Forderungen zu bekräftigen.

---

102 Vgl. *ep.* 5. 8. 52. 55. 95. 105. 108. 114. 132.
103 Vgl. v. a. *epp.* 95 und 105.

Bei allen anderen Adressaten außer Euoptios lässt sich eine solche unmittelbare Engführung im Hinblick auf die Erwähnung ‚Gottes' kaum einmal feststellen. Doch auch ein striktes Aussparen der formelhaften ‚Gottes'-Erwähnungen, wie es in den Briefen an Hypatia zu beobachten war, findet im übrigen *Corpus* nicht statt. Offenbar hindert aber, das bleibt trotzdem festzuhalten, weder den *homme de lettres* noch den Philosophen *grundsätzlich* etwas, ‚Gott' im Munde zu führen; ob er dies tut, mit welcher Konnotation oder konkreten Kontextualisierung hängt vor allem von seinem jeweiligen Adressaten und dem auf diesen abgestimmten Diskurs ab.

4. „Was du zu erfahren wünscht…" – Zusammenfassung und Ausblick

Für den Synesios der Briefe stellen paganer und christlicher Diskurs zwei deutlich unterschiedene Bezugssysteme dar, deren Anwendung er stilistisch passgenau auf den jeweiligen Empfänger abstimmt: Deutlich unterscheidbar stellt sich Synesios je nach Adressat als treuer Schüler neuplatonischer Philosophie (gegenüber Hypatia), als geistreicher *homo litteratus* traditioneller paganer Prägung (gegenüber Euoptios) oder als Bischof, der sich um die Belange seiner Gemeinden sorgt (gegenüber Theophilos), dar. Auch in denjenigen Briefen, in denen – meist durch den Anlass des Briefes – eine unmittelbare Engführung von paganen und christlichen Inhalten erforderlich ist, bleiben beide Bereiche deutlich voneinander unterscheidbar. Wo sie in Konflikt zu geraten drohen (z.B. durch die Wahl zum Bischof), regelt Synesios ihr Verhältnis zueinander, indem er auf den platonischen Mythos-Begriff mit seiner ‚erlaubten Täuschung' rekurriert. Die damit gezogene Trennlinie hält er freilich nicht in jedem Einzelfall starr ein. Synesios beherrscht die Kontextualisierung und Autorität stiftenden literarischen Mittel des paganen wie des christlichen Diskurses, sieht sich aber in christlichem Kontext bisweilen veranlasst, die Haltung dessen, der sich in weniger vertrautem Gebiet bewege, einzunehmen. Im Bereich paganer Philosophie und *Paideia* präsentiert er sich als durchgängig kompetent, ein deutliches Autoritätsgefälle konstruiert er hier nur gegenüber seiner philosophischen Lehrerin Hypatia.

Kaum betroffen von dieser genauen Unterscheidung ist die Nennung ‚Gottes' in den Briefen; sie findet sich relativ unabhängig von paganer oder christlicher Kontextualisierung. Vor dem Hintergrund der *Hymnen* lässt sich dies damit erklären, dass Synesios' Gottesbegriff Elemente eines stark personalen christlichen Gottes mit denen neuplatonischer Theologie verschmilzt. Dieser monotheistisch begriffene ‚Gott' kann dann in christlichem wie paganen Diskurs genannt werden, zumal in den Briefen eine tiefer dringende Diskussion des Gottesbegriffs, die dann auch Differenzen aufzeigen müsste, nicht stattfindet. Folgt man dem Eindruck, den das *Corpus* der synesianischen Briefe vermittelt, so gewinnt man daraus, und vor allem auch aus dem quantitativen und qualitativen Überwiegen paganer Elemente, das Bild eines Briefeschreibers, dem es vor allem darum zu tun war, sich als Vertreter traditioneller paganer Bildung seiner sozialen Beziehungen zu Gleichgesinnten zu versichern.

In wieweit wir damit ein annähernd vollständiges Bild (auch nur) des Briefeschreibers Synesios gewonnen haben, bleibt freilich im Ungewissen.

Zwar kann man – zumal im Blick auf die übrigen Werke, vor allem den *Dion* und das *Traumbuch* – durchaus mit einiger Zuversicht annehmen, dass der Anhänger attischer Bildung und *Charis*, dem man in den Briefen vor allem begegnet, einen wesentlichen Aspekt dessen verkörpert, wie Synesios überhaupt gesehen werden wollte. In wiefern sich hier die Akzente verschieben würden, wenn wir noch mehr oder gar alle Briefe des Synesios besäßen oder wenigstens genauere Kunde von der Entstehung unserer Brief-Sammlung hätten, wissen wir aber nicht: In der weit umfangreicheren Brief-Sammlung von Synesios' Zeitgenossen Isidor von Pelusium[104] finden sich nämlich vier an einen ‚Synesios' gerichtete Briefe (*lib.* 1, *epp.* 232. 241. 418. 483); in diesem ‚Synesios' will immerhin ein großer Teil der Forschung eben unseren Kyrenaier erkennen.[105] Die genannten vier Briefe sind nun allesamt recht kurz, einer von ihnen (*ep.* 483) verhandelt ohnehin lediglich lokale politische Probleme. Die übrigen drei freilich haben rein christliche Inhalte. So besteht etwa Isidors *ep.* 241 in einer Auskunft hinsichtlich einer dogmatischen Unstimmigkeit zwischen Arianern und Eunomianern und bezieht sich damit eindeutig auf eine der großen Streitfragen der zeitgenössischen Theologie. Und Isidor schreibt hier, wenn man seinen Angaben trauen darf, nicht etwa aus eigenem Belehrungseifer: Explizit lässt er erkennen, dass er mit seinen kurzen theologischen Ausführungen auf eine Anfrage des ‚Synesios' antwortet. Der Brief setzt ein mit den Worten „Was nun das betrifft, was Du zu erfahren wünscht …".[106]

---

104 Vgl. Sancti Isidori Pelusitae Epistolarum libri quinque, Edd. P. Possinus, Turnholtii 1857 (= PG. 78) [ND 1977].

105 Dafür spricht auch die Annahme, dass der ‚Euoptios', an den Isidor schreibt (vgl. *ep.* 715), wohl als der Bruder des Synesios zu identifizieren ist, so bereits Lacombrade, Chr.: Synesius de Cyrène, Hymnes, t. I, Paris 1978, VII–IX; die Zuordnung wird u. a. dadurch erschwert, dass die vier Briefe nicht immer dasselbe Titular haben (teilweise mit Bezeichnung ‚Bischof', teilweise ohne); hierfür sowie für eine neuere Diskussion der genannten vier Briefe vgl. Evieux, P.: Isidore de Péluse, Paris 1995 (= Théologie Historique. 99), v. a. 76 ff. 96 f., der sich vorsichtig abwägend für die Identifikation mit Synesios von Kyrene ausspricht.

106 Ep. 241, Z.1: Ὃ βούλει μαθεῖν …

Gab es also auch einen Synesios von Kyrene, der sich gegenüber einem anderen, etwa in stärkererm Maße kirchlich geprägten Bekanntenkreis als dem in unserer Sammlung repräsentierten ganz anders darstellte? Etwa als gelehrig-interessierten Diskutanden in theologischen Streitfragen? Berührungspunkte mit dem Synesios der uns vorliegenden synesianischen Sammlung ergäben sich dann vor allem dort, wo dieser, wie wir gesehen haben, die Haltung des im christlichem Schrifttum nicht so recht Bewanderten einnimmt.

Erhalten haben sich diese Briefe eines Fragers nach christlichen Lehrinhalten, so es sie denn tatsächlich in größerem Umfang gab, nicht. Die wenigen Ansätze zu einem solchen Fragen, die unsere Sammlung bietet, lassen den möglichen Verlust wohl auch eher aus Gründen der historischen Vollständigkeit bedauerlich erscheinen. Außerdem muss man bezweifeln, dass Synesios' Positionen, wie sie uns in seinen anderen Werken entgegentreten, im kirchlichen Umfeld seiner Zeit tatsächlich auf breiterer Ebene ‚anschlussfähig' gewesen wären. Die Stärke des Briefeschreibers Synesios liegt m.E. eher in der passgenau adressatenbezogenen Präsentation eines schreibenden Ichs, das mit souveräner Virtuosität die Konventionen des Genres Brief und die Inhalte der klassisch-griechischen Bildungstradition zu einer differenzierten Darstellung seiner Selbst vom leichthin Scherzenden bis hin zum abgrundtief Verzweifelten zu nutzen wusste.

Es ist reizvoll, anzunehmen, dass schon ein möglicher Redaktor diesen, vor allem ästhetischen Maßstab bei der Auswahl des inkorporierten Materials walten ließ; am reizvollsten natürlich zu imaginieren, dass es Synesios selbst war, der sich vor allem als ein urban Gebildeter inmitten eines ebensolchen Freundeskreises der Nachwelt überliefert sehen wollte. Anhaltspunkte dafür haben wir freilich keine.

Abstract

In his letters, Synesius of Cyrene refers to God in casual remarks both in pagan and in Christian contexts. Although pagan and Christian codes are clearly distinguishable in the letters, this is not Synesius' main guiding principle for organising his material. Rather, he constructs specific sets of contents and articulations for each addressee or group of addressees. He tends to present himself either as the dutiful custodian of a troubled bishopric (e.g. in the letters to Theophilos), an eager student of Neoplatonic philosophy (e.g. to Hypatia) or as a witty exponent of pagan literary education (e.g. to Euoptios). This shows that previous attempts to understand Synesius are inadequate, whenever they overemphasise single aspects of his mind frame without paying due attention to the relevant literary parameters.

Au-delà de Babel: le langage de la louange et de la prière

Laurent Pernot

1. Au-delà de Babel

La Tour de Babel symbolise l'impossibilité de communiquer, par suite de la confusion des langues[1]; aller au-delà de Babel, c'est s'interroger sur la possibilité d'un langage commun. Les réflexions qui suivent iront, espérons-nous, dans ce sens, en abordant le problème d'un point de vue linguistique et rhétorique. Il s'agit d'envisager quelques éléments de langage religieux qui sont, peut-être, communs ou communicables d'une religion à l'autre, d'une culture à l'autre. L'enquête porte sur le langage de la louange et le langage de la prière, qui expriment deux expériences religieuses fondamentales. Ces expériences sont examinées dans une perspective historique, à l'époque des débuts du christianisme, dans les premiers siècles de l'Empire romain.

2. Rhétorique chrétienne et rhétorique païenne

L'Empire romain, on le sait, formait un ensemble immense, une mosaïque de peuples, sur tout le pourtour du bassin méditerranéen, depuis la Syrie et l'Egypte jusqu'à la Gaule et à la Germanie, chacun de ces peuples ayant ses propres traditions, ses coutumes, ses langues vernaculaires, ses dieux. Néanmoins la domination romaine conférait une cohérence à cet ensemble. Dans le domaine politique et militaire, l'Empire avait un gouvernement monarchique, une administration centralisée, des légions omniprésentes. Dans le domaine linguistique, deux langues s'imposaient – le latin à l'Ouest, le grec à l'Est –, qui étaient les véhicules d'une culture partagée. Dans le domaine religieux, les mythologies gréco-romaines et le culte impérial assuraient une certaine unité (ce qu'on appelle le «paganisme gréco-romain»), par-delà la pluralité des traditions et des cultes locaux.

Or voici qu'au Ier siècle le christianisme fait son apparition dans ce paysage. C'est une religion nouvelle, même si elle est ancrée dans la tradition juive. Plus précisément – c'est l'aspect qui nous intéresse ici – le christianisme est porteur d'un nouveau message religieux, d'une nouvelle rhétorique religieuse. Il vaut la peine de récapituler quelques traits par lesquels la rhétorique religieuse chrétienne

---

1 Gn., 11, 1–9.

des premiers temps, telle que la présente le Nouveau Testament, était différente de la rhétorique gréco-romaine connue jusqu'alors[2].

Dans son point de départ, la rhétorique chrétienne est une rhétorique de la proclamation (κήρυγμα), de l'annonce d'une vérité révélée. Tout est subordonné à cet unique message. Par conséquent, le discours chrétien repose moins sur la persuasion rationnelle et sur les preuves que sur une proclamation autorisée; il procède par assertions absolues, par affirmations et par images.

La rhétorique chrétienne donne une grande importance au paradoxe – cette particularité étant liée à l'originalité du message: il s'agit d'utiliser le langage et le raisonnement humains pour exprimer l'inexprimable.

Par suite elle utilise des formes qui lui sont propres, comme le récit, la parabole. Elle recourt également aux citations bibliques, lesquelles ne sont pas de simples ornements ni une parole morte, mais un répertoire de formes, un langage préexistant et commun, une pratique spirituelle communautaire, qui offre le moyen d'authentifier l'expérience individuelle en la situant dans l'expérience collective du peuple de Dieu[3].

La structure, enfin, des discours chrétiens présente des traits propres, comme par exemple les procédés de composition analysés par R. Meynet, qui consistent dans l'usage de segments, de parallélismes, de symétries, de séquences[4].

Donc, un langage nouveau. C'est ce qui est souligné au début de la première Épître aux Corinthiens, lorsque Paul oppose la sagesse humaine et la «stupidité

---

2   Voir notamment A. N. Wilder, *Early Christian Rhetoric. The Language of the Gospel*, 2e éd., New York, 1971; A. Michel, *La parole et la beauté*, Paris, 1982, chap. V; *Id.*, *Théologiens et mystiques au Moyen Âge*, Paris, 1997; G. A. Kennedy, *New Testament Interpretation Through Rhetorical Criticism*, Chapel Hill, 1984; *Id.*, *A New History of Classical Rhetoric*, Princeton, 1994, chap. 12; Av. Cameron, *Christianity and the Rhetoric of Empire*, Berkeley – Los Angeles, 1991; D. F. Watson – A. J. Hauser, *Rhetorical Criticism of the Bible. A Comprehensive Bibliography*, Leyde, 1994; S. E. Porter (ed.), *Handbook of Classical Rhetoric in the Hellenistic Period*, Leyde, 1997; B. W. Winter, *Philo and Paul Among the Sophists*, Cambridge, 1997; C. J. Classen, *Rhetorical Criticism of the New Testament*, 2e éd., Boston–Leyde, 2002. Nous avons examiné des cas de rencontre entre rhétorique païenne et rhétorique chrétienne dans «Saint Pionios, martyr et orateur», in G. Freyburger – L. Pernot (edd.), *Du héros païen au saint chrétien*, Paris, 1997, p. 111–123; «Christianisme et sophistique», in L. Calboli Montefusco (ed.), *Papers on Rhetoric*, IV, Rome, 2002, p. 245–262; «Grégoire de Nazianze (*or.* XXXIII, 6–7) et l'éloge rhétorique des cités», *Euphrosyne*, 31, 2003, p. 271–286.
3   Voir M. Harl, «Le langage de l'expérience religieuse chez les Pères grecs», in F. Bolgiani (ed.), *Mistica e retorica*, Florence, 1977, p. 23–26.
4   Voir R. Meynet, *Initiation à la rhétorique biblique*, Paris, 1982; *Id.*, *L'analyse rhétorique*, Paris, 1989 (trad. ital. *L'analisi retorica*, Brescia, 1992); *Id.*, *Lire la Bible*, Paris, 1996; *Id.*, *L'Evangile de Luc*, Paris, 2005.

de Dieu», laquelle est la vraie sagesse.[5] Ce texte paradoxal est une méditation sur la rhétorique chrétienne. La sagesse humaine, qui est condamnée par Paul, comprend notamment l'usage de la langue et des discours (Paul parle de «supériorité de langage» et de «paroles de sagesse persuasive»)[6]. A cette rhétorique humaine s'oppose la rhétorique du prédicateur, qui est inspirée: «Et ce n'est pas en un langage appris de la sagesse humaine que nous en parlons, mais appris de l'Esprit pour exprimer le spirituel par le spirituel»[7].

Le constat de départ est ainsi celui d'une différence entre langage chrétien et langage païen. Or le langage chrétien a convaincu (c'est toute l'histoire de la christianisation du monde antique, dont nous ne traitons pas ici). C'est donc que, tout en étant nouveau et différent, il n'était pas inintelligible. Tel est l'aspect que nous voudrions explorer, en nous plaçant au-delà des haines, des incompréhensions, des persécutions qui ont marqué les premiers temps du christianisme. Il s'agit de chercher ce qui, dans le message chrétien, pouvait être compris et reconnu par les païens des premiers siècles de l'Empire. Si nous trouvons de tels éléments, nous aurons fait un pas en direction d'invariants, d'universaux du langage religieux; nous aurons fait un pas pour aller au-delà de Babel.

Dans une pareille enquête, la prudence est de mise, évidemment. Il ne faut pas oublier que la comparaison à laquelle nous allons procéder aurait semblé incongrue aux chrétiens (et aussi aux païens), ni non plus que les mêmes mots peuvent désigner des réalités différentes. Il s'agit de chercher une identité de langage (ce qui ne veut pas dire une identité superficielle), sans oublier que ce langage n'est pas utilisé pour dire la même chose dans chaque cas.

Imaginons donc un païen formé par la rhétorique gréco-romaine et essayons de discerner ce qui pouvait lui être accessible dans l'Ecriture. Cette supposition n'est pas gratuite. Nous possédons un témoignage d'une telle démarche dans un ouvrage de rhétorique, l'important traité *Du Sublime*, dû à un auteur qu'on appelle conventionnellement le «Pseudo-Longin». L'auteur exprime son admiration pour le début de la Genèse:

Ὁ τῶν Ἰουδαίων θεσμοθέτης, οὐχ ὁ τυχὼν ἀνήρ, ἐπειδὴ τὴν τοῦ θείου δύναμιν κατὰ τὴν ἀξίαν ἐχώρησε, κἀξέφηνεν εὐθὺς ἐν τῇ εἰσβολῇ γράψας τῶν νόμων «Εἶπεν ὁ Θεός» φησί· τί; «Γενέσθω φῶς, καὶ ἐγένετο· γενέσθω γῆ, καὶ ἐγένετο».

---

5   I Co., 1, 25: τὸ μωρὸν τοῦ θεοῦ (les traductions du Nouveau Testament sont tirées de J. Grosjean – M. Léturmy – P. Gros, *La Bible, Nouveau Testament*, Paris, Bibliothèque de la Pléiade, 1971).
6   *Ibid.*, 2, 1: ὑπεροχὴν λόγου; 2, 4: πειθοῖς σοφίας λόγοις.
7   *Ibid.*, 2, 13: ἃ καὶ λαλοῦμεν οὐκ ἐν διδακτοῖς ἀνθρωπίνης σοφίας λόγοις ἀλλ' ἐν διδακτοῖς πνεύματος, πνευματικοῖς πνευματικὰ συγκρίνοντες.

> Le législateur des Juifs, qui n'était pas un homme vulgaire, après avoir conçu dans toute sa dignité la puissance de la divinité, l'a proclamée immédiatement en l'inscrivant en tête même de son code: «Dieu dit» écrit-il, quoi donc? «que la lumière soit, et la lumière fut; que la terre soit, et la terre fut»[8].

L'auteur vient d'étudier la façon dont Homère présente les dieux et dont il exprime leur grandeur, et voilà qu'inopinément il fait intervenir la Bible, comme un modèle égal aux poèmes homériques et même supérieur à eux. Ce texte fascinant a connu une riche postérité, notamment en France, lors de la querelle rhétorico-théologique qui opposa Boileau et l'évêque Pierre-Daniel Huet à propos du «Fiat lux», des notions de grandeur et de simplicité, et de l'existence d'une rhétorique de Dieu. En tout cas, quels qu'aient été les développements ultérieurs, le rhétoricien reconnaît dans la Bible le même sublime que chez Homère. Il existe pour lui un langage universel du sublime (qui se marque ici dans le *Fiat* performatif, moyen de rendre la majesté divine). Voilà un exemple réel, historique, de communication entre la Bible et le paganisme gréco-romain, ces deux mondes se rencontrant sur le même langage.

Ce passage invite à chercher s'il se présente de telles rencontres dans le langage de la louange et la prière. Comme il a été dit, la base de comparaison sera constituée d'un côté par le Nouveau Testament, de l'autre par la rhétorique du paganisme gréco-romain.

3. La louange de Dieu

La louange de Dieu prend dans l'Antiquité la forme de l'hymne (au sens d'éloge accompagné, le plus souvent, d'éléments d'adresse, d'invocation, de requête)[9]. Il

---

8   *Du subl.*, 9, 9 (éd.-trad. H. Lebègue, *Du sublime*, Paris, Collection des Universités de France, 1939). La syntaxe du passage est controversée, mais ces discussions n'affectent pas le sens général.

9   Sur les hymnes païens, on peut encore consulter l'utile panorama de R. Wünsch, «Hymnos», *RE*, 9, 1914, col. 140–183; voir aussi A. C. Cassio – G. Cerri (edd.), *L'inno tra rituale e letteratura nel mondo antico* (Aion, sez. filol., 13), Rome, 1993; L. Pernot, *La rhétorique de l'éloge dans le monde gréco-romain*, Paris, 1993, spécialement p. 216 et suiv.; G. La Bua, *L'inno nella letteratura poetica latina*, San Severo, 1999. Sur les premiers hymnes chrétiens, voir entre autres R. Deichgräber, *Gotteshymnus und Christushymnus in der frühen Christenheit*, Göttingen, 1967; A. Michel, *In hymnis et canticis*, Louvain–Paris, 1976; K. Berger, «Hellenistische Gattungen im Neuen Testament», *ANRW*, II, 25, 2, 1984, p. 1149–1173; R. Brucker, *«Christushymnen» oder «epideiktische» Passagen? Studien zum Stilwechsel im Neuen Testament und seiner Umwelt*, Göttingen, 1997. Pour des réflexions concernant l'époque contemporaine, voir J. R. Watson, «The Language of Hymns: Some Contemporary Problems», in

existait une pratique de l'hymne, extrêmement répandue, dans le monde païen. Certains hymnes étaient prononcés lors des grandes cérémonies religieuses, par exemple dans le cadre des panégyries. D'autres, plus ordinaires, liturgiques, accompagnaient les phases du culte dans les temples. Les hymnes littéraires, quant à eux, étaient écrits ou récités comme compositions artistiques. Rappelons les collections d'hymnes que nous a léguées l'Antiquité païenne: hymnes homériques, hymnes orphiques, hymnes oratoires (à l'époque de la seconde sophistique), hymnes philosophiques (néo-platoniciens en particulier) ou encore hymnes magiques.

Parallèlement, l'hymne était important dans les communautés chrétiennes. La première communauté chrétienne, celle que forment le Christ et ses disciples, chante des cantiques[10]. Saint Paul, dans l'Epître aux Colossiens, donne ce conseil: «En toute sagesse, enseignez-vous et avertissez-vous les uns les autres en chantant, dans votre cœur, psaumes, hymnes et chants spirituels à Dieu par sa grâce»[11]. Les communautés chrétiennes utilisaient les psaumes et les cantiques de l'Ancien Testament, mais on voit aussi apparaître dans le Nouveau Testament des textes nouveaux, qui sont les textes liturgiques de l'Eglise primitive célébrant Dieu.

Le vocabulaire grec désignant l'hymne est en partie le même dans les deux cas. Païens et chrétiens utilisent les mots ἔπαινος, ὕμνος.

Par conséquent, le regard païen pouvait se poser sans étonnement sur les pratiques hymniques – hymnodiques et hymnographiques – des communautés chrétiennes, qui rappelaient, dans leur forme, ce qui existait depuis toujours dans le monde gréco-romain. De cette absence d'étonnement, nous possédons un témoignage. Pline le Jeune, dans sa fameuse lettre à Trajan sur les chrétiens de Bithynie, note que ceux-ci chantent des hymnes: «ils ont l'habitude de chanter entre eux alternativement un hymne au Christ comme à un dieu»[12].

Cet aristocrate romain, ancien consul, légat de l'Empereur (et par ailleurs expert en rhétorique) ne s'émerveille nullement. Sans approfondir la teneur des chants chrétiens, il imagine fort bien leur forme et leur sens, et ne met en question

---

D. Jasper – R.C.D. Jasper (edd.), *Language and the Worship of the Church*, Houndmills–Londres, 1990, p. 174–195. Il s'est tenu en 2004 à Strasbourg un colloque, organisé par le Centre d'Analyse des Rhétoriques Religieuses de l'Antiquité (CARRA), sur *L'hymne antique et son public* (actes édités par Y. Lehmann, Turnhout, éditions Brepols).

10 Mt., 26, 30.
11 Col., 3, 16: ἐν πάσῃ σοφίᾳ διδάσκοντες καὶ νουθετοῦντες ἑαυτοὺς ψαλμοῖς, ὕμνοις, ᾠδαῖς πνευματικαῖς ἐν χάριτι ᾄδοντες ἐν ταῖς καρδίαις ὑμῶν τῷ θεῷ. De même Ep., 5, 19.
12 *Lettres*, X, 96, 7: *quod essent soliti [...] carmen Christo quasi deo dicere secum inuicem.*

que la divinité à laquelle ils s'adressent. Son incompréhension porte sur Dieu, non sur la louange de Dieu.

Si Pline avait pris connaissance du contenu des hymnes chrétiens, il aurait trouvé beaucoup de ressemblance avec les hymnes qu'il pratiquait. Encore une fois, je n'insiste pas sur la différence majeure, la différence de religion. Mais justement, par-delà cette différence, Pline aurait pu discerner les éléments d'un langage commun de la louange de Dieu. Prenons deux exemples.

D'abord, dans l'Apocalypse, le cantique de l'Agneau:

> Μεγάλα καὶ θαυμαστὰ τὰ ἔργα σου, κύριε ὁ θεὸς ὁ παντοκράτωρ· δίκαιαι καὶ ἀληθιναὶ αἱ ὁδοί σου, ὁ βασιλεὺς τῶν ἐθνῶν. Τίς οὐ μὴ φοβηθῇ, κύριε, καὶ δοξάσει τὸ ὄνομά σου; Ὅτι μόνος ὅσιος, ὅτι πάντα τὰ ἔθνη ἥξουσιν καὶ προσκυνήσουσιν ἐνώπιόν σου, ὅτι τὰ δικαιώματα σου ἐφανερώθησαν.
>
> Grandes et étonnantes tes œuvres, Seigneur Dieu tout-puissant! Justes et véritables tes chemins, roi des nations! Qui donc ne te craindrait, Seigneur, et ne glorifiera ton nom? Car seul tu es pieux, car toutes les nations seront prosternées devant toi, car tes jugements se sont montrés[13].

Il est très remarquable que ce texte, qui est indépendant de la tradition gréco-romaine et qui contient de nombreux échos de l'Ancien Testament, utilise des procédés que la rhétorique gréco-romaine a répertoriés de son côté: l'éloge des «œuvres», c'est-à-dire des «actes» (ἔργα); l'adjectif «étonnant» (θαυμαστά); l'idée de la gloire universelle et du culte que tous rendent à Dieu; dans le style, les interrogations rhétoriques, ou encore l'anaphore de la conjonction causale «car» (ὅτι). On retrouve de nombreux emplois de ces procédés dans les éloges de dieux grecs et romains.

Second exemple, le Magnificat:

> Καὶ εἶπεν Μαριάμ, Μεγαλύνει ἡ ψυχή μου τὸν κύριον, καὶ ἠγαλλίασεν τὸ πνεῦμά μου ἐπὶ τῷ θεῷ τῷ σωτῆρί μου, ὅτι ἐπέβλεψεν ἐπὶ τὴν ταπείνωσιν τῆς δούλης αὐτοῦ. Ἰδοὺ γὰρ ἀπὸ τοῦ νῦν μακαριοῦσίν με πᾶσαι αἱ γενεαί· ὅτι ἐποίησέν μοι μεγάλα ὁ δυνατός, καὶ ἅγιον τὸ ὄνομα αὐτοῦ, καὶ τὸ ἔλεος αὐτοῦ εἰς γενεὰς καὶ γενεὰς τοῖς φοβουμένοις αὐτόν. Ἐποίησεν κράτος ἐν βραχίονι αὐτοῦ, διεσκόρπισεν ὑπερηφάνους διανοίᾳ καρδίας αὐτῶν· καθεῖλεν δυνάστας ἀπὸ θρόνων καὶ ὕψωσεν ταπεινούς, πεινῶντας ἐνέπλησεν ἀγαθῶν καὶ πλουτοῦντας ἐξαπέστειλεν κενούς. Ἀντελάβετο Ἰσραὴλ παιδὸς αὐτοῦ, μνησθῆναι ἐλέους, καθὼς ἐλάλησεν πρὸς τοὺς πατέρας ἡμῶν, τῷ Ἀβραὰμ καὶ τῷ σπέρματι αὐτοῦ εἰς τὸν αἰῶνα.
>
> Et Marie dit: Mon âme célèbre le Seigneur et mon esprit exulte en Dieu mon Sauveur, parce qu'il a regardé l'humilité de son esclave; car voilà que désormais toutes les générations me diront magnifique parce que le Puissant a fait pour moi de grandes choses et son nom est saint et sa miséricorde va de génération en génération à ceux qui

---

13 Ap., 15, 3–4.

le craignent. Il a dominé à la force de son bras, dispersé les hommes au cœur outrecuidant, détrôné les souverains, haussé les humbles, rassasié de biens les affamés et renvoyé sans rien les riches. Il a secouru Israël son serviteur en souvenir de cette miséricorde, dont il parlait à nos pères, en faveur d'Abraham et de sa semence au long des âges[14].

Ici, à nouveau, de nombreux parallélismes peuvent être dressés avec les hymnes poétiques et rhétoriques gréco-romains. Relevons le thème directeur, qui consiste dans la louange des actions accomplies par le Seigneur (il a secouru les humbles, il est venu en aide à Israël); ces actions manifestent que Dieu est puissant (δυνατός) et qu'il a pitié (ἔλεος)[15]. Autre thème directeur: le remerciement. Marie exalte le Seigneur parce qu'il a fait d'elle la mère de Jésus. La louange est le moyen de rendre grâces: fonction que la rhétorique grecque désigne par l'expression «hymne de remerciement» (χαριστήριος ὕμνος).

On trouverait d'autres exemples dans le début de l'Evangile de Luc, empreint d'une atmosphère de joyeuse louange, ou encore dans les Epîtres de Paul[16]. Sur cette base il est possible de synthétiser certains aspects.

Pour ce qui est de la structure des textes, les éloges chrétiens insistent sur les actions et sur la puissance divines: de même, la tradition gréco-romaine met au centre de l'hymne les actes (ἔργα, *acta*) et les puissances ou facultés (δυνάμεις, *uis*). Quant au traitement des actions, plutôt que de faire un long récit, l'encomiaste chrétien définit la puissance ou la qualité qu'il veut louer, et invoque les actions brièvement, à titre de preuve et d'illustration: ce choix est parallèle à celui de l'hymne gréco-romain, qui a connu une évolution dans le même sens. On est passé, dans le paganisme, du long récit mythologique qui caractérisait les hymnes épiques (les hymnes homériques par exemple) à une formule différente, consistant dans la description abstraite de la puissance du dieu, à travers ses activités et ses bienfaits, formule qui triomphe à partir de l'époque hellénistique[17]. C'est cette formule qu'on retrouve dans les textes du Nouveau Testament.

Ce choix structurel fondamental s'accompagne de thèmes ou de «lieux» (τόποι): par exemple la puissance du dieu, ses bienfaits, sa pitié, son statut de

---

14 Lc, 1, 46–55.
15 Au sujet d'ἔλεος, voir E. Bons (ed.), *«Car c'est l'amour qui me plaît, non le sacrifice …». Recherches sur Osée 6:6 et son interprétation juive et chrétienne*, Leyde–Boston, 2004.
16 Voir Lc, 1, 68–79: cantique de Zacharie (*Benedictus*); 2, 14: cantique des anges de Béthleeem (*Gloria in excelsis*); 2, 29–32: cantique du vieillard Syméon (*Nunc dimittis*); Ep., 1, 3–14 (Béni soit le Seigneur, «à la louange de sa gloire», εἰς ἔπαινον δόξης αὐτοῦ); Ph., 2, 6–11 ; I Tm., 3, 16. L'éloge de la charité dans I Co., 13, pourrait être confronté aux éloges d'abstractions païens.
17 Voir A.-J. Festugière, «A propos des arétalogies d'Isis», *HThR*, 42, 1949, p. 220–228.

maître ou de seigneur, son nom. Le nom divin est un thème capital dans le christianisme et dans le paganisme[18].

Citons encore deux thèmes communs, qui peuvent surprendre: le dieu «sauveur» (σωτήρ) et le dieu «unique» (εἷς, μόνος, *unus*, *solus*). On comprend aisément l'importance de ces thèmes dans les louanges chrétiennes: le terme de «sauveur» (employé par exemple dans le Magnificat) fait référence au Salut, et l'adjectif «seul» (qui apparaissait par exemple dans le cantique de l'Agneau) fait référence au monothéisme. Il peut paraître étonnant que les hymnes païens emploient ces termes: mais tel est pourtant le cas. Le thème du salut est omniprésent dans le paganisme de l'époque impériale, soit pour exprimer la protection dans cette vie (en particulier s'agissant des dieux avec lesquels le dévot a un rapport personnel, Asclépios, Isis, etc.), soit parfois par référence à un au-delà. L'adjectif «seul», également, est souvent employé, soit pour dire que le dieu est seul, parmi tous les autres dieux, à posséder tel ou tel pouvoir, soit, en un sens plus profond, pour mettre le dieu loué dans une position particulière, pour dire qu'il est le seul qui compte, le seul dieu véritable. Le polythéisme a, comme on sait, une tendance au monothéisme ou à l'hénothéisme, soit par souci de ne considérer qu'un dieu à la fois, de s'absorber dans le dieu présentement loué, soit par remontée philosophique à un dieu suprême[19].

Nous avons noté que le Magnificat est un remerciement. La louange chrétienne est le plus souvent action de grâces. De même, dans le paganisme, la louange est liée à des circonstances et à des situations précises, souvent personnelles – comme on le voit dans les arétalogies ou dans les ex voto. Christianisme et paganisme se rencontrent sur la notion de contexte vital de la louange, de «Sitz im Leben».

Enfin, en ce qui concerne le style, on peut rapprocher notamment, dans les éloges païens et dans les éloges chrétiens, la liberté avec laquelle sont utilisées et mêlées la prose, la poésie et la prose poétique; et encore, le recours à des chants alternés, à des répons; les litanies; le style à la troisième personne, reposant sur des pronoms relatifs, suivant la formule «C'est Lui qui» (formule que Eduard Norden a appelée «Er-Stil»)[20].

Ainsi Pline le Jeune, ou tout autre païen, n'eût pas été totalement dépaysé. Le message chrétien pouvait lui être accessible par le biais du langage de l'hymne.

---

18 Voir N. Belayche, P. Brulé, G. Freyburger, Y. Lehmann, L. Pernot, F. Prost (edd.), *Nommer les dieux. Théonymes, épithètes, épiclèses dans l'Antiquité*, Turnhout, 2005.
19 Voir E. des Places, «Hymnes grecs au seuil de l'ère chrétienne», *Biblica*, 38, 1957, p. 128–129; P. Hoffmann, «Y a-t-il un monothéisme philosophique dans l'Antiquité?», *Le monde de la Bible*, 110, avril 1998, p. 65–69.
20 Dans *Agnostos Theos. Untersuchungen zur Formengeschichte religiöser Rede*, Leipzig–Berlin, 1913.

4. La louange de soi-même

Le fait de dire la grandeur de Dieu pose le problème de celui qui dit cette grandeur. Dans l'idéal, l'homme qui loue Dieu devrait s'effacer totalement devant la puissance divine. Mais il arrive au contraire que celui qui loue invoque son propre cas, son propre statut, pour faire ressortir la grandeur de Dieu. Le discours sur soi, voire la louange de soi-même servent alors à la louange de Dieu.

Le problème de parler de soi, de se louer soi-même, notamment dans un contexte religieux, est important dans le paganisme des premiers siècles de l'Empire[21]. Citons l'exemple des *Discours sacrés* d'Aelius Aristide, orateur du IIe siècle de notre ère. Ces *Discours sacrés* sont un journal intime, dans lequel Aristide relate son expérience religieuse, en expliquant comment, durant toute sa vie, il a été protégé et sauvé par le dieu Asclépios, dont il était le fidèle et presque l'élu. Cette conviction conduit Aristide à décrire les épreuves par lesquelles il a passé – maladies, dangers physiques, épreuves morales – afin de faire ressortir l'efficacité de la protection divine. Il parle de lui-même pour louer son dieu[22].

Aelius Aristide était coutumier de telles mises en valeur. Dans un hymne à Athéna, il avait inséré une digression où il faisait son propre éloge. Ce passage a été critiqué, et Aristide a répondu aux critiques en écrivant le discours *Sur la digression*, qui est un traité destiné à justifier, dans certains cas, l'éloge de soi-même[23]. Plutarque, environ un demi-siècle avant Aristide, a écrit lui aussi un traité sur le bon usage de l'éloge de soi-même[24].

Saint Paul ne connaissait ni Aelius Aristide, ni Plutarque, ni même, probablement, leurs sources philosophiques et rhétoriques. Il n'en est que plus intéressant de voir comment il aborde la question de l'éloge de soi-même dans la dernière partie de la deuxième Epître aux Corinthiens. Paul se trouve dans la nécessité de parler de lui-même, pour répondre aux critiques des Corinthiens, mais en même temps il répugne à le faire. Le passage, scandé par la répétition provocatrice du verbe καυχᾶσθαι («se vanter»), est pris tout entier dans cette tension entre nécessité et refus de l'éloge de soi-même.

---

21 Voir L. Pernot, «*Periautologia*. Problèmes et méthodes de l'éloge de soi-même dans la tradition éthique et rhétorique gréco-romaine», *REG*, 111, 1998, p. 101–124.
22 M.-H. Quet, «Parler de soi pour louer son dieu: le cas d'Aelius Aristide», in M.-F. Baslez – P. Hoffmann – L. Pernot (edd.), *L'invention de l'autobiographie*, Paris, 1993, p. 211–251. Voir aussi dans le même volume, à propos de saint Paul, l'article de H. D. Saffrey, «Aspects autobiographiques dans les Epîtres de l'apôtre Paul», p. 133–138.
23 *Or.* XXVIII Περὶ τοῦ παραφθέγματος.
24 Περὶ τοῦ ἑαυτὸν ἐπαινεῖν ἀνεπιφθόνως.

«Il faut se vanter; c'est sans profit …», déclare Paul[25]. Le point de départ est un recul devant l'éloge de soi-même, qui est chose déplaisante; pour s'y livrer, il faut y être forcé. Et il faut se glorifier avec «mesure»[26]. Plutarque, dans son traité, ne dit pas autre chose. Mais qu'est-ce qui peut forcer un homme à faire son propre éloge?

D'abord, on peut être forcé par la nécessité de répondre aux critiques. L'éloge de soi-même est justifié quand on le fait par obligation, pour se défendre. En ce cas, la responsabilité incombe non à celui qui recourt à un pareil procédé, mais à ceux qui l'ont contraint à y recourir. D'où la formule de Paul: «Je deviens sot, vous m'y forcez»[27]. Tel est exactement l'argument employé par Démosthène contre Eschine: si je suis amené à faire mon propre éloge, déclare l'orateur, c'est lui qui mérite d'en porter la responsabilité, lui qui m'a accusé[28].

A la justification par la nécessité de l'apologie, s'ajoute une justification plus directe. Si Paul se fait valoir, c'est pour donner plus de force à son apostolat. S'il rappelle les épreuves qu'il a surmontées, le rôle qu'il a joué dans la fondation de l'Eglise de Corinthe et enfin les révélations qu'il a reçues du Seigneur, c'est parce que ce sont autant de titres à être écouté. Nous sommes en face de la justification par l'utilité pour l'auditoire (thème qu'on retrouve chez Plutarque): parler de soi pour être utile à autrui.

La démonstration est conduite avec le sens de l'ironie et du paradoxe qui caractérisent la rhétorique paulinienne, notamment dans l'idée de «se vanter de ses faiblesses»[29]. Aelius Aristide, lui aussi, se glorifie de ses faiblesses: craintes, impotences et incapacités, qui servent à manifester la puissance et la bienveillance d'Asclépios.

Il y a donc sur ce point, entre paganisme et christianisme, un langage commun, une même éthique sociale et une même rhétorique. La rhétorique de l'éloge de soi-même est fondé sur le refus, la prétérition, les justifications au nom de l'apologie et de l'utilité supérieure de l'auditoire, le paradoxe. Mais il faut ajouter que cette rhétorique sert à exprimer chez saint Paul un message *sui generis*, qui comprend l'abaissement, l'anéantissement du moi devant Dieu, et une conception de l'apostolat consistant à transmettre une vérité révélée et à annoncer le Salut.

Une expression résume la démonstration de l'apôtre: «Que celui qui se vante se vante du Seigneur»[30]. Cette phrase (qui est une réinterprétation d'un passage

---

25 II Co., 12, 1: Καυχᾶσθαι δεῖ· οὐ συμφέρον μέν …
26 *Ibid.*, 10, 13: Ἡμεῖς δὲ οὐκ εἰς τὰ ἄμετρα καυχησόμεθα, ἀλλὰ κατὰ τὸ μέτρον …
27 *Ibid.*, 12, 11: Γέγονα ἄφρων· ὑμεῖς με ἠναγκάσατε …
28 Démosthène, *Sur la couronne*, 4: τούτου τὴν αἰτίαν οὗτός ἐστι δίκαιος ἕξειν.
29 II Co., 12, 5: ὑπὲρ δὲ ἐμαυτοῦ οὐ καυχήσομαι εἰ μὴ ἐν ταῖς ἀσθενείαις μου.
30 *Ibid.*, 10, 17: Ὁ δὲ καυχώμενος ἐν κυρίῳ καυχάσθω. Cf. Jr., 9, 22–23.

de Jérémie) fait entendre la différence qui sépare la problématique chrétienne de la problématique païenne.

5. La prière

En abordant la prière, nous ne quittons pas complètement la louange, car il n'y a pas de frontière étanche entre louange de Dieu et prière. L'hymne associe souvent louange et prière, et la prière comporte souvent une louange.

Il est possible d'être plus rapide sur la prière, parce qu'il existe une étude détaillée de A. Hamann sur «La prière chrétienne et la prière païenne, formes et différences»[31]. L'auteur a dressé l'inventaire détaillé des ressemblances existant entre prière chrétienne et prière païenne: ressemblances dans le vocabulaire désignant l'action de prier, dans les moments et les lieux où l'on prie, dans les gestes de prière, dans les formes et dans les éléments constitutifs (par exemple l'adresse à Dieu comme Père). Sa conclusion, totalement convergente avec les réflexions présentées ci-dessus, consiste à noter d'importantes similitudes dans tous les aspects énumérés, mais en même temps des divergences fondamentales de conception religieuse.

Similitudes et divergences. Il ne faut pas dire, croyons-nous, que les similitudes sont apparentes et que les divergences sont réelles. Ni que les similitudes sont superficielles, constituent des rapprochements de surface, tandis que les divergences seraient le fond des choses. D'un point de vue historique, mieux vaut adopter une image inverse. Les similitudes, c'est-à-dire les ressemblances entre christianisme et paganisme, représentent un socle, un cadre commun de référence, et c'est sur ce socle, dans ce cadre, que se développent et se transmettent des messages divergents. Ou encore, si l'on se place du point de vue de la réception, on peut dire que les similitudes constituent un «horizon d'attente» partagé, auquel se réfèrent les différents messages.

---

31 Dans *ANRW*, II, 23, 2, 1980, p. 1190–1247. Pour le domaine païen, voir, dans la collection «Recherches sur les Rhétoriques Religieuses» (RRR), une bibliographie par G. Freyburger – L. Pernot (edd.), *Bibliographie analytique de la prière grecque et romaine (1898–1998)*, Turnhout, 2000, et un corpus par F. Chapot – B. Laurot, *Corpus de prières grecques et romaines*, Turnhout, 2001. Sur les prières chrétiennes, voir notamment M. Cimosa, *La preghiera nella Bibbia greca*, Rome, 1992; O. Cullmann, *La prière dans le Nouveau Testament*, Paris, 1995, ainsi que le corpus par S. Pricoco et M. Simonetti, *La preghiera dei Cristiani*, Fondazione Lorenzo Valla, 2000, et le colloque de l'Augustinianum: *La Preghiera nel tardo antico. Dalle origini ad Agostino*, Rome, 1999. Sur les rapports entre prière et rhétorique, voir L. Pernot, «Prière et rhétorique», in L. Calboli Montefusco (ed.), *Papers on Rhetoric*, III, Bologne, 2000, p. 213–232.

Pour étayer cette analyse, nous nous contenterons d'un seul texte. Ecartant les prières liturgiques ainsi que les modèles de prière donnés par Jésus lui-même (à commencer par le Notre Père), parce que là les différences avec le paganisme paraissent très grandes[32], nous retenons une prière plus conjoncturelle, prononcée en situation, dans l'urgence, celle que les apôtres adressent au Seigneur lorsqu'ils se sentent menacés, après avoir été traduits devant le Sanhédrin pour avoir guéri un impotent:

Δέσποτα, σὺ ὁ ποιήσας τὸν οὐρανὸν καὶ τὴν γῆν καὶ τὴν θάλασσαν καὶ πάντα τὰ ἐν αὐτοῖς, ὁ τοῦ πατρὸς ἡμῶν διὰ πνεύματος ἁγίου στόματος Δαυὶδ παιδός σου εἰπών, Ἱνατί ἐφρύαξαν ἔθνη καὶ λαοὶ ἐμελέτησαν κενά; Παρέστησαν οἱ βασιλεῖς τῆς γῆς καὶ οἱ ἄρχοντες συνήχθησαν ἐπὶ τὸ αὐτὸ κατὰ τοῦ κυρίου καὶ κατὰ τοῦ Χριστοῦ αὐτοῦ. Συνήχθησαν γὰρ ἐπ' ἀληθείας ἐν τῇ πόλει ταύτῃ ἐπὶ τὸν ἅγιον παῖδά σου Ἰησοῦν, ὃν ἔχρισας, Ἡρῴδης τε καὶ Πόντιος Πιλᾶτος σὺν ἔθνεσιν καὶ λαοῖς Ἰσραήλ, ποιῆσαι ὅσα ἡ χείρ σου καὶ ἡ βουλή σου προώρισεν γενέσθαι. Καὶ τὰ νῦν, κύριε, ἔπιδε ἐπὶ τὰς ἀπειλὰς αὐτῶν, καὶ δὸς τοῖς δούλοις σου μετὰ παρρησίας πάσης λαλεῖν τὸν λόγον σου, ἐν τῷ τὴν χεῖρά σου ἐκτείνειν σε εἰς ἴασιν καὶ σημεῖα καὶ τέρατα γίνεσθαι διὰ τοῦ ὀνόματος τοῦ ἁγίου παιδός σου Ἰησοῦ.

Tous, unanimes, élevèrent la voix vers Dieu et dirent: Maître, c'est toi qui as fait le ciel, la terre et la mer et tout ce qui s'y trouve, c'est toi qui as fait dire par l'Esprit saint et de la bouche de notre père David, ton serviteur: Pourquoi les nations ont-elles frémi et les peuples ont-ils comploté des riens? Les rois de la terre se sont dressés et les chefs se sont rassemblés contre le Seigneur et contre son oint. Car en vérité se sont rassemblés dans cette ville, contre ton saint serviteur Jésus que tu as oint, Hérode et Ponce Pilate, avec les nations et avec les peuples d'Israël, pour faire tout ce que ta main et ton dessein ont déterminé d'avance. Et maintenant, Seigneur, avise à leurs menaces et donne à tes esclaves de dire ta parole en toute franchise: tu n'as qu'à étendre la main pour que se fassent guérisons, signes et prodiges par le nom de ton saint serviteur Jésus[33].

Cette prière est une demande (le verbe «demander» est employé aussitôt après)[34], et sa structure même est révélatrice:
– elle commence par une invocation définissant le Seigneur comme Créateur;
– elle se continue par un rappel du passé, avec une citation des Psaumes[35] montrant que depuis longtemps Dieu s'est engagé à intervenir;
– elle se termine par une demande d'aide pour le présent.

---

32 Sur le Notre Père voir l'étude fondamentale de M. Philonenko, *Le Notre Père. De la Prière de Jésus à la prière des disciples*, Paris, 2001.
33 Ac., 4, 24–30.
34 Ac., 4, 31: δεηθέντων.
35 Ps., 2, 1–2.

On reconnaît ici un schéma typique, qui est bien attesté dans les prières païennes, et qui se compose d'une structure ternaire: invocation; arguments (et récit); demande.

Les arguments employés dans cette prière peuvent être analysés au moyen des formules latines par lesquelles les philologues décrivent les *topoi* de la prière païenne. Les apôtres disent en somme à Dieu: «Aide-nous, parce qu'il t'appartient de nous aider en cette conjoncture» (donne parce qu'il t'appartient de donner ceci: *da quia hoc dare tuum est*); «Aide-nous, parce que tu as déjà aidé ton peuple en pareille conjoncture» (donne parce que tu as donné: *da quia dedisti*); «Aide-nous, pour que nous puissions continuer à te servir» (donne pour que je donne: *da ut dem*). Manque seulement, semble-t-il, l'argument «Aide-nous, parce que nous t'avons honoré dans le passé» (donne parce que j'ai donné: *da quia dedi*).

Dans la mise en forme, enfin, on retrouve des procédés connus du paganisme, comme les mots «Maître» (δέσποτα) et «Seigneur» (κύριε), qui sont intéressants à un triple titre, par leur valeur sémantique, par leur emploi au vocatif et par leur place marquant les divisions du texte; comme, encore, le mode impératif, le pronom tu («Du-Stil»), et l'image si fréquente d' «étendre la main» en signe d'assistance et de protection.

Bref, cette prière des apôtres est un vrai discours, construit, argumenté, qui manifeste un souci de convaincre et une rhétorique de la prière comparable à ce qu'on trouve dans le paganisme.

*

A la fin de la prière des apôtres, «ils furent tous remplis du Saint Esprit et ils disaient franchement la parole de Dieu»[36]. C'est une petite Pentecôte. Et, comme on sait, la Pentecôte efface Babel. Les textes présentés ci-dessus, quant à eux, effacent-ils Babel?

Nous ne nous avancerons certainement pas si loin dans les conclusions. Ce que la présente étude voudrait suggérer, c'est qu'il a existé, dans les premiers siècles de l'Empire romain, un langage de l'expérience religieuse qui était commun aux textes païens et aux textes chrétiens. Après tout, cela n'est pas si étonnant, car, bien que porteurs de traditions et de foi différentes, irréductibles, chrétiens et païens vivaient dans le même monde, utilisaient la même langue (pour ce qui est du grec néo-testamentaire); Luc, Paul n'ignoraient pas la culture hellénique. Il est donc intéressant d'aller au-delà de cette constatation d'ordre général,

---

36 Ac., 4, 31: ἐπλήσθησαν ἅπαντες τοῦ ἁγίου πνεύματος, καὶ ἐλάλουν τὸν λόγον τοῦ θεοῦ μετὰ παρρησίας.

pour tenter de dresser plus précisément la liste des éléments essentiels composant ce langage commun. En font partie des formes, comme l'hymne, l'auto-éloge, la prière, des structures argumentatives, des procédés stylistiques et une phraséologie.

Maintenant, quelles conclusions faut-il tirer de cette constatation?

Avant tout, il convient de ne pas surestimer les parallèles. Si notre propos est ici de souligner des ressemblances, il ne faut pas oublier les différences, qui sont capitales.

Ce *caveat* ayant été formulé, il se présente une interrogation. Est-ce que les ressemblances que nous avons constatées ne se situent pas à un niveau très général? Est-ce qu'on ne pourrait pas retrouver le même langage dans d'autres lieux, à d'autres époques? Par exemple auparavant, dans l'Ancien Testament; ou bien par la suite, à l'époque des Pères, époque où le problème de la fusion entre christianisme et culture païenne fut énoncé très explicitement; voire dans d'autres civilisations. La question qui se pose est donc de savoir, en somme, s'il existe des universaux du langage religieux, des invariants anthropologiques et psycholinguistiques, ou en tout cas des notions essentielles et tranversales. Ces notions comprendraient par exemple l'éloge des actions et de la puissance divines, les hymnes de remerciement, les réticences envers l'affirmation de soi, les prières fondées sur une argumentation.

La découverte de ces notions transversales, de ces éléments d'un langage commun, laisse entrevoir un champ de recherche qui mérite d'être exploré hardiment: celui de la rhétorique religieuse, des formes d'expression du sacré, des formes de la communication entre l'homme et la divinité. Les spécialistes de la Bible ont ouvert beaucoup de pistes, avec les notions d' «analyse rhétorique» et de «critique rhétorique», qui leur permettent d'étudier les modes d'expression du message religieux de la Bible. Il reste à en faire autant pour les religions païennes, en étudiant, là aussi, plus que cela n'a été fait jusqu'à présent, les modes d'expression du message religieux. Ainsi, il sera possible de tenter des confrontations entre rhétorique religieuse païenne et rhétorique religieuse chrétienne. On peut espérer, de cette manière, grâce à l'approche rhétorique, apporter un point de vue nouveau dans l'étude du fait religieux.

Abstract

In the first centuries of the Roman Empire, there was a rhetorical language of religious experience that was common to both pagan and Christian texts. After all, this is not altogether surprising, as Christians and pagans lived in the same world and used the same languages (Greek and Latin), even if they held different traditions and faiths. It is interesting to try and establish, precisely, the list of essential elements which compose this common rhetorical language. Set forms, argumentation, stylistic devices and phraseology are part of it. The present paper examines certain elements of religious language that are, perhaps, common from one religion to another, or from one culture to another, looking at them from a historical perspective, specifically from that of the beginnings of the Christian era, in the early centuries of the Roman Empire. The demonstration is based on the examples of hymn (defined, in the ancient sense of the word, as a eulogy to a god, accompanied by an invocation and a request), self-praise, and prayer. Parallels are drawn between pagan practice of these forms and several passages of the New Testament. The question that arises is whether, all in all, there are universal aspects of religious rhetoric, anthropological and psycholinguistic constants, or at least essential and invariable rules. This would include, for example, in the case of praise addressed to a god, eulogy to his acts, eulogy to divine power and hymns of thanksgiving. The rhetoric of religion allows us to go beyond the differences between particular religions (beyond Babel) and to identify fundamental rhetorical forms. In this way, we can hope that, thanks to the rhetorical approach, a new angle can be brought to the study of religion.

Learning from the Enemy and More: Studies in "Dark Centuries" Byzantium*

Constantin Zuckerman

In the years 660–661 the Emperor Constantine, better known to posterity as Constans II, undertook a major expedition to the East that brought him as far as Armenia and "Media". He participated in the inauguration of the Zuart'noc' cathedral in Vałaršapat by the Catholicus Nerses in the spring of 661 and then returned to Constantinople.[1] Byzantine sources know nothing of this expedition that restored and expanded the imperial possessions in Transcaucasia at a time when the Caliphate was weakened by internal strife. These sources and the scholars who follow them misconstrue, therefore, Constans II's subsequent departure for Greece and Italy as an abandonment of Constantinople and, basically, a flight, while it served to continue the campaign of consolidation and conquest made possible by the lasting truce with the Arabs.

While Nicephorus' *Breviarium* entirely ignores the reign of Constans II (641–668), Theophanes had much difficulty filling it in with a patchwork of heterogeneous entries. In other words, the late-8th and early-9th-century chroniclers disposed of no coherent historical record for this reign. This explains why a crucial reform initiated by Constans II during his stay in Sicily is only known from a mention so short that scholars could not properly interpret it. Constans II's fiscal and military innovations find an unexpected source of inspiration in the enemy realm. This observation helps to elucidate their nature and scope, while throwing a light on the early Muslim taxation and navy. A better understanding of Constans II's fiscal reform illuminates the fiscal aspect of the confrontation between the empire and the papacy in the 720–740s, the factual and chronological frame of which will also be revisited. The measures in question are in no way related, however, to what a recent consensus presents as the major development

---

*   I am very grateful to Wolfram Brandes, Jean-Claude Cheynet, Denis Feissel, Jean Gascou, Marek Jankowiak, Avshalom Laniado and Vivien Prigent for their critical remarks on this paper.
1   This expedition was first established as a fact by M.V. Krivov, Ob odnom maloizvestnom pohode Konstanta II v Zakavkaz'e, VV 48, 1987, p. 153–155; for the full scope of sources and implications, see C. Zuckerman, Jerusalem as the Center of the Earth in Anania Širakac'i's *Ašharhac'oyc'*, in M.E. Stone, R.R. Ervine, N. Stone eds, *The Armenians in Jerusalem and the Holy Land* (Hebrew University Armenian Studies 4), Leuven 2002, p. 255–274, at p. 259–261.

of Constans II's reign: the initial shaping of the Byzantine themes (θέματα). I believe that the latter term and concept have no pertinence for the period, and that the recent dismissal, by a renowned scholar, of the thematic system as a "thematic myth" in fact points to the dead end of the current approach to the themes. A brief review of the evidence in the last part of this study will restore the "realness" of the institution in a revised chronological framework.

1. Constans II's afflictions. *Diagrafa seu capita*

According to the *Liber Pontificalis*, our best source on Constans II's stay in the West, the emperor proceeded from Constantinople to Athens over land along the cost (*per litoraria*).[2] He was accompanied by his elite mobile corps, the ὀψίκιον (*obsequium*).[3] There is some debate on the date of his departure. Andreas Stratos situated it at the end of 660 or in the beginning of 661, which is too early.[4] A date in the spring or early summer of 662, after the trial of Maximus the Confessor, is more commonly agreed on and appears more plausible. The emperor and the army probably stayed for a short while in Greece and then, in September or October, departed by boat for Tarentum. According to Paul the Deacon, the emperor's ambitious aim was to extract Italy from the hands of the Lombards (*Italiam a Langobardorum manu eruere cupiens*) and the campaign in the South must have been a relative success: if it had been a failure as is claimed by Paul (V, 6–10), it would have been decried as such in the *Liber Pontificalis*, well informed in Italian matters and very hostile to the emperor. After an agreement was reached with Duke Grimoald's son, Romuald, who delivered his sister, Guiza, as hostage, Constans II established his headquarters in Naples. On the 5th July 663 he payed a visit to Rome.[5] He stayed there for twelve days, returning to

---

2   *Liber Pontificalis*, ed. L. Duchesne, I, Paris 1886, 1955², p. 343.
3   See W. Brandes, Philippos ὁ στρατηλάτης τοῦ βασιλικοῦ Ὀψικίου. Anmerkungen zur Frühgeschichte des Thema Opsikion, in C. Sode, S. Takacs eds, *Novum Millenium. Studies on Byzantine History and Culture dedicated to Paul Speck*, Aldershot 2001, p. 21–39, esp. p. 32.
4   A. N. Stratos, Expédition de l'empereur Constantin III surnommé Constant en Italie, in *Bizanzio e l'Italia. Raccolta di studi in memoria di Agostino Pertusi*, Milan 1982, p. 348–357, reprinted in id., *Studies in the 7th-Century Byzantine Political History*, London 1983, n° XI, and going back to his *Byzantium in the Seventh Century*, III: 642–668, Amsterdam 1975, p. 202 et seqq. (the author is unaware of Constans II's eastern expedition).
5   Cf. recently P. Corsi, La politica italiana di Costante II, in *Bisanzio, Roma e l'Italia nell' alto Medioevo* (Sett 34), Spoleto 1988, p. 751–796, p. 773–774, going back to his *La spedizione italiana di Costante II*, Bologna 1983 (the author admits for Con-

Naples and then moving, probably in autumn, to Syracuse in Sicily where he was to spend the last five years of his life.

It was no doubt still on the mainland that the emperor learned of the new Arab attacks. Once his grip on power was firmly established, the Caliph Mu'awiya had no intention of maintaining the truce. Renewed hostilities and preparations for a long war are the context of the fiscal measures introduced by Constans II from Sicily:

> ... *tales afflictiones posuit populo seu habitatoribus vel possessoribus provinciarum Calabriae, Siciliae, Africae vel Sardiniae per diagrafa seu capita atque nauticatione per annos plurimos, quales a saeculo numque fuerunt, ut etiam uxores a maritis vel filios a parentes separarent. Et alia multa inaudita perpessi sunt ...* ⁶

For explaining the "afflictions" imposed on the people by Constans II, it is crucial to retain that these did not apply to the landowners alone, but to *habitatores* and *possessores* alike. As a recent study has shown, the two terms combined (or οἰκήτορες and κτήτορες in Greek) were used to describe the entire population of a city ("l'ensemble de la population stable de la cité, avec les κτήτορες pour notables") or a village (the land-owning elite and simple "dwellers": artisans, daily labourers, etc.).⁷ There were two of these afflictions; we shall begin with the first.

The form *diagrafa* is the plural of *diagrafon* (διάγραφον), just like *capita* is the plural of *caput*. As for the procedure described, it has been explained by the editor of the *Liber Pontificalis*, Mgr Duchesne, as follows: "*per diagrafa* – par des remaniements du cadastre et des recensements qui multipliaient les unités impos-

---

stans II in the West more purpose and ambition than many would recognise). The first secure chronological milestone for the western campaign is the date of Constans II's arrival in Rome in the *Liber Pontificalis*. This source also implies that the landing in Tarentum took place in the same indiction (i.e. no earlier than September 662). Corsi, p. 774, believes that Constans II spent the winter 662/3 in Athens and landed in Italy in the spring. This would reduce the Lombard campaign to barely three months (April, May, June), which seems too short.

6   *Liber Pontificalis*, ed. Duchesne, I, p. 344, cf. the translation by R. Davis, *The Book of Pontiffs* (Liber Pontificalis). *The ancient biographies of the first ninety Roman bishops to AD 715*, Liverpool 1989, p. 72: "He imposed such afflictions on the people, occupiers and proprietors of the provinces of Calabria, Sicily, Africa and Sardinia for many years by tributes, poll-taxes and ship-money, such as had never before been seen, so that wives were separated from their husbands and sons from their parents; they suffered much else that was unheard of ..."
7   A. Laniado, *Recherches sur les notables municipaux dans l'Empire protobyzantin* (Monographies du Centre de recherche d'Histoire et Civilisation de Byzance 13), Paris 2002, p. 180–191 (p. 191 for the conclusion cited).

ables (*capita*)".⁸ This explanation is retained by John Haldon who believes that Constans II ordered "the drawing-up of tax-rolls" or "of new tax-registers (*diagrafa*)" and "the registration of units of assessment – *capita*". He relates these data to a later indication of the *Liber Pontificalis* (ca. 687, ed. Duchesne, I, p. 368–369) on a reduction of taxes on the papal estates by 200 *annonocapita* per annum, considering the latter term as the "unit of assessment upon which the calculation of the tax (…) was based."⁹

Several objections can be raised against this scheme. To the best of my knowledge, the term διάγραφον has never designated the "remaniement du cadastre" or "drawing-up of tax-rolls". In different periods, διάγραμμα or καταγραφή could be used in a sense that is rather close, but one should not give up the hope of explaining the exact term. As for *caput*, the taxpayer's "poll" as a unit of tax assessment, it is indeed one of the two main elements of the tetrarchic fiscal system based on *capitatio* and *iugatio*; hence the later compositum *iugocapita*. What we have in the compositum *annonocapita*, however, is the *capitum*, indicating the standard ration of forage for a horse (like *annona* is the standard food ration for a soldier). The terms *caput* and *capitum* have nothing in common and should not be confused.¹⁰ The *annonocapita* are units of fiscal product, whether collected in kind or in cash.

A different interpretation of the passage, by Nicolas Oikonomidès, is more helpful, though based on a wrong premise. Oikonomidès believed that the cadastre as basis of a fixed tax assessment was all but abandoned by the tetrarchs and that the amount of cash needed by the state each year was simply repartitioned among the taxpayers. This "impôt de distribution (…) lourd pour les contribuables" was only transformed into an "impôt de quotité", based on a stable assessment, in the middle Byzantine period.¹¹ This is not the place to argue that the basic tax in Late Antiquity was, essentially, an "impôt de quotité", a reasonably stable *canon* based on a detailed cadastre, and that the continuity between

---

8   *Liber Pontificalis*, ed. Duchesne, I, p. 344, n. 6.
9   J. F. Haldon, *Byzantium in the Seventh Century. The Transformation of a Culture*, Cambridge 1990, p. 148–149, with n. 67, followed by W. Brandes, *Finanzverwaltung in Krisenzeiten. Untersuchungen zur byzantinischen Administration im 6.–9. Jahrhundert* (Forschungen zur byzantinischen Rechtsgeschichte 25), Frankfurt am Main 2002, p. 316–318.
10 See the discussion by J. Gascou, La Table budgétaire d'Antaeopolis, in *Hommes et richesses dans l'Empire byzantin*, I (Réalités byzantines 1), Paris 1989, p. 279–313, on p. 292–294.
11 N. Oikonomidès, De l'impôt de distribution à l'impôt de quotité: à propos du premier cadastre byzantin (7ᵉ–9ᵉ siècle), ZRVI 26, 1987, p. 9–19, see p. 9 for the quote and p. 13; cf. his *Fiscalité et exemption fiscale à Byzance (IXᵉ–XIᵉ s.)*, Athens 1996, p. 30–32.

the "proto"- and the middle Byzantine periods is, in this respect, quite straightforward.¹² Since, however, Oikonomidès did not have much use for the notion of cadastre, he dropped Duchesne's idea of a cadastral revision – he did not specifically comment on the term διάγραφον either – and explained Constans II's reform as an imposition of a poll tax, as suggested by the basic "fiscal" meaning of the *caput*.

Διάγραφον is indeed the term for poll tax in the post-Byzantine papyri. This tax was imposed on the non-Muslim population, in Egypt and elsewhere, very soon after the Arab conquest. The first dated receipt for it is from the 14th January 653, according to a revised reading by Jean Gascou who also points out: "ce mot de διάγραφον et son synonyme ἀνδρισμός ne répondent à rien de connu sous les Byzantins".¹³ As a matter of fact, the tetrarchic *capitatio*, wiped out by early-4th-century inflation, had no longer been applied in Egypt for more than three centuries. A crucial feature of the new tax was precisely that it required no "remaniement du cadastre". Not assessed on land, it was repartitioned between households in a village – "maison par maison (on dirait 'feu' par 'feu')" – on the basis of a sworn declaration by the village heads.¹⁴ In Egypt like in Italy, this poll- or rather hearth-tax applied to *possessores* and to simple *habitatores* alike. Easy to collect, it provided a ready source of cash.

The term employed in the *Liber Pontificalis* and the chronology of the new tax leave no doubt that in the mid-660s Constans II imported into the empire the poll tax freshly created by the Arabs. There is no reason to assume, with Oikonomidès, that all the emperor did was to apply in Italy some existing fiscal procedures ("sans doute en y appliquant un statut fiscal déjà connu dans la partie orientale de l'Empire").¹⁵ The tax was new and it had a future. As Oikonomidès

---

12 The reader will find the main evidence in J. Gascou/L. MacCoull, Le cadastre d'Aphroditô, TM 10, 1987, p. 103–158. Cf. Gascou, La Table budgétaire (cited n. 10), p. 303–304; C. Zuckerman, Du village à l'Empire: autour du Registre fiscal d'Aphroditô (525/526) (Monographies du Centre de recherche d'Histoire et Civilisation de Byzance 16), Paris 2004, p. 117–122.
13 J. Gascou, De Byzance à l'Islam, les impôts en Égypte après la conquête arabe, JESHO 26, 1983, p. 97–109, see p. 101–102. The *Lexikon zur byzantinischen Gräzität*, 2, ed. E. Trapp, Vienna 1996, s.v., quotes the *Life of St. Stephen Sabaita*, 109 (AASS Juli, III, 575C–576D), where διάγραφον, very generally defined as "Steuer" or "Abgabe", is in fact the poll tax imposed by the Muslims (on the Christian population of Palestine).
14 Gascou, De Byzance à l'Islam (cited n. 13), p. 102, with reference to P.Lond.Copt. 1079 (640–644 or 658–664). As pointed out by Gascou, the διάγραφον/poll-tax introduced by the Arabs should not be confused with the Byzantine διαγραφή, occasionally called διάγραφον, an extraordinary increase of the basic land-tax.
15 Oikonomidès, De l'impôt de distribution (cited n. 11), p. 13.

was right to observe, it was closely related to the later Byzantine hearth-tax, the καπνικόν (from καπνός, smoke).

Oikonomidès has argued, moreover, that Theodore Studites refers to the καπνικόν in a letter from 801 to the Empress Irene, in which he praises her for abolishing the oath as part of a fiscal declaration.[16] If so, the poll tax, like the διάγραφον, was originally repartitioned in Byzantium on the basis of sworn statements. According to *Theophanes Continuatus* (in an early-9th-century context), the καπνικόν was traditionally raised at the rate of two *miliaresia* per taxpayer.[17] This is half the basic rate of 1/3 *sol.* of the poll tax introduced by the Arab conquerors (the latter also had higher brackets, which cannot be shown for the καπνικόν).[18]

The productive new tax, possibly tested first in Southern Italy and Africa, was very soon expanded to the rest of the empire. The *Liber pontificalis ecclesiae Ravennatis* describes a visit of the Archbishop Reparatus to Constantinople that it situates *temporibus Constantini imperatoris maioris, patris Eraclii et Tiberii*. Since Reparatus was archbishop in the 670s, after the death of *Constantinus maior* (Constans II), one should undoubtedly follow T. S. Brown in admitting that the emperor in question was Constantine IV, the brother (and not the father) of Heraclius and Tiberius. The emperor granted all of Reparatus' requests and confirmed *ut nullus sacerdos vel quicumque clericus qualibet censum in publico dedisset*.[19] This *census* could only be the freshly introduced poll tax from which the clerics were exempted (an exemption all the more obvious in the Christian Empire, since it was initially granted to churchmen by the Muslim creators of the tax). It follows from this interpretation that the poll tax was extended to Northern Italy and to the eastern part of the empire by the time the imperial court was re-established in Constantinople.

The ecclesiastical exemption in Byzantium had wider repercussions that throw light on the confrontation between the Emperor Leo III and the papacy. Before discussing its fiscal aspect, however, we need to attain more clarity regarding its basic factual frame.

---

16 Theodorus Studita, *Epistulae*, 7, ed. G. Fatouros, I (CFHB 31/1), Berlin/New York 1992, p. 24–27, with Oikonomidès, De l'impôt de distribution (cited n. 11), p. 14–16.
17 *Theophanes Continuatus* II, 11, ed. I. Bekker, Bonn 1838, p. 54.
18 See recently F. Morelli, CPR IX 52: riepilogo di un registro fiscale?, ZPE 127, 1999, p. 123–126, with references.
19 Agnellus von Ravenna, *Liber Pontificalis*, 115, ed. tr. Cl. Nauerth, Freiburg 1996 (Fontes Christiani 21), p. 426–427, with T. S. Brown, The Church of Ravenna and the Imperial Administration in the Seventh Century, EHR 94, 1979, p. 1–28, see p. 21–22.

2. The rift between Constantinople and Rome in the 720–740s

One of the most controversial passages in Theophanes' *Chronicle* in the entry dated to AM 6224 (731/2) describes the punitive measures that Emperor Leo III undertook against "Pope Gregory" (AM 6217–6225, 724/5–732/3), created by the chronicler who conflated Gregory II (715–31) and Gregory III (731–41) into a single pope.[20] Theophanes' chronology is notoriously confused but, for the period discussed, it is not the only source of confusion. A plausible explanation of the pecuniary aspect of the conflict between the emperor and the pope, the aspect of most interest to us here, can only be proposed as part of a broader revision of the relations between the empire and the papacy in the 720–740s. To keep this background analysis short, I will focus on the time frame of the events, leaving most of the ideological implications aside. It is not a small challenge to pierce through layers of scholarly superstructures in this much-studied domain and to regain the view of the sources.

According to his biographer in the *Liber Pontificalis*, Pope Gregory II (715–31) was a man of a resolute mind: a defender of the church and mighty combattant of its adversaries (*constans animo, ecclesiasticarum rerum defensor et contrariis fortissimus inpugnator*). This was no commonplace description of a pope's virtues and no empty compliment. When the Lombards treacherously seized the *castrum* of Cumae and refused to evacuate it, Gregory II instructed the duke and the people of Naples daily by letter on the way to act. They penetrated the *castrum* at night and killed three hundred Lombards together with their leader.[21] Gregory II showed the same determination in dealing with his worldly suzerain, the Emperor Leo III.

The first confrontation between the pope and the imperial authorities can be dated, in the vague chronological sequence of the *Liber Pontificalis*, to the early 720s. It involved a plot by a group of high-standing Roman officials, supported by Paul, the freshly appointed exarch of Italy, to kill the pope. Gregory's biographer attributes the exarch's involvement to an imperial order (*imperatorum iussio*), due to the fact that Gregory put an obstacle to imposing a tax in the pro-

---

20 See Mango in C. Mango/R. Scott, *The Chronicle of Theophanes Confessor. Byzantine and Near Eastern History AD 284–813*, Oxford 1997, p. 558, n. 2, cf. O. Bertolini, Quale fu il vero obbiettivo assegnato in Italia da Leone III 'Isaurico' all'armata di Manes, stratego dei Cibyrreoti?, BF 2, 1967, p. 15–49, see p. 16–18, on Theophanes' vague notion of the papal chronology.

21 *Liber Pontificalis*, ed. Duchesne, I, p. 396 and 400. The generally reliable translation by R. Davis, *The Lives of the Eighth-Century Popes* (Liber Pontificalis). *The ancient biographies of nine Popes from AD 715 to AD 817*, Liverpool 1992, is most often quoted or paraphrased in translated passages from the *Liber Pontificalis* below.

vince (Italy) and to spoliating churches of their wealth, as was actually done in other places (*eo quod censum ponere in provincia praepediebat et suis opibus ecclesias denudare, sicut in ceteris actum est locis*).[22] I have no doubt that the tax, which is not described as extraordinary, was to bear on ecclesiastic properties (thus spoliating churches of their wealth). Outside Rome, Gregory II was in no position to hinder the tax perception on secular lands. These features of the tax, and the indication that it was indeed applied elsewhere, will help us to identify it below.

A blurred echo of this fiscal quarrel reached the oriental chronicler, Theophilus of Edessa or his predecessor, whose information was later used by Theophanes, Agapius of Menbidj and Michael the Syrian.[23] According to this source, Pope Gregory, upon learning of Leo III's iconoclastic pronouncements, "withheld (ἐκώλυσε) the taxes of Italy and of Rome".[24] In fact, the *Liber Pontificalis* makes it amply clear that the attempt to raise the tax preceded the proclamation of the new religious policy. Besides, there is a difference between resisting a new tax and disrupting the tax collection in general. Yet the squabble over the tax and the related conspiracy against Gregory's life must have exacerbated the pope's reaction to iconoclasm, which, as the *Liber Pontificalis* makes it equally clear, went far beyond withholding Italy's taxes.

When, in 726, Emperor Leo III decreed the removal of the holy images and banned their worship, the pope scorned this profane mandate and "armed himself against the emperor as against an enemy, denouncing his heresy and writing that Christians everywhere must guard against the impiety that had arisen". This appeal immediately provoked a general uprising in the imperial possessions in Northern Italy. Paul the exarch was murdered in Ravenna and several other imperial officials were killed in Rome and elsewhere. So much we learn from the *Liber pontificalis*, but there is every reason to believe that the simultaneous

---

22 *Liber Pontificalis*, ed. Duchesne, I, p. 403. On Paul's career, cf. recently M. Nichanian, V. Prigent, Les stratèges de Sicile. De la naissance du thème au règne de Léon V, REB 61, 2003, p. 97–141, on p. 105–106.

23 See R. G. Hoyland, *Seeing Islam as Others Saw It: A Survey and Evaluation of Christian, Jewish and Zoroastrian Writings on Early Islam*, Princeton, NJ (Studies in Late Antiquity and Early Islam 13), p. 655, with references. Hoyland, in his reconstruction of the lost oriental chronicle, dates the event in 726, but Theophanes' date is AM 6217 = 724/5, while Michael the Syrian describes the conflict just before announcing the death of the Caliph Jazid (January 27, 724), and Agapius puts it in the first year of the latter's successor, Hisham. Thus their common source must have placed the confrontation between the emperor and the pope ca. 724.

24 I quote Theophanes' version, ed. C. de Boor, I, Leipzig 1883, p. 404, in Mango's translation, see Mango/Scott, *The Chronicle*, p. 558.

revolt, in the early spring of 727 of the mariners of Hellas in the papal diocese of Illyricum, was also due to Gregory II's incitement.[25]

After the murder of the exarch Paul, Ravenna was lost to the empire for some time. Agnellus' *Liber Pontificalis* of the Church of Ravenna describes a failed attempt by imperial troops to recapture the city under the Archbishop John (ca. 726–744). A sea-born Greek army (*Graecorum exercitus*) was first defeated on land, subdued by a miraculous apparition, and then, as the invaders were fleeing to their ships (*dromones*), they were surrounded by the *Ravenniani cives* in their small boats and destroyed. The victory was won on the day of saints John and Paul (26 June) and subsequently celebrated on that day.[26] Already Edward Gibbon linked this tradition to Theophanes' account of Emperor Leo III, who, "furious with the pope and with the secession of Rome and Italy", "dispatched against them [i.e. the rebels] a great fleet under the command of Manes, *stratego*s of the *Kibyraiotai*", which was shipwrecked in the Adriatic Sea.[27] There is no real contradiction between the tradition recorded by Agnellus on the failure of the Byzantine disembarkment and Theophanes' data on the (subsequent) fate of the fleet. In dating the event to AM 6224 (731/2), however, Theophanes placed it too late. An act of donation by the Archbishop John to S. Apollinare in Classe, of the 29th January 731 (dated by the regnal years of the Emperors Leo and Constantine), acknowledges the authority of the exarch Eutychius: *guvernantem Italia d(omi)n(o) Eutychio excell(entissimo) patricio et exarc(o)*.[28] By that date, Byzantine power in Ravenna was fully reestablished.

---

25 *Liber Pontificalis*, ed. Duchesne, I, p. 404–405; Theophanes, ed. de Boor, p. 405. I have some reserves about the recent trend to focus the conflict between the emperor and the pope on taxes and to sideline the dogmatic controversy, cf. P. Schreiner, Der byzantinische Bilderstreit: Kritische Analyse der zeitgenössischen Meinungen und das Urteil der Nachwelt bis heute, in *Bisanzio, Roma e l'Italia nell'alto Medioevo* (Sett 34), Spoleto 1988, p. 319–427, see p. 369–375; F. Marazzi, Il conflitto fra Leone III Isaurico e il papato e il 'definitivo' inizio del medioevo a Roma: un'ipotesi in discussione, PBSR 59, 1991, p. 231–257. I doubt in fact that we would have heard about the fiscal quarrel if Leo III had not embraced iconoclasm.
26 Agnellus von Ravenna, *Liber Pontificalis*, 153, ed. tr. Nauerth, p. 536. The editor (n. 640), dates the event to 16.6.725 (while admitting 726 as John's first year as archbishop), which makes no sense, since Ravenna stayed in the Empire's grip until late in 726.
27 Theophanes, ed. de Boor, p. 410, cf. Mango's translation in Mango / Scott, *The Chronicle*, p. 568, with E. Gibbon, *The History of the Decline and Fall of the Roman Empire*, ed. J. B. Bury, V, London 1911, p. 279, who believed that the imperial fleet reached Ravenna "after suffering from winds and waves much loss and delay".
28 See now P. Rugo, *Le iscrizioni dei sec. VI – VII – VIII esistenti in Italia*. III: *Esarcato, Pentapoli e Tuscia*, Cittadella 1976, p. 23, n° 9. This text is pertinently cited by Bertolini, Quale fu il vero obbiettivo (cited n. 20), p. 24 (n. 29), from the edition by D. Spreti,

Many scholars believe that the rift between the empire and its Italian subjects was healed as early as 728, through the reconciliation between the pope and the exarch Eutychius. Gregory II's biography in the *Liber pontificalis* provides the basis for this analysis. This text, however, deserves a closer scrutiny. Mgr Duchesne has shown that the manuscripts conserved it in two versions, the shorter one terminated soon after Gregory II's death in the early 730s and the expanded one no doubt from the early 750s.[29] Both tell the same story of the exarch Eutychius' alliance with the Lombard king Liutprand, directed against the Lombard dukes in the South and against the pope; both describe Liutprand's sudden change of heart when, after subduing the dukes, he came to Rome and let the pope convince him to abandon this imperial intrigue. The earlier version leaves the exarch in this embarrassing position and ends the episode with the triumphal *sic conpressa est adversantium malitia* ... The expanded version removes this malicious remark and replaces it with the indication that the king pleaded with the pope on the exarch's behalf *ut memoratum exarchum ad pacis concordiam suscipere dignaretur*. I suppose that this points to a compromise that guaranteed the pope's safety but also allowed the return of a Byzantine exarch to Ravenna.[30] In the chronological sequence of the expanded version, these events took place in 729 or early in 730. By January 731, Eutychius was, in any case, installed in Ravenna (see above) with no confrontation reported. The expanded version adds then a whole new passage on the unlucky pretender to the imperial crown, Tiberius Petasius, who "troubled" the exarch and who was captured and beheaded by papal troops in Tuscany. The head was sent to Constantinople, but not even this gesture of

---

De amplitudine ... urbis Ravennae libri tres, a C. Spreti in italic. idioma versi, I, Ravenna 1793, n° 325, p. 284 (I owe to Jean-Marie Martin a photocopy of this rare edition).

29 See Duchesne, *Liber Pontificalis*, I, p. CCXX–CCXXIII, whose textual analys is retained by Davis, *Eighth-Century Popes* (cited n. 21), p. 1. Unlike Duchesne, however, who prints the two Latin versions *en regard*, Davis combines them in his translation into a single text and attemps to mark the differences with italics and curly brackets, with limited success.

30 See *Liber Pontificalis*, ed. Duchesne, I, p. 408–409. This episode is interpreted in the sense of a reconciliation in very numerous studies, notably by V. Grumel, L'annexion de l'Illyricum oriental, de la Sicile et de la Calabre au patriarcat de Constantinople, *Recherches de Science Religieuse* 39–40, 1951–1952 (Mélanges Jules Lebreton), p. 191–200, see p. 197 (a crucial element in Grumel's argument), and J. T. Hallenbeck, The Roman-Byzantine Reconciliation of 728: Genesis and Significance, BZ 74, 1981, p. 29–41 (the author believes Eutychius was thoroughly deceived by Liutprand and does not seem to notice that regaining control over Ravenna was much more important for the exarch than punishing the pope). Surprisingly enough, none of the studies available to me show any awareness of the very different bias of the two versions of Gregory II's biography.

good will made the emperor "bestow his full favour on the Romans." I will go back to this crucial remark.

Each version of the text reflects the politics of its time. A political compromise brokered (or imposed) by King Liutprand produced no reconciliation. Gregory II's successor, Gregory III (731–41), maintained, in the early 730s, a much-publicised anti-iconoclast stand. He tried to admonish the emperor in personal letters (according to his biographer, they never reached their destination) and then gathered, in November 731, an anti-iconoclast synod that excommunicated all adherents of this doctrine (like the previous messengers, the carriers of the acts to Constantinople were arrested on the way).[31] More ominously, the acts of a local synod gathered by the pope on the 12th April 732, which were engraved in marble at St. Peter's, fail to mention the emperors' names in the dating formula, the proof of an open sedition.[32] This omission was not isolated. The letters of the successive popes to the great missionary Bonifatius provide the best collection of the imperial dating formulae for the period between 719 and 751. The emperors' regnal years are regularly cited between the 15th May 719 and the 22nd November 726 (*Ep.* 12, 16, 17–18, 24, 26) and then from the 29th October 739 (*Ep.* 45) onwards. The dating formulae are omitted, however, between late 726 and late 739 (cf. *Ep.* 28 ca. 732 and 42–44 ca. 737).[33] I believe that this gap marks quite precisely the time limits of the estrangement between the papacy and the empire. Gregory III changed his position in the late 730s, when he could no longer bear King Liutprand's encroachments on his lands. Before the context of this change is examined, however, the source of a major confusion needs to be removed.

Paul the Deacon describes, immediately after mentioning the Arab defeat at Narbonne (737) and Charles Martel's subsequent alliance with King Liutprand (739), the conquest of Ravenna by Luitprand's nephew (*nepos*), Hildeprand, ending in a humiliating expulsion of the Lombards by the Venetians (VI, 54). Paul's account was used by a late-10th-century Venetian chronicler, John the Deacon, who disposed, in addition, of a local source: a letter of Pope Gregory (III) to

---

31 See *Liber Pontificalis*, ed. Duchesne, I, p. 416, on the fate of Gregory III's embassies.
32 H. Mordek, Rom, Byzanz und die Franken im 8. Jahrhundert. Zur Überlieferung und kirchenpolitischen Bedeutung der Synodus Romana Papst Gregors III. vom Jahre 732 (mit Edition), in G. Althoff/D. Geuenich/O. G. Oexle/J. Wollasch, eds., *Person und Gemeinschaft im Mittelalter. Karl Schmid zum fünfundsechzigsten Geburtstag*, Sigmaringen 1988, p. 123–156, see p. 128, duly emphasises this point and suggests that the (exceptionally) prominent display of the acts enhanced their political message.
33 See, for this period, JE, p. 252–261; note that n° 2179 is dated only by indiction. I note in passing that the popes did not remove the imperial image from the Roman coins, but they knew better than to meddle with currency, already badly debased (cf. below).

Antoninus, Patriarch of Grado, pleading for Venetian help in restoring Ravenna *in imperiali servitio dominorum filiorumque nostrorum Leonis et Constantini, magnorum imperatorum*. John reproduced the letter without the date and placed the subsequent Venetian intervention "in the days" of the *magister militum* Iovianus *hypatus*, which would correspond, according to the "traditional" Venetian chronology, to ca. 740.[34] A very similar account of the Lombard conquest of Ravenna was produced in the middle of the 13th century by Andrea Dandolo who, in a rather curious fashion, re-addressed Gregory's letter to the Venetian *dux* Ursus (whom he situated ca. 727–736), adapting John the Deacon's text to fit a lay addressee.[35] Dandolo also mistook Gregory III for Gregory II, thus suggesting a date, for the campaign and for the letter, between ca. 727 and early 731.

This evidence is debated in numerous studies that follow two main directions. One line of reasoning going back to Ludo Moritz Hartmann focuses on the fact that the conqueror of Ravenna, Hildeprand, is presented in all accounts of the event as the king's nephew. Since we know (from Lombard documents dated by regnal years) that Hildeprand was crowned as king in the summer of 735, this becomes the terminus ante quem for an event in which he partakes as a simple "nephew".[36] I believe, however, that this argument loses its pertinence once we recognise that all descriptions of the (first) Lombard conquest of Ravenna go back to a single source: the *Lombard History* of Paul the Deacon. Paul, who did not consult the Lombard documents on the regnal years, placed Hildeprand's crowning (by the nobles who believed that Liutprand was about to die) late in Liutprand's reign (VI, 55) and, in any case, he did not attribute Hildeprand much of a share in royal power. Once we understand the logic of Paul's description, no chronological argument can be drawn from it (or from its use by later chroniclers). Ottorino Bertolini, although he made very clear the dependence of both John the Deacon and Andrea Dandolo on Paul, did not reason that way. Instead, he created a link between the Lombard conquest of Ravenna and Theophanes' account of the fleet sent by Leo III against the Italian rebels (above), arguing that the expedition's aim were not the rebellious subjects of the empire, but the Lombard conquerors.[37] This alteration of Theophanes' testimony has no merit and adds no weight to the early-730s dating of the conquest.

---

[34] Giovanni Diacono, *Istoria Veneticorum*, ed. tr. L. A. Berto, Bologna 1999, p. 98–100, cf. *Cronaca Veneziana*, ed. G. Monticolo, Rome 1890, p. 95.

[35] Andrea Dandolo, *Chronica* VII, 3, ed. E. Pastorello (RIS XII, 1), Bologna 1938, p. 112–113.

[36] L. M. Hartmann, *Untersuchungen zur Geschichte der byzantinischen Verwaltung in Italien (540–750)*, Leipzig 1889, p. 129–131

[37] Bertolini, Quale fu il vero obbiettivo (cited n. 20).

Thomas Hodgkin put out a counter-argument for the late 730s, based on the context of the conquest in the *Lombard History* of Paul the Deacon (VI, 54) and on its dating in John the Deacon, presumedly ca. 740.[38] One could debate the pertinence of the latter date, taken from the "traditional" chronology of the early Venetian rulers put in system by Andrea Dandolo, for the much earlier *Chronicle of John the Deacon*, but this is not to the point. A confirmation for the later date comes from another source: Pope Gregory III's second letter to Charles Martel. Both of the pope's letters to Charles were reproduced in the *Codex Carolinus* without the date, but the first one is placed towards the summer of 739 by the sources that describe its dispatch and reception; the second followed closely upon the first and is therefore conventionally dated to late in 739 or early in 740.[39] In the second letter, the pope laments the loss of the little that was left, as late as the previous year, (of the properties) in Ravenna, providing for the church lights and the nurishment of the Roman poor (*id, quod modicum remanserat preterito anno pro subsidio et alimento pauperum Christi seu luminariorum concinnatione in partibus Ravennacium*): this has all now been destroyed through sword and fire (*nunc gladio et igni cuncta consumi*) by the Lombard kings Liutprand and Hildeprand.[40] The reference to the previous (indictional) year dates the latter event after (undoubtedly soon after) the 1st September 739; Hildeprand's involvement is expressly mentioned. Since there is no indication that the Lombards devastated Ravenna twice in the 730s, the most economic and, in fact, the only solution would be to place the first Lombard conquest of Ravenna in the autumn of 739.[41] Gregory III's letter to Antoninus of Grado requesting Venetian help for Ravenna is then strictly contemporaneous of his second letter to Charles.

The contents and the spirit of Gregory III's letters enhance this analysis. The letter to Antoninus is blatantly hostile to the *nec dicenda gens Longobardorum*. The proponents of the early-730s dating have never explained this attitude or the very rationale of writing a letter that would have been sure to alienate the papacy to the only real power in Italy and to the very ruler, in fact, who had saved Gre-

---

38 Th. Hodgkin, *Italy and Her Invaders*, VI² (600–744), Oxford 1916, p. 482–490, 505–508; cf. recently J. Ferluga, L'esarcato, in A. Carile ed., *Storia di Ravenna*, II, 1, Ravenna 1991, p. 351–377, on p. 371–372 (with n. 169, p. 377).
39 The relevant sources are quoted in JE, 2249–2250, where both letters are dated to 739.
40 *Codex Carolinus* 2, ed. W. Gundlach, in MGH Epp., III, p. 477.
41 On the impact of Gregory III's second letter to Charles Martel on the date of the Lombard capture of Ravenna, see Th. F. X. Noble, *The Republic of St. Peter. The Birth of the Papal State, 680–825*, Philadelphia 1984, p. 41–42, with n. 131. The author's attempt, however, to bring his findings closer to conformity with the traditional chronology (thus dating the capture of Ravenna "probably in 738") only creates confusion.

gory III's predecessor from an imperial plot just a couple of years before. The exasperation with the Lombards is equally striking, however, in Gregory III's first letter to Charles Martel: "We can now no longer endure the persecution of the Lombards, for they have taken from St. Peter all his possessions, even those which were given him by you and your fathers, etc."

Gregory III's letter to Antoninus is also profusely loyal to the empire and its rulers. It solicits redundantly *ut ad pristinum statum sancte rei publice et imperiali servicio dominorum filiorumque nostrorum Leonis et Constantini, magnorum imperatorum, ipsa revocetur Ravenantium civitas, ut zelo et amore sancte fidei nostre in statu rei publice et imperiali servicio firmi persistere* (note the stipulation, though, *zelo et amore sancte fidei nostre*). Such a statement would be inconceivable in 732, when the pope avoided dating by the emperors' regnal years and when his successive envoys to the court were lingering in the imperial prison. Such a statement would also be surprising earlier in 739, when, according to the *Chronicon Moissiacense*, the papal envoys to Charles Martel pleaded for his protection "having abandoned the emperor and the dominance of the Greeks" (*relicto imperatore Graecorum et dominatione, ad praedicti principis defensionem et invictam eius clementiam convertere cum voluissent*).[42] The unambiguous failure of the embassy and Charles' refusal to intervene against the Lombards contributed, no doubt, to a rapid revision of this radical stand.

Thus, the late-739–early-740 letter by Gregory III to Archbishop Antoninus of Grado, as well as the resurgence of the imperial dating formula in his letter to Bonifatius from the 29th October 739 (above), bring the first clear proof of the pope's intent to mend ties with the empire after the open rebellion of the late 720s and the estrangement of the 730s. The new papal attitude reflects in the policy of Pope Zacharias (741–752) and in his *Liber Pontificalis* biography, a truly remarkable document. Unlike the biographies of the two Gregorys, this text does not mention the iconoclastic controversy with a single word. It uses, however, every occasion to emphasise Pope Zacharias' devotion to the cult of images (ch. 18–19 and 25) and of relics (ch. 24–25). It is also conspicuously loyal (ch. 20) towards the *serenissimus princeps*, Constantine V, the legitimate emperor who manfully fights (*viriliter expugnans*) the treacherous rebel, Artavasdus, punishes him severly and recovers his throne (Artavasdus' devotion to icons is not mentioned and earns him no praise). On both counts, the text resembles the contemporary *Life and Miracles of St. Theodore the Recruit* (*BHG* 1764), whose author, an icon-worshipper writing under Constantine V, strives to uphold his beliefs while avoiding

---

42 See *Chronicon Moissiacense*, ed. G. Pertz, MGH SS, I, Hanover 1826, p. 291–292.

any assault on the imperial authority.[43] Unlike St. Theodore's hagiographer, Zacharias' biographer is not restrained by any fear for his own safety; he has, however, a more pressing agenda to pursue.

Scholars have often pointed out that Zacharias sent his orthodox profession of faith (*fidei suae sponsionis orthodoxam synodicam*) not to the patriarch (whom he did not recognise), but to the *ecclesia Constantinopolitana* (ch. 20); his biographer's remark that he was following the regular church procedure (*iuxta ritum ecclesiasticum*) is rather disingenuous. More importantly, the biographer indicates that the pope simultaneously dispatched a *suggestio* (memorandum or request) to the emperor. In Constantinople the papal envoys found the rebel Artavasdus, but it was the victorious Constantine V who dismissed them home (*ad sedem absolvit apostolicam*).[44] The dates of Artavasdus' revolt, now convincingly established by Mikaël Nichanian as from the summer 742 – autumn 744,[45] allow a better understanding of the papal action. The papal envoy left, no doubt together with the embassy of King Liutprand, about the end of June 743, assured of the presence of an orthodox emperor in the capital.[46] Otherwise, sending an *orthodoxa synodica* would be an empty provocation and the envoy a

---

43 On the ideological bias of the text, see C. Zuckerman, The Reign of Constantine V in the Miracles of St. Theodore the Recruit, REB 46, 1988, p. 191–210, cf. on the date A. Kazhdan, Hagiographical Notes (17–20), *Erytheia* 9, 1988, 197–209, see p. 197–200, and, independently, B. Flusin, *Saint Anastase le Perse et l'histoire de la Palestine au début du VIIe siècle*, II, Paris 1992, p. 228, n. 45. F. R. Trombley, The decline of the seventh century town: the exception of Euchaita, *Byzantina kai Metabyzantina* 4, 1985 (= Sp. Vryonis, Jr. ed., *Byzantine Studies in Honor of Milton V. Anastos*), p. 65–90, proposed an earlier date and defended it in: The Arab Wintering Raid against Euchaita in 663/4, *15th Annual Byzantine Studies Conference, Abstracts of Papers*, Amherst 1989, p. 5–6, arguing, unnecessarily, for a substantial corruption of the date transmitted in the text.

44 Davis' (cf. n. 29) translation "he pardoned the apostolic see", p. 46, is not possible.

45 M. Nichanian, *Aristocratie et pouvoir impérial à Byzance, VIIe–IXe siècle*, Doctorat de l'Université Paris IV – Sorbonne, Paris 2004, p. 520–566.

46 For the suggestion that Zacharias sent his envoy to the usurper, though applied to a different chronology of Artavasdus' rebellion, see M. McCormick, *Origins of European Economy. Communications and Commerce, A.D. 300-900*, Cambridge 2001, p. 869–870, n° 148 and n° 150, cf. n° 149 and n° 151 on Liutprand's embassy. Zacharias' mission to Constantine V "requesting the restoration of icons" (n° 152), is a phantom; cf. O. Bertolini, I rapporti di Zaccaria con Costantino V e con Artavasdo nel racconto del biografo del papa e nella probabile realta' storica, *Archivio della Società Romana di Storia Patria* 78, 1955, p. 1–21, reprinted in his *Scritti scelti di storia medioevale*, II, Livorno 1969, p. 463–484, whose analysis I do not share in many points, but who insisted correctly on Zacharias' drive for a political appeasement with no compromise on the doctrine.

candidate for martyrdom. The envoy was locked in Constantinople by the naval blockade that lasted for the whole sailing season of 744 and then, after Constantine V's victory in November 744, must have been forced to spend the winter 744/5 in the capital. He did not waste his time. In conformity with the pontiff's request (*iuxta quod beatissimus pontifex postulaverat*) – thus we gain a notion of the tenor of the papal *suggestio* – Constantine V donated to the apostolic see Ninfa and Norma, two large imperial (*iuris existentes publici*) estates (*massae*) in Campagna (ch. 20). Despite the doctrinal differential, the emperor could hardly dismiss the request. In the summer 743, Pope Zacharias played a decisive role in saving Ravenna for the empire, as the King Liutprand's ambassadors could warrant for.

The text on Zacharias in the *Liber Pontificalis*, so surprisingly conciliatory towards the iconoclasts, is strictly contemporary with the early-750s revision of Gregory II's biography that projects the reconciliation between the papacy and the empire back to the late 720s. This is not a sign of the popes' wavering support for the cult of icons or of their readiness for a compromise on the doctrine. Their willingness, however, as of the last years of Gregory III to mute the doctrinal quarrel and to seek a political appeasement of Constantinople is very clear. They could have no illusion as to the emperors' capacity to put up an army against the Lombards: time after time it was in fact up to the pope to intervene on behalf of the imperial possessions in Italy. The potential benefits of an improved relation with the empire were rather of the kind indicated by the tenor of Pope Zacharias' *suggestio*. The strained relations with the Lombards and their repeated pillaging, deplored in both Gregory III's letters to Charles Martel and no less painfully felt early under Zacharias, aggravated the state of the papal finances. What Zacharias hoped to obtain by his conciliatory stand was, no doubt, what Gregory II, according to his revised biography (ch. 23), did not get in exchange for the hapless Tiberius Petasius' head: regaining the full favour (*plena gratia*) of the *imperator*. This can only refer, I believe, to the restitution of a major source of income for the apostolic see located in the territory under firm imperial control: the papal *patrimonia* of Calabria and Sicily. The story of their confiscation by Leo III can now be studied in the revised framework of the relations between Constantinople and Rome.

3. The confiscation of the *patrimonia* and the taxes of Sicily

According to Theophanes, the Emperor Leo III, "furious with the pope and with the secession of Rome and Italy," not only dispatched against the rebels the fleet under Manes that was shipwrecked in the Adriatic (above), but also imposed a more efficient penalty in the territories firmly under the Byzantine control:

τότε ὁ θεομάχος ἐπὶ πλεῖον ἐκμανεὶς Ἀραβικῷ τε φρονήματι κρατυνόμενος φόρους κεφαλικοὺς τῷ τρίτῃ μέρει Σικελίας καὶ Καλαβρίας τοῦ λαοῦ ἐπέθηκεν. τὰ δὲ λεγόμενα πατριμόνια τῶν ἁγίων καὶ κορυφαίων ἀποστόλων, τῶν ἐν τῇ πρεσβυτέρᾳ Ῥώμῃ τιμωμένων, ταῖς ἐκκλησίαις ἔκπαλαι τελούμενα χρυσίου τάλαντα τρία ἥμισυ τῷ δημοσίῳ λόγῳ τελεῖσθαι προσέταξεν, ἐποπτεύειν τε καὶ ἀναγράφεσθαι τὰ τικτόμενα κελεύσας ἄρρενα βρέφη, ὡς Φαραώ ποτε τὰ τῶν Ἑβραίων· ὅπερ οὐδ' αὐτοί ποτε οἱ διδάσκαλοι αὐτοῦ Ἄραβες ἐποίησαν εἰς τοὺς κατὰ τὴν ἑῴαν Χριστιανούς.[47]

Then God's enemy became even more furious: possessed by his Arab mentality, he imposed a poll-tax on one third of the people of Sicily and Calabria and he ordered the so-called patrimonia *of the holy chief apostles who are honored in the Elder Rome, which were paid from olden times to the churches to the amount of three and a half talents of gold, to be paid to the public treasury, having also mandated the new-born male infants to be surveyed and registered as the Pharaoh had aforetime done to the Jewish infants – something that not even his mentors the Arabs have ever done to the Christians in the East.*

The proposed translation is based on Cyril Mango's, whose analysis of the central phrase fosters the conclusion that Theophanes considered the *patrimonia* not as papal estates, which they were, but "as a tax yield".[48] But even though he misinterprets the term *patrimonia* and erroneously conceives them as an income, Theophanes attests with no ambiguity to the confiscation of the *patrimonia* from the church by the state. The loss of the income was in fact consecutive to the loss of the estates. As Pope Nicholas I reminded Emperor Michael III in 860, *Calabritanum patrimonium Siculumque* constituted an *ecclesiastica possessio*, which no earthly power could lawfully take away from the church.[49] As early as 785, when iconoclasm was about to be repudiated, Pope Hadrian I claimed the restitution of the *patrimonia beati Petri apostolorum principis* donated by the orthodox emperors of old and by other Christians. In a later letter to Charlemagne, Hadrian I described the confiscation of the *patrimonia*, and the removal of numerous sees from papal jurisdiction (i.e. the transfer of Illyricum, Calabria and

---

47 Theophanes, ed. de Boor, p. 410.
48 Mango in Mango/Scott, *The Chronicle*, p. 568: "As for the so-called Patrimonies of the holy chief apostles who are honoured in the Elder Rome (these, amounting to three and a half talents of gold, had been from olden times paid to the churches), he ordered them to be paid to the Public Treasury", with n. 4. Earlier translators, starting with Anastasius the Librarian, constructed the text ad sensum, so as to restore the correct meaning of the *patrimonia*.
49 MGH Epp., VI (*Epistolae Karolini Aevi*, IV), ed. E. Perels, Berlin 1925, p. 439.

Sicily to the patriarch of Constantinople), as simultaneous with the outbreak of iconoclasm.[50]

The papal *patrimonia* in Sicily and Calabria fit, with some adjustments, into the "grand domaine" model designed by Jean Gascou on the basis of the "Apion"-family estates in 6th-century Egypt.[51] With much simplification, a "grand domaine" can be described as an outsized private property, which, because of its size, is constituted as a distinct fiscal unit that self-manages its tax collection (*autopraktos*) and is burdened, in addition to the regular taxes, with a range of public services reminiscent of and often descending from the old municipal liturgies. An early (and visibly incomplete) acquaintance with Gascou's study prompted the often quoted remarks by André Guillou, who presented Leo III's step not as a confiscation, but as a fiscal reform that relieved the church of its liturgical duty to collect taxes on behalf of the state: "l'État reprend en main l'administration des finances, en retirant la régie aux maisons des grands propriétaires (the church included, C.Z.); elle est confiée dans le thème au prôtonotaire qui dépend du chartulaire *tou sakelliou*, etc". In Guillou's scheme, the reform did little harm to the church finances.[52] In a similar vein, Wolfram Brandes suggested that the fiscal measures of the 720–730s, whatever their exact nature, were relatively harmless, but he admitted that the *patrimonia* by the 750s were gradually taken over by the state.[53] Most recently, Vivien Prigent also argued for a double set of

---

50 See *Sacrorum concilliorum nova et amplissima collectio*, ed. J. D. Mansi, XII, col. 1073, and MGH Epp., V (*Epistolae Karolini Aevi*, III), ed. K. Hampe, Berlin 1899, p. 57, respectively. These testimonies are often quoted and commented, cf. M. V. Anastos, The Transfer of Illyricum, Calabria and Sicily to the Jurisdiction of the Patriarchate of Constantinople in 732–33, SBN 9, 1957 (*Silloge Bizantina in onore di S. G. Mercati*), p. 14–31 (reprinted in his *Studies in Byzantine Intellectual History*, London 1979, n° IX), see p. 22–25, and lately P. Speck, Kaiser Leon III., die Geschichtswerke des Nikephoros und des Theophanes und der Liber Pontificalis, Bonn 2003 (Poikila Byzantina 19–20), p. 536–543. While he denounces one of Hadrian's letters as "Fälschung", Speck rightly considers the loss of the patrimonial income (in Theophanes) as the result of the confiscation of the estates. For a strong defense of the basic reliability of the Latin text of Hadrian I's letter, see E. Lamberz, Studien zur Überlieferung der Akten des VII. Ökumenischen Konzils: Der Brief Hadrians I. an Konstantin VI. und Irene (JE 2448), DA 53, 1997, p. 1–43, cf. his "Falsata Graecorum more"? Die griechische Version der Briefe Papst Hadrians I. in den Akten des VII. Ökumenischen Konzils, in C. Sode. S. Takacs eds., *Novum Millenium. Studies on Byzantine History and Culture dedicated to Paul Speck*, Aldershot 2001, p. 213–229.
51 J. Gascou, Les grands domaines, la cité et l'État en Égypte byzantine, TM 9, 1985, p. 1–90.
52 A. Guillou, La Sicile byzantine: état de recherches, BF 5, 1977, p. 95–145, see p. 105–107; Id., Transformations des structures socio-économiques dans le monde byzantin du VIe au VIIIe siècle, ZRVI 19, 1980, p. 71–78, see p. 74–75.
53 Brandes, *Finanzverwaltung* (cited n. 9), p. 368–384.

measures: first, ca. 732, Leo III did nothing more than "restituer au fisc ses prérogatives de perception" on the papal estates (as claimed by Guillou) and only ten years later the *patrimonia* were actually confiscated as punishment for the recognition of the usurper Artavasdus by Pope Zacharias. In Prigent's view, the popes were authorised to use tax money for such prestige-building activities as minting coins and paying soldiers and state officials in Rome, and so the fiscal reform ca. 732 only hurt them in these areas, while keeping their patrimonial rent intact.[54]

From the fiscal point of view though, I see no purpose in creating a parallel perception on a "grand domaine" by the treasury, while keeping the owner in charge and in possession of the rent. I also fail to see the logic of a piecemeal confiscation of properties that make a single fiscal unit. The "grand domaine" model explains the accumulation of public responsibilities by the popes with no need to assume a cession of the tax revenue by the treasury. In fact, the defiscalisation of the church properties implied in the latter scheme has no parallels that I know of. Thus, the "grand domaine" model lends no support to the idea of a tax reform as envisaged by Guillou. My main objection to this line of reasoning is nested, however, in the analysis of the papacy's relations with the empire that I have proposed above. Both the *Liber Pontificalis* and Theophanes agree that Gregory II's opposition to iconoclasm in the winter 726/7 went far beyond the theological debate. He became the instigator of an armed struggle costing the empire the control of the exarchate for a couple of years and even threatening Constantinople. This uprising marked the transformation of the Duchy of Rome into an independent enclave ruled by the pope, and so Gregory II's successor, Gregory III, was free to excommunicate the adherents of the iconoclast doctrine with no need of fearing for his safety. I have a hard time imagining the imperial authorities in Sicily, all the while regularly imprisoning successive carriers of the papal admonitions to the court, working on a fiscal reform that would allow a steady flow of the rental income from Sicily and Calabria to the apostolic see.

The papal *patrimonia* mentioned in the 8th-century sources are localised all over Italy: in Sicily and Calabria, but also in Campagna, near Rome, in the exarchate of Ravenna and in the Lombard-held territories. Many originated in imperial donations but, as the Pope Hadrian I pointed out (above), some of the *patrimonia* in the South (and obviously elsewhere) were private offerings (*a ceteris Christianis fidelibus oblata*). Whatever their origin, these *patrimonia* of St. Peter, an *ecclesiastica possessio*, were large landed properties, subject to a land tax in the

---

54 V. Prigent, Les empereurs isauriens et la confiscation des patrimoines pontificaux d'Italie du Sud, MEFRM 116, 2004 (in print). I am very grateful to the author for making his study available to me before its publication.

imperial territory, that also produced a substantial rental income for the church.⁵⁵ Theophanes, or rather his source, puts a figure on this income and laments its loss. The patrimonial properties of Sicily and Calabria were confiscated by Leo III, in one time and in the most straightforward manner, in the circumstances described by Theophanes: when the emperor was "furious with the pope and with the secession of Rome and Italy." This indication points to 727 rather than to 731/2 (or 732/3 with a correction for Theophanes' "missing year") but, as we have seen, the latter date is also too late for Manes' expedition. That Theophanes' dating is approximate is not surprising. As suggested in two recent studies, he was actually trying to break into *anni mundi* the data of an anti-iconoclast pamphlet with no absolute chronology.⁵⁶ Rather than attaching an undue weight to the date, one should follow the logic of his narration. The ἀπόστασις he refers to is the one described in the *Liber pontificalis* and the emperor surely did not contain his fury for five years. I would find it difficult to argue that when Pope Gregory II "armed himself against the emperor as against an enemy" and imperial officials were murdered in Rome, Ravenna and elsewhere, the patrimonial estates in Sicily and Calabria continued to supply the apostolic see with – probably – the lion's share of its income. In fact, Gregory II was the first pope to act as the instigator of an armed rebellion against the empire and he was punished as a rebel by confiscation of his properties, thus provoking, incidentally, the first major secularisation of church landed properties in the imperial history.

Vivien Prigent has traced the decline of the papal finances in the 730–750s by two main criteria: the diminishing gold content of the Roman coinage and the popes' dwindling donations to the churches. The sharpest decline of the coinage had been placed by Philip Grierson in the second half of Leo III's reign and this appreciation could be confirmed by the most recent methods of metal analysis. The gold content in this period plunged from ca. 60 % to ca. 30 %. The debasement continued under Zacharias, whose pontificate also marked the lowest point in the donations to churches and in the financing of construction works by any

---

55 F. Marazzi, *I "Patrimonia Sanctae Romanae Ecclesiae" nel Lazio (secoli IV–X): Struttura amministrativa a prassi gestionali*, Rome 1998 (Istituto Storico Italiano, Nuovi Studi Storici 37), focuses on the properties in the vicinity of Rome (the best documented, in fact, in the 8th century), but provides a very concrete image of the papal estates that is also valid for other regions.
56 D. Afinogenov, A Lost 8th Century Pamphlet Against Leo III and Constantine V?, *Eranos* 100, 2002, p. 1–17; W. Brandes, Pejorative Phantomnamen im 8. Jahrhundert. Ein Beitrag zur Quellenkritik des Theophanes und deren Konsequenzen für die historische Forschung, in L. Hoffmann ed., *Zwischen Polis, Provinz und Peripherie. Beiträge zur byzantinischen Kulturgeschichte*, Wiesbaden 2005, p. 93–125, see p. 118–122.

pope.⁵⁷ The depreciation of the coinage in the 730s has been traditionally linked to the confiscation of the *patrimonia* (however interpreted),⁵⁸ but, unlike Prigent, I see no need to hypothesise another stage in the confiscation process in order to explain the continuous decline of the 740s.

Gregory III's second letter to Charles Martel deplores the Lombards spoliation of the church properties in the exarchate of Ravenna, which provided the income *pro subsidio et alimento pauperum Christi seu luminariorum concinnatione* (cited above) and two budgetary decisions by Zacharias concern precisely these two crucial spending items. "He set aside 20 lb of gold for the annual purchase of oil, so that the lights of the apostles would profit from the revenue, and he entailed this decree under the bond of an anathema (ch. 19)." He also "laid down that on frequent days the victuals and provisions which are even now called *eleemosyna* should be taken from the venerable patriarchate by the cellarers and dispensed to the poor and the pilgrims who doss at St. Peter's, and he decreed that this *eleemosyna* of provisions (*alimentorum ... elimosynam*) should likewise be distributed to all the destitute and sick living in all this city of Rome's regions (ch. 27)."⁵⁹ No pope mindful of his good name could give up or skimp excessively on the lights at St. Peter's or on charity for pilgrims and the Roman poor. Forty years later, the Pope Hadrian I quite revealingly ascribed the very same use to the long lost patrimonial yield of Sicily and Calabria: *pro luminariorum concinnatoribus/concinnatione (eidem Dei ecclesiae) atque alimoniis pauperum*.⁶⁰ This presentation might be anachronistic and it is highly likely, in any case, that the income from the southern estates covered much other expenditure as well. Yet Hadrian I's letters prove that the issue was still painful in the 780s and it is in fact striking that Pope Zacharias had no permanent source of income to assign to either of the two expenses. He had to finance both from the current budget, or rather from the capital reserves of the "patriarchate".

Thus, the popes' loud complaints against the Lombards explain by their dire financial straits in the late 730s–early 750s with no need to charge Byzantium with an additional hostile act. With this knowledge, we can go back to Theophanes' description of the immediate consequence of what, so I believe, was the one

---

57 Prigent, Les empereurs isauriens (cited n. 54), provides the references to the pertinent numismatic studies as well as to the yet unpublished data of the metal analysis of the coins provided by Cécile Morrisson.
58 See, for exemple, the recent study by A. Rovelli, Monetary Circulation in Byzantine and Carolingian Rome: a Reconsideration in the Light of Recent Archaeological Data, in J.M.H. Smith ed., *Early Medieval Rome and the Christian West. Essays in Honour of Donald A. Bullough*, Leiden 2000, p. 85–99.
59 *Liber Pontificalis*, ed. Duchesne, I, p. 432 and 435, tr. Davis (cited n. 29), p. 45 and 49.
60 The formulation is very close in the two letters of Hadrian I cited above, n. 49–50.

and only confiscation of the papal *patrimonia* in Southern Italy. Theophanes indicates that Leo III "imposed a poll tax on one third of the people of Sicily and Calabria" and this selective taxation posed a problem for the commentators. There is no need to dwell on the solutions proposed, such as a general raise of the poll tax by a third or other fiscal reforms, all removed from Theophanes' actual testimony. Lacking a satisfactory explanation for the text as it stands, Mango suspected Theophanes of having "carelessly paraphrased his source".[61] This does not need to be the case. A solution that has not been suggested may appear to be obvious once we recognise that Leo III imposed the poll tax on the peasants installed on the lands that had previously belonged to the papal *patrimonium*.

The hearth tax, καπνικόν, is mentioned for the first time in the *Chronicle* of Theophanes in the entry for AM 6302 (809/10). Theophanes describes the ten vexations (κακώσεις) initiated by the Emperor Nicephorus I shortly before his downfall. The fifth among them consisted in

> ... τοὺς τῶν εὐαγῶν οἴκων παροίκους τοῦ τε ὀρφανοτροφείου καὶ τῶν ξενώνων καὶ γηροκομείων τε καὶ ἐκκλησιῶν καὶ μοναστηρίων βασιλικῶν τὰ καπνικὰ ἀπαιτεῖσθαι ἀπὸ τοῦ πρώτου ἔτους τῆς αὐτοῦ τυραννίδος (...)
>
> ... that *paroikoi* of charitable foundations, of the Orphanage, of hostels, homes for the aged, churches and imperial monasteries should be charged the hearth tax counting from the first year of his usurpation.[62] (The emperor also ordered the best estates of these charitable foundations to be transferred to the imperial demesne.)

For Theophanes, who composed his *Chronicle* only a couple of years after the events described, the καπνικόν was manifestly no novelty. It did not occur to him to explain what it was or to look back at its origins. While students of the period agree that Nicephorus I did no more than to extend an existing tax to a new category of taxpayers, the earlier fiscal status of the charitable foundations is debated. Most scholars believe that the *paroikoi* on their estates used to pay the hearth tax before and were only exempted from it by the pious Empress Irene at the end of her rule. By claiming the tax back from the first year of his reign (802), Nicephorus I would have aimed at recovering what the treasury had been owed

---

61 Mango in Mango/Scott, *The Chronicle*, p. 568, n. 3. Eager to correct the text, Speck, *Kaiser Leon III.* (cited n. 50), p. 532–534, proposes to consider Σικελίας καὶ Καλαβρίας as an interpolation; the imposition of the poll tax thus becomes a general measure, unrestricted to a specific region, but this does not make it any clearer why it should have been limited to one third of the population.

62 Theophanes, ed. de Boor, p. 486–487, in Mango's translation, see Mango/Scott, *The Chronicle*, p. 668, with n. 10 (p. 669).

for the period of an unjustified exemption.⁶³ But why then Theophanes, in describing Irene's reign, would pass in silence over a major fiscal measure in favour of the church? Why, in denouncing Nicephorus I's oppression, should he fail to notice that one of his measures reversed a step taken by his pious predecessor?⁶⁴ The straightforward reading of the text consists in admitting that the emperor subjected the church *paroikoi* to the tax for the first time. Taking the evidence as it stands, we must acknowledge that peasants on the estates owned by imperial monasteries and major charities were not liable for the hearth tax until the reign of Nicephorus I. The history of the Arab διάγραφον/*djizya* helps to explain this privilege. It did not apply either to clerics or to monks until the late 7ᵗʰ century. In the Christian Empire, the church originally enjoyed a broader exemption; not only the clergy but also peasants on the church estates were at first free from the poll tax. I should emphasise that the parallel of the Arab διάγραφον is only instrumental in tracing the logic of this exemption, since the testimony of Theophanes is in itself sufficient to establish it as a fact.

The poll tax introduced by Constans II in Sicily and Calabria more than sixty years before the confiscation did not apply to the patrimony of St. Peter, but there was no reason to maintain this privilege after the estates were transferred to the imperial demesne. What Theophanes describes is a closely-knit set of fiscal measures. His testimony begins and ends with the correct statement of the Arab origin of the poll tax, something that few modern commentators ever gave him any credit for.⁶⁵ He is also right to claim that in registering male infants, Leo III exceeded his Arab mentors: the *djizya* was, in fact, only imposed on males from the age of fourteen. In this context, the application of the poll tax should logically concern the peasant population that produced the income of the *patrimonia*.

---

63 See, for example, J.Ph. Thomas, *Private Religious Foundations in the Byzantine Empire*, Washington, D.C. 1987 (Dumbarton Oaks Studies 24), p. 128–129, who speculates that the exemption might have also been part of Leo IV's programme of encouraging iconoclastic monasteries; Oikonomidès, *Fiscalité et exemption fiscale* (cited n. 11), p. 30.

64 P. Speck, *Kaiser Konstantin VI. Die Legitimation einer fremden und der Versuch einer eigenen Herrschaft*, Munich 1978, p. 383, with n. 392–393 (p. 807–808), proposes an answer of a kind by affirming that Nicephorus took back privileges that he had accorded himself earlier in his reign. This, however, is also speculation. I cannot think of a Byzantine ruler who, in quest for popularity (as scholars believe), gave up a major tax.

65 The passage is often cited as an example of extension of the negative image of the Arabs to the iconoclast emperors, cf. S. Cosentino, La flotte byzantine face à l'expansion musulmane. Aspects d'histoire institutionnelle et sociale (VIIᵉ–Xᵉ siècles), BF 28, 2004, p. 3–20, see p. 12–13. By way of contrast, Speck, *Kaiser Leon III.* (cited n. 50), p. 533, recognises in the passage a specific reference to the *djizya*.

This interpretation of Theophanes puts the demographic share of the papal estates in Sicily and Calabria at one third of the peasant population of the region.[66] One also learns that they produced 3.5 talents (*centenaria*), i.e. 25,200 *solidi* in rental income. There was much unjustified confusion concerning the latter amount, grossly overstated in some of the recent studies to 248,888 *solidi*. This discussion, however, has now been settled and does not need to detain us here.[67]

Theophanes' data on the popes' income from Sicily and Calabria has often been compared to the evidence of the *Liber pontificalis ecclesiae Ravennatis* on the income derived from Sicily by the Church of Ravenna. Profiting from the rift between the empire and the papacy over the Monothelitic creed, the Archbishop Maurus obtained from Constans II, shortly before the latter's assassination in 668, the recognition of the see of Ravenna as autocephalous, thus removing it from the patriarchal jurisdiction of Rome. It was under Maurus' steward in Sicily, the deacon Benedictus, that the procedures were set up for the repartition of income of the church estates on the island. Out of the general intake of 31,000 *solidi*, 15,000 *solidi* were dispatched "to the palace in Constantinople" and the remaining 16,000 were retained by the church. Benedictus also sent to Ravenna 50,000 *modii* of wheat as well as some special presents to enhance his position. While the Church of Ravenna only remained independent for a few years after Maurus' death, Benedictus' provisions regarding its Sicilian rent stayed in place (*haec pensio omni anno solvebatur, triticum vero semper ad mensa unde pontifex vescebatur*).[68]

The *Liber pontificalis* of Ravenna provides the clue to the repartition of income between the landowner, in this case the church, and the imperial treasury. The landowner retained slightly over 50 %, 51.6 % to be precise, of the revenue in cash. He also disposed of an additional income in kind that does not appear

---

[66] I have trouble following Guillou's (as in n. 52) reasoning when he concludes that before the reform, the church was responsible for two thirds of the taxes, "proportion qui devait correspondre à la superficie des domaines de l'Église de Rome en Sicile et en Calabre".

[67] F. Marazzi, Roma, il Lazio, il Mediterraneo: relazioni fra economia e politica dal VII al IX secolo, in L. Paroli/P. Delogu eds, *La Storia economica di Roma nell'alto Medioevo alla luce dei recenti scavi archeologici*, Florence 1993, p. 267–285, see p. 283–284, and G. Guzzetta, Sull'imposta del thema Sicilia nell'epoca di Leone III, Boll.-Grott. 54, 2000 (Omaggio a Enrica Follieri), p. 89–95, expose this error, which resulted in a huge overestimation of the economic potential of Sicily in studies by A. Guillou, L. Gracco Ruggini and F. Burgarella.

[68] Agnellus von Ravenna, *Liber Pontificalis*, 111, ed. tr. Nauerth, p. 414–417.

significant: at the official 5th–6th-century price of 40 *modii* for a *solidus*,[69] 50,000 *modii* of wheat would only be worth 1,250 *solidi*. Assuming that this price, admittedly low for its period, increased in the 7th century by nearly a third, the value of the rental income in wheat would still be about 10% of the rent in cash. The exceptional strength of the Sicilian monetary production, "le plus important monnayage provincial de l'Empire de la fin du VIIe siècle jusqu'à la fermeture de l'atelier de Syracuse en 878,"[70] helps to explain this deviation from the generally accepted (certainly exaggerated) picture of the "naturalisation" of the Byzantine economy in the Dark Ages.

There is no reason to believe that the repartition of rental and fiscal dues on the estates of the papal *patrimonium* was any different. The 25,200 *solidi* lost by the Church of Rome according to Theophanes must have been the net rental income of the *patrimonium*; the church had no reason to decry the loss of the taxes it paid to the state. 23,640 *solidi* would then be due to the treasury.[71] (One should beware though of the apparent precision of figures based on the obviously approximate estimate of 3.5 *centenaria* of gold.) The properties' size was presumably proportionate to the rental income. If so, the estates of the see of Ravenna should have made up about 21.1% of the total cultivated areas of the region, as compared to 33.3% for the Church of Rome. This comes up to 54.4% for the two major Italian sees.

This estimate is very close to the nearly contemporary evidence on the repartition of the tax burden in the former Byzantine possessions in Istria. As the inhabitants of the region testified to Charlemagne's *missi* in 804, the bishops had used to pay half of whatever was due to Byzantine taxmen, and, as suggested by André Guillou, their share of the tax burden must have reflected the proportion of land owned by the church.[72] In Southern Italy, local bishoprics, monasteries

---

69 This price, indicated in *Nov.* XIII of Valentinian III (445) for military rations, was most frequently applied by the treasury, see Zuckerman, *Du village à l'Empire* (cited n. 12), p. 162–164, cf. p. 168–169 on the *modius castrensis* as the unit of reference under the Later Empire.

70 C. Morrisson, La Sicile byzantine: une lueur dans les siècles obscurs, *Quaderni ticinesi di numismatica e antichità classiche*, 27, 1998, p. 307–334, see p. 307 for the quote.

71 For a similar calculation based on the parallel provided by the *Liber pontificalis* of Ravenna, see most recently Guzzetta, Sull'imposta (cited n. 67), p. 94–95. The author considers the 25,200 *solidi* in Theophanes as the tax due to the state, the rental income of the church being, in this hypothesis, ca 26,800 *solidi*.

72 The document (*Plea of Rizana/Risano*) has been re-edited (after C. Maneresi, in *Fontes per la Storia d'Italia* 92, 1955) and commented by A. Guillou, *Régionalisme et indépendance dans l'Empire byzantin au VIIe siècle. L'exemple de l'exarchat et de la Pentapole d'Italie*, Rome 1969, p. 294–307, see p. 303; cf. H. Krahwinkler, *Friaul im Frühmittelalter* (Veröffentlichungen des Insituts für Österreichische Geschichtsforschung 30), Vienna 1992, p. 199–243, in particular p. 202.

and charitable foundations also owned land, thus increasing the share of the church properties, even though the peasants of these pious institutions were surely liable for the poll tax (Theophanes specifies, in fact, that only imperial monasteries and major charities enjoyed the exemption[73]). Thus we learn that by the early 8th century, the majority of land in this region straddling Latin West and Greek East belonged to the various institutions of the church. One should not regard this situation as typical of the other regions of the Empire. According to a plausible theory (cf. above), the Sicilian *patrimonia* of the see of Rome (and no doubt of Ravenna) originated to a large extent in the vast imperial *patrimonium* that was particular to Sicily after the Justinianic conquest. The transfer of crown lands to the church could hardly occur on the same scale elsewhere, but it is indicative, I believe, of the general process.

What is more, we can now attempt an estimate of the total income from direct taxes of Sicily and Calabria around 730. The net income in cash from the land tax can be set at about 71,000 *solidi*. Even though the *Liber pontificalis* of Ravenna makes no mention of *triticum* being delivered to the state authorities, the wheat may have been part of the tax as it was part of the rent. If it was paid in the same proportion to the tax as to the rent, the Church of Ravenna owed about 46,900 *modii* of wheat in tax. As we have estimated its share at 21.1% of the total, the overall tax in grain would come to slightly under 225,000 *modii castrenses*. At the rate of 40 *modii* per person, this would provide yearly rations for about 5,500 people, probably enough for the Byzantine troops in Southern Italy. The καπνικόν, initially paid by less than half of the potential taxpayers, could add 10,000–15,000 *solidi*. After the rent of the papal *patrimonium* was transferred to the state and its peasants were subjected to the καπνικόν, the global income must have increased by about a third. As of the late 720s, the total state revenue of about 120,000 *solidi* and 300,000 *modii* of wheat would be a fair estimate.

These figures can be weighed against the only other estimate of tax derived from Sicily by the Roman state even though it goes eight centuries back. A plausible inference from Cicero's *In Verrem* is that ca. 70 B.C. Sicily paid Rome yearly two tithes in wheat of 3,000,000 *modii* (*italici*) each, of which the second, originally an extraordinary levy, was reimbursed at a low price.[74] Let us assume (although this cannot be proven) that the price paid by the Rome for the second tithe sufficed to offset the taxes other than grain, in kind and in cash, owed by the island. 6,000,000 *modii italici* (of 16 *sextarii* each) come down to 4,363,636 *modii castrenses* (of 22 *sextarii*) of the Later Empire. The grain equivalent of the state

---

73 As emphasised by Mango in Mango/Scott, *The Chronicle*, p. 669, n. 10.
74 On the taxes of Sicily in *In Verrem*, see for example M. I. Finley, *A History of Sicily*, I: *Ancient Sicily to the Arab Conquest*, London 1968, p. 123–124.

revenue in cash under Leo III, after the confiscation of the *patrimonia*, can be estimated at 4,800,000 *modii castrenses* at the 6th-century fiscal tariff of 40 *modii* to a *solidus*; this figure goes down to 3,600,000–4,000,000 *modii*, if we assume that the 7th-century market prices were 20–30% higher. About 300,000 *modii* were probably raised in grain. The final figure, though admittedly approximate, comes remarkably close to the equally approximate estimate derived from Cicero. It includes, in addition to Sicily, the revenue from the remaining Byzantine possessions in Calabria, but one should remember that the 730s mark the nadir of the demographic and economic decline produced throughout the Mediterranean by recurrent outbursts of the bubonic plague; I will refer to this point later.

The data from Southern Italy contain the only figures available from the Byzantine "dark centuries" that pertain to the public finances. If my explanation of "one-third" in Theophanes is accepted, the extrapolations proposed should be fairly reliable. With an allowance for some income from indirect taxes, the total estimate of the state revenue from Sicily and Calabria at ca. 150,000 *solidi* after the confiscation of the *patrimonia*, at ca. 20% less before, should be as close to reality as we might hope to get regarding early medieval finances. This figure can be compared to A.H.M. Jones' conservative estimate of the 6th-century tax (grain and gold) income from Egypt alone, ca. 1,500,000 *solidi*,[75] thus giving the measure of decline of the imperial finances.

Nevertheless, Sicily was by far the most fertile and, together with Calabria, the least ravaged part of the Byzantine Empire in the 730s. Sicily in particular, the only region of the empire to maintain a significant local coinage,[76] must have provided a sizeable chunk of the imperial revenue. Thus, unless my analysis is shown to be substantially wrong, there is no way that the Byzantine "state budget" could come any way close to ca. 2,000,000 *solidi*, as estimated by Warren Treadgold for the period between the mid-7th century and ca. 775.[77] Estimating the state revenue at even half this amount would be a leap of faith – and I do not make this remark just in order to add another voice to the nearly unanimous dismissal of Treadgold's budget calculations. This is rather the occasion to raise briefly a major issue that is also important for the rest of this paper. The reader should be reminded that Treadgold's whole purpose in pushing the budget figures up is to substantiate the fairly conventional estimate of the Byzantine armed

---

75 A.H.M. Jones, *The Later Roman Empire 284–602*, Oxford 1964, reprinted 1973, p. 463. Jones estimates, after Procopius, the imperial income in gold in the early years of Justinian at ca. 400 *centenaria* (2,880,000 solidi) per year, and argues that about one quarter of it originated from Egypt.
76 See Morrisson, La Sicile byzantine (quoted n. 70).
77 W. Treadgold, *A History of the Byzantine State and Society*, Stanford 1997, p. 412.

forces at around 100,000 very modestly paid men.[78] A sharper deterioration in the state revenues than Treadgold would allow for suggests a steeper decline in the numerical strength of the Byzantine army than scholars would currently admit. This trend is already apparent in the 6th century, when infantry units, garrisons in particular, are progressively eliminated to make place for more cavalry, at least twice as expensive to maintain.[79] The loss of income from the conquered provinces and the devastation of others must have forced, by the mid-7th century, an even stronger reduction of the imperial armed forces to half the current estimate or less.

Another major issue that can only be brought up here shortly is the striking accumulation of landed property by the church. This is a process whose dynamics have not been sufficiently investigated. As I have tried to show elsewhere, it had a slower start than many would tend to believe. In the 520s, the share of land owned by the church in Egypt, as no doubt also elsewhere, was barely significant.[80] The ledger from early-7th-century Hermopolis published by Jean Gascou reveals a strong tendency for this share to increase: "L'Eglise apparaît (…) comme bénéficiaire net, dans le long terme, du mouvement foncier local."[81] This dynamic must be related to the impact of the bubonic plague that destabilised tax collection and provoked a steep raise in taxes in the second half of the 6th century.[82] In this troubled environment, the church attracted donations and could also invest in land without the risk of loosing its properties for a fiscal debt. The explosive growth of the church landed property, a crucial marker of "dark-centuries" Europe, explains the extent of the papal and episcopal estates in South Italy and in Istria (above). There is every reason to suspect that this process prompted an abusive amputation of the number of poll tax payers and that Leo III's Italian *census*, spoliating churches of their wealth, was, in fact, an attempt to control and to limit the exemptions. The indication of the *Liber Pontificalis* that the *census* successfully opposed by Gregory II *in provincia* was actually imposed elsewhere (*sicut in ceteris actum est locis*) would then refer to the poll tax of Sicily. The major secularisation acts of the 8th century, both in Byzantium and in the Frankish realm, can only be understood against this background.

---

78 Treadgold, *ibid.*, puts their number at 109,000 under Constans II, at 80,000 soldiers and 18,500 oarsmen under Constantine V. Likewise, Haldon, *Byzantium* (cited n. 9), p. 239, argues that, "at a most conservative estimate", the imperial field armies "must still have attained some 80,000 soldiers (…) in the 650s".
79 See my chapter, "L'armée", in C. Morrisson ed., *Le monde byzantin I: L'Empire romain d'Orient (330–641)*, Paris 2004, p. 143–180, on p. 164–165, cf. my *Du villlage à l'Empire* (cited n. 12), p. 170–176, for a case-study of 6th-century Egypt.
80 See *Du villlage à l'Empire* (cited n. 12), p. 226–233.
81 J. Gascou, *Un codex fiscal Hermopolite (P. Sorb. II 69)*, Atlanta, 1994, p. 57.
82 See *Du villlage à l'Empire* (cited n. 12), p. 213–219.

The plague is also pivotal in explaining the very phenomenon of the (re)introduction of the poll tax. The Islamic *djizya* was constructed by the 8th-century Muslim legal scholars in opposition to the *kharadj*, land tax, as a mark of submission of the conquered population that, unlike the *kharadj*, could be removed by each individual taxpayer through a conversion to Islam. As Claude Cahen pointed out in his short survey of the *djizya*, however, much of the ideological superstructure that focuses on the personal character of the tax may not go back to its origins in the early years of Islam.[83] The present study enhances this analysis with the newly gained knowledge that the poll tax was copied by the Byzantines and applied in their territory barely fifteen years after its creation by the Arabs, initially under the same name. This is a strong, probably a decisive argument against viewing this tax as ideologically charged from the moment of its creation. Its economic rationale, however, is very obvious. The late Roman tax system based on a cadastre valued the land over the worker as the object of taxation. The *raison d'être* of this system can be found in the climatic conditions of the eastern Mediterranean that limited the reserves of land, which could be easily put to exploitation; this is not the place to dwell on this point. What matters is the accumulated demographic impact of the plague that distorted the old balance and enhanced the fiscal value of manpower. The poll tax produced an adequate response to this new socio-economic reality, and it did not take Constans II long to realise it.

5. The *nauticatio* and the origins of the Byzantine war fleet. The *Karabisianoi*

The term *nauticatio*, a hapax, has been explained by Mgr Duchesne as an "impôt sur la navigation." This interpretation had some following,[84] but, as recently pointed out by Michael McCormick, the *nauticatio* in the *Liber pontificalis* provoked a separation of husbands from wives and of sons from their parents, and this is not what one expects from a trade tax.[85] McCormick follows Hartmann in identifying the *nauticatio* as the *functio navicularia*, the duty to transport designated food species for supplying the imperial capitals in Late Antiquity. This would suggest that Constans II obliged the people of Calabria, Sicily, Africa and Sardinia to undertake lengthy voyages in order to bring supplies to Constantino-

---

83 See Cl. Cahen, *djizya*, in *Encyclopédie de l'Islam*², II, Paris 1965, p. 573–576.
84 See, e.g., Haldon, *Byzantium,* and Brandes, *Finanzverwaltung,* as quoted in n. 9.
85 W. E. Kaegi, Byzantine Sardinia and Africa Face the Muslims: Seventh-Century Evidence, *Bizantinistica* 3, 2001, p. 1–24, see p. 22, acknowledges the difficulty by 'silently' dropping the problematic phrase on the separated families in his English translation of the passage.

ple.[86] One may object to this scheme that there is no evidence of the continued existence of the *functio navicularia* in the 7th century and no reason to believe in the survival – or the revival – of the large-scale annona deliveries to the capital under Constans II. What is more, this duty used to be only imposed on the biggest landowners (and not on all *habitatores* and *possessores*) and never involved a forceful retention of crews.

The Arab-inspired background of Constans II's "vexations" suggests a different explanation. Another major innovation of the Arab conquerors in the fiscal area, apart from the poll tax, consisted in an elaborate system of corvée-based services for building and operating a navy. This system was so efficient that by the mid-650s, the Arabs, though totally lacking any previous experience in naval warfare, gained the upper hand (see below). The papyri give an ample idea of the way this system functioned. Although we have no documents that go back to its origins – the earliest texts date from the late 7th and early 8th century – there is every reason to believe that they reveal its original features. The Arabs provided the fighters, while the Christian population built the ships and supplied the crews. The requisition orders for crewmen and craftsmen were sent to the local (Christian) authorities and then repartitioned among the villages. Sometimes the requisition orders specify the period of absence of the person(s) required. When they do not, it is understood to be for the duration of a seasonal raid (*kourson*) of the Byzantine coasts.[87] An introduction of a similar system by Constans II in the western provinces of the empire would explain the appearance of a new naval duty that could not be described by an existing term and that involved a forced and prolonged separation of men from their families. I believe, moreover, that it provides the explanation for the emergence of the first regular Byzantine war fleet, the *Karabisianoi*.

---

86 M. McCormick, Bateaux de vie, bateaux de mort. Maladie, commerce, transports annonaires et le passage économique du Bas-Empire au Moyen Âge, in *Morfologie sociali e culturali in Europa fra tarda Antichità e alto Medioevo* (Sett 45), Spoleto 1998, p. 35–118, see p. 78–80; cf. Hartmann, *Untersuchungen* (cited n. 36), p. 171 (note to p. 90).

87 See A. M. Fahmy, *Muslim Naval Organisation in the Eastern Mediterranean*, Cairo 1966, p. 98–101, and F. Hussein, *Das Steuersystem in Ägypten von der arabischen Eroberung bis zur Machtergreifung der Tûlûniden 19–254 / 639–868* (Heidelberger Orietalische Studien 3), Frankfurt am Main 1982, p. 92–96 (general surveys); J. Gascou, Papyrus grecs inédits d'Apollônos Anô, in *Hommages à Serge Sauneron*, II, Cairo 1979, p. 25–34, and Y. Rāgib, Lettres nouvelles de Qurra b. Šarik, JNES 40, 1981, p. 173–187 (the latest publications of documents).

Historians conventionally view Byzantium as the heir of the naval tradition of the Late Republican and the Imperial Rome. This succession, however, is hardly straightforward.

The *Notitia Dignitatum* of the West briefly mentions the two major imperial navies, or whatever is left of them, at their old Italian bases in Ravenna and Misenum (*Oc.* XLII 7 and 11). At the time of the *Notitia*, ca. 401, the Eastern Empire could claim no regular naval force other than the patrol boats on the Danube.[88] Ships could be built or mobilised for a campaign, albeit with mixed results. In 468, the Emperor Leo I "collected a fleet of ships from the whole of the eastern Mediterranean" that he entrusted to Basiliscus and sent against the Vandals with a huge army. This expedition was a failure and most of the force was lost at sea, outwitted and outmaneuvered by the Vandals.[89]

It is often assumed that the Vandal threat prompted the Eastern Empire to create a regular navy to defend its coasts, but this seems to be only partially true. No naval battles between the Eastern Empire and the Vandals are recorded. However, when in 515 the rebel Vitalianus threatened Constantinople from the sea, it turned out that fast and highly maneuvrable boats, δρόμωνες, were available for defending the capital. They were not a standing fighting force, as they had to be manned with soldiers specially assembled for the occasion and put under the command of a former praetorian prefect, a civilian. Their main task in 515 was not to fight, but to spray the enemy with an inflammable powder, a precursor to the Greek fire; in this capacity, they proved very efficient against the improvised fleet of the rebels.[90]

The δρόμωνες reappear in Procopius' narrative of Belisarius' African campaign. He designates them by the term used by Thucydides for the Athenian battleships, πλοῖα μακρά, and describes them as ships "prepared as for sea fighting (...) single-banked and covered by decks, in order that the men rowing them might if possible not be exposed to the bolts of the enemy." Their rowers could also fight. Procopius indicates that there were 92 of these ships and that they carried, in total, 2,000 men, making it twenty rowers, a commander and a

---

88 The *Notitia Dignitatum*, ed. O. Seeck, reprinted Frankfurt am Main 1962, regularly mentions naval forces in the chapters describing the ducal commands along the Danube, both in the Eastern and in the Western Empire. The latter kept additional navy units along the Atlantic façade. The naval forces on the Danube survived to the late 6th-century, cf. O. Bounegru and M. Zahariade, *Les forces navales du Bas Danube et de la Mer Noire aux I er–6 e siècles*, Oxford 1996.
89 Procopius, *History of the Wars*, III, 6, ed. tr. H. B. Dewing, II, London/New York 1916, p. 55.
90 The most detailed account in Ioannes Malalas, *Chronographia*, ed. I. Thurn, Berlin/New York 2000 (CFHB 35), p. 329–332.

navigator per ship. This is a far cry from the Athenian battle triremes that carried a crew ten times as large. The bulk of Belisarius' armada, 500 ships with a tonnage of between 3,000 and 50,000 μέδιμνοι/*modii* (*castrenses*), i.e. 27 to 450 tonnes, with crews that numbered 30,000 sailors, were gathered, however, all around the Mediterranean and were no part of any regular naval force.[91] Thirteen years later, in the autumn of 546, Belisarius made use of 200 δρόμωνες in his failed attempt to relieve the siege of Rome by the Goths.[92] The marked increase in the number of battleships stemmed from the fact that Totila's Goths disposed of δρόμωνες of their own, inherited no doubt from Theoderic's ambitious programme of creating a fleet of 1,000 δρόμωνες.[93] In 542, the Goths employed them with much success in the capture and destruction of the cargo fleet of general Demetrius[94]. The long trans-Adriatic lines of communication and, to an even greater extent, the transportation of troops and cargoes along the Italian coasts often controlled by the enemy, required a dedicated means of protection that only battleships could provide. There is no evidence, however, that these naval forces formed self-standing units. In the law of 534 on the military organisation of Africa, the military unit installed by Justinian in Septem (Seuta) opposite Spain (*contra Hispaniam*) and commanded by a tribune, is reinforced with several battleships (*etiam dromones, quantos provideris, ordinari facias*) for patrolling the straights of Gibraltar (*CJ* I 27 2, 2). In Procopius as well, the δρόμωνες are always attached to the ground forces.[95]

---

91   Procopius, *History of the Wars*, III, 11, 13–16, ed. tr. H. B. Dewing, II, London/ New York 1916, p. 104–107, describes Belisarius' fleet; cf. *supra*, n. 69, on the *modius castrensis* as the standard measure for the period. The available estimates of the tonnage of Belisarius' fleet are all based on the value of the traditional *modius* (*italicus*) of 16 *sextarii*, as opposed to 22 *sextarii* of a *modius castrensis*, thus undervaluing it proportionately and providing a gratuitous argument for the thesis of decline of the ships' size under the Later Empire.

92   Procopius, *History of the Wars*, VII, 19, 1–22, ed. tr. H. B. Dewing, IV, London/ New York 1924, p. 312–319.

93   There is no way of knowing how much of this project, initiated by Theoderic shortly before his death and only known from a couple of references in Cassiodorus' *Variae*, was actually accomplished, cf. now S. Cosentino, Re Teoderico costruttore di flotte, AnTard 12, 2004, p. 347–356.

94   Procopius, *History of the Wars*, VII, 6, 24–25, ed. tr. H. B. Dewing, IV, p. 204–205.

95   S. Cosentino, *Gaudiosus "draconarius". La Sardegna bizantina attraverso un epitafio del secolo VI*, Bologna 1994 (Quaderni della Rivista di Bizantinistica 13), re-edits a 5th–6th-century epitaph from the excavations of S. Saturno in Cagliari, which describes the deceased, Gaudiosus, as *b(ir) d(evotus) optio dracconarius num(e)ri* (?) *DRS*, and he develops the abbreviation as *dr(omonariorum) s(ecundi)* or *s(...)*, see p. 15 and 28. This suggestion is not plausible since no "unit" (*numerus*) of battleships is otherwise attested and one would not expect to find a cavalry standard-bearer

The historians of the Byzantine navy tend to neglect this modest evidence and focus instead on another Justinianic innovation, the *quaestura exercitus* that they place at the origin of the late-7th/early-8th century battle fleet of the *Carabisiani*/Καραβισιάνοι. This theory goes back to Charles Diehl's erroneous idea that "en 536, Justinien avait réuni sous l'autorité d'un officier appelé *quaestor Justinianus exercitus*, l'administration de toutes les troupes stationnées en Carie, à Chypre, à Rhodes, dans les Cyclades et jusqu'en Moesie et Scythie".[96] In reality, the position of *quaestor exercitus* involved no military authority but created the administrative and fiscal framework, inside of which the supplies for the troops on the Lower Danube could be raised (in maritime provinces) and delivered to soldiers by one and the same official.[97] Michael Hendy, who put Diehl's theory back in fashion, knew well that the *quaestura exercitus* was just another *praefectura praetorio* dealing with military supplies and pay.[98] Nevertheless, he affirmed "that the basic structure of the <*Karabisianoi*> command looks very suspiciously indeed like an expanded version of that of the middle section of the *quaestura exercitus*," and that the two institutions showed "the similarity of function and the similarity of the terminology".[99] This observation is true only insofar as both

---

(*draconarius*) among the NCOs of a battleship; the development is not retained by A. M. Corda, *Le iscrizioni cristiane della Sardegna anteriori al VII secolo*, Città del Vaticano 1999, p. 70–71. The study by Cosentino provides, however, a useful overview of the question of Late Antique navies.

96 Ch. Diehl, L'origine du régime des thèmes dans l'empire byzantin, in *Études byzantines*, Paris 1905 (reprinted from *Études d'histoire du moyen âge dédiées à Gabriel Monod*, Paris 1896), p. 276–292, see p. 290–291.

97 See A.H.M. Jones, *The Later Roman Empire*, p. 280; S. Torbatov, Quaestura exercitus: Moesia Secunda and Scythia under Justinian, *Archaeologia Bulgarica* 1997/3, p. 78–87. The attempt by S. Szádeczky-Kardoss, Bemerkungen über den "Quaestor Iustinianus Exercitus." Zur Frage der Vorstufen der Themenverfassung, in V. Vavrínek ed., *From Late Antiquity to Early Byzantium*, Prague 1985, p. 61–64, to identify a military commander in the Balkans in the 590s as a *quaestor exercitus* is pure speculation.

98 M. F. Hendy, *Studies in the Byzantine Monetary Economy c. 300–1450*, Cambridge 1985, p. 645–646.

99 Hendy, *Studies* (cited n. 98), p. 652–653, with a reference to A. J. Toynbee, *Constantine Pophyrogenitus and his World*, London 1973, p. 235–236, who describes the *quaestura exercitus*, after Diehl, as an institution "in which a military command and the administration of an area were united in the same pair of hands". Hendy's reasoning is based on the implicit association of the *Karabisianoi* and the *Kibyrrhaiotai*, contested below, and it should, in any case, be reminded that of the five provinces administrated by the *quaestor* – Moesia II, Scythia, Caria, Cyprus and the Cycladian Islands – only one, Caria, subsequently became part of the theme of *Kibyrrhaiotai*. Hendy is followed by J. F. Haldon, Military Service, Military Lands and the Status of Soldiers: Current Problems and Interpretations, DOP 47, 1993, p. 1–67, see p. 7–8; cf. Brandes, *Finanzverwaltung* (cited n. 9), p. 59–61.

institutions pertain to moving ships in the Mediterranean. The *quaestor*, however, seems to have disposed of no sea fleet of his own, as food supplies were normally delivered by private cargo. Even an "indirect derivation" (as claimed by Hendy) of the *Karabisianoi* from the *quaestura exercitus* is highly unlikely, and the problem of the former's origin will be considered below on a very different basis.

The next episode that will be examined in this brief survey, the destruction of the Slavic *monoxyla* during the Avar siege of Constantinople in the summer 626, is often considered to be the most brilliant victory of the early Byzantine navy. This appreciation is anchored in the source analysis that puts the utmost value on Patriarch Nicephorus' *Breviarium*, allegedly "une description réaliste et, par conséquent, très précieuse de cette bataille", as opposed to the "nébuleuses" descriptions of the battle by its contemporaries, George of Pisidia and Theodore the Syncellus.[100] In Nicephorus' short account, the patrician Bonus, upon learning of the attack coming from the sea, fitted out biremes and triremes – mighty battleships as compared to Procopius' *dromones* with a single bank of oars – that intercepted the Slavs and slaughtered them "so that the sea was dyed with much blood".[101] The source of Nicephorus' version is not known, but it could hardly originate in the contemporary descriptions of the battle. Theodore the Syncellus attributes the destruction of the Slavs to the Virgin and to her alone, admitting that the Byzantine sailors could not withstand the onslaught of the Slavs and withdrew; the Slavs had the way free to disembark if not for the Virgin's miraculous intervention.[102] George of Pisidia, even more precise, indicates that the Slavs attacked the Byzantine ships with their light boats tied together; then the Virgin took over the fight, striking the Slavic warriors and driving their boats

---

100 See F. Barisić, Le siège de Constantinople par les Avares et les Slaves en 626, Byz 24, 1954, p. 371–395, p. 375 for the quote; cf. V. Grumel, La défense maritime de Constantinople du côté de la Corne d'Or et le siege des Avars, Bsl 25, 1964, p. 217–233.
101 Nikephoros Patriarch of Constantinople, *Short History*, 13, ed. tr. C. Mango (CFHB 13), Washington D.C. 1990, p. 58–61, with a short note, p. 181–182, on the other sources for the battle.
102 Theodorus Syncellus, *Homilia de bello Avarico*, ed. L. Sternbach, Cracow 1900 (= *Rozprawy Akademii Umiejętności. Wydział Filologiczny*, II, 15, p. 297–342), p. 15 = 311 (as well as for the passage quoted below). The sermon was translated into French by F. Makk, *Traduction et commentaire de l'homélie écrite probablement par Théodore le Syncelle sur le siège de Constantinople en 626*, Szeged 1975 (Opuscula Byzantina 3), see p. 31; cf. the Russian translation and commentary on the relevant passages by S. A. Ivanov, in G. G. Litavrin ed., *Svod drevnejših pis'mennyh izvestij o slavjanah*, II, Moscow 1995, p. 83–90.

into a rainstorm (εἰς ζάλην).¹⁰³ The latter indication explains Theodore's remark that, as "some say", the defenders' withdrawal was not provoked by fear of the enemy (φόβῳ τῶν ἐχθρῶν) but by the Virgin herself, who thus prepared the ground for the miracle. In fact, the Slavic boats, attached to each other, could not maneuver, and any trouble at sea could capsize them. There is no point in contesting two independent and wholly concordant descriptions composed within a year after the battle. It would, indeed, be difficult to argue that Theodore chose to denigrate the Byzantine sailors, who were most certainly present in the crowd that listened to his sermon, in order to magnify the Virgin's power.¹⁰⁴ If not for the miraculous storm, the ships fitted out by Bonus would have been no match for the tied *monoxyla*.

The *Chronicon Paschale* is mutilated by a textual lacuna at the very spot where the decisive battle was described. It preserved only a description of the fleeing Slavs being slaughtered by the Byzantine ground forces and a short résumé of the naval engagement: "in a single instant, his [i.e. Chagan's] downfall was inflicted by the sea" (ἐν μιᾷ ῥοπῇ ἡ διὰ θαλάσσης γέγονεν αὐτῷ πτῶσις).¹⁰⁵ The view of the battle suggested by this sentence is the same as in Theodore the Syncellus: of the Slavic armada destroyed by a sudden storm. More importantly, the *Chronicon* provides an insight on the origin of the ships (σκαφοκάραβοι or κάραβοι) that confronted the Slavs: those who distinguished themselves in an earlier action in the Straights belonged to the Orphanage (of St. Paul), a major charity of Constantinople. The *Chronicon* also makes it clear that the ships available to Bonus were not efficient, even in the narrow Straights, when the wind was against them.¹⁰⁶ All this seems to point out that the patrician disposed of requisitioned commercial sailboats rather than of specialised battleships that could also be maneuvered by oars.

---

103 Georgius Pisides, *Bellum Avaricum* 440–474, in Georgio di Pisidia, *Poemi*, I, ed. tr. A. Pertusi, Ettal 1959 (Studia patristica et byzantina 7), p. 196–197; cf. Ivanov (as in the previous note), p. 65–74.
104 In describing the triumph of the Byzantine navy, A. N. Stratos, *Byzantium*, I: 602–634, Amsterdam 1968, p. 189–191, avoids all argument indeed by simply eliminating Theodore's testimony. J. D. Howard-Johnston, The siege of Constantinople in 626, in C. Mango/G. Dagron eds, *Constantinople and its Hinterland*, Aldershot 1995, p. 131–142, see p. 140–141, also follows Nicephorus and attributes the destruction of the Slavs to the Byzantine navy.
105 *Chronicon paschale*, ed. L. Dindorf, Bonn 1832, I, p. 724. Michael and Mary Whitby, *Chronicon Paschale 284–628 AD*, Liverpool 1989, p. 178, translate ἡ διὰ θαλάσσης … πτῶσις as "calamity at sea", which seems to me less precise.
106 *Chronicon paschale*, ed. Dindorf, p. 722–724.

This analysis calls for a new look at one of the key events of the early Arab expansion: the sea battle at Phoenix, otherwise known as the battle of the Masts (Dhāt aṣ-Ṣawārī). A few remarks on the chronology first. According to Theophanes, the Arab general and future caliph Mu'awiya had planned a major naval assault on Constantinople in the 13th year of Constans II reign (late 653–late 654). He started by preparing "a great naval armament" (ἐξόπλισις μεγάλη τῶν πλοίων) that involved building ships (πλοιοποιΐα) dedicated for the attack. Despite a minor sabotage by the Byzantine prisoners of war in the port of Tripolis, the campaign began as planned and the subsequent naval engagement off the Lycian coast, near Phoenix, ended in a decisive victory of the Arab fleet and the flight of Constans II who had commanded the Byzantine navy in person. Here Theophanes' account breaks off.[107] A very similar version of the events appears in several oriental Christian chronicles, notably in Theophanes' younger contemporary, Dionysius of Tel-Mahre, as reconstructed from the *Chronicle of AD 1234*,[108] in Agapius of Menbidj[109] – who both, like Theophanes, date it into Constans II's 13th year – and in Michael the Syrian,[110] who dates it into the 10th year of the emperor. As it is generally admitted that Michael shares a common source with the other chronicles cited, his aberrant dating has little independent value. The Armenian chronicle currently known as (pseudo-)Sebeos tells a somewhat different story. It also depicts a major naval expedition launched by Mu'awiya against Constantinople in the 13th year of Constans II's reign, but mentions no battle while describing the advancement of the Muslim armada, equipped with siege machines, to the very walls of Constantinople and its destruction by a miraculous storm provoked by the emperor's fasting and prayer.[111] The Chronicle of pseudo-Sebeos, terminated by early 661,[112] is contemporary of the events and, as pointed out in a recent study, the relative neglect of its testimony by scholars is unjustified. I believe though that the Chronicle does not, as argued by the study, describe an event unrecorded in any explicit way in the other sources,

---

107 Theophanes, ed. de Boor, p. 345–346, tr. Mango in Mango/Scott, *The Chronicle*, p. 482.
108 See *The Seventh Century in the West-Syrian Chronicles*, tr. A. Palmer, Liverpool 1993, p. 179–180.
109 Agapius (Mahboub) de Menbidj, *Histoire Universelle (Kitab al-'unvan)*, ed. tr. A. Vasiliev (Patrologia Orientalis VIII, 3), Paris 1911, p. 223–224 (of the separatum).
110 Michel le Syrien, *La Chronique*, ed. tr. J.-B. Chabot, vol. II (tr.), Paris 1901, p. 445–446.
111 *The Armenian History attributed to Sebeos*, I. Translation and notes by R.W. Thomson (see p. 144–146, corresponding to p. 170–171 of G.V. Abgaryan's critical edition, Erevan 1979); II. Historical commentary by J. Howard-Johnston (see p. 274–276), Liverpool 1999.
112 See Zuckerman, Jerusalem (cited n. 1), p. 260.

Christian and Muslim alike,[113] but rather the same expedition beginning with the battle at Phoenix.[114] It is possible that pseudo-Sebeos exaggerated the Arab navy's losses; it is also understandable that Muslim tradition would omit to record them or that the Christian historiography that regarded Constans II as an heretic would fail to mention an apparent divine intervention in his favour. But I see no way to dissociate pseudo-Sebeos' description from the tradition related to the battle of Phoenix that can thus be firmly dated to Constans II's 13th year, i.e. to the summer of 654 (the Muslim traditions on its date are contradictory and less reliable for this period). As a matter of fact, Mu'awiya's expedition opens a lull in the Arab assaults on the imperial territory that lasted for most of the following decade and that would be hard to explain if the campaign was such an unmitigated success as suggested by the descriptions of the battle of Phoenix.

These preliminary remarks allow a better appraisal of the seminal significance of the battle of Phoenix for the history of Mediterranean navies. Theophanes reports the large-scale construction of ships, on Mu'awiya's order, for the expedition of 654, and this report is completed with crucial data by pseudo-Sebeos: "He ordered 5,000 ships to be built, and he put in them [only] a few men for the sake of speed, 100 men for each ship, so that they might rapidly dart to and fro over the waves of the sea around the very large ships."[115] The number of ships is fabulous, but this is not the point. The vessels that impressed pseudo-Sebeos – that made such an impression on the Byzantines that their description within a few years reached the far-off Armenia – were highly maneuverable battleships carrying a crew five times stronger than the 6th-century δρόμωνες. The same image of the Muslim ships as light and speedy like birds can be found, some

---

113 See Sh. O'Sullivan, Sebeos' account of an Arab attack on Constantinople in 654, BMGS 28, 2004, p. 67–88. The author's basic argument is that the record of the campaign described by Sebeos was erased in the common source of Theophanes and the oriental Christian chronicles thus effecting the conflation of entries on the prisoners' revolt in Tripolis (that the author dates to 652–3) and on the battle of Phoenix (that he dates to 654–5) into the present entry, in which the two events follow closely one upon the other and are dated in Constans II's 13th year 653–4. There is no textual support for this daring reconstruction, and what the article actually shows is that pseudo-Sebeos' testimony, that must refer to a real event, would be entirely isolated unless related to Mu'awiya's well known naval expedition.
114 So, recently, A. Kaplony, *Konstantinopel und Damaskus. Gesandschaften und Verträge zwischen Kaisern und Kalifen 639–750*, Berlin 1996 (Islamkundliche Untersuchungen 208), p. 33, with extensive bibliography; Hoyland, *Seeing Islam* (cited n. 23), p. 643, n. 68.
115 Pseudo-Sebeos (cited n. 111), tr. Thomson, p. 144 (p. 170 of Abgaryan's edition). There is no indication that larger ships, carrying cavalry and siege equipment, were built for the campaign.

thirty years after pseudo-Sebeos, in pseudo-Methodius of Patras: *filii Ismael (...) construxerunt sibi navigia et in modum volucrum his utentibus advolabant super aquas maris.*[116] Specially commissioned by Mu'awiya for waging war at sea, these vessels were the size of medieval battleships and marked the return of dedicated military navies to the Mediterranean.

In his study of the battle of Phoenix, Vassilios Christides notes that this is the only case "of a naval engagement between Byzantines and Arabs in the high seas ... during the whole medieval period".[117] This appreciation is corrected by pseudo-Sebeos who provides a succinct account of an earlier sea battle, plausibly placed by James Howard-Johnston in the context of the struggle over Cyprus in 649 and 650, in which a fleet raised by Mu'awiya was partly destroyed "on the high seas" by fire and partly driven off in flight.[118] Another observation by Christides is, however, highly pertinent. He draws attention to Theophanes' indication that Constans II did not place his ships in battle formation (τοῦ δὲ βασιλέως μηδὲν ποιησαμένου πρὸς παράταξιν ναυμαχίας) and quotes the evidence of Ibn al-Athīr that the Arabs won the battle after they could approach the Byzantine ships and tie them to their own with ropes and chains.[119] These details are less a proof of "naval warfare incompetence," as the author claims, than an indication that the Byzantines, unlike the Arabs, had little capacity to

---

116 The Latin translation is faithful to the Greek, see *Die Apokalypse des Pseudo-Methodius. Die ältesten griechischen und lateinischen Übersetzungen*, [5],4, ed. W. J. Aerts/ G.A.A. Kortekaas, I, Leuven 1998, p. 94–95 (Greek and Latin). These texts amplify the Syriac original that describes the Muslim ships "flying" over the sea-waves, see *Die syrische Apokalypse des Pseudo-Methodius*, 5, 4, tr. G. J. Reinink, Leuven 1993, p. 12.
117 V. Christides, The Naval Engagement of Dhāt aṣ-Ṣawārī. A.H. 34/A.D. 655–656: A Classical Example of Naval Warfare Incompetence, *Byzantina* 13, 1985 (= Δώρημα στον Ιωάννη Καραγιαννόπουλο), p. 1329–1345, see p. 1336; as pointed out by Christides, A. N. Stratos, The Naval Engagement at Phoenix, in A. E. Laiou-Thomadakis ed., *Charanis Studies*, New Brunswick, N. J. 1980, p. 229–247, is of little interest.
118 Pseudo-Sebeos (cited n. 111), tr. Thomson, p. 111–112 (p. 147 of Abgaryan's edition), with a commentary by J. Howard-Johnston, p. 259–260. As the commentator points out, there is no indication, in this case, that Mu'awiya's fleet consisted of purpose-built warships rather than of converted merchant vessels. Like the destruction of the Muslim navy by storm in 654 (above), this Byzantine victory is not recorded in any of the later chronicles.
119 Christides, The Naval Engagement (cited n. 117), p. 1337–1338; cf. his *Byzantine Libya and the March of the Arabs towards the West of North Africa* (BAR International Series 851), Oxford 2000, p. 77–79. The author does not use the evidence of pseudo-Sebeos and thus describes the Arab victory as "Pyrrhic" (p. 1340), ascribing heavy losses to the winning fleet in order to explain its inaction in the years to come. However, the losses in the storm recorded by pseudo-Sebeos make this hypothetical construction unnecessary.

maneuver their ships. The significance of the introduction, by Mu'awiya, of medium-sized warships "that might rapidly dart to and fro over the waves of the sea around the very large ships" becomes immediately apparent. Defeated in the first naval engagement, the Arab general created a dedicated tool for sea warfare that brought him an immediate success.

The heart of my argument is that throughout Late Antiquity and until the middle of the 7th century the Eastern Empire did not dispose of a navy as a permanent branch of service. The 6th-century δρόμωνες were small cutters attached to the ground forces and used for patrol duties or for guarding cargo convoys; the bulk of the ships employed in overseas operations were merchant vessels hired or requisitioned for a campaign. This conclusion contradicts the common assumption of modern scholarship, which imagines an "imperial navy" controlling the Mediterranean on the eve of the Arab conquests. As a matter of fact, the empire's best sailors were the easterners who very soon found themselves in the Muslim realm. There was no permanent naval force in Constantinople, as the examination of the Slavic attack of 626 has taught us. It would make no sense indeed to retain a standing navy with no permanent enemy in sight.

This conclusion should come as no surprise to a student of Late Antique institutions. Any branch of state service, civil or military, has its hierarchy of office-holders that necessarily leave traces in literary sources, in laws, in inscriptions and in papyri. Thus the navies of the early empire are best known through documents that mention their servicemen, from a simple *classicus* to a *praefectus classis*.[120] No such evidence is available for the later empire. This situation changes by the late 7th century, as a result, I believe, of the measures taken by Constans II in response to the creation of a navy by Mu'awiya.

The earliest Byzantine military navy carries the name of Καραβησιάνοι/*Carabisiani*, "boatmen" (from κάραβος, boat). It is first mentioned in connection with the attempted capture of Thessalonica by the Bulgarian chieftain Kouber. Convincingly dated by Paul Lemerle in the early 680s, in any case before Constantine IV's death in 685, this episode is recorded in a contemporary collection of *Miracles* of St. Demetrius. The source describes the καραβισιάνοι στρατιῶται as a military navy commanded by a στρατηγός, Sisinnios, sailing along the east coast of Greece or between the Greek islands, and from there (ἀπὸ τῶν τῆς Ἑλλάδος μερῶν) able to reach Thessalonica at short notice.[121] In the same

---

120 An ample documentation can be found in M. Reddé, Mare nostrum. *Les infrastructures, le dispositif et l'histoire de la marine militaire sous l'empire romain*, Paris 1986.
121 See P. Lemerle, *Les plus anciens recueils des miracles de Saint Démétrius*, I: le texte, Paris 1979, p. 230–231; II: commentaire, Paris 1981, p. 154–160; cf. id., Où en est la 'question Kouber', in *Mélanges Nikos Svoronos*, I, Rethymno 1986, p. 51–58.

region, on the island of Kea, Pope Constantine met Theophilus, *patricius et stratigos Caravisianorum*, in the early spring of 711.¹²² The supreme rank of their commander, στρατηγός, and his title of patrician, show the military importance of the *Carabisiani*.

The *Carabisiani* are also included among the main formations of the Byzantine army that "co-sign" the famous letter of Justinian II to Pope John V in February 687.¹²³ The acts of the Sixth Ecumenical Council are endorsed in the letter by all the armies of the empire (*de Christo dilectis exercitibus*). After the elite *obsequium* come the regional armies: *quamque ab orientali Tracisianoque, similiter et ab Armeniaco etiam ab exercitu Italiae, deinde ex Cabarisianis* (read *Carabisianis*) *et Septensianis, seu de Sardinia atque de Africano exercitu*. The first four armies on the list appear in the hierarchical order reflecting the order of the *Notitia Dignitatum* (for the *magistri militum* of the *Oriens* and of *Thracia*) and the chronology of their creation (for Armenia and Italy).¹²⁴ Their commanders had the top rank of στρατηγός (for the first three) and of *exarchus* (for the fourth). A contemporary inscription confirms that the troops of Sardinia were commanded by a *dux*,¹²⁵ created by Justinian a century and a half before as one of

---

122 *Liber Pontificalis*, ed. Duchesne, I, p. 390.
123 ACO ser. II, II, 2, éd. R. Riedinger, Berlin 1992, p. 886. The correction of *Cabarisianis* in *Carabisianis*, proposed by Diehl, L'origine du régime des thèmes (cited n. 96), p. 285, n. 2, has been accepted by scholars – cf. Haldon, Military Service (cited n. 99), p. 8, n. 16 – with the only exception of H. Antoniadis-Bibicou, *Études d'histoire maritime de Byzance. A propos du "thème des Caravisiens"*, Paris 1966, p. 63 and 65–68, who maintains the correction proposed and later abandoned by H. Gelzer of *Cabarisianis* into *Calarisianis*, supposedly a phonetical variant of *Caralisianis*, people of Caralis-Cagliari. It should be noted that the form Καλάρεως cited by Antoniadis-Bibicou from Mansi 11, col. 653, as an attestation of the former variant as early as 680, disappears in Riedinger's critical edition of the Acts in favour of the standard Καράλεως ACO ser. II, II, 2, p. 796, cf. 797 (*Caralitanae*) and 891 (Καραλίας). Antoniadis-Bibicou believes, moreover, that the conjunction *seu* introduces an alternative description of the previously named formations: "*ex Cabarisianis et Septensianis, seu de Sardinia atque de Africano exercitu*, deux expressions qui définissent parallèlement la même chose, d'une part d'après le siège, bien déterminé, et, d'autre part, d'après la circonscription géographique plus large, p. 67". Yet this figure of style would be out of place in the context, and it seems to me obvious that the conjunction *seu* is here part of a straightforward enumeration (cf. the laconic entry in the new *Niermeyer*, Leiden/Boston 2002, p. 1263: "*seu*: et – and – und").
124 R.-J. Lilie, "Thrakien" und "Thrakesion", JÖB 26, 1976, p. 7–47, see p. 20–23, fails to notice that the list follows the traditional hierarchical order of the later empire and reaches the wrong conclusion that the *exercitus Thracisianus* designates the theme of Thrakesion (in western Asia Minor).
125 On the much-debated dedication from Porto Torres, see G. De Sanctis, La Sardegna ai tempi di Costantino Pogonato, *Rivista di filologia e di istruzione classica* 56

the five African *duces* and then, logically, subordinated to the *magister militum*, later to the *exarchus* of Africa.[126] The reversal of this hierarchical order, as shown by the mention of the *Africanus exercitus* in the last position on our list, can only indicate that in 687, a few years before the fall of Carthage, the empire disposed of no significant military forces in Africa. This puts in the proper perspective the indication of the *Liber Pontificalis* that, under Pope John V (685–686), *provincia Africa subiugata est Romano imperio atque restaurata*.[127] The command of Septem, the last relic of the Byzantine army of Spain,[128] precedes the troops of Sardinia. The *Carabisiani* are the most recent creation, but their position in the middle of the list corresponds to the rank of their commander, the most junior of the στρατηγοὶ.

After rejecting the link between the *Carabisiani* and the Justinianic *quaestura exercitus*, we need to consider the other modern theory of their origin, due to Hélène Ahrweiler, that presents their creation as Constantine IV's reaction to the naval blockade of Constantinople by the Arabs in the years 672–678.[129] The exact chronology and the details of the hostilities that lasted for seven years are far from certain, but there is a reason to believe that Byzantium disposed of a func-

[n.s. 7], 1928, p. 118–122. The understanding of the text has deteriorated in later publications, see A. Guillou, Recueil des inscriptions grecques médiévales d'Italie (Collection de l'École Française de Rome 222), Rome 1996, p. 243–246, n° 230 (cf. C. Mango's review, BZ 91, 1998, p. 132); F. Fiori, *Costantino* hypatos *e* doux *di Sardegna* (Quaderni della Rivista di Bizantinistica 16), Bologna 2001.

126 See C. Zuckerman, La haute hiérarchie militaire en Afrique byzantine, AnTard 10, 2002, p. 169–175, on the commandment structure of the African army.

127 *Liber Pontificalis*, ed. Duchesne, I, p. 366, with Y. Modéran, Les Maures et l'Afrique romaine (IVᵉ–VIIᵉ siècle), Rome 2003, p. 687–689, who points out that this military success actually belonged to the Berber chief Kusayla. The precedence of the Sardinian command over the *Africanus exercitus* provides a very strong indication that, contrary to a common assumption, the position of the *exarchus* of Africa no longer existed at the time.

128 The question of the administrative and military integration of the Byzantine possessions in Spain in the African exarchate is debated, see recently M. Vallejo Girves, Byzantine Spain and the African Exarchate: an Administrative Perspective, JÖB 49, 1999, p. 13–23, who favours this hypothesis. The debate is beyond the scope of the present study, but I cannot hide my reserves regarding the author's assersion that the *patricius* Comen(t)iolus, described as *magister mil(itum) Spaniae* in the dedication of Cartagena of 589 (CIL II 3420 = ILS 835, etc.), could be a *dux* subordinated to the *exarchus* of Africa (p. 14–15). A *dux* could certainly carry an honorary rank of *magister militum*, but the latter would not pertain to the territorial description of his command; in other words, Comentiolus would have been then probably described as a *magister militum, dux Spaniae*. The view that Spain had, at least under Maurice, a *magister militum* of its own (cf. PLRE III, p. 323), appears to me far more plausible.

129 H. Ahrweiler, *Byzance et la mer*, Paris 1966, p. 22–23.

tional navy on the eve of the Arab attack. A long-neglected testimony of Cosmas of Jerusalem mentions "Constantine the Younger" (Constantine IV) driving ships "overland" over the Chersonesos promontory in Thrace. As I have argued elsewhere, this tough exercise only made sense if Constantine IV needed to bring naval reinforcement urgently to the capital at a time when the Hellespont was blocked by the Arabs.[130] The geographical setting of the campaign makes it clear that reinforcements could only arrive from the central Mediterranean, which was not controlled by the Arabs. They must have sailed to the Chersonesos along the coast of Greece, the area patrolled a few years later by the navy of the *Karabisianoi*. The *Patria Constantinopolis* records a tradition on the *patricius* Severus, Constans II's ἀδελφοποιητός (adoptive or illegitimate brother), who removed the "Roman" fleet (τὸν στόλον τὸν Ῥωμαικόν) from Sicily after the emperor's assassination. Despite some obvious confusion, this might be the first reference to the Byzantine navy.[131]

Several seals belong to the *Karabisianoi* commanders: an anonymous *patrikios* and *strategos* (Zacos/Veglery, n° 2614);[132] Hadrian, imperial *spatharios* and *strategos* (*ibid.*, n° 1981); an anonymous imperial *spatharios* and *strategos* (*ibid.*, n° 2656);[133] Apelates, *patrikios*, imperial *protospatharios* and *strategos*.[134] A deputy or acting commander, Theodotus, imperial *spatharios* and ἐκ πρ(οσώπου) εἰς Καραβησιάνους, is known by two seals (Zacos/Veglery, n° 2448 A a & b);

---

130 On this passage, which belongs to Cosmas' *Commentary* on the *Poems* by Gregory of Nazianz (PG 38, col. 534–535), see C. Zuckerman, A Gothia in the Hellespont in the early eighth century, BMGS 19, 1995, p. 234–241, cf. J. Haldon, Kosmas of Jerusalem and the Gotthograikoi, BSl 56, 1995 (= *Stefanos. Studia byzantina ac slavica Vladimiro Vavrinek ad annum sexagesimum quintum dedicata*), p. 45–54.

131 On this testimony of the late-10th century Πάτρια Κωνσταντινουπόλεως 108, ed. Th. Preger, *Scriptores Originum Constantinopolitanarum*, II, Leipzig 1907, p. 251–252, see Treadgold, *History of the Byzantine State* (cited n. 77), p. 322; for a very sceptical view of this evidence, cf. the review of Treadgold's book by W. Brandes, in BZ 95, 2002, p. 722.

132 G. Zacos/A. Veglery, *Byzantine Lead Seals*, I, Basel 1972; reedited with an introduction in J. Nesbitt/N. Oikonomidès, *Catalogue of Byzantine Seals at Dumbarton Oaks and in the Fogg Museum of Art*, II: South of the Balkans, the Islands, South of Asia Minor, Washington D.C. 1994, p. 150–151, n° 58, 1.

133 The editors read in the first two preserved lines .. ΑΤ,Β – [Σ]ΠΑ etc., and believe that our *strategos* combined the dignities of *hypatos* and imperial *spatharios*. The plate would rather suggest reading .ΛΑΩ,Β – and reconstructing the name of the *strategos* as [ΝΙΚ]-[Ο]ΛΑΩ, Nikolaos.

134 N. P. Lihačev, *Molivdovuly grečeskogo Vostoka*, Moscow 1991, p. 144, pl. LXVII, 6.

an anonymous bearer of the same title is known by a third.[135] The three explicit mentions of the navy in the contemporary literary sources, which show it in action between ca. 680 and 711, offer an indication for dating the seals. What is more, the current historiographical scheme, recently summarised by Alexis Savvides, presents the "theme" of *Kibyraiotai* as "an early 8th-century development of the first known Byzantine maritime theme, i.e. that of the Carabisians", assuming "that, prior to their elevation to a theme, the Cibyrraeots under a *drungarius* were actually subordinate to the *strategus* of the Carabisians". As the *Kibyraiotai* emerge as a "theme" – supposedly by 731/2 (or 732/3), the date of the first mention of their *strategos*, Manes, in Theophanes (cf. above) – the *Karabisianoi* allegedly vanish.[136]

This linear reasoning has been contested by Friedhelm Winkelmann who pointed out the difficulty of limiting the date of all the seals available to ca. 730.[137] The problem is only due, however, to the purely artificial merger of two navies, the *Karabisianoi* and the *Kibyraiotai*, into a single naval command. This scholarly construction has no support in the sources and should be dismantled. While the imperial navy could be exceptionally united for an expedition under a specially appointed commander – as happened in 697/8, with disastrous results – it was structured at all periods (as under the Principate) into several distinct and hierarchically independent fleets.

---

135 J. Koltsida-Makre, Βυζαντινά μολυβδόβουλλα του εν Αθήναις Νομισματικού Μουσείου, Athens 1996, n° 82, p. 51–52. This could, of course, be another seal of the same Theodotus.

136 A.G.C. Savvides, The Secular Prosopography of the Byzantine Maritime Theme of the Carabisians/Cibyrraeots, BSl 59, 1998, p. 24–45, p. 24 for the quote. Savvides provides further references to modern studies that differ little on this point. His prosopography is surprisingly selective, omitting Hadrianos, Apelates and Theodotus from the list above. Treadgold, *History of the Byzantine State* (cited n. 77), p. 315, suggests, "according to plausible guesswork", that "the Carabisian Theme", together with three other ancient themes, was created by Constans II between 659 and 662 (cf. below). In his *Byzantium and Its Army, 284–1081*, Stanford 1995, p. 72–75, he argues that this theme embraced, territory-wise, the future Hellas and Kibyraiotai, but was formed of the remaining soldiers of the army of Illyricum who "presumably have fled south to the islands and the remaining coastal enclaves of Greece" and who "soon have gained some familiarity with seafaring" (see p. 73 for the quote).

137 F. Winkelmann, *Byzantinische Rang- und Ämterstruktur im 8. und 9. Jahrhundert* (BBA 53), Berlin 1985, p. 96–99. The author was not even aware at the time of the seal of Apelates from Lihačev's collection (supra, n. 134), the most problematic for the traditional chronology and recently attributed by A.-K. Wassiliou/W. Seibt, *Die byzantinischen Bleisiegel in Österreich*, II: *Zentral- und Provinzialverwaltung*, Vienna 2004, p. 310, "wahrscheinlich der 2. Hälfte" of the 8th century.

The early history of the *Kibyraiotai*, though poorly documented, is clearly grounded in the easternmost corner of the Asian shore still in Byzantine possession. Surprisingly, their earliest action is mentioned in Zonaras who claims that the Arab navy, while fleeing after the failed siege of Constantinople ca. 678, was struck by an adverse wind opposite Syllaion (in Pamphylia) and then attacked by the *strategos* of the *Kibyraiotai* who destroyed what was left of it.[138] The local setting of the episode sounds authentic and may go back to a local tradition on the *Kibyraiotai*'s rise to prominence. Although unknown to earlier writers who attribute the destruction of the Arab navy solely to the storm, it should probably not be dismissed as an outright anachronism.[139] Yet Zonaras is sure to err regarding the rank of the commander, since a military formation commanded by a *strategos* would have appeared in Justinian II's letter.

In 697/8, the patrician Ioannes, entrusted by the Emperor Leontius with the command of the entire imperial navy, failed in his attempt to retake Carthage from the Arabs. On their return, on Crete, officers and soldiers deposed Ioannes, repudiating Leontius and proclaiming one of their own, Apsimarus, as emperor. Nicephorus and Theophanes, who depend for this episode on one and the same source, describe Apsimarus' position as following:

Nikephoros 41, ed. Mango, p. 98:
... ψηφίζονται δὲ 'Αψίμαρον ὄνομα, στρατοῦ ἄρχοντα τῶν Κουρικιωτῶν τυγχάνοντα, τῆς ὑπὸ Κιβυραιωτῶν χώρας, ὃν δρουγγάριον 'Ρωμαίοις καλεῖν ἔθος ...
... and elected a man called Apsimarus who happened to be the commander, what the Romans used to call *drouggarios*, of the army of the *Kourikiotai*, a region subordinated to the *Kibyraiotai* ...[140]

Theophanes, ed. De Boor, p. 370:
... ψηφισάμενοι βασιλέα 'Αψίμαρον, δρουγγάριον τῶν Κιβυραιωτῶν εἰς Κουρικιώτας ὑπάρχοντα ...
... and elected Emperor Apsimarus, the *drouggarios* of the *Kibyraiotai* who (sc. Apsimaros) belonged to the *Kourikiotai* ...

---

138 Ioannes Zonaras, *Epitome Historiarum* XIV, 20, 18, ed. M. Pinder, III, Bonn 1897, p. 224.

139 Nesbitt/Oikonomidès, *Catalogue of Byzantine Seals at Dumbarton Oaks and in the Fogg Museum of Art*, III: West, Northwest, and Central Asia Minor and the Orient, Washington, D.C. 1996, p. 151. Ahrweiler, *Byzance et la mer* (cited n. 129), p. 22, n. 2 suggests that the *Kibyrrhaiotai* in our late source replace the original *Karabisianoi*, which is, given the geographical setting, to be in any case excluded.

140 My translation is more literal, but not substantially different from Mango's, *ibid.*, p. 99: "... and elected a man called Apsimaros, whom they renamed Tiberios, the commander of the Korykiote contingent of the Kibyraiot region – an office which the Romans are wont to call *drungarios*."

According to Nicephorus, Apsimarus was the *drouggarios* of the military contingent (στρατός) of the people of Korykos whose "region" was subordinated to the *Kibyraiotai*. Theophanes describes Apsimarus as the *drouggarios* of the *Kibyraiotai*, but then he adds, rather clumsily, that this officer actually belonged to the *Kourikiotai*, which can only mean in this context – as translated by Cyril Mango – "to the squadron of Korykos".[141] Hélène Antoniadis-Bibicou solved the problem of a double adherence by arguing that "le drongaire Apsimar commandait simplement une armée composée de gens de Κόρυκος," their native town being no longer part of the empire, but a contemporary seal, showing that Korykos housed a *kommerkiarios* and an *apotheke*, refutes this solution.[142] In fact, Theophanes attempts to attach Apsimarus to the *Kibyraiotai*, the major naval command of his time. Nicephorus, in describing Apsimarus as the *drouggarios* of the squadron of *Kourikiotai* whose town belonged to the district of Kibyra, only indicates the administrative precedence of the latter. This indication finds a probable explanation in the fact that the *Kibyraiotai*'s earliest attested official is a civilian ἄρχων τῶν Κιβυραιωτῶν, known by two seals from the first half of the 8th century.[143] Korykos, the most important town on the coast, had provided the main naval squadron, which the common source of Nicephorus and Theophanes must have localised by reference to the first administrative capital of the region. I will here not attempt to take any position in the current debate concerning the identity of this capital, eponymous of the local navy and of the later *thema*, as "Small" or as "Great" Kibyra.[144]

There is, in any case, no reason to believe that the commander of the *Karabisianoi*, twice attested patrolling the Greek coast, extended his hierarchical reach

---

141 Tr. Mango, in Mango/Scott, *The Chronicle*, p. 517: "… and elected in his stead Apsimaros, the *drungarius* of the Kibyraiots, who belonged to the squadron of Korykos". I note in passing that no *drouggarios* τῶν Κιβυραιωτῶν or τῶν Κουρικιωτῶν is attested elsewhere.

142 Antoniadis-Bibicou, Etudes (cited n. 123), p. 95, n. 5, cf. G. Schlumberger, Sceaux byzantins inédits (cinquième série), RN 1905, n° 214, dated by Zacos/Veglery, *Byzantine Lead Seals* (cited n. 132), p. 180, in 690/1. On Korykos, see F. Hild/H. Hellenkemper, *Kilikien und Isaurien*, Vienna 1990 (TIB 5), p. 315ff. The authors recognise Apsimaros in his capacity of *drouggarios* of the *Kourikiotai* (p. 316), cf. "Kommandant der Flotte von Korykos (p. 46)", yet attribute to him "das Oberkommando über die Kibyrraioten-Schiffe" that they describe as "Drungariat der Kibyrraioten" (p. 46).

143 See A.-K. Wassiliou, Beamte des Themas Kibyrraioten, in H. Hellenkemper/F. Hild, *Lykien und Pamphylien*, Vienna 2004 (TIB 8), I, p. 407–413, at p. 412–413, for references and dating. As we shall see, there is no reason to accept the author's suggestion that the term ἄρχων could designate in this case "das Oberhaupt fremdstämmiger Völkerschaften".

144 See, for the latter, P. A. Yannopoulos, Cibyrra et Cibyrréotes, Byz 61, 1991, p. 520–529.

to the easternmost corner of Byzantine Asia Minor. Generally, there is nothing to support the a priori assumption of a unified command structure of the early Byzantine navy. Why in fact should the *drouggarios* of the Aegean Islands (who had emerged by 763) first be "related to the stratogos of the *Karabisianoi* and later of the Kibyrrhaiotai"?[145] The first systematic overview of the Byzantine naval forces, in Uspensky's *Taktikon*, shows them divided between several commanders. For Ahrweiler, this is the result of a major reform by Leo III: "la dissolution par Léon III du commandement des *karabisianoi* conduit à l'éclatement de la flotte de guerre, qui dorénavant est divisée en plusieurs escadres à commandement autonome et affectées aux régions côtières de l'Empire".[146] In the absence of modern means of communication, however, the notion of a single naval command spreading over nearly 2,000 km in the central and eastern Mediterranean is unrealistic. It has no precedent in Roman times, no base in the sources and should not therefore be retained.

This reasoning leaves largely open the question of the territorial base of the early navies. The burden of *nauticatio* was extended from the central Mediterranean eastward probably as fast as the poll tax, fostering the creation of naval squadrons. It seems apparent that they were not subordinated to the commanders of ground forces in their respective areas of recruitment. Thus, the western navy of the *Karabisianoi* must have been raised and based in areas subjected from the late 7th century to the *strategoi* of Sicily and Hellas.[147] I suspect that the rebellion of the mariners of Hellas and the Cyclades, commanded by their *tourmarkhes* (a subordinate of the *strategos* of the *Karabisianoi* rather than of Hellas) and the destruction of their navy by Greek fire in the spring of 727,[148] marked the decline of the *Karabisianoi* and the rise to prominence of the eastern navy, the *Kibyraiotai*. It is only in 739/40, however, that a seal of the imperial *kommerkia* στρατηγίας τῶν Κυβεριωτῶν (see below) provides us with the indication that the *Kibyraiotai* form a distinct territorial unit.

Hélène Ahrweiler has pointed out that the *Karabisianoi* were merely a navy, not a theme, "aucune région précise n'ayant formé une circonscription de l'administration provinciale portant ce nom".[149] Although I have argued for a geographical attachment for the *Karabisianoi*, I share the appreciation that they were

---

145 Nesbitt/Oikonomidès, *Catalogue,* II (cited n. 132), p. 112 (with references).
146 See Ahrweiler, *Byzance et la mer* (cited n. 129), p. 71–92 on Uspensky's *Taktikon,* p. 73, for the quote.
147 I note in passing that neither of these two major regions of the empire is mentioned in Justinian II's list of troops, a miniature *Notitia Dignitatum* that omits no territorial unit of importance.
148 Theophanes, ed. de Boor, p. 405 (cf. above).
149 Ahrweiler, *Byzance et la mer* (cited n. 129), p. 25.

not a theme and I extend it to the early *Kibyraiotai*. The argument presented in the last chapter of this study goes much farther, in fact, as I shall try to show that the notion of theme is irrelevant for the 7th and the major part of the 8th century.

6. "The Name of the Theme"

When, in the late 19th century, Byzantium's founding fathers began constructing it on a large scale, the institution of θέματα became the chief cornerstone. A daring surgery severed the scholars' brainchild, Byzantium, from the old Empire's "decline and fall", and the θέματα accounted for the military resurgence of the new entity. In compliance with the grand division of history, Antiquity could thus be drawn to a close and the Middle Ages allowed a clean start in a realm, in which the dividing line is more random than anywhere. If, for Charles Diehl, Byzantium began with Justinian and Theodora, "l'origine du régime des thèmes" was firmly anchored in Justinian's administrative reforms.[150] A more common scheme, popularised by the current vision of Late Antiquity, puts the essential changes in the middle of the 7th century.[151]

Byzantium's constructedness makes its charm and I find it regretful, therefore, that too many piecemeal retouches have rendered the notion of θέμα rather loose. Thus, in a recent series of articles, Irfan Shahîd situates the creation of the themes in "the *quinquennium* that elapsed from A.D. 629 to A.D. 634," that is, between the Persian retreat and the Arab invasion of the Byzantine East.[152] The author points out that the Arabs designated four territorial units in the conquered areas by the unusual term *jund*, borrowed from the Pehlevi (*gund*, troop), and argues, mostly convincingly, that these territorial units were inherited by the

---

150 See Diehl, L'origine du régime des thèmes (cited n. 96), p. 292 for the conclusion: "il n'y a point dans l'empire byzantin de solution de continuité entre les institutions du VIᵉ siècle et celles du VIIᵉ; non seulement par le principe sur lequel ils sont fondés, mais par le groupement des territoires mêmes, les thèmes byzantins procèdent des établissements de l'époque antérieure, et les stratèges du VIIᵉ siècle sont les héritiers directs des *magistri militum* de Justinien".
151 Haldon, Military Service (cited n. 99), p. 3–11, provides a very helpful survey of the history of the debate. Only studies directly relevant to the present argument are quoted below.
152 See I. Shahîd, Byzantium and the Theme System: New Light from the Arabic, Byz 57, 1987, p. 391–406; Heraclius and the Theme System: Further Observations, ibid., 59, 1989, p. 208–243 (see p. 212 for the the quote); Heraclius and the Unfinished Themes of Oriens: Some Final Observations, *ibid.* 64, 1994, p. 352–376; Heraclius and the Theme System Revisited: the Unfinished Themes of Oriens, in ΟΙ ΣΚΟΤΕΙΝΟΙ ΑΙΩΝΕΣ ΤΟΥ ΒΥΖΑΝΤΙΟΥ (7ΟΣ–9ΟΣ, ΑΙ.)/*The Dark Centuries of Byzantium (7th-9th c.)*, Athens 2001, p. 15–40, etc.

Arabs rather than created after the conquest. More surprising is Shahîd's further claim that the Pehlevi term *gund* must have been the Arabic translation of the terms "*exercitus* or θέμα or στρατός or στράτευμα", or "*exercitus,* στρατός or στράτευμα rather than θέμα."[153] Neither στρατός nor στράτευμα has the sense of a territorial unit and there is no reason, moreover, why a Pehlevi term would be chosen to translate into Arabic a common Greek word. By way of contrast, the term *gund* could apply, in the Persian Empire, to the territory where a unit was stationed.[154] Unlike the Roman military disposition that aimed at closing off the costal areas to the desert, the *gund*-division linked the interior to the ports, as suited both Persians and Arabs. The obvious conclusion is that this term, and the territorial division that breaks up with the late imperial military layout, were taken over by the Arabs from the Persians.[155] In fact, the Persian occupation in these areas had lasted three times longer than Shahîd's *quinquennium*, a short lull between two invasions that, as a careful study by Oliver Schmitt has recently shown, allowed for no significant administrative or military reform.[156] While Shahîd's argument has no bearing on the history of the θέματα, it is symptomatic of the current confusion as to their nature, best expressed by his own portrayal of the θέματα of Asia Minor: "They were large, they were military, and their administration involved *stratiôtoka ktêmata*" (the latter feature is then treated as optional for lack of evidence on soldiers' lands in the future

---

153 See Shahîd 1989, p. 236 and 1994, p. 367, respectively (as in n. 152). Shahîd's scheme was more coherent as long as he could suggest that the borrowed term *gund* had been chosen to translate the new and unusual term *thema*. He modified his argument being no longer certain that the term *thema* had been used as early as the 630s.

154 Cf. the *Sephakan gund* in Pseudo-Sebeos (as in n. 111), tr. Thomson, p. 109 (p. 145 of Abgaryan's edition).

155 J. Haldon, Seventh-Century Continuities: the *Ajnad* and the "Thematic Myth", in Av. Cameron ed., *The Byzantine and Early Islamic Near East, III; States, Resources and Armies*, Princeton, NJ 1995, p. 379–423, see p. 385, briefly suggests that "the *ajnad* may reflect some Sasanian institutional arrangement of which we know nothing," but then abandons this idea without further discussion in favour of another, according to which the *ajnad* originated in the reformed ducal commands created by Heraclius after the Persian retreat. I do not adhere to this scheme and not only because I see no place for a major military reorganisation in ther early 630s. While Haldon's *ducatus* – a non-existent term that he persists in using (despite Shahîd's objections, cf. n. 172 below) in order to provide the ducal command with more territorial consistency – is modelled after the 4th-century commands of the *Notitia Dignitatum* as a "broad military circumscription" (p. 414), the 6th-century ducal commands created by Justinian in the East were rather different in nature, see C. Zuckerman, Sur le dispositif frontalier en Arménie, le *limes* et son évolution, sous le Bas-Empire, *Historia* 47, 1998, p. 108–128.

156 O. Schmitt, Untersuchungen zur Organisation und zur militärischen Stärke oströmischer Herrschaft im Vorderen Orient zwischen 628 und 633, BZ 94, 2001, p. 197–229.

ajnad.)¹⁵⁷ Are we truly reduced to searching for things "large" and "military" as representing the Byzantine θέματα?

The roots of this confusion are deep. Things large and military in the late-7th-century Byzantium are the commands listed in the letter of Justinian II. For a student of the later Roman army, those are recognisably the military formations of the 6th century and before. For a Byzantinist, however, these commands, or at least the most important among them, have already been metamorphosed into themes.¹⁵⁸ Warren Treadgold, thinking in terms of a single reform, suggests, "according to plausible guesswork", that the most ancient themes (Opsician, Armeniac, Anatolic, Thracesian and Carabisian) were created by Constans II between 659 and 662, soldiers being endowed with lands.¹⁵⁹ Treadgold does not detail the reasoning behind his guesswork, but I can guess in my turn that these poorly documented years were chosen as uneventful and thus free for a major military reform. If this is the case though, Constans II's eastern campaign (see above), unknown to Treadgold, closes this narrow window of opportunity. John Haldon believes in a more gradual transformation and claims "that already by the 670s and perhaps earlier an identity had developed between the names of the armies withdrawn by Heraclius and the districts occupied by the said armies, so that the group of provinces occupied by a given army came to be referred to by the name of that army. Thus the names of the armies were applied to the districts over which they were spread, and a new set of territorial descriptive terms enters the medieval Greek language."¹⁶⁰ While Haldon does not quote his sources for the new linguistic usage, Johannes Koder undertakes to trace the "Bedeutungsentwicklung des Wortes <θέμα> im entscheidenden Zeitraum bis um 700". His proposed definition of θέμα as *Zuweisungs-, Niederlassungs-, Festsetzungs-, Stationierungs-, Operations-* oder *Aufstellungsregion* (bzw. *-gebiet, -distrikt, -territorium* oder *-zone*) is a definition *ad hoc*, based on the same assumption that the withdrawal of armies by Heraclius in the 630s produced new military structures.¹⁶¹ But I am mostly surprised that Koder, in tracing the alleged 7th-century

---

157 Shahîd 1994 (as in n. 152), p. 363.
158 E.g. see Haldon, *Byzantium* (cited n. 9), p. 212–213.
159 Treadgold, *History of the Byzantine State*, (cited n. 77), p. 315. A slightly larger chronological span, 656–661, was earlier proposed by J. D. Howard-Johnston, Thema, in A. Moffat ed., *Maistor. Classical, Byzantine and Renaissance Studies for Robert Browning*, Canberra 1984, p. 189-197, see p. 195.
160 Haldon, Military Service (cited n. 99), p. 8. In fact, the large-scale withdrawal of units could only concern at the time what was left of the army of *Oriens*, the loss of territory in Armenia and in Thrace being less significant than in Africa and in Italy that never became "themes".
161 See J. Koder, Zur Bedeutungsentwicklung des byzantinischen Terminus thema, JÖB 40, 1990, p. 155–165, see p. 156 and 161 for the quotes.

emergence of a new military and administrative term, does not even mention the fact that this term is not attested in usage before the early 9th century.

The designation of a military command by a term that indicates a *Zuweisungs-* or *Niederlassungsgebiet* is only conceivable soon after the installation of units in the region. This perception of θέμα as a 7th-century term is by no means peculiar to Koder. All writers on the subject share it, I believe. The heart of the problem was and remains the use of the term by Theophanes who introduces the θέματα in his narrative from the early 7th century. Since, however, it is now generally admitted that the earliest mentions of the θέματα in Theophanes are anachronistic, no coherent argument can be based on this text alone.[162] The scholars' choice to consider its usage as authentic as from a certain date is purely arbitrary. As duly emphasised by Franz Dölger (after Agostino Pertusi), the *Chronicle* of Theophanes, the first to use the term θέμα, is an early-9th-century source.[163] The late appearance of the term has been explained away by the assumption that this was a *terminus technicus* that Theophanes for some reason chose to use, while other sources "dafür Ausdrücke wie χώρα, λαός und dgl. gebrauchten".[164] Only the image of the 7th and the 8th centuries as dark and uncharted may explain the scholars' liberty in taking for granted the existence of a technical term for more than a century and a half before its first actual attestation. However, some surprisingly neglected source data put the issue in a new perspective.

A seal first published by Schlumberger, and then reedited and dated to 738/9 by Zacos and Veglery, belongs to the imperial *kommerkia* στρατιγίας Ἑλλάδος (n° 254). A seal from 739/40, of the imperial *kommerkia* στρατηγίας τῶν Κυβεριοτῶν, is cited as a recent addition to the Zacos collection.[165] Another seal, published for the first time by Zacos and Veglery and dated to 741/2, belongs to the imperial *kommerkia* τῆς στρατιγίας τῶν Θρακισίων (n° 261). A slightly later seal of 745/6 that only became known recently, also belongs to the imperial

---

162 N. Oikonomidès, Les premières mentions des thèmes dans la chronique de Théophane, ZRVI 16, 1975, p. 1–8, was, to my knowledge, the last to defend the view that the earliest mentions of the θέματα in Theophanes, under Heraclius, reflect an institutional reality

163 F. Dölger, Zur Ableitung des byzantinischen Verwaltungsterminus θέμα, in his *Paraspora*, Ettal 1961, p. 231–240 (reprinted from *Festschrift W. Ensslin = Historia* 4, 1955, p. 189–198), see p. 233–235.

164 J. Karayannopulos, *Die Entstehung der byzantinischen Themenordnung*, Munich 1959, p. 95.

165 See Zacos/Veglery, *Byzantine Lead Seals* (cited n. 132), Corrigenda et Addenda, vol. I, 3, p. 1955. This seal was generally ignored until it was quoted by Brandes, *Finanzverwaltung* (cited n. 9), p. 557, n° 234a. The survey that follows is based on the evidence collected by Brandes, in particular in the Appendixes VII and X.

kommerkia of the same στρατηγία.¹⁶⁶ The term στρατηγία has been taken without discussion to be a synonym of θέμα,¹⁶⁷ and yet it deserves separate consideration. Since there is nothing like seals to indicate official usage, we have now the certainty that as late as the 730–740s, the actual *terminus technicus* for what we currently designate as θέμα was στρατηγία. My hope is that from now on the correct usage will be reestablished. The early-8ᵗʰ-century commands shall be appropriately termed στρατηγίαι, and those who believe that the term θέμα existed at the time shall have to explain why it was not the official use.

Hellas and the *Thrakesioi* were among the first major regional commands added to those listed by Justinian II in 687. The *strategos* of Hellas is first mentioned in 695.¹⁶⁸ Probably about the same time troops were moved from Thrace, for the most part occupied by the Bulgarians in the 680s, to western Asia Minor, where they are first recorded in 711.¹⁶⁹ The naval command of the *Karabisianoi* is plausibly attested for the first time as subordinated to a *strategos* ca. 727, if my date for Manes' expedition against Ravenna (above) is accepted. Hellas was an old province and its territorial definition (with possible adjustments for the Slavic invasion) was mainly independent of its military status. This is the reason why the seals of the imperial *kommerkia* describe their territory of application indistinctly as Hellas (736/7), στρατηγία Ἑλλάδος (738/9) and then again as Hellas (748/9).¹⁷⁰ By way of contrast, the *Thrakesioi* and the *Karabisianoi* are two corps of troops that define territorial units attested for the first time on these seals.

While the word looks familiar, στρατηγία is a new term. In 6ᵗʰ-century usage, attested in Justinian's abundant legislation, the word στρατηγία designates the rank of a στρατηγός, or a military command, like στρατηλατία (or στρατηλασία) designates the rank of a στρατηλάτης (*magister militum*) and

---

166 W. Seibt/M. L. Zarnitz, *Das byzantinische Bleisiegel als Kunstwerk. Katalog zur Ausstellung*, Vienna 1997, p. 66–67 (1.3.8). The editors comment: "Das Thema Thrakesion (Südwest-Anatolien) wird hier als Strategie (Amtsbereich eines Strategos) bezeichnet."
167 For example, Haldon, Military Service (cited n. 99), p. 17, n. 42, quotes the seal (n° 261) as of "the imperial *kommerkia* of the Thrakesion *thema*". A distorted memory of the old usage is preserved by Constantine Porphyrogenitus who uses the term στρατηγίς several times to designate a military district commanded by a στρατηγός, practically as a synonym of *thema*, see Costantino Porfirogenito, *De thematibus*, ed. A. Pertusi, Citta del Vaticano 1952, by the index.
168 Theophanes, ed. de Boor, p. 368.
169 For a short critical survey of the origins of the Thrakesioi, see Nesbitt/Oikonomidès, *Catalogue*, III (cited n. 139), p. 2, cf. n. 124 above.
170 See the references in Brandes, *Finanzverwaltung* (cited n. 9), p. 603.

πραεφεκτωρία the position of a *praefectus praetorio*, etc.[171] These terms have no territorial connotation. By way of contrast, the στρατηγία of the seals is a territorial unit, the area of activity of the *kommerkia* that issue the seal.[172] The earliest example of a territorial unit defined by reference to the corps of troops stationed there is the seal from 717/8 of the *kommerkiarioi* (whose name is lost) ἀποθήκης Κολονίας (καὶ) πάντων τῶν ἐπαρχιῶν τοῦ φιλοχρίστου Ἀρμενιακοῦ. The seal is described by Werner Seibt as "das bisher älteste Kommerkiariersiegel, auf dem ein Themenname erscheint".[173] I believe that the word στρατοῦ is clearly implied after Ἀρμενιακοῦ. Thus the translation by the latest editors, introducing the name of a theme – "of the *apotheke* of Koloneia and of all the provinces of the Christ-loving Armeniakon" – is misleading.[174] But this does not change the fact that the area occupied by *de Christo dilectus Armeniacus exercitus* – here I borrow the proper Latin terms from Justinian II's letter – now defines the area of activity of the imperial tax officials.

The well-known seal from 745/6, of the imperial kommerkia <τῶν> ἐπαρχιῶν τοῦ θεοφυλάκτου βασιλικοῦ Ὀψικίου (Zacos/Veglery, n° 261), provides a good parallel for this usage. The military formation involved, the elite corps of *Opsikion*, appears on this seal together with its attributes from the letter of Justinian II (*a deo conservando imperiali obsequio*). The *Opsikion*, commanded by a *comes* and not by a *strategos*, cannot be described as a *strategia*, yet the provinces that billet this corps of troops form a territorial unit.

Finally, a seal from 734/5 or 736/7 presents the imperial *kommerkia* τῶν ἐπαρχιῶν τῶν Ἀνατολικω(ν).[175] Five seals ranging from 730/1 to 776 feature

---

171 The *Legum Iustiniani imperatoris vocabularium. Novellae: pars graeca*, published by I.G. Archi/A.M. Bartoletti Colombo, Milan 1984–1989, allows a convenient overview.
172 A parallel development of the term *ducatus*, from its original meaning of the function of the *dux* in the *Codex Theodosianus* to the medieval territorial unit, was pointed out by Shahîd 1994 (as in n. 152), p. 357–358.
173 Zacos/Veglery, *Byzantine Lead Seals* (cited n. 132), n° 222 a & b, cf. p. 163–164, with the crucial corrections by W. Seibt, in his review of the publication, BSl 36, 1975, p. 208–213, see p. 209; n° 222a is now reedited by E. McGeer/J. Nesbitt/N. Oikonomidès, *Catalogue of Byzantine Seals at Dumbarton Oaks and in the Fogg Museum of Art*, IV: The East, Washington, D.C. 2001, p. 62–63, n° 22.27 (the text I quote).
174 McGeer et al. (see note above) must have had in mind the singular form, τοῦ Ἀρμενιακοῦ sc. θέμαος, which is not attested on seals before the 10th/11th century, the usual form being the plural, τῶν Ἀρμενιακῶν. For an analysis that differs much from mine, see E. Kountoura-Galaki, Θέμα Ἀρμενιακῶν, in Η Μικρά Ἀσία των θεμάτων, Athens 1998, p. 113–161, in particular p. 118.
175 See, for the former date, Zacos/Veglery, n° 245, with the Corrigenda, p. 1955 and for the latter date, Nesbitt/Oikonomidès, *Catalogue*, III (cited n. 139), p. 157, n° 86.37; cf. Brandes, *Finanzverwaltung* (cited n. 9), p. 554, n° 215.

a shorter inscription: τῶν βασιλικῶν κομμερκίων 'Ανατολικῶν.[176] Despite the emphatic remark of the recent editors of the former seal: "There cannot be any doubt here concerning the meaning of the term Anatolikoi = the theme of that name,"[177] the term *thema* is no way implied. Nevertheless, the inscription is potentially revealing. In fact, one of the lay participants of the Sixth Oecumenical Council of 680/681, a senior tax official named Paul, bears the title of the διοικήτης τῶν ἀνατολικῶν ἐπαρχιῶν. Possibly, the same Paul appears on a seal as a διοικήτης τῶν ἀνατολικῶν.[178] The ἀνατολικαὶ ἐπαρχίαι of the *Acts* of the Council of 680/681 should probably represent what little was left at the time of the old civil diocese (διοίκησις) of Oriens; the defence of the costal line and the mountain passes leading from Syria to Asia Minor was, no doubt, the task of the *Orientalis exercitus* of the letter of 687. These troops were later withdrawn westward to central Asia Minor. The seal of 734/5 or 736/7 reflects this new reality. It refers, I believe, not to "the oriental provinces" (αἱ ἐπαρχίαι αἱ ἀνατολικαί), but to αἱ ἐπαρχίαι τῶν 'Ανατολικῶν, i.e. provinces in which are stationed the *Anatolikoi*, troops commanded by the στρατηγὸς τῶν 'Ανατολικῶν, formerly *magister militum per Orientem*. Likewise, the seals with a shorter inscription belong to the imperial *kommerkia* of (the provinces that billet) the *Anatolikoi*.

This scarce evidence illustrates the slow process of transformation of the major military districts into administrative units. In tracing this process, however, I would not put the emphasis on the rather anecdotal evidence of the *strategos'* involvement in civil matters, first attested, according to Franz Dölger, in 771:[179] the hierarchical superiority of a military commander over the top civilian official of his district was common since the days of Justinian. In this respect, placing *strategoi* at the top of the old provinces of Sicily and Hellas occurred in perfect continuity with the logic of Justinianic reforms and of the subsequent creation of the exarchates. I would rather focus, in fact, on a neglected "negative" feature of the evidence presented. While this is not the place to debate the role of the imperial *kommerkiarioi* and *kommerkia*, our evidence makes it amply clear that their crucial fiscal function was not managed on the district level for the whole period covered by the seals. As their "imperial" title shows, the *kommerkia* were managed centrally, from Constantinople. Thus, it is rather the disppearance of the seals of the βασιλικὰ κομμέρκια for the districts in question that

---

176 See the references in Brandes, *Finanzverwaltung* (cited n. 9), p. 601.
177 Nesbitt/Oikonomidès, *Catalogue*, III (cited n. 139), p. 157, n° 86.37.
178 See PmbZ 5769 for references to ACO ser. II, II, 1, p. 14, l. 32 etc.; Zacos/Veglery n° 2290 etc.
179 See Dölger, Zur Ableitung (cited n. 163), p. 234–235 and, with more emphasis, Karayannopulos, *Die Entstehung* (cited n. 164), p. 34.

could be indicative, paradoxically, of the creation of a local fiscal apparatus and of their enhanced administrative status.

The fact that "there is very little evidence for the themes being military administrative districts in the strict sense until the later 8th century" brought John Haldon to the radical conclusion "that there never was a 'theme system' in anything but the minds of modern historians"; the title of his study denounced the "thematic myth".[180] This went way too far. The thematic "system" is as real – in Uspensky's *Taktikon* – as the provincial "system" of the Roman Empire ever was and its mythical features in modern studies are only due to the way it was portrayed by generations of scholars, including Haldon himself. It is not that there is very little evidence for the themes before the late 8th century: there is none whatsoever. The term θέμα is first attested, simultaneously, in numerous passages of the *Chronicle* of Theophanes, produced in 813, and in *Epistle* 407 of Theodore Studites in 819. Shortly afterwards, Uspensky's *Taktikon* displays an administrative system, of which the θέμα is the basic unit. This temporal coincidence is the crux of my argument. The attempts to advance the themes' origins to the mid-7th century deprive the term of its substance, thus reducing it to a sheer notion of something "large" and "military". But if we admit that the institution comes into being about the time the term first appears in the sources, the θέμα retrieves the core attributes that make its specificity.

The role ascribed to the 7th-century "themes" in Byzantium's survival prompted the replacement of the missing evidence with hypothetical constructions. The features of the themes to come were projected into the past, assumed by anticipation long before they could be traced in the sources. This also concerns the link between the service duty and the ownership of land. I will not dwell on theories that trace the origin of the thematic lands back to a hypothetical division of the imperial estates among soldiers by Heraclius or Constans II; as pointed out by Haldon, these theories have no base in the sources. Haldon affirms, moreover, that "the available textual evidence from the 8th and 9th centuries is either silent on the relationship between soldiers and land, or positively assumes that there was no connection between land and military service". Despite this cautious statement, he claims in conclusion: "it is clear that both the *themata* as administrative regions and the connection between military service and the private or family income of soldiers (land) have their roots in the crisis period of the second half of the seventh century".[181] Very long roots indeed if it took over two

---

180 See Haldon, Seventh-Century Continuities (cited n. 155), p. 384 and 421 for the quotes.
181 See Haldon, Military Service (cited n. 99), p. 18 and 64 for the quotes. R.-J. Lilie, Araber und Themen. Zum Einfluss der arabischen Expansion auf die byzantinische Militärorganisation, in Av. Cameron ed., *The Byzantine and Early Islamic Near East, III; States, Resources and Armies*, Princeton, NJ 1995, p. 425–460, takes a very similar position.

hundred years for the plant they nourished to bear fruit! And why sow the seeds of change so early, if the mid-8th-century evidence "positively assumes" that nothing changed? The first positive link between the military service and the soldier's property and fiscal status appears, as pointed out by Oikonomidès, in Theodore Studites' letter to Empress Irene of 801.[182] This link is equally apparent, ten years later, in the second "vexation" of Nicephorus I that consisted in enrolling the poor at the expense of their fellow-villagers[183] (rather than, I believe, calling up only those who could afford the equipment costs themselves). The investigation of the thematic military properties (κτήματα στρατιωτικά) will be the subject of a forthcoming study; here I should only emphasise that their actual roots hardly go any deeper than the mid-8th century.

If we rid ourselves of the preconceived notion of themes as part of Byzantium's natal endowment, the evidence falls into a different pattern. The continuity between the 6th- and the 7th-century military structures is very strong, the main innovation being the creation of the Byzantine navy. No major change is perceptible in recruitment and payment patterns. Despite the loss of the richest regions and a sharp decline in tax income, the state struggled throughout the 7th century to produce plentiful coinage,[184] of which the army was the main consumer. On several sites, e.g. Athens, Sardis, Aphrodisias and Pergamon, not to mention Sicily, Apulia and Calabria, the reigns of Heraclius and Constans II mark a peak in monetary finds.[185] This evidence suggests no revision of the empire's traditional model of a professional army remunerated by the state. Quite expectedly, however, this voluntaristic policy worked no miracles and the army the empire was able to afford was no match for the tasks it faced. In the 1st century of the hegira, the Byzantine army was unable to oppose the Arabs in battle and the only frontiers it could effectively defend were the walls of Constantinople. If Byzantium was indeed born in the 7th century, its immune system at birth was very weak.

The total exposure of imperial territory to invasions from different quarters prompts, as of the 690s onward, the multiplication of military commands. This

---

182 N. Oikonomidès, Middle-Byzantine Provincial Recruits: Salary and Armament, in J.M.Duffy/J. J. Peradotto, eds, *Gonimos: Neoplatonic and Byzantine Studies Presented to Leendert G. Westerink at 75*, Buffalo 1988, p. 121–136, see p. 135–136, with reference to Theodore's *Ep. 7* (cf. n. 16 above). Oikonomidès goes on to "hypothesise" quite unnecessarily that the evidence he studies reflects a much earlier practice.
183 Theophanes, ed. de Boor, I, p. 486; tr. Mango, in Mango / Scott, *The Chronicle*, p. 667.
184 This is indicated by the great diversity of 7th-century monetary emissions (the reign of Constantine IV included), pointed out by C. Morrisson, Le trésor byzantin de Nikertai, *Revue belge de Numismatique* 118, 1972, p. 29–91, see p. 37–39.
185 See the recent survey by C. Morrisson, Survivance de l'économie monétaire à Byzance (VIIe–IXe siècle), in ΟΙ ΣΚΟΤΕΙΝΟΙ ΑΙΩΝΕΣ (as in n. 152), p. 377–397.

measure is no panacea, as the empire's pitiful state on the eve of Leo III's accession to the throne amply proves, but it is the first step towards defining the imperial territory in terms of military districts, commonly called στρατηγίαι. To that extent, the late-8th–early-9th-century θέματα originate in the early-8th-century στρατηγίαι, which, in turn, often go back to the Justinianic commands, themselves an emanation of the command structure of the *Notitia Dignitatum*. The θέμα emerges simultaneously as a term, whatever its initial sense, and as an institution carrying specific features. A new recruitment pattern, regionalised and applied to landowners with a strong stake in the land they defend, is the key to reducing the burden on the state finances and to creating a functional army that make possible the "Macedonian Renaissance". Placed in this chronological context, the thematic system is more an outgrowth of the relative stability established by the iconoclast emperors, than of the 7th-century crisis.

As the Byzantine Dark Centuries brighten, the emergence of the θέματα need no longer be viewed as a "zweihudertjährige Reform", a definition proposed twenty years ago by Ralph-Johannes Lilie, and even less so, with Franz Dölger, as an over three-centuries-long process that had started under Heraclius "und sich erst unter des Herakleios Nachfolgern und in den folgenden 3 Jahrhunderten zu einer eigentlichen, das ganze Reich umfassenden Themen-'Verfassung' entwickelte".[186] Such definitions fostered the theleological view of the early Byzantine military and administrative history as geared up towards the realisation of the θέματα. Indeed, the scholars' attempts at filling with content the empty θέματα-shell thrown in by Theophanes from the early 7th century on led to the elaboration of the "thematic myth" that obscured the view of the institution. Yet if we avoid this trap, the thematic system regains its realness, in the period to which it belongs. There is no need to ancipate its emergence by placing it any earlier the second half of the 8th century; with the 7th century bringing its own share of institutional change, whose contents and pace now become more tangible and real.

---

186 R.-J. Lilie, Die zweihundertjährige Reform. Zu den Anfängen der Themenorganisation im 7. und 8. Jahrhundert, BSl 45, 1984, p. 27–39, 190–201; Dölger, Zur Ableitung (cited n. 163), p. 232.

Abstract

Taking departure from a difficult passage in the *Liber Pontificalis*, this study examines two major reforms introduced by Constans II during his stay in Sicily in the middle 660. The first consists of the introduction of a new tax, described as *diagrafa seu capita*. It does not seem to have been noticed that in the post-Byzantine Egyptian papyri, the term *diagraphon* describes the poll tax introduced by the Muslims very soon after the conquest. Thus we learn that the Byzantines rapidly copied a major fiscal innovation of the conquerors, initially with the same name. A further exploration of the application of the poll tax in Byzantium brings us to examine in detail the confrontation between the papacy and the iconoclastic emperors of Constantinople in the 720–740s. The second innovation of Constans II, described as *nauticatio* in the *Liber Pontificalis*, consists, in the interpretation proposed, of introducing a system of corvées related to the navy. As this study attempts to show, the creation of a navy was another major initiative of the Muslims that Byzantium rapidly copied; this is also the occasion to examine the early structures of the Byzantine navy. The study ends with a reexamination of evidence on the Byzantine military administrative system of *themata*, the origins of which, commonly situated in the mid-7th century, are relocated to the period one century later.

Das Universalienproblem bei den griechischen Kirchenvätern und im frühen Mittelalter
Vorläufige Überlegungen zu einer wenig erforschten Traditionslinie im ersten Millennium

JOHANNES ZACHHUBER

Das Universalienproblem, also die Frage nach dem logischen und ontologischen Status von Allgemeinbegriffen, ist ein zentrales philosophisches Problem. Das hat nicht zuletzt die von vielen unerwartete Wiederbelebung seiner Diskussion in den letzten Jahrzehnten deutlich gemacht.[1] Seine Lösung hängt eng zusammen mit der ontologischen Frage nach dem Verhältnis von Einem und Vielem, der geist- und erkenntnistheoretischen Problematik der Bildung von Konzepten, nicht zuletzt auch mit der Frage nach dem Wesen von Sprache und ihrem Verhältnis zur Welt. Bedenkt man diese große Reichweite, ist kaum erstaunlich, dass ebenso enge Berührungen bestehen zu fundamentalen Themen der christlichen Theologie, die die Reflexion über die trinitarische Natur Gottes, über das Verhältnis von Gott und Welt und über die Erlösung der Menschheit durch den einen Gottmenschen zu ganz ähnlichen gedanklichen Problemen geführt hat.

Gut bekannt ist die Bedeutung des Universalienproblems für die mittelalterliche Philosophie. Spätestens seit Victor Cousin ist es oft geradezu als das Problem der „scholastischen" Philosophie angesehen worden.[2] Blickte man weiter in die Historie, dann sah man – wie einige der mittelalterlichen Philosophen selbst – diesen Streit vornehmlich als eine Verlängerung der klassischen Positionen Platons und Aristoteles', die von ihren mehr oder minder fähigen Adepten in der Spätantike für die spätere Rezeption aufbereitet worden waren. In den letzten Jahren ist dieses Bild allerdings in mehrerer Hinsicht ergänzt und korrigiert worden. Dabei ist auf der einen Seite unsere Kenntnis der frühmittelalterlichen Anfänge dieser Diskussion seit der Karolingerzeit und dann vor allem im 11. und frühen 12. Jahrhundert erheblich angewachsen.[3] Gleichzeitig ist immer mehr ins

---

1 Wichtige neuere Beiträge sind gesammelt in: W. Stegmüller (Hg.), Das Universalien-Problem, Darmstadt 1978.
2 A. de Libera, La querelle des universaux. De Platon à la fin du Moyen Age, Paris 1996, 11f.
3 Vgl. bes. die Veröffentlichungen von J. Marenbon, From the Circle of Alcuin to the School of Auxerre. Logic, Theology and Philosophy in the Early Middle Ages, Cambridge 1981; ders., Early Medieval Philosophy (480–1150). An Introduction, London

Bewusstsein gerückt, dass die philosophische Behandlung des Universalienproblems in der Spätantike – weit entfernt von einer bloßen Reformulierung der klassischen Positionen – zu den zentralen, kreativen wie gelehrten Beschäftigungen der auf die Verbindung platonischen und aristotelischen Denkens orientierten, neuplatonischen Schulen gehörte.[4] Das Universalienproblem ist demnach in vieler Hinsicht ein exemplarisches Problem des ersten Millenniums, und die Herausforderungen, die mit der Eruierung dieses historischen Zusammenhanges verbunden sind, dürften nicht untypisch sein für ähnliche Bemühungen in vergleichbaren Bereichen. Schwierigkeiten bereiten die bestehenden und institutionalisierten Disziplingrenzen ebenso wie die oft extrem diffizile und unbefriedigende Quellenlage.

Was den literarischen Zusammenhang zwischen Spätantike und frühem Mittelalter betrifft, so ist die Aufmerksamkeit lange Zeit praktisch ausschließlich in eine bestimmte Richtung gelenkt worden, nämlich auf die lateinisch lesenden Gelehrten des frühen Mittelalters zugänglichen Transformationsleistungen in den Schriften des Anicius Manlius Severinus Boethius, dessen Bedeutung als Übersetzer und Kommentator für die Entwicklung abendländischen Denkens bis zum 13. Jahrhundert tatsächlich kaum überschätzt werden kann.[5] Jedoch ist es auch an diesem Punkt in den letzten Jahren zu Differenzierungen gekommen. So ist die Tradition der antiken Grammatik, vermittelt vor allem durch Priscian, als eine weitere Quelle der Theoriebildung in den Blick gerückt.[6] Auch die Bedeutung der Dialektik, insbesondere ihres mereologischen Teils, für die frühe Exposition der Universalienproblematik ist verstärkt deutlich geworden.[7] Weiterhin hat die intensive Beschäftigung mit den frühen Stadien der philosophischen Diskussion

---

    1983 und zuletzt die Aufsatzsammlung: ders., Aristotelian Logic, Platonism and the Context of Early Medieval Philosophy, Aldershot 2000. Einen Überblick über die Forschung zur Entstehung des Nominalismus gibt das Heft 30/1 (1992) von *Vivarium*.

4 Hier sind insbesondere die Publikationen A. C. Lloyds zu nennen: Neoplatonic Logic and Aristotelian Logic, in: Phronesis 1 (1955/56) 58–72, 146–160; ders., The Anatomy of Neoplatonism, Oxford 1990. Zusammenfassend: R. Sorabji (Hg.), Aristotle Transformed. The ancient commentators and their influence, London 1990. Vgl. jetzt auch: R. Chiaradonna, Sostanza Movimento Analogia. Plotino critico di Aristotele Neapel 2002, bes. 55–146.

5 Zu Boethius vgl.: M. Gibson (Hg.), Boethius. His Life, Thought and Influence, Oxford 1981. Jetzt auch: J. Marenbon, Boethius, Oxford 2003.

6 Vgl. die Pionierforschungen von R. W. Hunt, gesammelt zugänglich als: ders., Collected Papers on the History of Grammar in the Middle Ages, Amsterdam 1980.

7 J. Jolivet, Trois variations médiévales sur l'universel et l'individu: Roscelin, Abélard, Gilbert de la Poirée, in: Revue de métaphysique et de morale 97 (1992), 111–155; Libera (s. Anm. 2), 141–148.

ergeben, dass diese Impulse zunächst durch eine Vielzahl verschiedenartiger Quellen vermittelt wurden, deren intrinsischer philosophischer Wert begrenzt war. Dazu gehörten Schriften wie die pseudo-augustinischen *Categoriae decem*[8] und Martianus Capellas *De nuptiis philologiae et mercurii*,[9] aber auch z.B. ein offenbar handbuchartiges Kompendium aus Johannes Scotus Eriugena.[10] Die Bedeutung dieser Texte trat naturgemäß zurück, sobald sich im 11. Jh. die boethianischen Schriften als Standard durchzusetzen begannen.[11]

An diesem Punkt setzt die Fragestellung der vorliegenden Untersuchung an. Es geht ihr darum, auf die Möglichkeit hinzuweisen, dass für die Entstehung des Universalienproblems in der karolingischen und nachkarolingischen Zeit auch die intensive Diskussion dieses Themas in der griechischen Patristik Beachtung verdient. Die Frage nach einem Einfluss griechischer Kirchenväter auf die frühmittelalterliche Universaliendiskussion ist bislang praktisch noch überhaupt nicht gestellt worden. Auch die Vorarbeiten zu den Voraussetzungen ihrer Klärung sind alles andere als geleistet. Zwar sind prinzipiell sowohl die Relevanz der griechischen Patristik für das entstehende mittelalterliche Denken im Westen[12] wie die Bedeutung theologischer Fragen für das entstehende Universalienproblem[13] bekannt, jedoch sind beide im Einzelnen wenig ausgeleuchtet. Entscheidend jedoch dürfte eine andere Leerstelle der Forschung sein: Ähnlich wie die neuplatonische Philosophie der Spätantike ist auch die griechisch-byzantinische Theologie traditionell ein ausgesprochenes Stiefkind der geistesgeschichtlichen Forschung gewesen. So gab es lange Zeit weder auf theologischer noch auf philosophischer

---

8 J. Marenbon, John Scottus and the 'Categoriae Decem', in: W. Beierwaltes (Hg.), Eriugena. Studien zu seinen Quellen, Heidelberg 1980 (= J. Marenbon, Aristotelian Logic, [s. Anm. 3], Nr. V).

9 G. Schrimpf, Das Werk des Johannes Scottus Eriugena im Rahmen des Wissenschaftsverständnisses seiner Zeit. Eine Hinführung zu Periphyseon, Beiträge zur Geschichte der Philosophie und Theologie des Mittelalters, N.F. 23, Münster 1982, 35–71.

10 G. d'Onofrio, Die Überlieferung der dialektischen Lehre Eriugenas in den hochmittelalterlichen Schulen (9.–11. Jh.), in: W. Beierwaltes (Hg.), Eriugena Redivivus. Zur Wirkungsgeschichte seines Denkens im Mittelalter und im Übergang zur Neuzeit, Heidelberg 1987, 47–76, hier: 49 mit Verweis auf: Hugo von St. Viktor, Didascalion III 2 (PL 176, 765 C).

11 Zur Boethiusrezeption im Mittelalter vgl.: O. Lewry, Boethian Logic in the Medieval West, in: Gibson (s. Anm. 5), 90–134.

12 Vgl. jetzt: G. Gasper, Anselm of Canterbury and his Theological Inheritance, London 2004.

13 Vgl. z.B. I.M.Resnick, Odo of Tournai, the Phoenix and the Problem of Universals, in: Journal of the History of Philosophy 35 (1997), 355–374; J. Marenbon (s. Anm. 8), 133f.

Seite ein nennenswertes Interesse, dem Beitrag der griechischen Kirchenväter zur Diskussion des Universalienproblems im Einzelnen nachzugehen.[14]

Angesichts dessen können an dieser Stelle nur erste Überlegungen vorgelegt werden, die an entscheidender Stelle Fragen eher aufwerfen als sie bereits endgültig zu beantworten. Grundsätzlich müssten drei Sachverhalte geklärt werden: Es muss erstens gezeigt werden, dass und wie in der Patristik die Universalienfrage zum Thema wird. Zweitens ist zu erweisen, dass diese Diskussionen überhaupt an das frühe Mittelalter vermittelt wurden. Und schließlich, drittens, ist die Verbindung dieser Überlieferungen zur mittelalterlichen Universaliendiskussion herzustellen. Im Sinne dieser dreifachen Fragestellung werden im Folgenden zunächst (1) Grundmotive der theologischen Rezeption der Universalienproblematik erhoben und diese vergleichend auf die Universaliendiskussion der philosophischen Tradition bezogen. Dies wird durch einen genaueren Blick auf vielleicht den ersten Theologen getan, der überhaupt eine bestimmte Universalientheorie in seiner Theologie zur Anwendung brachte, Apollinarius von Laodicea. Charakteristisch verschieden, dabei ungemein einflussreicher ist der theologische Gebrauch, den Apollinarius' jüngerer Zeitgenosse Gregor von Nyssa vom Universalen machte. Ihm wird die Untersuchung sich in einem weiteren Schritt zuwenden (2). Zwei Abschnitte behandeln exemplarisch, mit Blick auf Maximus Confessor und Johannes Scotus Eriugena, das Weiterwirken des patristischen Impulses im byzantinischen und karolingischen Denken (3; 4). Ein Schlussabschnitt (5) schließlich stellt Überlegungen zur Verbindung dieser Tradition mit dem frühmittelalterlichen Universalienstreit an.

1. Entstehung und Entfaltung einer theologischen Behandlung des Universalienproblems

Betrachtet man die Behandlung des Universalienproblems bei den östlichen Kirchenvätern, so ergibt sich zunächst einmal ein methodisches Problem. Diese Theologen, zumeist Bischöfe oder Mönche, hatten in der Regel kein Interesse, das Universalienproblem als solches zu diskutieren oder zu lösen. Es ist für sie von vornherein eine Theorie, die für theologische Anliegen gebraucht werden soll und deren Wert sich daran misst, wieweit dies gelingt. Inwiefern ist ein sol-

---

14 Vgl. zu diesem Thema jetzt: R. Cross, Perichoresis, Deification, and Christological Predication in John of Damascus, in: Medieval Studies 62 (2000), 69–124; ders., Individual Natures in the Christology of Leontius of Byzantium, in: JECS 10 (2002), 246–265; ders., Gregory of Nyssa on Universals, in: VChr 56 (2002) 372–410; dazu: J. Zachhuber: Once again: Universals in Gregory of Nyssa, erscheint in: JThS 56 (2005), 75–98; ders., Human Nature in Gregory of Nyssa, Leiden 2000.

cher Umgang mit einem philosophischen Problem überhaupt kompatibel mit dessen genuin philosophischen Erörterungen? Wie lässt sich – anders gesagt – aus einer solchen Untersuchung für die philosophiegeschichtlich interessante Frage nach der Geschichte des Universalienproblems irgendetwas entnehmen?

Ich werde, ohne dass ich diese methodische Vorentscheidung hier ausführlich begründen kann, im Folgenden davon ausgehen, dass die Behandlung des Universalienproblems im theologischen Kontext sich verstehen lässt als eine philosophische Diskussion mit nichtphilosophischen Prämissen. Nach diesem Verständnis bilden die theologischen Vorentscheidungen gewissermaßen den Rahmen, innerhalb dessen die philosophischen Probleme überhaupt erst zum Thema werden. Sie bestimmen so das Erkenntnisinteresse der philosophischen Arbeit immer mit. Dagegen entscheiden sie nicht (jedenfalls nicht normativ) über die methodische Vorgehensweise. Sie legitimieren also nicht eine willkürliche Argumentation. Innerhalb des so abgesteckten Rahmens ist es dann durchaus sinnvoll, die Kohärenz und die Konsistenz der vorgebrachten Argumente zu prüfen, was ja von den zeitgenössischen Diskutanten auch getan wurde. Ein Vorteil dieser Vorentscheidung besteht darin, dass so in historischer Perspektive der Graben zwischen den Disziplinen auch deshalb überbrückt wird, weil ja die Annahme nichtphilosophischer Prämissen auch für die im engeren Sinne philosophischen Diskurse jener Zeit in aller Regel selbstverständlich war. Ein solches Vorgehen lässt also in bestimmten Grenzen zugleich verstehen, warum ein solcher Graben damals deutlich geringer empfunden werden musste als zu einer Zeit, in der das Postulat der Voraussetzungslosigkeit zu dem Signum überhaupt der Philosophie geworden ist.

Welcher Art ist nun genauerhin das Interesse, das bei den theologischen Autoren an diesem Thema bestand? In seinem Ansatz ist es zunächst von dem der gleichzeitigen Diskussion in den philosophischen Schulen charakteristisch verschieden. Ausgangspunkt dort war – ausgesprochen oder unausgesprochen – immer die aristotelische Bestimmung des Universalen als einer Sache (πρᾶγμα), die von vielen ausgesagt werden kann.[15] Auf diese Weise steht das Problem der Prädikation im Vordergrund; das Universalienproblem ist so primär ein logisches. Diese logische und semantische Seite des Problems besteht wohl für die Theologen ebenfalls (insbesondere im Zusammenhang der Trinitätslehre), im Vordergrund steht jedoch ein ontologisches Problem: Wie kann etwas sowohl eines als auch vieles sein? In den meisten Fällen wird daher das Universalienproblem bei den Kirchenvätern als eine Diskussion über eine allgemeine Natur

---

15 Vgl. Aristoteles, *de int.* 7 (17ª 39f.): λέγω δὲ καθόλου μὲν ὃ ἐπὶ πλειόνων πέφυκε κατηγορεῖσθαι.

(κοινὴ φύσις, *natura communis*) exponiert.¹⁶ Dieselbe Beobachtung macht man bei theologisch motivierten Diskussionen derselben Frage im frühen Mittelalter – so bei Odo von Tournai, der auf diesem Weg die Lehre von der Erbsünde plausibilisieren will.¹⁷

Fragt man jedoch weiter, welchen Anforderungen die Konzeption einer solchen Natur genügen muss, dann wird schnell deutlich, dass sich darin die beiden Diskussionen dann doch wieder auf bemerkenswerte Weise treffen. Wenn man zunächst beim Fall des trinitarischen Dogmas bleibt, dann ist klar, dass die von der Kirchenlehre geforderte „eine Substanz" (μία οὐσία) weder ein im Geist entstehendes Abstraktum sein kann (das versteht sich wohl von selbst!), noch aber auch eine, die drei göttlichen Personen transzendierende Entität, etwa nach Art einer platonischen Idee. Dass bestimmte trinitätstheologische Optionen in diesem Sinn die Annahme einer ‚vorausliegenden Substanz' (*substantia prior*) notwendig machen würden, ist ein Argument, das als reductio ad absurdum in der polemischen Literatur vor allem des 3. und 4. Jahrhunderts immer wiederkehrt.¹⁸ Dagegen besagt die orthodoxe Lehre, dass es drei und nicht vier Entitäten in der Trinität gibt – und dass diese drei außerdem der eine Gott sind. Wenn also eine Lösung gefunden werden sollte, dann durfte diese nur so aussehen, dass die eine Substanz oder eben die gemeinsame Natur (beide Begriffe werden oft austauschbar gebraucht) *in* den drei Personen da ist, genauer: dass die drei Personen die eine Substanz sind. Es geht also ausschließlich um das später so genannte Problem des Universalen „in re".

Aus anders gearteten Gründen ist ebendies jedoch auch das zentrale Problem der spätantiken und frühmittelalterlichen Universaliendiskussion.¹⁹ Dort führte die Bestimmung des Universalen als etwas, das ausgesagt wird, dazu, dass die ontologisch in der Regel zugestandene Existenz von Arten und Gattungen jenseits der Individuen für die Universalienthematik streng genommen irrelevant waren. Denn wie immer man zu „Platonischen" Gattungen stehen mag, sie können jedenfalls nicht die Referenten der Allgemeinbegriffe sein. Jene nämlich enthalten die *differentiae* der Arten, die sie hervorbringen, schon in sich, diese dagegen nicht. Wäre es anders, müssten widersprüchliche Aussagen wahr sein:

---

16 Eine solche Exposition ist natürlich auch im philosophischen Bereich möglich: der Ausgangstext des Universalienstreits, die Anfangszeilen der *Eisagoge* des Porphyrius, spricht überhaupt nicht von Universalien, sondern von „Gattungen und Arten".
17 Odo von Tournai, *De peccato originali* II (PL 160, 1079A-1080B).
18 Vgl. etwa: Athanasius, c. Arianos I 14 (PG 26, 40 C); de syn. 51 (274,35–275,26 Opitz); Hilarius, de syn. 68 (PL 10, 534A–C); insgesamt: R. Williams, The Logic of Arianism, in: JThS N.F. 34 (1983), 56–81, hier: 66; P. Widdicombe, The Fatherhood of God from Origen to Athanasius, Oxford ²2000, 172–175.
19 Vgl. Libera (s. Anm. 2), 83–92.

„Lebewesen ist zweifüßig" ebenso wie „Lebewesen ist vierfüßig". Angesichts dessen ist für die Entscheidung zwischen einer realistischen und einer nicht-realistischen Position wiederum das Universale „in re" entscheidend. Die neuplatonischen Logiker der Spätantike waren in diesem Sinn in der Regel keine Realisten; für sie war das eigentliche Universale, das von vielen ausgesagt wird, der abstrakte Allgemeinbegriff, das Universale „post rem".[20] Das Universale „in den Vielen" (ἐν τοῖς πολλοῖς) sei eben nicht (nur) ein ihnen gemeinsames, sondern enthalte neben dem Allgemeinen (τὸ κοινόν) auch das jeweils Differente (τὸ διάφορον).[21] Eines der wenigen überlieferten abweichenden Voten – das des Syrianus – argumentiert folgerichtig für eine realistische Position, indem er hier widerspricht und auf der Grundlage der aristotelischen Kategorienschrift, einem in diesem Sinn offensichtlich realistischen Text,[22] für die ontologische Realität des immanenten Universale plädiert.[23]

Wie aber lässt sich ein ontologischer Realismus unter diesen Bedingungen rechtfertigen, wie beschaffen kann die „gemeinsame Natur" sein? Eine erste Lösungsmöglichkeit, die sich insbesondere für christliche Theologen nahe legte, lässt sich am besten als „derivatives" Modell kennzeichnen. Sie geht davon aus, dass die einzelnen Glieder einer Art nicht in Bezug auf ein gemeinsames Artmerkmal koordiniert sind, sondern vielmehr eine Reihe bilden, deren erstes Glied gleichzeitig Prinzip der Einheit ist. Die Frage nach der Einheit in der Vielheit erfährt so ihre Lösung durch Verweis auf den einen Ursprung (ἀρχή), in dem alle Folgenden enthalten sind. Diese Theorie kommt in ihrer theologischen Form am besten zum Ausdruck in einem Brief des später verurteilten Apollinarius von Laodicea an Basilius von Cäsarea. Dieser Brief ist gegen 362 verfasst:[24]

---

20 Der klassische Text ist: Simplicius, *In Aristotelis categorias commentaria* 5 (83,14–16 Kalbfleisch).
21 Vgl. Simplicius, *op. cit.* (83, 12–14 K.).
22 Für diese Interpretation: M. Frede, Individuen bei Aristoteles, in: Antike und Abendland 24 (1978) 16–39, hier: 23f.; A. Graeser, Aspekte der Ontologie in der Kategorienschrift, in: P. Moreaux/J. Wiesner (Hgg.), Zweifelhaftes im Corpus Aristotelicum, Berlin/New York 1983, 30–56, hier: 43–46.
23 Syrianus, ap. Asclepius, *In Aristotelis Metaphysicorum libros A-Z commentaria* Z (433,9–436,6 Hayduck; hier bes. 433,24–27): κατ' ἀλήθειαν γὰρ ἡ καθόλου οὐσία πάντων ἐστίν· ἓν ἐν ἅπασι γὰρ θεωρεῖται, ἅτε δὴ μὴ περιγραφομένη ἔν τινι μερικῇ οὐσίᾳ, ἀλλὰ τὴν κοινότητα πασῶν περιέχουσα· καὶ ἔστι μία οὐ τῷ ἀριθμῷ ἀλλὰ τῷ γένει. Vgl. R. L. Cardullo, Syrianus défenseur de Platon contre Aristote selon le témoignage d'Asclépius, in: M. Dixsaut (Hg.), Contre Platon, Bd. 1, Le platonisme dévoilé, Paris 1993, 197–214; Libera (s. Anm. 2), 83–92.
24 Für die Datierung vgl.: W.-D. Hauschild, Basilius von Cäsarea. Briefe. Dritter Teil, Stuttgart 1993 (BGL 37), 253 (Anm. 691).

> Ein einziges Wesen (Ousia) wird nicht nur numerisch bezeichnet, wie Du sagst, und auf eine einzige Bestimmung bezogen, sondern spezifisch (ἰδίως) auch bei zwei Menschen oder irgendetwas anderem, das der Art nach vereint ist, so dass auf diese Weise ja auch zwei oder mehr identisch hinsichtlich des Wesens sind, wie zum Beispiel wir Menschen alle Adam sind und damit eins sind und wie Davids Sohn David ist, weil er identisch mit jenem ist, und wie Du vom Sohn zutreffend sagst, dass er hinsichtlich des Wesens das sei, was der Vater ist. Denn anders wäre der Sohn ja auch nicht Gott, weil ein einziger allein als Gott der Vater gekannt wird, wie ja auch ein einziger Adam der Stammvater der Menschen und ein einziger David der Stammvater des Königsgeschlechts ist. Auf diese Weise wird auch die Annahme vermieden, dass es sich bei Vater und Sohn um eine einzige transzendente Art oder um eine zugrunde liegende Materie handle, wenn wir die Stammvater-Eigenart des höchsten Ursprungs und die vom Stammvater abstammenden Geschlechter auf den Sachverhalt beziehen, dass der Eingeborene aus einem einzigen Ursprung stammt.[25]

Zunächst ist hinzuweisen auf den theologischen Rahmen, die trinitarische Diskussion, die hier das Interesse des Bezugs auf das Universale bezeichnet. Die „eine Substanz", die von dem (zu der Zeit noch umstrittenen) Konzil von Nizäa gefordert wird, darf weder eine (stoische) *Ousia* (= Materie)[26] sein, noch ein platonisches Genus, das die einzelnen Instantiierungen transzendiert, noch das Ergebnis einer materiell gedachten Teilung.[27] Diese – theoretisch denkbaren – Lösungen sind also aus innertheologischen Gründen ausgeschlossen. Als Alternative wird das Beispiel der Menschen zitiert, die ihre Einheit dadurch haben, dass sie alle von einem Menschen abstammen (Apollinarius versteht die Genesis also wörtlich und lehnt die von anderswo bekannte Interpretation, nach der Gott zunächst eine „Idee" des Menschen schafft, ab[28]). Adam ist demnach nicht einfach ein Mensch, er ist vielmehr *der* Mensch. Indem Gott ihn schafft, schafft er

---

25 [Basilius], *ep.* 362,4–23 (vol. III, 222f. Courtonne): Οὐσία μία οὐκ ἀριθμῷ μόνον λέγεται, ὥσπερ λέγεις, καὶ τὸ ἐν μιᾷ περιγραφῇ, ἀλλὰ καὶ ἰδίως ἀνθρώπων δύο καὶ ἄλλου ὁτουοῦν τῶν κατὰ γένος ἑνιζομένων, ὥστε ταύτῃ γε καὶ δύο καὶ πλείονα ταὐτὸν εἶναι κατὰ τὴν οὐσίαν, καθὸ καὶ πάντες ἄνθρωποι Ἀδάμ ἐσμεν εἷς ὄντες καὶ Δαβὶδ ὁ τοῦ Δαβὶδ υἱὸς ὡς ταὐτὸν ὢν ἐκείνῳ, καθὰ καὶ τὸν Υἱὸν λέγεις καλῶς τοῦτο εἶναι κατὰ τὴν οὐσίαν ὅπερ ὁ Πατήρ. οὐδὲ γὰρ ἑτέρως ἂν ἦν Θεὸς ὁ Υἱός, ἑνὸς ὁμολογουμένου καὶ μόνου Θεοῦ τοῦ Πατρός, ὥς που καὶ εἷς Ἀδὰμ ὁ ἀνθρώπων γενάρχης καὶ εἷς Δαβὶδ ὁ τοῦ βασιλείου γένους ἀρχηγέτης. ταύτῃ γέ τοι καὶ ἓν εἶναι γένος ὑπερκείμενον ἢ μίαν ὕλην ὑποκειμένην ἐπὶ Πατρὸς καὶ Υἱοῦ περιαιρεθήσεται τῶν ὑπονοιῶν, ὅταν τὴν γεναρχικὴν παραλάβωμεν ἰδιότητα τῆς ἀνωτάτω ἀρχῆς καὶ τὰ ἐκ τῶν γεναρχῶν γένη πρὸς τὸ ἐκ τῆς μιᾶς ἀρχῆς μονογενὲς γέννημα. Übersetzung: W.-D. Hauschild (s. Anm. 24), 177.
26 Für die stoische Vorstellung vgl. z.B. SVF I 87 (Zenon).
27 Beide Bedingungen waren in einem vorangehenden Brief des Basilius schon genannt worden, s. unten Anm. 42.
28 Eine solche Idee wird von Philo vertreten: *De opificio mundi* 134.

gleichzeitig den Menschen (vgl. Gen. 1,27: καὶ ἐποίησες ὁ θεὸς τὸν ἄνθρωπον). Analoges gilt auch von der Trinität: Der Vater ist gleichzeitig „der Gott" (ὁ θεός), der als Quelle und Ursprung der Trinität auch Prinzip ihrer Einheit ist.

Apollinarius greift hier auf einen theologischen Gedanken zurück, der bereits im dritten Jahrhundert von Origenes formuliert worden war.[29] In Auslegung von Joh. 1, 1 hatte dieser argumentiert, der Logos werde dort mit Bedacht „Gott" (θεός) und nicht „der Gott" (ὁ θεός) genannt, denn letzteres sei eben der Vater. Die theologische Genialität dieser These (die freilich gleichzeitig ihr Verhängnis werden sollte) liegt darin, dass so auf anscheinend plausible Weise die Göttlichkeit von Vater und Sohn begründet und dabei zugleich mit dem biblischen Monotheismus versöhnt werden konnte; die – für spätere Zeiten anstößige – Zusatzannahme einer ontologischen Abstufung, die sich so ergab, musste angesichts von Bibelstellen wie Joh. 14, 28 (ὁ πατὴρ μείζων μού ἐστιν) als zusätzlicher Vorteil erscheinen.[30]

Ob und wieweit dieses Argument bei Origenes schon auf das Problem einer universalen Natur hinweist, lässt sich schwer feststellen. Bei Apollinarius scheint dies, angesichts der Illustration durch das Beispiel des menschlichen Geschlechts, wenig zweifelhaft. Dies umso weniger, als das von ihm bemühte Modell für die zeitgleiche neuplatonische Philosophie aus anders gearteten Gründen von fundamentaler Bedeutung war. Dort ist es bekannt unter der Bezeichnung der Genera *ab uno* oder *ad unum* (ἀφ' ἑνός bzw. πρὸς ἕν). Solche werden schon von Aristoteles beschrieben (nach einer einflussreichen Lesart sind sie für seine reife Lehre geradezu konstitutiv[31]) als Gattungen, deren Gemeinsamkeit nicht durch ein allen Arten gemeinsames Merkmal, sondern durch eine gemeinsame Abstammung von bzw. Zuordnung auf eine der Arten konstituiert ist.[32] Der klassische Fall ist der der Reihe der natürlichen Zahlen, deren gemeinsames Merkmal, die Eins (μονάς), gleichzeitig das erste Glied der Reihe ist. Hier handelt es sich nicht um ‚richtige' Genera, weil keine univoke Prädikation möglich ist. Auch setzt Aristoteles voraus, dass in einem solchen Fall ein Verhältnis von ontologischer

---

29 Origenes, *In Ioannem* II 2 (54,12–55,8 Preuschen).
30 Bis zur Mitte des vierten Jahrhunderts war die These des Origenes bei der Mehrheit der Griechisch sprechenden Theologen anerkannt. Vgl.: Eusebius von Caesarea, *Ep. ad Euphrationem* 3 (Athanasius, Werke 3/1, 5,10 Opitz). Zum philosophischen Hintergrund vgl. Numenius, fr. 16; 21 des Places.
31 G.E.L. Owens, Logic and Metaphysics in Some Early Works of Aristotle, in: Ders./ I. Düring (Hgg.), Plato and Aristotle in the Mid-fourth Century. Papers of the Symposium Aristotelicum held at Oxford in August, 1957, Göteborg 1960, 163–190 (= ders., Logic, Science, and Dialectic, hg. M. Nussbaum, Ithaca 1986, 180–199).
32 Z.B. Aristoteles, *de an.* II 3 (414^{b}20–415^{a}13).

Hierarchie herrscht, was wiederum in ‚richtigen' Genera ausgeschlossen sein soll.[33]

Es ist insbesondere das Verdienst Anthony C. Lloyds gezeigt zu haben, dass die logisch-ontologische Annahme solcher – wie er sagt – Quasigenera von fundamentaler Bedeutung für die theoretische Architektur des Neuplatonismus wird.[34] Genera werden so begriffen als Reihen (σειραί, „Ketten"), deren jeweils erstes Glied das Genus selbst ist.[35] Dessen charakteristisches Merkmal wiederholt sich in den von ihm abhängigen weiteren Gliedern der Reihe. Auf diese Weise lässt sich die ‚platonische' Annahme eines ontologisch vorrangigen Genus vertreten, ohne in die bekannten Aporien der „Ideenlehre" zu verfallen.[36] Die Allgemeinheit des Genus besteht nicht darin, dass an ihm als an einer transzendenten Größe partizipiert wird, sondern es verursacht „seine" Arten und ist so in ihnen präsent.

Die Parallele zu der Argumentation des Apollinarius ist gelegentlich mit Händen zu greifen. In seiner Auseinandersetzung mit der aristotelischen Kategorienlehre verwirft Plotin die (seines Erachtens von Aristoteles vorausgesetzte) Annahme, *ousia* sei ein Genus, wegen der unterschiedlichen ontologischen Wertigkeit von sensibler und intelligibler Substanz.[37] Als Alternative schlägt er vor, *ousia* als Quasigenus zu betrachten:

> So als wenn man die Sippe (τὸ γένος) der Herakliden als einheitlich (ἕν τι) auffasste, nicht als ein für alle Individuen geltendes Gemeinsames (κοινὸν κατὰ πάντων), sondern im Sinne der Herkunft von einem (ἀφ' ἑνός). Denn jene Seinsheit ist primär, und die anderen sind es sekundär und in geringerem Maße (δευτέρως δὲ καὶ ἧττον).[38]

So wie bei Apollinarius die Menschen alle ihre Gemeinschaft durch ihre Herkunft von Adam haben (wobei er auch das Beispiel einer Familie, der Davididen, bemüht!), sind hier die Herakliden das Analogon; auch deren Gemeinschaft besteht in ihrer gemeinsamen Abstammung von einem.

Es zeigt sich also bei Apollinarius zum ersten Mal (soweit uns die Spärlichkeit der Quellen diesen Schluss erlaubt), dass philosophische Antworten auf die Frage nach der ontologischen Einheit der Gattungen und Arten unmittelbar für

---

33 Vgl. Arist., *Met.* B (999ᵃ 6–10) und *NE* I 4 (1096ᵃ 17–19) für die Haltung der Akademiker zum selben Prinzip.
34 Lloyd, Anatomy (s. Anm. 4), 34 ff.
35 Klassisch: Proclus, *Elementatio Theologica* 21 (24,4–7 Dodds).
36 S. K. Strange, Plotinus, Porphyry, and the Neoplatonic Interpretation of the *Categories*, in: ANRW II, 36.2, 955–974, hier: 972–974.
37 Plotin, *Enn.* VI 1,2. Vgl. Chiaradonna (s. Anm. 4), 55–79.
38 *Enn.* VI 1,3,3–5. Das Beispiel der Herakliden dann auch bei seinem Schüler Porphyrius, Eisagoge (1,18–22 Busse).

die Lösung theologischer Probleme fruchtbar gemacht wurden. Dabei reichte das Potenzial der derivativen Theorie weit über die Anwendung in der Trinitätslehre hinaus. In dem weitgehend nur in Fragmenten erhaltenen Werk des Apollinarius gibt es Anhaltspunkte dafür, dass er davon umfassend Gebrauch gemacht hat.[39]

Für beide Seiten, die philosophische wie die christlich-theologische, gab es jedoch mit dieser Theorie jeweils ein schwerwiegendes Problem, das dazu führte, dass sie sich weder als eine philosophische Universalientheorie noch auch in der christlichen Theologie behaupten konnte. Dies Problem ist unmittelbar durch die besonderen Eigenschaften der Quasigenera bedingt. Aristotelische Grundentscheidungen vorausgesetzt gibt es in solchen Genera zum einen keine univoke Prädikation, zum anderen sind ihre Arten und Individuen ontologisch nicht gleichgeordnet. Ersteres verhindert effektiv ihren Gebrauch in der (primär logischen) Universalientheorie, Letzteres führte im 4. Jahrhundert zur Ablehnung dieser Theorie in der Theologie.

Es ist selbstverständlich, dass univoke Prädizierbarkeit für einen Universalbegriff unverzichtbar ist. Lloyd hat dargestellt, welche Annahmen die neuplatonischen Logiker machten, um die ontologisch ihres Erachtens erforderliche Annahme der Quasigenera mit ihren anders gearteten logischen Erfordernissen zu versöhnen.[40] In der Theologie war das Problem anders gelagert: hier wurde an einem bestimmten Punkt der dogmengeschichtlichen Entwicklung die ontologische Hierarchisierung, die implizit in den Quasigenera mitgesetzt ist, anstößig, da man eine solche Hierarchisierung in der Trinität nicht mehr akzeptabel fand.[41]

Es spricht für die Selbstverständlichkeit, mit der in der theologischen Diskussion der zweiten Hälfte des 4. Jahrhunderts ein bestimmter philosophischer Hintergrund vorausgesetzt wurde, wie die Verbindung von univoker Prädikation und ontologischer Koordination im Sinne der aristotelischen Logik dort implizit gegen die derivative Theorie gewendet wird. Wir sind in der glücklichen Lage, jedenfalls einen Punkt, an dem dies geschah, fixieren zu können. Der Empfänger des zitierten Apollinariusbriefes war der spätere Bischof Basilius von Cäsarea. Vorausgegangen war ein Brief, in dem Basilius Apollinarius um eine entsprechende philosophisch-theologische Klärung gebeten hatte. Aus dieser Anfrage – sie betrifft das berühmte „Homousios", das Kernwort des trinitarischen Streits des 4. Jahrhunderts – wird deutlich, dass Basilius den Enthusiasmus seines Korrespondenzpartners hinsichtlich der derivativen Theorie ganz und gar nicht teilt:

---

39 Zachhuber, Human Nature (s. Anm. 14), 130–142.
40 Lloyd, Anatomy (s. Anm. 4), 78–85.
41 Vgl. Zachhuber, Basil and the Three-Hypostases Tradition. Reconsidering the origins of Cappadocian theology, in: Zeitschrift für antikes Christentum 5 (2001), 65–85.

> Welche Bedeutung hat es (sc. das „Homousios") und wie kann es zutreffend von Sachverhalten gesagt werden, bei denen weder eine allgemeine, transzendente Art, noch ein vorher existierendes, materielles Substrat, keine Teilung des Früheren in ein Zweites gedacht wird? [...] Wir haben jedenfalls folgende Auffassung: Was auch immer man annimmt, das die Ousia des Vaters dem Sein nach ist, als das muss notwendigerweise genau auch diejenige des Sohnes angenommen werden. Wenn deshalb jemand die Ousia des Vaters als intelligibles, ewiges, ungezeugtes Licht bezeichnet, wird er auch das Wesen des Eingebornen als intelligibles, ewiges, gezeugtes Licht bezeichnen.[42]

Die Pointe dieser Position ist mit wenigen, markanten Stichworten bezeichnet. Danach kommt bei der Beschreibung des Verhältnisses von Vater und Sohn in der Trinität alles darauf an, dass dieselben Prädikate von beiden univok ausgesagt werden.[43] Die Göttlichkeit des Sohnes wird hier nicht – wie trotz aller Unterschiede bei praktisch allen früheren Autoren – durch seine Herkunft vom Vater begründet, sondern durch die Tatsache, dass Vater und Sohn dieselben Prädikate zukommen, und zwar im selben Sinn: Wenn wir beide „Licht" oder eben auch „Gott" nennen, dann meinen wir in beiden Fällen dasselbe.

Damit verbunden jedoch geht es zentral um etwas anderes, nämlich um die mit der univoken Prädikation verbundene Annahme ontologischer Gleichordnung. Basilius schreibt:

> Denn Licht ist mit Licht, welches ihm gegenüber keinen Unterschied hinsichtlich mehr oder weniger hat, zwar nicht identisch, weil beides in je besonderer Bestimmtheit des Wesens existiert, aber es wird als genau und unwandelbar gleich hinsichtlich des Wesens richtig bezeichnet.[44]

Basilius lehnt sich an die Aussage der Kategorienschrift an, dass es in der Kategorie der Substanz kein „Mehr oder Weniger" gebe (3ᵇ 33f.) und bezieht sich damit

---

42   Basilius, *ep.* 361,15-22.24–29 (vol. III, 221 Courtonne): ... τίνα τὴν διάνοιαν ἔχει καὶ πῶς ἂν ὑγίως λέγοιτο ἐφ' ὧν οὔτε γένος κοινὸν ὑπερκείμενον θεωρεῖται οὔτε ὑλικὸν ὑποκείμενον προϋπάρχον, οὐκ ἀπομερισμὸς τοῦ προτέρου εἰς τὸ δεύτερον. Ἡμεῖς μὲν γὰρ ὑπειλήφαμεν· ὅπερ ἂν εἶναι καθ' ὑπόθεσιν ἡ τοῦ Πατρὸς οὐσία ληφθῇ, τοῦτο εἶναι πάντως ἀναγκαῖον καὶ τὴν τοῦ Υἱοῦ λαμβάνεσθαι. ὥστε εἰ φῶς νοητόν, ἀΐδιον, ἀγέννητον τὴν τοῦ Πατρὸς οὐσίαν τις λέγοι, φῶς νοητόν, ἀΐδιον, γεννητὸν καὶ τὴν τοῦ Μονογενοῦς οὐσίαν ἐρεῖ. Übersetzung: Hauschild (s. Anm. 24), 176f.

43   Vgl. die Definition der „Synonyma" am Beginn der Schrift: Aristoteles, *cat.* 1 (1ᵃ6f.): συνώνυμα δὲ λέγεται ὧν τό τε ὄνομα κοινὸν καὶ ὁ κατὰ τοὔνομα λόγος τῆς οὐσίας ὁ αὐτός.

44   Basilius, *ep.* 361,31–35 (vol. III, 221 Courtonne): Φῶς γὰρ φωτὶ μηδεμίαν ἐν τῷ μᾶλλον καὶ ἧττον τὴν διαφορὰν ἔχον ταὐτὸν μὲν οὐκ εἶναι, διότι ἐν ἰδίᾳ περιγραφῇ τῆς οὐσίας ἐστὶν ἑκάτερον, ὅμοιον δὲ κατ' οὐσίαν ἀκριβῶς καὶ ἀπαραλλάκτως ὀρθῶς ἂν οἶμαι λέγεσθαι. Übersetzung: Hauschild, (s. Anm. 24), 176f. (mit Veränderungen).

auf die seit der Akademie philosophisch anerkannte Prämisse, die univoke Prädikation und ontologische Gleichordnung miteinander verbindet, indem sie beides zum Merkmal eines „echten" Genus macht. Basilius optiert also hier für ein Verständnis der Trinität als eines solchen „echten", aristotelischen Genus und damit implizit gegen das derivative, neuplatonische Genus, dessen trinitarische Anwendung Apollinarius ihm dann versuchen wird schmackhaft zu machen. Theologischer Hintergrund ist die Zurückweisung der leichten Subordination, die in der Konstruktion des Quasigenus logisch enthalten ist und die in der letzten Phase des trinitarischen Streits als nicht mehr hinnehmbar betrachtet wird.[45]

Vater und Sohn sind also *qua* Substanz gleich, ihnen kommen die göttlichen Attribute in univokem Sinn zu. Wie sind sie aber *einer? Das* ist die Frage, auf die Basilius sich von Apollinarius wohl eine Antwort erhofft hatte. Die gegebene Antwort dürfte ihn kaum befriedigt haben, da er deren Prämisse nicht teilte. Eine eigene Antwort auf der Grundlage der von Basilius in seinem frühen Brief an Apollinarius (geschrieben etwa 362) und dann immer wieder betonten Grundlage der ontologischen Gleichordnung der trinitarischen Personen im einen, gemeinsamen Wesen wurde von seinem jüngeren Bruder, Gregor von Nyssa, ausgearbeitet. Sie stellt sich über weite Strecken als ein Alternativmodell zu der weit ausgreifenden theologischen Applikation des derivativen Modells durch Apollinarius dar, deren Kenntnis wir bei Gregor, auch wenn es dafür keinen direkten Beweis gibt, wohl voraussetzen müssen.

2. Entfaltung einer theologischen Universalienlehre: Gregor von Nyssa

Die Tatsache, dass die Entwicklung der Trinitätstheologie im letzten Drittel des vierten Jahrhunderts dazu führte, dass das Modell einer Einheit *ab uno* für die Trinität fallen gelassen wurde, mag aus philosophischer Sicht bedeutungslos sein. Sie hatte jedoch für die Entwicklung des Universalienproblems insofern eine Bedeutung, als sich aus theologischen Gründen hier nun eine Problemkonstellation ergab, die derjenigen im philosophischen Kontext ganz ähnlich war. Die Entwicklung der kirchlichen Orthodoxie brachte es mit sich, dass das Problem des ontologischen Realismus zu einer für die Theologie schlechthin grundlegenden Angelegenheit wurde. Gregor von Nyssa ist der Erste, der sich diesem Thema gestellt hat. Seinem Antwortversuch kommt daher exemplarische Bedeutung zu.

---

45 Vgl. Zachhuber (s. Anm. 41), 78–82.

Wie offenbar vor ihm Apollinarius hat Gregor versucht, die Theorie von der Einheit der Spezies weiten Bereichen seiner Theologie als Strukturmoment einzuschreiben. Grundlegend ist hier wie dort die Trinitätslehre, auf die an dieser Stelle vor allem eingegangen werden soll. Im Hintergrund steht der Vorwurf des Tritheismus, also der Behauptung, die von Gregor vertretene Trinitätslehre brächte es mit sich, dass die Einheit Gottes nicht mehr nachvollziehbar wäre. Eine Angriffsfläche boten Gregor und seine Mitstreiter, die so genannten großen Kappadozier, durch ihre Kombination der Annahme einer Subsistenz der göttlichen Personen (Hypostasenlehre) und deren ontologischer Gleichordnung. Letztere steht für Gregor axiomatisch fest; die schon bei Basilius beobachtete doppelte Anspielung an die Kategorienschrift (zum einen an die Definition von *synonyma*, zum anderen an den Ausschluss des „Mehr oder Weniger" in einer Substanz) findet sich in seinen Äußerungen zur Trinitätstheologie immer und immer wieder.[46] Mit der polemisch gemeinten Gegenthese, dann seien die drei Hypostasen drei gleichberechtigte Götter, wiederholen die Gegner der Kappadozier nur eine lange Zeit gängige Auffassung. In zwei kleinen Schriften hat sich Gregor speziell der Frage zugewandt, wie diese Schwierigkeit sich lösen lässt.

In einer der beiden, *Ad Ablabium*, gibt Gregor das Problem, das ihm als Anfrage vorgelegt wurde, folgendermaßen wieder:

> Petrus, Jakobus und Johannes werden drei Menschen genannt, obgleich sie in einer menschlichen Natur sind. Und nichts ist anstößig daran, die der Natur nach Vereinten mit dem im Plural gebrauchten Artbegriff zu zählen, wenn es mehrere sind. Wenn nun in diesem Fall die Umgangssprache so verfährt und keiner Einwande hat, die zwei „zwei" zu nennen und die, die mehr als zwei sind, „drei", warum bekämpfen wir diesen Konsens dann geradezu im Fall der Glaubenslehren (gemäß denen wir ‚drei Hypostasen' bekennen und in keiner Weise bei diesen eine Unterscheidung der Natur nach im Sinn haben), indem wir wohl von einer Gottheit des Vaters und des Sohnes und des Heiligen Geistes sprechen, gleichwohl es ablehnen von drei Göttern zu sprechen?[47]

---

46 Besonders deutlich ist: Gregor von Nyssa, *Contra Eunomium* I 172–181 (78,4–180,3 Jaeger).

47 Gregor von Nyssa, *Ad Ablabium* (38,8–18 Mueller): Πέτρος καὶ Ἰάκωβος καὶ Ἰωάννης, ἐν μιᾷ ὄντες τῇ ἀνθρωπότητι, τρεῖς ἄνθρωποι λέγονται· καὶ οὐδὲν ἄτοπον τοὺς συνημμένους κατὰ τὴν φύσιν, εἰ πλείους εἶεν, ἐκ τοῦ τῆς φύσεως ὀνόματος πληθυντικῶς ἀριθμεῖσθαι. εἰ οὖν ἐκεῖ τοῦτο δίδωσιν ἡ συνήθεια καὶ ὁ ἀπαγορεύων οὐκ ἔστι δύο λέγειν τοὺς δύο καὶ τρεῖς τοὺς ὑπὲρ δύο, πῶς, ἐπὶ τῶν μυστικῶν δογμάτων τὰς τρεῖς ὑποστάσεις ὁμολογοῦντες καὶ οὐδεμίαν ἐπ' αὐτῶν τὴν κατὰ φύσιν διαφορὰν ἐννοοῦντες, μαχόμεθα τρόπον τινὰ τῇ ὁμολογίᾳ, μίαν μὲν τὴν θεότητα τοῦ Πατρὸς καὶ τοῦ Υἱοῦ καὶ τοῦ Ἁγίου Πνεύματος λέγοντες, τρεῖς δὲ θεοὺς λέγειν ἀπαγορεύοντες.

An dieser Exposition des Problems und – mehr noch – an der Antwort auf diese Anfrage ist zunächst einmal bemerkenswert, dass Gregor einen Ausweg *nicht* wählt. Er verzichtet nämlich darauf, die vorgeschlagene Analogie gänzlich fallen zu lassen. Er akzeptiert also, dass das Problem der ontologischen Einheit der Spezies in gewisser, wenn auch sicherlich zu qualifizierender Weise zum Vergleich mit dem trinitarischen Mysterium taugt. Nur weil er dies tut, ist seine Behandlung der ihm gestellten theologischen Aufgabe gleichzeitig eine Untersuchung zur Frage, was eigentlich die vielen Menschen zu einer Einheit verbindet.

Und noch etwas ist von Bedeutung: Durch die Exposition und – wie sich zeigen wird – ebenso durch Gregors Behandlung des Problems als bezogen auf den Gebrauch von Allgemeinbegriffen wird hier vielleicht zum ersten Mal in der Geschichte der Theologie überhaupt das Universalienproblem in seinem in der Philosophiegeschichte üblichen Sinn, nämlich als das Problem des Referenten eines Allgemeinbegriffs zum Thema.

Die These, die Gregor nun hier vertritt, lässt an Deutlichkeit nichts zu wünschen übrig. Sie besteht, kurz gesagt, darin, dass der sprachliche Usus, von Menschen im Plural zu sprechen, ein Missbrauch der Sprache sei, sofern daraus der Eindruck entstehe, das, was durch den Terminus bezeichnet werde, die menschliche Natur, sei nicht eines, sondern viele:

> Wir sagen nun zunächst, dass es ein Missbrauch der Umgangssprache sei, die der Natur nach nicht Unterschiedenen, mit dem Artbegriff (τὸ τῆς φύσεως ὄνομα) im Plural zu bezeichnen und zu sagen, es gebe viele Menschen. Das ist so, als sage man, es gebe viele menschliche Naturen.[48]

Sicherlich, für einen solchen Missbrauch gebe es praktisch-pragmatische Gründe, die auch dafür verantwortlich sind, dass die Schrift selbst diesem Brauch folgt. Alle diese Gründe aber ändern nichts am grundlegenden Sachverhalt, auf den es dem Autor ankommt.

Diese provokante These beruht auf der Verbindung der ontologischen Annahme einer Einheit der Spezies (bzw., wie Gregor sagt, Natur, φύσις) mit der logisch-semantischen These, dass eben diese Einheit Referent des Allgemeinbegriffs sei. Der Allgemeinbegriff darf streng genommen nur im Singular gebraucht werden, eben *weil* er sich auf diejenige Entität bezieht, die in den vielen eine ist, die menschliche Natur. Im Hintergrund stehen natürlich die Probleme der Trinitätstheologie und der dafür adäquaten Terminologie. Gregor eröffnet *Ad Grae-*

---

48 Gregor, *Ad Ablabium* (40,5–9 Mueller): Φαμὲν τοίνυν πρῶτον μὲν κατάχρησίν τινα συνηθείας εἶναι τὸ τοὺς μὴ διῃρημένους τῇ φύσει κατ' αὐτὸ τὸ τῆς φύσεως ὄνομα πληθυντικῶς ὀνομάζειν καὶ λέγειν ὅτι πολλοὶ ἄνθρωποι, ὅπερ ὅμοιόν ἐστι τῷ λέγειν ὅτι πολλαὶ φύσεις ἀνθρώπιναι.

cos, die zweite gegen den Vorwurf der Dreigötterlehre gerichtete Schrift mit folgender Disjunktion:

> Wenn der Name „Gott" die Person bezeichnete, dann würden wir, indem wir sagen: „drei Personen", notwendig auch von „drei Göttern" sprechen. Wenn aber der Name „Gott" die Substanz (οὐσία) bezeichnet, lehren wir zu Recht einen Gott, wenn wir eine Substanz in der heiligen Trinität bekennen, da „Gott" der eine Name der einen Substanz ist.[49]

Was aber ist jener Referent? Worauf bezieht sich der Allgemeinbegriff? Was, in anderen Worten, ist gemeint mit dem Terminus „menschliche Natur" wie Gregor ihn in diesen Schriften gebraucht? Gregor liefert in *Ad Ablabium* folgende Erklärung:

> Die Natur ist eine. Sie ist eine mit sich geeinte und gänzlich untrennbare Einfachheit. Sie wird nicht größer durch Zuwachs oder geringer durch Abnahme, sondern als das, was sie ist, ist sie eine und bleibt eine, auch wenn sie in einer Vielzahl erscheint. Sie ist unteilbar, zusammenhängend und vollständig und wird nicht mit den an ihr partizipierenden Individuen geteilt. Und wie ein Volk, ein Heer und eine Versammlung eine Einheit sind, obgleich jedes davon als eine Vielzahl vorgestellt wird: so wird auch, der genaueren Redeweise nach, zu Recht vom *einen Menschen* gesprochen, auch wenn die, die sich als zur selben Natur gehörig erweisen, eine Vielzahl sind.[50]

Es ist die These vertreten worden, dass das, was hier vorgetragen wird, schlechterdings unsinnig sei. Christopher S. Stead hat in einem energischen Plädoyer gemeint, Gregor verknüpfe ohne inhaltliche Verbindung drei distinkte Gedankenreihen, nämlich erstens, die der abstrakten Einheit von allgemeinen, artspezifischen Merkmalen (ἰδιώματα), zweitens, die der als monadische Einheit gedachten Platonischen Idee und, drittens, die konkreter Ganzer.[51] Dagegen hat

---

49 Gregor von Nyssa, *Ad Graecos* (19,1–5 Mueller): Εἰ τὸ θεὸς ὄνομα προσώπου δηλωτικὸν ὑπῆρχεν, τρία πρόσωπα λέγοντες ἐξ ἀνάγκης τρεῖς ἂν ἐλέγομεν θεούς· εἰ δὲ τὸ θεὸς ὄνομα οὐσίας σημαντικόν ἐστιν, μίαν οὐσίαν ὁμολογοῦντες τῆς ἁγίας τριάδος ἕνα θεὸν εἰκότως δογματίζομεν, ἐπειδὴ μιᾶς οὐσίας ἓν ὄνομα τὸ θεός ἐστιν.

50 Gregor, *Ad Ablabium* (41,2–12 Mueller): Ἡ δὲ φύσις μία ἐστίν, αὐτὴ πρὸς ἑαυτὴν ἡνωμένη καὶ ἀδιάτμητος ἀκριβῶς μονάς, οὐκ αὐξανομένη διὰ προσθήκης, οὐ μειουμένη δι' ὑφαιρέσεως, ἀλλ' ὅπερ ἐστὶν ἓν οὖσα καὶ ἓν διαμένουσα κἂν ἐν πλήθει φαίνηται, ἄσχιστος καὶ συνεχὴς καὶ ὁλόκληρος καὶ τοῖς μετέχουσιν αὐτῆς τοῖς καθ' ἕκαστον οὐ συνδιαιρουμένη. καὶ ὥσπερ λέγεται λαὸς καὶ δῆμος καὶ στράτευμα καὶ ἐκκλησία μοναχῶς πάντα, ἕκαστον δὲ τούτων ἐν πλήθει νοεῖται· οὕτω κατὰ τὸν ἀκριβέστερον λόγον καὶ ἄνθρωπος εἷς κυρίως ἂν ἡγηθείη, κἂν οἱ ἐν τῇ φύσει τῇ αὐτῇ δεικνύμενοι πλῆθος ὦσιν.

51 G. C. Stead, Why not three Gods? In: H. R. Drobner/Chr. Klock (Hgg.), Studien zu Gregor von Nyssa und der christlichen Spätantike, Leiden 1990, 149–63, hier: 158f.

Richard Cross kürzlich argumentiert, in diesen Zeilen stecke *in nuce* eine ganz und gar nicht verworrene, sondern vielmehr klare und interessante Theorie, nach der das Universale für Gregor eine untrennbare immanente Einheit darstelle.[52]

Ohne behaupten zu wollen, dass das, was von Gregor hier vorgetragen wird, den Ansprüchen an eine ausgearbeitete Universalientheorie entspricht, ist Cross gegen Stead soweit zuzustimmen, dass es sich bei der These in *Ad Ablabium* um eine durchdachte Konzeption handelt. Um deren genaues Profil in den Blick zu bekommen, ist es sinnvoll, von dem von Stead ja zunächst richtig beobachteten Gegensatz zwischen der starken Betonung der Einheit der Natur am Beginn des zitierten Abschnitts und den am Ende des Absatzes genannten Beispielen konkreter Ganzer (Volk, Armee etc.) auszugehen. Letztere würden den Schluss nahe legen, Gregors Vorstellung der universalen Natur sei die eines (in besonderer Weise qualifizierten) Ganzen, dessen Individuen in diesem spezifischen Sinn als seine Teile aufzufassen wären. Cross freilich meint, eine solche Auffassung sei durch die starke Betonung der Unteilbarkeit der Natur, wie sie im angeführten Passus ausgedrückt sei, ausgeschlossen.[53]

Es lohnt sich an dieser Stelle zunächst, abgesehen von der Auslegung dieser besonderen Stelle, auf die Relevanz der in Erwägung zu ziehenden ‚mereologischen' Interpretation des Universalen hinzuweisen. Alain de Libera hat in seiner umfassenden Darstellung der Universaliendiskussion seit der klassischen Antike nachdrücklich auf die Bedeutung gerade dieses Ansatzes hingewiesen, sowohl für die Antike wie für die mittelalterliche Diskussion.[54] Vieles, nicht zuletzt die Prägung des griechischen terminus technicus τὸ καθόλου,[55] spricht dafür, dass in der frühen akademischen Diskussion die Annahme Spezies und Genera seien Ganze, die die Arten bzw. Individuen umfassten, zunächst gewissermaßen axiomatisch feststand.[56] Das freilich im Sinne einer realistischen Auffassung. Noch in

---

52 R. Cross, Gregory of Nyssa on Universals (s. Anm. 14), bes. 398–402.
53 R. Cross, Gregory of Nyssa on Universals (s. Anm. 14), 399.
54 R. Cross, Gregory of Nyssa on Universals (s. Anm. 14), 141–148.
55 Der Zusammenhang hat seinen Ursprung in Stellen wie Platon, *Menon* 77 A; für Aristoteles, auf den der terminus technicus zurückgeht, vgl. *Met.* – 26 (1023^b29–32); *Phys.* A 1 (184^a25f.) und M. Mignucci, Parts, Quantification and Aristotelian Predication, in: The Monist 83 (2000), 3–21.
56 Vgl. dazu auch das arabisch überlieferte, von A. Badawi veröffentlichte und von S. Pines ins Englische übersetzte und kommentierte Xenokrates-Fragment: S. Pines, A New Fragement of Xenocrates and its implications, Transactions of the American Philosophical Society, NS 51/2, Philadelphia 1961. Weiterhin: H. J. Krämer, Aristoteles und die akademische Eidoslehre. Zur Geschichte des Universalienproblems im Platonismus, in: Archiv für Geschichte der Philosophie 55 (1973), 119–190, hier: 130–149. Dem Aufsatz ist eine deutsche Übersetzung des arabischen Textes von J. van Ess beigegeben: S. 188–190.

der (frühen) aristotelischen Kategorienschrift werden aus diesem Grund auch Arten und Gattungen als Substanzen (wenn auch als sekundäre) bezeichnet, eine Bezeichnung, die Aristoteles dann in den (späteren) zentralen Büchern der Metaphysik explizit bestreitet.[57] Dieselbe Auffassung findet sich gelegentlich auch in Texten der Spätantike. Porphyrius schreibt in seiner *Eisagoge*, der Einführung in die Lektüre der Kategorienschrift:

> Denn die Gattung ist ein Ganzes, das Individuum ein Teil, die Art aber Ganzes und Teil.[58]

Einen Anlass, das Verhältnis von Gattung, Art und Individuum mereologisch zu bestimmen, bot die insbesondere in der platonischen Tradition kultivierte Kunst der Teilung (διαίρεσις). So findet sich in einer diesem Thema gewidmeten Schrift des Boethius, *De divisione*, die sicherlich auf Porphyrius,[59] in einzelnen Elementen noch weiter zurückgeht,[60] die Auffassung, die Spezies sei ein Ganzes, dessen Teile, die Individuen, zusammen die Gesamtheit des einen Menschen ausmachen.[61]

Kann man Gregor ebenfalls eine solche Auffassung zuschreiben? Spricht in dem angeführten Passus nicht dies dagegen, dass die Physis als eine unteilbare Einfachheit (ἀδιάτμητος ἀκριβῶς μονάς) bezeichnet wird? Wie kann sie dann ein Ganzes sein, das doch offenbar geteilt wird? Hier ist nun allerdings genau hinzusehen. In dem Text heißt es, die Natur sei und bleibe eine „als das, was sie ist" (ἀλλ' ὅπερ ἐστὶν ἓν οὖσα καὶ ἓν διαμένουσα). In diesem Sinn wird sie nicht geteilt. Das aber ist etwas ganz anderes als absolute Unteilbarkeit. Auch eine Armee wird „als das, was sie ist" nicht geteilt, denn sie besteht nicht aus einzelnen Armeen, sondern aus Soldaten. Wenn man einem Ganzen überhaupt eine besondere ontologische Dignität zusprechen will, dann sicherlich nur unter der Voraussetzung, es sei mehr als seine Teile. Für Gregor kann man möglicherweise sogar noch einen Schritt weitergehen und sagen, das Ganze sei in diesem Sinn etwas ganz anderes als seine Teile. Diese werden additiv (κατὰ σύνθεσιν) gezählt, jenes aber ist eine Einheit, die auf diese Weise nicht selbst wiederum zu einem Kompositum wird.

---

57 Für die Entwicklung des Aristoteles in dieser Frage vgl. Frede (s. Anm. 22), 27–29.
58 Porphyrius, *Eisagoge* (8, 1f. Busse): ὅλον γάρ τι τὸ γένος, τὸ δὲ ἄτομον μέρος, τὸ δὲ εἶδος καὶ ὅλον καὶ μέρος.
59 J. Magee (Hg.), Boethius. *De divisione liber*. Critical Edition, Translation, Prolegomena, and Commentary, Leiden 1998, XLVIII f., LV f.; die gesamte Schrift wurde von Smith in seine Sammlung der Porphyriusfragmente aufgenommen (fr. 169F).
60 Boethius nennt Andronicus von Rhodos (PL 64, 875D = 4,3–5 Magee). Für die Schwierigkeit, hier Konkretes zu ermitteln s. P. Moraux, Der Aristotelismus bei den Griechen, Bd. 1, Berlin/New York 1973, 127.
61 Boethius, *De divisione* (PL 64, 877C–D = 8,9–16 Magee).

Die Auffassung, die Gregor von Nyssa hier zugeschrieben wird, ist also eine solche, wie sie in der frühmittelalterliche Diskussion unter dem Stichwort Collectio-Theorie verhandelt wird.[62] Diese wird bei Gregor als eine realistische Position verstanden, d.h. das Ganze, worauf der Allgemeinbegriff sich bezieht, hat als solches einen ontologischen Status. Diese Theorie hat, bezogen auf die Trinitätslehre, den Vorteil, dass ohne die ontologische Abstufung, die in der derivativen Theorie mitgesetzt war, dennoch erklärt werden kann, wie Einheit und Dreiheit in der Gottheit zusammengedacht werden können; sie vermeidet die Postulierung einer die Hypostasen transzendierenden Substanz ebenso wie einen Verzicht auf deren Einheit.[63]

Sicherlich, betrachtet man Gregors Äußerungen zur Trinitätslehre unter dem Aspekt einer Universalientheorie, dann bleiben viele Fragen offen. Das hängt auch damit zusammen, dass Gregors Aussagen in ihrer Kohärenz unter philosophischem Aspekt alles andere als befriedigend sind (in dieser Hinsicht ist den Beobachtungen von Stead durchaus Recht zu geben). Die größte Unklarheit hinsichtlich der trinitarischen Anwendung dieser Form der Universalientheorie besteht offenbar darin, dass gar nicht erklärt wird, inwiefern dies „Ganze" nun doch wieder auch in jedem einzelnen seiner „Teile" präsent ist – anders ließe sich nicht erklären, warum der Universalbegriff von jedem Individuum prädiziert werden kann.

Vielleicht, so lässt sich vermuten, sucht Gregor eine Lösung dieses Problems durch den dynamischen Charakter, den diese Ganzheit hat, indem ja die Einheit der Trinität niemals losgelöst von der Bewegung gedacht ist, die vom Vater her ihren Ursprung nimmt, durch den Sohn sich fortsetzt und im Geist ihre Vollendung findet.[64] Eine solche Vermutung – mehr als dies ist es nicht – kann sich deshalb nahe legen, weil in den anderen Bereichen seiner Theologie, wo Gregor mit ganz ähnlichen Ideen arbeitet, er in eben diese Richtung denkt. An dieser Stelle soll exemplarisch nur der Bereich der Schöpfungslehre betrachtet werden.

---

62 Siehe unten Anm. 109f.
63 Diese Theorie hat eine nahe Parallele in Plotin, der nach diesem Schema die Struktur der intelligiblen Wesenheiten unterhalb der absoluten Einheit des Einen erklärt. Vgl. *Enn.* V 9,6,8–11: Οὕτως οὖν καὶ πολὺ μᾶλλον ὁ νοῦς ἐστιν ὁμοῦ πάντα καὶ αὖ οὐχ ὁμοῦ, ὅτι ἕκαστον δύναμις ἰδία. Ὁ δὲ πᾶς νοῦς περιέχει ὥσπερ γένος εἴδη καὶ ὥσπερ ὅλον μέρη. Für die Seele vgl. Enn. IV 2,1,62–6: Ἡ δ' ὁμοῦ μεριστή τε καὶ ἀμέριστος φύσις, ἣν δὴ ψυχὴν εἶναί φαμεν, οὐχ οὕτως ὡς τὸ συνεχὲς μία, μέρος ἄλλο, τὸ δ' ἄλλο ἔχουσα· ἀλλὰ μεριστὴ μέν, ὅτι ἐν πᾶσι μέρεσι τοῦ ἐν ᾧ ἐστιν, ἀμέριστος δέ, ὅτι ὅλη ἐν πᾶσι καὶ ἐν ὁτῳοῦν αὐτοῦ ὅλη.
64 Vgl. [Basilius], *ep.* 38,4,79–83 (vol. i, 86–7 Courtonne). Der Autor ist Gregor von Nyssa; vgl. Zachhuber, Nochmals: Der „38. Brief" des Basilius von Cäsarea als Werk des Gregor von Nyssa, in: Zeitschrift für antikes Christentum 7 (2003), 73–90.

Dabei fällt zunächst einmal ins Auge, dass die grundsätzliche These hinsichtlich der Natur dort dieselbe ist, wie sie im Kontext der Trinitätslehre vertreten wurde. Ja, die Ansicht, dass die Spezies die Gesamtheit ihrer Individuen und als solche der primäre Referent des Artbegriffs ist, wird in Gregors Auslegung des biblischen Schöpfungsberichts so eindeutig formuliert, dass, wenn an der obigen Interpretation Zweifel bestünden, diese durch die jetzt zur Debatte stehenden Texte zweifellos ausgeräumt würden. Der exegetische Ausgangspunkt für Gregors Argumentation ist die Tatsache, dass Gen. 1,27 davon spricht, Gott habe „den Menschen" (τὸν ἄνθρωπον) zu seinem Bild geschaffen. Was bedeutet es, dass hier nicht von Adam, sondern von „dem Menschen" die Rede ist? Gregors Antwort lautet im Grundsatz wiederum so, dass das primäre Objekt der göttlichen Schöpfung, von der in diesem Vers die Rede ist, die „menschliche Natur" (ἀνθρωπίνη φύσις) ist, weil eben diese der eigentliche Referent jenes Terminus' sei. Durch die unbestimmte Bedeutung (ἀόριστος σημασία) des Begriffs sei „die ganze Menschheit" (πᾶν τὸ ἀνθρώπινον, πᾶσα ἡ ἀνθρωπότης) bezeichnet, denn die gewählte Bezeichnung für das Geschöpf sei nicht ihr Eigenname, sondern der Allgemeinbegriff.[65] Gregor führt das dann folgendermaßen aus: Diese Redeweise der Schrift habe den Sinn, dass in dem ursprünglichen Schöpfungsakt Gottes die (begrenzte) Gesamtzahl der Menschen schon potenziell mit enthalten sei, da aus der Perspektive Gottes die zeitliche Erstreckung vom ersten bis zum letzten Menschen gleichzeitig erscheine:

> Und deshalb ist die Gesamtheit „ein Mensch" genannt worden, denn für die Macht Gottes gibt es weder Vergangenheit noch Zukunft, sondern das, was erwartet wird, steht zusammen mit dem, was jetzt existiert, unter der Herrschaft der das All umfassenden Wirklichkeit.[66]

Die hierbei vorausgesetzte Unterscheidung von potenzieller und aktueller Vollendung begegnet auch sonst in der Schöpfungstheologie Gregors und dient generell dazu, die sofortige Vollendung der Schöpfung, sofern sie Gottes Werk ist, mit ihrer Geschichtlichkeit, sofern die Geschöpfe durch Räumlichkeit und Zeitlichkeit von Gott unterschieden sind, zu vermitteln. Die Schöpfung ist potenziell (τῇ δυνάμει) im Moment ihrer Setzung vollendet, aktuell (τῇ ἐνεργείᾳ) wird sie es erst am Ende ihrer Geschichte sein.[67] Ihre potenzielle Vollendung macht sich

---

65 Gregor von Nyssa, *De hominis opificio* (PG 44, 185 B).
66 *De opificio hominis* (PG 44, 185 D): Διὰ τοῦτο εἷς ἄνθρωπος κατωνομάσθη τὸ πᾶν, ὅτι τῇ δυνάμει τοῦ θεοῦ οὔτε τι παρῴχηκεν, οὔτε μέλλει, ἀλλὰ καὶ τὸ προσδοκώμενον ἐπίσης τῷ παρόντι τῇ περιεκτικῇ τοῦ παντὸς ἐνεργείᾳ περικρατεῖται.
67 Gregor von Nyssa, *Apologia in hexaëmeron* (PG 44, 77 D): ὅτι τῇ μὲν δυνάμει τὰ πάντα ἦν ἐν πρώτῃ τοῦ Θεοῦ περὶ τὴν κτίσιν ὁρμῇ, οἱονεὶ σπερματικῆς τινος δυνάμεως πρὸς τὴν τοῦ παντὸς γένεσιν καταβληθείσης, ἐνεργείᾳ δὲ τὰ καθ'

daran fest, dass ihr Anfangszustand auch bereits das dynamische, generative Moment enthält, das ihre weitere Geschichte als *Entwicklung* (ἀκολουθία⁶⁸) aus diesem Anfangszustand heraus begreiflich macht.⁶⁹ Das trifft nun auch auf die Schöpfung des Menschen zu. In Adam als dem ersten Individuum ist bereits das generative Prinzip enthalten, das zur Erzeugung der gesamten Menschheit führt, und deshalb ist seine Schöpfung gleichzeitig die Schöpfung aller, die potenziell in ihm, aktuell bei der Vollendung der Geschichte vollendet ist.

Bezogen auf die Universalienproblematik bedeutet dies: Die Relation Teil – Ganzes ist im Fall der Universalien insofern besonders qualifiziert, als hier gilt, dass das einzelne Teil *potenziell* das Ganze ist.⁷⁰ Die Forderung einer Universalientheorie, dass sowohl der Gebrauch des Begriffs für alle wie für jeden erklärt werden muss, wird durch diese Differenzierung erfüllt: Aktuell bezieht sich „Mensch" auf alle Menschen, potenziell auf einen (in diesem Fall den ersten). Dieser Zusammenhang ist freilich für den Fall des ersten Menschen plausibler als für irgendeinen anderen. Dennoch zeigt Gregors Gebrauch desselben Arguments in seiner Erlösungslehre, dass für ihn auch Christus als Mensch potenziell alle Menschen ist (auf diese Weise wird erklärt, wie sich die durch ihn bewirkte Heilung der menschlichen Natur auf alle Menschen übertragen kann).⁷¹

***

Bislang ist für die Beantwortung der eingangs formulierten Frage nur mehr der erste Lösungsschritt geleistet. Im Rahmen des oben benannten zweiten Schrittes ist nun die Rezeption dieser Theorie aufzuweisen. Zu zeigen ist zum einen, dass dieses Denken im byzantinischen Bereich Nachwirkungen hatte und welche das waren, zum anderen ist zu untersuchen, welche Fäden diese Diskussion mit der

---

ἕκαστον οὔπω ἦν. Vgl. J.C.M. van Winden, ‚Notiz über ΔΥΝΑΜΙΣ bei Gregor von Nyssa' in: ΕΡΜΗΝΕΥΜΑΤΑ. Festschrift für Hadwig Hörner zum sechzigsten Geburtstag, Frankfurt 1991, 147–50 (= id., Arché. A Collection of Patristic Studies, Leiden 1997, 146–50).

68 Vgl. J. Daniélou, Akolouthia chez Grégoire de Nysse in: Revue des Sciences Religieuses 27 (1953), 219–49, hier: 226–31.

69 Gregor von Nyssa, *Apologia in Hexaëmeron* (PG 44, 72 B–C): Τῇ δὲ συγκαταβληθείσῃ δυνάμει τε καὶ σοφίᾳ πρὸς τὴν τελείωσιν ἑκάστου τῶν μορίων τοῦ κόσμου, εἱρμός τις ἀναγκαῖος κατά τινα τάξιν ἐπηκολούθησεν.

70 Vgl. dazu wiederum: Plotin, *Enn.* VI 2, 2,20,21–3: ἐνεργείᾳ ὄντι τὰ πάντα ἅμα, δυνάμει δὲ ἕκαστον χωρίς, τοὺς δ' αὖ ἐνεργείᾳ μὲν ὅ εἰσι, δυνάμει δὲ τὸ ὅλον. A. C. Lloyd hat gezeigt, wie wichtig das an dieser Stelle von Plotin entwickelte Konzept für die neuplatonische Logik geworden ist: Aristotelian Logic (s. Anm. 4), 148–50.

71 Z.B. Gregor von Nyssa: *Oratio Catechetica* (GNO 78,3–17 Mühlenberg).

westlichen, frühmittelalterlichen Theoriebildung verbinden. Beides bedürfte im Detail einer umfangreicheren Darstellung als sie hier gegeben werden kann. Gleichwohl lassen sich grundlegende Linien aufzeigen. Diese werden verdeutlichen, dass, wo das Denken Gregors weiterwirkte, wir auch seiner spezifischen Universalientheorie wiederum begegnen. Das ist zwar insofern nicht verwunderlich, als es sich dabei um ein zentrales Element seines Denkens handelt, dennoch nicht unerheblich für die hier zu verhandelnde Frage.

3. Die byzantinische Rezeption der theologischen Universalientheorie: Maximus Confessor

Die von Gregor maßgeblich entwickelte Theorie hat das theologische Denken im Osten nachhaltig beeinflusst. Bei allen Abstrichen, die an Einzelheiten gemacht wurden, lässt sich sagen, dass der von ihm im 4. Jahrhundert eingeschlagene Weg prinzipiell weiter verfolgt wurde. Die von den Kappadoziern an der Trinitätslehre entwickelten Distinktionen wurden im 6. Jahrhundert von Theologen wie Leontius von Byzanz auf die Christologie angewandt;[72] wenn auch in kontroverser Weise bezeugt dieselbe Tatsache ebenfalls der in der zweiten Hälfte desselben Jahrhunderts ausgetragene sog. tritheistische Streit.[73] Der ausgebildete theologische Gebrauch der Universalienlehre, wie man ihn dann z.B. bei Johannes von Damaskus findet,[74] verweist ebenso auf diesen Hintergrund. Diese Entwicklung ist im Einzelnen noch weitgehend unerforscht und kann als solche im Rahmen dieser Untersuchung auch nicht behandelt werden.

An dieser Stelle soll summarisch und exemplarisch auf die besonders wichtige Rolle eingegangen werden, die in diesem Prozess Maximus dem Confessor zukam. Dessen Relevanz liegt zum einen in der Schlüsselstellung, die dem Gedanken einer universalen Natur in seinem eigenen Denken zukommt, zweitens in der Evidenz der Beziehung, die dieses Konzept zu dem der Kappadozier hat und drittens in seiner Funktion als Vermittler zur späteren westlichen Rezeption. In seiner bis heute grundlegenden Studie zu Maximus hat Hans Urs von Balthasar dessen Theorie vom Universalen und Partikularen als den vielleicht bedeutendsten Gedanken in Maximus' gesamtem Denken bezeichnet.[75] Von Balthasar hat auch gesehen, dass dieser Gedanke des Maximus seinen Ursprung bei Gregor von

---

72 Vgl. R. Cross, Individual Natures (s. Anm. 14).
73 Vgl. dazu U. M. Lang, Notes on John Philoponus and the tritheist controversy in the sixth century, in: OC 85 (2001), 23–40.
74 Vgl. Cross, Perichoresis (s. Anm. 14).
75 H.U. von Balthasar, Kosmische Liturgie. Das Weltbild Maximus' des Bekenners, Einsiedeln ²1961, 158.

Nyssa hat,[76] wobei kein Zweifel bestehen kann, dass es sich um eine kreative Aneignung handelt, die ihre eigenen Akzente setzt.

Der Kontext, in dem das Problem universalen Seins bei Maximus auftritt, ist zunächst einmal von dem des 4. Jahrhunderts charakteristisch verschieden. Dort war es, wie sich gezeigt hatte, primär ein Mittel gewesen, die Kontroversen um die Trinität zu einem befriedigenden Abschluss zu bringen. Bezeichnenderweise fehlt eine solche Anwendung der Universalienproblematik bei Maximus fast völlig. Vielmehr ist es das Thema des Ausgangs der geschaffenen Welt von Gott und deren Rückkehr zu diesem, das Maximus' eigenen Gebrauch der Universalientheorie herausfordert. Grundsätzlich fand der Bekenner sich vor der Aufgabe einer theologischen Integration origenischer und neuplatonischer Elemente gemäß den orthodoxen Vorgaben des 7. Jahrhunderts, und seine große Leistung bestand darin, den großen Schwung jener Theorien, eben ihre dynamische Konzeption der Heilsgeschichte als einer Ausfaltung der Einheit in die Vielheit und deren Wiederzusammenführung in die Einheit dabei beizubehalten.[77] In diesen theologischen Rahmen fügt Maximus nun eine Theorie universaler Natur ein.

Dabei ist zunächst bemerkenswert, dass er die Beobachtung von Einheit und Vielheit in der Welt, also die Ausgangserfahrung des klassischen Universalienproblems, nicht durch die Über- oder Unterordnung der einen Ebene, sondern im Sinne einer strikten Komplementarität erklären will. Die Arten, die die Individuen umfassen und die Gattungen, die die Arten umfassen, heben die jeweils mehr partikulare Entität wohl auf, bewahren sie jedoch gerade in ihrer Vielheit. Die Universalien wären also unmöglich ohne die Individuen bzw. die unteren Arten, da sie aus ihnen bestehen (ἐκ γὰρ τῶν κατὰ μέρος τὰ καθόλου συνίστασθαι πέφυκε[78]). Ebensowenig allerdings könnte man umgekehrt sagen, die Individuen bestünden ohne Arten und Gattungen oder könnten ohne diese Bestand haben.[79] Vielmehr ist Maximus, wie Gregor, Realist in dem Sinn, dass er die Einheit des Universalen als eine ontologisch relevante Größe einführt:

> Die Gattungen, die der Substanz nach miteinander geeint sind, sind eins (ἕν), selbig (ταὐτόν) und unteilbar (ἀδιαίρετον).[80]

Dieser wechselseitige Charakter der Beziehung zwischen Universalem und Partikularem wird dadurch überhaupt erst denkbar, dass ihre Beziehung als eine dynamische gefasst ist. Sie befinden sich in einer ständigen auf- und abführenden

---

76 Ebd.
77 Für Maximus' Auseinandersetzung mit dem Origenismus vgl. P. Sherwood, The Earlier Ambigua of St. Maximus the Confessor and his Refutation of Origenism, Rom 1955.
78 Maximus Confessor, *Ambigua* II 10,42 (PG 91, 1189 C).
79 *Ambigua* II 10, 32 (PG 91, 1169 B).
80 *Ambigua* II 41 (PG 91, 1312 C).

Bewegung. Diese Bewegung ist nun nichts anderes als eine ontologische Variante der auf- und absteigenden Denkbewegung der platonischen Dialektik,[81] deren analytische Seite eben die Dihairese ist: Die höchste Ousia bewegt sich durch die verschiedenen Ebenen von Gattungen und Arten, in die sie geteilt wird (εἰς ἃ διαιρεῖσθαι πέφυκε), bis zur untersten Art, durch die ihre Teilung begrenzt ist, in einem Prozess der *diastolé*. Diesem Prozess realer Teilung wird der umgekehrte, ,systolische' Prozess zur Seite gestellt, durch den aus der Verbindung der Individuen ihre Arten, Gattungen usw. entstehen.[82]

Dabei hat die dihairetische Seite ihre theologische Grundlage in der göttlichen Schöpfung, die Maximus, ganz wie Gregor und vor ihm Origenes, als Entfaltung der göttlichen Einheit in die Vielheit der geschaffenen Welt begreift. Auch für Maximus gilt, dass die Geschöpfe zunächst nur potenziell (δυνάμει), nicht aktuell (ἐνεργείᾳ) vollendet sind.[83] Wer den Hervorgang der Welt aus Gott bedenkt, der muss, so schreibt der Homologet, angesichts der Vielfalt und Verschiedenheit der seienden Dinge zur Erkenntnis kommen, dass der eine Logos viele Logoi sei (πολλοὺς εἴσεται λόγους τὸν ἕνα λόγον). Gleichzeitig erkennt der, der von der Vielheit zur Einheit des göttlichen Logos aufsteigt, in den vielen Logoi den einen Logos als Prinzip und Ursache des Alls.[84] Heilsgeschichtlich entspricht letzterer Bewegung die eschatologische Rückkehr der Geschöpfe zu Gott.

Angesichts dieser Konzeption einer sich analytisch teilenden Einheit und einer synthetisch verbindenden Vielheit liegt die Interpretation dieser Entitäten als Ganze und Teile nahe, und sie wird von Maximus auch ständig, gewissermaßen nebenher vollzogen.[85] Die Relation, die dabei im Blick ist, ist freilich wiederum besonders qualifiziert. So ist klar, dass einem solchen Ganzen ein ontologischer Status zugeschrieben wird; sofern die Universalien die Individuen einen, sind sie eine echte, unteilbare Einheit. Das zeigt sich dann auch in ihrer Teilung, der Dihairese:

---

81 Vgl. Platon, *Sophistes* 253 c–e.
82 *Ambigua* II 10, 37 (PG 91, 1177 C).
83 *Quaestiones ad Thalassium* 2 (CC SG 7, 51); *Ambigua* II 7 (PG 91, 1081 A). Beide Stellen zeigen m. E. deutlich den direkten Einfluss Gregors von Nyssa.
84 *Ambigua* II 7 (PG 91, 1077 C; 1081C). Zur Relevanz der Logoi im Denken des Maximus vgl. I.-H. Dalmais, La théorie des „logoi" des créatures chez saint Maxime le Confesseur, in: Revue des sciences philosophiques et théologiques 36 (1952), 244–249; J.-C. Larchet, La divinisation de l'homme selon saint Maxime le Confesseur, Paris 1996, 112–124.
85 Z.B. *Ambigua* II 10,42 (PG 91,1188 D–1189 A und 1189 C–D); 41 (PG 91, 1313 B). Vgl. auch die Art, wie im ekklesiologischen (de facto jedoch wiederum kosmologischen) Zusammenhang von Ganzen und Teilen gesprochen wird: *Mystagogia* I (PG 91, 665 A–B).

Keines von den Universalen und Umfassenden und Gattungshaften wird selbst mit den Singulären und Enthaltenen und Einzelhaften mit-geteilt. Denn was nicht von Natur das Geteilte sammeln würde, wäre selbst nicht mehr gattungshaft, sondern mit ihm mitgeteilt und aus seiner eigentümlichen einsförmigen Einheitlichkeit herausgetreten. Vielmehr wohnt jedes Gattungshafte seiner eigentümlichen Seinsweise nach als Ganzes einsförmig und ungeteilt der Ganzheit der unter ihm Begriffenen inne und wird in jedem Partikulären gattungshaft angeschaut.[86]

Die Arten und Gattungen sind also Ganze, die als Ganze in ihren Teilen präsent sind. Die Tatsache, dass sie Teile haben, ändert nichts daran, dass sie als Universale wesentlich eins und unteilbar sind. Wie schon bei Gregor ist auch hier auf die im Text sich findende diesbezügliche Differenzierung zu achten: Gemäß seiner eigentümlichen Seinsweise (κατὰ τὸν οἰκεῖον λόγον) bleibt das Universale eine Einheit, so sehr andererseits richtig ist, dass es in Vielen subsistiert. Es gilt eben beides: Jedes Ding ist, wie Maximus unmittelbar zuvor schreibt, „durch seine eigentümlichen Differenzen" von anderen Dingen getrennt. Gleichzeitig wird es „durch universale, allgemeine Selbigkeiten" mit ihnen verbunden.[87] So sind die Universalien einerseits durch ihre Teile konstituiert, andererseits gilt, dass das Ganze Ursache seiner Teile ist.[88]

Nun ist es sicher richtig zu sagen, dass das bei Maximus begegnende Schema einer Verbindung der Universalienthematik mit dem kosmologisch-ontologischen Schema des Ausgangs der Vielheit aus der Einheit und ihrer Rückkehr in die Einheit ein klassisch neuplatonisches Thema ist, das nicht zufällig in einem von Maximus' wichtigsten Belegautoren, dem Ps.-Dionysius Areopagita, begegnet, der seinerseits stark von Proclus abhängig ist. Jedoch geht es Maximus, anders als den neuplatonischen Autoren, dabei deutlich weniger um Arten und Gattungen als intelligibel gedachtes Sein, das gegenüber der sichtbaren Welt eine Art Metastruktur bildet. Vielmehr ist, wie schon bei Gregor, die sichtbare Welt in ihrer Einheit und Vielheit im Blick. Diese beiden Aspekte erweisen sich als wechselseitig aufeinander angewiesen und durcheinander konstituiert, voneinander sowohl getrennt wie miteinander verbunden, als Einheit in Vielheit und Vielheit in Einheit. Das ist die Grundlage und gleichzeitig der Rahmen für die besondere Form einer realistischen, Arten und Gattungen als konkrete Ganze betrachten-

---

86 *Ambigua* II 41 (PG 91, 1312 C–D): Οὐδὲν γὰρ τῶν καθόλου καὶ περιεχόντων καὶ γενικῶν τοῖς ἐπὶ μέρους καὶ περιεχομένοις καὶ ἰδικοῖς παντελῶς συνδιαιρεῖται. οὐ γὰρ ἔτι γενικὸν εἶναι δύναται τὸ μὴ συνάγον τὰ διῃρημένα φυσικῶς, ἀλλὰ συνδιαιρούμενον αὐτοῖς, καὶ τῆς οἰκείας μοναδικῆς ἑνότητος ἐξιστάμενον. πᾶν γὰρ γενικὸν κατὰ τὸν οἰκεῖον λόγον ὅλον ὅλοις ἀδιαιρέτως τοῖς ὑπ' αὐτὸ ἑνικῶς ἐνυπάρχει, καὶ τὸ καθ' ἕκαστον ὅλον ἐνθεωρεῖται γενικῶς. – Übersetzung: Balthasar (s. Anm. 75), 156f. (mit Veränderungen).
87 Ebd.
88 *Mystagogia* I (PG 91, 665 A).

den Universalientheorie, die wir auch hier wieder finden. Von Balthasar sieht bei ihr nicht ohne Grund die chalcedonensische Christologie im Hintergrund,[89] aber man kann auch an die ältere trinitätstheologische Applikation der Universalientheorie denken, bei der ebenfalls alles auf eine Komplementarität beider Aspekte angekommen war. Sachlich besteht in jedem Fall eine enge Kontinuität zwischen Maximus und den kappadozischen Theologen des 4. Jahrhunderts.

4. Die karolingische Rezeption: Johannes Scotus Eriugena

Stellt man die Frage nach dem Weiterwirken der griechisch-byzantinischen Tradition im frühen westlichen Mittelalter, dann rückt die Person des Johannes Scotus, genannt Eriugena, zwangsläufig in den Blick. Bei Eriugena findet sich eine ausgearbeitete Theorie universaler Natur. Genau genommen muss man sagen: Die Exposition einer solchen Theorie ist das Grundthema seines Hauptwerkes, das eben deshalb auch passend den Titel *Periphyseon* (*De divisione naturae*) trägt. Und auch wenn bei der konkreten Erforschung seiner Rezeption der östlichen Väter noch viel zu tun bleibt, ist doch unbestritten, dass Eriugena über umfangreiche Kenntnisse dreier Autoren verfügte und dass diese auf sein gesamtes Denken einen kaum zu überschätzenden Einfluss ausübten: Ps.-Dionysius Areopagita, Maximus Confessor und Gregor von Nyssa.[90] Ohne die Originalität von Eriugenas Denken einschränken zu wollen oder – wie das zu Recht von Gangolf Schrimpf kritisiert wurde[91] – ihn ausschließlich als eine Verlängerung der griechisch-patristischen Tradition zu betrachten, drängt sich einem Leser, der mit jener Tradition etwas vertraut ist, der Eindruck auf, es hier mit einem Denker zu tun zu haben, der den Geist dieser Tradition in einer Weise in sich aufgenommen hat, die adäquat nicht allein durch Quellennachweis zum Ausdruck gebracht werden kann: Gerade an den theoretischen Grundentscheidungen, die das imposante Gebäude von *Periphyseon* tragen, zeigen sich deutlich die Spuren des griechisch-patristischen Denkens, das auch da, wo es konkret durch Ps.-Dionysius Areopagita oder Maximus den Confessor vermittelt sein mag, letztlich auf kappadozische Grundimpulse, nicht zuletzt auf Gregor von Nyssa zurückverweist.

---

89 Balthasar (s. Anm. 75), 158.
90 Vgl. hierzu grundlegend: J. Dräseke, Johannes Scotus Erigena und dessen Gewährsmänner in seinem Werke De Divisione Naturae Libri V, Leipzig 1902 (ND: 1972). Jetzt auch: É. Jeauneau, Jean l'Érigène et les Ambigua ad Iohannem de Maxime le Confesseur, in: F. Heinzer/Chr. Schönborn (Hgg.), Maximus Confessor. Actes du Symposium sur Maxime le Confesseur Fribourg, 2–5 septembre 1980, Fribourg 1982, 343–364.
91 Schrimpf (s. Anm. 9), *passim*, bes. 18–20; 133–148.

Konkret zeigt sich das in der Universalienfrage. Eriugenas Verständnis von Genera und Spezies entspricht genau dem bei Gregor rekonstruierten und bei Maximus bestätigten Modell einer realistischen Collectiotheorie, also einer Auffassung, nach der das Universalienproblem nach der – allerdings qualifizierten – Analogie von einem Ganzen und seinen Teilen begriffen wird, wobei dem Ganzen ein ontologischer Status zuerkannt wird. Dabei ist diese Grundentscheidung bei Eriugena noch viel eindeutiger gefällt als das bei seinen östlichen Gewährsleuten der Fall gewesen war. Das kann hier nur an einigen Beispieltexten verdeutlicht werden, die exemplarisch grundsätzliche Entscheidungen des großen Werkes deutlich machen.

Im ersten Buch, in dem es Eriugena um die Grundlegung seiner Lehre von der vierfachen Teilung der Natur und dann insbesondere um deren Anwendung auf die Kategorienlehre geht, stellt er das Verhältnis von Genera und Spezies als eines von einem Ganzen und seinen Teilen fest, eines Ganzen besonderer Art freilich:

> Nichts anderes ist die Art als die Einheit der „Zahlen" (= Individuen: *numerorum unitas*) und das Individuum nichts anderes als die Art in ihrer Vielheit. ... Die Art ist ganz und eine und unteilbar in den Individuen, und die Individuen sind ein Unteilbares in der Art ...[92]

Dies Verständnis ergibt sich Eriugena an dieser Stelle nicht etwa zufällig, weil es in einem besonderen Zusammenhang argumentativ nahe lag.[93] Vielmehr ist es eine unmittelbare Konsequenz seines „dihairetischen" Herangehens an die Welt, das sich bereits im Titel des Werkes zu erkennen gibt. Selbstverständlich gilt das, was hier von der Art und ihren Individuen gesagt wird, in gleicher Weise für die Gattungen bis hinauf zum höchsten Wesen, das Eriugena griechisch Ousia nennt und das als höchste Gattung betrachtet wird. In einem Wortwechsel der zwei Gesprächspartner (das Werk ist ein didaktischer Dialog zwischen einem „nutritor" und einem „alumnus") liest sich das so:

> N. Wie scheint es dir? Ist ΟΥΣΙΑ ganz und im eigentlichen Sinn enthalten in den allgemeinsten Gattungen und in den allgemeineren Gattungen, dann auch in den Gattungen selbst und ihren Arten und schließlich in den untersten Arten, die „Atoma", d. h. die Unteilbaren, genannt werden?

---

92 *Periphyseon* I 25 (PL 122, 471 A): *Nil aliud sit species nisi numerorum unitas et nil aliud numerus nisi speciei pluralitas? ... species tota et una est indiuiduaque in numeris et numeri unum undiuiduum sunt in specie ...* – Die Zitate folgen der Ausgabe von É. Jeauneau in: CCCM 161 ff., die Pagination wird dennoch nach der auch dort verzeichneten PL gegeben.

93 Kontext der Stelle ist ein Argument Eriugenas gegen die aristotelische Unterscheidung von „in subiecto" und „de subiecto" (vgl. Aristoteles, *Cat.* 1^{a}20–1^{b}9).

> A. Ich sehe, dass ΟΥΣΙΑ von Natur aus nirgendwo anders inhärieren könnte als in den Gattungen und Arten, die von der höchsten [sc. Gattung] abwärts steigen, also von der allgemeinsten zu den untersten, d.h. den unteilbaren, und umgekehrt aufwärts nach oben von den unteilbaren zu den allgemeinsten [Gattungen]. Dies sind nämlich die natürlichen Teile, in denen ΟΥΣΙΑ existiert.[94]

Die Relation Ganzes – Teil ist also das Paradigma, nach dem das Verhältnis der Genera und Spezies untereinander bzw. zu den Individuen betrachtet wird. Die allgemeinste Gattung subsistiert in den Arten und Individuen als in ihren natürlichen Teilen. Dabei soll jedoch nicht die besondere Einheit der mehr universalen Kategorie aufgehoben werden, vielmehr kommt Arten und Gattungen, sofern sie Substanzen sind, eine besondere, unwandelbare Kraft (*virtus immobilis*) zu,

> mittels der die Gattung, auch wenn sie in die Arten geteilt wird, in sich selbst immer eins und unteilbar bleibt. Sie ist als ganze in den einzelnen Arten, und die einzelnen Arten sind in ihr eins. Dieselbe Kraft wird auch in der Art wahrgenommen, die, wenn sie in Individuen geteilt wird, den unerschöpflichen Besitz ihrer unteilbaren Einheit bewahrt, und alle Individuen, in die sie unbegrenzt geteilt zu werden scheint, sind in ihr begrenzt und ein Unteilbares.[95]

Der Substanz kommt also ein solches Vermögen zu, dass sie, auch wenn sie geteilt ist, dennoch in sich (*in se*) eine unteilbare Einheit bleibt. Sie ist in jedem ihrer Teile ganz und diese sind in ihr eins. Dasselbe gilt ebenso mit Blick auf die Art, die in ihre Individuen geteilt wird, so dass diese, wenn sie auch der Zahl nach unendlich viele sein mögen, doch in ihr ein Individuum sind.

Der Grund dafür ist der, dass – wie Eriugena ausführlich erläutert, es sich bei der Substanz (Ousia) nicht um einen Körper handelt. Wird ein solcher geteilt, dann sind seine Teile allerdings zertrennt; er ist als Ganzer nicht in einem seiner Teile präsent, überhaupt existiert das Ganze nicht mehr, sobald es in Einzelteile zerlegt ist. Das alles gilt für die Ousia nicht – eben weil sie unkörperlich ist:

---

94 PL 122, 472 C–D: *N. Quid tibi uidetur? Num ΟΥΣΙΑ in generibus generalissimis et in generibus generalioribus, in ipsis quoque generibus eorumque speciebus, atque iterum specialissimis speciebus, quae atoma (id est individua) dicuntur, uniuersaliter proprieque continetur? A. Nil aliud esse uideo, in quo naturaliter inesse ΟΥΣΙΑ possit, nisi in generibus et speciebus a summo usque deorsum descendentibus, hoc est a generalissimi ad specialissima (id est individua) seu reciprocatim sursum uersus ab indiuiduis ad generalissima; in his enim ueluti naturalibus partibus uniuersalis ΟΥΣΙΑ subsistit.*

95 Periphyseon I 25 (PL 122, 472 A–B): *... uirtus ipsa immobilis, per quam genus dum per species diuiditur in se ipsum semper unum indiuiduumque permanet et totum in speciebus singulis et singulae species in ipso unum sunt. Eadem uirtus et in specie perspicitur quae, dum per numeros diuidatur, suae indiuiduae unitatis inexhaustam uim custodit, omnesque numeri in quos diuidi uidetur in infinitum in ipsa finiti unumque indiuiduum sunt.*

Denn ΟΥΣΙΑ wird in Gattungen und Arten geteilt, ein Körper aber wird als ein Ganzes in seine Teile ‚separiert'. Wiederum ist ein Körper in seinen Teilen nicht als ein Ganzes. ... Im Gegensatz dazu ist ΟΥΣΙΑ als ganze in ihren einzelnen Formen und Arten. Sie ist nicht größer in allen [Arten], wenn diese zusammengenommen sind, oder kleiner in den einzelnen, wenn diese voneinander getrennt sind. Sie ist auch nicht umfassender in der allgemeinsten Gattung als in der untersten Art und nicht kleiner in der untersten Art als in der allgemeinsten Gattung.[96]

Ohne dass der Begriff hier auftritt, ist so bei Eriugena im Grunde die spätere scholastische Distinktion zwischen dem *totum integrum* und dem *totum universale* vorhanden.[97] Das Verfahren der Teilung, das Eriugena zum methodischen Grundzug seines Vorgehens in *Periphyseon* macht, führt ihn also dazu, für das Verhältnis von Gattungen und Arten und Individuen das Verhältnis von Ganzen und Teilen zu akzeptieren. Ausdrücklich ist davon die Rede, dass die Ratio in analytischer Weise die Individuen zu Arten und diese zu Gattungen „sammelt" (*colligere*), allerdings sogleich mit der Einschränkung, eine solche *collectio* vollziehe nur nach, was in der Natur vorgegeben sei.[98]

Fragt man nach dem Ursprung dieser Annahmen, dann scheint klar, dass sie sich in den griechisch-patristischen Quellen Eriugenas befinden. Als Beleg für die Einsicht, dass die vielen Arten in der Gattung eins sind, führt Eriugena eine Aussage des Ps.-Dionysius an, die allerdings in recht allgemeiner Form die Annahme von Partizipation des Vielen am Einen zum Ausdruck bringt.[99] Deutlich spezifischer ist ein Hinweis, der sich in der berühmten Einleitung zur Übersetzung der Ambigua des Maximus – gleichzeitig der Dedikationsbrief an Karl den Kahlen – befindet. Dort wird erläutert, welche wichtigen Einsichten dem Maximus zu verdanken seien. So habe dieser gelehrt:

> Von welcher Art der Herausgang sei, also die Vervielfältigung der göttlichen Güte, die durch alles, was ist, vom Höchsten immer abwärts hinabsteigt: zunächst durch das allgemeine Wesen aller, von dort durch die allgemeinsten Gattungen, von da durch die allgemeineren Gattungen, dann durch die bestimmteren Arten bis zur untersten Art, durch Differenzen und Proprietäten. Und wiederum, von welcher Art derselben, also der göttlichen Güte, Rückkehr sei, also ihre Sammlung durch dieselben Stufen, von

---

96 PL 122, 492 A: *Nam ΟΥΣΙΑ in genera et species diuiditur, corpus uero ueluti totum quoddam in partes separatur. Item corpus in partibus suis totum non est. ... E contrario autem ΟΥΣΙΑ tota in singulis suis formis speciebusque est, nec maior in omnibus simul collectis, nec minor in singulis ad inuicem diuisis. Non enim amplior est in generalissimo genere quam in specialissima specie, nec minor in specialissima specie quam in generalissimo genere.*
97 Der Begriff tritt zum ersten Mal nachweislich auf bei Garlandus Computista im 11. Jahrhundert (Dialectica, ed. van Rijk, Assen 1959, 103).
98 *Periphyseon* I 25 (PL 122, 472 B).
99 *Periphyseon* III 39 (PL 122, 737 D–738 A). Die Stelle findet sich in: Ps.-Dionysius Areopagita, *De divinis nominibus* XIII 2 (227,13–18 Suchla).

der unendlichen und verschiedenartigen Mannigfaltigkeit derer, die sind, bis hin zur einfachsten Einheit aller, die in Gott ist und die Gott ist.[100]

Dies ist nun nichts anderes als eine Kurzfassung der Darstellung, die Maximus in seinem zentralen Ambiguum 41 vom Prozess des Heraustretens der Dinge aus Gott und ihrer Rückkehr gegeben hatte.[101] Sie kann in der Tat als repräsentativ für Maximus' Verständnis der kosmischen Dimension der Heilsgeschichte und insofern eben auch für seine Universalientheorie betrachtet werden. Maximus zitiert übrigens an eben dieser Stelle dieselbe Dionysiuspassage über die Einheit des Vielen im Einen, die dann auch Eriugena anführt.[102] Gleichzeitig ist jedoch auch klar, dass Eriugena in diesen Worten so etwas wie eine Zusammenfassung seines eigenen Denkens gibt – einen stärkeren Beleg für die sachliche Verbundenheit, die der karolingische Autor an diesem Punkt selbst wahrnahm, kann es schwerlich geben.

Mit Bezug auf die Gesamtfragestellung dieser Untersuchung lässt sich also zusammenfassend feststellen, dass Eriugena einen wichtigen Beleg für die Hypothese eines Einflusses der griechisch patristischen Tradition auf frühmittelalterliche Universalienkonzeptionen liefert. Es scheint klar, dass sein Denken insgesamt und so auch seine Auffassung von Universalien geprägt ist von Optionen, die er bei den griechischen Kirchenvätern fand. Das wurde hier an seinem fundamentalen Verständnis von Einheit und Vielfalt in der Natur demonstriert. Die dabei sich ergebende Auffassung vom Universalen folgte erkennbar der insbesondere von Gregor und Maximus vorgegebenen Linie einer realistischen Collectio-Theorie: Gattungen, Arten und Individuen verhalten sich in einem qualifizierten Sinn zueinander wie Ganze und Teile, die wechselseitig und komplementär miteinander zusammenhängen, aufeinander bezogen sind und durcheinander erkannt werden.

Dabei ist ein Punkt noch besonders bemerkenswert. Es handelt sich bei der Weitergabe der Universalienproblematik von den griechischen Vätern an Eriu-

---

100 Eriugena, *Versio Ambiguorum S. Maximi, praefatio* (PL 122, 1095 B–D): ... *qualis sit processio, id est, multiplicatio divinae bonitatis per omnia, quae sunt, a summo usque deorsum, per generalem omnium essentiam primo, deinceps per genera generalissima, deinde per genera generaliora, inde per species speciales usque ad species specialissimas per differentias proprietatesque descendens. Et iterum, ejusdem, divinae videlicet, bonitatis qualis sit reversio, id est, congregatio per eosdem gradus ab infinita eorum, quae sunt, variaque multiplicatione usque ad simplicissimam omnium unitatem, quae in Deo est et Deus est.*
101 Maximus Confessor, *Ambigua* 41 (PG 91, 1304 D–1313 B); Eriugenas lateinische Übersetzung der Stelle: *Maximi Confessoris Ambigua ad Iohannum XXXVII* (CChSG 18, 179–186).
102 Maximus Confessor, *Ambigua* 41 (PG 91, 1313 A).

gena auch um eine Kontextveränderung. Eingangs war darauf hingewiesen worden, dass das Interesse der Kirchenväter am Universalienproblem beschränkt gewesen ist auf seine Klärung im Rahmen theologischer Erörterungen. Das ist bei Eriugena deutlich anders. Wohl ist auch er nicht in einem modernen Sinn an einer philosophischen Klärung dieses Problems interessiert. Dennoch ist es ein deutlicher Schritt vom Horizont Gregors oder Maximus' zu dem des karolingischen Denkers, der bei aller Selbstverständlichkeit, mit der der Rahmen des christlichen Weltbildes als normativ für die philosophische Erörterung anerkannt wird, doch einen viel deutlicher philosophisch akzentuierten Entwurf vorlegt, dessen Eckdaten ganz bewusst nicht durch einen unmittelbaren Bezug auf Lehren der Kirche begründet werden. Eriugenas Rezeption der patristischen Universalientheorien überträgt diese also aus ihren dort rein theologischen Zusammenhängen in einen Kontext, in dem sie als philosophische Theorien allererst vorgetragen und debattiert werden können. Die Verbindung zu theologischen Fragestellungen ist keineswegs gekappt, jedoch ist klar, dass es nicht ausschließlich diese sind, die Abhandlungen über die Universalienfrage rechtfertigen. Erst damit ist streng genommen die Möglichkeit gegeben, die von ihm übernommene Theorie als *eine* Theorie in eine Auseinandersetzung über das Universalienproblem einzubringen.

5. Abschließende Überlegungen

Bislang hat diese Untersuchung gezeigt, dass in der griechisch sprechenden Alten Kirche eine theologisch inspirierte, sich aber philosophisch ausdrückende Beschäftigung mit einem Aspekt des Universalienproblems existierte, die eine insgesamt erstaunlich einheitliche Theorie von allgemeiner oder universaler Natur (κοινὴ φύσις, καθόλου φύσις) hervorgebracht hat. Deren Merkmal ist eine realistische Vorstellung, nach der Arten und Gattungen konkrete Ganze sind, die ihre Unterarten bzw. Individuen als Teile umfassen. Dabei wird dies Verhältnis konzeptionell und terminologisch qualifiziert durch ein dynamisches Element, das durch das Begriffspaar potentiell – aktuell zum Ausdruck gebracht wird. Es wurde weiterhin deutlich, dass diese philosophisch-theologische Theorie zunächst von byzantinischen Autoren wie Maximus dem Confessor rezipiert wurde. In der Karolingerzeit übernahm sie Johannes Scotus Eriugena, gab ihr einen deutlich stärker philosophischen Zuschnitt und machte sie zu einem der Kerngedanken seines imposanten Gedankengebäudes.

Lässt sie sich aber darüber hinaus weiter verfolgen? Zeigt sie ihre Spuren in den beginnenden Auseinandersetzungen um das Universalienproblem im 12. Jahrhundert? Erst ein solcher Nachweis würde die Brücke von jenen patristischen Theorien zur mittelalterlichen Universaliendiskussion tatsächlich plausibel machen. Für eine solche Fortwirkung käme in erster Linie das Werk Eriugenas in Frage. Es handelte sich also aller Wahrscheinlichkeit nach um ein indirektes Weiterwirken der griechisch-patristischen Tradition. Freilich bietet auch die Untersuchung dieser Wirkungsgeschichte bis ins 12. Jahrhundert, als Eriugena namentlich bei Wilhelm von Malmesbury erwähnt wird,[103] aus Mangel an sicheren Quellen große Schwierigkeiten. Die Hinweise, die es gibt – sie wurden insbesondere von G. d'Onofrio ausgewertet[104] – deuten jedoch in eine Richtung, die für die hier zu verhandelnde Fragestellung relevant ist. Offenbar war es nämlich die sich entwickelnde Triviumsdisziplin der Dialektik, auf deren Ausbildung die Lektüre des Periphyseon oder von Ausschnitten daraus einen Einfluss hatte. Dafür spricht nicht zuletzt, dass eine solche Lesart ja tatsächlich durch das Werk Eriugenas nahegelegt wurde, „weil klar ist, dass die innere Struktur von Eriugenas Denken grundsätzlich eine besonders kühne Idee der Dialektik als Auslegungsschlüssel des Weltalls und seiner Prinzipien hervorbringt."[105] Der Grund für diese Affinität des Denkens Eriugenas zur Dialektik ist nun kein anderer als sein dihairetisches (und synthetisches) Herangehen an die Natur und das damit zusammenhängende Verständnis dieser als eines konkreten Ganzen, ein Verständnis, das – wie wir gesehen haben –, seine wesentlichen Wurzeln bei Maximus und Gregor hat. Entsprechend findet sich sein Hauptwerk auf folgende Weise in einem Bibliothekskatalog von Cluny aus dem 12. Jahrhundert verzeichnet:

> Dialog des Johannes Scotus von dem, was ist und dem, was nicht ist, von den Teilungen (*de divisionibus*) und Differenzen und weiteren Theorien.[106]

Auch Wilhelm von Malmesbury betont ausdrücklich die Nützlichkeit des Periphyseon zur Auflösung der Komplexität notwendiger Fragen (*propter perplexitatem necessarium quaestionum solvendam bene utile*[107]).

Ohne dass diesen Zusammenhängen im Detail nachgegangen werden kann, ist diese Beobachtung aus folgendem Grund hier von Bedeutung. Es ist nämlich klar, dass neben Logik und Grammatik die Dialektik eine wesentliche Wurzel für

---

103 Wilhelm von Malmesbury, *De gestis regum Angelorum* II 122, hg. W. Stubbs, London 1887, 131 f. Vgl. auch É. Jeauneaus, Le renouveau érigénien du XIIe siècle, in: W. Beierwaltes (Hg.), Eriugena Redivivus (s. Anm. 10), 26–46.
104 D'Onofrio (s. Anm. 10).
105 D'Onofrio (s. Anm. 10), 49. Die Relevanz Eriugenas für die karolingische Dialektik ist letztlich auch die Pointe der Studie von Schrimpf (s. Anm. 9), 21–71, der dafür insbesondere auf die Martianglossen hinweist.
106 L. Delisle, Le Cabinet des manuscripts de la Bibliothèque Nationale de Paris 2, Paris 1874, 476, Nr. 455 (Zitiert nach: d'Onofrio, s. Anm. 10, 51).
107 Wilhelm von Malmesbury, *De gestis regum Angelorum* II 122, hg. W. Stubbs, London 1887, 131 (zitiert nach: d'Onofrio, s. Anm. 10, 50).

das Interesse am Universalienproblem im 12. Jahrhundert darstellte.[108] Und zwar handelt es sich dabei zum einen um denjenigen Teil, der sich mit Teilung und Verknüpfung beschäftigte, zum anderen um den, der sich mit Ganzen und ihren Teilen befasste. Es ist nun ebendieser, „dialektische" Zugang zum Universalienproblem, der im 12. Jahrhundert eine Position hervorgebracht hat, die mit den bislang behandelten Ansichten die größte Ähnlichkeit hat, die in der Forschung so genannte Collectio-Theorie. Sie wird von Abaelard als eine Version des Realismus kurz so beschrieben:

> Einige nämlich nehmen an, das Universale sei nur in der Zusammenfassung der Vielen. Diese bezeichnen Sokrates und Platon als solche keinesfalls als eine Art, sondern sie nennen alle Menschen zusammengefasst die Art „Mensch", und alle Lebewesen zusammengenommen die Gattung „Lebewesen", und so bei den Übrigen.[109]

Einen weiteren Hinweis findet man in der doxographischen Darstellung des Johannes von Salisbury.[110] Diese erlaubt es, den bei Abaelard namentlich nicht genannten Gegner mit der in solchen Fällen gebotenen Vorsicht mit Joscelin (Gauslenus) von Soisson zu identifizieren.

Es existiert nun eine Schrift, die eben diese These deutlich und mit einiger Umsicht und argumentativem Geschick vertritt. Sie wurde von Victor Cousin zuerst unvollständig ediert und fälschlich Abaelard zugewiesen. Seither wird sie nach ihren Anfangsworten *De generibus et speciebus* genannt. Carl Prantl hat sie dem Joscelin zugesprochen, Peter O. King hat dieser Zuweisung jedoch widersprochen, da in einer von ihm eingesehenen Handschrift mehrfach auf die Autorität eines „m. Gos." (= magister Goslenus) verwiesen werde. Man wird es also wohl mit einem Schüler des Joscelin zu tun haben.[111] Prantl hat dem Text in einer ausführlichen Darstellung seinen Respekt nicht versagt,[112] Charles S. Peirce hat ihn gar „a work of superior order" genannt.[113] Prantl war auch der Erste, der zu

---

108 Libera (s. Anm. 2), z.B. 143, 146, 256f.
109 Petrus Abaelard, *Logica ,ingredientibus'*, hg. Geyer, 14,7–11: *Nam quidam universalem rem non nisi in collectione plurium sumunt. Qui Socratem et Platonem per se nullo modo speciem vocant, sed omnes hominess simul collectos speciem illam quae est homo dicunt et omnia animalia simul accepta genus illud quod est animal, et ita de ceteris.* Siehe auch A. J. Freddoso, Abailard on Collective Realism, in: Journal of Philosophy 75 (1978), 527–538.
110 Johannes von Salisbury, Metalogicon II 17, hg. J. A. Giles, Opera Omnia 5, Oxford 1848, 92.
111 P. O. King, Peter Abailard and the Problem of Universals, PhD Thesis Princeton (unveröffentlicht), 2 Bd. 1962, 1, 187f.
112 C. Prantl, Geschichte der Logik im Abendland 2, Leipzig 1861 (ND: Berlin 1955), 144–153, bes. 146, Anm. 149.
113 Ch. S. Peirce, Questions Concerning Certain Faculties Claimed for Man (1868), in: ders., Collected Papers 5, Cambridge (MA) 1934, 213–262, hier: 215, Anm. 2.

Recht gesehen hat, dass der in seiner jetzigen Form unvollständige Text ursprünglich ein Traktat *De divisione* war.[114] Er entstammt dem Kontext der Dialektik, ebenjener Tradition also, in der Eriugena offensichtlich bis ins 12. Jahrhundert eine gewisse Wirkung hatte.

Auf diesen Text soll abschließend ein Blick geworfen werden. Er enthält nach einer scharfsinnigen Kritik der wichtigen Universalientheorien seiner Zeit einen eigenen Lösungsversuch, der eingangs knapp so charakterisiert wird:

> Ein jedes Individuum ist aus Materie und Form zusammengesetzt, wie Sokrates aus der Materie des Menschen und der Form der ‚Sokratesheit'; so ist Platon aus einer *ähnlichen* Materie (nämlich des Menschen) und einer unterschiedlichen Form (nämlich der ‚Platonheit') zusammengesetzt; und so bei allen Menschen. Und so wie die ‚Sokratesheit', die Sokrates der Form nach bestimmt, nur in Sokrates ist, so ist jene Essenz ‚Mensch', die den Sokrates in Sokrates aufnimmt, nur in Sokrates. Und so bei (sc. allen) Individuen. Daher nenne ich Art nicht nur jene Essenz des Menschen, die in Sokrates ist [...], sondern jene ganze Gesamtheit, die aus jenen Materien besteht, also gewissermaßen eine Herde aus der Essenz des Menschen, der Sokrates aufnimmt, verbunden mit den anderen Einzelwesen dieser Natur.[115]

Die These ist also die: Die Art ist die Gesamtheit der Individuen, sofern sie Menschen sind. Der anonyme Autor wendet sich gegen die Annahme, die Menschen seien, sofern sie Menschen sind, schlechthin identisch. Dagegen spricht aus seiner Sicht z. B. die Tatsache, dass dem Menschsein des Sokrates alles Mögliche zustoßen kann, ohne dass es Platon etwas anhaben kann. Er kann krank werden oder sogar sterben, dasselbe muss für seinen Schüler nicht der Fall sein. Es wäre aber ebenso falsch, dies so zu erklären, dass Sokrates *als* Sokrates dies geschieht: Denn weder Kranksein noch Sterben ist etwas, was ihm zukommt, sofern er dies Individuum ist.[116]

Daraus wird zunächst die Konsequenz gezogen, dass es so viele menschliche Essenzen gibt, wie es Menschen gibt. Die Art ist dann nichts anderes als deren Summe, deren Gesamtheit. Was aber verbindet sie? Ist es eine nur äußerliche Ähnlichkeit? Das gibt auch der Nominalist zu. Der Verfasser von *De generibus*

---

114 Prantl (s. Anm. 112), 145.
115 Ps.-Gauslenus, *De generibus et speciebus* 85 (hg. P. O. King, s. Anm. 111, Bd. 2, 162*): *Unumquodque individuum ex materia et forma compositum est, ut Socrates ex homine materia et Socratitate forma; sic Plato ex simili materia (scilicet homine) et forma diversa (scilicet Platonitate) componitur; et sic de singulis homines. Et sicut Socratitas quae formaliter constituit Socratem numquam est extra Socratem, sic illis [?] hominis essentia quae Socratem sustinet in Socrate numquam est nisi in Socrate. Ita de singulis. Speciem igitur dico esse non illam essentiam hominis solum quae est in Socrate [...] sed totam illam collectionem ex illis materiis factam, id est unum quasi gregem de essentia hominis quae Socratem sustinet, aliis singulis huius naturae coniunctum.*
116 *De generibus* 33–38 (152* f. King).

jedoch meint, die auf diese Weise „gesammelten" (*collectae*) Essenzen seien nicht nur gleich, sondern als Ganzes eine Einheit. Warum? Die Antwort lautet: weil sie auf dieselbe Weise hervorgebracht worden sind (*quia similis creationis*). Zwar gilt nicht: *hoc est illud*, sehr wohl aber: *hoc erat cum illo*.[117] So sprechen wir von einem Stück Eisen, aus dem ein Messer und ein Stift gemacht werden, auch wenn genau genommen aus einem Teil davon das eine, aus einem anderen das andere gemacht wird.[118] Auf dieselbe Weise wird dem Argument begegnet, die Gesamtsumme der Menschen ändere sich dauernd und damit zwangsläufig die Bedeutung des Universalbegriffs, wenn dieser tatsächlich die *collectio* bezeichne. Dagegen heißt es, tatsächlich sei die Menschheit heute eine andere als vor 1000 Jahren oder auch als gestern, dennoch sei sie dieselbe (*eadem*), denn sie entstamme nicht einem anderen Ursprung (*creationis non dissimilis*). Auch Sokrates besteht als Erwachsener aus mehr Atomen als als Kind, dennoch bleibt er derselbe.[119]

An diesem Punkt wird deutlich, dass der Traktat, der auf den ersten Blick in den Bezügen der Diskussion des 12. Jahrhunderts aufzugehen scheint, mitnichten ohne Verbindung mit den vorher untersuchten Texten ist, auch wenn diese Verbindung sich nicht leicht als literarische Abhängigkeit nachweisen lässt. Wenn hier die Rede davon ist, dass die Spezies die ‚Materie' der Individuen ist, dann steht dahinter die Vorstellung einer Potenz, die sich aktualisiert. Die Verbindung eines solchen dynamischen Elements in der Spezies (der Verfasser denkt dies analog für Genera) mit dem Blick auf ihre Konstitution als Ganze entspricht der im Vorangehenden untersuchten Tradition. Die Art ist als ganze eine, weil sie denselben Ursprung hat, in dem sie potentiell bereits enthalten ist: Dies war die Position Gregors und Maximus' gewesen. Der Autor von *De generibus* drückt dies durch die Terminologie von Materie und Form aus, jedoch mit weitgehend gleichen Konsequenzen: *homo nominat aliquid materiatum ex homine, scilicet humanitate*.[120] Das Wort „Mensch" ist also gleichbedeutend mit „Menschheit" und bezeichnet diese primär als Ganze, sekundär dann auch in jedem einzelnen Individuum:

> Diese ganze Zusammenfassung (*collectio*) [sc. der Menschen] wird, obgleich sie wesentlich eine Vielheit ist, dennoch von den Autoritäten eine Art, ein Universale, eine Natur genannt, gleichwie ein Volk (obgleich es aus vielen Personen zusammengefasst ist) eines genannt wird.[121]

---

117 *De generibus* 90 (163* King).
118 *De generibus* 91 (163* King).
119 *De generibus* 112 f. (167* f. King).
120 Ebd.
121 *De generibus* 85 (162* King): *Quae tota collectio (quamvis essentialiter multa sit) ab auctoribus tamen una species, unum universale, una natura appellatur, sicut populus (quamvis ex multis personis collectus sit) unus dicitur.*

Es ist von besonderem Interesse, dass wir nun hier, im intellektuellen Umfeld des frühen Universalienstreites, klarer als zuvor eine Reflexion über die logischen Probleme finden, die mit diesem Ansatz verbunden sind. Wenn das Universale die Gesamtheit der Individuen einer Art (bzw. der Arten einer Gattung) ist, wie können jene dann von dieser ausgesagt werden, vorausgesetzt, dass Prädikation Inhärenz bedeutet? Der Autor hat einige interessante Antworten zu bieten. Er weist z. B. darauf hin, dass die Aussage: „Ich berühre die Wand", auch dann wahr sei, wenn ich sie nur mit einem Finger berühre.[122] Ebenso sagen wir, eine Gruppe von Menschen stehe neben einer Mauer, auch wenn nur einige aus der Gruppe tatsächlich direkt neben ihr stehen:

> Ähnlich bei der Art. Dennoch ist die Selbigkeit irgendeines Wesens dieser Menge gegenüber dem Ganzen größer als die irgendeiner Person gegenüber dem Heer; jenes nämlich ist dasselbe wie sein Ganzes, dieses aber ist [davon] verschieden.[123]

***

Blickt man so auf die hier verfochtene These, dann ist die Ähnlichkeit mit dem, was Gregor, Maximus und Eriugena vertreten hatten, zum Teil frappant. Das darf nun allerdings nicht die Tatsache verwischen, dass die Abhandlung *De generibus et speciebus* literarisch keine unmittelbaren Hinweise enthält, die darauf schließen ließen, ihr Autor sei mit Eriugena oder gar mit dessen griechischem Hintergrund vertraut gewesen. Er entfaltet sein Argument mit Bezug auf die zu seiner Zeit für solche Fragen einschlägigen Autoritäten, insbesondere Boethius. Dass es dort Stellen gibt, die sich in seinem Sinn deuten lassen, ist ebenfalls klar.[124] Mit den hier zur Verfügung stehenden Mitteln kann also nicht ein literarischer Beweis für das Weiterwirken der bis zu Eriugena eruierten Tradition geführt werden.

Stellt man die Frage freilich anders herum und richtet sie auf die Wahrscheinlichkeit, die dafür spricht, dass eine so exponierte Theorie, die auf der Oberfläche ganz sicher nicht die des Porphyrius oder des Boethius ist,[125] im 12. Jahrhundert elaboriert vertreten wurde, dann spricht doch einiges dafür, dass – z. B. über die Tradition der Dialektik – hier mit einer Rezeption der Auffassungen, die aus der griechischen Patristik an Eriugena weitergegeben wurden, zu rechnen ist. Mehr

---

122 *De generibus* 93 (163*f. King).
123 *De generibus* 93 (164* King): *Similiter de specie, quamvis maior sit identitas alicuius essentiae illius collectionis ad totum quam alicuius personae ad exercitum; illud enim idem est cum suo toto, hoc vero diversum.*
124 Z. B. Boethius, *In Porphyrium a se translatum* I (PL 64, 85 C). Diese Stelle wird bei Ps.-Gauslenus mehrfach angeführt (v. a. De generibus 86, 162* King).
125 Libera (s. Anm. 2), 128–132.

als eine solche Möglichkeit kann momentan nicht aufgezeigt werden, aber diese dürfte weitere und genauere Untersuchungen verdienen.

Ohne zukünftige Ergebnisse vorwegzunehmen, kann also Folgendes abschließend gesagt werden: Es kann und wird sicherlich nicht darum gehen, die Vorgeschichte des mittelalterlichen Universalienstreites neu zu schreiben, doch dürften die hier vorgestellten Zusammenhänge unser Bild von den Traditionslinien, die Antike und frühes Mittelalter verbinden, wiederum bereichern und komplettieren.

Abstract

This article raises the question of the existence of Patristic sources for the medieval debate on universals. It demonstrates how and that the problem of universals was adapted to the needs of Christian theology in the fourth century by Apollinaris of Laodicea and Gregory of Nyssa. It is then shown how Gregory's version of the theory influenced theologians and philosophers in Byzantium (Maximus Confessor) and in the Carolingian era (John Scotus Eriugena). Finally, on the basis of the anonymous treatise *De generibus et speciebus*, a link is tentatively established between that tradition and one prominent strand of 12th-century thought, the so-called collection theory of the universal.

Das Gold der Menia*

Ein Beispiel transkulturellen Wissenstransfers

Wolfram Brandes

Die folgenden Ausführungen verstehen sich als interdisziplinär, in erster Linie deshalb, weil der Verfasser gezwungen war, bei der Interpretation und Auswertung eines komplizierten Quellentextes seines unmittelbaren Fachgebietes – in diesem Falle der byzantinischen Geschichte – Fächergrenzen zu überschreiten. Es war erforderlich, sich in die Geschichte der Völkerwanderung des frühen 6. Jhs. zu begeben, was einem Byzantinisten ja eigentlich nicht schwer fallen sollte. Gleiches gilt für die Rolle der Varäger in Byzanz. Komplizierter und zeitaufwendiger war die Beschäftigung mit der altnordischen Literatur, namentlich mit einigen altnordischen Texten und den damit verbundenen Problemen. Es ist allerdings klar, daß nicht alle Probleme, die in diesem Artikel aufgeworfen oder auch nur angerissen werden, von einem Byzanzhistoriker geklärt werden können. Aber vielleicht finden sich Kollegen des jeweiligen Zuständigkeitsbereiches, die hier weitergehende Ideen haben und einige der aufgetauchten Rätsel lösen.

Die hier untersuchte Frage berührt eine Anzahl neuerdings viel diskutierter Probleme, das des „historischen Gedächtnisses", seiner Wandlungen im Laufe der Zeit und die Rolle von oraler und schriftlicher Überlieferung. Ein eher sekundäres Motiv[1] der nordischen Sage des hohen Mittelalters, eindeutig bezeugt frühestens im 13. Jh., wird auf eine historische Person aus dem ausgehenden 5. Jh. zurückgeführt, die vermutlich in langobardischen „Heldenliedern" genannt wurde. Verwendet in einer griechischen Heiligenvita sizilianischer Provenienz mit ausgesprochen legendären Charakter aus dem 8. Jh., gelangte es (vielleicht via Konstantinopel

---

* Eine Reihe von Kollegen hat mir mit Rat und Tat geholfen. Besonderer Dank gilt Beatrice La Farge sowie Julia Zernack (beide Frankfurt), die die Entstehung dieses Aufsatzes von Beginn an förderten. Sehr wichtige neue Gesichtspunkte steuerte in letzter Minute Ernst E. Metzner (Frankfurt) bei. Zu danken habe ich außerdem Daniel Föller (Frankfurt) für seine Unterstützung. Besonderer Dank gebührt aber Sigrid Amedick, der Bibliotheksleiterin des Max-Planck-Instituts für Europäische Rechtsgeschichte (Frankfurt), die mich auf unbürokratischste Weise bei der Beschaffung der benötigten Literatur unterstützte. Albrecht Berger (München) bewahrte mich einmal mehr vor peinlichen Fehlern. Weiteren Helfern wird in den Anm. 18 und 21 gedankt.

1 Die Fragwürdigkeit des Begriffs „Motiv" in diesem Zusammenhang ist evident. Vgl. etwa D. Mathy, Historisches Wörterbuch der Rhetorik V (2001) 1485–1495. Wird er hier dennoch verwendet, dann aus rein pragmatischen Gründen.

oder Sizilien) zwischen dem 9. und dem 12. Jh. (vermutlich im 11.) in den Norden, um dort Eingang in die Edda zu finden. Das setzt weite Wege – zeitliche, geographische und interkulturelle – voraus, die überwunden werden mußten und wurden.

In überlieferungstechnischer Hinsicht ergibt sich eine Mischung aus literarischer und oraler Überlieferung. Ich hoffe jedoch zeigen zu können, daß es sich keineswegs um eine „ungebrochene" orale Tradition handelte, die sieben oder acht Jahrhunderte im Verborgenen existierte, um dann urplötzlich ans Licht der (literarischen) Öffentlichkeit zu treten. Die wesentlichen verbindenden Glieder dieser Motivwanderung waren schriftlich fixierte „Geschichten" sowie die Verankerung dieser „Geschichten" in der Memoria eines byzantinischen Heiligen, dessen die orthodoxen Kirchen noch heute im Gottesdienst gedenken. „Schriftlichkeit (schafft) auch neue Traditionen bislang schriftloser Kulturen."[2] Diese zunächst banal klingende Feststellung von Johannes Fried, der sie allerdings mit zahlreichen Beispielen untermauern kann,[3] gilt auch für den Prozeß, der dazu führte, daß die langobardische Menia der Spätantike in Dichtungen der Edda integriert wurde.

Der ausgesprochene Reiz der hier vorgestellten Wanderung – was ja immer auch Wandlung bedeutet – einer Frauengestalt, die während dieser „Wanderung" mit bestimmten Eigenschaften ausgestattet wurde, die auch in völlig verschiedenen kulturellen und historischen Kontexten erhalten blieben, besteht darin, daß es sich um einen wirklich transkulturellen Prozeß handelt. Mehrere kulturelle, politische und geographische Grenzen wurden passiert. Das Wissen um die im Titel des Aufsatzes genannte Menia und ihr Gold überwandt auf unspektakuläre Weise Kulturgrenzen, gleichsam als Nebeneffekt wichtigerer Kulturkontakte. Da es um unser Wissen gerade um diese wichtigen Vorgänge immer noch schlecht bestellt ist,[4] kann dieser bescheidene Beitrag vielleicht auf einen der Kommunikationswege hinweisen, der vermutlich auch für andere Formen von Wissen zu unterstellen ist.

---

2   J. Fried, Der Schleier der Erinnerung. Grundzüge einer historischen Memorik. München 2004, 257.
3   Ders. (s. Anm. 2), 208–212 zum Problem der „Überschreibungen in den Erinnerungen schriftloser Kulturen".
4   Kürzlich hat M. McCormick, Origins of the European Economy. Communications and Commerce, A.D. 300–900. Cambridge 2001, gezeigt, wie vielfältig und intensiv die Kommunikationskanäle zwischen den frühmittelalterlichen Kulturen waren. Vermutlich hat auch er nur die „Spitze des Eisberges" erfassen können. Die mit dem Namen Pirenne verbundene Vorstellung von der „Schließung der Mittelmeerwelt" im 7. Jh., dem weitgehenden Abbruch der Kommunikation zwischen Osten und Westen der mediterranen Welt, erweist sich zunehmend als Fiktion.

Der Weg der hier untersuchten „Information" aus Liedern der Langobarden, vermutlich vermittelt durch latinophone Italiener an gräkophone Sizilianer (vielleicht auch direkt durch langobardische Söldner in byzantinischen Diensten), von da ins Byzantinische Reich, von dort (oder via Sizilien?) wahrscheinlich durch skandinavische Varäger oder über die Normannen, die sich im 11. Jh. in Unteritalien und Sizilien festsetzten (siehe unten S. 207), nach Skandinavien getragen, bis nach Island, ist erstaunlich und in dieser Weise bisher so noch nicht nachgewiesen worden. Man sollte ihn dennoch nicht als einsame Ausnahme ansehen, sondern eher als Indiz dafür, was alles möglich war im frühen Mittelalter und den folgenden Jahrhunderten. Der Umstand, daß vergleichbare Fälle in der einschlägigen Literatur so bisher nicht notiert wurden,[5] ist keineswegs als Beweis für eine Singularität anzusehen. Man hat nie nach ihnen gesucht, da der hier skizzierte Überlieferungsweg in den Augen der traditionellen Forschung zunächst absurd erscheinen mag, doch ein Blick über den Zaun des eigenen Fachs – also praktizierte (nicht nur postulierte) Interdisziplinarität – vermag gelegentlich Zusammenhänge aufzudecken, die erstaunlich sind. Jedenfalls lassen sie erahnen, wie vielfältig Kommunikationszusammenhänge im Mittelalter sein konnten, und daß die Erforschung interkultureller Wissensübermittlung nach wie vor eine wichtige Aufgabe einer interdisziplinären mediävistischen Forschung darstellt.

1. Menia in der Edda

Unter den Götterliedern der Edda findet sich der *Grottaso̧ngr*, das „Lied von der Mühle Grotti".[6] Eine Prosafassung und das Lied selbst sind in zwei Handschriften

---

[5] Siehe jedoch M. Mundt, Zur Adaption orientalischer Bilder in der Fornaldarsögur Norðlanda. Frankfurt am Main usw. 1993; F. R. Schröder, Skandinavien und der Orient im Mittelalter, Germanisch-Romanische Monatsschrift 8 (1920) 279–289; R. Cook, Russian History, Icelandic Story, and Byzantine Strategy in Eymundar pattr Hringssonar, Viator 17 (1986) 65–89; in dem umfassenden Artikel „Old Norse-Icelandic Literature, Foreign Influence on" von M. E. Kalinke in dem repräsentativen Band Medieval Scandinavia. An Encyclopedia, ed. by Ph. Pulsiano et al. New York/London 1993, 451–454, werden die verschiedensten Literaturen aufgelistet, die Spuren in der altnordischen Literatur hinterlassen haben. Die griechisch-byzantinische Literatur (oder „Motive", die auf diese zurückgeführt werden könnten) kommt nicht vor!

[6] K. von See/B. La Farge/E. Picard/K. Schulz, Kommentar zu den Liedern der Edda, III: Götterlieder. Heidelberg 2000, 837–964: *Grottasongr*. Hier finden sich alle notwendigen Informationen, eine extensive Bibliographie sowie Text und deutsche Übersetzung. Ein kurzer Überblick bei H.-P. Naumann, RGA XIII (1999) 98–100 (s. v. Grotta söngr); siehe auch J. de Vries, Altnordische Literaturgeschichte, I (Grundriß der germanischen Philologie, 15). Berlin 1964, bes. 95–98; J. Harris, in: Medieval Scandinavia (wie Anm. 5), 244 f.

der *Snorra Edda* aus dem 14. Jh. überliefert. D. h. aber, daß dieser Text handschriftlich nicht vor dem 14. Jh. greifbar ist, obwohl er bereits im 13. Jh. verfaßt wurde.⁷

Im *Grottasǫngr* wird die Geschichte von König Fróði von Dänemark erzählt,⁸ der in Schweden „zwei Mägde" (also Sklavinnen) kaufte, Riesinnen, die Fenia und Menia hießen. Diese „waren groß und stark". „In jener Zeit gab es in Dänemark zwei so große Mühlsteine, daß niemand so stark war, daß er sie zu ziehen vermochte; aber die Mühle hatte die Eigenschaft, daß das gemahlen wurde, was derjenige bestimmte, der mahlte: diese Mühle hieß Grotti. ... König Fróði ließ die Mägde zu der Mühle führen und bat sie, für Fróði Gold und Frieden und Glück zu mahlen."⁹ Fróði jedoch zeigte sich zu gierig und zwang Menia und Fenia ohne Unterlaß weiterzumahlen. Solches Verhalten wird umgehend bestraft. Die beiden mahlten jetzt ein Heer des Seekönigs Mýsingr (herbei). Dieser besiegt Fróði und bemächtigte sich nun seinerseits Menias, Fenias und der Mühle *Grotti*. Mýsingr befahl nun, daß Salz gemahlen werde, und da auch er den richtigen Zeitpunkt aufzuhören verpaßte, wurde Salz gemahlen, bis die Schiffe sanken. Seitdem ist das Meer salzig.

Soweit in Kurzfassung der Inhalt der Prosafassung. Der Inhalt der Liedfassung ist entsprechend, hat jedoch einen größeren Umfang und berichtet weitere Einzelheiten,¹⁰ die im hier untersuchten Zusammenhang von Interesse sind. Besonders ist zu betonen, daß Menia – zusammen mit ihrer Schwester Fenia – in der Lage ist, Gold und Reichtum zu schaffen. Auf Fenia soll hier nicht weiter eingegangen werden. Vermutlich ist sie eine Zugabe der nordischen Dichtung. Beide Namen reimen.¹¹

Menia und Fenia werden ausdrücklich als „zwei Zukunftskundige" vorgestellt.¹² Auch diese spezifische Eigenschaft gilt es festzuhalten. Menia und Fenia sind Riesinnen, aus einem Geschlecht von Riesen stammend, und mithin haben sie Anteil an den spezifischen Eigenschaften der Riesen in der altnordischen Literatur.¹³ Eine neuere Untersuchung jedoch bemerkte eine Abweichung vom sonst ge-

---

7 Zur handschriftlichen Überlieferung siehe von See et al. (s. Anm. 6), 838 f.
8 Zu Fróði siehe H. Beck, RGA X (1998) 92 f.; von See et al. (s. Anm. 6), 845.
9 Übersetzung nach von See et al. (s. Anm. 6), 858 f. (I,10–12: *Fróði konungr sótti heimboð í Svíþióð til þess konungs er Fiolnir er nefndr. þa keypti hann ambáttir.ii. er héto Fenia ok Menia; þær vóro miklar ok sterkar*). Siehe dazu den Kommentar a.a.O. 862 f.
10 Siehe von See et al. (s. Anm. 6), 868–964: Liedfassung mit Text, Übersetzung und Kommentar.
11 Siehe von See et al. (s. Anm. 6), 870 f. mit Belegen für analoge Fälle und Ausführungen zur (umstrittenen) Etymologie. Es ist eigenartig, aber offensichtlich ist Fenia früher, besser und häufiger belegt als Menia.
12 Siehe von See et al. (s. Anm. 6), 868 (*framvísar tvœr*), mit Kommentar auf S. 869 f.
13 Siehe allgemein L. Petzoldt, RGA XXIV (2003) 601–607 (s. v. Riesen) mit der älteren Literatur; L. Motz, in: Medieval Scandinavia (wie Anm. 5), 622 f.

läufigen Schema der Darstellung der Riesen. „Ganz einzigartig und grundlegend unterschieden von jedem anderen Auftreten riesischer Figuren in der Götter- und Menschenwelt ist Grt. (= *Grottasǫngr*) außerdem darin, daß hier bis zum Schluß die Riesinnen die überlegene Position innehaben, ihrem Status als Sklavinnen zum Trotz. In allen anderen Texten behält der göttliche oder menschliche Held die Oberhand und ist letztlich siegreich." Außerdem ist auffällig, daß *Grottasǫngr* „als einziges eddisches Lied durchgehend aus riesischer Perspektive spricht".[14]

Sog. Kenningar, Sinnsprüche metaphorischer Art,[15] in anderen altnordischen Texten bezeugen die Bekanntheit der Menia. In der Edda (Handschrift um 1270) wird sie auch noch in der *Sigurðarkviða in skamma* (52,5) erwähnt: *Meni góð* („Gut der Menia"), womit auf die Gold mahlende Riesin und das von ihr „Gemahlene", eben Gold, angespielt wird.[16]

In der Skaldendichtung gibt es bereits aus dem 10. Jh. Hinweise auf die Mühle Grotti, doch taucht hier der Name Menias offensichtlich nicht auf. In der *Rímur*-Dichtung, die allerdings erst durch Handschriften aus dem 16. Jh. überliefert ist, ist die Rede von *Meniu malt*, „Malz der Menia", im Sinne von Gold. Weitere Beispiele sind bekannt.[17]

Halten wir also fest: Die isländische Literatur, eindeutig seit dem 13. Jh. bezeugt, wenn auch sicher erhebliche Zeit älter, kennt eine Menia (und eine Fenia). Diese konnte (u. a.) Gold schaffen (mahlen), war eine „Magd" – also eine Sklavin – aus Riesengeschlecht. Sie war mithin überaus stark, und sie konnte die Zukunft voraussehen. Das ist keine Heldensage o. ä., auch nicht *in nuce*. Aber es handelt sich um einen eindeutig überlieferten weiblichen Personennamen, deren Trägerin mit einigen identifizierbaren Eigenschaften ausgestattet wurde.

Über die genaue Etymologie des Namens herrscht Unklarheit in der Forschung. Es besteht aber eine etymologische Verbindung zu einem Substantiv *men* mit den Bedeutungsnuancen „Halsband", „Ring".[18] Sicher erscheint es aber angesichts der Forschungslage, daß er germanisch ist.[19]

---

14 K. Schulz, Riesen. Von Wissenshütern und Wildnisbewohnern in Edda und Saga. Heidelberg 2004, 96f.
15 Zum Begriff *Kenning* (pl. *Kenningar*) siehe E. Marold, RGA XVI (2000) 432–442; F. Amory, in: Medieval Scandinavia (wie Anm. 5), 351f.
16 Edda. Die Lieder des Codex Regius nebst verwandten Denkmälern, hg. von G. Neckel, I: Text (Germanische Bibliothek, 2. Abt., 9). Heidelberg ³1936, 210; zur *Sigurðarkviða in skamma*, vermutlich entstanden zwischen 1200 und 1250 siehe M. J. Driscoll, in: Medieval Scandinavia (wie Anm. 5), 583f.
17 Siehe von See et al. (s. Anm. 6), 843 und bes. 871; zur *Rímur*-Dichtung siehe P. A. Jorgensen, in: Medieval Scandinavia (wie Anm. 5), 536f.
18 Siehe u. a. W. Bruckner, Die Sprache der Langobarden (Quellen und Forschungen zur Sprach- und Kulturgeschichte der germanischen Völker, 75). Straßburg 1895, 283 (as. *meni*, ahd. *meni* – Halskette, Halsschmuck; er erwähnt aber Menia selbst nicht);

2. Historische Personen namens Menia

In der umfangreichen Literatur zu der Riesenmagd Menia der altnordischen Dichtung wurde m. W.[20] nie auf die in schriftlichen Quellen sicher bezeugten Trägerinnen des Namens Menia eingegangen oder auch nur ansatzweise die Vermutung formuliert, daß es zwischen historischen Trägerinnen dieses Namens und der Gold mahlenden Riesenmagd Menia der Edda einen Zusammenhang geben könnte. Schon aus diesem Grund erscheint es angebracht, sich diesen Frauen zuzuwenden.

Bisher sind nur zwei historische Frauen namens Menia eindeutig belegt. Die eine kann kurz abgehandelt werden. Im Polyptychon, also dem Besitz- und Abgabenverzeichnis, des Klosters des Hl. Remigius (Saint-Remi) in Reims wird eine Menia erwähnt. In dem Teil des Polyptychons, der vor 848 datiert wird, erscheint diese Menia als ansässig in Courtisols an der Marne (arrondissement Châlons, canton Marson). Sie hatte Abgaben an das Kloster Saint-Remi zu entrichten, hatte drei Kinder und war offensichtlich alleinstehend. Sie war aber persönlich frei

---

J. de Vries, Altnordisches etymologisches Wörterbuch. Leiden ²1977, 384 (*men* – Halsschmuck, Geschmeide von germ. *manja), mit Verweis auf E. Gamillscheg, Romania Germanica. Sprach- und Siedlungsgeschichte der Germanen auf dem Boden des alten Römerreiches, II (Grundriß der germanischen Philologie, 11/2). Berlin 1935, 151, der ein „langobardisches Hundehalsband" als Bedeutung angibt; N. Francovich Onesti, Vestigia langobarde in Italia (568–774). Lessico e antroponimia. Roma 1999, 171: „Da **mein-* < germ. **magin-* ‚potenza'?"; E. Förstemann, Altdeutsches Namenbuch, I: Personennamen. Bonn 1900, 1125 erwägt Zuordnung zu einem hypothetischen Stamm *MIM-*; H. Kaufmann, Ergänzungsband zu E. Förstemann, Altdeutsche Personennamen. München 1968, 259 bietet keine weiteren Erkenntnisse; G. T. Gillespie, A Catalogue of Persons Names in German Heroic Literature (700–1600). Oxford 1973, 48 erwähnt Menia nur en passant im Zusammenhang mit dem Dänenkönig Fróði. Siehe auch Edda. Die Lieder des Codex Regius nebst verwandten Denkmälern, hg. von G. Neckel, II: Kommentierendes Glossar (Germanische Bibliothek, 2; Abt. 9). Heidelberg ³1936, 118: *men* – Halsband, …, *mork menia* – Land auf dem glänzende Halsbänder liegen, „Kenning für die ringbehängte Brynhild, die ihre Schätze verteilt", Kleinode, Schätze. Ich danke an dieser Stelle herzlichst Pierguiseppe Scardigli, der mich auf die Arbeit seiner Schülerin Francovich Onesti aufmerksam machte.

19 Entsprechend sind die Überlegungen von V. Veselovskij, Iz istorija romana i povesti, Sbornik otdelenija russkago jazyka i slovesnosti Imperatorskoj Akademii Nauk, 40. Sanktpeterburg' 1886, 115 f. über eine Verbindung zu Hephaistos und dem ganz in der Nähe von Taormina gelegenen Ätna oder der sizilianischen Stadt Menai (vgl. zu dieser W. Kroll, RE XV/1 [1931] 698) hinfällig. Weitere Überlegungen Veselovskijs über eine Etymologie des Namens Menia im Kontext des Griechischen oder Lateinischen gehen in die Irre angesichts der Tatsache, daß Menia germanischen Ursprungs ist. Siehe die folgenden Ausführungen.

20 Zumindest verzeichnen von See et al. (s. Anm. 6) nichts, was in diese Richtung deuten könnte.

(*Menia ingenua cum infantibus III*).²¹ Zwar stammt diese Menia nicht aus der Oberschicht, auf die man sich zu konzentrieren hat, jedoch zeigt dieser Beleg, daß es sich um einen germanischen Namen handelt dürfte, wenn auch um einen außerordentlich seltenen und keineswegs mit der üblichen Zweigliedrigkeit.

Von größerem Interesse ist die zweite Menia. In der *Historia Langobardorum codicis Gothani* (überliefert in der Handschrift Memb. I 84 der Forschungs- und Landesbibliothek zu Gotha), die eine christianisierte und prokarolingische Überarbeitung der *Origo gentis Langobardorum* aus dem beginnenden 9. Jh. (vor 810 in Norditalien entstanden) darstellt, die in den meisten Handschriften des *Edictus Rothari* aus dem Jahre 643 bzw. der *Leges Langobardorum* überliefert ist,²² findet sich die bemerkenswerte Mitteilung: *Mater autem Audoin nomine Menia uxor fuit Pissae regis. Audoin ex genere fuit Gausus.*²³ Audoin ist der aus verschiedenen Quellen gut bekannte Langobardenkönig.²⁴

Daß Menia keineswegs eine korrupt überlieferte Namensform ist, belegt auch das eben zitierte Polyptychon von Saint-Remi.²⁵ Dennoch ist Menia kein „normal" gebildeter Name.

---

21 J.-P. Devrœy, Le polyptique et les listes des cens de l'abbay de Saint-Remi des Reims (IXᵉ–XIᵉ siècles). Reims 1984, 21. Diesen wichtigen Beleg verdanke ich Hans-Werner Goetz, dem an dieser Stelle herzlichst gedankt sei.

22 Zuletzt ausführlich (unter Nennung der relevanten Literatur) W. Pohl, Werkstätte der Erinnerung. Montecassino und die Gestaltung der langobardischen Vergangenheit (MIÖG-Ergbd., 39). Wien/München 2001, bes. 118 ff. und passim. Bei Pohl finden sich die relevanten Hinweise auf Entstehung und Entwicklung der langobardischen Herkunftsvorstellungen. Siehe auch Fried (s. Anm. 2), 244–251.

23 Historia Langobardorum codicis Gothani, ed. G. Waitz. MGH. Scr. rer. Lang. 7–11, hier 9,13 f. (cap. 5): *Et post Waltarene regnavit Audoin. …* (wie oben im Text).

24 L. Schmidt, Älteste Geschichte der Langobarden. Ein Beitrag zur Geschichte der Völkerwanderung. Inaug.-Diss. Leipzig 1884, 57 mit Anm. 6; ders., Die Ostgermanen. München ²1969, 580 f.; zum Namen siehe M. Schönfeld, Wörterbuch der altgermanischen Personen- und Völkernamen (Germanische Bibliothek, IV/2). Heidelberg 1911, 37; H. Reichert, Lexikon der altgermanischen Namen, I (Thesaurus Palaeogermanicus, 1). Wien 1987, 96; N. Wagner, Ostgermanisch-alanisch-hunnische Beziehungen bei Personennamen, in: Studien zur deutschen Literatur des Mittelalters, hg. von R. Schützeichel. Bonn 1979, 11–33, hier 11; siehe noch PLRE III, 152 f.; R. Wenskus, RGA I (1973) 475 f.; R. Schneider, Königswahl und Königserhebung im Frühmittelalter (Monographien zur Geschichte des Mittelalters, 5). Stuttgart 1972, 17–21; H. Fröhlich, Studien zur langobardischen Thronfolge von den Anfängen bis zur Eroberung des italienischen Reiches durch Karl den Großen (774), phil. Diss. Tübingen 1980, 57 f.

25 Siehe eben bei Anm. 20. Förstemann (s. Anm. 18), 1125 führt diese Menia an, nicht aber die Mutter des Audoin. Reichert (s. Anm. 24) übergeht Menia überhaupt.

"Pissa" ist der auch aus anderen Quellen bekannte thüringische König Bisin/Basin.[26] Es gab also eine Menia, die zunächst mit Basin, dem König der Thüringer, verheiratet war, später jedoch – die genauen Umstände sind unbekannt[27] – einen Mann heiratete, der ein *Gausus* war, also wohl gautischer Herkunft, also Angehöriger eines Volkes, das man gewöhnlich in Südschweden lokalisiert, das aber auch nachweisbar im frühen 6. Jh. in Mittel- und Südeuropa aktiv wurde.[28] Wobei dieser Volksname im Langobardischen erwartungsgemäß in einer Form nach der sog. zweiten Lautverschiebung (also *Gausus*) erscheint. Der eigentliche Name des Vaters Audoins bleibt unbekannt.

Man mag angesichts des Umstandes, daß diese Menia, die Mutter Audoins, nur in der *Historia Langobardorum codicis Gothani* auftaucht, nicht jedoch im genealogischen Prolog des *Edictus Rothari*, bei Paulus Diaconus oder in anderen langobardischen Quellen,[29] Zweifel an ihrer Historizität hegen. Es ist jedoch zu

---

26 Siehe N. Wagner, Namenkundliches zur Herkunft des großthüringischen Königsgeschlechts, BNF N.F. 16 (1981) 263f. mit Anm. 35, wo die ältere einschlägige Literatur genannt wird. Siehe auch Anm. 31.

27 Wagner, BNF N.F. 16 (1981) 263 geht davon aus, daß sie verwitwet war, als sie den "Gausus" heiratete. Das ist sehr wahrscheinlich.

28 H. Birkhan, Gapt und Gaut, ZDA 94 (1965) 1–16; N. Wagner, Gausus und Harodus. Odinsnamen oder Stammesnamen in germanischen Königsgenealogien, BNF N.F. 13 (1978) 241–260; ders., Getica. Untersuchungen zum Leben des Jordanes und zur frühen Geschichte der Goten (Quellen und Forschungen zur Sprach- und Kulturgeschichte der germanischen Völker N.F. 22 [146]). Berlin 1967, 169f.; Schneider (s. Anm. 24), 18f.; Francovich Onesti (s. Anm. 18), 170; siehe schon Schönfeld (s. Anm. 24), 103f.; E. Schwarz, Germanische Stammeskunde. Heidelberg 1956, 85, 205–207; zuletzt E. E. Metzner, Ein erstes europazentriertes Weltbild: Das alt- und angelsächsische Wissensgedicht „Widsith" um Alboin in Italien, in: Raumerfahrung – Raumerfindung. Erzählte Welten des Mittelalters zwischen Orient und Okzident, hg. von L. Rimpau/P. Ihring. Berlin 2005, 17–35, hier 28. Zum Angriff von Gauten unter Hygelac (berichtet im Beowulfepos, bei Gregor von Tours oder im *Liber historiae Francorum*) etwa 523 auf fränkische Gebiete am Niederrhein siehe G. Storms, The Siginificance of Hygelac's Raid, Nottingham Medieval Studies 14 (1970) 3–26, der mit guten Gründen meinte, daß die Gauten Hygelacs im Einvernehmen mit Theoderich dem Großen gegen die Franken agierten. Sie waren also durchaus in die völkerwanderungszeitlichen Auseinandersetzungen verwickelt und unterhielten enge Kontakte (freundschaftliche oder feindliche) zu den wichtigsten Reichen dieser Zeit.

29 Siehe Pauli Diaconi Historia Langobardorum, edd. L. Bethmann/G. Waitz. MGH Scr. rer. Lang., 60,12–13 (I 22): *Post quem* (scil. Waltari) *nonus Audoin regnum adeptus est. Qui non multo post tempore Langobardos in Pannoniam adduxit*; Edictus Rothari, ed. F. Bluhme, MGH Leges III. Hannover 1868, 1–3; in den von M. Sandmann, Herrscherverzeichnisse als Geschichtsquellen. Studien zur langobardisch-italischen Überlieferung (Münstersche Mittelalterschriften, 41) München 1984, untersuchten Herrscherlisten taucht Menia, wie im Prolog des Edictus Rothari, nicht auf. Letzterer erwähnt immerhin (2,18) *Audoin ex genere Gausus*.

beachten, worauf kürzlich erst Walter Pohl hingewiesen hat,[30] daß in der *Origo gentis Langobardorum* sowie in der *Historia Langobardorum codicis Gothani* die Frauen der jeweiligen langobardischen Königsdynastien eine ungewöhnlich wichtige Rolle spielten. Außerdem wird der Quellenwert der Langobardengeschichte der Gothaer Handschrift allgemein als hoch eingestuft.[31]

Es bleibt festzuhalten, daß die Mutter des Langobardenkönigs Audoin Menia hieß. Als die Großmutter des wohl berühmtesten Königs dieses germanischen Stammes, Alboin, der sein Volk 568 nach Italien führte, so sollte man meinen, war sie nicht unbekannt, auch wenn sie nur in der *Historia Langobardorum* der Gothaer Handschrift namentlich erwähnt wird.

Die angesprochen Verwandtschaftsverhältnisse stellen sich mithin so dar:

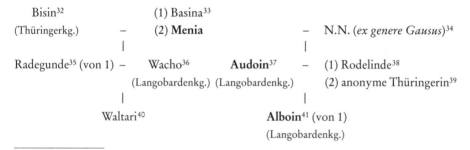

---

30 W. Pohl, Gender and Ethnicity in the Early Middle Ages, in: Gender and the Transformation of the Roman World: East and West 300–900, ed. by L. Brubaker/J.M.H. Smith. New York 2004, 23–43, hier bes. 36–39; ders., RGA XXII (2003) 183–189 (s.v. Origo gentium, § 3 Langobarden), bes. 186f.
31 Siehe zuletzt Pohl (s. Anm. 22), 128f.; Wagner, BNF N.F. 16 (1981) 263: „Der Sachverhalt weist aus, daß hier eine gute Tradition vorliegt."
32 Wagner, BNF N.F. 16 (1981) 258–268, bes. 259–263; PLRE II, 244; Reichert (s. Anm. 24), 116f., 140; R. Wenskus, RGA III (1978) 45f.; W. Lippert, Beiträge zur ältesten Geschichte der Thüringer, Zeitschrift des Vereins für Thüringische Geschichte und Altertumskunde N.F. 3 (1883) 239–316, hier 269. Siehe schon Anm. 25.
33 Zu ihr siehe PLRE II, 218; Lippert, Zeitschrift des Vereins für Thüringische Geschichte und Altertumskunde N.F. 3 (1883) 270f.; Wagner, BNF N.F. 16 (1981) 260; siehe zuletzt H. Grahn-Hoek, Gab es vor 531 ein linksrheinisches Thüringerreich? Zeitschrift des Vereins für Thüringische Geschichte 55 (2001) 15–55, bes. 42–52; Reichert (s. Anm. 24), 116f.
34 Siehe eben Anm. 27.
35 PLRE III, 1077; erste Gattin des Wacho; Origo gentis Langobardorum, ed. Waitz, 4,1f. (cap. 4): ... *Raicundam, filia Fisud regis Turingorum*; Pauli Historia Langobardorum, edd. Bethmann/Waitz, 60,2 (I 21): ... *Raicundam, filiam regis Turingorum*; Historia Langob. cod. Goth., ed. Waitz, 9,6f. (cap. 4): ... *Ranigunda, filia Pisen regis Turingorum*. Wagner, BNF N.F. 16 (1981) 263f. setzt die Namensform Radegunde an, was gut zum Namen der berühmten Hl. Radegunde, der Tochter des Thüringerkönigs Bertachar paßt; siehe auch Dens., Zur Herkunft der Agilolfinger, ZBLG 41 (1978) 19–48, hier 19f.; Reichert (s. Anm. 24), 547–549.

Nach der langobardischen Überlieferung hieß die Mutter Alboins Rodelinde.[42] Prokop jedoch berichtet in seinem „Gotenkrieg", daß Justinian dem Audoin die Schwester des Amalafrid (deren Namen nicht genannt wird), mithin Tochter des letzten Thüringerkönigs Herminafrid, zur Gattin gegeben habe.[43] Audoin hatte also zwei Ehefrauen. Die Rodelinde der langobardischen Überlieferung war nicht mit der thüringischen Prinzessin identisch.[44] Jedenfalls ist die Beziehung der Familie der Menia zu den Thüringern bemerkenswert. Sie war Mutter bzw. Großmutter der beiden bedeutendsten Langobardenkönige: Audoin, der sein Volk nach Pannonien führte (*ipse adduxit Langobardos in Pannonia*, wie es in der *Origo* [cap. 5] heißt) und Alboin, der das italienische Langobardenreich begründete.

---

36 PLRE III, 1350 (s.n. Vaces [sic!]); Schneider (s. Anm. 24), 14–19; Reichert (s. Anm. 24), 741; Schönfeld (s. Anm. 24), 248f.

37 Siehe eben Anm. 22.

38 Wagner, ZBLG 41 (1978) 33; Schmidt, Ostgermanen (wie Anm. 24), 580; Schneider (s. Anm. 24), 18; Fröhlich (s. Anm. 24), 66. Zum Namen siehe Francovich Onesti (s. Anm. 18), 203. Eventuell war sie mit Wacho verwandt.

39 Schwester des Amalafrid (Sohn des Herminafrid von Thüringen): Procopii Caesariensis opera omnia, rec. J. Haury, II. Leipzig 1963, 626,5–8 (IV 25,12); Wagner, ZBLG 41 (1978) 21; Schneider (s. Anm. 24), 19; Fröhlich (s. Anm. 24), 61.

40 Siehe zu ihm PLRE III, 1399. Er regierte als Kind sieben Jahre. Audoin amtierte während dieser Zeit für ihn und wurde nach seinem frühen Tod sein Nachfolger (ca. 548/549). Seine Mutter war Selinga, Tochter eines Herulerkönigs und dritte Gattin des Wacho – siehe PLRE III, 1107.

41 Zu Alboin siehe PLRE III, 38–40; R. Wenskus, RGA I (1973) 132f.; zum Namen siehe Wagner (s. Anm. 24), 11f.; Schönfeld (s. Anm. 24) 13; Schneider (s. Anm. 24), 18–23.

42 Origo gentis Langobardorum, ed. Waitz, 4,10 (cap. 5): ... *cui mater est Rodelenda*; so auch die Historia Langob. cod. Goth., ed. Waitz, 9,15 (cap. 5); nach der *Origo* dann auch Pauli Historia Langobardorum, edd. Bethmann/Waitz, 68,33f. (I 27). Zum Namen siehe Francovich Onesti (s. Anm. 18), 203.

43 Gregorii episcopi Turonensis libri historiarum X, edd. B. Krusch/W. Levison. MGH Scr. rer. Mer. I/1, 99,14–100,3 (III 4); Proc. bell. Goth., ed. Haury, 626,4–7 (IV 25,12). Nach der heimtückischen Ermordung des letzten Thüringerkönigs Herminafrid (a. 534) waren dessen Witwe Amalaberga und ihre Kinder ins Gotenreich geflohen. Dort fielen sie Belisar in die Hände, der sie nach Konstantinopel brachte. Prokop nennt nicht den Namen der Schwester des Amalafrid. Dieser machte im byzantinischen Heer Karriere. Im Jahre 552 führte er ein römisches Heer (wahrscheinlich als *magister militum* [*vacans*?]), das die Langobarden gegen die Gepiden unterstützen sollte. Zu diesem siehe PLRE III, 50f.; Schönfeld (s. Anm. 24), 15; F. E. Wozniak, Byzantine Diplomacy and the Lombard-Gepidic Wars, Balkan Studies 20 (1979) 139–158; P. Lakatos, Quellenbuch zur Geschichte der Gepiden (Acta Universitatis de Attila József nominatae. Acta antiqua et archaeologica, 17; Opuscula Byzantina, 2). Szeged 1973, bes. 77ff.

44 So mit einleuchtenden Argumenten Schmidt (s. Anm. 24), 581 mit Anm. 2.

Paulus Diaconus (am Ende des 8. Jhs.) berichtet an mehreren Stellen von langobardischen Heldenliedern,⁴⁵ in denen Alboin besungen wurde. „Alboins Name aber wurde weit und breit so berühmt, daß bis heute sein Edelmut und sein Ruhm, sein Glück und seine Tapferkeit im Kriege bei den Bayern, Sachsen und anderen Völkern dieser Sprache in Liedern gepriesen werden."⁴⁶ Daß diese Heldenlieder über Alboin wirklich so verbreitet waren, wie Paulus berichtete, beweist z. B. das berühmte altenglische Widsithlied aus dem 7. (oder 8.?) Jh. Hier taucht Alboin (*Ælfwine*) als König von Italien auf, der als der großzügigste Herrscher gepriesen wird.⁴⁷ Alboin steht im Zentrum des Widsithlied, was vor allem darin zum Ausdruck kommt, daß die fünf Zeilen (von 143), die genau die Mitte des gesamten Liedes bilden, eben ihn (*Ælfwine*, dem Sohn des *Eadwine* [Audoin]) in den höchsten Tönen loben.⁴⁸ Alboin († 572) ist nicht nur die jüngste identifizier-

---

45 Zu diesem Komplex siehe U. Müller, RGA XVIII (2001) 93–102 (s. v. Langobardische Sagen); in einem weiteren Kontext H. Beck, RGA XIV (1999) 260–282 (s. v. Held, Heldendichtung und Heldensage); siehe bes. O. Gschwantler, Versöhnung als Thema einer heroischen Sage (Die Alboin-Thurisind-Sage und eine archaische Form der Buße: an. vera i sonar stað) (PBB 97). Tübingen 1975, 230–262; ders., Die Heldensage von Alboin und Rosimund, in: Festgabe für Otto Höfler zum 75. Geburtstag. Wien 1976, 214–254; ders., Formen langobardischer mündlicher Überlieferung, Jahrbuch für Internationale Germanistik 11 (1979) 64–78; N. Wagner, Alboin bei Thurisind, ZDA 111 (1982) 243–255; Fried (s. Anm. 2), 244–255.
46 Pauli Historia Langobardorum, edd. Bethmann/Waitz, 70,1–5 (I 27): *Alboin vero ita praeclarum longe lateque nomen percrebuit, ut hactenus etiam tam aput Baioariorum gentem quamque et Saxonum, sed et alios eiusdem linguae homines eius liberalitas et gloria bellorumque felicitas et virtus in eorum carminibus celebretur. Arma quoque praecipua sub eo fabricata fuisse, a multis hucusque narratur.* Die Übersetzung in Anlehnung an Paulus Diakonus und die übrigen Geschichtsschreiber der Langobarden, übersetzt von O. Abel. Berlin 1849, 31; vgl. zusätzlich zu der in Anm. 45 genannten Literatur schon Bruckner (s. Anm. 18), 17 f.; Wagner (s. Anm. 24), 11.
47 Widsith, ed. by K. Malone (Anglistica 13). Kopenhagen 1962, 25 (v. 70–74).
48 Widsith, ed. Malone (s. Anm. 47), 25 (v. 70–74): *Swylce ic wæs on Eatule mid Ælfwine: | se hæfde moncynnes, mine fefræge, | leohteste hond lofes to wyrcenne, | heortan unhneaweste hringa gedales, | beorhtra beaga, bearn Eadwines.* Audoin (*Eadwine*) taucht an anderer Stelle nochmals auf, S. 26 (v. 117) – in einer Aufzählung von besonders berühmten Helden (wo sich auch Agilmund [*Ægelmud*] findet, nach der Origo gentis Langobardorum, ed. Waitz, 3,8 [cap. 2], der Historia Lang. cod. Goth., ed. Waitz, 8,20 f. [cap. 2], Edictus Rothari, ed. Bluhme, 2,9 und Pauli historia Langobardorum, edd. Bethmann/Waitz, 54,13 f. (I 14) der erste König der Langobarden; außerdem *Hundgar* [meist mit Lamisso identifiziert, dem zweiten Langobardenkönig – siehe Origo, 3,9 [cap. 2]; Pauli historia, 55,7 [I 15] und Edictus Rothari, 2,10 sowie ein sonst unbekannter König *Elsa* finden). Zum Verhältnis Alboins zu den Sachsen siehe N. Wagner, Alboins sächsische *amici vetuli*, BNF N.F. 15 (1980) 237–243.

bare historische Person des Liedes. Seine Zentralposition im Lied selbst, bestätigt die Aussage des Paulus Diaconus.[49]

Es ist also nicht zu bezweifeln, daß es Heldenlieder über Alboin und seinen Vater Audoin gab, von denen man auch noch am Ende des 8. Jhs. Kenntnis hatte, wobei offen bleiben muß, wieviel von deren ursprünglicher Gestalt wirklich noch bekannt war. Doch danach verlieren sich die Spuren.

Auch wenn Paulus Diaconus den Namen der Menia nicht nennt, ist es nicht auszuschließen, vielleicht sogar wahrscheinlich, daß auch die Mutter bzw. Großmutter der beiden langobardischen „Heldenkönige" in der oralen Überlieferung der Langobarden einen festen Platz hatte, wie ja auch das Hildebrandslied drei Generationen der Familie des Helden nennt (Heribrant – Hildebrant – Hadubrant). Da für die Entstehung des Hildebrandslieds eine „langobardische Komponente" unterstellt wird, ist das vielleicht nicht bedeutungslos.[50]

Wie die Langobarden ihre überkommene Dichtung pflegten, beschreibt Papst Gregor der Große an einer Stelle in seinen „Dialogen".[51] Angeblich opferten sie dem Teufel den Kopf eines Ziegenbocks, diesen umschritten sie, dabei „ihre frevelhaften Lieder" singend.[52] Man hat vermutet, daß so, im Rahmen heidnischer Kulthandlungen, diese Lieder gepflegt wurden. Die „Beschreibung" dieses Vorgangs hat allerdings einen „Haken". Er soll am Ende des 6. Jhs. stattgefunden haben, zu einem Zeitpunkt also, als die Langobarden längst Christen, wenn auch Arianer, waren. Es ist mithin nicht auszuschließen, daß wir es hier mit antilangobardischer Propaganda zu tun haben, die vielleicht alte Nachrichten über die tatsächlichen Untaten der heidnischen Langobarden kolportierte,[53] doch bleibt das alles zu unbestimmt.

---

49 Zur Problematik siehe jetzt Metzner, Ein erstes europazentriertes Weltbild: Das alt- und angelsächsische Wissensgedicht „Widsith" (wie Anm. 28), bes. 23–25. Ich danke an dieser Stelle nochmals Herrn Metzner für seine sehr hilfreichen Auskünfte.

50 Siehe zum Hildebrandslied L. Rübekeil/E. Glaser, RGA XIV (1999) 554–561; zur Rolle des Langobardischen ebenda 556 und 559f.

51 Es ist hier nicht der Ort, um zu der seit mehreren Jahren anhaltenden Debatte um die Echtheit der „Dialoge" Stellung zu nehmen. Siehe zuletzt die ausgewogene Beschreibung des *status quo* der Diskussion bei Fried (s. Anm. 2), 344ff.

52 Grégoire le Grand, Dialogues, éd. et rad. par A. de Vogüé/P. Antin, II (SC 260). Paris 1979, 374 (III 28,1–4): ... *more suo immolaverunt caput caprae diabolo, hoc ei currentes per circuitum et carmine nefando dedicantes.*

53 Vielleicht die der 5500 Langobarden, die unter Narses' Befehl im Jahre 552 gegen die Goten kämpften, und die sich so schreckliche Übergriffe gegen die Zivilbevölkerung erlaubten, daß man sie schnellstens wieder nach Hause schickte. Siehe dazu auch unten Anm. 169. Vgl. Schmidt, Ostgermanen (wie Anm. 24), 592f., 595f. (zu den zahlreichen Ausschreitungen in den 70er Jahren des 6. Jhs.), 597f. (zur Stelle bei Papst Gregor I.).

Auch über den Langobardenkönig Authari (584–590)⁵⁴ gab es, so Paulus Diaconus, eine „Sage". „Um diese Zeit glaubt man sei geschehen, was vom König Authari erzählt wird. Die Sage geht nämlich, der König sei damals nach Spoleto und Benevent gekommen und habe diese Gegend erobert und sogar bis nach Rhegium (Reggio di Calabria) der äußersten und nahe bei Sizilien liegenden Stadt Italiens sei er gezogen. Und hier sei er auf seinem Pferde bis zu einer Säule geritten, die daselbst im Meere stehen soll, habe sie mit seiner Lanze berührt und dabei die Worte gesprochen: ‚Bis hierher soll das Gebiet der Langobarden reichen.' Und diese Säule stehe, so sagt man, noch bis auf den heutigen Tag und werde die Säule des Authari genannt."⁵⁵ Heute ist man längst über diesen „Irrtum" und seinen Ursprung informiert.⁵⁶ In der Nähe von Rhegium (Reggio di Calabria) gab es einen *Columna Regia* genannten Ort, der allerdings lange vor der Ankunft der Langobarden in Italien diesen Namen trug.⁵⁷ An diese „königliche Säule" lagerte sich die Sage von Autharis Vorstoß bis in den äußersten Süden der italienischen Halbinsel an.

Immerhin bietet diese Sage, um eine solche handelt es sich zweifellos, denn von einem langobardischen Vorstoß am Ende des 6. Jhs. bis in den südlichsten Zipfel des italienischen Festlands berichtet sonst keine einzige Quelle, eine vage Vorstellung davon, daß auch noch im 8. Jh. „Geschichten" kursierten, die eine (zeitweilige) langobardische Herrschaft in Kalabrien unterstellten.⁵⁸ Auch ein Brief Gregors des Großen (Februar/April 599) deutet darauf hin, daß zumindest in dieser Zeit der Herzog Arigis I. von Benevent (591–641)⁵⁹ über Bruttium (also Kalabrien) herrschte. Dabei bleibt völlig unklar, wie sich diese „Herrschaft" tatsächlich gestaltete und wie lange sie dauerte.⁶⁰

---

54 Siehe zu ihm H. Zielinski, LexMa I (1980) 1260; PLRE III, 158f.
55 Pauli Historia Langobardorum, edd. Bethmann/Waitz, 112,6–9 (III 32): *et quia ibidem intra maris undas columna esse posita dicitur, usque ad eam equo sedens accessisse eamque hastae suae cuspide tetigisse dicens: Usque hic erunt Langobardorum fines. Quae columna usque hodie persistere et columna Authari apellari.* Übersetzung nach Abel (wie Anm. 46), 70.
56 Siehe V. von Falkenhausen, Reggio bizantina e normanna, in: Calabria bizantina. Soveria Mannelli 1991, 249–282, hier bes. 253 mit Anm. 26 (Literatur).
57 K. Miller, Itineraria Romana. Römische Reisewege anhand der Tabula Peutingeriana dargestellt. Stuttgart 1916, 358.
58 Einen Zusammenhang mit der Meniageschichte der gleich zu behandelnden Pankratiosvita deuteten bereits M. van Esbroeck/U. Zanetti, Le dossier hagiographique de S. Pancrace de Taormine, in: Storia della Sicilia e tradizione agiografica nella tarda antichità. Atti del Convegno di Studi, Catania, 20–22 maggio 1986, a cura di S. Pricoco. Soveria Mannelli 1988, 155–171, hier 166f., an.
59 PLRE III, 115; H. H. Kaminsky, LexMa I (1980) 930.
60 Gregorii I papae Registrum epistolarum, II, edd. P. Ewald/L. M. Hartmann. MGH Epp. II, 127,1–15 (IX 126; JE 1652) = S. Gregorii Magni Registrum epistularum, II,

Eine weitere Möglichkeit gilt es zu bedenken.[61] Wir sind über die weiblichen Angehörigen der Sippe des Audoin und Alboin nicht (oder nur sehr unzureichend) informiert. Es ist mithin nicht auszuschließen, daß als Folge der sog. Nachbenennung,[62] Frauen mit dem Namen Menia am Ende des 6. oder im 7. Jh. existierten. Einer der zahlreichen langobardischen Herzöge dieser Zeit, von denen kaum einmal der Name ihrer Gattinnen bekannt ist, könnte eine Menia aus dem Geschlecht Audoins und Alboins geheiratet haben. Doch müssen diese Überlegung angesichts der schlechten Quellenlage Spekulation bleiben.

Man kann jedoch davon ausgehen, daß im 6. bis 8. Jh. langobardische Einflüsse auch in Süditalien wirksam waren, daß man über Informationen politischer und kultureller Natur über die Langobarden verfügte, die vermutlich weit über das hinausgingen, als unsere dürftigen Quellen ahnen lassen.

3. Menia in der griechischen Vita des Pankratios von Tauromenion (Taormina)

Eines der umfangreichsten Werke der byzantinischen Hagiographie Italiens bzw. Siziliens ist die Vita des Hl. Pankratios von Taormina (BHG 1410). Pankratios wurde seit dem 8. Jh. (vermutlich sogar schon früher) als Begründer der Kirche von Taormina verehrt. Sein Wirken wird in die Zeit Jesu – den er als Kind selbst gesehen habe – und der Apostel verlegt. Er traf auf Petrus, der ihn in Antiocheia taufte und zur Mission nach Taormina schickte, zusammen mit Markianos, der Syrakus christianisieren sollte.[63] Pankratios findet sich nicht in den bekannten Jüngerkatalogen,[64] was zeigt, daß er eine „späte" Erfindung ist. Erst die Vita (BHG 1410) scheint den Pankratioskult auch außerhalb Siziliens etabliert zu haben.[65] Sie handelt u. a. von einer Menia,[66] die einige gemeinsame Züge mit der

---

ed. D. Norberg (CC SL 140A). Tournhout 1982, 677,1–20 (IX 127) = Pauli Historia Langobardorum, edd. Bethmann/Waitz, 122,22–123,11 (IV 19).
61 Auf sie machte mich Herr Metzner aufmerksam.
62 Siehe u.a. K. A. Eckardt, Die Nachbenennung in den Königshäusern der Goten, Südost-Forschungen 14 (1955) 34–55.
63 Zum eigentlichen Ursprung der Kirche von Taormina (im 3.–4. Jh.) siehe F. Lanzoni, Le diocesi d'Italia dalle origine al principio del secolo VII (an. 604), II. Faenza 1927, 617–623. Die frühen Belege für einen Pankratioskult sind nicht Gegenstand dieses Artikels.
64 Prophetarum Vitae fabulosae, indices apostolorum discipulorumque domini Dorotheo, Epiphanio, Hippolyto aliisque vindicata, ed. Th. Schermann. Leipzig 1907.
65 Siehe Th. Schermann, Propheten- und Apostellegenden nebst Jüngerkatalogen des Dorotheus und verwandter Texte (TU 31/3). Leipzig 1907, 344. Eher *joci causa* sei erwähnt, daß V. D'Alessandro, LexMa VIII (1997) 463, Pankratios als historische Per-

bereits behandelten Menia der Edda aufweist. Zunächst sollen die Stellen der Vita präsentiert werden, wo diese Menia auftaucht.

Nach einigen Abenteuern, die hier übergangen werden sollen, kommt Pankratios nach Taormina, wo er sein Missionswerk beginnt. U. a. zerstört er heidnische Idole,[67] darunter das eines Falkon. Dieser war der Sohn einer Falkonilla, die aus dem Geschlechte der Menia stammte.[68] Nach Falkons Tod errichte Falkonilla ihm eine Statue, die als Idol verehrt wurde, und der man u. a. auch Menschenopfer darbrachte. Auf ähnliche Weise wurden auch Lysson und andere Idole verehrt.[69] Pankratios zerstörte diese und bekehrte so zahllose Menschen. Besonders betont die Vita den „Kampf" des Heiligen gegen Juden, Montanisten und persische Zauberer.[70] Es ist hier nicht der Ort, um den langatmigen Inhalt der Vita mit allen Details zu rekapitulieren,[71] zumal das Werk eine komplizierte Erzählstruktur sowie verschiedene Zeitebenen aufweist.

---

son anführt. Daß die Tourismuswerbung der Stadt Taormina dies tut, kann hingegen nicht verwundern. Zur Entwicklung der Verehrung des Pankratios siehe unten S. 203–206.

66 Siehe oben S. 177–179.
67 Dazu ausführlich F. Angiò, Divinità pagane e sacrifici umani nella Vita di san Pancrazio di Taormina, BollGrott 52 (1998) 49–76, hier 56–75: Edition der Geschichte von Falkon und seiner Mutter Falkonilla; siehe auch Veselovskij (s. Anm. 19), 76f.
68 Angiò (s. Anm. 67), 56,14f.: ... Φαλκωνίλλης, μητρὸς Φάλκωνος, ἀπογόνου Μενίας Τούρου γυναικός; nochmals a.a.O. 68,14f.
69 Au. Acconcia Longo, L'antichitá pagana nell'agiografia italogreca di età di età iconoclasta, in: L'ellenismo italiota da VII al XII secolo. Alla memoria di Nikos Panagiotakis, ed. N. Oikonomides. Athen 2001, 1–17; Angiò (s. Anm. 67), 49–76; Veselovskij (s. Anm. 19), 76ff.
70 Veselovskij (s. Anm. 19), 87–95. Zu diesem verbreiteten Thema der sizilianischen Hagiographie im 8. und 9. Jh. siehe Au. Acconcia Longo, Ricerche di agiografia italogreca (Testi e studi bizantino-neoellenici, 13). Roma 2003, 56, 59. Juden gab es zweifellos in dieser Zeit auf Sizilien (dazu E. Kislinger, Juden im byzantinischen Sizilien, in: Ebrei e Sicilia, a cura di N. Bucaria/M. Luzzati/A. Tarantino. Palermo 2002, 59–68), von wirklichen Montanisten kann aber wohl kaum die Rede sein. Zwar wird in der Literatur zur Pankratiosvita (so schon Veselovskij a.a.O. 67f.) immer wieder auf Theophanes und seinen Bericht zum Jahr 721/722 über eine angebliche Zwangstaufe von Juden und Montanisten verwiesen (Theophanis Chronographia, I, rec. C. de Boor. Leipzig 1883, 401,22–27). Während die Zwangstaufe der Juden historisch zu sein scheint, ist die der Montanisten mit großer Skepsis zu begegnen, obwohl auch die 741 promulgierte „isaurische" Ekloge (XVII,52) Manichäer und Montanisten mit dem Tode bedroht (Ecloga. Das Gesetzbuch Leons III. und Konstantinos' V., hg. von L. Burgmann [Forschungen zur byzantinischen Rechtsgeschichte, 10]. Frankfurt am Main 1983, 242). Siehe aber I. Rochow, Byzanz im 8. Jahrhundert in der Sicht des Theophanes (BBA 57). Berlin 1991, 104.
71 Eine Inhaltsübersicht bieten van Esbroeck/Zanetti (s. Anm. 58), 155–171. Sie basieren allerdings in erheblicher Weise auf Veselovskij (s. Anm. 19), so daß bis zum Erschei-

Deshalb sollen hier nur die Stellen behandelt werden, die einen Bezug zur Gestalt der Menia aufweisen. Von besonderer Bedeutung ist die „Geschichte von Tauros und Menia", die in die Vita inkorporiert wurde. Ihre Hauptfunktion im Kontext der Gesamterzählung ist die Erklärung der Etymologie des Namens der Stadt des Heiligen Pankratios – Tauromenia. Entsprechend ist dieser Abschnitt der Vita in einigen Handschriften wie folgt überschrieben: „Über Tauros und Menia und über den Ursprung der Stadt" (Περὶ Ταύρου καὶ Μενίας καὶ τῆς τῆς [sic] πόλεως γενέσεως).[72] Es wurde schon mehrfach darauf hingewiesen, daß in der Überlieferung (seit Diodor) sowohl die Form Ταυρομενία wie auch Ταυρομένιον belegt ist, wobei letztere zu überwiegen scheint.[73]

Interessant ist die Rahmenhandlung, die zur Einfügung der Vita Tauri[74] in die Pankratiosvita führte. Auffällig ist jedenfalls die sehr lose Verbindung der Vita Tauri mit der eigentlichen Handlung der Vita.

Nach einem Besuch bei Markianos in Syrakus[75] wird Pankratios auf dem Rückweg offenbar gemacht, daß der König Akylinos (Ἀκυλῖνος) von Kalabrien, vom Teufel aufgestachelt, beabsichtigte, die Bekehrungserfolge des Heiligen in Tauromenion durch einen kriegerischen Überfall zunichte zu machen. Zurück in Tauromenion, versammelte Pankratios schnellstens das Volk und informiert es über die drohende Gefahr. Er warnte den *hegemonos* der Stadt namens Bonifatios (der schon „fast" bekehrt war und später einer der Nachfolger des Pankratios als Bischof der Stadt werden sollte) und verlangt von diesem, die Geschichte der Gründung der Stadt zu erfahren: Man brachte also ein Buch (ἡ βίβλος) herbei, wo über Tauros und Akylinos und ihren großen Krieg berichtet wurde.[76]

---

nen einer kritischen Edition dieses Werk benutzt werden muß. Siehe auch A. Kazhdan, A History of Byzantine Literature (650–850). Athen 1999, 302–308, dem Stallmans Dissertation (s. unten S. 199) vorlag.

72 Veselovskij (s. Anm. 19), 95. Zu den Handschriften siehe F. Angiò, La Vita di Tauro dall'anonima Vita di San Pancrazio di Taormina, Sileno 20 (1994) 117–143, hier 117–119. Relevant sind folgende Handschriften: Vat. gr. 1591 (a. 964) (der Vat. gr. 1985 ist eine Kopie desselben), Cryptens. B. β. V (s. X) (nur am Ende von Veselovskij benutzt), Mosqu. Syn. 15 (Vladimir 381; a. 1023; von Veselovskij benutzt), Vind. hist. gr. 3 (s. XI; von Veselovskij und Usener benutzt), Athon. Lavr. 434 (Δ 58) (s. XI), Vat. gr. 2010 (s. XII), Mess. gr. 53 S. Salv., Athon. Iviron 424 (s. XVI), Ottob. gr. 92 (s. XVI), Panorm. II E 8 (s. XVI/XVII), Athon. Dionys. 3677 (s. XVII).

73 Siehe auch unten bei den Anm. 92, 153 und 160.

74 Ich benenne die Geschichte von Tauros und Menia als Vita Tauri im Anschluß an Angiò (s. Anm. 72). Tatsächlich wird im Text selbst dieser Abschnitt βίος Ταύρου genannt. A.a.O. 122,1 (cap. I); vgl. Veselovskij (s. Anm. 19), 95.

75 A. Amore, S. Marciano di Siracusa. Studio archeologico-agiografico (Specilegium Pontificii Athenaei Antoniani, 12). Città del Vaticano 1958, bes. 92–109.

76 Veselovskij (s. Anm. 19), 94f.; vgl. van Esbroeck/Zanetti (s. Anm. 58), 162; Angiò (s. Anm. 72), 122,10–18 (cap. I).

Und hier erfuhr man dann, daß bereits zur Zeit der Menia, die als eine Makedonierin, gar als Verwandte Alexanders des Großen, geschildert wird,[77] ein anderer Akylinos, ein Vorfahre des jetzt (im 1. nachchristlichen Jh., z.Z. des Pankratios) angreifenden Akylinos, mächtig in Unteritalien war. Die Zeitebene der Handlung wird nunmehr ins vierte vorchristliche Jh. verschoben. Es erübrigt sich zu sagen, daß die historischen Kenntnisse des Verfassers der Pankratiosvita (einschließlich der inkorporierten Vita Tauri) minimal waren.

Die Vita Tauri berichtet, daß in Rhegium (Reggio di Calabria) zur Zeit Alexanders des Großen der König R(h)emaldos regierte.[78] Er zahlte Tribut an den König Akylinos, dessen Besitzungen östlich von den seinen lagen und sich bis Tarent hinzogen. Dieser jedoch begehrte die Städte, den Reichtum und die Untertanen des R(h)emaldos, „zusammen mit Menia, der außerordentlich glänzenden und weisen" (τῇ μεγάλῃ φαιδρᾷ τε καὶ σοφῇ), der Makedonierin.[79] R(h)emaldos aber gehörte zu einer blonden Rasse (τῷ γένει ἔθνους ξανθοῦ).[80] Ohne auf die Loyalität seines Vasallen zu achten, griff ihn Akylinos an, um ihm seinen Besitz, seine Städte, sein Land und seine Frau zu nehmen. R(h)emaldos fällt im Kampf. Tauros jedoch, ein Syrer und Nachkomme des alttestamentlichen Nimrod, des „gewaltigen Jägers",[81] setzt den Kampf seines Herrn fort und tritt schließlich an dessen Stelle, als Herrscher, Anführer des Heeres und als Gatte der Menia.

Hier wird ein weiterer Berührungspunkt zwischen der Menia der Pankratiosvita und der Riesin im eddischen „Lied von der Mühle *Grotti*" sichtbar. Tauros wird ja als Nachfahre (in zehnter Generation) des alttestamentlichen Nimrod, des „gewaltigen (riesenhaften) Jägers", des „Jagdriesen" (γίγας κυνηγός) vorgestellt.

---

77 Zu Einflüssen des Alexanderromans siehe Veselovskij (s. Anm. 19), 113 und unten S. 196.

78 Einige Handschriften nennen ihn Rhemindos o.ä. (Ῥέμινδος, Ῥέβινθος) – dieser Umstand sollte nicht überbewertet werden. Er widerspiegelt vor allem die Schwierigkeiten, die griechische Kopisten mit germanischen Namen hatten. Auch die slawische Übersetzung hat „Remald(a)" – siehe Veselovskij (s. Anm. 19), 118 und priloženie 70 ff.

79 Angiò (s. Anm. 72), 123,38 (cap. III); Veselovskij (s. Anm. 19), 96.

80 Angiò (s. Anm. 72), 123,28 f. (cap. II): ... Ῥέμαλδος. Ἦν δὲ τὸ γένος ἔθνους ξανθοῦ εὐμήκης καὶ πάνυ δυνάστης. Ebenda 134,256 (cap. XIII): Ῥέμαλδος ὁ ξανθός. Siehe gleich S. 197.

81 Siehe Gen. 10,8–12; 1 Chron. 1,10; Angiò (s. Anm. 72), 124,46–49 (cap. IV); Veselovskij (s. Anm. 19), 97; am Ende der Vita Tauri wird dies wiederholt – Angiò (s. Anm. 72), 141,394–397 (cap. XXI); Veselovskij (s. Anm. 19), 107. Danach stammte Tauros in zehnter Generation von Nimrod ab. Das ist natürlich „historischer" Unsinn, zeigt aber, wie (zeitlich) nah und gegenwärtig die Byzantiner (hier des 8. Jhs.) das Geschehen des Alten Testaments empfanden.

Dieser war „ein Riese auf der Erde" (γίγας ἐπὶ τῆς γῆς)⁸² sowie der erste Herrscher. Und Tauros, der (zweite) Gatte der Menia, ist ein Nachkomme dieses „Riesen" (γίγας)! Menia war also mit dem Riesen par excellence des Alten Testaments verwandt. Sie selbst war zwar keine Riesin, aber doch die Gattin eines Riesenabkömmlings! Man sollte zwar die Suche nach Parallelen der Gestalt der Menia in der Pankratiosvita und in der altnordischen Literatur nicht übertreiben, doch scheint diese Verbindung bezüglich des „Riesentums" beider nicht unerheblich zu sein. Im Kontext der anderen Übereinstimmungen ist sie von großer Bedeutung.

Die „Vorgeschichte" des Tauros wird phantastisch ausgeschmückt. Er geriet mit seiner Mutter in seiner syrischen Heimat in Gefangenschaft – in Sklaverei – und wurde schließlich an R(h)emaldos verkauft. Nachdem R(h)emaldos ihn und seine Mutter gekauft hatte, erblickte Menia den Jüngling (παιδάριον) und führte R(h)emaldos gegenüber den Kauf des Jungen auf die „höhere Vorsehung" (ἡ ἄνω πρόνοια)⁸³ zurück. Menia war 18 Jahre alt, πάνυ δὲ παλαιὰ τῷ φρονήματι καὶ σοφή, während Tauros zu diesem Zeitpunkt 15 Jahre zählte.⁸⁴ Als Menia aber die Mutter des Tauros sah, befürchtete sie, daß R(h)emaldos sich in sie verliebt. Also vergiftete Menia sie.⁸⁵ Es ist bemerkenswert, daß der Text nicht die Spur einer Kritik an diesem Giftmord aufweist. Menia nimmt sich des Jungen an und verdrängt die Erinnerung an die Mutter.⁸⁶ Nun erfolgt der Angriff des Akylinos. Die „weise" Menia (ἡ σοφή) nimmt ihren Besitz und schafft ihn an einen geheimen Ort.⁸⁷ Tauros zeichnet sich im Krieg aus und wird nach dem Tod des R(h)emaldos dessen Nachfolger. Dessen Leute fordern nun Menia auf, Tauros zu heiraten. Der bckennt, daß er nie eine andere Frau als Menia geliebt habe. „Und so kam es zur Vereinigung von Tauros und Menia. R(h)emaldos der Blonde aber wurde dem Vergessen überantwortet."⁸⁸ Der Krieg gegen Akylinos geht jedoch weiter. Inzwischen erwirbt Menia ihre Fähigkeit, Gold und andere Metalle zu „schaffen".⁸⁹ Und schließlich kommt es so, wie es kommen mußte. Tauros tötet

---

82 Siehe u. a. R. Kittel, Realencyclopädie für protestantische Theologie und Kirche XIV (1904) 102–105, hier bes. 104 (s. n. Nimrod); vgl. auch L. Petzold, RGA XXIV 601–607 (s. v. Riesen), bes. 603, wo auch Nimrod erwähnt wird. Siehe auch K. Preisendanz, RE XVII/1 (1936) 624–627; E. Frahm, NP VIII (2000) 950–951.
83 Dazu siehe gleich S. 208.
84 Angiò (s. Anm. 72), 124,54 (cap. IV); Veselovskij (s. Anm. 19), 97.
85 Angiò (s. Anm. 72), 126f.,95–101 (cap. VI); Veselovskij (s. Anm. 19), 98.
86 Angiò (s. Anm. 72), 127,103–119 (cap. VII); Veselovskij (s. Anm. 19), 98f.
87 Angiò (s. Anm. 72), 129,153–155 (cap. X); Veselovskij (s. Anm. 19), 100: … ἐν τόπῳ κρυπτῷ.
88 Angiò (s. Anm. 72), 134, 255–256 (cap. XIII); Veselovskij (s. Anm. 19), 102f.: Λοιπὸν οὕτως ἡ μῖξις Ταύρου καὶ Μενείας ἐγένετο· καὶ λήθη ἐγένετο Ῥέμαλδος ὁ ξανθός.
89 Dazu siehe gleich S. 193f.

Akylinos – die ἄνω πρόνοια hatte geholfen⁹⁰ – und wird ein bedeutender Herrscher (μονοκράτωρ) wie sein Vorfahre Nimrod, der Riese.⁹¹ Schließlich gehen Tauros und Menia nach Sizilien und gründen die Stadt Tauromenia. Sie „mischten" ihre Namen, um die Stadt zu benennen.⁹² Diese wurde reich geschmückt (mit Häusern, Bädern, Wasserleitungen).

So weit die Vita Tauri. Nachdem Pankratios also die „Vorgeschichte" der Stadt erfahren hatte, konnte er die entsprechenden Maßnahmen ergreifen, um den Akylinos seiner Zeit, einen Nachfahren des ersten, abzuwehren. Hierbei spielten Ikonen und das Kreuz eine wesentliche Rolle, weshalb die Pankratiosvita in die Zeit des Bilderstreits datiert werden muß, und aus welchen Grund sie ein so großes Interesse bei den Verteidigern des Bilderkultes wie Theodoros Studites oder dem Patriarchen Nikephoros fand.⁹³

Die weiteren Ereignisse werden hier übergangen, haben sie doch für die „Geschichte" der Menia keine Bedeutung. Pankratios erleidet, nachdem er große Bekehrungsleistungen vollbracht hatte, schließlich den obligatorischen Märtyrertod.

Verstreut über diese lange Vita finden sich einige weitere Stellen, wo Menia erwähnt wird. Abgesehen von der bereits erwähnten Falkonilla aus dem „Geschlecht der Menia"⁹⁴ berichtet Pseudo-Euagrios, wie der *hegemonos* Bonifatios ihm und Pankratios „in einem kleinen Gebäude des Praetoriums alle Schätze seiner Provinz zeigte, viel Gold und beispiellos in ihrer Art". Wie Getreide in einer Scheune lag es da. Aus den „Geschichten über Tauros und Menia" (der Vita Tauri) wisse man, daß diese Menia in außerordentlicher Weise in den „metallischen Künsten" vollständige Kenntnis besaß. Glänzende Goldklumpen konnten bewundert werden.⁹⁵ So füllte sie ihre Stadt mit Gold und Silber.⁹⁶ Die „Stadt des Tauros und

---

90 Angiò (s. Anm. 72), 140,368–379 (cap. XX); hier a.a.O. 376–379: Nach seinem Sieg verkündet Tauros seinen Männern mit gewaltiger Stimme. Σφάξατε φονεῖς ἄνδρας Ἀκυλίνου· σήμερον γὰρ μεγάλης προνοίας τύχην εὑρήκαμεν ὡς ἅπαντας ἐχθροὺς ἡμῶν ἡ ἄνω πρόνοια εἰς χεῖρας ἡμῶν συνέκλεισεν. Siehe auch Veselovskij (s. Anm. 19), 106.
91 Angiò (s. Anm. 72), 141,394–398 (cap. XXI); Veselovskij (s. Anm. 19), 106f.
92 Angiò (s. Anm. 72), 142,410f. (cap. XXII): οἱ οὖν σόφοι, συμμίξαντες τὰς δύο ὀνομασίας, ἐπέθηκαν τὴν πόλιν Ταυρομενείαν; Veselovksij (s. Anm. 19), 107. Man beachte auch hier die feminine Namensform – siehe auch bei Anm. 73, 153, 160 und 172 sowie unten S. 208.
93 Siehe S. 201f.
94 Siehe S. 189.
95 Acconcia Longo (s. Anm. 69), 10 mit Anm. 57 edierte dieses Textstück (wie in der folgend Anm.) erneut (nach dem Vat. gr. 1591). Sie bemerkte zu der Formulierung τὰ μαζικὰ στίλβουσα „che faceva risplendere – στίλβω –, cioè diventare oro o argento, gli impasti le leghe di metalli, oppure τὰ μαζικὰ indica oggetti d'uso comune?"
96 Veselovskij (s. Anm. 19), 85f.: ... ἔν τινι οἰκίσκῳ μικρῷ τοῦ πραιτωρίου ἔδειξεν

der Menia" (ἡ Ταύρου καὶ Μενίας πόλις) wurde unter allen Städten Kalabriens und Siziliens geehrt und überragte diese bezüglich Gold, Silber, wertvoller Kleidung (Seide) und durch weitere „metallische" Künste.[97] Die bemerkenswerte Fähigkeit der Menia, Gold und andere Metalle zu schaffen, spielen auch in der Vita Tauri eine Rolle.

In einem Abschnitt derselben wird geschildert, wie Menia zu ihrer Fähigkeit kam, Gold zu machen. In der eben geschilderten gefährlichen Lage, als der böse Akylinos den geliebten Tauros bedrohte, wurde Menia aktiv. Sie holte ihren „Weissager" herbei und sagte ihm: „Oh, mein Weissager, wie kann ich das ‚metallische Wissen' erlangen?" Dieser zog los und fand „alles" und zeigte es allein ihr. Die Gottheit der „höheren Vorsehung" anrufend, machte sie nun große Mengen reinsten Goldes und Silber in Fülle und Bronze und Eisen wie auch Blei; allein Zinn konnte sie nicht machen. Und so schuf sie Reichtum.[98] Sie hatte in der Stadt einen „alchemistischen Ort", wo sie den Reichtum „machte".[99] Sie selbst – und dieser „Ort" – erweckte dann die Begierde des Akylinos, der die Stadt angriff.[100]

ἡμῖν πάντας τοὺς θησαυροὺς τῆς ἡγεμονίας αὐτοῦ, χρυσίον πολὺν καὶ ἀνείκαστον καταμόνας, ὡς γὰρ ἐπὶ ἅλωνος σίτου ἢ ἀποθήκης κριθῆς, οὕτως ἦσαν πεπλησμένα τὰ κοιαιστορικὰ ταμιεῖα τοῦ χρυσίου· ἐμφέρεται γὰρ ἐν τοῖς ἱστορικοῖς Ταύρου καὶ Μενίας ὡς ὅτι ἦν αὕτη ἡ Μενία ἐκ γένους Ἀλεξάνδρου τοῦ <βασιλέως> τῶν Μακεδόνων, ὅθεν καὶ Μακεδόνισσα ἐλέγετο. ἥτις Μενία ἁπάσης μεταλλικῆς τέχνης ὑπῆρχεν ἐν πείρᾳ πολλῇ, καὶ τὰ μαζικὰ στίλβουσα ἀόκνως, τὴν πόλιν αὐτῆς ἐνέπλησε χρυσίου καὶ ἀργυρίου καὶ τοσοῦτον ὥς τε μή τινα εὑρίσκεσθαι ἐν τῇ πόλει ἐν ἐνδείᾳ ὑπάρχοντα. Die „chymischen" Kenntnise der Menia tauchen dann wieder in der Vita Tauri auf. Siehe gleich im Text.

97 Veselovskij (s. Anm. 19), 87.
98 Angiò (s. Anm. 72), 137,295–304 (cap. XVI): Ἡ οὖν πάνσοφος Μένεια ἡ Μακεδόνισσα ἐνέγκασα τὸν μαντεῶνα αὐτῆς φησιν· „Ὦ μαντεῶν μου, πῶς τὰ μεταλλικὰ εἴδη εὕροιμεν;" Ὁ δὲ ἀπελθὼν εὗρεν πάντα ἃ καὶ αὐτῇ μόνῃ ὑπέδειξεν. Ἐπικαλεσαμένη δὲ τὸν τῆς ἄνω προνοίας θεόν, ἐποίησεν χρυσίου καθαροῦ πολὺ καὶ ἀργύριον εἰς πλησμονὴν καὶ χαλκὸν καὶ σίδηρον μόλυβδόν τε καὶ κασσίτερον μόνον οὐχ εὗρεν ποιῆσαι. Οὕτως λοιπὸν πάνυ πεπλούτικεν ἅπαντας ὥστε καὶ τὴν ἀφορμὴν τῆς χυμεύσεως ὑποδεῖξαι πᾶσιν. Vgl. Veselovskij (s. Anm. 19), 104. Vgl. zum „Hintergrund" Th. Hopfner, RE XIV/1 (1928) 301–392, 1258–1288 (s. v. μαντική, μαγεία); grundlegend: D. E. Aune, La profezia nel primo cristianesimo e il mondo mediterraneo antico (Biblioteca di storia e storiografia dei tempi biblici, 10). Brescia 1996.
99 Angiò (s. Anm. 72), 137, 310f. (cap. XVII): τὸ γὰρ χυμευτικὸν γηΐδιον τοῦ μεταλλικοῦ εὑρέθη ἐν τῷ τόπῳ αὐτοῦ καὶ ἐκ τούτου πεποίηκε πλοῦτον πολύν. Vgl. Veselovskij (s. Anm. 19), 104; zu χυμευτός vel sim. siehe F. Angiò, Osservazioni sulla lingua nella Vita di Tauro, Rudiae. Ricerche sul mondo classico 7 (1995) 13–34, hier 33.
100 Angiò (s. Anm. 72), 138,314f. (cap. CVII); Veselovskij (s. Anm. 19), 105.

Soweit zu der Fähigkeit der Menia, Gold und andere Metalle zu „schaffen". Daß sich der Autor Pseudo-Euagrios die ganze Sache als eine Art „Alchemie" vorstellte, ist evident.[101] In Byzanz blühte zu allen Zeiten – auch in dieser Hinsicht war Byzanz die legitime Erbin der antiken und altorientalischen Kulturen – die alchemistische Literatur[102] sowie die verbreitete Vorstellung, daß die Transmutation unedler Stoffe in Gold und andere edle Metalle durchaus möglich sei. Die Menia der Pankratiosvita erscheint mithin als eine von der „Gottheit" inspirierte Alchemistin. Das Thema des „Goldmachens" teilt diese Vita mit der etwa gleichzeitigen Vita des Leon von Catania (BHG 981), wo der Zauberer Heliodoros ebenfalls diese Kunst praktiziert. Allerdings – und dieser Unterschied ist von Bedeutung – tragen die „Künste" Heliodors einen satanisch-paganen Charakter, während das von Menia geschaffene Gold gut und nützlich für die Menschen ist.[103] Auch enthält die Pankratiosvita keinerlei Kritik an den Aktivitäten der Menia – ganz im Unterschied zur Vita des Leon von Catania, wo der böse Zauberer Heliodor διὰ μαγείας Gold schafft.[104] Er stand natürlich mit dem Teufel im Bunde.

Menia erscheint als „Praechristin". Da ihre Lebenszeit in vorchristliche Zeiten gesetzt wurde, sie aber dennoch als Stadtgründerin und Namensgeberin, ganz abgesehen von dem von ihr geschaffenen segensreichen Reichtum, positiv dargestellt werden mußte,[105] wandte der Verfasser einen „Trick" an, den er vermutlich aus dem Alexanderroman übernahm.[106] Sie war ja Makedonin und kam sogar aus dem Geschlecht Alexanders des Großen, wie mehrfach betont wurde. Wie die-

---

101 Siehe dazu schon Veselovskij (s. Anm. 19), 114 ff.
102 D. Pingree/A. Cutler, ODB 54–56 mit der wichtigsten Literatur; H. Hunger, Geschichte der profanen Literatur der Byzantiner (Handbuch der Altertumswissenschaft XI,5; Byzantinisches Handbuch, 5), II. München 1978, 279–284; siehe aber bes. W. Gundel, RAC I (1950) 239–259.
103 Auf diesen wichtigen Unterschied machte Au. Acconcia Longo, La vita di S. Leone vescovo di Catania, RSBN 26 (1989) 3–98, hier 57, aufmerksam. Siehe auch dies. (s. Anm. 69), 10. Es handelt sich hier auch um eine Parallele zu dem nicht beanstandeten Giftmord an der Mutter des Tauros. Siehe oben S. 192. Unausgesprochen wird der uralte Unterschied zwischen „weißer" (also erlaubter) und „schwarzer" (verbotener, da teuflischen Ursprungs) Alchemie vorausgesetzt. Menia betrieb natürlich „weiße" Alchemie.
104 Acconcia Longo, RSBN 26 (1989) 86f. (cap. VI). Zu *mageia* und der Bedeutung dieses Begriffs siehe Sp. Troianos, Zauberei und Giftmischerei in mitttelbyzantinischer Zeit, in: Fest und Alltag in Byzanz, hg. von G. Prinzing/D. Simon. München 1990, 37–51, 184–188.
105 Daran ändert auch der geschilderte Giftmord an ihrer künftigen Schwiegermutter, der Mutter des Tauros, nichts. Das Motiv war eindeutig Eifersucht.
106 So schon Veselovskij (s. Anm. 19), 113; siehe auch Acconcia Longo (s. Anm. 69), 7–12, zur Vita des Pankratios.

ser,¹⁰⁷ hatte sie Hilfe von der „Gottheit", von ἡ ἄνω πρόνοια, von der „höheren Vorsehung" (eine, zugegeben, unschöne Übersetzung).¹⁰⁸

Menia verfügte, wie bereits erwähnt, über einen μάντεων, also über einen Wahrsager, einen Orakeldeuter o. ä. Einer wirklichen Christin war dies unmöglich. Sie lebte jedoch vor dem Kommen Christi, konnte also nur in unvollkommener Weise „fromm" sein. Aber so, wie die byzantinische Alexandertradition den großen Makedonenherrscher (oder große Philosophen und Literaten) verchristlichte,¹⁰⁹ geschah es auch mit Menia.

Die Menia der Pankratiosvita resp. der in sie inkorporierten Vita Tauri weist eine weitere „Eigenschaft" auf, die für diese Untersuchung von Bedeutung ist: Sie war in erster Ehe mit einem Langobarden – eben R(h)emaldos – verheiratet.¹¹⁰

---

107 Siehe z.B. Historia Alexandri Magni (Pseudo-Callisthenes), ed. W. Kroll, I. Berlin 1926, 43,5; 47,14; 72,21; 105,14; 106,1; 138,21. Auch in der etwa zeitgleichen (8. Jh.) ε-Rezension des Alexanderromans taucht der Begriff mehrfach auf: Vita Alexandri regis Macedonum, ed. J. Trumpf. Stuttgart 1974, 16,3 (ἐκ τῆς ἄνωθεν ... προνοίας); 36,5 (... τὸ παρὰ τῆς θείας ἡμῶν προνοίας ...); 38,16; 40,9; 41,9.11; 74,6 ('Αλέξανδρος νεύσει τῆς προνοίας βασιλεὺς ... [Brief an Olympias und Aristoteles]); 107,2; 125,16; 127,4f.; 172,2.

108 Siehe u. a. Angiò (s. Anm. 72), 123f., 38–41 (cap. III): Ἦν δὲ καὶ αὐτὴ Μακεδόνισσα τὴν ἄνω πρόνοιαν βοηθεῖν αὐτῇ αἰτουμένη; ebenda 126f., 95–97 (cap. VI): Hier erklärt Menia ihren ersten Gatten R(h)emaldos, daß es ἡ ἄνω πρόνοια war, der es zu verdanken sei, daß er Tauros gekauft hat; ebenda 131,186–189 (cap. X): Menia erklärt Tauros, er solle weiter gegen Akylinos kämpfen, denn ἡ ἄνω πρόνοια werde ihm helfen. Und es ist die „Gottheit der höheren Vorsehung", die Menia, vermittelt durch ihren Wahrsager, Orakeldeuter vel sim., μάντεων, die Kunst des Goldmachens gewährt. Angiò (s. Anm. 72), 137,299 (cap. XVI) – siehe den Text in Anm. 98. Zu πρόνοια im Sinne von „Vorsehung, Fürsorge" (scil. Gottes) siehe W. Bauer, Griechisch-Deutsches Wörterbuch zu den Schriften des Neuen Testaments, Berlin/New York ⁵1971, 1405 und die da gebotenen Belege. Man sollte dem Verfasser der Pankratiosvita nicht unterstellen, daß die Verwendung des Begriffs (ἄνω πρόνοια) auf besonderen theologischen oder gar philosophischen Kenntnissen beruhte. Siehe zur langen Tradition des Begriffs J. Köhler, Historisches Wörterbuch der Philosophie XI (2001) 1206–1218 (s.v. Vorsehung); siehe auch die Literaturangaben bei H. J. Sieben, Voces, Berlin/New York 1980, 176. Zu den prochristlichen Aussagen, die die Byzantiner bedeutenden antiken Philosophen, Literaten etc. beilegten, siehe A. von Premerstein, Griechisch-heidnische Weise als Verkünder christlicher Lehre in Handschriften und Kirchenmalereien, in: Festschrift der Nationalbibliothek in Wien, hg. zur Feier des 200jährigen Bestehens des Gebäudes. Wien 1926, 647–666; ders., Neues zu den apokryphen Heilsprophezeiungen heidnischer Philosophen in Literatur und Kirchenkunst, BNJ 9 (1932) 338–374; weitere Literatur bei Rochow (s. Anm. 70), 232–234.

109 Siehe U. Moennig, Die spätbyzantinische Rezension *ζ des Alexanderromans (Neograeca medii aevi, 6). Köln 1992, 113–119, mit der älteren Literatur.

110 Siehe schon van Esbroeck/Zanetti (s. Anm. 58) bes. 166f.; Veselovskij (s. Anm. 19), 65, 118; E. Patlagean, Les moines grecs d'Italie et l'apologie des thèses pontificales

Wie bereits zitiert, kam dieser aus einem „blonden Geschlecht" (Ἦν δὲ τὸ γένος ἔθνους ξανθοῦ ...).[111]

Abgesehen von dem Namen „R(h)emaldos", wie er in einigen Handschriften auftaucht, der an den so geläufigen langobardischen Namen Romuald (Romualt, Rumuald, Ro‹n›oaldu, Romovald, Rumuualdu, Romoald, Romouald, Romaldulu) erinnert,[112] ist der Hinweis auf die Herkunft aus dem „blonden Geschlecht" eindeutig. So wurden bis in die mittelbyzantinische Zeit hinein germanische Völkerschaften bezeichnet.[113] Später gehörten sie zum Repertoire der Vorstellungen der Byzantiner von den endzeitlichen Vorgängen.[114] Doch läßt die Vita des Pankratios keine eschatologischen Elemente erkennen, so daß man von der Bedeutung „germanische Völker", insbesondere Langobarden, auszugehen hat. Es genügt an dieser Stelle, auf den entsprechenden Sprachgebrauch im sog. *Strategikon* des Pseudo-Maurikios (um 600) zu verweisen, wo unter einem ξανθὸς ἔθνος Franken, Langobarden und „andere Völker mit derselben Lebensweise" verstanden werden.[115] Die Langobarden im Herzogtum Benevent waren nahe genug an Sizilien und dem Erfahrungsbereich des Pseudo-Euagrios, des Verfassers der Vita des Pankratios. Daß der Name des bedeutenden beneventanischen Herzogs Romuald auch im griechischen Milieu der Insel bekannt war, darf vorausgesetzt werden.

Der langobardische Name Romuald (o. ä.) ist erst nach 568 nachweisbar. Der Name selbst enthält gleichsam ein politisches Programm: (lateinisch) *Roma* + *walda-z* (Beherrscher o. ä.), also der „Rombeherrscher",[116] was erst nach dem Einzug der Langobarden in Italien im Jahre 568 einen Sinn ergibt. Schon wegen dieses

---

(VIIIe–IXe siècles), Studi Medievali 3e ser. 5 (1964) 579–602 (auch in dies., Structure sociale, famille, chrétienité à Byzance. London 1981, Nr. XIII), hier 587f.

111 Angiò (s. Anm. 72), 123,28f. (cap. II); 134, 255f. (cap. XIII): Ῥέμαλδος ὁ ξανθός; vgl. Vesolovskij, Iz istorii romana (wie Anm. 19), 71, 97, 119 und siehe schon oben S. 191.

112 Siehe schon Veselovskij (s. Anm. 19), 118; J. Jarnut, Prosopographische und sozialgeschichtliche Studien zum Langobardenreich in Italien (568–774) (Bonner historische Forschungen, 38). Bonn 1972, 209; Francovich Onesti (s. Anm. 18), 237.

113 H. Wolfram, Byzanz und die Xantha Ethne (400–600), in: Das Reich und die Barbaren, hg. von E. K. Chrysos/A. Schwarcz (Veröffentlichungen des Instituts für Österreichische Geschichtsforschung, 29). Wien/Köln 1989, 237–246.

114 A. Pertusi, Fine di Bisanzio e fine del mondo (Nuovi studi storici, 3). Roma 1988, 40–110.

115 Das Strategikon des Maurikios. Einführung, Edition und Indices von G. T. Dennis, Übersetzung von E. Gamillscheg (CFHB 17). Wien 1981, 64,172f. (Pinax; Buch 9,3), 352,5f. (Pinax; Buch 11,3) und 368,1f.: Πῶς δεῖ ἁρμόζεσθαι τοῖς ξανθοῖς ἔθνεσι, οἷον Φράγγοις, Λαγγοβάρδοις, καὶ λοιποῖς ὁμοδιαίτοις αὐτῶν; siehe auch 156,32 sowie 194,17.

116 Francovich Onesti (s. Anm. 18), 237.

zeitlichen Ansatzes verbietet es sich zu vermuten, daß der anonyme gautische Gemahl der Menia (also um 500), der Vater des Audoin, diesen Namen trug.

Man könnte an Herzog Romuald I. von Benevent denken, der als „Vorbild" für den „R(h)emaldos" der Pankratiosvita gedient haben mag. Ihn griff im Jahre 664 Kaiser Konstans II. an. Benevent wurde von den Byzantinern belagert. Da jedoch Grimoald, der langobardische König (und Vater des Romuald) zum Entsatz nahte, mußte der Kaiser die Belagerung abbrechen und in einen Vertrag mit den Langobarden einwilligen.[117]

Auf (mögliche) weitere Verbindungen zu den Langobarden machte mich Ernst Erich Metzner aufmerksam. Bereits van Esbroeck und Zanetti[118] versuchten den Namen Akylinos in einen langobardischen Kontext zu sehen. Allerdings ist ihre Vermutung bezüglich eines Zusammenhangs zwischen ihm und der seit dem Ende des 6. Jhs. langobardischen Stadt Aquileia[119] abzulehnen. Aus germanistischer Sicht ist allerdings der Name des um 600 regierenden Langobardenkönigs Agilulf von besonderem Interesse. Er erscheint in verschiedenen Quellen auch unter dem Namen Ago (*Agilulfus qui et Ago*), der Diminutivform von Agilulf.[120] Da im Langobardischen nach der sog. zweiten Lautverschiebung ein g leicht zu einem c (= k) werden konnte und eine Verbindung mit dem germanischen Diminutivsuffix *în* (*ina*)[121] (vgl. z.B. *Konrad* und *Konradin*) einen Namen **Akilin* (o.ä.) ergibt, ist es mithin möglich, hinter dem Akylinos (Ἀκυλῖνος) der Pankratiosvita letztlich den bedeutenden Langobardenkönig Agilulf (regierte 591–ca. 615/616) zu sehen!

Soweit zu den Aussagen der Vita des Pankratios über Menia. Um diese gebührend würdigen zu können, sind einige Ausführung zur Entstehung der Vita, ihrer literarischen Eigenheiten, ihrer Datierung und insbesondere ihrer Verbreitung angebracht.

Die Pankratiosvita kann getrost als „historischer Roman" bezeichnet werden,[122] wie auch einige ungefähr zeitgleiche und ebenfalls in Italien oder Sizilien

---

117 Pauli Historia Langobardorum, edd. Bethmann/Waitz, 147,9–149,3 (V 7–9); vgl. P. Corsi, La spedizione italiana di Costante II (Il mondo medievale, 5). Bologna 1983, 55 ff. und passim; Dölger, Regesten 231.
118 Siehe van Esbroeck/Zanetti (s. Anm. 58) bes. 166 f.
119 Siehe H. Schmidinger, LexMa I (1980) 827 f.
120 Zu Agilulf siehe u.a. Ch. Schroth-Köhler, LexMa I (1980) 208 f.; PLRE III, 27–29 (hier die relevanten Quellenbelege).
121 Siehe u.a. F. Kluge, Nominale Stammbildungslehre der altgermanischen Dialekte (Sammlung kurzer Grammatiken germanischer Dialekte, B/1). Halle 1926, 30–32 (§§ 57–59).
122 Weshalb Veselovskij (s. Anm. 19) die Vita ja auch in seine umfangreiche Untersuchung über den „Roman" in der christlichen Spätantike und im Mittelalter aufnahm.

entstandene griechische Heiligenleben.¹²³ Man sprach (bezogen auf eine dieser Viten, der des Gregor von Agrigent, die allerdings in Rom geschrieben wurde) von „Langatmigkeit", eine Kennzeichnung, die durchaus auch auf die Pankratiosvita zutrifft.

Sie liegt leider immer noch nicht in einer allgemein zugänglichen kritischen Edition vor.¹²⁴ Das ist sehr bedauerlich, denn diese Vita enthält, wie aus den bisher veröffentlichten Passagen deutlich wird, diverse Informationen von Interesse, u. a. für die byzantinische Verwaltungsgeschichte, für demographische Fragen oder für den byzantinischen Bilderstreit.¹²⁵

Man ist also bis zum Erscheinen einer vollständigen kritischen Ausgabe gezwungen, die an verschiedenen Orten publizierten Auszüge aus dieser Vita zu benutzen.¹²⁶ Besonders wertvoll ist die bereits 1886 erschiene Abhandlung zu diesem Text von dem bedeutenden russischen Gelehrten Veselovskij, der nicht nur

---

123 Z. B. die Vita des Gregor von Agrigent (BHG 707) – siehe A. Berger, Leontios Presbyteros von Rom, Das Leben des Heiligen Gregorios von Agrigent (BBA 60). Berlin 1995, 23f. mit Hinweis auf vergleichbare Viten. Siehe auch Acconcia Longo, Ricerche di agiografia italogreca (wie Anm. 70), passim; S. Pricoco, Un esempio di agiografia regionale: La Sicilia, Sett. 36 (1989) 319–376, bes. 334f., 348f.; siehe auch die ältere Arbeit von Patlagean, Studi Medievali 3ᵉ ser. 5 (1964) 579–602, hier bes. 581–583, 587–589 zur Vita Pancratii.

124 Die Oxforder Dissertation (bei Cyril Mango) von Cynthia Stallman, die die Grundlage für eine Textausgabe bietet, wurde leider wegen des tragischen Todes der Verfasserin nie veröffentlicht (und ist praktisch unzugänglich. Ein in Australien angekündigter Druck ist bisher noch nicht erschienen.). C. J. Stallman, The Life of S. Pancratius of Taormina. Thesis (D. Phil.) – University of Oxford 1986. Siehe aber dies., The Past in Hagiographic Texts. S. Marcian of Syracuse, in: Reading the Past in Late Antiquity, ed. G. Clarke. Canberra 1990, 347–365, bes. 351–354; dies., The Encomium of S. Pancratius of Taormina by Gregory the Pagurite, Byz 60 (1990) 334–365.

125 Vgl. z. B. die „Beschreibung" einer ἀποθήκη bei Veselovskij (s. Anm. 19), 85 f. (siehe Text oben in Anm. 96) die bei W. Brandes, Finanzverwaltung in Krisenzeiten. Untersuchungen zur byzantinischen Administration im 6.–9. Jahrhundert (Forschungen zur byzantinischen Rechtsgeschichte, 25). Frankfurt am Main 2002, 291–304, hätte Erwähnung finden müssen, zumal sie einen Beleg für die da vorgetragenen Ansichten darstellt. Zur Bedeutung der Vita Pancratii für die Erforschung des Bilderstreites siehe unten S. 201f.

126 Lange Passagen der Pankratiosvita publizierte Veselovskij (s. Anm. 19), 65–128 sowie priloženie 69–78, darunter insbesondere die Vita Tauri, a.a.O. 95–108. Dieser Text wurde vor einigen Jahren erneut von Francesca Angiò, die über die Pankratiosvita promoviert hat, veröffentlicht: Angiò (s. Anm. 72), 122–142: Text der Vita Tauri. Weitere Passagen – kürze und längere – edierte Veselovskij (verbunden mit wichtigen Beobachtungen und Untersuchungen) verstreut in seinem Text. H. Usener, Eine Spur des Petrusevangeliums, ZNW 3 (1902) 353–358 (auch in ders., Kleine Schriften, IV: Arbeiten zur Religionsgeschichte. Leipzig/Berlin 1913, 417–421) publizierte (nach dem Cod. Vind. hist. gr. 3 [s. XI]) den Beginn der Vita, den er auf das apokryphe

wichtige Passagen edierte (wenn auch aus heutiger Sicht auf einer zu schmalen handschriftlichen Basis), sondern auch noch höchst gelehrte und wichtige Untersuchungen beisteuerte.[127] Seine kommentierenden Anmerkungen zu dieser Vita, auf einer erstaunlichen Literatur- bzw. Quellenkenntnis basierend, wurden von der Forschung bisher nur sehr ungenügend zur Kenntnis genommen (*Rossica non leguntur*), obwohl er regelmäßig zitiert wird.[128]

Die Datierung der Vita in der einschlägigen Literatur schwankt etwas. Während Stallmann für das frühe 8. Jh.,[129] eventuell sogar für das ausgehende 7. Jh.[130] plädierte, meinte etwa van Esbroeck eine ältere Redaktion des Textes nachweisen zu können, die er (vorsichtig) in die Zeit des Kaisers Konstans II. (641–668) datierte.[131] Auch Lellia Cracco Ruggini meinte, daß „la leggenda" des Pankratios

---

Petrusevangelium (CANT 13, mit umfassender Literatur) zurückführte. Kleinere Passagen edierten u.a. Acconcia Longo, L'antichitá pagana (wie Anm. 69), bes. 7–12, bes. 10 mit Anm. 57; Angiò, Divinità pagane e sacrifici umani (wie Anm. 67), 56–75: Edition der Falkon-Falkonilla-Geschichte; dies., Taureana e le Saline, Riv. Stor. Calabrese n. s. 18 (1997) 61–69; siehe auch M. Capaldo, Un insediamento slavo presso Siracusa nel primo millennio d. C., Europa Orientalis 2 (1983) 5–17.

127 Veselovskij (s. Anm. 19).
128 Verf. dieser Seiten muß bekennen, daß er – geraume Zeit nachdem er diesen Aufsatz begonnen hatte – sehr erstaunt war, als er endlich Veselovskijs Abhandlung erhielt, die hier untersuchte Problematik *in nuce* und ausgesprochen kurz (auf S. 116), aber dennoch eindeutig, bereits erwähnt zu finden. Da jedoch offensichtlich bisher niemand Veselovskijs Hinweis beachtet hat und Verf. eigenständig die hier behandelten Zusammenhänge erkannte, schien es legitim, diesen Aufsatz zu publizieren. Außerdem ging Veselovskij der von ihm nur en passant angedeuteten Spur selbst nicht weiter nach.
129 Stallman-Pacitti, Byz 60 (1990) 339 mit Anm. 22 (mit Verweis auf ihre ungedruckte Edition); dies., The Past in Hagiographic Texts (s. Anm. 124), 363 mit Anm. 16 (Text entstand nach der Schaffung des Themas Sikelia am Ende des 7. Jhs. [siehe N. Oikonomidès, Une liste arabe des stratèges byzantins du VIIe siècle et les origines du thème de Sicile, RSBN n.s. 1 [1964] 127–130) und vor der „Enteignung" der unteritalienischen und sizilischen Patrimonia Petri, die sie allerdings, wie meist, in die 30er Jahre des 8. Jhs. datierte (siehe aber demnächst Brandes in Millennium 3 [2006], wo dieses Ereignis in die 50er Jahre des 8. Jhs. datiert wird). Für die Datierung der Vita hat dies allerdings kaum eine Bedeutung.
130 Vgl. M. van Esbroeck, Le contexte politique de la Vie de Pancrace de Tauromenium, in: Sicilia e Italia suburbicaria tra IV e VIII secolo, a cura di S. Pricoco/F. Rizzo Nervo/T. Sardella. Soveria Mannelli 1991, 185–196, hier 185f.
131 Van Esbroeck (s. Anm. 130), 189 mit Hinweisen auf eine kürze Fassung, die Spuren im Synaxar von Konstantinopel und im kaiserlichen Menologion hinterließ. Siehe Synaxarium ecclesiae Constantinopolitanae e codice Sirmondiano ... adiectis synaxariis selectis, ed. H. Delehaye (Propylaeum ad Acta Sanctorum Novembris). Brüssel 1902, 807–808; B. Latyšev, Menologii anonymi byzantini saeculi X quae supersunt, II. Petersburg 1912, 156. Dazu ausführlicher unten S. 204.

(sowie die des Markianos von Syrakus und des Beryllos von Catania) aus dieser Zeit stamme.[132] Es ist wohl von einer Überarbeitung in der Zeit des Bilderstreites auszugehen, vermutlich in der ersten Phase desselben (vor 787). Allerdings wurde auch die Möglichkeit erwogen, daß der überlieferte Text aus der zweiten Phase (815–843) stamme.[133] Vielleicht kursierten im 9. Jh. sogar drei Fassungen? Die Klärung dieser Frage sei den zuständigen Experten überlassen.

Hier genügt es, festzustellen, daß sich ein sicherer *terminus ante quem* aus dem Umstand ergibt, daß Theodoros Studites in drei Briefen, aus den Jahren 815/816, 816/818 und 826), z.T. umfangreiche Passagen der Pankratiosvita, die von ihm offenbar sehr geschätzt wurde, zitierte.[134] Leider ist keine der Passagen dabei, wo Menia erwähnt wird. Doch ist das nicht verwunderlich, denn Theodoros war selbstverständlich in erster Linie an dem hier „belegten" Gebrauch von Bildern (Jesus, Apostel) durch den Apostel Petrus interessiert.[135] Es ist mithin auch kein Wunder, daß der Patriarch Nikephoros, der andere große antiikonoklastische Theologe der ersten Hälfte des 9. Jhs., sich ebenfalls auf die Vita des Pankratios und den hier geschilderten selbstverständlichen „Gebrauch" von Bildern (in Verbindung mit dem Apostel Petrus) berief.[136] Sein Text der Vita trug übrigens, im Unterschied zu dem des Theodoros Studites, den Verfassernamen Euagrios, was zeigt, daß schon in dieser frühen Zeit zwei Versionen der Vita in Konstantinopel und Umgebung kursierten,[137] die sich zumindest durch die Autorenangabe unter-

---

132 L. Cracco Ruggini, Roma alla confluenza di due tradizioni agiografiche: Pancrazio martire «urbano» e Pancrazioi vescovo-martire di Taormina, Rivista di storia e letteratura religiosa 28 (1992) 35–52, hier 41f.
133 So z.B. I. Ševčenko, Hagiography of the Iconoclastic Period, in: Iconoclasm, ed. by A. Bryer/J. Herrin. Birmingham 1977, 113–131, hier 113 Anm. 2.
134 Theodori Studitae epistulae, rec. G. Fatouros, I–II (CFHB 31/1–2). Berlin/New York 1992, ep. 221 (p. 346,101 ff.) – ein „Rundbrief" an alle Verfolgten (vgl. Fatouros a.a.O. 286*) aus den Jahren 815/816; ep. 386 (p. 536,61 ff.) – an Thalelaios (PmbZ 7255; Fatouros a.a.O. 378f.*); 816/818; ep. 532 (p. 799,122 ff.) – an die Kaiser Michael II. und Theophilos (Fatouros a.a.O. 471*–473*); aus dem Jahre 826.
135 Siehe u.a. den bei Usener (s. Anm. 126) edierten Abschnitt aus dem Anfang der Vita; siehe auch Veselovskij (s. Anm. 19), 73–76; vgl. zu den ausführlichen Beschreibungen von Bildern und Bilderzyklen, die auf Petrus zurückgehen sollen, C. Mango, The Art of the Byzantine Empire. Englewood Cliffs 1972, 137; siehe auch die Bemerkungen von Ch. Walter, in: The Letter of the Three Patriarchs to Emperor Theophilos and Related Texts, ed. by J. A. Munitiz et al. Camberley 1997, LV, LXVI (Einleitung).
136 Nicephori patriarchae Constantinopolitani refutatio et eversio definitionis synodalis anni 815, ed. J.M. Featherstone (CC SG 33). Turnhout/Leuven 1997, 143–147 (cap. 83). Vgl. P.J. Alexander, The Patriarch Nicephorus of Constantinople. Ecclesiastical Policy and Image Worship in the Byzantine Empire. Oxford 1958, 180–182.
137 A.a.O. 143 (cap. 83,9).

schieden. Nikephoros behauptet, er habe ein „altes" Manuskript der Vita gesehen, das von Bildergegnern beschädigt worden sei.[138]

Die Wertschätzung der Pankratiosvita wegen ihres (angeblich) apostolisch sanktionierten Gebrauchs von „Bildern" führte auch dazu, daß sie etwa in dem bekannten ikonophilen Florileg des *Parisinus Graecus* 1115 auftaucht.[139] Auch im Florileg des Niketas von Medikion († 824) findet sich eine Stelle aus der Vita des Pankratios.[140]

Diese besondere Bedeutung der Pankratiosvita in der zweiten Phase der Auseinandersetzungen um den Bilderkult (815–843) wirkte sich sicher günstig auf die Integration des Heiligen Pankratios in die gottesdienstliche Verehrung nach dem Ende des sog. Bilderstreites (843) aus.

Es ist bemerkenswert, daß sich Theodoros im Brief aus dem Jahre 816/818 bemüßigt fühlte, die Echtheit der Vita zu verteidigen, was auf existente Zweifel an deren Authentizität in dieser Zeit schließen läßt – angesichts des „wirren" Inhalts kann das auch nicht verwundern. Interessant für das byzantinische Verständnis von der „Echtheit" der Heiligenlegenden sind die „Argumente" des großen Theodoros für die Echtheit der Lebensbeschreibung des Pankratios (das Fehlen eines Namens des Verfasser besage nichts, da das ein allgemeines Phänomen sei; die Enkomia der Märtyrer stützen sich auf die Heiligengeschichten, also müssen diese echt sein; außerdem seien in der großen Kirche auf Sizilien, wo Pankratios verehrt wird, Wunder [„Zeichen"] geschehen).[141]

---

138 A.a.O. 148 (cap. 84,19–27); vgl. auch das Vorwort von Featherstone S. XXII; Alexander (s. Anm. 136), 256. Hier wird vermutet, Nikephoros könnte die Vita von Theodoros Studites erhalten haben. Dagegen spricht die differierende Kenntnis des Verfassers (Pseudo-Euagrios)! Zur (angeblichen) Zerstörung oder Beschädigung illuminierter Handschriften durch Bildergegner siehe P. Schreiner, Der byzantinische Bilderstreit: Kritische Analyse der zeitgenössischen Meinungen und das Urteil der Nachwelt bis heute, Sett. 34 (1988) 319–407, hier 385 ff. (ohne die eben zitierte Behauptung des Nikephoros).
139 A. Alexakis, Codex Parisinus Graecus 1115 and Its Archetype (DOS 34). Washington D.C. 1996, 103 f., 223, 324 (vgl. Usener [s. Anm. 126], 418).
140 H. G. Thümmel, Das Florileg des Niketas von Medikion für die Bilderverehrung, BZ 86/87 (1993/1994) 40–46, hier 40 (vgl. den Kommentar ebenda 42 f.); A. Alexakis, A Florilegium in the Life of Nicetas of Medicion and a Letter of Theodore of Studios, DOP 48 (1994) 179–197, hier 181.
141 A.a.O. 536,61–67 Fatouros (ep. 386): Περὶ τῆς ἱστορίας τοῦ Ἁγίου Παγκρατίου, ὅτι οὐ δηλοῖ πρὸς τίνος συνεγράφη, τί τοῦτο; σχεδὸν πάντα τὰ μαρτυρογράφια ἀνεπίγραφά εἰσιν· ἀλλ' ὅμως βέβαιά εἰσιν, κἀκεῖθεν οἱ διδάσκαλοι ἀφορμίζονται ποιεῖν τὰ τῶν μαρτυρησάντων ἐγκώμια. ὁ Ἅγιος Παγκράτιος ἐν Σικελίᾳ τιμᾶται ναῷ μεγίστῳ, ἐν ᾧ φασι καὶ σημεῖα γεγενῆσθαι. ὁ οὖν μὴ δεχόμενος τὴν ἱστορίαν συναπεβάλετο τὸν μάρτυρα δῆλον ὅτι.

Zu Beginn des 9. Jhs. war die Pankratiosvita also bereits verbreitet, wie nicht nur das Zeugnis des Theodoros Studites belegt. Auch Epiphanios, der Verfasser der Vita des Apostels Andreas (BHG 102), kannte den Text. Da er ihn – im Gegensatz zu Theodoros Studites – unter dem Namen Euagrios (*Sikelos*) zitiert, lag ihm vermutlich eine andere Redaktion vor (oder doch eine Fassung der Vita ohne Autorenangabe).[142] Diese Vita des Apostels Andreas wird meist kurz nach 843 datiert.[143] Auch die Vita des Michael Synkellos (BHG 1296), entstanden vor 867 (dem Tod Michaels III.), erwähnt Pankratios.[144]

Ebenfalls aus dem 9. Jh. stammt vermutlich ein „Kanon" auf Pankratios, zum 9. Juli, der ebenfalls auf der Vita basierte.[145] Auch dieser Text könnte in Sizilien entstand sein, wie die Pankratiosvita selbst. Menia taucht allerdings nicht auf. Tauromenion wird an einer Stelle erwähnt, ansonsten wird Pankratios als großer Heiliger ganz Siziliens gefeiert.

Die Verbreitung der Vita des Pankratios ist in einem Zusammenhang mit seinem Kult zu sehen, der seit dem 10. Jh. für Konstantinopel bezeugt ist, und der

---

142 Epiphanii Vita S. Andreae (BHG 102), PG 120, 217A; siehe auch 229A, wo berichtet wird, daß Petrus und Paulus (!) Markianos und Pankratios in Antiocheia zu Bischöfen Siziliens weihten (ἐπισκόπους Σικελίας). Zum Text siehe H.-G. Beck, Kirche und theologische Literatur im byzantinischen Reich (Byzantinisches Handbuch im Rahmen des Handbuchs für Altertumswissenschaften, II/1). München 1959, 513; siehe auch G. Kahl, Die geographischen Angaben des Andreasbios (BHG 95b und 102), phil. Diss. Stuttgart 1989, 63–67 (zur Vita des Andreas von Epiphanios; Handschriften etc.), 70 (Kommentar zur Stelle, wo Pankratios auftaucht) – Kahl hält diese Stelle für eine spätere Interpolation; dazu der Text (nach dem Cod. Scorial. Y-II-6) im Textteil S. 8.

143 F. Dvornik, The Idea of the Apostolicity in Byzantium (DOS 4). Cambridge/Mass. 1958, 225f. Zu dieser Schrift siehe zuletzt C. Mango, A Journey Round the Coast of the Black Sea in the Ninth Century, in: Χρυσαῖ Πύλαι. Essays presented to Ihor Ševčenko on his eightieth birthday, ed. by P. Schreiner/O. Strakhov (Palaeoslavica 10/1). Cambridge/Mass. 2002, 255–264. Mir erscheint eine Entstehung um 815 wahrscheinlicher zu sein.

144 The Life of Michael the Synkellos. Text, translation and commentary by M. B. Cunningham (Belfast Byzantine Texts and Translations, 1). Belfast 1991, 6 mit Anm. 16 zur Abfassungszeit (vgl. auch Cl. Sode, Jerusalem – Konstantinopel – Rom [Altertumswissenschaftliches Kolloquium, 4]. Stuttgart 2001, 46). In einem vermutlich unechten Brief des Patriarchen von Jerusalem an Kaiser Leon V., eine Auflistung gängiger Argumente für den Bilderkult – siehe (Kap. 11) 66,1 – wird indirekt die Vita Pancratii zitiert.

145 Ediert von Au. Acconcia Longo, Analecta Hymnica Graeca, XI. Roma 1978, 155–170 (Kanon XV) – die entsprechenden Stellen der Pankratiosvita, die als Vorlagen dienten, werden im Apparat mitgeteilt (nach dem Vat. gr. 1591); vgl. Kazhdan, A History of Byzantine Literature (wie Anm. 71), 303 zur Datierung vor 902.

auch auf Sizilien eine längere Tradition hatte.[146] Dabei kam es gelegentlich zu einer Vermischung mit dem römischen Märtyrer Pankratios (seit dem 3. Jh. bezeugt), dessen Kult in Italien und später auch nördlich der Alpen (einer der „Eisheiligen") weit verbreitet war.[147]

Das hauptstädtische Synaxar bezeugt das liturgische Gedenken des Hl. Pankratios an mehreren Tagen des Kirchenjahres. Am 9. Februar[148] wurde ihm gemeinsam mit den Bischöfen „Markellos" (gemeint ist sicher Markianos) von Sizilien und Philagrios von Zypern gedacht, die ja beide auch als Schüler des Apostels Petrus firmierten.[149] Das Synaxar bietet einen kurzen Auszug aus der Vita Pancratii (BHG 1410). Zum 6. Juni, dem Tag der Märtyrerinnen Eusebeia und Sosanne, die hier als seine Schülerinnen auftauchen, wird erneut Pankratios' gedacht.[150] Der eigentliche Festtag des Pankratios war aber der 9. Juli. Die zu diesem Tag gebotene Kurzvita basiert eindeutig auf der Vita BHG 1410.[151] Im Menologion Basileios' II. wird er zum 9. Februar genannt.[152] Und im sog. kaiserlichen Menologion wird er einmal am Tag des Apostels Petrus (29. Juni) als einer dessen Schüler angeführt.[153] Zum 9. Juli wird ihm dann eine relativ ausführliche Kurzvita gewidmet, die ebenfalls auf BHG 1410 basiert.[154] In einem Typikon der Hagia Sophia (ed. Mateos) taucht er am 9. Februar auf.[155] Während er in dem von Dimitrievskij edierten Typikon wieder an seinem Tag, dem 9. Juli, erscheint,[156] wie auch in einem Kanonarion aus dem 9./10. Jh.[157] Nimmt man die eben bereits angeführten Zeugnisse für eine Kenntnis des Hl. Pankratios bzw. seiner Vita hinzu, wird klar, daß seit dem 9. Jh. der Kult dieses fiktiven sizilianischen Heiligen in Konstantinopel sicher etabliert war.

---

146 Siehe gleich S. 205.
147 L. Cracco Ruggini, Rivista di storia e letteratura religiosa 28 (1992) 35–52, passim; H. R. Drobner, LThK VII (³1987) 1313; ders., Die Anfänge der Verehrung des römischen Märtyrers Pancratius in Deutschland, RQ 83 (1988) 76–98; K. Schmalfeldt, LexMa III (1986) 1757f. (s.v. Eisheilige).
148 Delehaye (s. Anm. 131), 454,20–32.
149 Schermann (s. Anm. 65), 341f., 344.
150 Delehaye (s. Anm. 131), 733,9–11.
151 Delehaye (s. Anm. 131), 807,34–809,23.
152 Menologion Basileios' II., PG 117, 305B/C.
153 Latyšev (s. Anm. 131), 115,32: … καὶ Ταυρομενείας Παγκρατίου, … Man beachte die feminine Form Tauromenia.
154 Latyšev (s. Anm. 131), 156,1–158,11 (BHG 1410m); vgl. auch V.V. Latyšev, Vizantijskaja „zarskaja" mineja (Zapiski Imperatorskoj Akademii Nauk' po istoriko-filologičeskomu otdeleniju, XII/7). Petrograd 1915, 228–230.
155 J. Mateos, Le typicon de la Grande Église, I (OCA 165). Roma 1963, 228.
156 A. Dimitrievskij, Opisanie liturgičeskich' rukopisej, I. Kiev' 1895, 88.
157 Dimitrievskij (s. Anm. 156), I, 219 (hier wieder Ταυρομενία); vgl. auch 469.

Es gibt aber auch eine Reihe von Hinweisen, die beweisen, daß – wie ja auch nicht anders zu erwarten – Pankratios in Taormina selbst eine ausgeprägte Verehrung genoß.[158] Die Geschichte des Bistums Taormina seit dem 8. Jh. ist zwar nur in Umrissen bekannt,[159] doch verehrte man dort bereits im Jahre 902, wie die Vita Elias' des Jüngeren (BHG 580) zeigt, die Reliquien des Pankratios. Zu eben diesem Zweck, so seine Vita, kam der Hl. Elias nach Taormina (Χρόνον δέ τινος παρῳχηκότος, ἐπεθύμησαν οἱ ἅγιοι οὗτοι πατέρες [scil. Elias und sein Schüler und ständiger Begleiter Daniel] τὴν Ταυρομενίαν πόλιν καταλαβεῖν, πρὸς τὸ προσκυνῆσαι τοῦ ἁγίου Παγκρατίου τὸ τίμιον λείψανον).[160]

Ein Enkomion auf den Heiligen Pankratios, verfaßt von einem Gregorios τοῦ Παγουρίου im 9. Jh., vermutlich in Sizilien, basiert ausschließlich auf der Vita Pancratii und bietet keine zusätzlichen Informationen, beweist jedoch, daß der Pankratioskult auf der Insel blühte.[161] Um die Mitte des 12. Jhs. nahm Philagathos auch eine Homilie über den Heiligen Pankratios in das sog. italo-griechische Homiliar auf. Er basierte auf der Vita des Pankratios (BHG 1410) und nennt sogar Euagrios als Autor derselben.[162] Tauromenion heißt hier übrigens die Stadt des Tauros und der Menia (πόλις Ταύρου καὶ Μενείας).[163]

---

158 Siehe allgemein Cracco Ruggini, Rivista di storia e letteratura religiosa 28 (1992) 42 f. Auf lokaler Ebene wurde Pankratios vermutlich bereits im 6. oder 7. Jh. verehrt, so z.B. auch E. Morini, Dell'apostolicá di alcune chiese dell'Italia bizantina dei secoli VIII e IX. In margine agli Analecta Hymnica Graeca, Rivista di Storia della chiesa in Italia 36 (1982) 61–79, hier 69.

159 Siehe V. Laurent, Le corpus des sceaux de l'empire byzantin, V/1: L'église. Paris 1963, 704 f.; aus dem 8. und 9. Jh. sind folgende Bischöfe bekannt: PmbZ 3567 (Iustus, a. 649); 3087 (Ioannes; a. 787), 4273 (Leon, 8. oder 9. Jh.); 5383 (Niketas; Siegel 8. Jh.); 6108 (Petros; a. 680/681); 7527 (Theodoros; Anf. 8. Jh. – siehe E. Kislinger/W. Seibt, Sigilli bizantini di Sicilia. Addenda e corrigenda a pubblicazioni recenti, Archivio storico Messinese 75 [1998] 5–33, hier 8–10); 8629 (Zacharias; 1. H. 9. Jh.; 852/853 abgesetzt).

160 Vita di Sant'Elia il Giovane, testo inedito con trad. it. a cura di G. Rossi Taibbi. Palermo 1962, 74,1001–1004 (§ 49). In dieser Vita taucht immer die feminine Namensform Ταυρομενία auf (vgl. auch a.a.O. 54,735 f. und 106,1464); vgl. auch G. Da Costa-Louillet, Saints de Sicile et d'Italie méridionale aux VIIIe, IXe et Xe siècles, Byz 29/30 (1959/1960) 89–173, hier 95–109; zu Elias siehe auch J. M. Howe, ODB 687 (Literatur).

161 Stallman-Pacitti, Byz 60 (1990) 334–365 (346–365: Text mit englischer Übersetzung); PmbZ 2487.

162 Filagato da Cerami, Omelie per i evangeli domenicali e le feste di tutto l'anno, a cura di G. Rossi Taibbi. Palermo 1969, 196 (Hom. XXIX, c. 20; BHG 1412): Ὁ ἱερὸς τοίνυν Παγκράτιος, καθὼς ὁ τὰ κατ' αὐτὸν ἱστορήσας Εὐάγριος ἠκριβώσατο, … (= PG 132, 1000B). Zu Philagathos siehe die Einleitung von Rossi Taibbi a.a.O. VII–XVI; A. Kazhdan, ODB 1648 f.; Cracco Ruggini, Rivista di storia e letteratura religiosa 28 (1992) 37 f.

163 Cracco Rugini (s. Anm. 163).

Die Vita des Pankratios wurde von Euthymios Hagiorites auf dem Athos im 11. Jh. ins Georgische übersetzt.[164] Außerdem gibt es eine slawische Übersetzung.[165]

Die Geschichte des angeblichen ersten Bischofs von Tauromenion/Tauromenia war also im byzantinischen Osten wie in Sizilien in den Jahrhunderten nach ihrer Entstehung gut bekannt.[166] Seine Vita sowie die Nachrichten über Menia, die Gold machte, den Abkömmling des Riesen Nimrod geheiratet hatte und in die „Zukunft blickte", waren verbreitet.

Man kann die Hypothese formulieren, daß die bereits erwähnten Heldenlieder über Audoin,[167] der die Langobarden nach Pannonien führte und der eng mit dem Kaiser Justinian verbunden war,[168] auch die Ahnin, die Mutter Audoins und Großmutter Alboins erwähnte: Menia, die in zweiter Ehe mit einem *Gausus* verheiratete Exgattin des Thüringerkönigs Basin. Und wenn man annimmt, daß die Heldenlieder über Audoin und Alboin (und Menia) nicht nur im Norden, jenseits der Alpen, sondern auch im Süden der italienischen Halbinsel bekannt waren – so weit waren die langobardischen Herzogtümer Benevent und Spoleto nun auch nicht von Sizilien und Kalabrien entfernt; und außerdem dienten zahlreiche Langobarden als Söldner im byzantinischen Heer (insbesondere nach dem *foedus* von 548)[169] –, dann ist es nicht mehr verwunderlich, daß eine Dame namens

---

164 Vgl. P. Peeters, Histoires monastiques georgiennes, AB 36/37 (1917/1919) 5–317, hier bes. 34; M. Tarchnišvili/J. Assfalg, Geschichte der kirchlichen georgischen Literatur (StT 185). Città del Vaticano 1955, 128; van Esbroeck/Zanetti (s. Anm. 58), 167f.; A. Kazhdan, ODB 757.
165 Veselovskij (s. Anm. 19), priloženie 69–72.
166 Siehe die ausführliche Darstellung bei Cracco Ruggini, Rivista di storia e letteratura religiosa 28 (1992) 35–52; Morini, Rivista di Storia della chiesa in Italia 36 (1982) 61–79.
167 Siehe oben S. 185f.
168 Siehe W. Pohl, Die Langobarden in Pannonien und Justinians Gotenkrieg, in: Ethnische und kulturelle Verhältnisse an der mittleren Donau im 6.–11. Jahrhundert, hg. von D. Bialeková/J. Zabojník. Bratislava 1996, 27–36.
169 Im Jahre 552 verfügte Narses über 5500 Langobarden in seinem Krieg gegen die Goten in Italien (Pauli Historia Langobardorum, edd. Bethmann/Waitz, 72,19–27 [II 1]; Proc. Bell. Goth., ed. Haury, 626,19–627,3 [IV 25,15]; 631,10–15 [IV 26,12]; 633,3–9 [IV 26,19]; 661,23–662,5 [IV 33,2]). Im Jahre 556 kämpften Langobarden im byzantinischen Heer gegen die Perser (unter Gibros [PLRE III, 536]; Agathiae Myrinaei historiarum libri quinque, rec. R. Keydell [CFHB 1]. Berlin 1967, 1–3 [III 20,10]), ebenso 575 (Datierung nach E. Stein, Studien zur Geschichte des byzantinischen Reiches ... Stuttgart 1919, 79), angeblich 60000 (sicher übertrieben; Iohannis Ephesini Historiae ecclesiasticae pars tertia, interpretatus est E. W. Brooks [CSCO 106; Scr. Syri, 55]. Louvain 1952, 234,15–19 [VI 13]), diese waren 572 zusammen mit Helmichis, dem Mörder Alboins, zu den Byzantinern übergetreten (siehe Schmidt [s. Anm. 24], 595). In den 80er und 90er Jahren gelang es Kaiser Maurikios – durch

Menia, der als erster Gatte gar ein Angehöriger des „blonden Geschlechts" der Langobarden („R(h)emald") zugeschrieben wurde, auch in einer Geschichte auftaucht, die den Namen von Tauromenion (Tauromenia) erklären soll. Das ist natürlich angesichts der zahlreichen Quellenzeugnisse zur Geschichte Taorminas seit dem 4. vorchristlichen Jahrhundert ahistorisch (vorher lebten hier Sikeler),[170] doch darauf kam und kommt es nicht an.

Der antike Name von Taormina lautete gewöhnlich Ταυρομένιον, doch ist daneben auch die femine Form Ταυρομενία häufiger belegt. Immerhin bezeichnete bereits Diodor Tauromenion als Ταυρομενία[171] und auch die Byzantiner kannten diese Namensform.[172] Die Stadt lag auf einem *Tauros* genannten Berg und das zweite Namensglied brachte er mit μένειν zusammen.[173] Die griechischen Regeln der Bildung von Ortsnamen versagen jedoch bei der Deutung des Namens Tauromenion/Tauromenia. Der Name geht wohl auf die (italischen) Sikeler zurück.[174]

---

die Zahlung hoher Geldbeträge –, eine größere Anzahl langobardischer Herzöge auf seine Seite zu ziehen, so u. a. Drokton/Droctulf (PLRE III, 425–427; kämpfte in Italien, Thrakien und in Afrika für die Byzantiner), Authari (PLRE III, 158 [Autharius 1] – nicht der homonyme König), Grasulf von Friaul (PLRE III, 545 [Grasulfus 1]). Interessant ist der Fall des Nordulf (PLRE III, 949f.), der sogar den byzantinischen Titel eines *patricius* trug. Vgl. Schmidt a.a.O. 602. Im Jahre 582 wird ein Ariulf (sicher ein langobardischer Name) erwähnt, der wahrscheinlich *magister militum (vacans)* war und ebenfalls an der byzantinischen Ostgrenze kämpfte (PLRE III, 120). 590 traten die langobardischen Herzöge von Parma, Reggio (nicht Reggio di Calabria) und Piacenza auf byzantinische Seite über (Schmidt a.a.O. 609f.). Es ist davon auszugehen, daß die Genannten (die jeweils ein mehr oder weniger umfangreiches Gefolge und Anhänger hatten) nur die Spitze des Eisberges darstellen und daß zahlreiche einfache Langobarden in den lukrativen byzantinischen Dienst traten. Siehe noch R. Grosse, Römische Militärgeschichte von Gallienus bis zum Beginn der byzantinischen Themenverfassung. Berlin 1920, 293; K. P. Christou, Byzanz und die Langobarden (Historical Monographs, 11). Athen 1991, 126–129 (mit weiteren Beispielen). Zur Datierung des *foedus* siehe Pohl (s. Anm. 168). Bereits Wacho († 541) scheint einen *foedus* mit Byzanz geschlossen zu haben (Proc. bell. Goth., ed. Haury, 248,23–249,4 [II 11–12]).
170 Zu Ursprung und Geschichte von Tauromenion siehe K. Ziegler, RE V/1A (1934) 27–32; E. R. Bennett, La fondation de Tauroménion: Diodore, XIV,59,1–2 et XVI,7,1, REG 90 (1977) 83–87.
171 Diodor XXII 7,4; 8,3; vgl. Ziegler, RE V/1A (1934) 28.
172 Siehe bei Anm. 73, 92, 153 sowie 160, u.a. zum Synaxarium der hauptstädtischen Kirche, den Menologien und anderen liturgischen Quellen; einige Handschriften des geographischen Werks des Georgios von Zypern (siehe Georgii Cyprii descriptio orbis Romani, ed. H. Gelzer. Leipzig 1890, 30 app. crit.) bieten die Namensform Ταυρομένη.
173 Diodor XIV 59,2; vgl. Bennett, REG 90 (1977) 83–87.
174 Ziegler, RE V/1A (1934) 28.

An die feminine Form des Stadtnamens knüpfte ein gräkophoner Einwohner dieser Stadt im 7. oder eher im 8. Jh. an (Pseudo-Euagrios), als er im Kontext der von ihm erfaßten Vita Pancratii die Etymologie des Stadtnamens erklären wollte. Und so griff er auf den verlockend eindeutigen Namen Menia zurück, den er vielleicht in den Erzählungen über die großen langobardischen Helden Audoin und Alboin und deren Mutter bzw. Großmutter gehört hatte. Menia, in Kombination mit dem (gut griechischem) Namen Tauros, bot sich hervorragend an, um eine personalisierte Etymologie des Namens von *Tauromenia* zu konstruieren.

Gerade der Umstand, daß Pseudo-Euagrios in seine „Geschichte" über Menia, R(h)emald und Tauros den Umstand integrierte, daß die Kunde von diesen aus schriftlichen Aufzeichnungen, sozusagen aus der „offiziellen Stadtgeschichte" (τὸ βιβλίον) stammt,[175] läßt ein gewisses „Unwohlsein" erkennen, fast könnte man von einem „schlechten Gewissen" des sich hinter dem Namen Euagrios verbergenden Verfassers der Pankratiosvita sprechen. Immerhin stammte der Name Menia, der sich so schön für die Erklärung des zweiten Namensgliedes von *Tauromenia* anbot, aus der (historischen) Tradition der *nefandissimi Langobardi* (wie man die Langobarden im päpstlichen Rom mit Vorliebe bezeichnete).

Man geht in der Forschung davon aus, daß in Unteritalien und Sizilien eine griechisch-lateinische Zweisprachlichkeit herrschte.[176] Mithin ist es nicht auszuschließen, daß die Kunde von Menia den Verfasser der Vita des Pankratios via eine lateinische „Zwischenquelle", erreichte, sei diese nun schriftlicher oder mündlicher Natur gewesen. Aber, wie bereits gesagt, auch Langobarden in byzantinischen Diensten könnten Menia in Sizilien bekannt gemacht haben.

4. Zwischenbilanz

Die gemeinsamen „Eigenschaften" der Menia der altnordischen Literatur und der Menia der Vita des Pankratios lassen sich so zusammenfassen:

- Beide tragen einen extrem seltenen und ungewöhnlich gebildeten (germanischen) Namen.
- Beide verfügen über die Fähigkeit, Gold und Reichtum hervorzubringen.

---

175 Siehe Veselovskij (s. Anm. 19), 95; Angiò (s. Anm. 72), 122,10–14 (cap. I). Die Falkonillageschichte, die ja auch auf Menia Bezug nimmt (siehe oben S. 189), fand Pankratios ἐν τοῖς ἱστορικοῖς beschrieben. Siehe auch Veselovskij a.a.O. 76.
176 Siehe z.B. Berger, Leontios Presbyteros (wie Anm. 123), 67. Zum Problem der Mehrsprachigkeit in Byzanz siehe G. Dagron, Formes et fonctions du pluralisme linguistique à Byzance (IXe–XIIe siécle), TM 12 (1994) 219–240.

- Die eine Menia (die des *Grottasǫngr*) ist eine Riesin, die andere (die der Pankratiosvita) ist die Gattin eines Nachkommen (in zehnter Generation) des „Riesenjägers" Nimrod des Alten Testaments.
- Beide verfügen über die Fähigkeit, die „Zukunft zu schauen".

Angesichts dieser Übereinstimmungen dürften kaum noch Zweifel daran bestehen, daß zwischen der Pankratiosvita und dem *Grottasǫngr* ein Zusammenhang besteht.

5. Wie kam Menia in den skandinavischen Norden?

Es bleibt die Frage zu beantworten, wie die Vorstellung einer Menia, die Gold machen kann und mit „höheren Mächten" in Verbindung steht, in den Norden kam und Eingang in die Dichtungen der Edda fand. Zwei mögliche Erklärungen sind denkbar. Da es unsinnig ist, eine direkte Benutzung des Textes der (griechischen) Vita des Pankratios zu unterstellen, muß das „missing link", die Verbindung zwischen dem byzantinischen Bereich, wo man die Pankratiosvita und damit auch Menia kannte, und Skandinavien gefunden werden.

Man könnte in traditioneller Weise vermuten, daß die langobardische Heldendichtung über Alboin und dessen Vorfahren über die Alpen zu den Franken, Sachsen, Bayern und andere germanische Stämme gelangte. Nach Paulus Diaconus am Ende des 8. Jh. hätten diese Stämme „Lieder" über Alboin gesungen.[177] Von dort müßte dann die Kenntnis von Menia nach Skandinavien, bis nach Island gelangt sein. Hier taucht dann Menia im 13. oder 14. Jh. in schriftlich fixierten Dichtungen wieder auf.

Man hat in der Forschung gelegentlich den Stamm der Heruler, die ja in der langobardischen Sage einen wichtigen Platz einnehmen, eine Rolle bei der Übermittlung von Elementen germanischer Heldensagen des 6. Jh. aus dem mediterranen Raum nach Skandinavien zugeschrieben.[178] Insbesondere das bei Prokop überlieferte sog. Heruleritinerar spielt in diesem Zusammenhang eine besondere Rolle.[179] Die Geschichte der Heruler ist – zumindest in der Spät- bzw. Endphase –

---

177 Siehe oben S. 185f.
178 Siehe u.a. O. Pritsak, The Origin of Rus', I. Cambridge/Mass. 1981, 47f.; N.C. Lukman, Skjoldunge und Skilfinge, Hunnen- und Herulerkönige in ostnordischer Überlieferung. København 1943 (non vidi); siehe M. Taylor, RGA XIV (1999) 468–474 (s.v. Heruler), bes. 469f. u.a. mit Verweisen auf einschlägige Arbeiten von R. Much zu dieser Frage.
179 Proc. bell. Goth., ed. Haury, 214,21–220,4 (II 15); H. Ditten, Zu Prokops Nachrichten über die deutschen Stämme, Byzantinoslavica 36 (1975) 1–25, 184–191, hier bes. 185ff.; zu den Herulern allgemein siehe Schmidt, Ostgermanen (wie Anm. 24), 553;

eng mit der der Langobarden verwoben. Zunächst konnten die Heruler im Donauraum die Langobarden unterwerfen (nach 488, als Odoaker das norische Rugierreich vernichtet hatte), doch ca. 508 konnten die Langobarden unter König Tato[180] in einer Schlacht, in der der herulische König Rodulf[181] fiel, befreien. Die meisten der überlebenden Heruler wurden schließlich ca. 512 auf römischem Gebiet als Föderaten angesiedelt. Ein anderer Teil des Volkes jedoch wollte nicht unter römischer Herrschaft leben und beschloß, wie Prokop mitteilt, nach Skandinavien zurückzukehren. Für die vorliegende Untersuchung ist es von zweitrangiger Bedeutung, ob die daraus geschlossene skandinavische Herkunft der Heruler als historisch anzusehen ist oder auch nicht.[182] Unter Führung von („vielen") Angehörigen des Königsgeschlechts zogen sie durch das Land der Sklavenen bis zum Land der Warnen, dann durchs Land der „Danen" zum Ozean und über diesen nach Thule. Dort lebten sie bei den Gauten (Γαυτοί).[183]

Die als römische Föderaten im östlichen Illyricum lebenden Heruler erschlugen ihren König Ochus, was sie aber bald bereuten und bei ihren Stammensgenossen im fernen Thule um einen Angehörigen des königlichen Geschlechts baten, der kommen sollte, um sie zu regieren.[184] Das geschah schließlich auch und führte zu diversen Verwicklungen (die Einzelheiten seien hier übergangen). Auf jeden Fall geht aus Prokops Geschichte, die er vermutlich von Herulern selbst hörte,[185] hervor, daß dieses Volk enge Verbindungen nach Skandinavien hatte, wo ebenfalls Heruler wohnten. Dies bildete den Hintergrund für die Annahme einer herulischen Rolle bei der Übermittlung bzw. eines herulischen Ursprungs bestimmter Elemente im Nibelungenlied (Markgraf Rüdiger), im altnordischen Sagenkreis um Hrólfr kraki u. a.[186] Man könnte nun unterstellen, daß auch der Name der Menia auf diese Weise in den Norden gelangt sei. Ich halte das aber für mehr als unwahr-

---

bequeme Zusammenstellung der einschlägigen Quellen bei P. Lakatos, Quellenbuch zur Geschichte der Heruler (Acta Universitatis de Attila József nominatae. Acta antiqua et archaeologica, 21 = Opuscula Byzantina, 6). Szeged 1978 (mit guter Bibliographie); siehe auch die wichtigen Beobachtungen von A. Ellegård, Who were the Eruli? Scandia 53 (1987) 5–34; für die Details noch immer nützlich ist der Prokopkommentar von B. Rubin, RE Suppl. XI (1968) 452–459.
180 PLRE II,1055.
181 PLRE II, 946. Siehe auch Schmidt (s. Anm. 24), 552f.
182 Siehe aber auch die Zweifel von W. Pohl, Die Völkerwanderung. Eroberung und Integration. Stuttgart 2002, 123.
183 Was an den anonymen *Gausus*, den Gatten der Menia und Vater des Audoin erinnert. Siehe oben S. 182.
184 Siehe Schmidt (s. Anm. 24), 554f.
185 Allerdings war seine Wahrnehmung auch durch die antiken geographischen Vorstellungen beeinflußt. Siehe in diesem Sinne schon Rubin, RE Suppl. XI (1968) 453.
186 M. Taylor, RGA XIV (1999) 409f.

scheinlich, was vermutlich auch für die eben genannten Verbindungen zwischen Herulern und dem Nibelungenlied[187] und altnordischen Sagen gilt. Außerdem gibt es nicht den geringsten Anhaltspunkt dafür, daß neben dem Namen Menia auch ihre Fähigkeit, Gold zu machen, bereits in der langobardischen Heldensage existent war.

Ob die Kenntnis von Menia nun via Heruler, Bayern, Sachsen, Franken usw. in die altnordische Literatur gelangt sein soll, die Vorstellung von einer derartigen „Wanderung" setzt ein sechs bis sieben Jahrhunderte währendes Diffundieren dieser Nachrichten voraus, ohne daß sich eine Spur im europäischen Schrifttum dieser wirklich langen Periode nachweisen läßt.[188] Die Vita des Pankratios mit ihrer integrierten Geschichte von Tauros und Menia wäre dann ein unbedeutendes Randphänomen, das zwar beweisen würde, daß es eine derartige langobardische Sage gab, ansonsten jedoch keine Rolle bei der Überlieferung spielen würde. Angesichts der Tatsache jedoch, daß die Forschung längst die Vorstellung von im „Geheimen", im „Volke", wirkenden und weiterlebenden „Liedern" abgekommen ist,[189] ist diese hypothetische Beschreibung der Überlieferung der Gestalt der Menia zu verwerfen.

Denkbar und erheblich wahrscheinlicher ist ein ganz anderer Weg, auf dem Kenntnisse von Menia und ihrem Gold in die nordische Literatur gelangt sein könnten. Wie bereits erwähnt,[190] verbreitete sich der Kult des Pankratios auch im byzantinischen Osten, namentlich in Konstantinopel. Und hier gab es spätestens seit dem 10. Jh., vermutlich bereits früher, zahlreiche Varäger, die in Byzanz als Söldner oder als Händler, gelegentlich auch als Pilger, weilten. Norwegische Könige, wie der berühmte Haraldr Sigurðarson harðráði († 1066) und andere suchten ihr Glück im goldreichen *Miklagarðr* (Konstantinopel) bzw. *Grikland/Grikkland* (Byzanz), und manche fanden es auch.[191]

---

187 Vgl. schon die ablehnenden Argumente von Schmidt (s. Anm. 24), 551 f.
188 Die Menia im Polyptichon von Saint-Remi (siehe oben S. 180 f.) kann als eine solche „Spur" nicht gelten.
189 Siehe dazu zuletzt Fried (s. Anm. 2), passim, mit der wichtigsten Literatur.
190 Siehe oben S. 202–206.
191 Siehe den guten Überblick bei K. N. Ciggaar, Western Travellers to Constantinople. The West and Byzantium, 962–1204: Cultural and Political Relations (The Medieval Mediterranean, 10). Leiden/New York/Köln 1996, 102–128 und passim; Chr. Lübke, Fremde im östlichen Europa (Ostmitteleuropa in Vergangenheit und Gegenwart, 23). Köln/Weimar/Wien 2001, bes. 283–294; E. A. Hanawalt, Scandinavians in Byzantium and Normandy, in: Peace and War in Byzantium. Essays in Honor of George T. Dennis, S. J., ed. by T. S. Miller/J. Nesbitt. Washington D. C. 1995, 114–122; S. Blöndal, The Varangians of Byzantium. Cambridge 1978; H. R. E. Davidson, The Viking Road to Byzantium. London 1976; E. A. Mel'nikova, Drevneskandinavskie geografičeskie sočinenija. Moskva 1986; O. Pritsak, in: Medieval Scandinavia (wie Anm. 5), 688 f.

Daß diese nordische Präsenz in Byzanz zu einem gewissen Transfer kultureller Güter, Werte, aber auch „Ideen" in den Norden geführt hat, ist längst bekannt.[192] Es ist mithin möglich, und vielleicht sogar sehr wahrscheinlich, daß die Kenntnis von Menia und ihrer Eigenschaften, u.a. eben Gold und andere Edelmetalle zu „schaffen", durch die varägischen Söldner und Händler in den Norden gelangte. Hier wurde sie, schon wegen des Reims, einer Schwester Fenia (die viel früher als Menia bezeugt ist) beigesellt und beide mit der Mühle *Grotti*, für die sich Belege lange vor Menia in der Skaldendichtung (bereits im 10. Jh.) finden lassen,[193] in Verbindung gebracht.

Spätestens seit dem 9. Jh. waren Skandinavier in Byzanz präsent. Einige von ihnen waren bereits in die byzantinische Gesellschaft integriert und stießen bis in die Oberschicht vor.[194] Ein Beispiel dafür ist die Familie der Eudokia Ingerina, die es immerhin zur Kaiserin brachte.[195] Zwei Personen namens Inger (Ἴγγερ), was wohl dem (schwedischen) *Ingvarr* entspricht, sind für die erste Hälfte des 9. Jhs. belegt. Der eine war nach 815 Metropolit von Ephesos, und der andere war sogar Senator.[196]

---

192 Siehe z. B. die Sammelbände Les pays du Nord et Byzance. Actes du colloque d'Upsal 20–22 avril 1979 (Acta Universitatis Upsaliensis, Figura 19). Uppsala 1981; Rom und Byzanz im Norden. Mission und Glaubenswechsel im Ostseeraum während des 8.–14. Jahrhunderts, hg. von M. Müller-Wille, I–II (Akademie der Wissenschaften und Literatur Mainz, Abh. der geistes- und sozialwiss. Kl., Jg. 1997, 3/I–II). Mainz/Stuttgart 1997/1998; Les centres proto-urbains russes entre Scandinavie, Byzance et Orient, éd. par M. Kazanski/A. Nercessian/C. Zuckerman. Paris 2000; siehe auch den Überblick von E. A. Melnikova, Ancient Rus' and Scandinavia in Their Relations to Byzantium, Byzantinska säälskapet. Bulletin 13 (1995) 5–11 und die Ausstellungskataloge Byzantium. Late Antique and Byzantine Art in Scandinavian Collections, ed. by J. Fleischer/Ø. Hjort/M. B. Rasmussen. Kopenhagen 1996 sowie Wikinger – Waräger – Normannen. Die Skandinavien und Europa 800–1200 (XXII. Kunstausstellung des Europarates, Paris – Berlin 1992). Berlin 1992. Diese Aufzählung läßt sich leicht fortsetzen. Siehe aber auch unten S. 226.
193 Siehe dazu unten S. 219f.
194 An dieser Stelle sei angemerkt, daß es an der Zeit ist, der Geschichte der Varäger/Rhos in Byzanz in einer wirklich umfassenden Untersuchung nachzugehen, die die verschiedenen Quellenmassen (insbesondere nordische und griechische) auf der Basis des inzwischen erreichten byzantinistischen Forschungsstands (u.a. zur byzantinischen Militärgeschichte) zusammenfassen müßte.
195 PmbZ 1632; vgl. auch C. Mango, Eudocia Ingerina, the Normans and the Macedonian Dynasty, ZRVI 14/15 (1973) 17–27; E. Kislinger, Eudokia Ingerina, Basileios I. und Michael III., JÖB 33 (1983) 119–135.
196 PmbZ 2682 und 2683.

Seit der Etablierung des Staates der Kiever Rus' – eine skandinavische Staatsbildung zweifellos[197] – zogen Scharen von Skandinaviern nach Byzanz. Spätestens seit der Zeit des Kaisers Theophilos (829–842) wurden die Kontakte zwischen dem europäischen Norden und Byzanz intensiviert, ein Vorgang, der in Münz- und Siegelfunden im Norden einen Niederschlag fand.[198] Der oft behandelte Eintrag der *Annales Bertiniani* zum Jahr 839 bringt Byzanz unter Kaiser Theophilos und die „Rhos" in einen eindeutigen Zusammenhang.[199] Prudentius (der spätere Bischof von Troyes), der diesen Teil der Annalen verfaßte, war zur Zeit des Ereignisses Kaplan am Hofe Ludwigs des Frommen und mithin selbst Zeuge der geschilderten Ereignisse in der Pfalz Ingelheim.[200] Eine Gesandtschaft des Kaisers Theophilos, angeführt von Theodosios, dem Metropoliten von Chalkedon, sowie von dem *spatharios* Theophanios,[201] um einen Vertrag mit Ludwig abzuschließen.

---

197 Zur uralten Debatte der Normannisten vs. Antinormannisten siehe den bemerkenswerten Überblick von B. Scholz, Von der Chronistik zur modernen Geschichtswissenschaft. Die Warägerfrage in der russischen, deutschen und schwedischen Historiographie. Wiesbaden 2000.

198 V. Laurent, Ein byzantinisches Bleisiegel aus Haithabu, in: Das archäologische Fundmaterial III der Ausgrabung Haithabu (Berichte über die Ausgrabungen in Haithabu, 12). Neumünster 1978, 35–40 = ders., Le Corpus des sceaux de l'Empire byzantin, II: L'administration centrale. Paris 1981, Nr. 695; zu Rußland siehe jetzt V. Bulgakova, Byzantinische Bleisiegel in Osteuropa. Die Funde auf dem Territorium Altrußlands (Mainzer Veröffentlichungen zur Byzantinistik, 6). Wiesbaden 2004; dies., Neues zu den Anfängen russisch-byzantinischer Beziehungen aufgrund sigillographischer Zeugnisse, in: Siegel und Siegler. Akten des 8. Internationalen Symposions für Byzantinische Sigillographie, hg. von Cl. Ludwig (BBS 7). Frankfurt am Main etc. 2005, 49–52; numismatische Belege stellte Shepard (wie in der folgenden Anm.) zusammen. Siehe schon Ph. Grierson, Harold Hardrada and Byzantine Coin Types in Denmark, BF 1 (1966) 124–138; M.F. Hendy, Michael IV and Harold Hardrada, Numismatic Chronicle ser. 7 10 (1970) 187–197 (auch in ders., The Economy, Fiscal Administration and Coinage of Byzantium. Northampton 1989, Nr. X).

199 Annales Bertiniani ad a. 839, in: Quellen zur karolingischen Reichsgeschichte, II, bearbeitet von R. Rau (Ausgewählte Quellen zur deutschen Geschichte des Mittelalters, 6). Darmstadt 1958, 42–45. Siehe dazu die wichtigen Ausführungen von J. Shepard, The Rhos Guests of Louis the Pious: Whence and Wherefore? Early Medieval History 4 (1995) 41–60; G. Schramm, Altrußlands Anfang. Freiburg/Br. 2002, 179ff. Es ist hier nicht der Ort, um auf die alte Frage nach der Herkunft der „Rus'", Rhos", der Etymologie etc. einzugehen. Siehe (neben Schramm a.a.O.) E.A. Melnikova/ V.J. Petrukhin, The Origin and Evolution of the Name Rus', Tor 23 (1990) 203–234; O. Pritsak, in: Medieval Scandinavia (wie Anm. 5), 555f.

200 Siehe Wattenbach – Levison, Deutschlands Geschichtsquellen im Mittelalter, III: Die Karolinger vom Tode Karls des Großen bis zum Vertrag von Verdun, bearbeitet von H. Löwe. Weimar 1957, 348f.

201 PmbZ 7873 und 7879 (Theodosios), 8132 (Theophanes [sic!]). Beide Artikel müßten überarbeitet werden!

Mit ihnen kamen Angehörige des Volkes der Rhos, die von Konstantinopel aus nicht in ihre Heimat zurückkehren konnten, da ihr Weg durch das Gebiet von barbarischen und fürchterlich gefährlichen Völkern führt. Ludwig sollte ihnen den Heimweg durch sein Reich erlauben. Man identifizierte sie allerdings als *Sueones*, also „Schweden", was sie angesichts der seit einigen Jahrzehnten andauernden Überfälle von Normannen gegen fränkisches Reichgebiet besonders verdächtig machen mußte.

Im Jahr 839 scheint tatsächlich die Lage nördlich des Schwarzen Meeres gefährlich gewesen zu sein. Jedenfalls wurde mit guten Gründen genau in dieses Jahr die Schaffung des Themas der „Klimata", des Militärverwaltungsbezirks auf der Krim, datiert, was wohl als Präventivmaßnahme gegen eine aus dem Norden drohende Gefahr angesehen werden muß (vielleicht die Ungarn oder Chazaren).[202]

Aber bereits einige Jahre vor 839 machte man im Byzantinischen Reich Bekanntschaft mit der unangenehmen Seite der skandinavischen *Rhos*. Bereits ca. 818/819 plünderte eine Schar von ihnen die Schwarzmeerküste Kleinasiens. Die Vita des Georgios von Amastris (BHG 668), verfaßt von Ignatios Diakonos,[203] berichtet von einem schrecklichen Überfall der *Rhos*, „eines Volkes, das, wie jeder weiß, sehr wild und rauh ist, ohne einen Rest von Menschlichkeit. …" (ἔφοδος ἦν βαρβάρων τῶν Ῥῶς, ἔθνους, ὡς πάντες ἴσασιν, ὠμοτάτου καὶ ἀπηνοῦς καὶ μηδὲν ἐπιφερουμένου φιλανθρωπίας λείψανον· …).[204] Dieses schreckliche Volk plünderte die paphlagonische Schwarzmeerküste. Sie scheiterten erst in Amastris, als sie das Grab des heiligen Georgios plündern wollten. Der Heilige rettete sich (sein Grab bzw. seine Reliquien) und seine Stadt durch ein postumes Wunder. Das Ereignis wurde in die Jahre 818 oder 819 datiert.[205]

Diese frühe Erfahrung mit den Rhos fand im Jahre 860 eine Auffrischung.[206] Die *Rhos* griffen Konstantinopel an. Ihr schreckliches Auftreten beschrieb der

---

202 W. Treadgold, Three Byzantine Provinces and the First Byzantine Contacts with the Rus', in: Proceedings of the International Congress Commemorating the Millennium of Christianity in Rus' – Ukraine, ed. by O. Pritsak/I. Ševčenko (Harvard Ukrainian Studies, 12/13). Cambridge/Mass. 1990, 132–144.
203 Siehe St. Efthymiadis, On the Hagiographical Work of Ignatius the Deacon, JÖB 41 (1991) 73–83 zu Autorschaft und Entstehungszeit. Der Versuch von Schramm (s. Anm. 199), 249f., den Quellenwert der Vita des Georgios zu negieren, geht völlig in die Irre!
204 Žitie sv. Georgija Amastridskago, ed. V. G. Vasil'evskij, in: ders., Trudy, III. Petrograd 1915, 64,3–5; vgl. Treadgold (s. Anm. 202).
205 So Treadgold (s. Anm. 202). In der zweiten Hälfte des 9. Jhs. (zwischen 860 und 880) erwähnt Niketas Paphlagon (PG 105, 421D) u. a. „Skythen", die nach Amastris kamen, um hier Handel zu treiben. Vermutlich handelt es sich um *Rhos*. Siehe W. Brandes, Die Städte Kleinasiens im 7. und 8. Jahrhundert (BBA 56). Berlin 1989, 138.
206 Zum Ereignis siehe C. Mango, The Homilies of Photius, Patriarch of Constantinople (DOS 3). Cambridge/Mass. 1958, 74ff.; A. A. Vasiliev, The Russian Attack on Constan-

Patriarch Photios ausführlich.[207] Schon er assoziierte implizit einen eschatologischen Zusammenhang mit dem Auftreten und Wüten dieses schrecklichen Volkes aus dem Norden,[208] woher ja auch die apokalyptischen Völker Gog und Magog kommen sollten.[209] Und da man beim Propheten Hesekiel (38,2) lesen konnte: „Du Menschenkind richte Deine Augen auf Gog, der im Lande Magog ist und der Fürst von Rosch, Meschech und Tubal" (… ἐπὶ Γωγ καὶ τὴν γῆν τοῦ Μαγωγ, ἄρχοντα Ῥως …). Der hier auftauchende Name Ῥως mußte natürlich an die *Rhos* erinnern. Ausdrücklich wird dies dann in der Vita des Basileios des Jüngeren (BHG 263), kurz vor dem Jahr 1000 entstanden, ausgeführt. Die *Rhos* werden hier mit Gog und Magog identifiziert.[210] Auch die sog. *Patria* enthalten eine Weissagung, daß die *Rhos* am Ende der Zeiten Konstantinopel erobern werden.[211]

Doch diese Vorstellungen hinderten die byzantinischen Herrscher nicht, sich der kampferprobten und offenbar sehr loyalen Varägern als Soldaten (Söldner) zu bedienen.

Mögen varägische Söldner bereits seit Michael III. im byzantinischen Heer gedient haben,[212] oder tauchten Varäger/*Rhos* zunehmend als Händler in Byzanz auf, so wird ihre Präsenz spätestens zu Beginn des 10. Jh. auch in den Quellen greifbar. Die altrussische Nestorchronik (*Povest' vremennych let'*) teilt den Text des Vertrags zwischen den Rus' des Oleg und Byzanz aus dem Jahr 912 mit (eine Folge des Angriffs Olegs auf Konstantinopel im Jahre 907). Er zeigt deutlich, daß in dieser Zeit die varägische Präsenz in Byzanz bereits so bedeutend war, daß sie rechtliche Regelungen erforderte. Auch findet sich ein sicherer Beleg für die Anwerbung varägischer Söldner: „Wenn er (der griechische Zar) zum Kriegsdienst wirbt … und diese (Krieger aus der Rus') wollen euren Zaren ehren, dann sollen

---

tinople in 860. Cambridge/Mass. 1946, passim; Davidson, The Viking Road (wie Anm. 191), 117–125; Blöndal, The Varangians (wie Anm. 191), 33–36; S. Szádeczky-Kardoss, Symeon Magistros Logothetes und die russische Belagerung von Konstantinopel im Jahre 860, in: Dissertationes Slavicae, sectio linguistica 21 (1990) 35–41.

207 Photios, Homelie III und IV. Siehe Φωτίου ὁμιλίαι, ed. B. Laourdas. Thessaloniki 1959, 29–52; Mango (s. Anm. 206), 82–110.

208 W. Brandes, Anastasios ὁ δίκορος. Endzeiterwartung und Kaiserkritik in Byzanz um 500 n.Chr., BZ 90 (1997) 24–63, hier 36 mit Anm. 80 mit dem Hinweis auf Anspielungen auf Hes. 38.

209 Hes. 38,15. Vgl. S. Bøe, Gog and Magog. Ezekiel 38–39 as Pre-text for Revelation 19,17–21 and 20,7–10 (Wissenschaftliche Untersuchungen zum Neuen Testament, R. 2, 135). Tübingen 2001, bes. 100f.

210 Ediert von A. N. Veselovskij, Sbornik otdelenija russkago jazyka i slovesnosti Imperatorskoj Akademii Nauk' 46 (1890) priloženie 65; vgl. Brandes, BZ 90 (1997) 36 mit Anm. 78.

211 Scriptores originum Constantinopolitanarum, ed. Th. Preger, II. Leipzig 1907, 176,10–13; vgl. Brandes, BZ 90 (1997) 36 mit Anm. 77.

212 Blöndal (s. Anm. 191), 33.

sie, zu welcher Zeit und wie viele von ihnen auch gekommen sein mögen, wenn sie bei eurem Zaren bleiben wollen, ihren Worten entsprechend bleiben."²¹³ Und zum Jahr 945 (a.m. 6453) teilt die Nestorchronik den Text des Vertrages (datiert vor dem 16./20.12.944) mit, den Romanos I. Lekapenos mit Igor abschloß. Auch hier wird wieder deutlich, daß der Zustrom von Varägern²¹⁴ nach Byzanz ungebrochen war. „Wenn unsere Zarische Majestät Krieger haben will gegen die, die sich uns widersetzen, so soll man an euren großen Fürsten schreiben, und er wird uns senden, soviel wir wollen."²¹⁵

Die beiden Berichte über die (verfehlten) Kretaexpeditionen der Jahre 911 und 949 sowie über den Feldzug des Jahres 935 in Unteritalien (... ἐν Λαγγοβαρδίᾳ ...), die als Kapitel 44 und 45 des zweiten Buches des Zeremonienbuchs Konstantins VII. Porphyrogennetos überliefert sind, erwähnen Varäger als hochbezahlte Söldner.²¹⁶ Sie zeigen, daß die eben zitierten Bestimmungen aus den byzantinisch-russischen Verträgen von 912 (bzw. 907) und 944 die damalige Realität widerspiegeln. Die hier unter der Bezeichnung *Rhos* (Ῥῶς) firmierenden Soldaten dürften zum größten Teil Skandinaier gewesen sein.

An dem Feldzug des Jahres 911 nahmen 700 von ihnen teil (Ῥῶς ψ').²¹⁷ Sie bekamen ein Kentenarion Sold, was 100 *litrai* entspricht, also 7200 Nomismata. Jeder Varäger bekam ca. 10 Nomismata. Das ist, gemessen an den Standards der Zeit, eine erhebliche Summe.²¹⁸ Ihr Sold war um einiges höher als der von Ange-

---

213 Ich zitiere nach der neuesten deutschen Übersetzung: Die Nestorchronik ..., ins Deutsche übersetzt von L. Müller (Forum Slavicum, 56; Handbuch zur Nestorchronik, hg. von L. Müller, 4). München 2001, 38; Dölger/Müller, Regesten 549 und 556. Zu den byzantinisch-russischen Verträgen siehe zuletzt J. Malingoudi, Die russisch-byzantinischen Verträge des 10. Jhs. aus diplomatischer Sicht. Thessaloniki 1994 (dazu ist aber die kritische Rezension von L. Burgmann, BZ 90 [1997] 455–456, zu vergleichen); M. Hellmann, Die Handelsverträge des 10. Jahrhunderts zwischen Kiev und Byzanz, in: Untersuchungen zu Handel und Verkehr der vor- und frühgeschichtlichen Zeit in Mittel- und Nordeuropa, IV: Der Handel der Karolinger- und Wikingerzeit, hg. von K. Düwel/H. Jankuhn/H. Siems/D. Timpe (Abhandlungen der Akademie der Wissenschaften in Göttingen, phil.-hist. Kl., 3. F., 156). Göttingen 1987, 643–666.
214 Ich spreche von Varägern, wohl wissend, daß auch Slawen unter dem Begriff „Rus'" subsumiert werden können. Die Majorität wird aus Skandinaviern bestanden haben.
215 Nestorchronik (wie Anm. 213) 63f.; Dölger/Müller, Regesten 647.
216 Dazu siehe jetzt die Neuedition mit ausführlichem Kommentar von J. Haldon, Theory and Practice in Tenth-Century Military Administration. Chapters II, 44 and 45 of the *Book of Ceremonies*, TM 13 (2000) 201–352; zu dem Feldzug nach Italien siehe ebenda 213–215. An ihm nahmen 415 Varäger auf sieben (ihre eigenen?) Schiffen teil. A.a.O. 213,155. Siehe allgemein Davidson (s. Anm. 191), 127–136.
217 Haldon, TM 13 (2000) 203,6.20; 205,43.
218 Zum „Wert" dieser Summe, ihrer Kaufkraft usw. siehe C. Morrisson, Monnaie et prix à Byzance du Vᵉ au VIIᵉ siècle, in: Hommes et richesses dans l'Empire byzantin, I: IVᵉ–VIIᵉ. Paris 1989, 239–260; siehe auch Haldon, TM 13 (2000) 247 mit Anm. 40.

hörigen anderer Einheiten.[219] An der Expedition des Jahres 949 nahmen 629 *Rhos* teil, davon 45 „Diener" (οἱ Ῥῶς ἄνδρες φπδ΄ καὶ παιδία τὰ ποιοῦντα ταξειδεῦσαι ἄνδρες με΄, ὁμοῦ Ῥῶς χκθ΄).[220] Leider werden keine näheren Angaben zu den Soldzahlungen gemacht. In den Kriegen, die Byzanz im 10. Jh. an seinen Ostgrenzen führte, waren immer wieder varägische Kontingente beteiligt.[221]

Von besonderer Bedeutung war dann natürlich die Übernahme einer großen Anzahl (angeblich 6000) von Varägern aus der Gefolgschaft Vladimir des Heiligen durch Basileios II., der diese für seinen Kampf gegen den Usurpator Bardas Phokas erfolgreich einsetzten konnte.[222] Vladimir der Heilige hatte Anna, die Schwester des Kaisers, als Gattin bekommen und die „Taufe" der Rus' eingeleitet. Ein Punkt des Vertrags Basileios' II. mit Vladimir von Kiev war die Stellung der erwähnten Krieger.[223]

Allerdings ist zu betonen, daß die Quellenaussagen zu den Varägern höchst diffus sind, so daß es unklar ist, ab wann (und wie) sie in einer eigenständigen militärischen Einheit organisiert waren. Die oft genannte „Varägergarde" scheint eher eine Fiktion der modernen Wissenschaft zu sein,[224] was jedoch nichts an der Tatsache der Präsenz der Varäger ändert.

Es waren also über lange Jahrhunderte hinweg stets Skandinavier in Byzanz, und entsprechen sind verschiedene Szenarien denkbar, wie Varäger Kenntnis vom Heiligen Pankratios, von seiner Vita und von der Geschichte Menia, die Gold machen konnte, erlangten. Das kann in Konstantinopel geschehen sein, wo ja Pankratios' an jedem 9. Juli des Kirchenjahres im Gottesdienst gedacht wurde.[225]

Denkbar ist jedoch noch eine weitere Möglichkeit einer Verbindung zwischen Tauromenion, Pankratios, Menia und Varägern. In den 30er Jahren des 11. Jhs. kämpfte in Nordostsizilien in byzantinischen Diensten der berühmte Haraldr

---

219 Siehe Haldon, TM 13 (2000) 302–305 zur Höhe der Soldzahlungen an die verschiedenen Einheiten.
220 Haldon, TM 13 (2000) 219,15.
221 Blöndal (s. Anm. 191), 38 ff.
222 Dazu immer noch einschlägig G. Schlumberger, L'épopée byzantine à la fin du dixième siècle, I. Paris 1896, 719 ff.; Blöndal (s. Anm. 191), 41 ff.; Davidson (s. Anm. 191), 177–192.
223 Dölger/Müller, Regesten 771 mit Quellen und Literatur.
224 Dazu H.-J. Kühn, Die byzantinische Armee im 10. und 11. Jahrhundert (Byzantinische Geschichtsschreiber. Ergänzungsband 2). Wien 1991, bes. 258 f.: „An dieser Stelle sei nochmals darauf verwiesen, daß wir letzten Endes nicht mit letzter Sicherheit wissen, wie die Waräger im späten 10. und im 11. Jahrhundert organisiert waren." Vgl. auch G. Dagron/H. Mihăescu, Le traité dur la guérilla (*De velitatione*) de l'empereur Nicéphore Phocas (963–969). Paris 1986, 155 mit Anm. 63.
225 Siehe oben S. 201–205 zum Kult des Pankratios.

Sigurðarson harðráði mit seiner großen Gefolgschaft.[226] Dieser kam im Jahre 1034[227] nach Konstantinopel, angeblich mit 500 „adligen Leuten", wie Kekaumenos mitteilt.[228] Michael Psellos schrieb von einer „großen Einheit" der Rhos.[229]

Im Heer des Georgios Maniakes,[230] das im Jahre 1037 von Michael IV. (1034–1041) nach Italien entsandt wurde, befand sich auch Haraldr harðráði mit seinen Varägern. 1038 begann der Angriff auf das arabische Sizilien. Messina wurde erobert, und in der Schlacht bei Rhemata (Rametta) wurden die sizilianischen Araber geschlagen. Entlang der Ostküste rückte das byzantinische Heer in Richtung Syrakus vor.[231] Nach dem wichtigen Sieg bei Rhemata haben die Byzantiner dann 13 weitere (ost-)sizilianische Städte erobert.[232]

---

226 Blöndal (s. Anm. 191), 54–102, 209–214; Davidson (s. Anm. 191), 182 ff., 207 ff.; E. Friedrichsen, Harald Sigurdson: A Norwegian King in the Service of the Byzantine Emperor as described in Snorris Heimskringla, Offa 58 (2001) 303–305 (oberflächlich); enttäuschend ist der Artikel Haraldr harðráði von A. Krause, RGA XIII (1999) 640–642; A. Kazhdan/A. Cutler, ODB 902; Mundt (s. Anm. 5), 57–64; R. M. Karras, in: Medieval Scandinavia (wie Anm. 5), 266 f. mit guter Bibliographie.

227 Zum Datum siehe J. Shepard, A Note on Harold Hardraada: the Date of his Arrival at Byzantium, JÖB 22 (1973) 145–150.

228 Λόγος νουθετικὸς πρὸς βασιλέα, in: Cecaumenia Strategicon, edd. B. Wassiliewsky/V. Jernstedt. St. Petersbourg 1896 (Reprint Amsterdam 1965), 97,7 f.: ἤγαγε δὲ καὶ μετ' αὐτοῦ καὶ λαόν, ἄνδρας γενναίους πεντακοσίους (die Ausgabe von Litavrin ist mir momentan nicht zugänglich); vgl. Vademecum eines byzantinischen Aristokraten. Das sogenannte Strategikon des Kekaumenos, übersetzt, eingel. und erklärt von H.-G. Beck (Byzantinische Geschichtsschreiber, 5). Graz/Wien/Köln ²1964, 140 f.; zur Autorschaft des Kekaumenos siehe P. Lemerle, Prolégomènes à une édition critique et commentée des „Conseils et Récits" de Kékauménos (Académie Royale de Belgique, Classe des Lettres, Mémoires, deuxième série, 54). Bruxelles 1960, 62–64 (zu Haraldr); A. Poppe, La dernière expédition russe contre Constantinople, Byzantinoslavica 32 (1971) 1–29, 233–268, bes. 21–29; J. Ferluga, Cecaumeno e le sue notizie sull'Italia, in: Syndesmos. Studi in onore di R. Anastasi, II. Catania 1994, 169–181; M. D. Spadaro, Il λόγος βασιλικός di Cecaumeno, in: ebenda, 349–381; Ch. Rouché, Defining the Foreign in Kekaumenos, in: Strangers to Themselves: The Byzantine Ousider, ed. by D.C. Smythe. Aldershot 2000, 203–214.

229 Michael Psellos, Πρὸς τὸν βασιλέα τὸν Μονομάχον, ed. K. N. Sathas, Bibliotheca Graeca medii aevi, V. Venedig/Paris 1876 (Reprint Hildesheim/New York 1972), 138: ... καὶ τῆς Ῥωσικῆς μοίρας οὐκ ἐλάχιστον.

230 Zu Georgios Maniakes siehe Ch. M. Brand/A. Cutler, ODB 1284 f.; zum byzantinischen Feldzug von 1038 V. von Falkenhausen, Untersuchungen über die byzantinische Herrschaft in Süditalien vom 9. bis ins 11. Jahrhundert (Schriften zur Geistesgeschichte des östlichen Europa, 1). Wiesbaden 1967, 26, 91 f.; bes. W. Felix, Byzanz und die islamische Welt im frühen 11. Jahrhundert (Byzantina Vindobonensia, 14). Wien 1981, 204, 208–211 mit der älteren Literatur und den Quellen.

231 Gaufredi Malaterrae historia Sicula, ed. L. A. Muratori, Rerum Italicarum Scriptores, V. Milano 1724, 551E (I,7): (nach der Eroberung von Messina) *Inde ergo profundiores*

Der weitere Verlauf dieses Kriegszugs interessiert hier nicht.[233] Schon ein kurzer Blick auf eine Landkarte Siziliens zeigt, daß der Weg von Messina, die Küste entlang, nach Syrakus über Taormina führt. Man muß davon ausgehen, daß die Varäger des Haraldr harðráði durch diese Stadt, die Stadt von Tauros und Menia, kamen! Taormina, die letzte wichtige byzantinische Bastion auf der Insel, war 902 in arabische Hände gefallen (endgültig dann 962).[234] Der Kult des Pankratios blieb jedoch in Tauromenion/Tauromenia auch während der islamischen Okkupation lebendig, wie bereits oben erwähnt.

Eine weitere Gelegenheit, die Stadt des Pankratios zu besuchen, ergab sich spätestens im Frühjahr/Sommer 1040, als ganz in der Nähe die Schlacht bei Traina geschlagen wurde.[235]

Haraldrs Erlebnisse in Sizilien wurden von diversen Skalden besungen, wie etwa von Þjóðólfr Arnórsson, der sie in seiner *Sexstefja* neben anderen Kriegsdaten seines Mäzens verewigte.[236] Jedenfalls scheinen die Nachrichten über die Taten und Erlebnisse des Haraldr harðráði, wie sie in Snorris *Heimskringla*,[237] *Fagrskinna*, *Morkinskinna* oder *Flateyjarbók* überliefert sind, nur trümmerhafte Reste der einst verfügbaren Informationen zu enthalten.[238] Es bleibt festzuhalten,

---

partes Siciliae attentando, et omnia subjugando progredientes, Syracusam usque pervenerunt.

232 Ioannis Scylitzae Synopsis Historiarum, rec. I. Thurn (CFHB 5). Berlin/New York 1973, 403.
233 Siehe die detaillierte Beschreibung bei Felix, Byzanz und die islamische Welt (wie Anm. 230), 209–212.
234 Scyl. 181 Thurn; vgl. J. Shepard, Byzantium's Last Sicilian Expedition: Scylitzes' Testimony, RSBN n.s. 14/16 (1977/1979) 145–159; E. Kislinger, Regionalgeschichte als Quellenproblem (VTIB 8). Wien 2001, 119f., 127f. (Quellen und Literatur); R.M. Dolley, The Lord High Admiral Eustathios Argyros and the Betrayel of Taormina to the African Arabs in 902, SBN 7 (1953) 340–353; P. Schreiner, Die byzantinischen Kleinchroniken, II: Historischer Kommentar (CFHB 12/2). Wien 1977, 116, 129f. (Quellen, Chronologie, Literatur).
235 Scyl. 405f. Thurn; vgl. Felix (s. Anm. 230), 210.
236 J. de Vries, Normannisches Lehngut in den isländischen Königssagas, in: ders., Kleine Schriften. Berlin 1965, 330–350.
237 Snorris Königsbuch (Heimskringla), übersetzt von F. Niedner, III (Thule 16). Darmstadt ²1965, 67–83. Zur Heimskringla siehe de Vries, Altnordische Literaturgeschichte, I (wie Anm. 6), 79–83, 214–233, 285–295; D. Whaley, Heimskringla. An Introduction. London 1991; dies., RGA XIV (1999) 238–247; dies., in: Medieval Scandinavia (wie Anm. 5), 276–279.
238 Siehe de Vries (s. Anm. 236); ders. (s. Anm. 6), I, 277. Zu den genannten Texten siehe K. Haraldsdóttir, RGA VIII (1994) 142–151 (s.v. Fagrskinna); K.E. Gade, RGA XX (2002) 250–253 (s.v. Morkinskinna); S. Würth, RGA IX (1995) 171–175 (s.v. Flateyjarbók); B. Einarsson, in: Medieval Scandinavia (wie Anm. 5), 177 (s.v. Fagrskinna); J. Louis-Jensen, in: Medieval Scandinavia (wie Anm. 5), 419f. (s.v. Morskinna);

daß – wie auch nicht anders zu erwarten war – Haraldr selbst und seine mit ihm in die nördliche Heimat zurückgekehrten Begleiter von ihren Erlebnissen erzählten, so daß diese Nachrichten in die Skaldendichtung eingingen oder auf andere Weise Verbreitung fanden. Daß davon nur wenig erhalten blieb, ist zu bedauern. „Vielleicht hätte Ulfr stallari, der die ganze Expedition mitgemacht haben soll, uns genauere Nachricht geben können; aber es ist nur eine Strophe von ihm überliefert worden."[239]

Als Hypothese, wohlgemerkt, könnte man sich ein Szenario vorstellen, nach dem Haraldr und sein varägischer Anhang (als Teil des byzantinischen Heeres) die Sarazenen auch aus Taormina (Tauromenion/Tauromenia) vertrieben hatten, wohnten sie dort dem Festgottesdienst anläßlich der Befreiung der Stadt von den islamischen Feinden bei. Dort, in der dem Hl. Pankratios geweihten Hauptkirche der Stadt, könnten sie von diesem Heiligen gehört haben, und auch seine Lebensgeschichte – inklusive der Geschichte von Tauros und Menia, die Gold machen konnte – hätte dabei eine Rolle gespielt. Der Name Menia selbst konnte einem germanischen Ohr nicht so absurd oder exotisch erscheinen, daß er ihn sofort wieder vergaß.[240] Und die Verbindung ihrer Geschichte mit Gold vermochte vermutlich einen Varäger besonders zu fesseln, war es doch gerade der Reichtum, das Gold, das er in byzantinischen Diensten suchte, wie überhaupt „Gold", „Reichtum" und „reiche Beute" als Hauptmotive für den Zustrom der Varäger ins Byzantinische Reich anzusehen sind. Dies wird z.B. in mehreren Runeninschriften deutlich, die zum Gedenken an in byzantinischen Diensten umgekommene Varäger verfaßt wurden. Trotz aller Kürze wird das Gold eigens erwähnt, das der Verstorbene gewonnen hat, ja der Erwerb von Gold und Reichtum wird als Motiv für die lange Reise in den fernen Süden genannt.[241]

Aber es gibt natürlich zahlreiche denkbare Szenarien, die erklären könnten, wie das Motiv von Menia, die Gold machen und die Zukunft voraussehen konnte, durch Varäger in byzantinischen Diensten in deren skandinavische Heimat kam.

K. Haraldsdóttir, in: Medieval Scandinavia, 197f. (s.v. Flateyjarbók); de Vries, Altnordische Literaturgeschichte, I, 282–285 (Fagrskinna), 279–281 (Morkinskinna); vgl. auch J. Jesch, Ships and Men in the Late Viking Age. The Vocabulary of the Runic Inscriptions and Skaldic Verse. Woodbridge 2001, 88f. Siehe jetzt die neue (kommentierte) Übersetzung der *Fagrskinna*: A. Finlay, Fagrskinna. A Catalogue of the Kings of Norway (The Northern World, 7). Leiden/Boston 2004, hier 182–192 zu Haraldr.
239 So de Vries (s. Anm. 236), 331.
240 Siehe oben S. 179f.
241 Blöndal (s. Anm. 191), 226f.; Jesch (s. Anm. 238); siehe auch die Runeninschriften bei A. Ruprecht, Die ausgehende Wikingerzeit im Lichte der Runeninschriften (Palaestra 224). Göttingen 1958, 141 Nr. 81 (ca. 1050), 143 Nr. 90 (vor 1050), 158 Nr. 166 (ca. 1050; „erwarb Habe in Griechenland"), die Gold als Motiv für die lange Wanderung von Skandinavien nach Byzanz erkennen lassen.

Die Tatsache jedoch, daß Haraldr harðráði nachweisbar in unmittelbarer Nähe von Tauromenion weilte und vermutlich die Stadt selbst besucht hat (was allerdings keine Quelle eigens erwähnt), macht ihn und seinen Anhang zu vorrangigen Kandidaten für eine Kenntnisnahme der Geschichte der Menia von Tauromenion.

Seit dem 9. Jh. bis zum Ende von Byzanz im Jahre 1453 gab ja stets eine varägische Präsenz.[242] Es ist unmöglich zu schätzen, wie viele „Nordmänner" in diesem halben Jahrtausend in Konstantinopel weilten. Es genügt etwa an die mit großem Gefolge unternommenen Reisen des Königs Eiríkr Sveinsson von Dänemark zu erinnern,[243] der 1103 von Alexios I. empfangen wurde, oder an Sigurðr I., den König von Norwegen (1103–1130), der auf dem Rückweg von seinen Kämpfen im Heiligen Land im Jahre 1111 Konstantinopel besuchte, wo er mit großem Aufwand empfangen wurde.[244] Auch ein Mann wie Níkulás Bergsson († 1158), der ca. 1150 Rom, Jerusalem und Konstantinopel besuchte und einen ausführlichen Reisebericht (*Leiðarvísir*) verfaßte,[245] könnte als potentieller Überbringer der Geschichte von Menia und ihrem Gold genannt werden.

Oft zitiert wird die Geschichte von Þorbjörn öngull, dem Mörder des Gretti, und von Þorsteinn drómundr (von δρόμων), der in Konstantinopel den Mord an seinem Bruder rächt. Diese Geschichte wird in der *Grettis saga Ásmundarsonar*, die aus dem beginnenden 14. Jh. stammt, berichtet.[246] Trotz des romanhaften Charakters dieser Episode, wird deutlich, wie Varäger im Byzanz des Jahres 1031 lebten.

Es genügt, das entsprechend Kapitel in Krijnie Ciggaars wichtigem Buch über die „westlichen" Besucher Konstantinopels zu lesen, um zu sehen, wie vielfältig

---

242 Zu den Varägern in der byzantinischen Spätzeit siehe R. M. Dawkins, The Later History of the Varangian Guard: Some Notes, JRS 37 (1947) 39–46. Zu beachten ist, daß seit der Schlacht bei Hastings 1066 der Zustrom von Engländern enorm zunahm.

243 Ciggaar (s. Anm. 191), 111; siehe auch Th. Jexle, LexMa III (1986) 2139f.; Blöndal (s. Anm. 191), 131–136; Jesch (s. Anm. 238), 87f.; St. Laitsos, „Byzantium" and Saxo Grammaticus, in: Wiener Byzantinistik und Neogräzistik, hg. von W. Hörandner/ J. Koder/M. A. Stassinopoulou (Byzantina et Neograeca Vindobonensia, 24). Wien 2004, 272–286. Siehe auch die *Eiríks saga víðfǫrla* (Saga von Eiríkr dem Ferngereisten), entstanden um 1300, wo ebenfalls Konstantinopel erwähnt wird. Siehe H. Jensen, in: Medieval Scandinavia (wie Anm. 5), 161f.

244 Ciggaar (s. Anm. 191), 111f.; siehe auch S. Bagge, LexMa VII (1995) 1896f.; Blöndal (s. Anm. 191), 136–140.

245 Ciggaar (s. Anm. 191), 112f.; Blöndal (s. Anm. 191), 79, 187. Er wurde nach seiner Rückkehr nach Island Abt des Benediktinerklosters Þingeyrar. Siehe auch O. Vésteinsson, The Christianization of Iceland. Oxford 2000, 135; J. Hill, in: Medieval Scandinavia (wie Anm. 5), 390f.

246 Die Saga von Grettir, übersetzt von H. Seelow. Darmstadt 1998, 212–223; vgl. Blöndal (s. Anm. 191), 202–205; H. Beck, RGA XIII (1999) 15–17; R. Cook, in: Medieval Scandinavia (wie Anm. 5), 242f.

die Kontakte zwischen Skandinavien und Byzanz waren.²⁴⁷ Die zahlreichen Runensteine, insbesondere aus dem 11. Jh., die man in Skandinavien dem Andenken von in byzantinischen Diensten gefallenen Varägern (oder in Byzanz verstorbenen Händlern) errichtete, bezeugen in eindringlicher Weise ihre große Anzahl und die gesellschaftliche Bedeutung ihrer Reisen.²⁴⁸

Es ist auch nicht auszuschließen, daß die Normannen, die sich in Sizilien und Unteritalien (seit ca. 1000) festsetzten und schließlich ihr eigenes Reich in Sizilien gründeten (1072), die Meniageschichte nach Skandinavien brachten. Allerdings finden sich in den Quellen zu ihrer Geschichte m.W. keine Anzeichen dafür, was diesen möglichen Übermittlungsweg jedoch nicht gänzlich ausschließt. Eine eigen-

---

247 Ciggaar (s. Anm. 191), 102–128. Die Nachrichten über Byzanz in den nordischen Sagas hat zuletzt (wenn auch nicht befriedigend) H. Damico, The Voyage to Byzantium: The Evidence of the Sagas, VV 56 (1995) 107–117; 57 (1997) 88–95 (identisch [!] mit ders., The Voyage to Byzantium: The Evidence of the Sagas, in: XVIIIᵗʰ International Congress of Byzantine Studies, Selected Papers, IV, ed. by I. Ševčenko/G. G. Litavrin. Shepherdstown 1996, 44–66), behandelt.

248 Ruprecht (s. Anm. 241). Steine zum Andenken von in *krikum* (Griechenland, Byzanz) Gefallenen: S. 131f. Nr. 34 (1. H. 11. Jh.); 135 Nr. 51 (ca. 1050); 136 Nr. 58 (ca. 1050); 137 Nrr. 60, 61 (nach 1010); 139 Nr. 70 (ca. 1050); 140 Nr. 74 (ca. 1050); 141 Nr. 81 (ca. 150); 143 Nr. 90 (vor 1050); 145 Nr. 99 (ca. 1050); 147 Nr. 110 (ca. 1050); 147 Nr. 111 (vor 1050); 148 Nr. 115 (Ende 11. Jh.); 148 Nr. 116, 118 (ca. 1050); 150 Nr. 126 (Ende 11. Jh.); 150 Nr. 127 (ca. 1050; *Kakr* starb im „Süden", womit wohl Byzanz gemeint ist); 151 Nr. 130 (ca. 1050); 151 Nr. 133 (2. Viertel 11. Jh.); 152 Nr. 134 (1060–1080); 153 Nr. 138 (ca. 1050); 153 Nr. 140 (2. Viertel 11. Jh.); 153 Nr. 142 (nach 1030); 155 Nr. 149, 151, 152, 153 (ca. 1050); 156 Nr. 157, 159 (ca. 1050); 158 Nr. 166 (ca. 1050); 159 Nr. 174 (ca. 1050); 165 Nr. 196 (nach 1050). Hinzu kommen diejenigen, die in *Langobarðaland* fielen (gemeint ist das byzantinische Thema Langobardia): S. 143 Nr. 88 (ca. 1050); 147 Nr. 112 (ca. 1050); 152 Nr. 135 (nach 1050). Vielleicht fallen auch einige der in *Serkland* (eine heftig diskutierte geographische Bezeichnung) oder im „Osten" Gefallenen zu dieser Kategorie. Zur Identifizierung der Editionen dieser Inschriften in den einschlägigen Editionen (Denmarks runeindskrifter ved L. Jacobson og E. Moltke under medvirkning af A. Bæksted og K. M. Nielsen. Kopenhagen 1941/1942; Västergötlands runinskrifter granskade och tolkade av H. Jungner [Sveriges runinskrifter, 5]. Stockholm 1940; Smålands runinskrifter granskade och tolkade av R. Kinander [Sveriges runinskrifter, 4]. Stockholm 1935/1961; Runuerkunder utgifne af J. G. Liljegren. Stockholm 1833; Östergötlands runinskrifter granskade och tolkade av E. Brate [Sveriges runinskrifter, 2]. Stockholm 1911/1918; Södermanlands runinskrifter granskade och tolkade av E. Brante [Sveriges runinskrifter, 3]. Stockholm 1924/1936; Upplands runinskrifter granskade och tolkade av E. Wessén/S. B. F. Jansson [Sveriges runinskrifter, 6–9]. Stockholm 1940/1958) siehe Ruprecht a.a.O. 183f. (Konkordanz). Siehe auch Pritsak, The Origin of Rus', I (wie Anm. 178), 374–384; Jesch, Ships and Men in the Late Viking Age (wie Anm. 238), 57, 86–90, 92, bes. 99–102, 129, 170. Gute Übersicht bei J.E. Knirk/M. Stoklund/E. Svärdström, in: Medieval Scandinavia (wie Anm. 5), 545–555.

artig erscheinende Geschichte in Snorris *Heimskringla* zeigt immerhin, daß es enge Kontakte zwischen Skandinavien und den unteritalienischen und sizilianischen Normannen gab, auch wenn sie in mehreren Hinsichten verwirrt erscheint. „König Sigurd[249] kam im Frühling nach Sizilien ... Da war damals Roger Herzog. ... Am siebenten Tage ... aber, ..., da nahm König Sigurd den Herzog an der Hand, führte ihn auf den Hochsitz, gab ihm den Königsnamen und ihm das Recht, als König über Sizilien zu herrschen."[250] Daß diese Nachricht problematisch ist, wurde längst erkannt.[251] Aber vielleicht deutet sie doch auf Beziehungen der sizilianischen Normannen und Norwegen hin, was dann die Möglichkeit ergäbe, daß auf diesem Wege Informationen über Menia nach Skandinavien gelangten. Auszuschließen ist dies nicht, allerdings auch nicht sehr wahrscheinlich.

Die Besucher des Byzantinischen Reiches aus dem Norden – sei es als Krieger, als Händler oder Pilger – brachten nicht nur Gegenstände und Reichtümer mit nach Hause.[252] Sie importierten auch „neue Ideen" und „literarische Motive".[253] Darunter vermutlich auch die Geschichten von Menia und ihrem Gold.

Die Zahl der Skandinavier, die Byzanz besuchten, könnte im Laufe der Jahrhunderte sechsstellig gewesen sein und entsprechend ist die Wahrscheinlichkeit außerordentlich groß, daß wenigstens einer dieser Varäger „fromm" war und am 9. Juli die Kirche besuchte, wo er vom Heiligen Pankratios von Tauromenion/Tauromenia und der Geschichte von Menia und Tauros hörte. Allerdings ist Pankratios in Skandinavien nicht bekannt.[254] Da die Vita Tauri in der Pankratiosvita wie ein nachträglich inkorporiertes Textstück erscheint,[255] ist es nicht auszuschließen, daß sie auch separat existierte. Aber wie dem auch sein, fasziniert von den gehör-

---

249 Zu König Sigurðr I., König von Norwegen (1103–1130), siehe eben S. 221.
250 Snorris Königsbuch (Heimskringla), übersetzt von F. Niedner, III (wie Anm. 237), 216.
251 Siehe z.B. R. Elze, Zum Königtum Rogers II. von Sizilien, in: Festschrift Percy Ernst Schramm. Wiesbaden 1964, 102–116 (auch in ders., Päpste – Kaiser – Könige und die mittelalterliche Herrschaftssymbolik. London 1982, Nr. IX), hier 104.
252 Zu den byzantinischen Importen in Skandinavien siehe die in Anm. 192 genannten Titel.
253 Das ist das Thema von Mundt (s. Anm. 5), die allerdings den Begriff „Motiv" in diesem Zusammenhang ablehnt (deshalb „orientalische Bilder", was auch nicht sehr glücklich klingt). Siehe auch oben Anm. 1.
254 Man muß davon ausgehen, daß Haraldr und alle seine Begleiter Christen waren. Vgl. z.B. die Beiträge in The Christianization of Scandinavia, ed. by B. Sawyer/P. Sawyer/I. Wood. Alingsås 1987. Allerdings läßt sich eine Verehrung des Pankratios in Skandinavien nicht nachweisen. Er scheint nicht bekannt gewesen zu sein. Vgl. O. Widding/H. Bekker-Nielsen/L. K. Shook, The Lives of Saints in Old Nord Prose: a Handlist, Mediaeval Studies 25 (1963) 294–337; M. Cormack, The Saints in Iceland. Their Veneration from the Conversion to 1400 (SubHag 78). Bruxelles 1994.
255 Siehe oben S. 190.

ten Geschichten brachte er sie später mit in seine Heimat, wo sie dann – gehörig modifiziert – im Lied von der Mühle *Grotti* und in anderen Zusammenhängen ihren Niederschlag fanden.

6. Ergebnisse

Wir konnten die Wanderung eines literarischen Motivs, das der Menia, seit der Zeit um 500, als sie, die Mutter Audoins und Großmutter Alboins, der bedeutenden Langobardenkönige, lebte, über mehrere Jahrhunderte hinweg verfolgen. Ihre (hypothetisch) erschlossene Erwähnung in der langobardischen Heldensage führte auf Wegen, die man nur erahnen kann, in die griechische Heiligenvita des Pankratios aus dem 8. Jh. Diese wurde in und für die sizilianische Stadt Tauromenion/Tauromenia (Taormina) verfaßt. In der Zeit des byzantinischen Bilderstreites (auf jeden Fall vor 816) verbreitete sich die Heiligenlegende, in der Ikonen eine wichtige Rolle spielen, in Konstantinopel und anderen Gebieten des Byzantinischen Reiches. Pankratios, seiner Vita und somit auch die Geschichte von Menia, die Gold machen konnte, eine besonders enge Beziehung zum Göttlichen hatte und die Gattin eines Abkömmlings des alttestamentlichen Riesen Nimrod war, wurde spätestens im 10. Jh. Bestandteil der konstantinopolitanischen Gottesdienstordnung (Gedenken am 9. Juli). Sein Kult wurde in seiner angeblichen Heimatstadt, Taormina, auch über die Zeit der arabischen Besatzung hinweg, bewahrt und gepflegt.

Wahrscheinlich hier, während des Feldzugs des Georgios Maniakes, der in den ausgehenden 30er Jahren des 11. Jhs. zur Rückeroberung der östlichen Teile Siziliens führte, erlangten Varäger in byzantinischen Diensten unter Führung des berühmten Haraldr harðráði Kenntnis von Menia, Tauros und von den außerordentlichen Eigenschaften der Menia (Gold, Kenntnis der Zukunft, Gattin eines Riesenabkömmlings). Obwohl aus methodischen Gründen auch andere Wege der Geschichten von Menia nicht ausgeschlossen werden können (etwa über Konstantinopel), besitzt die Annahme, daß Haraldr harðráði und seine Gefährten die varägischem Geschmack entgegenkommende Geschichten von Menia nach Skandinavien brachten, die größere Wahrscheinlichkeit und – wenn man so will – einen gewissen Charme.

Jedenfalls taucht Menia, inzwischen der schon längere Zeit bekannten Fenia als Schwester beigesellt (daß sich beide Namen reimen, erleichterte zweifellos diesen Vorgang), im 12./13. Jh. in einigen Liedern der Edda auf, insbesondere im Lied von der Mühle *Grotti*.

Dieser „Wissenstransfer" erfolgte nicht in erster Linie über mündliche Überlieferung irgendwelcher „Sänger", Skalden etc. Das Element oraler Überlieferung ist zwar präsent, jedoch immer nur über kurze Zeiträume hinweg. Von zentraler

Bedeutung war die schriftlich fixierte Lebensbeschreibung des Hl. Pankratios. Ihr Inhalt war Teil des Kultes dieses Heiligen im gottesdienstlichen Jahreszyklus der byzantinischen Kirche und hatte naturgemäß eine zentrale Bedeutung für die Kirche des Bistums Taormina. Die Memoria dieses Heiligen erhielt so durch die Verlesung der Vita des Heiligen im Gottesdienst (in Taormina sicher nicht nur am 9. Juli, sondern auch durch diverse Kontakia usw.) auch eine orale Komponente, die von varägischen Zuhörern rezipiert wurde.

Dabei wurden mehrfach Sprach- und Kulturgrenzen überwunden. Die Nennung der Menia, Mutter und Großmutter von Audoin und Alboin, in langobardischen Heldengesängen muß aller Wahrscheinlichkeit nach durch latinophone Übermittlung an den gräkophonen Verfasser der Vita des Pankratios (Pseudo-Euagrios) – oder aber in dessen Vorlage[256] – gelangt sein. Über eine mögliche Rolle von Langobarden im byzantinischen Heer im 6. und 7. Jh. kann man nur spekulieren.

Die nächste Grenzüberschreitung fand dann vermutlich im 11. Jh. statt, als skandinavische Varäger direkt in Sizilien (oder in Konstantinopel) Kenntnis von Menia und ihren Fähigkeiten erlangten. Zurück in ihrer skandinavischen Heimat, verbreiteten sie diese interessante und dem „Geschmack" ihrer Landsleute (Gold, Zusammenhang mit einem „Riesengeschlecht") entsprechenden Mär. Und so gingen Menia, nunmehr verbunden mit der Vorstellung von einer Zaubermühle, die vermutlich schon vorher existierte, in die Dichtung der Skalden und schließlich in das Lied von der Mühle *Grotti* der Edda ein.

Auf diesem langen Weg mutierte die Ahnmutter der bedeutendsten Langobardenkönige zur alchemistisch beschlagenen Städtegründerin, wurde schließlich zur Reichtum mahlenden Riesin, die einem Schwedenkönig den Untergang brachte. Und doch blieben trotz aller Wandlungen Name und Eigenschaften der Menia auf gewisse Weise konstant.

In formaler Hinsicht ist zu konstatieren, daß die griechische Vita des Pankratios als „Vorlage" für die altnordische Figur der Menia, wie sie insbesondere im Lied von der Mühle *Grotti* erscheint, anzusehen ist. Natürlich nicht als „Vorlage" im engeren Sinne, etwa als literarische Vorlage, denn zwischen dem Text der Pankratiosvita und der altnordischen eddischen Literatur ist eine orale Zwischenphase anzunehmen, während der die erwähnten Wandlungen eintraten (und wohl auch eintreten mußten). Diese Wandlungen bewegen sich durchaus im Rahmen dessen, was die aktuelle Forschung für die Mutationen des historischen Gedächtnisses (weitgehend) mündlicher Kulturen registriert hat.[257]

---

256 Zu den Vermutungen in der einschlägigen Literatur über eine solche Vorlage siehe oben S. 200f.
257 Fried (s. Anm. 2), 201–292.

Die verschiedenen Deutungen der Figur der Menia (nebst Fenia) in der gegenwärtigen und früheren skandinavistischen Forschung, auf die hier einzugehen den Tatbestand der Hybris erfüllen würde, sind – diese Bemerkung sei dem skandinavistischem Laien erlaubt – angesichts des byzantinischen Hintergrunds dieser Figur zu hinterfragen. Die Suche nach analogen Beispielen, wo byzantinische Texte (in einem sehr allgemeinen Sinn) als „Vorlagen" für Elemente der altnordischen Literatur in Frage kommen könnten, steht erst am Anfang. Sie sollte als Aufgabe der Byzantinistik begriffen werden, was allerdings voraussetzt, daß die Byzantinisten ihre oft selbst verschuldete Isolierung durchbrechen und sich den Problemen und Fragestellungen der Nachbardisziplinen öffnen.

Die komplizierte Geschichte der literarischen und legendären Figur der Menia dürfte für die aktuelle skandinavistische Forschung nicht ohne Bedeutung sein. Betonte diese lange Zeit die Bedeutung byzantinischer Einflüsse auf den verschiedensten Gebieten, so scheint sich in den letzten Jahren die *opinio communis* dahingehend gewandelt zu haben, diese angenommenen Einflüsse zu relativieren oder gar zu leugnen.[258] Viele Phänomene, die man bisher auf byzantinischen Kulturimport zurückführte, seien vor allem via Hamburg und Bremen in den Norden gekommen. Griechische Elemente in Kunst, Religion und Kultur wären nicht direkt aus Byzanz übernommen worden, sondern seien primär mittel- und westeuropäischen Ursprungs. In diesem Zusammenhang wird dann regelmäßig auf eine gewisse Gräzisierung des Ottonenreiches (Theophanu!) verwiesen, was dann griechische Elemente im Norden erklären würde. Ohne hier auf Details einzugehen, sei mit Nachdruck angemerkt, daß hier – wie so oft – ein produktiver und innovativer Gedanke „überstrapaziert" wird. Vielleicht sollte man diese Fragen im Lichte der in diesem Aufsatz vorgestellten „Wanderung" des Motivs der Menia neu überdenken und nicht, wie geschehen, die Rolle byzantinischer Einwirkungen minimieren. Man kann im Detail argumentieren, wie auch immer man will, allein die Tatsache, daß über lange Jahrhunderte hinweg stets Skandinavier in Byzanz präsent waren und deren Verbindungen zu ihrer nordischen Heimat nie abbrachen, evoziert eine andere Einschätzung! Eine systematische Sichtung der altnordischen Schrifttums von byzantinistischer Seite wird, so scheint es, weitere Einflüsse der Literatur der Byzantiner oder eher der „volkstümlichen" Geschichten, die in Byzanz zu der Zeit kursierten, als zahllose Skandinavier hier lebten, zu Tage fördern.

---

258 Siehe u. a. aus der neueren Literatur W. Duczko, Byzantine Presence in Viking Age Sweden, in: Rom und Byzanz im Norden, hg. von Müller-Wille, I (wie Anm. 192), 291–311; S. Horn Fuglesang, A Critical Survey on Theories on Byzantine Influence in Scandinavia, in: ebenda 35–58; P. Beskow, Byzantine Influence in the Conversion of the Baltic Region? in: The Cross Goes North. Processes of Conversion in Northern Europe, AD 300–1300, ed. by M. Carver. Woodbridge 2003, 559–563.

Abstract

Menia (together with her sister Fenia) is the heroine of the 13th-century "Song of the mill Grotti" from the Edda. She was a giantess with the mill Grotti producing richness, good luck and peace. King Frodi exploited the two giantesses so heavily that thereafter they milled only war and death. The Eddaic figure of Menia, capable of producing richness (esp. gold), knowing the future and being a giantess has its origin in the Greek biography of Saint Pancratius, written during the end of 8th century in Sicily (Taormina). Here also a woman with the name Menia plays a very important role. She possessed nearly the same talents as the Menia of the Edda: She can make gold, knows the future and she is the wife of a descendant of the giant Nimrod from the book of Genesis of the Old Testament.

The name Menia is extremely rare in both ancient and medieval times, only two women with this name are known. Of special interest is one Menia who was the mother of the Lombard Audoin (the father of the famous Alboin who led the Lombards into Italy in 568). One can guess that the name of Audoin's mother was used by the author of the Vita Pancratii due to the fact that it has some links to the Lombards, especially as he wanted to give a sound etymology of his native town Tauromenion or Tauromenia (Taormina). So he used the name Menia and produced a fancy story of her and her husband Tauros (her second husband – the first one was named Remald, of a "fair nation", i. e. of Lombard origin). The cult of St. Pancratius was well established after the 9th century both in Sicily and Constantinople. Therefore, Varangians in Byzantine service after the 10th century must have got some knowledge of the Menia from the Vita Pancratii. And thus the story of the gold-making Menia came to Scandinavia and was incorporated into Nordic literature. It's an impressive example of the journey of a literary motif over linguistic, cultural and political frontiers and a proof for an as yet undetected Byzantine influence on the Eddaic literature.

Hanniballianus rex*

KARIN MOSIG-WALBURG

Am 18. Sept. 335 n. Chr. ernannte Constantin I. seinen Neffen Delmatius[1] zum Caesar und stellte ihn seinen Söhnen Constantin, Constantius und Constans, die er sukzessive in den Jahren 317, 324 und 333 zu Caesaren erhoben hatte, als vierten Kollegen an die Seite.[2] Einem jeden der Caesaren wies er einen Reichsteil als Amtsbereich zu. Darüber hinaus verlieh er zu einem nicht sicher zu bestimmenden Zeitpunkt seinem Neffen Hanniballianus,[3] dem Bruder des Delmatius, den Titel *rex*. Bedingt durch die ungünstige Überlieferungssituation besteht sowohl hinsichtlich der Stellung des Hanniballianus und des ihm zugewiesenen Amtsbereichs als auch hinsichtlich der ihm übertragenen Aufgaben Unsicherheit. Die folgenden Ausführungen bieten einen Versuch, aus dem verfügbaren Quellenmaterial verläßliche Fakten zu gewinnen. Darüber hinaus wird die Frage angesprochen, ob und in welcher Weise sich seine Einsetzung in das fragliche Amt auf das römisch-persische Verhältnis ausgewirkt und zum Ausbruch des Krieges im Jahr 337 beigetragen hat.

Es läßt sich nicht sicher entscheiden, ob Constantin I. die neue Herrschaftsordnung bereits im Hinblick auf seinen möglichen Tod und die sich daraus ergebende Frage der Nachfolgeregelung geschaffen hatte, doch spricht einiges dafür.[4] Vielleicht wollte er mittels ihrer der Gefahr späterer innenpolitischer Wirren

---

* Bei dem vorliegenden Aufsatz handelt es sich um ein Kapitel aus der noch unpublizierten Habilitationsschrift „Römer und Perser vom 3. Jahrhundert bis zum Jahr 363", das hier, geringfügig verändert, separat veröffentlicht wird.
1 PLRE I, 241: Dalmatius 7. Die Namensform Delmatius erscheint in Inschriften und auf der Mehrzahl der Münzen.
2 Zu den genauen Daten siehe D. Kienast, Römische Kaisertabelle: Grundzüge einer römischen Kaiserchronologie, 2. durchgesehene und erweiterte Auflage, Darmstadt 1996, 307, 310, 312, 314.
3 PLRE I, 407: Hanniballianus 2. Die Namensform Hanniballianus ist durch Münzen (neben der mehrheitlich vertretenen Form Hanniballianus gibt es auch die Form Annibalianus) sowie durch literarische Quellen belegt: Amm. 14,1,2, ed. Seyfarth, 54ff. (Ammianus Marcellinus, Römische Geschichte, Lateinisch und Deutsch und mit einem Kommentar versehen von W. Seyfarth, Teil 1, Buch 14–17, Teil 2, Buch 18–21, 5. durchges. Auflage, Berlin 1983; Teil 3, Buch 22–25, Teil 4, Buch 26–31, 3. unveränderte Auflage, Berlin 1986); Polemius Silvius I 63, ed. Mommsen, 522 (Polemius Silvius, Laterculus Veronensis. MGH AA IX, Chronica Minora, Vol. I, Ed. Th. Mommsen, Berlin 1892, 511–551).
4 Zur Herrschaftsordnung als Nachfolgeregelung: H. Brandt, Geschichte der römischen Kaiserzeit. Von Diokletian und Konstantin bis zum Ende der konstantinischen

im Gefolge eines Kampfes um die Herrschaft vorbeugen, zumal mehrere Erben vorhanden waren. Ein Bürgerkrieg hätte zwangsläufig Feinde des Reiches zu Angriffen ermutigt. Es ist indes fraglich, ob die im Jahr 335 festgelegte Ordnung tatsächlich bereits als eine endgültige gedacht war. Möglicherweise sollte ihre Tauglichkeit erst einmal unter der Aufsicht des Kaisers geprüft werden. Constantins Anliegen bei der Aufteilung der Reichsverwaltung auf vier Regenten – eine Rückkehr zur tetrarchischen Ordnung Diocletians, jedoch unter Wahrung des dynastischen Prinzips mittels der Einbeziehung von Angehörigen aus dem engsten Familienkreis – dürfte, wie im Falle ihres Vorbilds, in der Schaffung von Kontinuität der Herrschaft und in der Stärkung sowohl der Verteidigungsbereitschaft als auch der militärischen Schlagkraft des Reiches zu sehen sein. Letztgenannter Aspekt kommt in den Reverslegenden der nummus-Prägungen der vier Caesaren: GLORIA EXERCITVS deutlich zum Ausdruck. Trotz seines bisher erfolgreichen Vorgehens gegen äußere Feinde an den nördlichen Grenzen und trotz der bis dahin friedlichen Beziehungen zu den Persern hatte Constantin I. mit weiteren Angriffen auf römisches Gebiet zu rechnen, insbesondere mit einem Versuch der östlichen Großmacht, eine Revision des Friedens von Nisibis aus dem Jahre 298 durchzusetzen.

Innerhalb der neuen Herrschaftsordnung kam Hanniballianus, wie zu zeigen ist, eine Sonderstellung zu, welche jedoch gleichfalls – und zwar mit Blick auf die Perser – unter dem Aspekt einer Sicherung des Reiches sowie der Wahrung seiner Interessen zu betrachten ist. Die Überlieferung zu seiner Ernennung ist dürftig und zum Teil widersprüchlich. Zumindest auf den ersten Blick erscheint es äußerst schwierig, wenn nicht gar unmöglich, hier sichere Informationen zu gewinnen. Nicht einmal hinsichtlich des genauen Zeitpunktes der Ernennung verfügen wir über verläßliche Nachrichten. Aufgrund des Umstands, daß das Chronicon Paschale sie als letzten Eintrag für das Jahr 335 und unmittelbar im Anschluß an diejenige des Delmatius zum Caesar überliefert,[5] liegt es nahe, sie in zeitliche Nähe zu dieser zu rücken. Ein sicheres Indiz für eine Datierung noch in den September des Jahres 335 bietet die Aufeinanderfolge der beiden Einträge jedoch nicht. Auch eine Datierung in dasselbe Jahr erscheint fraglich, findet sich doch in der Tri-

---

Dynastie (284–363), Berlin 1998 (Studienbücher Geschichte und Kultur der Alten Welt), 39f. und 147ff. Brandt folgt H. Chantraine (Die Nachfolgeordnung Constantins des Großen, Mainz 1992 [Akademie der Wissenschaften und der Literatur Mainz. Abhandlungen der Geistes- und Sozialwissenschaftlichen Klasse, Nr. 7], 13ff.), dem zufolge Konstantin vermutlich plante, daß zwei höherrangige Familienmitglieder und zwei rangniedrigere „eine dynastisch fundierte Tetrarchie bilden sollten."

5 Chronicon Paschale, ed. Dindorf, 531f. (Chronicon Paschale. Ad exemplar Vaticanum recensuit Ludovicus Dindorfius, Vol. I [CSHB], Bonn 1832, 531f.); Übers.: M. and M. Whitby, Chronicon Paschale 284–628 AD, Liverpool 1989 (Translated Texts for Historians, 7), 20f.

cennalienrede des Eusebius, die am 25. Juli 336 gehalten wurde, kein eindeutiger Hinweis auf Hanniballianus. Eusebius spricht in Zusammenhang mit seiner Darstellung der sukzessive erfolgten Einsetzungen der Söhne Constantins als Caesaren in den vergangenen drei Dekaden für die vierte Dekade von einer Erweiterung der kaiserlichen Herrschaft durch die Teilnahme „der Familie" (τοῦ γένους).[6] Damit könnten beide Neffen Constantins I., Delmatius und Hanniballianus, gemeint sein. Allerdings ist der Umstand, daß Eusebius ausschließlich von den vier Caesaren spricht, merkwürdig. Es gibt keinen plausiblen Grund, warum er die Übertragung eines Amtes an Hanniballianus hätte verschweigen sollen, wäre sie tatsächlich in unmittelbarem Zusammenhang mit der Ernennung des Delmatius zum Caesar und der Abordnung der vier Caesaren in die ihnen zugeteilten Praefekturen erfolgt oder auch nur im weiteren Verlauf des Festjahres.[7] Terminus post quem für die Ernennung des Hanniballianus zum *rex* wäre demnach der 25. Juli 336. Seine Ermordung, die allein Zosimos ausdrücklich erwähnt, fällt in das Jahr 337, als nach dem Tod Constantins I. fast alle männlichen Nachkommen Constantius' I. aus seiner Ehe mit Theodora, darunter auch der Caesar Delmatius, getötet wurden.[8]

Münze des Hanniballianus[9]

---

6   Eusebius, Tricennalienrede, III 2, ed. Heikel, 200 (ΕΥΣΕΒΙΟΥ ΤΟΥ ΠΑΜΦΙΛΟΥ ΕΙΣ ΚΩΝΣΤΑΝΤΙΝΟΝ ΤΟΝ ΒΑΣΙΛΕΑ ΤΡΙΑΚΟΝΤΑΕΤΗΡΙΚΟΣ, hrsg. von I. A. Heikel, Eusebius Werke, 1. Band, Leipzig 1902, 194 ff.).
7   H. A. Drake (In praise of Constantine. A historical study and new translation of Eusebius' Tricennial Orations, Berkeley/Los Angeles/London 1976, 159 Anm. 10) möchte den Umstand, daß Hanniballianus nicht erwähnt wird, u. a. darauf zurückführen, daß er nicht zum Caesar, sondern zum König von Armenien ernannt wurde. Zur angeblichen Ernennung zum König von Armenien siehe unten. Dem ist entgegenzuhalten, daß der Aufgabenbereich, der Hanniballianus zugeteilt worden war, keine Rolle spielt. Seine Ernennung gehört in den Rahmen der von Constantin geschaffenen Herrschaftsordnung, die Eusebius in bezug auf die Caesaren ausführlich darstellt, folglich wäre auch ein deutlicher Hinweis auf Hanniballianus zu erwarten.
8   Zosimos II 40,3, ed. Paschoud I, 113 (Zosime, Histoire Nouvelle, texte établi et traduit par F. Paschoud, tome I [Livres I et II], Paris 1971, tome II, 1ère partie [Livre III], Paris 1979). Zu den Verwandtenmorden: R. Klein, „Die Kämpfe um die Nachfolge nach dem Tod Constantins des Großen", BF 6 (1979), 101–150.
9   Das hier abgebildete Stück, ein *nummus*, stammt aus der Sammlung Deutsche Bundesbank, Geldgeschichtliche Sammlung, Inv. Nr. 288/02. Gewicht 2,267 g.

Unter den Quellen zu Hanniballianus sind an erster Stelle die Münzen, geprägt in Aes und in Silber zu nennen. Sie stellen unsere einzigen primären Zeugnisse dar.[10] Die Legende der Vorderseite, die seine barhäuptige, drapierte Büste[11] zeigt, lautet: FL HANNIBALLIANO REGI bzw. FL ANNIBALIANO REGI, die Rs-Legende: SECVRITAS PVBLICA (Aes), bzw. FELICITAS PVBLICA (Silber).[12] Höchst ungewöhnlich und ohne Vorbild in der römischen Münzprägung ist der Titel *rex*. Bemerkenswert sind zudem die Rückseitenlegenden, für die es auf römischen Münzen des 4. Jahrhunderts, abgesehen von einer sehr seltenen Aes-Prägung des Maxentius aus Aquileia, die gleichfalls die Rückseitenlegende

---

10 Eine *nummus*-Prägung im Hunter Coin Cabinet, Glasgow, die zwar den anderen Prägungen vom Münzbild her ähnelt und den Namen des Hanniballianus trägt, hat als Zeugnis aus der Reihe seiner Stücke auszuscheiden: Roman Imperial Coins in the Hunter Coin Cabinet, University of Glasgow. Vol. V: Diocletian (Reform) to Zeno, by A. S. Robertson, Oxford 1982, 273, Pl. 63, H. 1, Aes, 2,52g. Diese Prägung wird bereits von der Bearbeiterin als „Irregular" mit Fragezeichen gekennzeichnet. Offensichtlich aber handelt es sich um eine Fälschung. Folgende Kriterien sprechen gegen die Authentizität des Stückes: Der Name in der Legende des Avers lautet angeblich: FL CL HANNIBALLIANO. Auf der Abbildung ist das F nicht zu erkennen, nur das L. CL für Claudius erscheint nicht auf den anderen für ihn belegten Stücken und ist meines Wissens für Hanniballianus nirgendwo belegt. Darüber hinaus aber fehlt das zweite L des Namens, welches für die Namensform HANNIBALLIANO auf allen anderen uns bekannten *nummi* charakteristisch ist. Auf dem Revers fällt die merkwürdige Trennung der Legende auf: SECVRIT – AS. Sie ist durch keines der bekannten Stücke belegt. Im Abschnitt steht: CONOB. Diese Abkürzung steht für „Constantinopoli (cusus), obryziacus, mit der Nebenbedeutung OB = 72", und erst seit der Regierungszeit Valentinians erscheint OB neben dem Münzstättenzeichen: F. Frhr. v. Schrötter, Wörterbuch der Münzkunde, 2., unv. Auflage, Berlin 1970, 110 (s. v. CONOB) und 468 (s. v. Obryza, Obryziacus). Die Abkürzung CONOB erfüllt nur auf Goldprägungen (!) einen Zweck und ist aufgrund ihrer Bedeutung auf einem *nummus* widersinnig.
11 Eindeutige Anzeichen für einen Brustpanzer lassen sich nur selten feststellen.
12 SECVRITAS PVBLICA: RIC VII 589, 145 (London), Münzstättenzeichen CONS und RIC VII 589, 146 (London), Pl. 20, Münzstättenzeichen CONSS: ANNIBALIANO. RIC VII 589, 147 (Wien), (Abbildung der Münze: J. P. C. Kent/B. Overbeck/A. U. Stylow, Die römische Münze, München 1973, Tf. 140, 659) und RIC VII 590, 148 (London), Münzstättenzeichen CONSS (das letzte S ist unsicher): HANNIBALLIANO. FELICITAS PVBLICA: RIC VII 584, 100 (Paris), AR 3,02g, Münzstättenzeichen CONS; Pl. 19, 100: ANNIBALIANO. Goldprägung für Hanniballianus ist nicht sicher nachweisbar. Auf eine Münze in Gold, die sich, laut Angabe eines Monsieur Beauvau, (im 18. Jahrhundert) in der Sammlung eines deutschen Fürsten befunden haben soll, verweist Guillaume Beauvais, Histoire abrégée des empereurs romains et grecs, des impératrices, des césars, des tyrans, et des personnages des familles impériales pour lesquelles on a frappé des médailles, depuis Pompée jusqu'à la prise de Constantinople par les turcs, tomes 1–3, Paris 1767, tome 2, 228.

FELICITAS PVBLICA trägt,[13] keinen weiteren Beleg gibt. Ohne jegliche Parallele in der Reichsprägung des 4. Jahrhunderts ist die Rückseitendarstellung. Hier sind zwei Typen belegt: 1. Die nummi (auch als folles bezeichnet) zeigen eine gelagerte Flußgottheit nach rechts vor einem Schilfrohr; mit der Rechten stützt sie sich auf einen Stab mit Knauf, offensichtlich ist ein Szepter gemeint; in der Linken faßt sie an den Fuß einer Urne, aus der Wasser fließt.[14] 2. Die nur in geringer Zahl erhaltenen Silbermünzen zeigen eine gelagerte Flußgottheit nach links vor einem Schilfrohr. In der Rechten hält sie einen Fisch, der linke Arm ist um ein Ruder gelegt, unter dem Arm die zuvor beschriebene Quell-Urne.[15] Sowohl die Silbermünzen als auch die regulären Prägungen in unedlem Metall stammen aus der Münzstätte Constantinopel; sie tragen die Münzstättenzeichen CONS und CONSS.[16] Der Umstand, daß von den Vorderseiten der nummi zwei Varianten existieren, die sich durch die Schreibung des Namens unterscheiden, sowie zwei Varianten des Revers, die sich durch unterschiedliche Silbentrennung der Legende unterscheiden, und daß darüber hinaus in zwei verschiedenen Offizinen geprägt wurde, deutet auf einen nicht geringen Umfang der nummus-Prägung hin. Diese Feststellung findet zusätzliche Bestätigung in dem Umstand, daß sich bei der Überprüfung einer größeren Anzahl von Stücken aus numismatischen Publikationen und aus dem Handel zwar einige Stempelkoppelungen nachweisen ließen, die Stempelidentitäten sich jedoch auf jeweils nur eine Seite beschränkten. Es fanden sich

---

13 RIC VI 324, 101 und 102. Sutherland vermutet einen Zusammenhang der Prägung dieses Typs mit der Niederlage des Severus: ib. 307.
14 RIC VII 589f., 145–148.
15 RIC VII 584, 100.
16 H. Cohen (Description historique des monnaies frappées sous l'empire romain communément appelées médailles impériales, par feu Henry Cohen, continuée par Feuardent, t. VII, deuxième édition Paris 1888, Photomechanischer Nachdruck Graz 1955, 363f.) gibt als Münzstättenzeichen für die Silbermünzen CONS an, für die Aes-Prägungen CONS, MNKS, CONT, CONSS, CONST und CONSZ an. Alle außer CONS und CONSS müssen als fraglich betrachtet werden. Siehe auch: Die Münzen der römischen Kaiser, Kaiserinnen und Caesaren von Diocletianus 284 bis Romulus 476. Katalog der hinterlassenen Sammlung und Aufzeichnungen des Herrn Paul Gerin, zusammengestellt von Otto Voetter, Wien 1921, 101, Hanniballianus 2. Ein Stück aus dem Handel (Etienne Bourgey, Paris, Dez. 1913, Nr. 677) trägt im Abschnitt: SMNKS. Die Legende der Vorderseite lautet: … IBALIANO REGI, folglich liegt hier die Namensform Annibalian vor. Die Legende der Rückseite verläuft, im Gegensatz zu allen anderen bekannten Stücken, ohne Trennung. Die Münzstättensigle ist offensichtlich korrupt: SMNA, Offizin K ist durchaus belegt für Münzen aus Nikomedia, das zusätzliche S auf dem vorliegenden Stück jedoch ist sinnlos. Der Flußgott ist ungewöhnlich klein dargestellt, zudem wirkt die Darstellung ausgesprochen flächig und paßt nicht zu derjenigen der übrigen bekannten Stücke. Es handelt sich vermutlich um eine irreguläre Prägung.

keine Stücke, die aus demselben Stempelpaar stammten.[17] Was die Silbermünzen anbelangt, von denen nur drei Exemplare für eine Untersuchung zur Verfügung standen, wiesen zwei denselben Vorderseitenstempel auf, die Rückseiten wurden mit unterschiedlichen Stempeln geprägt.

Es kann kein Zweifel daran bestehen, daß die für Hanniballianus (HANNIBALLIANO REGI) geprägten Münzen als offizielle Zahlungsmittel innerhalb des Reiches in Umlauf gebracht wurden.[18] Sie unterscheiden sich jedoch in wesentlichen Details von den zeitgleichen Stücken der vier Caesaren.[19] Bei einem Vergleich des Münzbildes und der Legenden auf Prägungen, die für den normalen Geldumlauf bestimmt waren, tritt die Sonderstellung, welche Hanniballianus gegenüber den Caesaren einnahm, deutlich zutage. Im Gegensatz zu deren Büsten ist die seinige stets barhäuptig, darüber hinaus erscheint sein Name im Dativ, nicht im Nominativ. Bezeichnend ist zudem, daß die als regulär anerkannten Prägungen für Hanniballianus in der Münzstätte der Hauptstadt geprägt wurden, und zwar zusammen mit denjenigen der Caesaren und des Kaisers selbst, offensichtlich jedoch in keiner einzigen der anderen Reichsmünzstätten,[20] von denen eine jede sowohl für die Caesaren als auch für den Kaiser prägte.

Da Münzen als Träger der Herrscherpropaganda eine wichtige Aufgabe erfüllten, ist zu fragen, was Constantin I., in dessen Auftrag die Prägung für Hanniballianus erfolgte, mit ihrer Hilfe der Reichsbevölkerung kundtun wollte. Betrachten wir zunächst den ungewöhnlichen Titel eines *rex*. Es liegt selbstverständlich nahe, das mit diesem Begriff bezeichnete Amt im Sinne einer königlichen Herrschaft über ein ihm zugewiesenes Territorium aufzufassen. Eine solche Königsherrschaft konnte Hanniballianus unmöglich innerhalb der Reichsgrenzen und im Rahmen der Herrschaftsstruktur des Imperium Romanum ausüben, blieb doch für einen rex nach der Aufteilung der Verwaltung des Reichsterritoriums auf die vier Caesaren, die unter der Oberaufsicht des Kaisers standen, kein Gebiet übrig, über welches er hätte gesetzt werden können. Folglich erwägt die Forschung die Mög-

---

17 Insgesamt 42 untersuchte Stücke mit dem Münzstättenzeichen CONSS. Eine Gruppe von 6 Münzen wurde mit demselben Vorderseitenstempel geprägt, drei Gruppen zu 2, 3 bzw. 4 Münzen jeweils mit demselben Rückseitenstempel. Ein einziges Exemplar hatte mit jeweils einem anderen den Vorderseiten- bzw. den Rückseitenstempel gemein.
18 Gegen Chantraine (s. Anm. 4), 11, der sie als Streumünzen betrachtet, die anläßlich der Erhebung ausgebracht worden seien.
19 Gegen G. Wirth, „Hannibalian. Anmerkungen zur Geschichte eines überflüssigen Königs", BJ 190 (1990), 201–231, hier 228: „...in seiner Münzprägung unterscheidet sich Hannibalian nicht von dem, was für andere Familienmitglieder gilt."
20 Abgesehen von dem zuvor erwähnten Stück aus der Münzstätte Nikomedia (SMNKS, s. Anm.16), das sich durch sein ungewöhnliches Erscheinungsbild von den anderen Prägungen unterscheidet.

lichkeit, daß Constantin I. ihm ein Königsamt, verbunden mit einem Herrschaftsgebiet außerhalb der Reichsgrenzen übertrug oder ihm ein Herrschaftsgebiet, das es noch zu erobern galt, übertragen wollte.[21] Doch einmal abgesehen von den rechtlichen Schwierigkeiten, die sich aus der Annahme ergeben, daß der Kaiser einen Römer zum Herrscher eines fremden Staatswesens bestimmt oder sogar tatsächlich eingesetzt hat sowie des weiteren bei der Beantwortung der Frage, weshalb das Bild eines außerhalb des Imperium Romanum herrschenden Königs auf römische Münzen gesetzt und im römischen Reich in Umlauf gebracht wurde, ergibt sich zunächst und vor allem eine ikonographische Schwierigkeit. Als sichtbares Zeichen der ihm übertragenen Herrschaft müßte Hanniballianus vom Kaiser mit den Insignien seines Amtes ausgestattet worden sein, wie sie bekanntlich jedem vom Kaiser bestätigten Klientelkönig oder Satrapen zugesandt wurden. Folglich hätte er auf seinen Münzen notwendigerweise auch ein Diadem als Abzeichen der Herrschaft zu tragen. Dies ist jedoch nicht der Fall. Er trägt nicht einmal einen Lorbeerkranz, was um so schwerer wiegt, als die vier Caesaren auf ihren zeitgleichen Münzen mit einem solchen oder mit einem Diadem dargestellt sind.[22] Daher bestehen allein aufgrund der Ikonographie der Münzen des Hanniballianus begründete Zweifel, daß mit dem Titel *rex* tatsächlich auf ein königliches Herrscheramt im Sinne der Leitung eines außerrömischen Staatswesens hingewiesen werden sollte.[23]

Münzpropaganda, die ihre Botschaft in allgemeinverständlicher Form dem Betrachter vermitteln soll, bedarf sowohl einer eindeutigen Ikonographie, als auch eindeutiger Legenden. Es wäre folglich zu erwarten, daß man auf die Einsetzung

---

21 Dazu unten.
22 Diademiert vgl. zum Beispiel: RIC VII 632, 186 (Delmatius); RIC VII 633, 187 (Constantius), Silberprägungen. RIC VII 659, 125 und 129 (Constantin iunior und Constans), Aes-Prägungen.
23 B. Stallknecht (Untersuchungen zur römischen Aussenpolitik in der Spätantike [306–395 n. Chr.], Bonn 1967 [Diss.], 36f.) weist auf die eklatanten Widersprüche hin, die sich aus dem Zeugnis der Münzen im Vergleich zu den unterschiedlichen Quellenaussagen ergeben, denen zufolge Hanniballianus bestimmte Gebiete zugewiesen werden (dazu unten). Er versucht das Problem zu lösen, indem er voraussetzt, „daß eine tatsächliche Einsetzung des *rex* Hannibalianus in ein bestimmtes Herrschaftsgebiet nicht erfolgt ist und wahrscheinlich der Regelung nach dem geplanten Perserfeldzug vorbehalten bleiben sollte, dann aber infolge des Todes Constantins nicht zur Ausführung kam." Als Kern des Herrschaftsgebietes nimmt er das Königreich Armenien an, dessen König angeblich zu jener Zeit Gefangener der Perser war. Es ist jedoch zum einen nicht plausibel, daß Constantin Hanniballianus zum König eines zu jenem Zeitpunkt noch nicht einmal festgelegten Territoriums ernannt und bereits Münzen für ihn geprägt haben soll, zum anderen, daß Hanniballianus, wenn doch Armenien bereits als eines der geplanten Herrschaftsgebiete feststand, nicht mit dem Titel „König von Armenien" in der Legende der für ihn geprägten Münzen erscheint.

des Hanniballianus als König in einem Land außerhalb der Grenzen des römischen Reiches in der Legende der Rückseite in unmißverständlicher Form hingewiesen hätte, indem man diese Einsetzung ausdrücklich feierte. Die Rückseitenlegenden jedoch nennen die *securitas publica* oder die *felicitas publica*. Mittels des Adjektivs *publicus* wird unzweifelhaft Bezug genommen auf die Gesamtheit dessen, was zum römischen Reichsgebiet gehört. Den beiden Begriffspaaren kommt die Bedeutung „Sicherheit" oder „Glück der römischen Bevölkerung" zu. Eine Parallele hierzu bildet die Reverslegende eines Münztyps, der für Helena, die Mutter Constantins I., geprägt wurde. Dort wird die pax publica beschworen.[24] Eine beliebige Verwendung von Begriffen in den durchweg programmatischen Münzlegenden ist auszuschließen. Offensichtlich wählte man ganz bewußt das Adjektiv *publicus* und nicht den Begriff der *Res Publica*, welcher gleichfalls auf Münzen der Zeit Constantins I. Verwendung findet. Während letzterer als umfassender Begriff das römische Staatswesen in seiner Komplexität bezeichnet,[25] zielt *publicus* auf den in der Res Publica enthaltenen Bereich all dessen ab, was Bestandteil der Res Publica ist: die Bürger, die das Staatswesen bilden und ihren Besitz. Auf deren Sicherheit und Glück war das Amt des Hanniballianus ausgerichtet, allerdings geographisch eingeschränkt, wie sich aus dem folgenden ergibt.

Kehren wir zurück zur Ikonographie der Münzen. Die Gottheit auf der Rückseite wird in der Forschung als Personifikation des Euphrat[26] oder der Rhone und des Euphrat[27] angesprochen. Die nummi und die Silbermünzen stellen sie in unterschiedlicher Weise und mit unterschiedlichen Attributen dar, mit einem Szepter oder mit Fisch und Ruder. Die Deutung als Personifikation eines Flusses im Osten des Reiches ist nur mit Hilfe der literarischen Überlieferung möglich, die für Hanniballianus ein Aufgabengebiet jenseits der östlichen Grenze des Rei-

---

24 LRBC I 621.
25 Vgl. RIC VII 571, 12: *nummus* der Fausta (mit zwei Kindern): SALVS REI-PVBLICAE. Das Heil des Staatswesens wird gewährleistet durch den Umstand, daß zwei Söhne als Nachfolger des Kaisers zur Verfügung stehen.
26 Siehe RIC VII 584, 100 und 589, 145 ff.; siehe auch T. D. Barnes, „Constantine and the Christians of Persia", JRS 75 (1985), 126–136, bes. 132 mit Anm. 48 und 49. Ausgehend von der Annahme, Hanniballianus sei der Titel *rex regum* übertragen worden (der Hinweis in Anm. 48 auf die Epitome de Caesaribus 41,20 ist irreführend), deutet er die Aussage der *nummus*-Prägung: „...coins which associate an obverse of Hanniballianus as *rex* with a reverse depicting the personified Euphrates and bearing the legend *Securitas publica* imply a deep and sinister significance in this proclamation, viz. that Hanniballianus was to replace Shapur as king of Persia, or at least as ruler in Ctesiphon, when Constantine had defeated him in war." Ohne die falsche Prämisse des Titels *rex regum* und die sich daran knüpfende gedankliche Verbindung zum Titel des Perserkönigs verlieren die Münzen die ihnen nachgesagte Bedeutung.
27 Cohen VII (s. Anm. 16), 363, Silbermünzen: Rhone mit Fragezeichen; 364: Aes-Münzen: Euphrat.

ches nahelegt. Aber auch ohne weitere Informationen wird der Sinngehalt der Münzen in seinen wesentlichen Zügen offenbar, setzt man die bildliche Darstellung in Beziehung zu den beiden Legenden, die kundtun, daß der *rex Hanniballianus securitas* oder *felicitas publica* garantiert. Die Flußgottheit kann folglich nur als Sinnbild für einen Grenzfluß und das durch ihn begrenzte römische Reichsgebiet zu verstehen sein, ist doch eine Gefährdung der Sicherheit und des Glücks der Bevölkerung nur aus Gebiet jenseits der Grenze zu befürchten. Eine Deutung der Flußgottheit als Sinnbild für außerrömisches Gebiet, in welchem Hanniballianus als König eingesetzt worden sein soll, ist dagegen auszuschließen. Auf einen Grenzfluß weist auch das Szepter, auf das sich die Gottheit der nummus-Prägungen stützt. Meines Wissens ist ein Szepter für keine der zahlreichen Darstellungen von Flußgöttern auf griechischen und römischen Münzen belegt. Demgegenüber sind Fisch und Ruder der Silberprägung für Hanniballianus durchaus gängige Attribute. Allerdings mag ihnen, in Beziehung gesetzt zur felicitas publica, die in der entsprechenden Legende beschworen wird, ein ganz besonderer Symbolgehalt eigen sein: vielleicht sind sie als Sinnbilder für wirtschaftliche Prosperität[28] zu verstehen, sozusagen als ein Begleitaspekt des Glücks und Folge der Sicherheit, welche Hanniballianus garantieren soll. Ob nun die Flußgötter auf den Münzen des Hanniballianus Euphrat oder Tigris oder auch beide gleichermaßen[29] darstellen sollen, läßt sich nicht mit letzter Sicherheit entscheiden. Sollten sie tatsächlich als Personifizierungen eines bestimmten Grenzflusses gedacht gewesen sein, so wäre eher an den Tigris zu denken, der seit dem denkwürdigen und gefeierten Sieg über Narsē und dem Frieden des Jahres 298 das Gebiet der römischen Provinz Mesopotamia begrenzte und dem folglich im Bewußtsein der römischen Bevölkerung eine weitaus größere Bedeutung als römischem Grenzfluß im Osten zugekommen sein dürfte, als dem Euphrat.

Als Fazit der Auswertung der Münzprägung für Hanniballianus ist festzuhalten: Constantin I. übertrug seinem Neffen das Amt und den Titel eines *rex*. Dieser Titel, so ungewöhnlich er auch erscheinen mag, kann nur ein „Sonderamt" bezeichnen, das im Rahmen der Neuordnung der Herrschaftsstruktur des Reiches

---

28 Ruder als Sinnbild für Schiffbarkeit des Flusses und damit vielleicht im übertragenen Sinn für Handel. Tatsächlich aber war der Tigris erst ab Mossul schiffbar, wo er bereits durch persisches Gebiet floß, der Euphrat erst südlich von Zeugma: vgl. B. Isaac, The limits of Empire, The Roman army in the east, Oxford 1990. 2nd edition revised 1992, 13.
29 Es sei hingewiesen auf einen Münztyp des Trajan, dessen Revers den Kaiser stehend hinter der gelagerten Armenia zwischen zwei einander zugewandten Flußgöttern, gedeutet als Euphrat und Tigris, zeigt. Die Deutung geht aus der Legende hervor, welche die Rückführung von *Mesopotamia* und *Armenia* unter die Herrschaft des römischen Volkes feiert: RIC II 642.

geschaffen wurde und das der Sicherheit und dem Wohlergehen des römischen Provinzialgebietes im Grenzbereich dienen sollte. Hanniballianus übte es von römischem Reichsgebiet aus, denn gegen die von der Forschung vertretene Ansicht, daß ihn diese Münzen als König eines ihm bereits zugewiesenen oder für die Zukunft zugedachten außerrömischen Herrschaftsgebietes zeigen, sprechen sowohl die Legenden als auch die Ikonographie. Ihnen ist kein Indiz zu entnehmen, das diese Vermutung bestätigen könnte, im Gegenteil, der rex ist nicht einmal mit einem Diadem als Abzeichen einer ihm übertragenen Königsherrschaft versehen. Darüber hinaus liefen die für Hanniballianus geprägten Münzen neben denjenigen der vier Caesaren als gültige Zahlungsmittel innerhalb des Imperium Romanum um. Sie sind als programmatische Zeugnisse der reichsinternen Herrschaftsordnung zu betrachten, nicht jedoch als Zeugnisse für einen römischen Machtzuwachs jenseits der Reichsgrenzen, der mit der Einsetzung eines Mitglieds des kaiserlichen Hauses in einem außerrömischen Staatswesen zwangsläufig verbunden gewesen und entsprechend hervorgehoben worden wäre. Die Prägungen für Hanniballianus bezeugen, daß er zum Gremium der fünf wichtigsten Amtsträger des Reiches nach dem Kaiser gehörte, wobei zum einen der Umstand, daß allein sein Name auf den Münzen im Dativ erscheint, folglich für ihn, nicht jedoch in seinem Namen geprägt wurde, zum anderen das Fehlen eines Kranzes oder Diadems darauf hinweisen, daß seine Stellung derjenigen der übrigen Mitglieder des Herrscherkollegiums nachgeordnet war.

Wenden wir uns nun der literarischen Überlieferung zu. Als *rex*, dem Constantin I. seine Tochter Constantia zur Frau gegeben hatte, findet Hanniballianus Erwähnung bei Ammianus Marcellinus.[30] Der Titel *rex* wird auch vom Chronicon Paschale überliefert, welches darüber hinaus zu berichten weiß, daß Constantin ihn, nachdem er ihn zum ῥῆγα ernannt hatte, mit einem Purpurmantel bekleidet nach Caesarea in Cappadocia schickte; die entsprechende Notiz folgt auf diejenige von der Ernennung des Delmatius zum Caesar.[31] Zosimos behauptet, Hanniballianus habe, wie auch Delmatius, aufgrund der Verwandtschaft mit dem Kaiser purpurfarbene, goldbedeckte Kleidung getragen und den Ehrentitel „nobilissimus"[32] erhalten. Folgen wir der Origo Constantini (Anonymus Valesianus), so hat ihn der Kaiser, nachdem er ihn mit seiner Tochter Constantia verheiratet hatte, als *regem*

---

30 Amm. 14,1,2, ed. Seyfarth (s. Anm. 3), 54ff.
31 Chronicon Paschale, ed. Dindorf (s. Anm. 5), 532, Z. 1ff.; Übers. Whitby (s. Anm. 5), 20f. E. Chrysos, „Der Titel βασιλεύς in early Byzantine international relations", DOP 32 (1978), 29–75, 37, Anm. 39, vermutet, daß die Ausstattung mit dem roten Mantel (Chrysos zufolge war er nicht purpurfarben) mit der Erhebung in den Rang eines *nobilissimus* verbunden war, wie es auch Zosimos überliefert. Die Quelle beschreibt nicht die Szene der Investitur, wie Chrysos ib., 37 behauptet.
32 Zosimos II 39,2, ed. Paschoud (s. Anm. 8), I, 112.

regum et Ponticarum gentium constituit,[33] während Polemius Silvius *factus est rex regum gentium Ponticarum*[34] überliefert. Die Epitome de Caesaribus führt in Zusammenhang mit der Aufteilung des zu verwaltenden Reichsgebietes unter die Caesaren (*has partes regendas habuerunt*) für Hanniballianus *Armeniam nationesque circumsocias* auf.[35]

Wie lassen sich die unterschiedlichen Angaben erklären? Was den offiziellen Titel anbelangt, so steht uns in den Münzen, die im Auftrag des Kaisers für Hanniballianus geprägt wurden, ein vertrauenswürdiges und absolut verläßliches Zeugnis zur Verfügung. Der Titel *rex* wird im übrigen sowohl durch Ammianus Marcellinus, der den Ereignissen noch recht nahe stand, als auch durch das Chronicon Paschale überliefert.[36] Letzteres gibt das lateinische Wort *rex* mittels griechischer Buchstaben wieder, wobei es diesen Titel offensichtlich seiner Vorlage folgend tradiert. Somit wird der Titel des Hanniballianus hier nicht als derjenige aufgefaßt, der einem *basileus* eigen ist,[37] sondern als römische Amtsbezeichnung, die in den griechischen Text der Chronik unverändert übernommen wurde. Das Zeugnis der Münzen erfährt durch die beiden literarischen Quellen eine doppelte Bestätigung, der es jedoch, das gilt es zu betonen, prinzipiell nicht bedurft hätte. Der Ehrentitel *nobilissimus*, der die Stellung des Hanniballianus innerhalb des römischen Reiches kennzeichnet, braucht uns in diesem Zusammenhang nicht weiter zu beschäftigen. Seine Übertragung, die auf den Münzen keinen Niederschlag gefunden hat, mag allerdings als ein weiteres Indiz zu werten sein, daß Hanniballianus als nobilissimus vir das Amt des rex von römischem Staatsgebiet ausüben sollte, während sein Aufgabenbereich jenseits der Reichsgrenze lag.

Ist aber der Titel *rex* als historisch korrekt anzusehen, so bleibt zu klären, was es mit denjenigen Zeugnissen auf sich hat, die von Hanniballianus' Einsetzung als

---

33 Origo Constantini (Anonymus Valesianus) VI 35, König, 50f. (Origo Constantini – Anonymus Valesianus, Teil 1, Text und Kommentar von Ingemar König, Trier 1987 (Trierer Historische Forschungen).
34 Polemius Silvius I 63, ed. Mommsen, 522 (Polemius Silvius, Laterculus Veronensis. MGH AA IX, Chronica Minora, Vol. I, Ed. Th. Mommsen, Berlin 1892, 511–551). Chrysos (s. Anm. 31), 37 mit Anm. 44 zitiert fälschlich: *Hannibalianum regem regum Ponticarum gentium constituit*.
35 Epitome de Caesaribus 41,20, ed. Pichlmayr, 168 (Sexti Avrelii Victoris Liber De Caesaribvs Praecedvnt Origo Gentis Romanae Et Liber De Viriis Illvstribvs Vrbis Romae Svbseqvitvr Epitome De Caesaribvs Recensvit Fr. Pichlmayr. Editio Stereotypa Correctior Editionis Primae Addenda Et Corrigenda Itervm Collegit Et Adiecit R. Grvendel, Lipsiae 1966).
36 Darauf verweist bereits Chrysos (s. Anm. 31), 38. Er bezweifelt zu Recht, daß Hanniballianus zum *rex regum* ernannt worden ist.
37 Auf den Umstand, daß Hanniballianus *rex* und nicht *basileus* genannt wird, weist auch Chrysos (s. Anm. 31), 37 hin.

rex regum et Ponticarum gentium/rex regum gentium Ponticarum berichten. Von einem Teil der Forschung wird dies als sein Titel angesehen: „‚König der Könige' (und) der pontischen gentes", wobei „rex regum" als Einheit innerhalb dieser angeblichen Titulatur aufgefaßt wird.[38] Das aber würde bedeuten, daß sowohl die Münzen als auch die literarischen Quellen, die nur *rex* als seinen Titel angeben, diesen in verkürzter und somit in nicht authentischer Form überliefern.[39] Legitim ist ein solches Vorgehen, das die Aussage primärer Zeugnisse negiert und statt ihrer derjenigen der literarische Überlieferung den Vorrang einräumt, zweifellos nicht, zumal darüber hinaus die Aussagen der als Beweis für den „umfassenden", „vollen" oder „erweiterten" Titel[40] angeführten literarischen Überlieferung nicht einmal übereinstimmen. Hinzu kommt ein weiteres und gewichtiges Argument: zwischen einem *rex* und einem *rex regum* besteht ein unvereinbarer Unterschied hinsichtlich des Ranges des so Bezeichneten.[41] Folglich ist die Ver-

---

38 O. Seeck, Geschichte des Untergangs der antiken Welt, Bd. 4, Berlin 1911. 4. Auflage, Stuttgart 1921. Unveränderter reprografischer Nachdruck der 4. Auflage, Darmstadt 2000, 24 f.; Barnes (s. Anm. 26), 132 mit Anm. 48; Wirth (s. Anm. 19) 223 f.; dagegen nimmt B. Bleckmann (Konstantin der Große, Reinbek 1996, 127) als Titel nur „*rex regum*" an.

39 So geht Seeck (s. Anm. 38), 384 Anm. 7,4 davon aus, daß einzig die Origo Constantini (Anonymus Valesianus) den vollständigen Titel überliefert. König (s. Anm. 33), 182 ff. zufolge überliefern die Origo und Polemius Silvius „als einzige diesen umfassenden Titel." Er möchte der Angabe des Polemius Silvius Gewicht beimessen: Hanniballianus werde als (künftiger) König (von Armenien) und als Oberherr der von Rom abhängigen Königreiche des Pontus-Gebietes gesehen. Der Umstand, daß Hanniballianus auf Münzen nur den Titel *rex* trug, zeige, daß er bis zur Erledigung der Armenienfrage durch den Perserkrieg das Königreich Armenien und Teile (?) der Diözese *Pontica* in Personalunion verwaltete. Dagegen ist einzuwenden, daß das Reichsgebiet, zu dem auch die Diözese *Pontica* gehörte, unter die Caesaren aufgeteilt wurde, wobei Constantius der gesamte Osten zufiel. Wirth (s. Anm. 19), 223 zufolge erklärt sich der Umstand, daß die Münzen nicht den „erweiterten Titel", sondern nur *rex* bringen, zur Genüge „aus den Möglichkeiten der Legendenanbringung". Das ist kein überzeugendes Argument, denn es gilt zu bedenken, daß diese Münzen im Auftrag des Kaisers geprägt wurden und, wie alle Münzen, ein wichtiges Medium der Herrscherpropaganda darstellten. Die Authentizität des Bildes und der Legende mußte folglich gewährleistet sein. Falls die Anbringung einer längeren Legende aus Platzgründen nicht möglich gewesen wäre, so hätte man die Buchstaben kleiner wählen oder sich mit Abkürzungen behelfen können. Hätte sein Titel tatsächlich *rex regum* gelautet, so wäre Hanniballianus auch auf den Münzen so genannt worden.

40 König (s. Anm. 33), 182. Seeck (s. Anm. 38), 384 Anm. 7,4. Wirth (s. Anm. 19), 223.

41 Die von Wirth (s. Anm. 19), 227 aufgestellte Behauptung, dieser Titel sei „zu jenem Zeitpunkt nicht mehr lebendig" gewesen „und involvierte auch nichts mehr von den alten Ansprüchen", ist unhaltbar. Ein Blick auf die Titulatur sasanidischer Herrscher auf ihren Münzen beweist das Gegenteil. Der persische Großkönig herrschte als „König der Könige" unter anderem über ihm unterstellte und von ihm selbst er-

wendung des Titels *rex* anstelle eines angeblich historischen Titels *rex regum* auszuschließen.⁴²

Trotz der unterschiedlichen Angaben der Quellen ist das Problem der Titulatur möglicherweise nicht so schwierig zu lösen, wie es auf den ersten Blick scheinen mag. Betrachten wir die Quellenaussagen genauer, so wird deutlich, daß wir eine klare Unterscheidung zu treffen haben zwischen der Überlieferung, die den tatsächlichen Titel bietet – in aller wünschenswerten Deutlichkeit die Münzen, Ammianus Marcellinus (*Hanniballiano regi*) und das Chronicon Paschale (ῥῆγα) – und derjenigen, die den Amtsbereich definiert, der ihm unterstellt wurde. Wie eindeutig aus dem Gesamtzusammenhang hervorgeht, ist dies der Fall bei der Epitome de Caesaribus, die nicht vor dem Jahr 395 entstand.⁴³ Nachdem sie den Tod Constantins I. und die Aufteilung des Reiches (*orbis Romani*) unter seine drei Söhne angesprochen hat, schließt sie eine Auflistung der Gebiete an, die an die einzelnen Regenten fielen (*has partes regendas habuerunt*). Seltsamerweise finden hier auch Delmatius und Hanniballianus Erwähnung. Die Epitome gibt folglich die von Constantin verfügte Herrschaftsordnung vor seinem Tod und vor der Ermordung der beiden Neffen an. Angeblich erhielt Hanniballianus *Armeniam nationesque circumsocias*; die besonderen Probleme, die sich aus dieser Angabe ergeben, werden im folgenden noch angesprochen. Vergleichen wir die Angaben der Origo Constantini und des Polemius Silvius mit denen der Epitome de Caesaribus, so stellen wir fest, daß sich ihr Wortlaut völlig von demjenigen der letztge-

---

nannte Könige. Ein Weltherrschaftsanspruch, der bisweilen von der Forschung mit diesem Titel verbunden wird und den Wirth offensichtlich mit den „alten Ansprüchen" meint, ist in diesem Titel ohnehin nicht zu sehen.

42 Eine Ernennung zum *rex regum* lehnt bereits N.H. Baynes ab: Rez. zu Otto Seeck, Geschichte des Untergangs der antiken Welt, Bd. 4, Berlin 1911, in: EHR 27 (1912), 755–760, 755f. Dieser wendet sich gegen Seeck a.a.O., 7, wobei er sich vor allem auf das Zeugnis der Münzen beruft. Baynes Vermutung, Hanniballianus habe den Titel „König von Armenien" getragen, widerspricht indes gleichfalls dem Zeugnis der Münzen. Gleiches gilt für Chrysos (s. Anm. 31), 36. Sein Hinweis auf die Münzen und auf Ammianus Marcellinus, die die Annahme dieses Titels angeblich bestätigen, ist irreführend, findet sich doch in beiden Fällen nur *rex*. Die unterschiedlichen Angaben der literarischen Quellen hinsichtlich des Aufgabenbereichs des Hanniballianus erklärt Chrysos damit, daß dieser im Jahr 335 zum König Armeniens ernannt wurde, jedoch nicht die Gelegenheit erhielt, seine Rechte auszuüben, und daß ihm im Jahre 337 die Amtsgewalt über die pontischen Klientelvölker übertragen wurde. Dabei aber habe es sich nicht um eine Investitur gehandelt, so daß es keine Veranlassung zur Übertragung des Titels „König der Könige" gab (ib., 38).

43 Zuletzt vertritt Alan Cameron, „The Epitome de Caesaribus and the Chronicle of Marcellinus", CQ, n.s. 51,1 (2001), 324–327, bes. 324ff. eine Datierung spätestens um die Mitte des Jahres 395.

nannten Quellen unterscheidet.⁴⁴ Allerdings dürfen wir auch hier die sich an den Titel *rex* anschließenden Angaben als Erläuterungen betrachten, denn da es sich aufgrund der Angaben verläßlicher Zeugnisse verbietet, die Wortfolge „rex regum" als Einheit aufzufassen, darf darüber hinaus auch das gesamte Syntagma nicht als offizielle Titulatur betrachtet werden.

Die stark voneinander abweichenden Angaben der Epitome einerseits (*Armeniam nationesque circumsocias*) und der Origo (*regem regum et Ponticarum gentium*) sowie des Polemius Silvius (*rex regum gentium Ponticarum*) andererseits, lassen nur einen Schluß zu: diese Quellen geben keinen authentischen Titel wieder, sondern sie definieren den Amtsbereich des Hanniballianus, entweder mit eigenen Worten oder aber dem Wortlaut ihrer jeweiligen Vorlage folgend, wobei keine dieser Angaben mit Sicherheit als verläßlich betrachtet werden kann. Dennoch besteht die Möglichkeit, daß die drei Quellen, trotz ihres unterschiedlichen Wortlautes, letztendlich das Gleiche ausdrücken wollen. Vergleichen wir zunächst die Aussagen der Origo, die um die Mitte oder in die zweite Hälfte des 4. Jahrhunderts datiert wird,⁴⁵ und des Polemius Silvius, der sein Werk im Jahr 449/50 kompilierte.⁴⁶ Schwierigkeiten bietet vor allem die Konjunktion *et* in der Origo Constantini, welche bei Polemius Silvius fehlt. Möglicherweise ist sie versehentlich weggefallen. Darüber hinaus ist auch nicht auszuschließen, daß die Überlieferung der Origo selbst nicht korrekt ist, denn wir haben zu übersetzen „König über (andere) Könige und die pontischen gentes", wobei zum einen die Stellung des Adjektivs vor dem vermuteten Bezugswort stört und zum anderen zu fragen ist, wer mit diesen pontischen gentes gemeint ist. Im Falle des von Polemius Silvius überlieferten Syntagmas wäre zu übersetzen „König über die Könige der pontischen gentes". Auch dies ergibt keinen Sinn, wäre doch zur Bezeichnung der pontischen Königreiche der Begriff *nationes* zutreffend und nicht *gentes*. Denkbar wäre – rein hypothetisch –, daß sich der Amtsbereich des *rex* auf die pontischen Könige und die *gentes* erstreckte, er folglich als derjenige eines *rex regum Ponticorum et gentium* zu bezeichnen war. Man vergleiche dazu den Titel des von Justi-

---

44 Zu den Quellen siehe auch E. Kettenhofen, Tirdād und die Inschrift von Paikuli. Kritik der Quellen zur Geschichte Armeniens im späten 3. und frühen 4. Jh. n. Chr., Wiesbaden 1995, 128 Anm. 739.

45 T. D. Barnes, „Jerome and the Origo Constantini imperatoris", Phoenix 43 (1989), 158–61, bes. 161 (mittlere Dekaden des 4. Jh.); P. L. Schmidt, s. v. „Excerpta Valesiana", NP 4, Stuttgart/Weimar 1998, Sp. 335 (Mitte 4. Jh.); É. Aussenac, „L'Origo Constantini: rétroaction et approche d'une datation", Latomus 60,3 (2001), 671–676, bes. 675 (die Jahre 350–360).

46 Vgl. U. Eigler, s. v. „Polemius Silvius", NP 10, Stuttgart/Weimar 2001, Sp. 5. Zum Laterculus des Polemius Silvius zuletzt: G. Wesch-Klein, „Der Laterculus des Polemius Silvius – Überlegungen zu Datierung, Zuverlässigkeit und historischem Aussagewert einer spätantiken Quelle", Historia 91 (2002), 57–88.

nian I. im Jahre 528 eingesetzten Strategen: *Magister militum per Armeniam et Pontum Polemoniacum et gentes.*⁴⁷

Der damit gekennzeichnete Zuständigkeitsbereich des Hanniballianus würde, wie im folgenden darzulegen ist, möglicherweise demjenigen der Epitome entsprechen, die *Armeniam nationesque circumsocias* nennt. Da, wie dieselbe Quelle behauptet, der gesamte Osten des Reiches an den Caesar Constantius gefallen war, kann mit Armenia nicht römisches Provinzialgebiet, somit nicht dasjenige der Armenia I und II gemeint sein. Dies geht darüber hinaus auch daraus hervor, daß sowohl Armenia als auch die nationes im Hinblick auf das Imperium Romanum – die Quelle spricht von dem *Orbis Romanus* – als *circumsocias*⁴⁸ bezeichnet werden. Folglich gehörten sie zum Kreis der Rom als Bündner angeschlossenen politischen Gebilde.⁴⁹ Hierzu fügen sich sinnvoll die Angaben des Polemius Silvius und der Origo, die, trotz der bestehenden Unklarheiten hinsichtlich ihrer Deutung, zumindest einen Hinweis auf das außerrömische pontische Gebiet liefern. Mit den „pontischen Königen" dürften die Könige von Lazika⁵⁰ und von Iberien gemeint sein. Der Status Iberiens als Klientelstaat der Römer war im Vertrag des Jahres 298 durch Narsē ausdrücklich bestätigt worden. Der Begriff der „gentes" wiederum ist in römischen Quellen in Zusammenhang mit den transtigritanischen Territorien belegt, die im Jahre 298 unter römische dicio gestellt worden waren. Die in diesen Territorien lebenden gentes wurden nicht von Königen, sondern von Satrapen regiert, die ihre Herrschaftsinsignien vom Kaiser erhielten.

Wie läßt sich nun das von der Epitome aufgeführte *Armenia* deuten? Die Möglichkeit ist zu erwägen, daß das Königreich Armenien gemeint ist. Theoretisch

---

47 Cod. Iust. I 29,5 (Corpus Iuris Civilis II: Codex Iustinianus. Recognovit et Retractavit Paulus Krüger. Nachdruck der 11. Auflage Berlin 1954, Hildesheim 1997).
48 Vgl. zu diesem ansonsten nicht belegten Wort: Wirth (s. Anm. 19), 224 Anm. 104. Wirth zufolge fehlt ein Hinweis auf die Beziehung der Präposition. Die Zuordnung ergibt sich jedoch aus dem Textzusammenhang.
49 Wirth (s. Anm. 19), 224 zufolge wird durch das Wortkonstrukt „*cirumsocias*" kein Rechtszustand umschrieben. Darin mag er Recht haben. Aufgrund des Umstands, daß das Wort „*socius*" den zweiten Wortbestandteil bildet, ist allerdings eine engere Verbindung der so bezeichneten politischen Gebilde mit dem Reich zumindest angedeutet. R.C. Blockley, East Roman foreign policy: formation and conduct from Diocletian to Anastasius, Leeds 1992, (ARCA. Classical and Medieval Texts, Papers and Monographs 30), 175 Anm. 37, sucht das Beziehungswort für die „*nationes circumsocias*" in *Armenia*: „Armenia and its dependencies." Eine Beziehung der *nationes* zu *Armenia* in dem Sinne, daß diese *nationes* in Bezug auf *Armenia* als „*circumsocias*" zu denken wären, verbietet sich aufgrund des Umstands, daß in dem fraglichen Textzusammenhang, in dem die Aufteilung des Reiches behandelt wird, alle genannten Gebiete im *Orbis Romanus* ihren Bezugsbegriff haben.
50 Zu Lazika und Rom: D. Braund, Georgia in Antiquity. A history of Colchis and Transcaucasian Iberia 550 BC–AD 562, Oxford 1994, 262 ff.

wäre es möglich, daß unter dem Oberbegriff der von der Origo genannten Pontischen gentes das armenische Königreich implizit eingeschlossen war und daß der Autor der Epitome, dessen Vorlage wir nicht kennen, eine Angabe, die auf die pontischen Königreiche wies, in eben dieser Weise interpretierte und entsprechend umformulierte. Dem ist jedoch entgegenzuhalten, daß, wie bereits angesprochen, für die Königreiche eher die Bezeichnung *nationes* zu erwarten ist und daß die Epitome von *Armeniam nationesque circumsocias* spricht. Es wäre anzunehmen, daß unter dem Begriff der *nationes* alle mit dem Imperium Romanum verbundenen Staatswesen zusammengefaßt wurden. Demnach müßte das Königreich Armenien, sollte es tatsächlich zu jener Zeit zum Kreis der Rom angeschlossenen Staaten gehört haben,[51] eigentlich mit unter den Begriff der *nationes* gefallen sein. Es erscheint folglich zweifelhaft, daß das in der Epitome genannte *Armenia* das gleichnamige Königreich meint.

Im römischen Sprachgebrauch wurde der Name *Armenia* zur Bezeichnung unterschiedlicher Gebiete verwendet. So gab es seit der Zeit Diocletians die Provinzen Armenia I und II, gebildet aus dem Gebiet der Armenia minor.[52] Diese war bereits im Jahr 66 v. Chr. an die Römer gefallen und hatte vor der diocletianischen Reform zur Provinz Cappadocia gehört. Armenia I und II können, da sie zum römischen Provinzialgebiet gehörten, von der Epitome nicht gemeint sein. Auf dem Weg in eine dieser beiden Provinzen dürfte sich der *quaestor ad Armeniam missus* befunden haben, den Ammianus Marcellinus erwähnt.[53] Von einer Besetzung des „römischem Recht unterworfenen Armenien" (*Armeniam Romano iuri obnoxiam*) durch den Großkönig Narsē spricht Ammian an anderer Stelle,[54] wobei die Umschreibung des rechtlichen Status' des dort genannten Armenien beweist, daß es einer eindeutigen Terminologie zur Unterscheidung verschiedener mit dem Namen „Armenia" bezeichneter Gebiete ermangelte. So verwendet Ammian auch für das Königreich Armenien nur den Namen *Armenia*, ohne jegliche nähere Kennzeichnung: der Tauros habe Armenia von den transtigritanischen gentes getrennt.[55] Derselbe Autor berichtet von Einfällen plündernder persischer Scharen, die angeführt wurden von Heerführern Šāpūrs II., welche „den Flüssen benach-

---

51 Der *communis opinio* der Forschung zufolge, befand sich Armenien spätestens nach dem Abschluß des Friedensvertrages von Nisibis im Jahre 298 in einem Abhängigkeitsverhältnis zu Rom. Das wird aufgrund des Fehlens einer entsprechenden Nachricht in der Überlieferung zum Friedensvertrag von der Vf. in ihrer noch unveröffentlichten Habilitationsschrift bestritten.
52 Sie wird von Amm. 14,7,19, ed. Seyfarth (s. Anm. 3), 84 f. erwähnt.
53 Amm. 14,11,14, ed. Seyfarth (s. Anm. 3), 100 f.
54 Amm. 23,5,11, ed. Seyfarth (s. Anm. 3), 80 f.
55 Amm. 18,9,2; dieselbe Unterscheidung findet sich auch 22,7,10, ed. Seyfarth (s. Anm. 3), 38 f.; 20 f.

bart" waren. Als Gebiete, die heimgesucht wurden – Ammian kennzeichnet sie als *nostra* – nennt er sowohl Armenia als auch Mesopotamia.[56] Zu fragen ist, wo dieses als *Armenia* bezeichnete Gebiet zu lokalisieren ist.

Prokop trifft eine Unterscheidung zwischen demjenigen Teil des Königreiches Armenien, der in den achtziger Jahren des 4. Jahrhunderts den Römern zugefallen war (das „große Armenien"), und einem Gebiet im nördlichen Mesopotamien, das sich zwischen dem Euphrat und dem Tigris bis Amida erstreckte (das „andere Armenien") und unter der Herrschaft von Satrapen stand.[57] Folglich hat man es bis in das 6. Jahrhundert hinein nicht für nötig gehalten, eine eindeutige Bezeichnung für die römischen Satrapien nördlich Amidas zwischen Euphrat und Tigris einzuführen. Sie war offensichtlich dem einzelnen überlassen, wie eine Bemerkung Prokops zur Nomenklatur der Gebiete des römischen Mesopotamien eindrucksvoll bezeugt: „Ein Teil davon führt nicht nur diese Bezeichnung (gemeint ist: Mesopotamia) sondern auch noch einige andere. Das Gebiet bis zur Stadt Amida heißt nämlich bei manchen Armenien."[58] Da das von Prokop genannte Armenien zwischen Euphrat und Tigris in der uns interessierenden Zeit nicht an Persien grenzte, fällt es nicht mit dem von Ammian bezeichneten Armenia zusammen. Letzteres kann folglich in diesem Zusammenhang nur den östlichen Teil des transtigritanischen Territoriums meinen. Da dieses seit dem Friedensschluß zwischen Diocletian und Narsē unter römischer *dicio* stand, wurde es dem Besitz des Imperium Romanum zugerechnet. Ammian bezeichnet es als *nostra*. Bevor die Satrapien jenseits des Tigris im 3. Jahrhundert persischer Besitz geworden waren, hatten sie zum Königreich Armenien gehört, wenn sie auch vermutlich nur sehr lose mit jenem verbunden gewesen waren. Zu der Zeit, in der sie römischer dicio unterstanden, werden sie in römischen Quellen als „transtigritanische Gebiete" und ihre Bewohner, Angehörige verschiedener *gentes* bzw. ἔθνη, als *Transtigritani* bezeichnet. Das schließt aber nicht aus, daß das transtigritanische Territorium römischerseits als *Armenia* angesprochen wurde, worauf auch die Benennung der fraglichen Gebiete in späterer Zeit hinweist. Als Justinian I. im Jahr 536 eine Neueinteilung der armenischen Gebiete des römischen Reiches in 4 Provinzen: Armenia I–IV durchführte, umfaßte Armenia IV das Gebiet der gentes. Dazu gehörten auch diejenigen Satrapien, die sich Rom im Jahr 298 von den Persern als Besitz hatte bestätigen lassen und die es im Jahr 363 nicht an Šāpūr II. abgetreten

---

56 Amm. 15,13,4, ed. Seyfarth (s. Anm. 3), 152f.
57 Prokop, aed. III 1,17ff., ed. Veh, 142f. (Prokop, Bauten, Ed. und übers. von O. Veh, München 1977).
58 Prokop, BP I 17,23f., ed. Veh, 120f. (Prokop, Perserkriege, Griechisch-deutsch ed. O. Veh, München 1970).

hatte.⁵⁹ Das ist als Indiz zu werten, daß für sie der Name *Armenia* durchaus gebräuchlich war. In Analogie dazu dürfte das auch für die anderen Satrapien gelten, die zwischen 298 und 363 unter römischer *dicio* standen. Die Armenier selbst haben übrigens alle Gebiete, die einst zum Königreich Armenien gehört hatten, ungeachtet der jeweiligen realen politischen Zugehörigkeitsverhältnisse im Verlauf ihrer Geschichte, stets als zu Armenien gehörig bezeichnet.⁶⁰ Wäre nun das von der Epitome genannte *Armenia*, welches explizit von den *nationes* geschieden ist und folglich nicht das Königreich Armenien meinen kann, als Bezeichnung für die unter der Herrschaft von Satrapen stehenden Gebiete zwischen Amida und dem Euphrat und jenseits des Tigris zu betrachten,⁶¹ so käme dies den Aussagen der Origo Constantini und des Polemius Silvius nahe, die von *gentes* und *reges* sprechen, wobei wir die dort genannten *reges* als Herrscher der von der Epitome genannten *nationes* aufzufassen hätten.

Der Aufgabenbereich des Hanniballianus erstreckte sich folglich auf sämtliche mit dem römischen Reich durch Klientelverhältnis verbundenen politischen Gebilde, nicht nur auf die pontischen Königreiche, sondern auch auf die gentes, die von Satrapen regiert wurden und die unter römischer dicio standen. Seine Aufgabe dürfte darin bestanden haben, intensive Beziehungen zu den jeweiligen Klientelkönigen und zu den Satrapen zu unterhalten, diese möglichst eng an das Reich zu binden und zugleich eine Kontrolle über diese Fürsten auszuüben, hing doch ein nicht geringer Teil der Sicherheit des römischen Grenzgebietes im Osten von der Loyalität der Regenten der als Puffer gegenüber dem persischen Reich dienenden Klientelstaaten und Satrapien ab.⁶² Im vorangegangenen wurde dargelegt, daß es sich bei dem Amt des Han niballianus, trotz des ungewöhnlichen

---

59 Vgl. H. Hübschmann, Die altarmenischen Ortsnamen. Mit Beiträgen zur historischen Topographie Armeniens, Straßburg 1904. Nachdruck Amsterdam 1969 (Indogermanische Forschungen, Bd. 16, 197–490), 224f.; zur Entwicklung nach der Teilung Armeniens: ib., 221ff.
60 Hübschmann (s. Anm. 59), 216f.
61 Als besondere Schwierigkeit bei der Beurteilung der Aussage dieser Quelle tritt der Umstand hinzu, daß sie erst nach dem Tod Theodosius' I. im Jahr 395 entstanden ist, somit zu einer Zeit, als das Königreich Armenien bereits unter die beiden Großmächte aufgeteilt worden und das arsakidische Königtum im römischen Teil bereits erloschen war.
62 Wirth (s. Anm. 19), 226f. zufolge zielte die Einsetzung des Hanniballianus (als „*rex regum*") darauf ab, „in erster Linie eine Gruppe verschiedener, sämtlich monarchisch regierter Reiche zusammenzufassen, deren Verteidigungspotential in ein einheitliches System zu bringen, den neuen Anforderungen anzupassen …". Selbst eine spätere Eingliederung des (von Constantin I.) besiegten Perserreiches möchte er nicht ausschließen: ib., Anm. 115. Bleckmann (s. Anm. 38), 127 sieht die Aufgabe Hanniballianus' als „König der Könige" in einer engeren Bindung „der an Kleinasien und an das Schwarze Meer angrenzenden kaukasischen Königreiche wie Armenien und Iberien",

Titels, um ein römisches „Sonderamt" gehandelt haben muß. Der von Constantin gewählte, für römische Verhältnisse – einmal abgesehen vom kultischen Bereich – ungewöhnliche Titel, erklärt sich ohne Schwierigkeiten aus dem Umstand, daß keine Amtsbezeichnung aus der Begrifflichkeit der reichsrömischen Verwaltung dem Hanniballianus zugedachten Aufgabenbereich und vor allem der ihm zugedachten Stellung gerecht geworden wäre. Für den Verkehr mit ausländischen Königen und Führern von gentes, deren Stellung gegenüber der ihnen unterstellten einheimischen Bevölkerung derjenigen von Fürsten entsprach, bedurfte der damit Beauftragte einer entsprechenden Stellung. Betrachten wir den Titel *rex* im Verkehr mit den gegenüber dem römischen Reich zu Loyalität verpflichteten Königen (*reges*) und Satrapen, so wird sowohl die Logik der Wahl des Titels, als auch der Person deutlich. Als rex stand Hanniballianus außerhalb des Systems der Reichsverwaltung und war aufgrund seines Titels den Klientelkönigen rangmäßig gleichgestellt. Als Vertreter des Imperium Romanum nahm er gegenüber den Klientelkönigen, die dem Reich zu Treue verpflichtet waren und gegenüber den Satrapen, die darüber hinaus römischer dicio unterstanden, eine übergeordnete Position ein.[63] Als Verwandter des Kaisers und selbst kaiserlicher Abstammung stellte er einen idealen Partner im diplomatischen Verkehr mit den von Rom abhängigen Herrschern dar.[64] Sein Titel und seine Einsetzung bedeuteten für sie

---

darüber hinaus sollte er verhindern, daß wieder ein persischer Prinz in Armenien herrschte.

63 Allein aus diesem Grund ist die Annahme, Hanniballianus habe den Titel *rex regum* getragen, abzulehnen. Zu bedenken ist, daß die Klientelkönige dem *Imperium Romanum* aufgrund des Klientelverhältnisses zu politischer Loyalität verpflichtet waren. Sie erhielten vom Kaiser die Insignien der Herrschaft. Sie darüber hinaus einem *rex regum* zu unterstellen, hätte einen Affront bedeutet und gewiß nicht zu der beabsichtigten engeren Bindung an das Reich beigetragen, sondern eher das Gegenteil bewirkt.

64 Eine Weisungsbefugnis des Hanniballianus gegenüber den Klientelkönigen, wie Wirth (s. Anm. 19), 227, sie annimmt (unter Voraussetzung des Titels *rex regum*), ist abzulehnen, selbst wenn sie sich „nur auf bestimmte Bereiche von deren Herrscherfunktion" bezog, wie er einschränkt. Wenn er voraussetzt, daß Hanniballianus sich zur Wahrnehmung seiner Aufgabe „des römischen Staatsapparates einschließlich der römischen Armee bedienen konnte, wenn es not tat", so ist das bloße Spekulation; dies gilt übrigens auch für R. C. Blockley, „Constantius II and Persia", in: C. Deroux, ed., Studies in Latin Literature and Roman History 5, Bruxelles 1989 (Collection Latomus, 206), 465–490, 469, der behauptet, Constantin I. habe Hanniballianus durch eine (römische) Armee unterstützt. In den Quellen finden derartige Behauptungen keine Basis. Wirth (s. Anm. 19), 228, weist im übrigen selbst darauf hin, daß „Kompetenzen, Befugnisse und die Einwirkungsmöglichkeiten des neuen rex auf die Bundesgenossen" nicht überliefert sind. Es gilt zu betonen, daß man aufgrund der politischen Verhältnisse mehr als Loyalität von den Klientelfürsten nicht verlangen konnte und es

zumindest keinen offenen Affront, wenn auch die Klientelfürsten die Absicht, die der Schaffung des Amtes zugrunde lag und die auf eine Intensivierung der Beziehungen zum Imperium Romanum mit dem Ziel einer engeren Bindung an das Reich und einer stärkeren Kontrolle hinauslief, klar erkannt haben dürften.

Hanniballianus kann sein Amt nur auf römischem Boden ausgeübt haben, da es undenkbar ist, daß er als römischer Amtsträger außerhalb der Reichsgrenzen residierte. Eine Bestätigung bietet das Zeugnis der Münzen, die für ihn geprägt und in Umlauf gesetzt wurden und mittels derer Hanniballianus, neben den vier Caesaren, der römischen Bevölkerung als wichtiger Amtsträger des Reiches, nicht jedoch, wie allgemein vermutet, als König eines außerrömischen Gebietes vorgestellt wurde. In Zusammenhang mit der Frage nach seinem Amtssitz gewinnt eine Notiz im Chronicon Paschale an Bedeutung. Angeblich wurde Hanniballianus unmittelbar nach seiner Ernennung nach Caesarea in Cappadocia geschickt.[65] Wir können nicht entscheiden, ob es sich hier um eine verläßliche Nachricht handelt. Sie würde indes zu den übrigen Feststellungen passen. Caesarea könnte tatsächlich zur Residenz des Hanniballianus bestimmt worden sein, von wo aus der nobilissimus vir in seinem Amt des rex den diplomatischen Verkehr mit den Klientelkönigen und Führern der gentes zu betreuen und jene zu überwachen hatte. Gehen wir davon aus, daß er spätestens im Sommer des Jahres 336 von Constantin I. ernannt und an den ihm bestimmten Amtssitz geschickt wurde, so müßte er zumindest bis zum Zeitpunkt des Todes des Kaisers von dort aus sein Amt ausgeübt haben. Wenn auch der Kaiser seinem Sohn Constantius den Osten des Reiches übertragen hatte, so liegt dennoch keine Überschneidung der beiden Amtsbereiche, desjenigen des Caesars und desjenigen des rex vor, da sich derjenige des Caesars ausschließlich auf römisches Reichsgebiet erstreckte. Mit Hilfe des neu geschaffenen Amtes, mit dem Hanniballianus betraut wurde, erfolgte in gewisser Weise eine Entlastung des für den Osten zuständigen Caesars, der für die

---

wäre auch politisch nicht klug gewesen, dies zu versuchen. Im Frühjahr 361 sah sich Constantius II. im Vorfeld eines erneuten Angriffs Šāpūrs II. veranlaßt, Geschenke sowohl an die Könige als auch an die Satrapen jenseits des Tigris zu schicken, um sich ihres Wohlverhaltens zu versichern: Amm. 21,6,7, ed. Seyfarth (s. Anm. 3), 142f. Von den Königen wird neben Arsaces von Armenien namentlich Meribanes von Iberien genannt. Die römische Klientelherrschaft über Iberien war im Jahr 298 von Narsē vertraglich anerkannt worden, desgleichen die *dicio* über die Satrapien jenseits des Tigris. Die entsprechenden Abhängigkeitsverhältnisse dürfen somit als gesichert betrachtet werden. Folglich hätten zumindest die Fürsten dieser Rom offiziell unterstellten Gebiete prinzipiell treu auf der Seite des Oberherrn stehen müssen. Wenn der Kaiser in Zeiten der Bedrohung ihre Treue erkaufen mußte, so wirft das ein bezeichnendes Licht auf den realen Einfluß, den Rom ausübte und auf die Zerbrechlichkeit der entsprechenden politischen Bindungen.

65 Chronicon Paschale, Dindorf (s. Anm. 5), 532, Z. 1 ff.; Übers. Whitby (s. Anm. 5), 20f.

Loyalität der dem Reich verbundenen Königreiche und der Satrapen nicht selbst Sorge zu tragen hatte.

Die moderne Forschung verbindet mit der Einsetzung des Hanniballianus in das Amt des rex eine Reihe von Hypothesen, die nicht im einzelnen erörtert werden können. Einige wurden bereits angesprochen. Diese Hypothesen beruhen auf der, wie zuvor gezeigt wurde, unhaltbaren Prämisse einer ihm übertragenen Königsherrschaft über außerrömisches Gebiet, wobei die Ausdeutungen dieser Königsherrschaft differieren. So soll er zum „König Armeniens"[66] (und der anderen römischen Klientelstaaten)[67] oder zum „König" in Pontus mit dem zusätzlichen Titel „König der Könige"[68] oder zum „König der Könige" als Herrscher Armeniens[69] (und der anderen kaukasischen Königreiche)[70] ernannt oder als solcher eingesetzt worden sein, ja man erwägt sogar eine geplante Einsetzung als

---

66 M. Angeli-Bertinelli, Roma e l'oriente. Strategia, economia, società e cultura nelle relationi politiche, fra Roma, la Giudea e l'Iran, Rom 1979, 138. B. Isaac („The eastern frontier", in: The Cambridge Ancient History, vol. XIII, The Late Empire A.D. 337 – 425, Cambridge 1998, 437–460), 437 mit Anm. 4 und R.C. Blockley („Warfare and diplomacy", The Cambridge Ancient History, vol. XIII: The Late Empire A.D. 337–425, Cambridge 1998, 411–436), 419 mit Anm. 7 zufolge wurde Hanniballianus zum „König" ernannt. Beide Autoren verweisen auf R. H. Hewsen, „The successors of Tiridates the Great: a contribution to the history of Armenia in the fourth century", Revue des Études Armeniennes, n.s. 13 (1978–79), 99–126. Dieser jedoch stellt fest (110), es gebe keinen Zweifel, daß Hanniballianus den Titel „König der Könige" trug.

67 T. Mitford, „Cappadocia and Armenia Minor: historical setting of the Limes", in: ANRW II 7,2, 1980, 1169–1228, bes. 1209.

68 J. Norwich, Byzantium, vol. 1: The early centuries, London 1988. Reissue London 1990, 337.

69 R. MacMullen, Constantine, London 1970. Reprint London 1987, 222. Bruun in RIC VII, 75: zum „König der Könige" in Armenien ernannt, um die römischen Interessen im Osten zu betonen.

70 Bleckmann (s. Anm. 38), 127. G. Gottlieb, „Constans 337–350", in: Die römischen Kaiser. 55 historische Porträts von Caesar bis Justinian, hrsg. von M. Clauss, München 1997, 315–321, bes. 316 („König der Könige und der Pontischen Völker, für Armenien und die umliegenden Länder"). Als sei die Quellenlage nicht schon verwirrend genug, stiften darüber hinaus falsche Angaben in der Forschungsliteratur Verwirrung. Als Beispiel sei stellvertretend R.H. Hewsen („In search of Tiridates the Great", Journal of the Society of Armenian Studies 2 [1985–86], 11–49), 42 angeführt: „… Hanniballianus, illegitimate (sic!) nephew of Constantine the Great, was made ‚King of Kings' of Armenia and the Pontic regions." Der Autor beruft sich in Anm. 102 auf den Anonymus Valesianus (Origo Constantini) 6,36, doch dort ist weder von Armenien noch von pontischen Gebieten die Rede, vielmehr bietet die Quelle *regem regum et Ponticarum gentium*. Des weiteren führt er das Chronicon Paschale an, welches Hanniballianus als *rex* (ῥῆγα) bezeichnet, und schließlich Zosimos, der jedoch nur von der Übertragung des Nobilissimats berichtet.

zukünftiger Herrscher des Perserreiches.⁷¹ Die Schwierigkeiten, denen sich die Forschung bei der Beurteilung seiner politischen Rolle gegenübersieht, zeigen sich an der Unsicherheit, welcher der genannten Varianten königlicher Herrschaft der Vorzug gebührt. Versuche, alle verfügbaren Quellenaussagen trotz ihrer gravierenden Divergenzen zu einem schlüssigen Bild zusammenzufügen, sind offenkundig zum Scheitern verurteilt.⁷² Die Ernennung des Hanniballianus zum König Armeniens oder seine Einsetzung eben dort werden zumeist als Reaktion auf feindliche Aktionen der Perser betrachtet: einen Einfall in Armenien und die Entführung des armenischen Königs Tiran,⁷³ während diejenigen Forscher, die ihn als zukünftigen Herrscher Persiens sehen, von Plänen Constantins I. zur Eroberung

---

71 Seeck (s. Anm. 38), 25. Barnes (s. Anm. 26), 132 („…Hanniballianus was to replace Shapur as king of Persia, or at least as ruler in Ctesiphon…"). Dagegen wendet sich Wirth (s. Anm. 19), 222 Anm. 93. Gegen die Annahme, Hanniballianus sei in Armenien als König eingesetzt worden: Kettenhofen (s. Anm. 44), 128 mit Anm. 739. Er weist auf das Problem der unterschiedlichen Quellenaussagen hin und bemerkt: „Der Befund ist also wesentlich differenzierter, als jene Forscher ahnen lassen, die ihn ‚König von Armenien' oder ‚römischer Klientelfürst über Armenien' titulieren."

72 Auf das Bestreben, den differierenden Quellenaussagen gerecht zu werden, sind die widersprüchlichen Aussagen bei Chrysos (s. Anm. 31), 36 ff. zurückzuführen: Hanniballianus sei ohne Zweifel zum *rex* Armeniens ernannt worden. Der Titel *basileus* sei für ihn jedoch nicht belegt und so sollten wir ihn nicht als gegeben annehmen. Dennoch müsse eine *appellatio regis* stattgefunden haben, welche die Übertragung des Titels *basileus* beinhaltete. Hanniballianus' Ernennung, die Chrysos als „a Roman appointment, not an Oriental investiture" bezeichnet (ib. 38), sieht er in Zusammenhang mit römisch – persischen Feindseligkeiten im Jahr 335 und Plänen Constantins für eine effektive Antwort auf die offensive Politik Šāpūrs. Hanniballianus habe aber nicht die Gelegenheit gehabt, seine königlichen Rechte auszuüben. Im Jahr 337 seien ihm die pontischen Stämme unterstellt worden, die in einem Klientelverhältnis zu Rom standen. Unter Hinweis auf die Münzen, die den Titel *rex* überliefern, wendet er sich gegen die Annahme, Hanniballianus habe den Titel *rex regum* getragen, möchte jedoch nicht ausschließen, daß er, falls er jemals dazu gekommen wäre, sein königliches Amt auszuüben, alle traditionellen Titel der orientalischen Könige angenommen hätte, die sich *reges regum* nannten.

73 E. Stein, Histoire du Bas-Empire. Edition francaise par J.-R. Palanque, 2 Bde., Paris 1959, Nachdruck Amsterdam 1968, 130 (König von Armenien) und B. H. Warmington, „Objectives and strategy in the Persian war of Constantius II", in: Fitz, J. (ed.), Limes. Acts of the XI Limes Congress, Budapest 1976, 1977, 509–520, 512 (König), eingesetzt in *Cappadocia* mit dem Ziel einer Einsetzung in Armenien und vielleicht auch in anderen Gebieten. Isaac (s. Anm. 66), 437 mit Anm. 4 (König von Armenien), ernannt nach der Entführung des armenischen Königs Diran (= Tiran). P. Barceló, Roms auswärtige Beziehungen unter der Constantinischen Dynastie (306–363), Regensburg 1981 (Diss.) (Eichstädter Beiträge, 3), 80 („König von Armenien und den umliegenden Ländern"), Einsetzung anstelle des Arsaces, des Sohnes des Tiran, der von Constantin I. nicht anerkannt wurde.

des Perserreiches ausgehen.⁷⁴ Schließlich sei auch noch auf eine weitere, von Burgess vorgebrachte Hypothese hingewiesen, der zufolge es die Ernennung des Hanniballianus zum „rex regum et Ponticarum gentium" gewesen sei, welche den Anstoß für den Ausbruch des römisch-persischen Krieges gegeben habe. Šāpūr II. habe sie als Beanspruchung Armeniens durch die Römer und infolgedessen als eine Bedrohung der persischen Ziele in diesem Land und möglicherweise auch als unmittelbare Bedrohung Persiens betrachtet. Als Antwort darauf habe er eine erste Gesandtschaft an den Kaiser geschickt, mit der Absicht, dessen Ziele abzuschätzen und eine Gelegenheit zu suchen, Armenien und die an Diocletian beim Friedensschluß von Nisibis verlorenen Gebiete zurückzuerlangen. Es sei zu persischen Einfällen in Armenien und an der römischen Grenze gekommen sowie zu einer kurzfristigen Einnahme der Stadt Amida im Sommer des Jahres 336.⁷⁵ Einmal abgesehen davon, daß diese Rekonstruktion der Ereignisse um den Kriegsausbruch, welcher tatsächlich erst in das Jahr 337 fällt, dem Zeugnis der Quellen widerspricht,⁷⁶ beruht sie zudem auf der unhaltbaren Annahme, daß Constantin I. Hanniballianus zum *rex regum* ernannt hat. Darüber hinaus wird als gegeben vorausgesetzt, daß dieser Titel als Anspruch auf eine Königsherrschaft über Armenien verstanden wurde. Der Titel eines „Königs der Könige" ist jedoch für die armenischen Herrscher in der fraglichen Zeit nicht belegt.

Die Ernennung des Hanniballianus zum *rex* dürfte in der Tat zum Entschluß Šāpūrs II., die Forderung nach einer Revision des Friedensvertrages von Nisibis aus dem Jahre 298 zu stellen, beigetragen haben, worin Burgess und auch anderen beizupflichten wäre, doch in anderer Weise als von der Forschung vermutetet: Als Bestandteil der von Constantin I. im Herbst des Jahres 335 neu geschaffenen Herrschaftsordnung, zu der die Ernennung des Hanniballianus nach dem 25. Juli 336 ergänzend hinzugetreten war. Die Gesandtschaft, die die Forderung des persischen Herrschers überbrachte, erging im Frühjahr des Jahres 337. Die zeitliche Nähe der Ereignisse ist auffällig und spricht für einen direkten Zusammenhang.

---

74 Seeck (s. Anm. 38), 24 ff.; T. D. Barnes, Constantine and Eusebius, Cambridge, Mass./London 1981, 259; Barnes (s. Anm. 26), 132. Blockley (s. Anm. 49), 12, geht zwar von einer Ernennung des Hanniballianus zum König Armeniens aus, mag jedoch die Möglichkeit einer Ernennung zum zukünftigen Herrscher in Persien nicht ausschließen. Gegen einen Anspruch auf das gesamte Perserreich: Bleckmann (s. Anm. 38), 127.
75 R. W. Burgess, Studies in Eusebian and post-Eusebian chronography, (with the assistance of W. Witakowski), Stuttgart 1999 (Historia Einzelschriften, Heft 135), 230.
76 Ausführliche Darstellung in der noch unpublizierten Habilitationsschrift der Vf.; siehe dies. „Zur Westpolitik Šāpūrs II.", in: Iran. Questions et connaissances. Actes du IVᵉ Congrès Européen des Études Iraniennes organisé par la Societas Iranologica Europaea, Paris, 6–10 septembre 1999, vol. I: La période ancienne (Studia Iranica, Cahier 25), Paris 2002, 329–347; 338 ff.

Wir dürfen voraussetzen, daß beide Staaten über die politischen Entwicklungen im Reich des Gegners unterrichtet waren. Sowohl der Großkönig, als auch seine Ratgeber dürften die Organisation der Herrschaft, wie sie sich im Jahre 335 abzeichnete, als Gefahr für die Umsetzung der persischen Revisionspläne erkannt haben. Die Parallele zur tetrarchischen Ordnung Diocletians war offensichtlich. Diese hatte sich, solange sie bestand, als förderlich für das römische Reich erwiesen, trug sie doch zu einer Stabilisierung der Verhältnisse im Innern bei und bot darüber hinaus gute Voraussetzungen für eine aggressive Außenpolitik. Das hatte auch Persien erfahren müssen, und das Schicksal seines Großvaters Narsē, der im Jahr 297 dem erstarkten Gegner nach einem Anfangserfolg erlegen war, muß Šāpūr II. als warnendes Beispiel dafür erschienen sein, wie ein Krieg gegen den römischen Feind, der über eine solchermaßen geregelte Herrschaftsordnung verfügte, ausgehen konnte. Im Gegensatz zu den Herrschern der ersten Tetrarchie waren nicht nur die vier von Constantin I. über Reichsgebiet eingesetzten Caesaren, sondern auch der rex, welchem er den diplomatischen Verkehr mit den Klientelkönigen und Satrapen anvertraute, eng verwandt, so daß das dynastische Prinzip, wenn auch eingeschränkt aufgrund der Einbeziehung der Neffen, gewahrt blieb. Diese Konstellation ließ bei einem Herrschaftswechsel infolge des Todes Constantins I. größere Chancen für ein friedliches Miteinander der vier Regenten und des „außenpolitischen Sonderbeamten" erwarten, als sie der zweiten Tetrarchie beschieden gewesen waren.

Jede Veränderung der innenpolitischen und außenpolitischen Bedingungen des römischen Reiches, die diesem förderlich war, mußte für Šāpūr II., der die Rückgewinnung der von Narsē abgetretenen Gebiete als seine vordringlichste Aufgabe ansah, zwangsläufig eine Verschlechterung der ohnehin ungünstigen persischen Ausgangsposition bedeuten. Wollte er verhindern, daß sich die bestehenden Grenzverhältnisse und die Bindung der dem Imperium Romanum zugehörigen sowie der unter römischem Einfluß stehenden Gebiete an das Reich verfestigten, und zwar zum einen infolge der Konzentration eines mit der Verwaltung des östlichen Reichsteiles betrauten Regenten auf die Sicherung des ihm unterstellten Territoriums, zum anderen infolge einer Intensivierung der Beziehungen zu den römischen Klientelkönigtümern und Satrapien durch Hannibalianus,[77] so mußte er dringend handeln. Der Versuch einer Durchsetzung der persischen Pläne war nur aussichtsreich, solange sich der Caesar im Osten und sein

---

77 Inwieweit die Perser über dessen politische Rolle informiert waren, läßt sich nicht sagen, doch ist zumindest anzunehmen, daß sie selbst Kontakte zu den römischen Klientelfürsten unterhielten und auf diesem Wege Informationen über die römischen Bestrebungen um Intensivierung der Beziehungen und um eine stärkere Bindung der Fürstentümer an das Reich erhielten.

Vetter Hanniballianus noch zu bewähren hatten und die neu geschaffene Ordnung noch nicht lange genug bestand, um die intendierte Wirkung zu zeigen.[78]

Gehen wir davon aus, daß Šāpūr II. von der Neuordnung der Herrschaftsorganisation[79] frühestens gegen Ende des Jahres 335 Kunde erhielt, so hätte es gut ein Jahr gedauert, bis er mit seiner ultimativ gestellten Revisionsforderung darauf reagierte. Dies läßt sich unschwer mit den nötigen Vorbereitungen auf den Krieg erklären, der sich aus einer Ablehnung seiner Forderung zwangsläufig ergeben mußte.[80]

---

[78] J. Vogt (Constantin der Große und sein Jahrhundert, München 1949, ²1960, 243) zufolge war es die Machtsteigerung des römischen Nachbarn, die Šāpūr II. „auf den Weg der Revanche" brachte. In diesem Fall jedoch hätte der persische Herrscher zu lange gewartet, um sich Hoffnungen auf einen Erfolg machen zu können. Es war nicht die Machtsteigerung des Nachbarn, sondern die Befürchtung, es könne zu einer solchen kommen, die ihn zu seiner Revisionsforderung veranlaßte.

[79] Da wir den genauen Zeitpunkt der Ernennung des Hanniballianus nicht kennen, kann das nur für die Nachricht von der Zuweisung der einzelnen Reichsteile an die vier Caesaren als gesichert gelten.

[80] Verzeichnis der benutzten Siglen:
  LRBC I   P. V. Hill/J.P.C. Kent, „The Bronze coinage of the House of Constantine A. D. 324–346" in: R.A.G. Carson/P. V. Hill/J.P.C. Kent, Late Roman Bronze Coinage, A. D. 324–498, Reprint London 1976, Part I.
  RIC II   The Roman Imperial Coinage, vol. II: Vespasian to Hadrian, by H. Mattingly and E. A. Sydenham, London 1926.
  RIC VI   The Roman Imperial Coinage, ed. by C.H.V. Sutherland and R.A.G. Carson, vol. VI: From Diocletian's reform (A.D. 294) to the death of Maximinus (A.D. 313), by C.H.V. Sutherland, London 1967.
  RIC VII The Roman Imperial Coinage, ed. by C.H.V. Sutherland and R.A.G. Carson, vol. VII: Constantine and Licinius A.D. 313–337, by P. M. Bruun, London 1966.

Abstract

The appointment of Constantine I's nephew Hanniballianus as *rex* in the year 335 was related to the emperor's creation of a new governmental system. On the basis of an analysis of the numismatic and literary evidence the character of this political office is assessed, as well as the resulting consequences for the Roman-Persian relations. It is concluded that his office has to be seen as a special one, destined to maintain close connections with all of the political entities in the East of the empire, which were bound to the Roman Empire as clients, namely the Pontic kingdoms as well as the *gentes* in the regions beyond the Tigris. As a Roman official Hanniballianus was expected to reside in the east of the Roman Empire. It is supposed that the appointment of Hanniballianus contributed to the decision of the Persian King Šāpūr II. to demand a revision of the treaty of Nisibis concluded in the year 298.

Der beherrschte Raum und seine Grenzen
Zur Qualität von Grenzen in der Zeit der Karolinger[1]

Jürgen Strothmann

Die Frage nach der Qualität von Grenzen verlangt eine Klärung dessen, was sie eigentlich begrenzen, wie nämlich der Raum, den sie beschreiben, begriffen wird.[2] Was also konstituiert die Räume der Reiche (auch der Teilreiche), die dann „klare Grenzen" aufweisen?[3] Diese Reiche und Teilreiche sind beherrschte Räume. Nun soll hier nicht die Frage nach frühmittelalterlicher Staatlichkeit gestellt werden, wenngleich beherrschte Räume eine konstante und auf Dauer angelegte politische Organisation verlangen und daher eigentlich einen vormodernen Staat nahelegen. Die Feststellung klarer Grenzen korrespondiert offensichtlich mit der Annahme eines sie besitzenden Staates.[4] Wenn eben diese Feststellung von klaren Grenzen die weitverbreitete – aber kaum belegbare – Annahme von einem Fehlen solcher Grenzen für das Karolingerreich[5] ersetzt, ist auch über karolingische Staatlichkeit neu nachzudenken.[6]

---

1   Die Anregung zum Thema stammt von den Veranstaltern des 11. Symposions des Mediävistenverbandes „Grenze und Grenzüberschreitung" in Frankfurt (Oder), 14.–17. März 2005, wo der vorliegende Text als Vortrag gehalten wurde.
2   Vgl. zu diesem Komplex auch die Vorträge des von der Mission Historique Francaise en Allemagne (MHFA) veranstalteten Göttinger Kolloquiums „Les élites et leurs espaces: mobilité, rayonnement, domination (VIe–XIe s.)", 3.–5. März 2005.
3   Hans-Werner Goetz, Concepts of Realm and Frontiers from Late Antiquity to the early Middle Ages. Some preliminary remarks, in: The Transformation of Frontiers from Late Antiquity to the Carolingians, hg. v. Walter Pohl, Ian Wood und Helmut Reimitz, Leiden u. a. 2001 (The Transformation of the Roman World 10), 81. Zu ähnlicher Einschätzung kommt auch Hans K. Schulze, Grundstrukturen der Verfassung im Mittelalter III: Kaiser und Reich, Stuttgart 1998, 66.
4   So jedenfalls bei Hans-Werner Goetz, Staatlichkeit, Herrschaftsordnung und Lehnswesen im ostfränkischen Reich als Forschungsprobleme, in: Il Feudalesimo nell'Alto Medioevo I, Spoleto 2000 (Sett. 47), 85–143, 112.
5   Vgl. W. Metz, s. v. „Grenze", in: LexMA IV 1989, Sp. 1700 f., der für das Karolingerreich das Entstehen von Grenzen zunächst kleinerer Räume annimmt. Vgl. Hans Planitz, Deutsche Rechtsgeschichte, bearb. von Karl August Eckhardt, Köln Wien Weimar 4/1981, 45, der zwar „feste" Grenzen für das Frühmittelalter annimmt, diese aber nicht für wesentlich erachtet, da der Staat „Volksstaat, nicht Gebietskörperschaft" gewesen sei.
6   Die Frage soll hier nicht weiter verfolgt werden. Die folgenden Überlegungen entstammen aber letztlich diesem Zusammenhang.

Beherrschte Räume sind sozial definiert. Und in der Zeit der Merowinger, das kann als gesichert gelten, geht die Herrschaft über Räume von der Herrschaft über Hauptorte aus.[7] Dabei handelt es sich aber nicht um ein System konzentrischer Kreise um die Herrschaftsorte, das wäre zu modern-geographisch herangegangen an eine Zeit ohne moderne Vermessungstechnik.

Ausgehend von der Kapitulariensammlung des Benedictus Levita,[8] die den Vorzug besitzt, daß ihre Regeln erstens zu einem großen Teil einmal als Kapitularien erlassen worden waren[9] und zweitens ausgesprochen anwendungsorientiert sind, also den beherrschten Raum als eine Herausforderung der Verwaltung betrachten, soll die zeitgenössische Auffassung vom beherrschten Raum dargelegt werden, um damit zu zeigen, daß die klaren Grenzen im eigentlichen Sinne Begrenzungen darstellen und nicht wie ein antikes Pomerium eine eigene – womöglich sakrale – Qualität besitzen.[10]

Die Fragestellung entsteht also nicht an der Grenze, sondern aus der Frage nach Herrschaft, nämlich woran sich Herrschaft manifestiert. Ohne auf die Frage eingehen zu wollen, ob grundsätzlich das Land oder die Leute beherrscht werden,

---

7   Fabienne Cardot, L'espace et le pouvoir. Étude sur l'Austrasie mérowingienne, Paris 1983. Ganz ähnlich sieht das auch Alain Guerreau (Structure et évolution des representations de l'espace dans le Haut Moyen Age Occidental, in: Uomo e Spazio nell'-Alto Medioevo, Spoleto 2003 [Sett. 50], 91–115, bes. 94), dessen Herleitung eher theoretischer Art und nicht weniger überzeugend ist. Vgl. auch Harald Kleinschmidt (Understanding the Middle Ages. The Transformation of Ideas and Attitudes in the Medieval World, Woodbridge 2000), 61, der für das frühe Mittelalter von „group-centred space" spricht.

8   Das Tübinger Benedictus Levita-Projekt von Wilfried Hartmann und Gerhard Schmitz (http://www.uni-tuebingen.de/mittelalter/forsch/benedictus/haupt.htm), das mittlerweile recht weit fortgeschritten ist, hat sich zur Aufgabe gemacht, die Edition der Kapitulariensammlung des Benedictus Levita gewissermaßen im öffentlichen Raum entstehen zu lassen. Neben der eigentlichen Edition, die so lange vor ihrer möglichen Druckfassung einzusehen und zu benutzen ist, haben die Bearbeiter Online-Recherchen in bisher maßgeblichen Drucken ermöglicht. Davon profitiert der vorliegende Beitrag in nicht unerheblicher Weise.

9   Gerhard Schmitz, s.v. Benedictus Levita, in: Handwörterbuch zur Deutschen Rechtsgeschichte (im Druck), einstweilen unter http://www.uni-tuebingen.de/mittelalter/forsch/benedictus/studien/schmitz/bl.htm. Vgl. zum Komplex der pseudoisidorischen Fälschungen: Fortschritt durch Fälschungen? Ursprung, Gestalt und Wirkungen der pseudoisidorischen Fälschungen. Beiträge zum gleichnamigen Symposium an der Universität Tübingen vom 27. und 28. Juli 2001, hg. v. Wilfried Hartmann und Gerhard Schmitz, Hannover 2002.

10 Zum römischen Pomerium vgl. A. Dosi und F. Schnell, Spazio e tempo (Vita e Costumi dei Romani antichi 14), Rom 1992, 32. Über sakral überhöhte Grenzen mit eigener Qualität wäre für das Mittelalter gesondert nachzudenken; dabei ginge es um die Abgrenzung von Rechtssphären, wie zwischen weltlichen und geweihten Räumen.

ist doch im Falle jedenfalls der kirchlichen Organisation noch heute der Ort eine entscheidende Kategorie für die Manifestation von Herrschaft.

Das Frühmittelalter kannte Begriffe für Grenze, diese aber, *termini, fines, marca,* bezeichnen zumeist keine Linien, sondern einen Raum (im übrigen stehen diese Begriffe meist im Plural)[11]; im Falle des Begriffes *marca* ist das fraglos so. Aber selbst *fines* sind keine ausdehnungslosen Linien, sondern nicht exakt definierte Grenzräume, etwa wenn von *marca vel fines* die Rede ist.[12] Die *termini* stellen im eigentlichen Sinne Begrenzungen dar, nicht jedoch die Grenzen (nach modernem Verständnis) selbst. Die frühmittelalterliche Begrifflichkeit ist in Bezug auf Grenzen durchgehend unscharf, etwa, wenn von *confines* die Rede ist. Auch dieser Begriff legt nahe, Grenzen als einen Raum zu denken.[13] Aber geht es wirklich um einen Raum, wenn von „gemeinsamen Grenzen" die Rede ist? Ist nicht vielmehr die Räumlichkeit, die wir den Begriffen entnehmen, zweitrangig? Die konstatierte Unschärfe der frühmittelalterlichen Grenzbegriffe entstammt der „Großansicht"

---

11   S. Helmut Reimitz, Conversion and Control, The Establishment of Liturgial Frontiers in Carolingian Pannonia, in: Transformation of Frontiers (wie Anm. 3), 189–207.

12   Annales Mettenses priores, ed. B. De Simson, Hannover und Leipzig 1905 (MGH Scriptores Rerum Germanicarum in usum scholarum seperatim editi 10), ad annum 788: [*Carolus*] *ibi fines vel marcas Baioariorum disposuit,* textgleich Annales Regni Francorum, ed. G. H. Pertii, rec. Fridericus Kurze, Hannover 1895 (MGH Scriptores Rerum Germanicarum in usum scholarium seperatim editi 10), ad annum 788; dazu die sogenannten Einhardsannalen, ebenda ad annum 788: *Rex autem in Baioariam profectus eandem provinciam cum suis terminis ordinavit atque disposuit ...* – Annales Regni Francorum, ed. Kurze, ad annum 825: *... erat enim de terminis ac finibus inter Bulgaros ac Francos constituendis.* Unterschieden die Zeitgenossen wirklich zwischen *termini* und *fines*?

13   Annales Mettenses priores, ed. Simson (s. Anm. 12), ad annum 804: *Godefridus rex Danorum venit ... in confinio regni sui et Saxoniae...,* abhängig von Annales Regni Francorum, ed. Kurze (s. Anm. 12), ad annum 804: *... Godofridus rex Danorum venit ... ad locum, qui dicitur Sliesthorp, in confinio regni sui et Saxoniae.* – Sogenannte Einhardsannalen, ed. Kurze (s. Anm. 12), ad annum 790: *Agebatur inter eos de confiniis regnorum suorum, quibus in locis esse deberent.* – Annales Regni Francorum, ed. Kurze (s. Anm. 12), ad annum 773: *Ipsi vero Saxones exierunt cum magno exercitu super confinia Francorum, pervenerunt usque ad castrum, quod nominatur Buriaburg; attamen ipsi confiniales de hac causa solliciti ...,* ebenda ad annum 828: *Interea, cum in confinibus Nordmannorum tam de foedere inter illos et Francos confirmando ... .* Der spätere Gebrauch des Begriffes im italienischen Hoch- und Spätmittelalter verliert diese Unschärfe weitgehend, vgl. dazu Max Pfister, Grenzbezeichnungen im Italoromanischen und Galloromanischen, in: Grenzen und Grenzregionen. Frontières et regions frontaliers. Borders and Border Regions, hg. v. Wolfgang Haubrichs und Reinhard Schneider, Saarbrücken 1993, 37–50, 38 f.

der Handelnden und ihrer Quellen, gewissermaßen der „Welt im Kopf"[14] derer, die diese Begriffe gebrauchen, entspricht aber nicht der Sache selbst. Die Grenzen des Karolingerreiches sind scharf und verlangen nach ihrer Feststellung. Erst das Bemühen, scharfe Grenzen festzustellen, läßt die Quellenbegriffe unscharf werden, weil von der Großansicht her das Bedürfnis nach exakter Grenze besteht, sie aber auf dieser Ebene nicht darzustellen ist. Jedenfalls betreffen die angeführten Beispiele zu *confines* großenteils Versuche, klare Grenzen zu schaffen. Dieses Bedürfnis rührt von der Notwendigkeit her, Herrschaftsräume klar zu definieren.[15] Dabei bedarf es unter Umständen der *praefecti finium*[16] und *custodes limitis*[17], denn der Schutz der Grenzen ist offensichtlich notwendig.[18] Wie geschehen Grenzziehungen, wie etwa die zwischen den Franken und Bulgaren?[19] Zahlreiche Belege zu Grenzen betreffen in ihrer Unbestimmtheit die Beschreibung von Herrschaftsräumen,[20] für die auch der Begriff *patria* gebraucht werden kann.[21] Es hat also

---

14 Zitat nach Christian Hänger, Die Welt im Kopf. Raumbilder und Strategie im römischen Kaiserreich, Göttingen 2001 (Hypomnemata 136), der zeigt, daß die römische Welt sehr wohl eine räumliche Vorstellung von Geographie besaß, wenngleich eben nicht maßstabsgetreu.

15 Besonders deutlich wird das an der unerträglichen Situation an den Grenzen zu den Awaren in der Beschreibung der Annales Laureshamenses, ed. H. Pertz, MGH SS 1, 1826, 19–39, cap. 15 (792): *Omnes ecclesias, que in finibus eorum erant, cum destructione et incendio vastabant.* Zur Feststellung der fränkisch-awarischen Grenze im Bericht der sogenannten Einhardsannalen (s. Anm. 12) s. Goetz (s. Anm. 3), 80.

16 Astronomus, Vita Hludowici imperatoris, ed. Ernst Tremp, in: Thegan, Die Taten Kaiser Ludwigs. Astronomus, Das Leben Kaiser Ludwigs, hg. und übers. von Ernst Tremp, Hannover 1995 (MGH Scriptores rerum Germanicarum in usum scholarum separatim editi 64), cap. 28 (817).

17 Annales Regni Francorum, ed. Kurze (s. Anm. 12), ad annum 810: *Amoroz Caesaraugustae praefectus, postquam imperatoris legati ad eum pervenerunt, petiit, ut colloquium fieret inter ipsum et Hispanici limitis custodes …*; ebenda ad annum 827: *Ante quorum adventum Aizo Sarracenorum auxilio fretus multa eiusdem limitis custodibus adversa intulit …* – Ebenda ad annum 826 zu pannonischen Grenzpräfekten: *Baldricus vero et Geroldus comites ac Pannonici limitis praefecti in eodem conventu adfuerunt …*

18 Annales Regni Francorum, ed. Kurze (s. Anm. 12), ad annum 827: *Contra quem imperator filium suum Pippinum Aquitaniae regem cum inmodicis Francorum copiis mittens regni sui terminos tueri praecepit.*

19 Annales Regni Francorum, ed. Kurze (s. Anm. 12), ad annum 826: *Cum regi Bulgarorum legati sui, quid egerint, renuntiassent, iterum eum, quem primo miserat, ad imperatorem cum litteris remisit, rogans, ut sine morarum interpositione terminorum definitio fieret vel, si hoc non placeret, suos quisque terminos sine pacis foedere tueretur.*

20 Annales Mettenses priores, ed. Simson (s. Anm. 12), ad annum 713: *Pippinus princeps infra principatus sui terminos es quae pacis erant disponens in nullam partem eo anno exercitum duxit.* – Annales Mettenses priores, ed. Simson (s. Anm. 12), ad annum 741: *Carolus princeps, domitis circum quaque positis gentibus, dum ea quae pacis erant infra sui regiminis terminos disponeret.* – Ebenda ad annum 764: *Eodemque anno intra*

wenig Sinn, die klaren Grenzen weiter zu beschreiben, um ihre Qualität zu erfassen. Denn wir suchen ja nicht unmittelbar nach dem rechten Verständnis der Begriffe *fines*, *termini* und *marca*, sondern nach dem Raum, den sie beschreiben, genauer nach der Qualität, der Organisation, des beschriebenen (umschriebenen) Raumes, um die klaren Grenzen zu erkennen.

In der umfassendsten Sammlung von Kapitularien, der nämlich des Benedictus Levita,[22] fehlen geographische Begriffe für den klar umgrenzten Raum, wie etwa *territorium* und *regio*[23] nahezu überhaupt. Der Begrif *locus* dagegen kommt in großer Dichte und semantischer Breite vor. Die kirchliche Verwaltung, in deren Kategorien Benedictus Levita gedacht haben wird, kennt eine starke Hierarchisierung der Orte, wie übrigens in seiner Sammlung und seinen eigenen Ergänzungen offensichtlich wird, wenn er bzw. die von ihm zitierten Bestimmungen den Orten Rechtspersönlichkeit zuerkennen bzw. kirchliche Einrichtungen über den Ort erfassen,[24] und das in (vorgeblich) normativen Texten. Rechtlich einwandfreie Bezeichnungen für Kirche und kirchliche Einrichtungen sind auch in den Urkunden des 8. und 9. Jahrhunderts möglich über die Nennung der Gemeinschaft, des Ortes und des Heiligen sowie über einzelne oder alle Bestimmungen gemeinsam. Ziel der Benennung in Urkunden ist die zweifelsfreie Zuordnung eines Empfän-

---

fines regni sui ea quae pacis erant disponens … – Sogenannte Einhardsannalen, ed. Kurze (s. Anm. 12), ad annum 765: *Hoc anno rex Pippinus domi se continuit neque propter Aquitanicum bellum quamvis nondum finitum regni sui terminos egressus est* … – Annales Regni Francorum, ed. Kurze (s. Anm. 12), ad annum 767 zu Pippin: *… et sanus reversus est in patriam et celebravit pascha in Vienna civitate.*

21 Sogenannte Einhardsannalen, ed. Kurze (s. Anm. 12), ad annum 782: *…Widokindus, qui ad Nordmannos profugerat, in patriam reversus …* Vgl. auch Anm. 18.

22 Benutzt wurde die Ausgabe von Étienne Baluze, Capitularia Regum Francorum, Paris 1677, Nachdruck in Sacrorum conciliorum nova et amplissima collectio 17B, ed. Ioannes Dominicus Mansi, Paris 1902.

23 *Regio* kommt in 10 Kapiteln vor, meist aber unbestimmt in der Bedeutung von „Gegend", etwa Benedictus Levita, ed. Baluze (s. Anm. 22), I,27: *per unamquamque civitatem aut regionem*, Wiederholung des Kapitels in III,12; I,40: *in finibus et regionibus nobis a Deo commissis*; als unbestimmter Herrschaftsraum in III,142: *regnaque et regiones* und III,143: *regna et regiones*.

24 Z.B. Benedictus Levita, ed. Baluze (s. Anm. 22), I,235; II,109; II,370. – Benedictus Levita I,235 gehört zu den zahlreichen bereits edierten Kapiteln (s. Anm. 8). Darin geht es um die Traditionsfreiheit. In dem Kapitular von 818/819 (Capitula legibus addenda, cap. 6, MGH Capit. I,1, Nr. 139, S. 280–285, S. 282) werden die Empfänger unterschiedlich dargestellt: *Si quis res suas pro salute animae suae vel ad aliquem venerabilem locum vel propinquo suo vel cuilibet alteri tradere voluerit …*, Text nach der Edition des Tübinger Benedictus Levita-Projekts (s. Anm. 8) vom 07.10.2004. Während „Privatpersonen" wie Verwandte oder beliebige andere natürlich als Person vorgestellt sind, ist die kirchliche Einrichtung pauschal als *locus venerabilis* aufgefaßt.

gers, etwa einer Schenkung. Benedictus Levita erfaßt mit den von ihm herangezogenen Quellen vornehmlich den jeweiligen Ort einer kirchlichen Einrichtung. Das ist ihm ein ausreichendes Kriterium zur rechtlichen Erfassung von kirchlichen Handlungsträgern als Rechtspersönlichkeiten, Herrschaft wird „verortet". Dabei kennt die kirchliche Hierarchie höhere und niedere Orte, vom Patriarchensitz über den Bischofssitz bis hin zum Fronhof.

Die kirchliche Herrschaftsorganisation und ihre „Raumordnung" der Karolingerzeit gehen im Prinzip und in den meisten Teilen auf antike Strukturen zurück.[25] Die Einrichtung von Bischofssitzen folgte der politischen Organisation des römischen Staates insoweit jedenfalls, als die staatliche Hierarchie der Orte ihre Abbildung in der kirchlichen Hierarchie fand und die Bischöfe der Provinzhauptstädte zunächst einen Ehrenvorrang vor ihren Kollegen erhielten. Der Metropolit, also der Bischof der Provinzhauptstadt, wird sodann über den Amtssitz definiert und nicht etwa über persönlichen Rang.[26] Die Gewohnheit des Papstes, einen Metropoliten über die Verleihung des Palliums persönlich zu bestimmen, findet ihre Berechtigung zunächst allenfalls im Bereich der neuen kirchlichen Organisation im Osten des Frankenreiches.[27] Noch im 9. Jahrhundert jedenfalls streiten die Kirchen von Reims und Trier um den Vorrang in der kirchlichen Hierarchie mit Argumenten, die auf die antike Provinzialordnung verweisen. Pseudoisidor geht dabei soweit, den christlich-kirchlichen Vorrang auf die heidnischen *primi flamines* der antiken Provinz zurückzuführen.[28]

An mehreren Stellen der Sammlung des Benedictus Levita werden Ort und Stellung als eine Einheit behandelt. *Locus* ist dabei der Begriff für die Stellung eines kirchlichen Amtsträgers, die etwa verloren werden kann.[29] In diesem System ist die *stabilitas loci* von enormer Bedeutung. Und nicht nur die Quellen des Benedictus Levita übertragen dieses Konzept auf die weltliche Hierarchie.[30] Dabei

---

25 Hans-Joachim Schmidt, Kirche, Staat, Nation. Raumgliederung der Kirche im mittelalterlichen Europa, Weimar 1999, 68 ff.
26 Schmidt (s. Anm. 25), 70.
27 Zum Versuch der Einführung des Palliums als hierarchisierendes Moment der Kirche durch Bonifatius, der durch die päpstliche Verleihung des Palliums die Metropoliten an Rom zu binden suchte, s. Willibald M. Plöchl, Geschichte des Kirchenrechts I, München 1953, 306 f. Vgl. auch Theodor Schieffer, Winfried-Bonifatius und die christliche Grundlegung Europas, Freiburg 1954, 228 f.
28 Pseudoisidor, ep. Clementis ad Iacobum fratrem domini, cap. 28, in: Isidorus „Mercator": Decretales Pseudo-Isidorianae et Capitula Angilramni, ed. Paulus Hinschius, Leipzig 1863, S. 39. Vgl. zum Argument Schmidt, Raumgliederung 1999 (s. Anm. 25), 70, zur Debatte zwischen Reims und Trier Horst Fuhrmann: Studien zur Geschichte mittelalterlicher Patriarchate II, in: ZRG kan. Abt. 40 (1954), 1–84, 36 f.
29 „Locus" in der Bedeutung von „Stellung" bei Benedictus Levita, ed. Baluze (s. Anm. 22), II,305; II,337; III,48; III,155; III,161; additio IV,29 (zum Bischof).
30 Benedictus Levita, ed. Baluze (s. Anm. 22), additio IV,105.

stammt die Bezeichnung des Bischofs nicht vom Namen einer Provinz bzw. vom Raum seiner Zuständigkeit, sondern vom Ort der Seelsorge, an dem er mit einer Gemeinde „verheiratet" ist. Wenn Hinkmar von Reims sich selbst als Bischof der Remer bezeichnet, ist das zugleich Hinweis auf seine „Ehe" mit dem Volk seiner Zuständigkeit[31] und ein Verweis auf den antiken Ursprung seiner Kirchenprovinz.[32]

Aufhorchen lassen Bestimmungen bei Benedictus Levita, die auf den zuständigen Bischof verweisen. Der Begriff zur Bezeichnung seiner Zuständigkeit ist eben kein Raumbegriff. Der Bischof wird also nicht mit seiner Diözese, seinem Herrschaftsraum, angesprochen, es ist auch nicht das irgendwie bezeichnete Territorium einer Diözese, in dem eine Handlung verortet wird, sondern es wird der Bischof „jenes Ortes" angesprochen, *episcopus illius loci*, und das an zahlreichen Stellen.[33] Es ist eben nicht die Rede von einem für einen irgendwie bezeichneten Raum zuständigen Bischof, wie modernes Verständnis verlangen würde, nämlich das Geschehen als innerhalb der Grenzen der Diözese zu erfassen. Es besteht eine unmittelbare Beziehung zwischen dem Ort des Geschehens als Ort einer kirchlichen Einrichtung und dem Bischof als Disziplinarvorgesetztem, selbst Inhaber eines *locus*, nämlich der bischöflichen Kathedra. Heute wird die Diözese als eine Gebietskörperschaft aufgefaßt. Der Bischof wird nach dem CIC an den Raum seiner Diözese gebunden. Die Forderung nach bischöflicher *stabilitas* richtet sich auf den Raum, sie ist nicht mehr wesentlich an die Kathedra gebunden.[34] Die Bedeutung der Heiligkeit von Orten kann für die frühmittelalterliche Kirche kaum hoch genug eingeschätzt werden – und das ist nicht bloß eine Angelegenheit der institutionellen Kirchen. Auch die Verwaltung des Reiches bedient sich der kirchlichen Herrschaftsorganisation, von der Bischofskirche bis herunter zu den Wirtschaftsorten.[35] Seit der Antike ist der Ort einer Kirche geheiligt (*sanctus*). Er bildet schon in der Alten Kirche eine besondere Kategorie, vermutlich weil Gräber im

---

31 Vgl. zum Bild von der Verbindung zwischen Bischof und Gemeinde als Ehe: Hinkmar von Reims, Epistola 31: *Cuidam episcopo de translationibus episcoporum*, PL 126, 210–230 (Heinrich Schrörs, Hinkmar Erzbischof von Reims. Sein Leben und seine Schriften, Freiburg i. B. 1884, Nr. 329).

32 Annales Bertiniani, ed. G. Waitz, Hannover und Leipzig 1883 (MGH Scriptores Rerum Germanicarum in usum scholarum), ad annum 868: *Hincmarus autem Remorum archiepiscopus* in Gegenüberstellung zu *Hincmarum episcopum Laudunensem*.

33 Bendictus Levita, ed. Baluze (wie Anm. 22), I,383; II,102; II,107; III,258; additio III,75; additio III,87; I,385 (zum Grafen).

34 Corpus Iuris Canonici. Codex des kanonischen Rechts, Kevelaer 4/1994, can. 395 § 1 zur Residenz in der Diözese: *tenetur lege personalis in dioecesi residentiae*.

35 Vgl. etwa die richterlichen Aufgaben des Bischofs, Wilfried Hartmann, Der Bischof als Richter. Zum geistlichen Gericht über kriminelle Vergehen von Laien im früheren Mittelalter (6.–11. Jahrhundert), in: RHM 28 (1986), 103–124.

heidnischen römischen Recht als eo ipso *res religiosae* galten.³⁶ Über die Heiligkeit der Orte wachen die Bischöfe³⁷. Die Messe darf nur an von vom Bischof geweihten Orten gelesen werden. Es gibt zur Weihe geeignete Orte und solche, die zur Abhaltung der Messe nicht geeignet sind.³⁸

Die Erfassung des Raumes über Herrschaftsorte findet ihre Entsprechung in den grundherrlichen Urbaren, die ja auch Eigentumsrechte über die Hierarchie der Orte erfassen, nämlich über Fronhöfe.³⁹ Hier wird eine zweite Entsprechung offensichtlich, nämlich das Fehlen einer ausschließlichen Territorialität von Herrschaft überhaupt. Herrschaftsräume wurden begrenzt auch von innen – durch fremde Eigentumsrechte. Das mag im Falle von Reichen weitgehend aufgefangen werden durch sogenannte Herrschaftsrechte. Diese aber finden sich durchaus – in einer Zeit, in der Herrschaft von Eigentum kaum zu trennen ist – ebenfalls Beschränkungen. Benedictus Levita überträgt mit seinen Quellen die Ortszuständigkeit des Bischofs auch auf die Grafen. Das heißt, neben der Nutzung kirchlicher Organisation für die Herrschaftsordnung des Reiches tritt eine Anlehnung weltlicher an kirchliche Verwaltung. Das mag gerade an der kirchlichen Fähigkeit zur nicht personengebundenen Herrschaft liegen.

Über die Hierarchie der Orte läßt sich jede Grenze exakt beschreiben. Die „*fines*" sind somit nicht Raumbegrenzung, sondern die Enden der Herrschaft.⁴⁰

---

36 Gai Institutionum commentarii quattuor, ed. E. Seckel und B. Kuebler, Leipzig 1913, II,6; vgl. Gaius, Institutiones. Die Institutionen des Gaius, hg. und übers. von Ulrich Manthe, Darmstadt 2004 (Texte zur Forschung 81). Es ist zu vermuten, daß die Christen hier römische Ordnungsvorstellungen mit dem römischen Recht übernahmen.

37 Benedictus Levita, ed. Baluze (s. Anm. 22), III,225.

38 S. zu den geeigneten Orten Benedictus Levita, ed. Baluze (s. Anm. 22), I,143; I,373, zu den ungeeigneten Orten additio II,12 und additio IV,70.

39 Das Werdener Urbar wurde sichtbar gemacht von Hans-Werner Goetz, Die Grundherrschaft des Klosters Werden und die Siedlungsstrukturen im Ruhrgebiet im frühen und hohen Mittelalter, in: Vergessene Zeiten. Mittelalter im Ruhrgebiet. Katalog zur Ausstellung im Ruhrlandmuseum Essen, 1990, hg. v. Ferdinand Seibt u.a., 2 Bde., Essen 1990, Bd. II, 80–88. Die Herrschaftsorganisation des Klosters Werden sehen wir durch diese Karten. Wir sollten uns aber der Tatsache bewusst sein, dass die Zeitgenossen diese Möglichkeit der Sichtbarmachung nicht kannten oder nutzen. Vielleicht entsprach das auch gar nicht den Vorstellungen der Zeitgenossen von Herrschaftsraum. Hier genügt es doch, zu wissen, was herein kommt, und nachzuvollziehen, von wie weit her es kommt und über welchen Weg. Das leisten die Urbare in ihrer zeitgenössischen Form sehr wohl. Zur zeitgenössischen „Geographie" und ihrer Abhängigkeit von Ortslisten s. P. Gautier Dalché, De la liste à la carte: limite et frontièrs dans la géographie et la cartographie de l'Occident médiéval, in: Frontière et peuplement dans le monde méditerranèen au moyen âge, hg. v. J.-M. Poissons (Castrum 4), Rome-Madrid 1992, 19–31.

40 Vgl. Schmidt (s. Anm. 25), 515; s. a. ebenda 17.

Eine Bestimmung der Capitula ecclesiastica aus der Spätzeit Karls des Großen läßt sich in dieser Weise verstehen: *Ut terminum habeat unaquaeque aeclesia, de quibus villis decimas recipiat.*[41] Sowie jeder Ort über die Hierarchie zu finden und zu erreichen ist, so ist die Grenze jedes Ortes zugleich die Grenze eines anderen, und an den Grenzen der Herrschaft sind dies die Grenzen des nicht präzise räumlich vorgestellten Territoriums.

Die Überlieferungen von Teilreichsbeschreibungen durch Nithard und die Annales Bertiniani zeigen auf den ersten Blick eine klare Vorstellung von Grenzen und von ihnen beschriebenen Räumen. Das scheint so gar nicht zu passen zu den zahlreichen Belegen für die Unbestimmtheit der Begriffe zu Raum und Grenze. Bei genauerem Hinsehen aber zeigt sich, daß neben naturräumlich begründbaren Grenzen solche gar nicht genannt werden. Und der Raum wird erschlossen über die Nennung von Herrschaftsorten, was in der Konsequenz seine Entsprechung findet in den dargelegten Beobachtungen.

Nun ist sauber zu trennen zwischen unserer Erwartung an die Begriffe von Raum und Grenzen, den zeitgenössischen Vorstellungen von Reisewegen und der Aufnahme von Rechten. Unsere Auffassung ist oben dargelegt worden, die Reisewege sind seit der Antike als Routes bekannt, die aber, wie die Tabula Peuteringiana zeigt, keine exakte räumliche Vorstellung voraussetzen.[42] Wie aber verhält sich die Aufnahme von Rechten zur Vorstellung von Raum? Die Teilreichsbeschreibungen kennen geschlossene Herrschaftsräume. Dieser Kenntnis aber liegt kein exaktes Bild vom Raum zugrunde. Andernfalls käme dem Begriff *territorium* etwa in der Sammlung des Benedictus Levita weitaus größere Bedeutung zu. Es wird in den Beschreibungen der Teilreiche kein Bezug genommen auf geographisch bestimmte Räume.[43]

---

41 Capitula ecclesiastica (810–813), cap. 10, MGH Capit. I,1, Nr. 81, S. 178f.
42 Kai Brodersen, Terra Cognita. Studien zur römischen Raumerfassung, Hildesheim 1995 (Spudasmata 59) geht wie Richard Talbert, s.v. „Geographie", in: NP 4, 926–929, davon aus, daß der Raum in der römischen Antike gar nicht als solcher vorgestellt worden sei. Aber schon in der römischen Republik konnten durchaus größere Räume wie der Ager publicus regelrecht vermessen werden, Charlotte Schubert, Land und Raum in der römischen Republik. Die Kunst des Teilens, Darmstadt 1996. Zur Grenzziehung innerhalb des Imperium Romanum war eine genaue Festlegung der räumlichen Zuständigkeiten unerlässlich. Hänger (s. Anm. 14), 136 zitiert dazu die Ansicht Strabons über die eminente Bedeutung der genauen Festlegung der regionalen Grenzen, wie der der Provinzen.
43 Daß es aber eine bildliche Vorstellung von größeren Räumen gab, belegt u.a. der Bericht Einhards von den Tischen Karls des Großen, die er in seinem Testament erwähnte, Einhard, Vita Caroli 33.

Die Annales Bertiniani machen mehrfach Angaben über Gliederungsprinzipien in den Teilreichsbeschreibungen, etwa zum Jahr 837 zur Ausstattung Karls des Kahlen.[44] Die Beschreibung folgt zunächst den unbestimmten Grenzen zwischen Völkerschaften, nämlich *fines*, erklärt dann über eine Aufzählung von Grafschaften, um dann zu präzisieren, was nämlich alles für ortsgebundene Herrschaften inbegriffen seien.

Hier geht es um die Erfassung eines wohlbekannten Raumes, der gewiß nicht kartographisch erfaßt war, von dem aber sicher einige geographische Kenntnis durch das Bereisen dieses Raumes angenommen werden darf. Dem entspricht die Bestimmung der Grenze zweier Grafschaften in einer Urkunde des Klosters St. Gallen. Auch hier sind die Herrschaftsgebiete naturräumlich zu beschreiben, konkret: *in medium gurgitem Rheni et inde usque ad lacum Podanicum.*[45] Auch diese Grenzziehung setzt eine gewisse geographische Kenntnis voraus. Die präzise Grenzlinie ergibt sich sodann aus der naturräumlichen Bedingung, daß regionale Herrschaft über den Rhein hinweg so gut wie unmöglich gewesen sein wird.

Die Teilreichsbeschreibungen der Bruderkriege bis Verdun zeigen eine Gliederung, die ganz offensichtlich nicht auf der Gliederung nach Orten allein beruht. Das vordergründige wesentliche Gliederungselement der Reichsbeschreibungen dieser Zeit sind die Grafschaften, die zum Teil gar nicht sicher an Orten festgemacht werden können. Die Beschreibung der Ausstattung Karls des Kahlen von 837 beginnt zwar mit einer geographischen Gliederung, führt aber dann mit den Grafschaften in eine Gliederung nach Herrschaftsräumen. Erst ganz gegen Schluß wird noch einmal neu gegliedert, dieses Mal nach Herrschaften. Denn nachdem der beherrschte Raum doch recht grob umrissen und im Einzelnen über die Graf-

---

44 Annales Bertiniani, ed. Waitz (s. Anm 32), ad annum 837: *Post haec adveniente atque annuente Hlodowico et missis Pippini omnique populo qui presentes in Aquis palatio adesse iussi fuerant, dedit filio suo Karolo maximam Belgarum partem, id est a mari per fines Saxoniae usque ad fines Ribuariorum totam Frisiam, et per fines Ribuariorum comitatus Moilla, Ettra, Hammolant, Mosagao; deinde vero quicquid inter Mosam et Sequanam usque ad Burgundiam una cum Viridunense consistit, et de Burgundia Tulensem, Odornensem, Bedensem, Blesinsem, Pertinsem, utrosque Barnenses, Brionensem, Tricassinum, Altiodrensem, Senonicum, Wastinensem, Milidunensem, Stampensem, Castrinsem, Parisiacum, et deinde per Sequanam usque in mare oceanum, et per idem mare usque ad Frisiam; omnes videlicet episcopatus, abbatias, comitatus, fiscos et omnia intra predictos fines consistentia cum omnibus ad se pertinentibus, in quacumque regione consistunt. Sicque iubente imperatore in sui praesentia episcopi, abbates, comites et vassalli dominici in memoratis locis beneficia habentes Karolo se commendaverunt et fidelitatem sacramento firmaverunt.*

45 Urkundenbuch St. Gallen II, Nr. 680, zitiert nach Schneider, Lineare Grenzen, in: Grenzen und Grenzregionen (wie Anm. 13), 51–68, 57; s. zu diesem Beleg auch Hans K. Schulze, Die Grafschaftsverfassung der Karolingerzeit in den Gebieten östlich des Rheins, Berlin 1973, 309 und 85f.

schaften wohl auch nur unpräzise beschrieben ist, wird das sichere und grundsätzliche Prinzip der Gliederung genannt:[46]

> ... omnes videlicet episcopatus, abbatias, comitatus, fiscos et omnia intra predictos fines consistentia cum omnibus ad se pertinentibus, in quacumque regione consistunt.

Hier fing die Arbeit wohl erst an. Denn in vielen Fällen machten sich die Grafschaften am Grafensitz fest, manchesmal deckten sie sich mit den Bistümern; und die Bistümer – soviel wissen wir v. a. von Benedictus Levita – sind über den Ort der Kathedra zu beschreiben. Darauf verweist ja auch die Wendung *cum omnibus ad se pertinentibus*. Alles, was zu den Bistümern, Abteien, Grafschaften und Fisci gehört, soll der Beschreibung inbegriffen sein.

Nach diesen Kriterien geht auch die zur Reichsteilung von Verdun letztlich notwendige descriptio des Reiches vor, die in Fragmenten überliefert ist, etwa in dem sogenannten Reichsgutsurbar von Chur.[47] Es ist in Chur eine *descriptio* überliefert, in der im Gebiet des Bistums Chur Güter aufgenommen wurden, und zwar am Beispiel der Abei Pfäfers *cum omnibus ad se pertinentibus in quacumque regione consistunt*.[48] Dabei wurde der Besitz des Klosters Pfäfers „ohne Rücksicht auf die Lage der einzelnen Güter" aufgenommen.[49] Es ist also keine geographische Aufnahme, es ist aber auch kein eigentliches Urbar, da es in aller Regel auf die Aufführung von Abgaben verzichtet, durchgehend aber auf Rechtsverhältnisse Bezug nimmt, etwa in der konsequenten Erwähnung von Benefiziaren und Hinweisen auf den Königszins. Dieses Reichsgutsurbar diente ganz offensichtlich nicht der Erfassung von Einkünften, sondern der Erfassung von Herrschaftsrechten. Es verzeichnet, gegliedert nach Herrschaftsorten, eine frühmittelalterliche „Geographie", die der Feststellung von ortsgebundenen rechtlich-sozialen Bindungen gilt. Auch der Begriff der *descriptio* verweist auf die *descriptiones*, die zu

---

46 Annales Bertiniani, ed. Waitz (s. Anm. 32), ad annum 837.
47 Nachweis von Otto P. Clavadetscher, Das Churrätische Reichsgutsurbar als Quelle zur Geschichte des Vertrags von Verdun, in: ZRG germ. Abt. 70 (1953), 1–63, Nachdruck in: Ders., Rätien im Mittelalter. Verfassung, Verkehr, Recht, Notariat. Ausgewählte Aufsätze, hg. v. Ursus Brunold und Lothar Deplazes, Sigmaringen 1994, 114–176; zur Gültigkeit seiner Annahme vgl. Reinhold Kaiser, Churrätien im frühen Mittelalter. Ende 5. bis Mitte 10. Jahrhundert, Basel 1998, 64. – Text: Bündner Urkundenbuch I (390–1199), bearb. v. Elisabeth Meyer-Marthaler und Franz Perret, Chur 1955, S. 375–396; vgl. auch Adelheid Krah, Die Entstehung der „potestas regia" im Westfrankenreich während der ersten Regierungsjahre Kaiser Karls II. (840–877), Berlin 2000, 195.
48 Auf diese Analogie wies Clavadetscher, Reichsgutsurbar (wie Anm. 47), 29 (142) hin.
49 Clavadetscher (s. Anm. 47), 28 (141).

Reichsteilungen notwendig waren.⁵⁰ Es zeigt sich darin, daß möglicherweise zwar die *descriptiones* grundsätzlich damals nicht ortsweise vorgenommen wurden, für die kirchlichen Einrichtungen dieses aber sehr wohl gilt. Der Schluß liegt nahe, daß die *descriptiones* des Reiches auch nicht einfache Geographie enthielten, sondern Herrschaftsgeographie verzeichneten. Die Beschreibung einer Grafschaft wurde vermutlich in Zusammenarbeit mit den Grafen vorgenommen. Vermutlich gliederten auch die Grafen ortsweise. Das ist aber zweitrangig. Entscheidend ist, daß die *descriptiones* subsidiare Herrschaftsrechte in einem ungefähr umgrenzten Gebiet verzeichneten und erst aus den Grenzen der Herrschaftsrechte sich die Grenzen des Territoriums erschließen ließen.

Als Lothar von seinem Vater Kaiser Ludwig dem Frommen den Auftrag bekam, mit den Seinen innerhalb von drei Tagen das gesamte Reich zu teilen und sodann Kaiser Ludwig und Karl dem Kahlen die Wahl unter den Teilen obliegen sollte, lehnte Lothar ab, mit dem Hinweis darauf, daß er eine solche Teilung nicht vornehmen könne, *propter ignorantiam locorum*.⁵¹ Eine Beschreibung des Reiches, respektive der Teilreiche, setzte also die Kenntnis der Orte voraus, über die allein eine solche Aufgabe bewältigt werden konnte. Das bedeutet natürlich nicht, daß die Kenntnis der topographischen Lage eines Ortes als solcher nötig war, sondern die Kenntnis seiner ungefähren Lage im Verhältnis zu anderen Orten, sodaß bei einer Aufteilung die auch räumliche Zugehörigkeit zu einem Teilreich gewährleistet sein konnte;⁵² vielmehr aber bedeutet die Kenntnis der Orte das Wissen um ihre hierarchische Zugehörigkeit und ihre wirtschaftliche und politische Qualität. Das zeigt das Reichsgutsurbar von Chur.

Ein Blick auf die Teilung des Lotharreiches im Jahr 870 zwischen Ludwig dem Deutschen und Karl dem Kahlen zeigt denn auch die Rücksichtnahme auf diese Problematik.⁵³ Die *descriptio* des Reiches verzichtet auf die ausführliche Nennung unbestimmter Grenzen,⁵⁴ sie verzichtet auch auf die grundsätzliche vordergrün-

---

50 Auch Clavadetscher (s. Anm. 47), 22 (135), der Ernst Klebe, Herzogtümer und Marken bis 900, in: DA 2 (1938), 30 f. zitiert, sieht in der descriptio des Reiches keine „Straßenkarte", sondern eine Aufnahme nach Art eines Urbars.

51 Astronomus, Vita Hludowici, ed. Tremp (s. Anm. 16), cap. 60: *Itaque Hlotarius cum subdivisionem regni domno imperatori pro suo libitu committunt, affirmantes se hanc divisionem nequaquam exequi posse propter ignorantiam locorum.* Tremp (s. Anm. 16), 531 übersetzt „*loci*" mit „Örtlichkeiten", was aber nach unserer Auffassung gar nicht nötig wäre.

52 Hier ist auch die Aufgabenstellung einzuordnen, die an die Sachverständigen ging, die zur Reichsteilung abgestellt wurden: ... *in qua divisione non tantum fertilitas aut equa portio regni quantum affinitas et congruentia cujusque aptata est.*, Nithard, Histoire des Fils de Louis le Pieux, ed. Ph. Lauer, Paris [1926] 1964, IV,1, S. 120.

53 Annales Bertiniani, ed. Waitz (s. Anm. 32), ad annum 870.

54 Dies sicher auch, weil die Außengrenzen des Lotharreiches irrelevant waren, weil hinfällig.

dige Gliederung nach Grafschaften, sondern folgt konsequent dem Muster, das sich bereits 837 angedeutet hatte, das damals aber nur zur Festlegung des Prozederes herangezogen wurde. Das Lotharreich wird konsequent nach Herrschaftsorten gegliedert, ganz wie es in der kirchlichen Herrschaftsorganisation grundsätzlich üblich war. Einer umfassenden Aufzählung der jeweiligen bischöflichen Kathedren folgt die Auflistung der Abteien, die herrschaftlich nicht den Bistümern inkorporiert waren, und erst danach eine Aufzählung der Grafschaften.

Die kirchliche Organisation nach dem Ort hat also nicht nur praktisch, sondern auch konzeptuell Eingang in die weltliche Herrschaftsorganisation gefunden. Oder anders formuliert: Das Reichsgutsurbar von Chur ist Teil einer Beschreibung des Frankenreichs bzw. von strittigen Teilen desselben, die die Aufgabe hatte, den Herrschaftsraum zum Zwecke der auch räumlich gebundenen Aufteilung zu gliedern. Zu eben diesem Zweck wurden in der Moderne primär Landkarten herangezogen und sekundär Orte des besonderen Interesses berücksichtigt.[55]

Das heißt, daß im Vergleich – sofern ein solcher hier zulässig ist – jeweils Herrschaftsräume definiert und mit Grenzen versehen wurden. Während im 20. Jahrhundert neue beherrschte Räume einfach mit neuer Verwaltung und manchmal mit neuen Bewohnern gegliedert wurden, blieb die Verwaltung der veränderten Herrschaftsräume der karolingischen Könige erhalten. Es wechselten einfach bestehende Orte mit den dazugehörigen rechtlich-sozialen Bedingungen ihren Bezug. Herrschaft ist in einer geschaffenen Welt an Orte gebunden. Über die vielfach in normativen Quellen geforderte *stabilitas loci* konnte die Herrschaft über Orte und die Herrschaft der Orte die sozialen Bedingungen nahezu vollkommen erfassen. Das zeigt auch das Churer Reichsgutsurbar. Die notwendigen klaren Grenzen sind sodann die Folge der Herrschaftsordnung und nicht ihre Voraussetzung.

Übrigens gilt die Erfassung des Raumes über eine Gliederung nach Orten für das Papsttum noch im Spätmittelalter. Es ist schlichtweg die effizienteste Verwaltungsstruktur in einem hochkomplexen politischen System wie dem der spätmittelalterlichen römisch-katholischen Kirche, für dessen räumlich-exakte Erfassung die Kartographie wohl noch nicht ausreichend entwickelt war.[56]

---

55 Wie etwa nach dem Ersten Weltkrieg mit dem Vertrag von Versailles, Artikel 100, Danzig eine eigene Rechtsstellung erhielt und Berlin nach dem Zweiten Weltkrieg ebenfalls einen besonderen Status bekam. Bei den meisten Grenzverschiebungen in Mitteleuropa, etwa der regelrechten Verlegung Polens nach Westen war die Karte des vermessenen Raumes maßgeblich, so übrigens auch nach der Beschreibung der linearen Grenzen zwischen Deutschland und Polen im Vertrag von Versailles.
56 Götz-Rüdiger Tewes, Zwischen Universalismus und Partikularismus: Zum Raumbewusstsein an der päpstlichen Kurie des Spätmittelalters, in: Raumerfassung und

Die Geschaffenheit der Welt verlangt nach ihrer Geordnetheit. Nicht umsonst konnte Heinrich Fichtenau den einschlägigen Begriff des „*ordo*" zum Leitbegriff einer umfassenden Darstellung der sozialen Welt des fränkischen 10. Jahrhunderts machen.[57] Komplementär zu dem Begriff des *ordo* scheint mir der Begriff des *locus* zu sein. Denn die enge Verbindung von Ortsgebundenheit, Ordnung und Stellung, die am deutlichsten in der kirchlichen Ordnung zum Tragen kommt, wie ja auch Benedictus Levita in der Verwendung des Begriffes *locus* eindringlich zeigt, findet sich wieder in der – nicht nur kirchlichen – Aufteilung der christlichen Welt unter die Patronate der Heiligen, der Mittler zwischen dem Schöpfer und seinen Kindern. Die kirchlichen Patronate sind an Orte gebunden, Kirchweihen dürfen nicht ohne schwerwiegende Gründe abgeändert werden, etwa bei der Verlegung eines kirchlichen *locus*, die grundsätzlich auch dem Bischof verboten ist, es sei denn, daß ein Aufbau von zerstörten Einrichtungen nicht mehr möglich scheint. Komplementär zur Ordnung des Kalenders, dessen Gliederung neben hohen kirchlichen Festen den Tagen der Heiligen folgt, wird die frühmittelalterliche Welt über die Bindung an Orte gegliedert, die wiederum eigentlich nur dann von Bedeutung sind, wenn dort ein Heiliger wohnt. Die Gliederung der frühmittelalterlichen Ordnung von Raum und Zeit ist somit getragen von dem Primat des Sozialen. Nicht umsonst kann denn auch Thomas von Aquin im 13. Jahrhundert den Begriff des Aristoteles vom Menschen als Zoon Politikon in die mittelalterlich-lateinische Form des *animal sociale* überführen.[58] Es ist die Geschaffenheit der Welt, die aus dem Polis-bezogenen Politischen das Schöpfer- und Erlöserbezogene Soziale werden läßt.

Raumbewusstsein im späteren Mittelalter, hg. v. Peter Moraw, Stuttgart 2002 (VuF 49), S. 1–49.
57 Heinrich Fichtenau, Lebensordnungen des 10. Jahrhunderts. Studien über Denkart und Existenz im einstigen Karolingerreich, 2 Bde., Stuttgart 1984 (Monographien zur Geschichte des Mittelalters 30, I–II).
58 Thomas von Aquin, De Regimine Principum I,1.

Abstract

Our concept of space is based on modern cartography. There is a picture in our head drawing frontier lines exactly and always knowing the two-dimensional relations between the most important places. In the early middle ages such a concept did not exist. But how then did people organise larger territories like the Frankish Empire? In the time of the Carolingians the Frankish Empire had clear border lines, though the terms of frontiers were not as clear as the lines. So we have to ask, how people were capable of knowing their own frontiers and important places without a map in their heads.

It is the collection of Benedictus Levita that can show the way how the society of the 9th Century organised and conceptualised ruled space. In his collection, terms like *regio* and *territorium* are missing, but instead of these, the term *locus* is used very often and with many different meanings. It would seem as if the ecclesiastical way of organising ruled space was based on a hierarchy of *loci*. Each relevant social place belonging to the territory governed is known as belonging to a higher place, e.g. the cathedra of a bishop. Thus, the church and not only the church could organise its clearly defined ruled space. In the case of the division of the Frankish Empire, one can see that this concept of space is used in the procedure of dividing and is later also used in describing the divided parts of the realm.

Reichsmönchtum?
Das politische Selbstverständnis der Mönche Palästinas im 6. Jahrhundert und die historische Methode des Kyrill von Skythopolis*

Kai Trampedach

Im Jahre 598 weigerte sich der römische Kaiser Maurikios kategorisch, eine große Zahl römischer Soldaten, die in Thrakien von den Awaren gefangen genommen worden waren, durch Lösegeld freizukaufen. Daraufhin ließ der Chagan der Awaren die Gefangenen töten. Vier Jahre später, kurz vor seiner Absetzung und Ermordung, empfand Maurikios Reue über eine Tat, die sein Ansehen und sein Glück nachhaltig beschädigt hatte. Der Kaiser versuchte, durch einen öffentlichen Bußakt Gott zu versöhnen und das Vertrauen von Armee und Volk zurückzugewinnen. Zu diesem Zweck schickte er, wie der Chronist Theophanes berichtet, „schriftliche Gebete an alle Patriarchen, an alle Gemeinden unter seiner Herrschaft sowie an die Klöster in der Wüste und in Jerusalem und an die Lauren zusammen mit Geld, Kerzen und Weihrauch, damit sie für ihn beteten, daß er hier sühne und nicht in der zukünftigen Ewigkeit".[1] Diese Geschichte wirft viele Fragen auf;[2]

---

* Die nachfolgenden Überlegungen habe ich in verkürzter Form auf der Tagung der Patristischen Arbeitsgemeinschaft „Christentum und Politik in der Alten Kirche" am 3. Januar 2005 in Goslar vorgestellt. Für die Einladung danke ich den Organisatoren und insbesondere Herrn Oberbürgermeister Dr. Otmar Hesse. Aus einer anderen Perspektive habe ich das Thema schon in dem folgenden Aufsatz berührt: Die Konstruktion des Heiligen Landes. Kaiser und Kirche in Jerusalem von Constantin bis Justinian, in: M. Sommer (Hg.), Die Levante. Beiträge zur Historisierung des Nahostkonflikts, Freiburg i. Br. 2001, 83–110, bes. 103–109.

1 Theoph. AM 6094 (284,25–285,1 de Boor): καὶ ποιήσας δεήσεις ἐγγράφους ἀπέλυσεν (sc. Μαυρίκιος) εἰς πάντας τοὺς πατριαρχικοὺς θρόνους καὶ πάσας τὰς πολιτείας τὰς ὑπ' αὐτὸν καὶ εἰς τὰς μοναστήρια τὰ ἐν τῇ ἐρήμῳ καὶ ἐν Ἱεροσολύμοις καὶ εἰς τὰς λαύρας χρήματα καὶ κηροὺς καὶ θυμιάματα, ὅπως εὔξωνται ὑπὲρ αὐτοῦ, ἵνα ἐνταῦθα ἀπολάβῃ, καὶ μὴ ἐν τῷ μέλλοντι αἰῶνι. Theophanes (286,9–14 de Boor) berichtet auch die ambivalente Antwort der Wüstenväter, die ein kaiserliche Bote nach Konstantinopel übermittelt: „Gott hat deine Buße angenommen, rettet deine Seele und ordnet dich und deine ganze Familie unter die Heiligen ein, aber du wirst mit Schande und Gefahr aus der Kaiserherrschaft herausfallen." Theophanes fügt hinzu, daß Maurikios auf diese Nachricht hin Gott verherrlicht habe.

2 M. Whitby (The Emperor Maurice and His Historian: Theophylact Simocatta on Persian and Balkan Warfare, Oxford 1988) 121–124 bezweifelt mit guten Gründen die

mich interessiert hier aber nur, warum sich Maurikios mit seinem Anliegen unter allen Klöstern des Reiches speziell an diejenigen in Jerusalem und Umgebung wandte. Die Antwort scheint mir auf der Hand zu liegen: Der Kaiser räumte den Mönchen, die zugleich in der Nähe der heiligen Stätten und in der Wüste lebten, einen Vorrang an kollektiver Heiligkeit ein; ihren Gebeten traute er daher eine besondere, auf das Reich und ihren Repräsentanten bezogene Wirksamkeit zu. Damit machte er sich eine Vorstellung zueigen, die, wie ich im folgenden zeigen möchte, von diesen Mönchen selbst mit ziemlich großem Erfolg vertreten wurde. Insbesondere in der ersten Hälfte des 6. Jahrhunderts legte das Mönchtum von Jerusalem und der judäischen Wüste ein elitäres, über die asketische und monastische Sphäre hinausreichendes Selbstbewußtsein an den Tag. Die führenden Wüstenväter dieser Zeit verstanden es, das symbolische Kapital der heiligen Stätten für sich zu nutzen, eine dominante Position in der Kirche von Palästina zu erringen und sogar Einfluß am Kaiserhof in Konstantinopel geltend zu machen.

Wir wüßten allerdings wenig über diese Bestrebungen, hätte nicht Kyrill von Skythopolis, ein Mönch aus Palästina, in seinen Heiligenviten seine Version der Ereignisse überliefert.[3] Seine Gestalt in den Mittelpunkt zu rücken, ist daher erforderlich. Damit müssen auch diejenigen Interpretationsprobleme zum Thema werden, die sich aus Kyrills spezifischer Perspektive auf das Geschehen ergeben. Konkret geht es mir um folgende Fragen: Woran zeigt sich in seiner Darstellung die politische Rolle der Mönche Palästinas? Auf welchem Selbstverständnis beruht sie? Auf welche Weise bringt Kyrill sie zum Ausdruck? Worin unterscheidet sich das palästinische Mönchtum von dem benachbarter Regionen? Diese Fragen möchte ich beantworten, indem ich zunächst mit dem Kampf um die dogmatische Ausrichtung des Patriarchats von Jerusalem (1) und den Auftritten der Wüstenväter am Kaiserhof (2) zwei Ereigniskomplexe näher betrachte, um mich dann

---

Glaubwürdigkeit der Geschichte. Der öffentliche Bußakt des Kaisers als solcher paßt allerdings gut zur angespannten Situation des Jahres 602 und besitzt zahlreiche Vorbilder in der Geschichte des 5. und 6. Jahrhunderts. Außerdem bleibt selbst im Fall einer vollständigen Erfindung bemerkenswert, daß hier die Wüstenväter des Heiligen Landes als einzige Mönche namhaft gemacht werden.

3   Kyrill von Skythopolis (ca. 525–nach 558) schrieb Viten sehr unterschiedlichen Umfangs über die Mönche Euthymios (VE: 6,21–85,4), Sabas (VS: 85,5–200,17), Johannes Hesychastes (VJ: 201,1–222,19), Kyriakos (VK: 222,20–235,24), Theodosios (VTheod: 235,25–241,7), Theognis (VTheog: 241,8–243,19) und Abraamios (VA: 243,20–249). Die hier in Klammern angeführten Seiten- und Zeilenangaben beziehen sich – wie auch alle folgenden Verweise – auf die maßgebliche Ausgabe von E. Schwartz, Kyrillos von Skythopolis, Leipzig 1939. Moderne Übersetzungen sind: A.-J. Festugière, Les moines d'Orient III/1–3. Les moines de Palestine, Paris 1962–63; R. Baldelli – L. Mortari, Cirillo di Scitopoli: Storie monastiche del deserto di Gerusalemme, Praglia 1990; R. Price, Cyril of Scythopolis: The Lives of the Monks of Palestine, Kalamazoo (Mich.) 1991.

dem Hagiographen selbst und seiner literarischen Methode (3) zuzuwenden, bevor ich abschließend das palästinische Mönchtum als soziale Konfiguration (4) zu charakterisieren versuche.

1. Ein Kampf um Jerusalem

Das „politische" Selbstverständnis der Mönche von Jerusalem und Umgebung verschaffte sich erstmals machtvoll Ausdruck im Widerstand gegen die Versuche des Kaisers Anastasios, seine kirchenpolitische Linie im Heiligen Land durchzusetzen.[4] Die heiße Phase des Konflikts begann im November 512 mit der Absetzung Flavians, des Patriarchen von Antiochia. Als sein Nachfolger Severos, der Führer der vom Kaiser begünstigten antichalkedonischen Partei, den Synodalbrief nach Jerusalem sandte, verweigerte der Patriarch Elias die Annahme. Im Mai 513 unternahm Severos einen zweiten Versuch, freilich mit mehr Nachdruck, denn er ließ den Synodalbrief jetzt von einigen Klerikern, begleitet von kaiserlichen Beamten und Soldaten, überbringen. Doch die Einschüchterung gelang nicht: Viele hundert Mönche aus allen Richtungen, die von ihren Führern in kurzer Zeit mobilisiert worden waren, versammelten sich vor der Anastasis-Kirche „und riefen zusammen mit dem Volk von Jerusalem ‚Anathema seien Severos und diejenigen, die mit ihm in Kommunion sind', während die Boten, die Beamten und Soldaten, die vom Kaiser geschickt worden waren, dabeistanden und zuhörten".[5] Drei Jahre später versuchte Anastasios erneut, die Verhältnisse in Jerusalem in seinem Sinne umzugestalten. Auf des Kaisers Befehl zog Olympos, der *dux* von Palästina, mit seinen Truppen von Caesarea nach Jerusalem hinauf, stieß Elias vom Patriarchenthron und verbannte ihn nach Aila. Warum eilten die Mönche ihrem Patriarchen nicht auch diesmal zu Hilfe? Die Behörden hatten ihn durch die Veröffentlichung seiner Geheimkorrespondenz bei den Mönchen in Verruf gebracht.[6] Olympos setzte Johannes, einen Diakon der Anastasis-Kirche, als Nachfolger ein. Sozusagen als erste Amtshandlung brach Johannes das dem *dux* gegebene Versprechen, das Konzil von Chalkedon zu verdammen.

---

4 Die folgende Darstellung geht auf Kyr. Skyth. VS 56 (148,6–152,15) zurück; weitere, sehr viel weniger ausführliche Quellen sind Evagr. 3,33; Theod. Lect. 517–518 (Hansen 149,11–31) und Theoph. AM 6005 (de Boor 158,22–159,1). Vgl. P. Maraval, Die Rezeption des Chalcedonense im Osten des Reiches, in: L. Pietri (Hg.), Die Geschichte des Christentums, Bd. 3: Der Lateinische Westen und der Byzantinische Osten (431–642), Freiburg – Basel – Wien 2001, 120–157, hier 140–145.
5 Kyr. Skyth. VS 56 (148,27–149,7).
6 Kyr. Skyth. VS 56 (150,5–8).

Kyrill von Skythopolis berichtet, daß dieser Sinneswandel durch den Einfluß der Mönchsführer, die bei dem neuen Patriarchen vorstellig wurden, bewirkt worden sei. Johannes habe aus Respekt vor den Wüstenvätern gehandelt. Dies mag durchaus sein; andererseits dürfte ihm aber auch klar geworden sein, daß er seinen Sprengel gegen die nahen Mönche noch weniger regieren konnte als gegen den fernen Kaiser.

Doch auch der Kaiser ließ nicht locker, sondern schickte einen gewissen Anastasios, den Amtsnachfolger des Olympos, mit dem Befehl nach Jerusalem, Johannes entweder zu Gehorsam zu bringen oder ihn von seinem Sitz zu vertreiben. Der *dux* Anastasios warf Johannes zunächst ins Gefängnis, befreite ihn aber kurz darauf wieder, als dieser erneut versprach, Severos in die Kommunion aufzunehmen und das Konzil von Chalkedon zu verdammen. Johannes aber rief über Nacht die Mönche der Umgebung in Jerusalem zusammen; es waren so viele, daß der Anastasis-Komplex nicht ausreichte, sie aufzunehmen, weshalb die feierliche Zeremonie in die vor den Mauern gelegenen Stephanskirche ausweichen mußte; nach Kyrill sind 10.000 Mönchen gezählt worden;[7] hinzu kamen Stadtvolk und Pilger, unter denen sich zufälligerweise der Neffe des Kaisers, Hypatios, befand, was den folgenden Vorgängen ein zusätzliches Gewicht verlieh. Wenn der *dux* Anastasios nun tatsächlich erwartete, daß der Wille des Kaisers geschehe, so sah er sich gründlich getäuscht. Als der Patriarch begleitet von den beiden wichtigsten Mönchsführern Sabas und Theodosios die Kanzel bestieg, rief die Menge mehrmals: „Verdammt die Häretiker und bestätigt das Konzil!" Darauf taten die drei, wie ihnen geheißen, und verdammten mit einer Stimme Severos und die Gegner des Chalkedonense. Abba Theodosios bekräftigte die Aussage sogar noch und rief: „Wer die vier Konzilien nicht wie die vier Evangelien annimmt, der sei verdammt!" Während der *dux* aus Furcht vor der Menge der Mönche eilens nach Caesarea floh, versicherte Hypatios den Wüstenvätern unter Eid, daß er auf ihrer Seite stehe, und spendete der Anastasis-Kirche und den Wüstenklöstern je hundert Pfund Goldmünzen.

Aus diesen Vorgängen lassen sich folgende Schlüsse ziehen: Der Widerstand gegen die kaiserlichen Befehle war in Jerusalem erfolgreich, weil die Mönche der Umgebung einem einheitlichen Willen folgten. Wie außergewöhnlich (wenn auch nicht einzigartig) im Zeitalter der christologischen Streitigkeiten eine solche Ein-

---

7 Die Zahl ist vermutlich übertrieben: Nach Y. Hirschfeld (The Judean Desert Monasteries in the Byzantine Period, New Haven 1992) 78f. und J. Patrich (Sabas, Leader of Palestinian Monaticism. A Comparative Study in Eastern Monaticism, Fourth to Seventh Centuries, Washington D.C. 1995) 8f. mit Anm. 6 haben nie mehr als 3000 Mönche in der Umgebung von Jerusalem gelebt. Im Hinblick auf die Massenversammlung in der Stephanskirche muß man allerdings die nicht wenigen Mönche hinzurechnen, die die Klöster in Jerusalem selbst bewohnten.

heitsfront von größeren Mönchsverbänden war, zeigen die etwa gleichzeitigen vergeblichen Versuche des Kaisers und der Patriarchen von Konstantinopel, die Klöster der Hauptstadt auf eine Linie zu bringen.[8] Neben der Einheitlichkeit zeichnete sich das Jerusalemer Mönchtum durch seine hohe und rasche Mobilisierbarkeit aus. Sowohl 513 als auch 516 gelang es binnen weniger Stunden, die Mönche und Asketen aus ihren Klöstern, Zellen und Höhlen in der judäischen Wüste und im Jordangraben zu alarmieren und in der Heiligen Stadt zu versammeln. Die Fähigkeit zu schnellem gemeinsamen Handeln setzte eine besondere organisatorische und personelle Konstellation voraus. Im Jahre 493 ernannte der Patriarch Sallustios die Wüstenväter Theodosios und Sabas zu Archimandriten und Exarchen der Mönche des Jerusalemer Gebiets; während Theodosios die Zuständigkeit für die *koinobia* erhielt, wurde Sabas zum Führer und Gesetzgeber der anachoretisch lebenden Mönche gemacht.[9] Die beiden Mönchsführer besaßen einige wichtige Gemeinsamkeiten: Ähnlichen Alters und ähnlicher Herkunft hatte beide den prägenden Einfluß des charismatischen Wüstenvaters Euthymios erfahren; nach Jahren asketischer Zurückgezogenheit waren beide (wenn auch in unterschiedlichem Ausmaß) als Gründer von Klöstern und Hospizen hervorgetreten; schließlich teilten sie nicht nur die Überzeugung über die wichtigsten Grundsätze monastischen Lebens, sondern waren sich auch in ihrem entschiedenen Eintreten für das Konzil von Chalkedon einig. Hinzu kam der glückliche Umstand, daß nur wenige Monate nach ihrer Ernennung Elias als dritter im Bunde hinzukam und Patriarch von Jerusalem wurde. Auch Elias entstammte dem Mönchtum und war ein Anhänger des Euthymios. Dieser hatte seiner Zeit zu den ganz wenigen Wüstenvätern in Palästina gehört, die das Konzil von Chalkedon akzeptierten. Seinem Einfluß war es maßgeblich zu verdanken, daß die Kirche von Palästina nach und nach ihre ursprüngliche Ablehnung des Chalkedonense aufgab und sich der Haltung von Konstantinopel anschloß. Euthymios wirkte weniger durch direkte (kirchen-)politische Interventionen, die er mit seinem asketischen Lebenswandel nicht für vereinbar hielt, als vielmehr durch seine Schüler, die ein personelles Netzwerk bildeten und mit der Zeit zahlreiche wichtige Kirchenämter in

---

8   Vgl. Theod. Lect. 459 (Hansen 129,15–25) = Theoph. AM 5991 (de Boor 141,19–142,5); Evagr. 3,30.
9   Kyr. Skyth. VS 30 (114,24–115,25). Damit ernannte der Patriarch zum ersten Mal nicht in Jerusalem residierende Mönche zu Führern, was die gestiegene Bedeutung der umliegenden Wüste deutlich zeigt: vgl. Patrich (s. Anm. 7) 43–45. Über das Bestreben der kirchlichen und politischen Autoritäten, das sich zur Massenbewegung entwickelnde Mönchtum in Palästina institutionell einzubinden, sowie die Reaktion der Mönche vgl. D. Hombergen, The Second Origenist Controversy. A New Perspective on Cyril of Scythopolis' Monastic Biographies as Historical Sources for Sixth-Century Origenism, Roma 2001, 338–342.

Palästina einnahmen.[10] Diese Entwicklung kam paradoxerweise gerade in den Jahren zu einem erfolgreichen Abschluß, da in Konstantinopel ein Kaiser auf den Thron gelangte, der das Konzil von Chalkedon zunehmend offener und nachdrücklicher bekämpfte. So wurde der Konflikt unausweichlich.

Der geschilderte Widerstand gegen den Kaiser Anastasios verrät noch eine zweite Eigentümlichkeit der Kirche im Heiligen Land: Anders als in den Metropolen Konstantinopel, Antiochia oder Alexandria besaßen das Stadtvolk, die Oberschichten, ja selbst die weltzugewandten Kleriker in Jerusalem kaum ein Gewicht – eine natürliche Folge der demographischen Struktur, die durch einen ungewöhnlich hohen Anteil monastischer Bevölkerung gekennzeichnet war, zumal wenn man die nähere Umgebung von Jerusalem mitberücksichtigt. Dies schwächte die Position des Patriarchen, der vom Wohlwollen der Mönche abhängig wurde. Zwar konnte Elias mit Hilfe der Mönche dem Kaiser ein Zeit lang die Stirn bieten, aber als diese ihn fallen ließen, weil sie an seiner Gradlinigkeit zweifelten, war es auch um sein Amt geschehen. Und sein Nachfolger Johannes mußte erkennen, daß sich die Mönche einmal herbeigerufen nicht einfach in die Wüste zurückschicken ließen. Es blieb ihm nichts anderes übrig als trotz anders lautender Versprechen der Parole zu folgen, die die Mönchsführer ausgaben. In der ersten Hälfte des 6. Jahrhunderts bestimmten daher nicht der Patriarch und die Bischöfe, sondern die Mönche die Politik der Kirche von Palästina.[11]

Diese Dominanz bildete sich auch auf der publizistische Ebene ab. Nach der Vertreibung des Militärgouverneurs und seiner Soldaten plante der Kaiser, so Kyrill, den Patriarchen und die beiden Archimandriten, die die Kanzel bestiegen hatten, mit Gewalt zu vertreiben. Als sie davon erfuhren, schickten die Mönche dem Kaiser einen Brief hinterher, der ihr Selbstverständnis unverkürzt zum Ausdruck brachte.[12] Das Dokument, das Kyrill von Skythopolis in seiner Sabas-Vita in voller Länge zitiert, nennt als Absender die Archimandriten Theodosios und

---

10 Vgl. B. Flusin, Miracle et Histoire dans l'Œuvre de Cyrille de Scythopolis, Paris 1983, 151–153; J. Binns, Ascetics and Ambassadors of Christ. The Monasteries of Palestine, Oxford 1994, 156–161, bes. 161.

11 Die Darstellung Kyrills läßt die überlegene Autorität der Mönchsführer auch bei anderen Gelegenheiten (wie bei der Gründung von Klöstern und der Ernennung von Äbten) durchscheinen: vgl. A. Sterk, Renouncing the World Yet Leading the Church. The Monk-Bishop in Late Antiquity, Cambridge (Mass.) 2004, 203–206.

12 Kyr. Skyth. VS 57 (152,21–157,23). Der Hagiograph betont dabei die Einmütigkeit der Mönche: μιᾶς γνώμης γεγονότες (152,19). Das Schreiben wird in Auszügen oder zusammenfassend auch überliefert von: Theod. Petr., Vita Theodosii (Usener 56,19–60,11); Theod. Lect. 520 (Hansen 150,16–21) = Theoph. AM 6008 (de Boor 162,13–18). Die publizistische Aktivität der Mönche Palästinas kommt auch in dem langen, etwa gleichzeitig verfassten Brief an Bischof Alkison von Nikopolis zum Ausdruck, den der Kirchenhistoriker Evagrios mehrfach zitiert: 2,5. 3,31. 3,33.

Sabas, die übrigen Hegoumenoi und alle Mönche, die die heilige Stadt Gottes, die ganze Wüste darum herum und den Jordan bewohnen. Formell eine Petition um Frieden für „Sion, die Mutter aller Kirchen"[13], gleicht das Schreiben mehr einer Kampfansage. Die Mönche behaupten, als Bewohner des Heiligen Landes durch die Vermittlung der heiligen Stätten und der heiligen Apostel von Anbeginn den wahren und unverfälschten Glauben erhalten zu haben. „Wer sind wir, die wir alltäglich durch die ehrwürdigen Stätten, an denen das Mysterium der Inkarnation unseres großen Gottes und Heilandes gewirkt wurde, die Wahrheit mit unseren eigenen Händen berühren, daß wir in Jerusalem mehr als fünfhundert Jahre nach der Erscheinung Christi den Glauben lernen müßten?" Die Absender versichern dem Kaiser, daß sie niemals mit Severos und den anderen Häretikern in Kommunion treten würden. Außerdem betonen sie die vollkommene Einmütigkeit der Bewohner des Heiligen Landes in dieser Angelegenheit. Schließlich drohen sie dem Kaiser für den Fall eines gewaltsamen Vorgehens, „daß das Blut von uns allen bereitwillig vergossen werden wird und alle heiligen Stätten vom Feuer verschlungen werden, bevor solches in dieser heiligen Stadt Gottes passiert. Was nämlich nützt der bloße Name der heiligen Stätten, wenn sie zugrunde gerichtet und geschändet sind?" Kyrill zufolge ließ der Kaiser die Angelegenheit auf sich beruhen, weil er sich gerade zu dieser Zeit der Angriffe von Vitalians Barbaren zu erwehren hatte.[14] Tatsächlich dürfte Anastasios weise genug gewesen sein, nicht auszupro-

---

13 Dreimal benutzen die Mönche die Formel in dem Brief an den Kaiser: Kyr. Skyth. VS 57 (153,2. 25. 155,8); μήτηρ τῶν ἐκκλησιῶν für Jerusalem erscheint auch ebd. VE 43 (63,19). VS 50 (139,24). In seinen Verhandlungen mit Kaiser Anastasios in Konstantinopel 511–12 (s. u.) spricht Sabas von τὴν ἁγίαν πόλιν Ἰερουσαλήμ, ἐν ἧι τὸ μέγα τῆς εὐσεβείας ἐφανερώθη μυστήριον (VS 52: 144,21 f.).

14 Kyr. Skyth. VS 57 (158,3-7) mit der Anmerkung von Schwartz: „Vitalian war 515 derartig geschlagen, daß er für den Kaiser keine Gefahr mehr darstellte. Die durch Theodor von Petra [p. 60 Usener] erhaltene Antwort des Kaisers hat Kyrill ignoriert". Hombergen (s. Anm. 9) 119–130 hat wie zuvor schon Schwartz (s. Anm. 3) 386 gezeigt, daß die Version, die Theodoros von den Ereignissen gibt, mit der des Kyrill nicht zu vereinbaren ist. Theodoros schreibt den Ruhm des standhaften und erfolgreichen Glaubenskämpfers ausschließlich seinem Helden Theodosios zu und übergeht die Rolle des Sabas vollständig. Die Unterschiede zwischen beiden Autoren sind zweifellos Ausdruck von Rivalitäten, die nach dem Tod der beiden großen Mönchsväter zwischen deren Gefolgschaften entstanden. Hombergen geht allerdings fehl in der Annahme, daß Theodoros die glaubwürdigere Darstellung des Geschehens überliefert. Ohne mich hier auf die Einzelheiten einlassen zu können, nenne ich folgende Argumente: 1. Aus Theodoros' Bericht läßt sich, wie schon Schwartz festgestellt hat, keine plausible Ereignisfolge gewinnen. 2. Das Gegenteil trifft für Kyrill zu: Seine Darstellung überliefert eine Fülle von Daten und historischen Begleitumständen, die durch andere Quellen beglaubigt werden, darunter insbesondere die Beteiligung des Hypatios. Aus dieser Feststellung folgt natürlich nicht, daß Kyrill die Ereignisse ten-

bieren, wie ernst es den Mönchen mit ihrer Drohung war. Vermutlich scheute er das Risiko eines Blutbades an den heiligen Stätten und verzichtete deshalb darauf, die Kircheneinheit zwischen Jerusalem und Antiochia mit Gewalt wiederherzustellen.[15]

In ihrem Brief an den Kaiser verraten die Mönche ein bis zum äußersten gesteigertes Selbstbewußtsein. Aus der räumlichen Nähe zu den heiligen Stätten leiteten sie einen absoluten Wahrheitsanspruch ab, der sie über alle Christen, den Kaiser und die Bischöfe eingeschlossen, erheben mußte. Der Gedanke einer unauflöslichen Verbindung zwischen dem Heiligen Land und der Orthodoxie war nicht neu, sondern wurde von den Mönchen nur konsequent und offensiv zu Ende gedacht. Schon Kyrill von Jerusalem hatte in der Mitte des 4. Jahrhunderts in einer Katechese unter Verweis auf den „heiligen Golgatha" festgestellt: „Andere hören nur, wir aber sehen und berühren."[16] Mit dieser Aussage erhob Kyrill von Jerusalem allerdings, wie der Kontext zeigt, noch keinen dogmatischen Anspruch. Vielmehr ging es ihm hier darum, seine Zuhörer zu besonderer Glaubensfestigkeit

---

denzfrei oder objektiv überliefert. 3. Der wiederholte Erfolg des Widerstands gegen den Kaiser setzt voraus, daß beide Archimandriten (anders als Theodoros es will) zusammengearbeitet haben. 4. Die Antwort des Kaisers, die Theodoros überliefert und Kyrill „ignoriert" (s.o.), ist – anders als Theodoros behauptet und ihm folgend die Forschungsliteratur annimmt (Schwartz s.o.; vgl. Hombergen a.a.O. 128f.) – gar keine Antwort auf die Petition der Mönche, sondern bezieht sich auf ein früheres Schreiben des Theodosios und damit auf eine frühere Phase des Konflikts: a) Der Brief des Kaisers ist, wie die wiederholte Anredeform zeigt (vgl. Hombergen a.a.O. 124f.), ausschließlich an den Archimandriten Theodosius gerichtet, während sowohl Kyrill als auch Theodoros selbst eine Mehrzahl als Absender der Petition nennen. Da Kyrill (anders als Theodoros) das Dokument vollständig und in Übereinstimmung mit den übrigen Quellen zitiert, dürfte seine Angabe der Absender zutreffend sein (s.o.). b) In seinem Brief an Theodosios weist der Kaiser Zweifel an seiner Orthodoxie zurück und spottet über die selbsternannten Glaubenshüter, die sich mit Gewalt einen Vorrang in der Erkenntnis des Mysteriums verschaffen wollten. Erscheint schon der verbindliche Ton des Briefes kaum mit der Lage nach der Mönchsrebellion in Jerusalem 516/17 vereinbar, so gilt dies umso mehr für die Abschlußformel: τὰς δὲ σταλείσας εὐλογίας παρὰ τῆς θεοφιλίας σου ἡδέως ἐδεξάμεθα, καὶ τὴν ὑμετέραν προαίρεσιν ἀναγγέλλουσιν ἡμῖν οἱ παρ' ὑμῶν ἀποσταλέντες εὐλαβεῖς μοναχοί (61,22–25 Usener). Da Theodoros eine konfuse Chronologie erkennen läßt, nimmt es nicht Wunder, daß er den Kaiserbrief an falscher Stelle in seine Erzählung einfügt.

15 In einem ähnlichen Fall aus der Provinz Syria II berichtet der Kirchenhistoriker Evagrios 3,34 unter Berufung auf eine Familientradition, daß der Kaiser dem mit der Angelegenheit beauftragten *dux* ausdrücklich untersagte, ein Blutvergießen zur Durchsetzung seiner kirchenpolitischen Linie zu riskieren.
16 Kyr. Jer. Katech. 13,22.

zu ermahnen.¹⁷ Erst Papst Leo der Große verknüpfte das Argument mit der Frage der Orthodoxie. Er schrieb am 4. Februar 454 an den Patriarchen Juvenal von Jerusalem, daß die Tugend der Evangelien einem in Jerusalem lebenden Christen nicht allein durch Bücher, sondern durch das Zeugnis der Orte selbst gelehrt würde. Was anderswo geglaubt werden müsse, könne dort gesehen werden. Die Häretiker würden, so der römische Papst, durch die heiligen Stätten selbst widerlegt.¹⁸ Leo charakterisierte nicht einen tatsächlichen Zustand, sondern beschrieb eine Norm. Um der heiligen Stätten willen sollte die Kirche von Jerusalem eine Hochburg der Orthodoxie sein, die es nach Leos Meinung wegen der überwiegenden Ablehnung des Konzils von Chalkedon gerade nicht war, als er schrieb. Gut sechzig Jahre später hatten sich die Verhältnisse grundlegend gewandelt. Jetzt waren die Jerusalemer Mönche bereit, Leos Argument ins Positive zu wenden und zum zentralen Ausdruck ihres Selbstverständnis zu erheben.¹⁹ Kaiser Anastasios konnten sie damit natürlich nicht überzeugen. Aber als im Jahre 518 eine neue Dynastie in Konstantinopel an die Macht kam, das Steuer der Kirchenpolitik herumriß und die Anhänger des Chalkedonese begünstigte, konnten die Jerusalemer Mönche von dem Kapital zehren, das sie durch den ihren erfolgreichen Widerstand gegen die Eingriffe des Anastasios angesammelt hatten. Jetzt durfte ihre Selbstdarstellung selbst am Kaiserhof auf wohlwollende Aufnahme hoffen.

2. Wüstenväter am Kaiserhof

Sabas, der Führer der Anachoreten in der judäischen Wüste, reiste zweimal im offiziellen Auftrag zum Kaiserhof nach Konstantinopel. Im Jahre 511 schickte der Patriarch Elias ihn an der Spitze einer monastischen Delegation zu Kaiser Anastasios nach Konstantinopel. Ziel der Gesandtschaft war es, den Kaiser von einer

---

17 Darüber hinaus war es ein zentrales Anliegen von Kyrills Tätigkeit, den Status und das Prestige von Jerusalem zu erhöhen: vgl. jetzt J.W. Drijvers, Cyril of Jerusalem: Bishop and City, Leiden 2004, 153–176.

18 Ep. 139 (Schwartz, ACO II 4, 92,7–11) = ep. 53,21–27 (Silva-Tarouca): *Quamvis enim nulli sacerdotum liceat nescire quod praedicat, inexcusabilior tamen est omnibus inperitis quilibet Hierosolymis habitans Christianus, qui ad cognoscendam virtutem evangelii non solum paginarum eloquiis, sed ipsorum locorum testimoniis eruditur. Et quod alibi non licet non credi, ibi non potest non videri. Quid laborat intellectus, ubi est magister aspectus?* Ähnliche Formulierungen finden sich schon in dem Brief Leos an Juvenal vom 25. November 452: Ep. 109 (Schwartz, ACO II 4, 138,12–14) = ep. 43,68–71 (Silva-Tarouca); vgl. F. Winkelmann, Papst Leo I. und die sog. Apostasia Palästinas, Klio 70 (1988), 167–175, hier 174f.

19 Vgl. R. L. Wilken, The Land Called Holy. Palestine in Christian History and Thought, New Haven 1992, 169–172.

Intervention in die Angelegenheiten der Kirche von Palästina abzuhalten und Steuererleichterungen für diese zu erwirken.[20] Ein ähnliches Anliegen verfolgte Sabas, als er 530 mit über neunzig Jahren zum zweiten Mal nach Konstantinopel kam, um von Kaiser Justinian finanzielle und logistische Unterstützung für die vom Samaritaner-Aufstand verwüsteten palästinischen Provinzen zu erbitten.[21]

In beiden Fällen standen die Verhandlungsgegenstände, und eigentlich schon die Reise selbst, in einem bemerkenswerten Gegensatz zu den weltabgewandten Aufgaben des Mönchtums.[22] Wenn die Patriarchen von Jerusalem ausgesuchten Mönchen die Verhandlung ihrer Anliegen mit dem Kaiser anvertrauten, so dürften sie sich davon eine besondere Wirkung versprochen haben. Das Kalkül kommt deutlich in dem Akkreditierungsschreiben zum Ausdruck, das Patriarch Elias 511 den Mönchsgesandten mit auf die Reise gab: „Die Elite sowohl der Diener Gottes als auch der guten und treuen Führer der ganzen Wüste, unter denen sich auch der Herr Sabas befindet, der Kolonisator und Beschützer unserer Wüste und das Glanzlicht ganz Palästinas, habe ich zur Besänftigung Euerer Majestät geschickt."[23] Elias setzte auf die Heiligkeit seiner Mönche und insbesondere ihres Anführers Sabas. Dabei machte er sich zum einen die allgemeine Tendenz der Zeit zunutze, Asketen, vor allem solchen aus der Wüste, auf Grund ihres perfektionistischen Lebenswandels eine außergewöhnliche Macht und Autorität zuzuschreiben. Zum anderen mochte er gehofft haben, den Kaiser durch die speziellen Züge des palästinischen Mönchtums, etwa seine ausgeprägte „Internationalität", zu beeindrucken.[24]

Die Rechnung ging auf, wie schon die Tatsache zeigt, daß die Kaiser den Mönchen aus Palästina sowohl 511 als auch 530 jeweils mehrere Audienzen gewährten.[25] Darüber hinaus berichtet Kyrill, daß der Kaiser in beiden Fällen das traditionelle Empfangszeremoniell veränderte. Als Sabas 511 den kaiserlichen Audienzsaal betrat, sah Anastasios eine Engelsgestalt, die ihm voranschritt. Der Kaiser erhob sich, begrüßte Sabas mit der gebührenden Ehre und befahl der

---

20 Kyr. Skyth. VS 51–54 (141,24–147,9); vgl. Patrich (s. Anm. 7) 311–313.
21 Kyr. Skyth. VS 70–73 (171,26–178,18); vgl. Patrich (s. Anm. 7) 313–319.
22 Vgl. K. Hay, Impact of St. Sabas: The Legacy of Palestinian Monasticism, in: P. Allen – E. Jeffreys (Hg.), The Sixth Century: End or Beginning?, Sydney 1996, 118–125, hier 121.
23 Kyr. Skyth. VS 50 (141,8–11).
24 S. u. mit Anm. 67 und 69.
25 Auch Theognis, der Bischof von Betylios (südlich von Gaza), der viele Jahre als Mönch und Einsiedler in Jerusalem und der judäischen Wüste gelebt hatte und dort auch als Klostergründer hervorgetreten war, wurde 521/22 von Kaiser Justin I. und dem Senat empfangen und mit großen Ehren verabschiedet; über das Anliegen des heiligen Mannes erfahren wir leider nur, daß der Kaiser es gewährte: Paul von Elusa, Vita Theognii 21 (AB 10, 1891, 104).

ganzen Mönchsdelegation, Platz zu nehmen. Kyrill fügt hinzu: „Denn Anastasios war φιλομόναχος, auch wenn er durch einige Gottlose dazu veranlaßt wurde, den rechten Glauben zu bekämpfen." Noch eindrucksvoller und großartiger geriet der Empfang, den Justinian dem heiligen Mann 530 bereitete. Er sandte Sabas nach dem Bericht des Kyrill den Patriarchen Epiphanios und den Bischof Hypatios von Ephesos mit kaiserlichen Galeeren entgegen. Als der greise Wüstenvater in der kaiserlichen Audienz erschien, öffnete Gott auch Justinian die Augen: Er sah einen Kranz auf dem Haupt des Alten, der sonnenartige Strahlen aussendete. Spontan erhob sich der Kaiser und begrüßte den Heiligen fußfällig, verkehrte also das übliche Zeremoniell und erniedrigte sich und sein Amt durch den Rollentausch.

Kyrills Darstellung der Begegnung zwischen Kaiser und Wüstenvater konnte nur dann auf Zustimmung rechnen, wenn sie einer verbreiteten Norm entsprach und beiden Seiten gerecht wurde. Es liegt auf der Hand, daß der Kaiser zur Verherrlichung des Mönches beiträgt, indem er dessen Heiligkeit anerkennt und symbolisch zum Ausdruck bringt. Weniger offensichtlich ist der Vorteil, den der Kaiser dabei erzielen kann. Kyrill setzt jedoch voraus, daß der Kaiser durch seine Funktion Anteil an der Heiligkeit besitzt.[26] In beiden Fällen ist von der ganzen Hofgesellschaft deshalb allein der Kaiser in der Lage, die göttliche Begnadung des Mönches wahrzunehmen. In beiden Fällen erkennt er, daß der hierarchische Abstand, den das Empfangszeremoniell inszeniert, der Situation nicht angemessen ist. Wenn Anastasios darauf durch Aufhebung der üblichen Begrüßungsform und Justinian sogar durch deren Umkehrung reagiert, so offenbart diese Steigerung die unterschiedliche Wertschätzung der Kaiser durch Kyrill. Doch das scheinbar paradoxe Muster, das beiden Begegnungen zu Grunde liegt, findet sich auch in jedem anderen öffentlichen Akt der Frömmigkeit: Erhöhung durch Erniedrigung (wobei sich beide Elemente streng proportional zueinander verhalten: je größer die Erniedrigung, desto größer die Erhöhung). Wenn der Kaiser zu Fuß, unter Umständen sogar barfüßig, und ohne Herrschaftsornat an Reliquien- oder Bußprozessionen teilnimmt oder wenn er vor dem Altar oder eben vor einem Heiligen niederkniet, dann erniedrigt er sich, um sich seiner erwartbaren Erhöhung würdig zu erweisen.[27] Damit ist nicht gesagt, daß sich die Kaiser sich tatsächlich so zu Sabas verhielten, wie Kyrill es schildert. Zweifellos ließen sich die spätantiken Kaiser jedoch grundsätzlich auf solche Konstellationen ein. Sich mit Männern anzulegen, die im Geruch der Heiligkeit standen, konnte für den Kaiser unangenehm werden; umgekehrt konnte er durch Respekt und Verehrung, die er Heiligen bezeugte, an deren Charisma partizipieren und seiner Herrschaft zusätzliche

---

26 Selbst die Petition der Mönche, die ich oben als „Kampfansage" gedeutet habe, hebt die göttliche Legitimation des Kaisers hervor: s. bes. Kyr. Skyth. VS 57 (152,21–153,2).
27 Vgl. St. Diefenbach, Frömmigkeit und Kaiserakzeptanz im frühen Byzanz, Saeculum 47, 1996, 35–66, hier 43–52 mit zahlreichen Beipielen und Literatur.

Legitimation verschaffen. So hätte sich Anastasios nichts vergeben, wenn er den Sabas ehrte, obwohl er dessen Wünsche keineswegs zu erfüllen gedachte.[28]

Die Ergebnisse der beiden mehrmonatigen Aufenthalte des Sabas in Konstantinopel waren nämlich unterschiedlich. Zwar erhielt der Mönchsvater vom Kaiser beide Male eine beträchtliche Geldsumme, die er jeweils nach seiner Rückkehr unter die Wüstenklöster verteilte.[29] Obwohl er 511/12 unter den Frauen der kaiserlichen Familie Anhängerinnen gewann und ihm auch Anastasios mit Respekt begegnete, erreichte er aber weder die erbetenen politischen Garantien noch fiskalische Vergünstigungen für die Kirche von Jerusalem. Mehr Erfolg hatte Sabas bei seinem zweiten Besuch. Er konnte sich angeblich sogar erlauben, die Kaiserin Theodora zu brüskieren. Deren Wunsch um ein Gebet für einen Thronfolger ignorierte der Heilige, weil er die antichalkedonischen Neigungen der Kaiserin mißbilligte. Seinen Begleitern prophezeite er, so behauptet Kyrill, daß niemals eine Frucht aus ihrem Leibe hervorgehen werde, „damit diese nicht mit den Lehren des Severos gesäugt und die Kirche schlimmer erschüttern werde als Anastasios".[30]

Die Verhandlungen zwischen Kaiser und Mönch werden von Kyrill als ein Geschäft geschildert, das beiden Seiten handgreiflichen Nutzen bescherte. Sabas erhielt vom Kaiser die erwünschten Vergünstigungen: 1. Steuererleichterungen für die Kirche von Palästina; 2. Wiederaufbau der von den Samaritanern zerstörten Kirchengebäude und Unterstützung für die beraubten Christen in Palästina; 3. Errichtung eines Hospitals für Kranke und Fremde in Jerusalem; 4. Bau und Ausstattung der Theotokos-Kirche in Jerusalem, deren Fundamente bereits von dem Patriarchen Elias gelegt worden waren; 5. Bau einer Wüstenfestung zum Schutze der Klöster vor Sarazenen-Einfällen. Im Gegenzug sollte der Kaiser von den Gebeten der Wüstenmönche profitieren, deren Erfolg Sabas prophezeite: Gott werde die Wohltaten des Kaisers für das Heilige Land mit dem Gewinn von Afrika, Rom und dem Rest des weströmischen Reiches belohnen. Doch wurde der Kaiser zugleich an seine Pflicht erinnert, die Orthodoxie dort wie überall durchzusetzen. Mit der Eroberung des Westens, so Sabas bei Kyrill, möge der Kaiser die heilige Kirche von der Besudelung durch die Häresien (genannt werden neben der arianischen auch die des Nestorios und Origenes) befreien.

Die Bedeutung von Gebeten und Prophetie betont Kyrill auch in seiner Erzählung von Sabas' Aufenthalt am Hof des Kaisers Anastasios. In diesem Fall

---

28 In die gleiche Richtung deutet das Schreiben des Kaisers Anastasios an den Archimandriten Theodosios: vgl. Theod. Petr., Vita Theodosii 60,17–61,25 (Usener).
29 Diese Gelder scheinen zu einem beträchtlichen Teil in die Ausstattung der Klöster investiert worden zu sein, wie die archäologischen Forschungen von Hirschfeld (s. Anm. 7) 102–104. 112–129 und Patrich 51–166 (s. Anm. 7) nahelegen.
30 Kyr. Skyth. VS 71 (174,9–11).

prophezeit Sabas seinem einflußreichen Widersacher Marinus, dem wichtigsten Finanzberater des Kaisers, persönliches Ungemach, das wenige Monate später eintrat, als der Palast des Mannes während eines Volksaufstandes bis auf die Grundmauern niederbrannte. Marinus hatte es gewagt, die Bewohner der heiligen Stadt Nestorianer und Juden zu nennen, die der kaiserlichen Gunst unwürdig seien. Durch seine zutreffende Prophetie widerlegt Sabas diese Behauptung auf der Handlungsebene und entlarvt Marinus als Feind Gottes. Natürlich handelt es sich bei all den genannten Weissagungen um *vaticinia ex eventu*. Das hagiographische Muster ist klar: Das Wirken des Heiligen in der Geschichte manifestiert sich nicht zuletzt im Schaden und Scheitern seiner Widersacher. Die Prophezeiungen verbinden beide Aspekte und führen die Einsicht des Heiligen in die göttliche Vorsehung vor. Durch die Anknüpfung an verbreitete Vorstellungen über die Macht der Weissagung konnte Kyrill auch außerhalb der Verehrergemeinde auf Verständnis rechnen. So findet sich eine bemerkenswerte Parallele zu den Prophetien, die Sabas angeblich Justinian übermittelte, ausgerechnet im Geschichtswerk des Prokop: Ein Bischof aus dem Osten habe dem Kaiser die Entscheidung für den Vandalenkrieg eingegeben; der Bischof berichtete demnach Justinian, daß Gott ihm im Traum offenbart habe, den Kaiser zum Herrn von Libyen zu machen, wenn er die dortigen Christen aus der Hand der Gewaltherrscher befreie.[31]

Mit seinen Geschichten über Sabas am Kaiserhof will Kyrill vorführen, daß das Wohlergehen des Kaisers und seiner höchsten Beamten von ihrer Frömmigkeit abhängig ist. Die Frömmigkeit des Kaisers zeigt sich vor allem an seinem Kampf für die Orthodoxie, seiner Verehrung für heilige Männer wie Sabas und seiner Sorge um das Heilige Land. Umgekehrt tragen nach Kyrill die Gebete der Wüstenväter maßgeblich zu den Erfolgen des Kaisers bei.[32]

Justinian selbst hat diese Ansicht bekanntlich ebenso geteilt wie – ausweislich des eingangs zitierten Zeugnisses – Maurikios, der in der finalen Krise seiner Regierung seine Hoffnung auf Gebete der Jerusalemer Mönche setzte. Justinian bekennt drei Monate nach der Verabschiedung des Sabas, am 15. Dezember 530, in der Vorrede zur Konstitution *Deo Auctore*: „Und so sehr richten wir unseren Sinn auf die Hilfe des allmächtigen Gottes, daß wir suversicht weder in unsere Waffen noch in unsere Soldaten oder Heerführer noch in unsere eigenen Fähigkeiten set-

---

31 Prok. BV 3,10,18–21; vgl. M. Meier, Das andere Zeitalter Justinians. Kontingenzerfahrung und Kontingenzbewältigung im 6. Jahrhundert n. Chr. (Hypomnemata 147), Göttingen 2003, 176.
32 Vgl. Flusin (s. Anm. 10) 207f.: „C'est lui (sc. Sabas) qui assure miraculeusement la securité et la prospérité de l'empire, la droiture et la réussite de la politique imperiale. ... L'empereur agit sur les conseils du moine; le moine prie, sans se mêler d'une tâche administrative; la collaboration des deux activités est nécessaire et efficace." Ähnlich: Hay (s. Anm. 22) 124.

zen, sondern alle Hoffnung allein auf die Vorsehung der allerhöchsten Dreifaltigkeit richten."[33] Die Hilfe Gottes aber, der Justinian vor allem anderen seine Regierung und den Schutz des Reiches anvertrauen wollte, wurde nicht zuletzt durch heilige Männer wie Sabas vermittelt.

Nach Sabas' Abreise blieben einige Mönche seiner Delegation in Konstantinopel, darunter Leontios von Byzanz, der die Interessen des Jerusalemer Patriarchats am Kaiserhof nun kontinuierlich vertrat und als Theologe großen Zuspruch in der Hauptstadt fand.[34] Längere Aufenthalte von Mönchen aus Palästina wurden dort jetzt zu einer alltäglichen Erscheinung. Ihre Abgesandten genossen ein besonderes Ansehen am kaiserlichen Hof und spielten in den theologischen Diskussionen, die in den dreißiger Jahren mit den Antichalkedoniern in Konstantinopel stattfanden, eine herausragende Rolle. Auf der *endemousa*-Synode von 536 präsentierten sie sich noch einmal als besonders entschiedene Vorkämpfer der (chalkedonensischen) Orthodoxie.[35] Danach aber wurde offenbar, daß sie nicht mehr mit einer Stimme sprachen und deshalb sukzessive an Einfluß verloren. Nach dem Ableben der großen Mönchsführer Theodosios (529) und Sabas (532) erschütterte der Streit um die „Origenisten" das palästinische Mönchtum. Obwohl es sich vor allem um ein regionales Problem handelte, nahm der Kaiser selbst sich der Sache an und verurteilte die „Origenisten" in einem Edikt von 544. Daß die Angelegenheit schließlich auch im Vorfeld des 5. Ökumenische Konzils 553 verhandelt und im kaiserlichen Sinne entschieden wurde, zeigt, welche Bedeutung Kaiser und Kirche der Orthodoxie im Heiligen Land beimaßen.[36]

---

33 CIC II (Digesten 1–10), hrsg. u. übers. v. O. Behrends u.a., Heidelberg 1995, 55; vgl. Meier (s. Anm. 31) 104–114.
34 Binns (s. Anm. 10) 252.
35 Vgl. ACO III, p. 110–119. 130; vgl. Schwartz (s. Anm. 3) 389–392. Es dürfte im übrigen kein Zufall sein, daß Justinian gerade zur Zeit der Synode, am 18. Mai 536, der Kirche von Jerusalem das Privileg verlieh, Kirchenbesitz zu veräußern. Zur Begründung führte er u.a. folgendes an (Nov. 40, Cap. 1): „Wenn nämlich Gott, der Herr und zugleich Schöpfer von allem, sie [die Stadt Jerusalem] einer so großen Vergünstigung vor den anderen Städten gewürdigt hat, daß er dort nach dem Fleische wieder auferstanden ist, so ist offenkundig, daß auch wir, die wir dem Herrn und Gott und seinen großen Wundertaten, soweit menschenmöglich, nachfolgen, der dortigen Kirche vor den anderen Vergünstigungen gewähren: Daher wird sie dieses Gesetzes von uns teilhaftig, indem wir sie durch den Vorteil vor allen auswählen und ehren." Zuwendungen für Jerusalem gehörten zum ideologischen Selbstverständnis des Kaisers; sie waren, wie Justinian selbst betonte, Ausdruck jener *imitatio dei*, der sich der Kaiser besonders verpflichtet fühlte. In Nov. 103, praef., vom 1. Juli 536 rühmte Justinian Palästina als Provinz ehrwürdiger Städte, guter und gelehrter Bürger und berühmter Gottesmänner und, „was das Größte von Allem ist", als Ort der Erscheinung Christi.
36 Hombergen (s. Anm. 9) 255–368 hat jüngst gezeigt, daß Kyrills Bericht über den „Origenisten"-Streit keine Glaubwürdigkeit verdient; seiner Meinung nach beruht

3. Der Hagiograph als Historiker

Das Selbstverständnis einer wichtigen Gruppe unter den Mönchen Palästinas und ihrer Anführer findet nicht nur in verschiedenen Verhaltensweisen seinen Niederschlag, sondern auch in der Deutung von Handlungen, deren historischer Einordnung und literarischer Ausschmückung durch Kyrill von Skythopolis. Der zuletztgenannte Aspekt soll im folgenden näher ins Auge gefaßt werden. Das Thema ist jetzt also, wohlgemerkt, nicht die historische Glaubwürdigkeit Kyrills, die jüngst mit teils guten, teils weniger guten Argumenten von Daniël Hombergen in Zweifel gezogen wurde. Kyrill war Hagiograph; wie alle Hagiographen singt er das Hohelied der von ihm beschriebenen Heiligen. Gleichzeitig verherrlicht er die monastische Tradition, die seiner Meinung nach von diesen Heiligen begründet und repräsentiert wurde und der er sich selbst zugehörig weiß. Allein diese Tatsache bedingt in letzter Konsequenz eine mehrfache Fokussierung, die bei jeder historischen Analyse berücksichtigt werden muß. Kyrills Darstellung beruht auf folgenden Prämissen: 1. Das Mönchtum Palästinas stellt eine ideale Form des Mönchtums dar. 2. Die Mönche der judäischen Wüste vertreten wiederum das Mönchtum Palästinas.[37] 3. Eine Richtung innerhalb des Mönchtums der judäischen Wüste, die sich a) durch ihren rechten Glauben (chalkedonensisch vs. „monophysistisch" im 5. Jh. bzw. „origenistisch" im 6. Jh.) und b) durch ihre überlegene Lebensweise (anachoretisch vs. koinobitisch) auszeichnet, repräsentiert die authentische Tradition.[38] Der Befund legt schon durch seine Ausschlüsse nahe, daß

---

der Konflikt vor allem auf einem „clash of two competitive ideals of the spiritual life" (a.a.O. 368). Vgl. außerdem F. Diekamp, Die origenistischen Streitigkeiten im sechsten Jahrhundert und das fünfte allgemeine Konzil, Münster 1899; Schwartz (s. Anm. 3), 387–408; Binns (s. Anm. 10) 201–217; Patrich (s. Anm. 10) 334–348; P. Maraval, Die Religionspolitik unter Justinian I., in: Pietri (s. Anm. 4) 421–461, hier 440–448.

37 Selbstverständlich florierte das Mönchtum auch in anderen Regionen Palästinas, insbesondere in der Umgebung von Gaza, Skythopolis und im Negev; vgl. Hombergen (s. Anm. 9) 32; L. de Segni, Monk and Society: The Case of Palestine, in: J. Patrich (Hg.), The Sabaite Heritage in the Orthodox Church from the Fifth Century to the Present, Leuven 2001, 35f.; L. Perrone, Monasticism as Factor of Religious Interaction in the Holy Land during the Byzantine Period, in: A. Kofsky – G. G. Stroumsa, Sharing the Sacred. Religious Contacts and Conflicts in the Holy Land, Jerusalem 1998, 67–95.

38 Die beiden genannten Aspekte (a und b) hatten natürlich nicht das gleiche Gewicht. In Darstellung des Hagiographen lebten die koinobitischen und anachoretischen Klöster in der judäischen Wüste friedlich und einträchtig nebeneinander; gleichwohl läßt Kyrill letztlich keinen Zweifel daran, daß er die anachoretische Lebensform als Ziel monastischen Lebens bevorzugt: vgl. bes. Kyr. Skyth. VS 65 (166,22–167,3); Hombergen (s. Anm. 9) 113–118. 301–306. Die Persistenz antichalkedonensischer

Kyrill sich mit seiner Darstellung gegenüber konkurrierenden Deutungen behaupten mußte. Daher stellen sich die Fragen: Wie führte Kyrill diesen Wettbewerb? Mit welchen literarischen Mitteln versuchte er, die Glaubwürdigkeit und Überzeugungskraft seiner Erzählungen zu steigern? Vorab läßt sich feststellen: Kyrill beschritt als Hagiograph neue Wege, die erklären, warum er sich auch unter seinen nicht-gläubigen Lesern bis heute ungewöhnlicher Beliebtheit erfreut.

Kyrill berichtet über das palästinische Mönchtum aus intimer Kenntnis. Ungefähr 525 in Skythopolis geboren, wurde er im Haus des dortigen Bischofs erzogen, nachdem ihn der heilige Sabas schon als kleiner Junge bei einem Besuch in Skythopolis 531/32 für seine Schar ausgewählt hatte.[39] Kyrill blieb dieser Berufung treu, wurde so früh wie möglich Mönch und begab sich nach Jerusalem. Er durchlief mehrere Klöster im Jordantal und in der judäischen Wüste, bis er im Sabas-Kloster, der Großen Laura, zur Ruhe kam. Dort schrieb er 557/58 die Mönchsviten, die wir heute noch lesen. Diese biographischen Daten weisen Kyrill als *insider* aus. Anders als, sagen wir, bei Athanasios oder Theodoret schreibt hier nicht ein Bischof über hervorragende Asketen seiner Provinz; ebenso wenig ähnelt die Darstellung der von reisenden Klerikern, die wie etwa Palladios oder Johannes Moschus ihr frommes Publikum mit Denkwürdigkeiten über heilige Männer bestimmter Landschaften erbauen wollten.[40] Damit soll nicht behauptet werden, daß nicht auch Kyrills Viten erbauliche Züge hätten. Wundergeschichten beispielsweise nehmen sogar einen vergleichsweise großen Raum ein.[41] Im übrigen erzählt Kyrill allerdings auch Details, die in Hagiographien gewöhnlich keinen Platz haben. So gibt er relativ viele autobiographische Informationen und tritt damit – anders als die meisten anderen Hagiographen – als Verfasserpersönlichkeit deutlich hervor.[42] Ungewöhnlich erscheint des weiteren die Erwähnung größerer Mönchsgruppen, die sich wiederholt gegen den Führungsstil seines wichtigsten Heiligen auflehnten. Kyrill verflucht nicht die gegen Sabas rebellierenden Mönche, sondern nennt Gründe für ihren Widerstand, darunter auch solche, die den Heiligen nicht im günstigsten Licht erscheinen lassen.[43] Aus einer internen Perspektive sind auch

---

Gruppen in Palästina während des 6. und beginnenden 7. Jahrhunderts hebt M. Levy-Rubin, The Role of the Judean Desert Monasteries in the Monothelite Controversy in Seventh-Century Palestine, in: Patrich (s. Anm. 37) 283–300, hier 289–292 hervor.

39 Kyr. Skyth. VS 75 (179,26–182,2).
40 Binns (s. Anm. 10) 23–40, bes. 23f.
41 Flusin (s. Anm. 10) 155–214; Binns (s. Anm. 10) 218–244, bes. 224 (Tabelle).
42 Eine ähnliche Hervorkehrung der eigenen Person findet sich auch bei Ps.-Basileios von Seleukeia, dessen Werk „Leben und Wunder der Heiligen Thekla" Kyrill bezeichnerweise gekannt hat (die Zitate bei Flusin [Anm. 10] 53f.); zu dem Autor der Thekla-Geschichten vgl. G. Dagron, Vie et Miracles de Sainte Thècle. Texte Grec, Traduction et Commentaire, Bruxelles 1978, 13–19.
43 Patrich (s. Anm. 7) 197–202.

Episoden zu verstehen, die Sabas nicht nur in der Askese, sondern auch beim Feiern als besonders ausdauernd zeigen. So rechnet es Kyrill zum besonderen Charisma des Heiligen, daß Sabas im Fasten und bei der Arbeit in brennender Hitze mehr leisten konnte als andere, zugleich aber bei Gelagen ungewöhnlich viel essen und Wein trinken konnte, ohne seinen Magen zu schädigen.[44] Über diese Eigentümlichkeiten hinaus verraten Kyrills Mönchsviten ein reichspolitisches Bewußtsein, das in der Gattung der Hagiographie, soweit ich sehe, ohne Beispiel ist. Die Subtilität des Autors in diesem Punkt zeigt sich besonders darin, daß ein politischer Anspruch nicht nur direkt erhoben, sondern auch durch die formale Gestaltung beglaubigt wird. So benutzt Kyrill Darstellungsmittel, die sein Werk über das Genre der Hagiographie hinausführen und an das Modell der Kirchengeschichte annähern.[45] Folgende Punkte sind hier zu nennen:

1. Mit ungewöhnlicher Sorgfalt hat Kyrill chronologische Daten verschiedener Herkunft (Indiktionsrechnung, alexandrinische Weltära, Konsulate, Regierungsjahre der Kaiser, Amtszeiten der Patriarchen von Jerusalem, Lebensjahre der Asketen) gesammelt, harmonisiert und zum Gerüst seiner Erzählungen gemacht. Eduard Schwartz hat gezeigt, daß er dabei neben der mündlichen Überlieferung auf eine Chronik und Listen des Patriarchats von Jerusalem zurückgegriffen hat. Die genaue Chronologie erfüllte offenbar zum einen den Zweck, das Leben der dargestellten Heiligen mit der Außenwelt zu verbinden.[46] Die Heiligenviten erhielten so eine über die judäische Wüste hinausweisende historische Bedeutung. Außerdem schreibt Kyrill seinen Helden durch seine Chronologie einen spezifischen Platz in der Heilsgeschichte zu.[47] Und schließlich sollten die chronologi-

---

44 Kyr. Skyth. VS 46 (136,20–137,21). VS 64 (165,1–166,2); vgl. Patrich (s. Anm. 7) 44.
45 Unerheblich ist die Schrift von C. J. Stallman-Pacitti, Cyril of Skythopolis. A Study in Hagiography as Apology, Brookline (MA) 1991, die kein Bewußtsein für die Originalität Kyrills verrät. Die wichtigsten Gegenstände und Methoden der Gattung „Kirchengeschichte" gehen auf ihren Gründer Eusebios von Kaisareia zurück, der sie in der Einleitung zu seinem entsprechenden Werk auflistet. Die Bedeutung des Mönchtums für die Kirchengeschichte hat insbesondere Sozomenos in seinem Prooimion betont. Vgl. H. Leppin, Von Constantin dem Großen zu Theodosius II. Das christliche Kaisertum bei den Kirchenhistorikern Socrates, Sozomenus und Theodoret, Göttingen 1996, 34–39; M. Wallraff, „Kirchengeschichte", NP 6 (1999), 479–482.
46 Schwartz (s. Anm. 3) 340–355, bes. 350. Auf den Seiten 341f. geht Schwartz einige Mönchsviten durch, um festzustellen: „Weiterer Beispiele bedarf es nicht, um die Tatsache zu erweisen, daß umständliche und genaue Datierungen der traditionellen Form der Asketenvita fremd sind. Eine nachdenkliche Betrachtung dürfte geneigt sein, zwischen dem Bemühen feste Zeitpunkte im diesseitigen Aion festzulegen und der unaufhörlichen Versenkung in die zeitlose Ewigkeit einen prinzipiellen Widerspruch zu finden."
47 Vgl. B. Flusin, Un hagiograph saisi par l'Histoire: Cyrille de Scythopolis et la mesure du temps, in: Patrich (s. Anm. 37) 119–126, hier 122.

schen Daten seiner Darstellung natürlich Glaubwürdigkeit verleihen. In der Einleitung zur Sabas-Vita stellt Kyrill fest: „Deswegen habe ich mit Genauigkeit Zeiten und Orte, Personen und Namen erwähnt, um die Untersuchung der Wahrheit über diese Dinge nahe zu halten und zu machen." Diesen Satz hat Kyrill fast wörtlich aus der Einleitung der „Wunder der Heiligen Thekla" des Pseudo-Basileios von Seleukeia übernommen. Allerdings ist dort nur von Personen, Orten und Namen die Rede.[48] Die Hinzufügung von χρόνων ἀκριβείας dokumentiert das bewußte Vorgehen Kyrills.

2. Daß heilige Männer durch ihren Lebenswandel und ihre Gebete „Geschichte machen" und die Geschicke von Kirche und Reich beeinflussen, ist eine Annahme, die bekanntlich auch von den Kirchenhistorikern geteilt wurde. In allen Kirchengeschichten nehmen daher Mönche und Heilige einen wichtigen Platz ein. Einen expliziten und programmatischen Bezug stellt Kyrill gleich am Anfang seines Werkes her, indem er seinen Lesern eine bedeutungsvolle, d.h. von Gott gestiftete Koinzidenz vorführt: die den frommen Eltern durch eine göttliche Vision angekündigte Geburt des Heiligen Euthymios 377 in Melitene und die Schlacht von Hadrianopel samt dem Tod des Kaisers Valens ein Jahr später.[49] Kyrill will den Leser glauben machen, daß die beiden Ereignisse – die Kindsgeburt in Armenien und der Kaisertod in Thrakien – trotz ihrer zeitlichen, räumlichen und sachlichen Differenz durch göttliche Vorsehung miteinander verknüpft waren. Als *tertium comparationis* fungiert das Kriterium der Orthodoxie. Die Schlacht von Hadrianopel wird hier nicht als schmachvolle und verheerende Niederlage der Römer wahrgenommen, sondern als Anfang vom Ende der arianischen Häresie im Reich. Nach dem Tod des Kaisers Valens, der die Arianer gefördert hatte, ist der Weg frei für einen Neubeginn des orthodoxen Kaisertums. Indem Kyrill den Gründungsvater des Mönchtums der judäischen Wüste und Vorkämpfer der

---

48 Kyr. Skyth. VS prol. (86,22–24): διὰ γὰρ τοῦτο καὶ χρόνων ἀκριβείας καὶ τόπων καὶ προσώπων καὶ ὀνομάτων ἐμνημόνευσα πρὸς τὸ ἐγγύθεν ἔχειν τε καὶ ποιεῖσθαι τὴν τῆς ἀληθείας περὶ τούτων ἐξέτασιν. Mir. Tecl. prol. (Dagron 284,18–21): Διὰ τοῦτο δὲ προσώπων καὶ τόπων καὶ ὀνομάτων ἐμνημονεύσαμεν, ὥστε μηδὲ περὶ αὐτῶν τοὺς ἐντυγχάνοντας ἀμφιβάλλειν, ἀλλ' ἐγγύθεν ἔχειν καὶ ποιεῖσθαι τὴν περὶ ὧν εἰρήκαμεν ἐξέτασιν τῆς ἀληθείας. Vgl. Flusin (s. Anm. 10) 53; Binns (s. Anm. 10) 71.

49 Kyr. Skyth. VE 2 (8,20–10,4). Zu Kyrills Quelle vgl. Schwartz (s. Anm. 3) 354: „Das genaue Datum von Euthymios' Geburt hatte sich nicht erhalten, aber eine Überlieferung im Koinobion [καθὼς παρειλήφαμεν 9,13], die doch wohl auf jenen selbst und seine Mutter zurückgeht, verknüpfte die Geburt mit der Schlacht bei Adrianopel; er sollte am 9. August 378 noch nicht ein Jahr alt gewesen sein [10,3]." Die heilsgeschichtliche Aufladung dieser überlieferten Verknüpfung ist aber Kyrills kreative Leistung. Im folgenden schließe ich mich der Interpretation von Binns (s. Anm. 10) 1 f. an.

Orthodoxie nahezu gleichzeitig in seine irdische Existenz eintreten läßt, verleiht er der Überzeugung Ausdruck, daß die führenden Asketen des Heiligen Landes genauso wichtig für das Wohlergehen des Römischen Reiches sind wie die Kaiser. Durch ihre Gebete, ihren tagtäglichen Kampf gegen die Dämonen und ihr Eintreten für die Orthodoxie halten sie das Reich aufrecht. Abschließend verknüpft Kyrill die Taufe und Tonsur des Euthymios im Alter von zwei Jahren durch den Bischof von Melitene mit dem Regierungsantritt des Kaiser Theodosios I.: „Als Euthymios nun in den Klerus eingeschrieben worden war, übernahm sogleich Theodosios der Große das Zepter des Römischen Reiches. Damit verlieh Gott dem Staat der Römer und seinen heiligen Kirchen ein göttliches Geschenk voller Zuversicht und bewirkte, daß zu dieser Zeit die Ereignisse in Überstimmung mit den Namen geschahen. Es war nämlich notwendig, daß die Vision über ihn, die seinen Eltern erschienen war, erfüllt wurde."[50] Mit dem schönen Wortspiel θείαν δόσιν εὐθυμίας πάσης πεπληρωμένην will Kyrill die göttliche Vorsehung beglaubigen. Gleichzeitig läßt er durch die Inszenierung der Koinzidenz den späteren palästinischen Mönchsvater als Vertreter der ganzen Kirche erscheinen, der in dieser Rolle dem orthodoxen Staatsoberhaupt an die Seite tritt.

3. Großen Wert legt Kyrill offenbar auf seine Quellenangaben.[51] Immer wieder führt er dem Leser vor, auf welchem Weg er seine Informationen erhalten hat. Wo seine Darstellung nicht auf eigener Anschauung beruht, greift er häufig auf die mündliche Erzählungen von Wegbegleitern der Heiligen zurück. Für den ersten Aufenthalt des Sabas am Kaiserhof beruft sich Kyrill beispielsweise auf folgendes Zeugnis: „Dies erzählte mir", so schreibt der Hagiograph am Ende seines Berichts, „die Mutter Anastasia, die der mönchischen Tracht auf dem Ölberg Majestät verleiht und durch göttliche Gnadengaben hervorleuchtet; diese hat es von ihrem Ehemann Pompeios, dem Neffen des Kaisers, gehört."[52] Kyrill belegt die Glaubwürdigkeit seiner Darstellung an dieser Stelle also mit drei Argumenten: a) Seine Informantin ist für ihn erreichbar, da sie mittlerweile als Nonne auf dem Ölberg in Jerusalem lebt; b) sie zeichnet sich durch ihren hohen Rang und ihren heiligen Lebenswandel aus; und c) sie hielt sich zur fraglichen Zeit am Ort des

---

50 Kyr. Skyth. VE 3 (11,2–8): Εὐθυμίου τοίνυν τῶι ἐκκλησιαστικῶι καταλόγωι ἐναριθμίου γεγονότος παραυτίκα Θεοδόσιος ὁ μέγας τὰ τῆς Ῥωμαίων βασιλείας σκῆπτρα παρέλαβεν καὶ ἐν ταύτωι ἐδωρήσατο ὁ θεὸς τῆι τῶν Ῥωμαίων πολιτείαι καὶ ταῖς ἑαυτοῦ ἁγίαις ἐκκλησίαις θείαν δόσιν εὐθυμίας πάσης πεπληρωμένην καὶ συνηνέχθη τὸ τηνικαῦτα τοῖς ὀνόμασιν ὁμωνύμως τὰ πράγματα συμβῆναι. ἔδει γὰρ πληρωθῆναι τὴν περὶ αὐτοῦ τοῖς γονεῦσι φανεῖσαν ὀπτασίαν.

51 Auch dieser Zug verbindet Kyrill mit dem Autor der Thekla-Wunder: vgl. U. Gotter, Thekla gegen Apoll. Überlegungen zur Transformation regionaler Sakraltopographie in der Spätantike, Klio 85, 2003, 189–211, hier 207.

52 Kyr. Skyth. VS 54 (147, 6–9).

Geschehens auf und besaß einen direkten, nachvollziehbaren Zugang zu wichtigen Informationen. Seine Kenntnisse über den zweiten Aufenthalt des Sabas in Konstantinopel verdankte Kyrill, wie aus seinem Bericht diesmal implizit hervorgeht, einem Klosterbruder namens Paulos, einem Schüler des Diakons Jeremias, der wiederum den alten Mann auf seiner Reise begleitet hatte.[53] Außerdem konnte er die Dekrete des Kaisers auswerten, die Sabas nach seiner Rückkehr aus der Hauptstadt in Palästina (genannt werden neben Jerusalem auch Caesarea und Skythopolis) publizierte.[54]

4. An Kirchenhistoriker und nicht an Hagiographen erinnert der Gebrauch, den Kyrill von Dokumenten macht. Immer wieder beruft er sich in seiner Darstellung auf Briefe, Petitionen, Proklamationen etc.; wiederholt paraphrasiert oder zitiert er solche Dokumente, gelegentlich sogar vollständig. Außerdem überliefert er Informationen über die Sukzession der Patriarchen und Äbte sowie über die Kirchen, die in Jerusalem und Umgebung gebaut und geweiht wurden. Schon Eduard Schwartz hat aus all dem den Schluß gezogen, daß Kyrill Zugang zu den Akten des Patriarchats von Jerusalem gehabt haben muß.[55] Das Archiv der Großen Laura, in dem vermutlich Kopien wichtiger Dokumente aufbewahrt wurden, stand ihm natürlich ebenfalls zur Verfügung.[56] Dagegen hat er offenbar keine Kirchengeschichten benutzt.[57] Das erscheint vor allem deshalb bemerkenswert, weil sein Werk eine Fülle von Zitaten und Paraphrasen früherer Autoren enthält. Diese Anleihen entstammen allerdings, abgesehen von der Bibel, ausschließlich monastischer und hagiographischer Literatur, vornehmlich ägyptischer und syrischer Provenienz.[58] Angesichts dieser Voraussetzungen muß Kyrills Übernahme „historischer" Methoden als originelle Leistung betrachtet werden.[59] Durch seine Arbeitsweise setzt sich Kyrill von den ägyptischen und syrischen Vorbildern ab und profiliert den eigenständigen, eben „politischen" Charakter des palästini-

---

53 Kyr. Skyth. VS 20 (105,3–16). VS 73 (178,13). VS 74 (179,14–25).
54 Kyr. Skyth. VS 74 (179,12). VS 75 (179,26–180,2).
55 Schwartz (s. Anm. 3) 345. 387.
56 Vgl. Binns (s. Anm. 10) 69f.
57 Flusin (s. Anm. 10) 60–67 hat die Übereinstimmungen zwischen Kyrill und der Kirchengeschichte des Theodorus Lector gegen G. Ch. Hansen, Theodoros Anagnostes Kirchengeschichte, Berlin 1971, XIX–XXI, überzeugend auf eine gemeinsame palästinische Quelle zurückgeführt.
58 Eine detaillierte Aufstellung und Besprechung der von Kyrill benutzten Literatur findet sich bei Flusin (s. Anm. 10) 41–73 und Binns (s. Anm. 10) 57–66 mit einigen Ergänzungen. Zu den Bibelzitaten: P. W. van der Horst, The Role of Scripture in Cyril of Scythopolis' Lives of the Monks of Palestine, in: Patrich (s. Anm. 37) 127–145. Die Lektüre paganer Autoren hat Kyrill vermieden: vgl. Flusin (s. Anm. 10) 84.
59 Vgl. Binns (s. Anm. 10) 36–40.

schen Mönchtums.⁶⁰ Zu diesem Zweck beschreibt und belegt er die umfangreiche publizistische und diplomatische Aktivität, die die Mönche von Jerusalem in der ersten Hälfte des 6. Jahrhunderts entfalteten – eine Aktivität, die sich nicht nur im regionalen Rahmen von Palästina bewegte, sondern sich darüber hinaus, wie wir bereits gesehen haben, auf den Kaiser und die Reichskirche bezog.

5. Aus dieser weltlichen Orientierung ergibt sich, daß die Frage der Orthodoxie in Kyrills Heiligenviten einen ähnlich zentralen Platz einnimmt wie in den Kirchengeschichten. Im Laufe seiner Erzählung führt Kyrill immer wieder den Einsatz seiner Heiligen für die Sache der Orthodoxie vor. Außerdem läßt er sein Werk mit einem Glaubensbekenntnis beginnen, das den orthodoxen Weg gegenüber den verschiedenen Häresien abgrenzt.⁶¹ Dabei bedient er sich im wesentlichen der Formulierungen, die Kaiser Justinian in seinen dogmatischen Schriften verwendet hat.⁶² Da er die Orthodoxie mit dem neochalkedonensischen Standpunkt der Mitte des 6. Jahrhundert identifiziert, bleibt es nicht aus, daß er die dogmatische Position der von ihm beschriebenen Heiligen in anachronistischen Begriffen charakterisiert.⁶³ Seine Lebensbeschreibungen von Euthymios und Sabas enden nicht mit dem Tod der Heiligen, sondern mit der Gegenwart des Autors. Zu den postumen Wirkungen der Heiligen zählt Kyrill nicht nur Visionen und Wunder, sondern auch den Sieg der orthodoxen Sache über diejenigen Häresien, die seine Heiligen angeblich zeitlebens bekämpft haben. Die Sabas-Vita endet mit der Besetzung der Neuen Laura durch orthodoxe Mönche (zu denen auch Kyrill selbst zählte) am 21. Februar 555. Die Neue Laura war in der Erzählung zuvor als Bastion der „origenistischen" Häresie hervorgetreten. Zum Schluß bleibt Kyrill daher nur noch, dem Triumpf Ausdruck zu verleihen: „So kam der Krieg gegen die Frömmigkeit (ὁ κατὰ τῆς εὐσεβείας πόλεμος) zu seinem Ende. ... Nachdem Gott uns besucht hatte, rettete und erlöste er uns von der Macht der Origenisten, und er entfernte sie von unserem Angesicht und siedelte uns in ihren Wohnungen an und setzte uns als Erbe ihrer Mühen ein, damit wir sein Recht bewachen und sein Gesetz rächen. Ihm sei Ruhm für alle Ewigkeit. Amen."⁶⁴

---

60 Vgl. Flusin (s. Anm. 10) 85f.: „Mais les auteurs auxquels Cyrille emprunte ne sont pas seulement des modèles. Ils sont des rivaux."
61 Kyr. VE 1 (6,22–7,15).
62 Einzelnachweise bei Schwartz (s. Anm. 3) 362³ und Flusin (s. Anm. 10) 73–83.
63 Vgl. Hombergen (s. Anm. 9) 188–190. Anders als Kyrill glauben machen will, änderte sich natürlich das Verständnis dessen, was Orthodoxie inhaltlich ausmacht, unter den Mönchen der judäischen Wüste: vgl. P.T.R. Gray, The Sabaite Monasteries and the Christological Controversies (478–533), in: Patrich (s. Anm. 37), 237–243.
64 Kyr. Skyth. VS 90 (200,3–16). Vgl. Flusin (s. Anm. 47) 125: „Pour Cyrille ... l'histoire ecclésiastique est une longue guerre contre la piété, une guerre entre chrétiens et païens, puis entre hérétiques et orthodoxes. Et c'est l'histoire de cette guerre, depuis la fin de la crise arienne jusqu'à la fin de l'origénisme, qu'il mêle de plus en plus étroitement à son œuvre hagiographique."

Es liegt auf der Hand, daß diese Darstellung im Dienste der Gegenwart steht. Zwei Funktionen lassen sich unterscheiden: Indem er die Heiligen zu Parteigängern macht, legitimiert der Hagiograph zum einen die Position und den Erfolg derjenigen Mönchsfraktion in der judäischen Wüste, der er zur Zeit der Abfassung seines Werks selbst angehörte.[65] Zum anderen erscheinen Euthymios und Sabas und die anderen Wüstenväter als Neochalkedonenser „avant la lettre" (im Sinne des Konzils von Konstantinopel 553) und machen die Übereinstimmung der Mönche mit der Theologie des regierenden Kaisers Justinian augenfällig. Der Leser kann diese Tatsache als Konsequenz der Beziehungen verstehen, die durch die Reisen des Sabas zwischen dem palästinischen Mönchtum und der kaiserlichen Macht gestiftet wurden: „La théologie de Cyrille n'est pas seulement orthodoxe. Elle est la théologie de l'empereur."[66]

6. Kyrill gibt nicht nur biographische Informationen über die hervorragenden Mönche, denen er eine eigene Vita widmet. Darüber hinaus enthalten seine Schriften eine Fülle von Daten über andere monastische Persönlichkeiten von Jerusalem und der judäischen Wüste. Aus seinen Angaben geht hervor, daß die Mönche aus allen Teilen des oströmischen Reiches stammten, ja selbst aus Gegenden, die jenseits der Reichsgrenzen lagen.[67] Durch die häufige Erwähnung der Herkunft betont Kyrill den internationalen Charakter des palästinischen Mönchtums. Diese Heterogenität wurde, wie Kyrills Darstellung erkennen läßt, durch ein besonderes Selbstbewußtsein und einen ausgeprägten „Corpsgeist" aufgefangen.

4. Zur Soziologie des palästinischen Mönchtums

An dieser Stelle berührt sich Kyrills literarische Strategie mit dem, was eine sozialhistorische Analyse aus seinem Werk erschließen kann. Wenn man andere Quellen mit anderen lokalen Schwerpunkten hinzunimmt, ergibt sich ein relativ klares und geschlossenes Bild über Palästina als Mönchsprovinz.[68]

---

65 Dementsprechend scheut Kyrill nicht vor dem Anachronismus zurück, dem greisen Sabas während seines zweiten Aufenthalts in Konstantinopel 531 ein Vorgehen gegen angebliche Anhänger des Origenes und des Theodor von Mopsuhestia zuzuschreiben, also exakt gegen jene Gruppen, die im Zusammenhang mit dem Konzil von Konstantinopel 553 aus der Gemeinschaft der orthodoxen Kirche ausgeschlossen wurden: vgl. Hombergen (s. Anm. 9) 177–190. Über die Hagiographie als Waffe in lokalen Konflikten vgl. Gotter (s. Anm. 51) 205–211.
66 Flusin (s. Anm. 10) 76.
67 Zusammenstellung der Herkunft der zahlreichen bei Kyrill genannten Mönche bei Schwartz (s. Anm. 3) 359 mit Anm. 1. Vgl. auch Wilken (s. Anm. 19) 157f.
68 Vgl., auch für den folgenden Absatz, di Segni (s. Anm. 37) 31–36, bes. 35; Perrone (s. Anm. 37) 77–86; Sterk (s. Anm. 11) 213.

Anders als in Ägypten, Syrien oder Kleinasien waren die Mönche Palästinas wegen ihrer ganz überwiegend fremden Herkunft nicht im Land verwurzelt;[69] ihre Kontakte zur einheimischen Landbevölkerung blieben spärlich, wozu neben der Menschenleere der Wüste schon einfache Kommunikationsprobleme beigetragen haben dürften. Mit aramäisch-sprachigen Bauern und arabischen Viehhirten konnten sich die meisten Mönche noch nicht einmal verständigen; außerdem existierten auf dem Land auch im 6. Jahrhundert noch große Minderheiten von Nicht-Christen. Peter Browns berühmte These, wonach heilige Männer in der Spätantike eine wichtige soziale Funktion als Fürsprecher oder Patrone der ländlichen Bevölkerung ausübten, mag daher im großen und ganzen auf Syrien, Ägypten und Teile Kleinasiens zutreffen – mit den Verhältnissen in Palästina ist sie unvereinbar.[70] Dementsprechend wurden die palästinischen Klöster auch nicht von ländlichen Gemeinden unterstützt, sondern hauptsächlich von fremden Besuchern und Pilgern sowie, zumindest in der Umgebung von Jerusalem, zunehmend auch vom Kaiser. Dieser sozioökonomische Hintergrund erklärt ebenfalls, warum sich die Klöster Palästinas mehr als in anderen Kirchenprovinzen an den Bedürfnissen der Städte und des Reichs ausrichteten.

Kyrills Berichte über den sozialen Hintergrund einzelner Mönche, deren Erweckungserlebnisse und Motive zur „Flucht" ins Heilige Land bestätigen diese Überlegungen. Zumindest die hervorragenden Mönchen waren demnach häufig Personen, die von Jugend an auf das monastische Leben vorbereitet wurden und sich als junge Männer auf der Suche nach einer neuen Herausforderung in die judäische Wüste begaben.[71] Oder es waren Personen, oft aus aristokratischen Familien, die sich – schon in jungen Jahren zu Bischöfen geweiht – ihrer Amtspflichten durch die Flucht nach Jerusalem entzogen.[72] Nicht selten gaben Bibellektüre und Gottesworte den entscheidenden Anstoß und ebneten den Weg zum

---

69 Auch in Ägypten hatte das Mönchtum anfangs bekanntlich eine starke „internationale" Komponente, die aber durch die verheerenden Nomadeneinfälle in den Jahren 404, 434 und 444 und vor allem durch die Folgen des Konzils von Chalkedon und das Abdriften Ägyptens in den Monophysitismus bedeutend reduziert wurde; vgl. C. W. Griggs, Early Egyptian Christianity. From its Origins to 451 C. E., Leiden 1990, 207–215. – Kyr. Skyth. VE 32 (50,20–51,21) berichtet von zwei Archimandriten aus Nitria, die 457 vor monophysitischen Übergriffen Zuflucht bei Euthymios in der judäischen Wüste suchten. Von ihnen stammte Martyrios aus Kappadokien und Elias aus Arabien. Beide sollten Klöstergründer und später Patriarchen von Jerusalem werden.
70 P. Brown, The Rise and the Function of the Holy Man in Late Antiquity, in: ders., Society and the Holy, Berkeley 1982, 103–152, hier 145–147 zitiert für die Rolle des Mönchs als Patron der Landbevölkerung auch Beispiele aus Palästina, die aber bei genauerer Betrachtung andere Bezugsgrößen haben bzw. Ausnahmefälle darstellen.
71 Kyr. Skyth. VE 4–5 (11,9–14,2). VS 6 (90,5–25). VTheog 241,11–242,6.
72 Kyr. Skyth. VJ 1–4 (201,4–204,13). VA 1–6 (243,22–247,21).

monastischen Leben im Heiligen Land.⁷³ In vielen Fällen ermöglichte es den Mönchen, zumal solchen aus der Oberschicht, erst die räumliche Distanz zu ihrer Herkunft, aus ihren sozialen und familiären Bindungen herauszutreten und ihrer Berufung mit der für erforderlich gehaltenen Radikalität zu folgen. Das Leben in der judäischen Wüste zog allerdings nicht nur Mönche an, die sich ausschließlich den Normen der traditionellen Askese verpflichtet fühlten, sondern mit der Zeit auch solche, die damit einen besonderen intellektuellen Anspruch verbanden. Diese Gruppe, deren Mitglieder zweifellos städtischer Herkunft waren und über Residuen traditioneller Bildung verfügten, tritt im Werk Kyrills zunächst durch den Widerstand gegen Sabas' allzu bäurische Amtsführung als *hegoumenos* in Erscheinung. Später war es dann gerade diese (von Sabas in der Neuen Laura angesiedelte) Gruppe, in der die abstrakteren theologischen Ideen des Origenes und Evagrios Pontikos auf fruchtbaren Boden fielen.⁷⁴ In den dreißiger und vierziger Jahren des 6. Jahrhunderts, nach dem Tod der großen Mönchsväter Theodosios und Sabas, gelang es den „Origenisten", den aktiveren Teil des palästinischen Mönchtums hinter sich zu scharen, zeitweise die Oberhand in der Kirche von Jerusalem zu gewinnen und ihren Einfluß bis an den Kaiserhof in Konstantinopel auszudehnen.⁷⁵

Aus den Heiligenviten des Kyrill von Skythopolis geht das zugleich elitäre und politische Selbstbewußtsein des Mönchtums Palästinas und insbesondere der judäischen Wüste während der ersten Hälfte des 6. Jahrhunderts deutlich hervor. Dieses Selbstbewußtsein läßt sich zum einen an den Handlungen der Mönche und ihrer Führer selbst ablesen; zum anderen kommt es in der besonderen Art der Darstellung und historisch-theologischen Deutung dieser Handlungen durch Kyrill zum Ausdruck; und zum dritten entspricht es den Besonderheiten der Zusammensetzung und sozialen Bedingungen des Mönchtums in Palästina. Dem eigenen Urteil nach zeichnete sich das palästinische Mönchtum im wesentlichen durch vier Eigenschaften aus: 1. seine internationale Herkunft und Zusammensetzung, 2. seine asketische und intellektuelle Leistungen, 3. sein ultra-orthodoxes Selbstverständnis sowie 4. seine Nähe und Verbindung zu den heiligen Stätten der

---

73 Kyr. Skyth. VK 1–3 (222,21–224,12). VTheod. 1 (235,27–236,13).
74 Patrich (s. Anm. 10) 199. Kyr. Skyth. VS 83 (188,18). VK 14 (230,31) charakterisiert die sogenannten „Origenisten" als λογιώτεροι· Schwartz (s. Anm. 3) 387f. nimmt dementsprechend an, daß „Korbflechten und Psalmodieren ihren Hunger nach Denkstoff nicht bezwangen". Nach Hombergen (s. Anm. 9) 231–254 greift es allerdings zu kurz, die zweite Origenisten-Kontroverse auf einen Konflikt zwischen Intellektualismus und Anti-Intellektualismus zu reduzieren, denn schließlich seien auch Kyrill und andere Anti-Origenisten Intellektuelle gewesen; vielmehr hätten widerstreitende Vorstellungen über das spirituelle Leben im Hintergrund gestanden.
75 S. o. Anm. 36.

Christenheit. Die sich daraus ergebenen Ansprüche einer hervorgehobenen Stellung im Rahmen des christlichen Römischen Reiches sind in dem genannten Zeitraum von Kaiser und Kirche weitgehend anerkannt worden. „Reichsmönchtum" erscheint mir daher als ein Begriff, der diese Verhältnisse zwar zugespitzt, aber letztendlich zutreffend beschreibt.

Abstract

Both the events reported by Cyril of Skythopolis in "The Lives of the Monks of Palestine" and the specific literary character of his opus demonstrate that the monasticism of the Judean desert especially during the first half of the sixth century A.D. reflect an elitist self-image. In this paper I shall first deal with the successful resistance which Palestinian monks offered against the Emperor Anastasius in the struggle over the dogmatic orientation of the Jerusalem patriarchate. Cyril's reports also show that the monastic leaders of Palestine were able to exert unusual influence at the imperial court in Constantinople and that they received funds and extraordinary privileges not only for their own monasteries, but also for the entire church of the Holy Land. To prove the political importance of Palestinian monasticism and to legitimate his claims, Cyril employs a method which makes his hagiography strikingly resemble the genre of church history. Thus, for a hagiographer, he attaches unusual importance to chronology, source references, documents, prosopography and the defence of orthodoxy.

The pre-eminence of Palestinian monasticism as it is presented by Cyril of Scythopolis rests on four arguments: 1. its international derivation and composition, 2. its ascetic and intellectual achievements, 3. its ultra-orthodox self-conception and 4. its proximity and relation to the holy sites of Christianity. On the basis of these arguments, the monks of the Judean desert claimed a distinguished position within the Christian empire which was accepted to a large extent by the emperor and the church. "Imperial monasticism" may then be a term which describes these affairs in a simplified but ultimately legitimate way.

Claustra Aegypti – Alexandria und seine Häfen

Manfred Clauss

Der Tod Neros, des letzten Kaisers der iulisch-claudischen Dynastie, im Jahre 68 hatte eine längere Phase von Bürgerkriegen zur Folge, aus denen schließlich Vespasian, der die Aufgabe hatte, den jüdischen Aufstand niederzuschlagen, als Sieger hervorgehen sollte. „Als so der Bürgerkrieg begonnen hatte und Heerführer mit Truppen nach Italien vorausgeschickt worden waren, begab er (Vespasian) sich in dieser Zeit nach Alexandria, um die Schlüssel Ägyptens in die Hand zu bekommen."[1] So beschreibt Sueton die Anfänge der Machtübernahme Vespasians und verwendet dabei jene Formulierung der „Schlüssel Ägyptens", mit denen er die Häfen Alexandrias meint, „des größten Handelsplatzes der Welt".[2] Die Formulierung Suetons greife ich auf, um einige Überlegungen zur Gesamtfunktion der verschiedenen Häfen in und um Alexandria, des umfangreichen Kanalsystems und des Umschlagvolumens vorzustellen.

1. Die Häfen

1.1 Eunostos- und Kibotos-Hafen

Bei seinem Gang durch Alexandria beschreibt Strabo kurz den Eunostos-Hafen: „Gleich nach dem Heptastadion folgt der Hafen Eunostos und über diesem der ausgegrabene, der auch Kibotos (Schachtel) heißt und gleichfalls Schiffslager hat. Von seinem Innern aus erstreckt sich ein schiffbarer Kanal zum See Mareotis. Jenseits des Kanals liegt noch ein kleiner Teil der Stadt, dann die Vorstadt Nekropolis."[3] Wir erfahren nicht viel über den Eunostos-Hafen. Er hatte Schiffslager, was eigentlich selbstverständlich ist, und war mit dem Kibotos-Hafen verbunden.

---

1 Sueton, *Vespasian* 7: suscepto igitur civili bello ac ducibus copiisque in Italiam praemissis interim Alexandriam transiit, ut claustra Aegypti obtineret.
2 Strabo 17, 1, 13 (798): τὸ μέγιστον ἐμπόριον τῆς οἰκουμένης.
3 Strabo 17, 1, 10 (795): ἑξῆς δ' Εὐνόστου λιμὴν μετὰ τὸ ἑπταστάδιον, καὶ ὑπὲρ τούτου ὁ ὀρυκτός, ὃν καὶ Κιβωτὸν καλοῦσιν, ἔχων καὶ αὐτὸς νεώρια. ἐνδοτέρω δὲ τούτου διῶρυξ πλωτὴ μέχρι τῆς λίμνης τεταμένη τῆς Μαρεώτιδος. ἔξω μὲν οὖν τῆς διώρυγος μικρὸν ἔτι λείπεται τῆς πόλεως, εἶθ' ἡ Νεκρόπολις τὸ προάστειον.

Dessen Lage vor allem gilt es zu klären; das entscheidende Wort in der Beschreibung Strabos ist ὑπέρ. Wenngleich P. M. Fraser zurecht bemängelt, daß dessen Bericht an Deutlichkeit zu wünschen nachläßt, nachdem er den Großen Hafen verlassen hat, scheint mir klar, daß Strabos Blickrichtung vom Eunostos-Hafen aus nach Süden geht: Eunostos-Hafen, darüber die „Schachtel", dann der Kanal zum Mareotis-See. Der Kibotos-Hafen war ausgegraben, wie Strabo schreibt, also künstlich angelegt; der Name scheint anzudeuten, daß das Becken eine viereckige Form hatte und von Speicherhallen umgeben war.

A. Schiff wollte um 1900 die Form des Kibotos-Hafen im Verlauf des seinerzeitigen Mahmudiya-Kanals wiedererkennen, was eine Lage westlich des Serapeum bedeutete.[4] Diese Lokalisierung gewinnt Unterstützung durch einen Papyrus des 3. vorchristlichen Jahrhunderts, der von einem Ladevorgang „bei dem Sarapieion in Rhakotis" spricht.[5] Ich gehe davon aus, daß der Kibotos-Hafen derjenige ist, in dem in ptolemäischer Zeit die aus dem Landesinneren kommenden und über den Mareotis-See transportierten Waren ankamen, um dort umgeladen und in den Eunostos-Hafen gebracht zu werden; aus dem Eunostos-Hafen erfolgte der Export ins Mittelmeer.

Während der Kaiserzeit bleibt die Rolle des Eunostos-Hafens innerhalb der Häfen der Stadt merkwürdig unbestimmt. Strabo erwähnt ihn eher beiläufig, während er den Großen (Ost-)Hafen detailliert beschreibt. Flavius Josephus übergeht den Eunostos-Hafen bei seiner Schilderung der Häfen Alexandrias völlig.[6] Wie ist das zu erklären?

Der Schlüssel zum Verständnis scheint mir in den Ereignissen während der Anwesenheit Caesars in Alexandria in den Jahren 48/47 v.Chr. zu liegen. Um seine Lage innerhalb der Stadt zu stabilisieren, sicherte sich Caesar die Kontrolle des Großen Hafens. Im *bellum civile* wird zunächst beschrieben, welche Bedeutung die Insel Pharos[7] für den Hafen hatte, weil von dort dessen Einfahrt kontrolliert werden konnte. „Gegen den Willen derer, von denen Pharos gehalten wird, haben Schiffe wegen der Enge keinen Zugang zum Hafen. Aus Furcht davor besetzte Caesar, während die Feinde durch Kampf festgehalten wurden, mit gelandeten Truppen Pharos und legte dorthin eine Besatzung. Hierdurch wurde erreicht,

---

4   A. Schiff, Εὐνόστου λιμήν, RE 6,1, 1907, 1139–1143, hier 1143; ähnlich P. M. Fraser, Ptolemaic Alexandria, 3 Bände, Oxford 1972, Band 2, 78.
5   P. Ryl. 4, 576: πρὸς τῷ ἐν Ῥακώτει Σαραπιείῳ.
6   Flavius Iosephus, *bellum Iudaicum* 4, 612–615.
7   Pharos war im Altertum sicherlich größer als heute: C. Picard, Sur quelques représentations nouvelles du Phare d'Alexandrie et sur l'origine alexandrine des paysages portuaires, BCH 73, 1952, 61–95, hier 63.

daß Proviant und Hilfstruppen mit Schiffen zu ihm gebracht werden konnten."[8] Daß Caesar seine Truppen mit Schiffen nach Pharos übersetzen mußte, erklärt sich dadurch, daß der bequemere Zugang über das Heptastadion von Ägyptern kontrolliert wurde. Ende des Jahres 48 v. Chr. kam es zu einem Seegefecht, in dem sich die rhodischen Schiffe Caesars auszeichneten. Es fand im Eunostos-Hafen statt, der zwar nicht genannt, aber klar beschrieben wird; denn Caesars Flotte umrundet Pharos, ehe sie auf die der Ägypter trifft.[9]

Im 1. nachchristlichen Jahrhundert wirkte der griechische Arzt Xenokrates von Aphrodisias in Alexandria. Er schrieb Bücher über Heilpflanzen und Ernährung. Dabei äußert er sich auch über die Qualität von unterschiedlichen Muschelarten im Hafen Alexandrias: „Die Herzmuscheln sind angenehmer als die glatten Muscheln ...; diejenigen im Hafen Alexandrias sind die besten, während die in der Nähe des Diolkos, des Pharos (Leuchtturms) und der Brücke länglich und stachlig sind."[10] Die Erklärung, was mit der Brücke gemeint sein kann, liefert der Aristeas-Brief des 2. vorchristlichen Jahrhunderts. Er schildert, daß sich an das Heptastadion unmittelbar vor der Insel Pharos eine Brücke anschloß.[11] Der Autor des

---

8   Caesar, *bellum civile* 3, 112: *iis autem invitis, a quibus Pharos tenetur, non potest esse propter angustias navibus introitus in portum. hoc tum veritus Caesar hostibus in pugna occupatis militibusque expositis Pharon prehendit atque ibi praesidium posuit. quibus est rebus effectum, ut tuto frumentum auxiliaque navibus ad eum subportari possent.*
9   Zu *bellum Alexandrinum* 14–16 vgl. Schiff (s. Anm. 4) 1142. Zur Diskussion um den Hafen vgl. Fraser (s. Anm. 4) Band 2, 77–78.
10 Oribasius, ἰατρικὴ συναγωγή 2, 58, 129: αἱ δὲ γλυκυμαρίδες χαριέστεραι τῶν λειοστράκων κογχῶν ... αἱ μὲν γὰρ ἐν τῷ ἐν Ἀλεξανδρείᾳ λιμένι ἄρισται, αἱ δὲ περὶ τὸν Δίολκον καὶ Φάρον καὶ γέφυραν ἐπιμήκεις καὶ τραχεῖαι. Auch eine zweite Passage des Xenokrates nennt diese Lokalitäten Alexandrias: Oribasius, ἰατρικὴ συναγωγή 2, 58, 54–55: γίνονται δὲ καὶ γένη πελωρίδων τε καὶ χημῶν ... αἱ δ' ὑπὲρ Φάρον καὶ τὸν Δίολκον τήν τε γέφυραν καὶ νῆσον ἐπιμήκεις „Es gibt (mehrere) Arten von Muscheln ..., die hinter Pharos (dem Leuchtturm) und dem Diolkos und der Brücke sowie der Insel sind länglich". Xenokrates verwendet Pharos ohne Artikel, während andere Autoren ὁ Φάρος, „der Pharos = Leuchtturm", von ἡ Φάρος, „die Pharos(-Insel)", unterscheiden; vgl. C. Wachsmuth, Zur Topographie von Alexandria, RhM 42, 1887, 462–466, hier 462. In dieser Passage nennt Xenokrates aber Pharos und Insel, was darauf hinweist, daß mit Pharos der Leuchtturm gemeint ist.
11 Aristeas, *epistula* 301: ὁ Δημήτριος ... διελθὼν τὸ τῶν ἑπτὰ σταδίων ἀνάχωμα τῆς θαλάσσης πρὸς τὴν νῆσον καὶ διαβὰς τὴν γέφυραν καὶ προσελθὼν ὡς ἐπὶ τὰ βόρεια μέρη. – „Demetrius (von Phaleron) ... überquerte das Heptastadion, aufgeschüttet im Meer zur Insel, und überschritt die Brücke und kam in die nördlichen Teile".

bellum Alexandrinum[12] und Flavius Iosephus[13] unterscheiden gleichfalls Heptastadion und Brücke. Schließlich spricht auch Strabo davon, daß das Heptastadion jeweils an seinen beiden Ende in Brücken überging, so daß es für die Schiffe eine Verbindung zwischen dem Großen Hafen und Eunostos-Hafen gab.[14] Aus all dem folgt, daß der Diolkos, die Schiffsschleife, um die es mir hier geht, am südlichen Ende der Pharos-Insel lag.

Es gibt, wie gerade gesehen, seit dem 2. vorchristlichen Jahrhundert mehrere ausführliche Beschreibungen des Heptastadion und des Übergangs zur Insel Pharos, ohne daß der Aristeas-Brief, der Autor des *bellum Alexandrinum* oder Strabo die Schiffsschleife erwähnen. Erst Autoren des 1. nachchristlichen Jahrhunderts, Flavius Iosephus und Xenokrates, nennen sie. Betrachtet man dagegen die Zeugnisse für den Eunostos-Hafen, so erwähnt Strabo ihn nur kurz, während Flavius Iosephus ihn übergeht. Dahinter könnte folgende Entwicklung stehen: Die Nutzung und Bedeutung des Eunostos-Hafens ging seit der römischen Zeit zurück. Der Export konzentrierte sich auf den Großen Hafen, der Import aus dem Landesinnern auf den neuen Mareotis-Hafen Iuliopolis (S. 302).

Nachdem Caesar zu Beginn seines Kampfes in Alexandria die Insel Pharos erobert und anschließend die ägyptische Flotte im Eunostos-Hafen vernichtet hatte, scheint es den Ägyptern wieder gelungen zu sein, die Insel zu kontrollieren, was später wohl vollends zu der Zerstörung der dortigen Siedlung durch Caesar geführt hat. „Weil sie (die Insel Pharos) es mit den Königen hielt", habe Caesar sie verödet.[15] Am Zustand der Siedlung auf Pharos änderte offensichtlich auch Augustus nichts. Damit wurde auch der Aquädukt des Heptastadion nutzlos und zerfiel, wie es Strabo bereits beschreibt; möglicherweise traf die beiden Brücken

---

12 *Bellum Alexandrinum* 17–21.
13 Flavius Iosephus, *antiquitates Iudaicae* 12, 103.
14 Ein Problem besteht darin, daß Strabo das Heptastadion insgesamt als Brücke (γέφυρα) bezeichnet (17, 1, 6 [792]). Dies wird sich auf die spektakulären Teile der Anlage beziehen, die weitgehend als Damm, an den beiden Enden aber als längere Brücke angelegt war. Möglicherweise besitzen wir in zwei Lampen, die eine Hafensituation zeigen, eine Darstellung des Heptastadion; M.-L. Bernhard, Topographie d'Alexandrie: le tombeau d'Alexandre et le mausolée d'Auguste, RA 47, 1956, 129–156, hier 130–134 mit Abb. 1 und 2. Wir sehen ein Hafenbecken, das zu einer Seite (Norden) offen und im Westen von einer Brücke begrenzt ist. Diese Brücke ist an ihrem nördlichen Ende (auf Pharos) mit einem Torbogen abgeschlossen wie bei derartigen Anlagen öfters zu beobachten. Die weitergehenden Vorschläge, die Bernhard zur Identifizierung der Gebäude im Osten des Hafens, also auf Lochias, macht, sind zu spekulativ. D. M. Bailey, Alexandria, Carthage and Ostia (not to mention Naples), in: Alessandria e il mondo ellenistico-romano. Studi in onore di A. Adriani, Rom 1984, Band 2, 265–272, spricht sich strikt gegen eine Identifizierung der dargestellten Szene mit Alexandria aus.
15 Strabo 17, 1, 6 (792): τεταγμένην μετὰ τῶν βασιλέων.

am Nord- und Süd-Ende des Heptastadion das gleiche Schicksal. Für den nur noch geringen Schiffsverkehr um die Insel Pharos herum genügte dann die Schiffschleife.¹⁶

1.2 Großer Hafen

Strabo berichtet, der Große Hafen sei in zahlreiche Kais aufgeteilt und so tief gewesen, daß auch die größten Schiffe anlegen konnten. Ersteres lehrt die moderne Unterwasserarchäologie zu verstehen,¹⁷ letzteres illustriert eine Anekdote über den König Hieron II. von Syrakus. Um die Möglichkeiten und Leistungen der Werften der Stadt Syrakus zu demonstrieren, ließ Hieron ein Riesenschiff, die *Syrakusia*, bauen. Dieser mit allen mechanischen Finessen ausgestattete Koloß, ein Werk des Archimedes, dokumentiert hervorragend das ‚Fortschrittliche' des Hellenismus, den Sinn für das Monumentale, der Idee und Ausführung des Leuchtturms von Alexandria ebenbürtig, wenngleich nicht annähernd so zweckmäßig. Für den bis dahin unerhörten Tiefgang des Riesenschiffes mit einer Tragfähigkeit von etwa 3.310 Tonnen waren die Häfen des westlichen Mittelmeeres nicht geeignet.¹⁸ Hieron machte es daher Ptolemaios II. zum Geschenk und taufte es auf *Alexandria* um. Doch auch in Ägypten konnte es nicht verwendet werden; es dürfte als Schaustück im Hafen von Alexandria gelegen haben.

1.3 Mareotis-Häfen

„The Lake Mareotis by itself was a very important part of the districts economy, first of all by means of transportation with all the special harbours located around its coasts."¹⁹ M. Rodziewicz behandelt eine Reihe von Mareotis-Häfen, von denen

---

16 P. M. Fraser, The ΔΙΟΛΚΟΣ of Alexandria, The Journal of Egyptian Archaeology, 47, 1961, 134–138.
17 F. Goddio – A. Bernand – E. Bernand – I. Darwish – Z. Kiss – J. Yoyotte, Alexandrie. Les quartiers royaux submergés, London 1998, vor allem: A. de Graauw, Le point de vue d'un ingenieur du XXème siècle sur le port est d'Alexandrie, 53–58. Der Beitrag beschäftigt sich mit der Stationierung der ptolemaiischen und anderer Kriegsflotten. Ferner: F. Goddio – A. Bernand, Sunken Egypt. Alexandria, London 2004, vor allem zu den westlichen Partien des Großen Hafens 156–163; dort sind Baumaßnahmen durch Holzfunde in den ersten beiden nachchristlichen Jahrhunderten bezeugt.
18 J. M. Turfa – A. G. Steinmayer, The Syracusia as a giant cargo vessel, The International Journal of Nautical Archaeology and Underwater Exploration, 28, 1999, 105–125.
19 M. Rodziewicz, Alexandria and district of Mareotis, Graeco-Arabica 2, 1983, 199–219, hier 199.

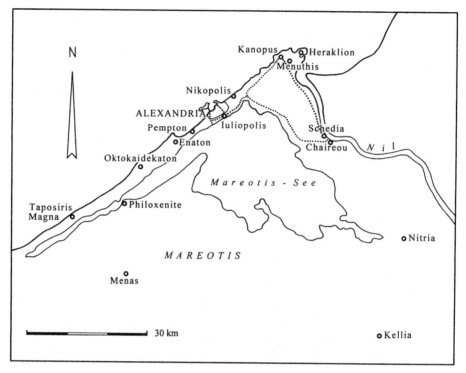

Abb. 1: Alexandria und sein Umland (© Gertrud Seidensticker)

ich hier nur auf die näher eingehen will, die Alexandria mit dem See, einer der großen Transport-Drehscheiben der Region, verbanden.[20]

Der westliche Ausgangspunkt des Kaiser-Kanals (S. 309), eine Hafenanlage drei Kilometer von Alexandria entfernt, erhielt den Namen Iuliopolis, Stadt des Iulius, nach dem Familiennamen des Augustus. Im Gegensatz zu Nikopolis, das den Sieg des Kaisers über Kleopatra und somit über Ägypten und Alexandria wachhielt und als Stationierungsort für die römischen Truppen diente, war Iuliopolis eine zivile Ansiedlung, Hafenstadt und Zollstation, deren Pendant sich am anderen Ende des Kanals in Schedia befand.[21]

In dem Mareotis-Hafen, bemerkt Strabo, ohne allerdings einen Namen zu erwähnen, war das Einfuhrvolumen weitaus größer als vom Meer her;[22] hier, so

---

20 Zu den Häfen, die vor allem in der Spätantike dem Personentransport in die Klöster westlich und südlich von Alexandria dienten, siehe S. 319.
21 Die von H. Kees, Iuliopolis 2, RE 10,1, 1918, 103, vorgenommene Identifizierung von Iuliopolis mit Nikopolis überzeugt nicht (Siehe S. 321).
22 Strabo 17, 1, 7 (793); diese Behauptung unterlegt Fraser (s. Anm. 4) Band 1, 143–148, mit zahlreichen Beispielen.

versichert uns Plinius der Ältere, befand sich jener Hafen Alexandrias, von dem aus die Schiffe nach Süden, den Nil hinab, aufbrachen. Er lokalisiert Iuliopolis indirekt am „Kaiser-Kanal" und gibt in diesem Zusammenhang eine detaillierte Beschreibung des Indienhandels, wie er von Alexandria aus betrieben wurde (S. 317).[23]

Für die genaue Lokalisierung von Iuliopolis haben wir keinerlei Anhaltspunkte in den Quellen; auch die Archäologie konnte bislang nichts dazu beitragen. Wir wissen allerdings in etwa, wo sich der Mareotis-Hafen der Ptolemaier, den ich mit dem Kibotos-Hafen identifizieren möchte, befand (S. 298), nämlich auf jeden Fall im Südwesten der Stadt. Dies paßt zur weiteren Topographie der Häfen in ptolemaiischer Zeit, konnte doch von diesem Mareotis-Hafen aus der Transport über den westlichen Rhakotis-Kanal in den Eunostos-Hafen erfolgen. In dem Maße, indem der Eunostos-Hafen in der Kaiserzeit an Bedeutung verlor, als sich die gesamte Ausfuhr auf den Ost-Hafen konzentrierte, büßte auch der alte Mareotis-Hafen der Ptolemaier seine Bedeutung ein und eine neue Anlage weiter östlich, am Nepherotis-Kanal, Iuliopolis, drängte sich förmlich auf.

Den beiden kaiserzeitlichen Häfen Alexandrias – Mittelmeer- und Mareotis-Hafen –, welche die entsprechenden Anlagen der Ptolemaierzeit ersetzten, entsprachen zwei unterschiedliche Getreidelager mit jeweils eigener Organisation. Damit übernahmen die Römer die Zweiteilung der Speicheranlagen aus ptolemaiischer Zeit.[24] Wir kennen zwei Prokuratoren für die großen *horrea*. Der *procurator Neaspoleos* war für die Getreidelager in der Neustadt zuständig; sie befand sich am Großen Hafen, wo die Kornflotte lag.[25] Die Lagerhallen waren auf dem riesigen Gelände der alten Königspaläste angelegt und schlossen den Grabbezirk, in dem unter anderem die Ruhestätte Alexanders lag, mit ein. Daher erscheint gelegentlich in Inschriften außerhalb Ägyptens der Titel des *procurator Neaspoleos et Mausolei Alexandriae*.[26] Der in den Inschriften und Papyri „Neustadt" genannte Bezirk, nach den Zerstörungen durch Caesar, von Kleopatra und vor allem Augustus neugebaut oder restauriert, hieß wegen der großen Getreidespeicher im Volksmund *Brucheion*: Weizenspeicher. Der Name ging so sehr in das Bewußtsein der Nachwelt ein, daß Epiphanius von Salamis im 4. Jahrhundert schreiben konnte,

---

23 Plinius, *naturalis historia* 6, 102: *MM p(assuum) ab Alexandria abest oppidum Iuliopolis, inde navigant Nilo Coptum.*
24 E. Börner, Der staatliche Korntransport im griechisch-römischen Aegypten, Hamburg 1939, 34.
25 U. Wilcken, Zum Germanicus-Papyrus, Hermes 63, 1928, 48–65, hier 60; H. Kees, Neapolis 24, RE 16,2, 1935, 2130.
26 CIL 8, 8934 aus Saldae; CIL 13, 1808 aus Lyon; einen raschen Zugriff auf die Texte ermöglicht die „Epigraphik-Datenbank Clauss/Slaby" (EDCS): http://compute-in.ku-eichstaett.de:8888/pls/epigr/epigraphik.

Ptolemaios II. Philadelphos habe die berühmte Bibliothek im Brucheion gegründet.[27]

Ein zweiter *procurator ad Mercurium* hatte die Aufsicht über die Kornvorräte für die Bevölkerung Alexandrias.[28] Zur Bewachung der beiden Lager waren Soldaten aus Nikopolis abgeordnet; in den Militärberichten ist dann vermerkt *ad frumentum Neapoli* oder *ad frumentum Mercuri*.[29] Die Speicher *ad Mercurium* lagen wahrscheinlich im Süden der Stadt, vermutlich am Binnenhafen Iuliopolis, wo auch die zum Verbrauch in Alexandria bestimmten Korntransporte eintrafen.[30]

1.4 Nil-Häfen

Zur Umgebung Alexandrias im weitesten Sinn gehören auch die Nilhäfen wie Schedia[31] oder Chaireou. In Chaireou wurde Getreide von großen Nilschiffen auf Kanalboote umgeladen und in die Speicher Alexandrias transportiert. Die ausführlichste Schilderung des Ortes bietet der griechische Schriftsteller Prokop in seinem Werk über die Bauten aus dem 6. Jahrhundert: „In Alexandria schuf er (Iustinian, 527–565) folgende Werke: Der Nil kommt nicht bis Alexandria, sondern biegt bei dem Ort Chaireou ab und verläßt das zur Stadt gehörende Gebiet. Deshalb legte man, damit die Stadt nicht gänzlich leer ausgehe, von Chaireou (ausgehend) einen tiefen Kanal an und erreichte durch einen schmalen Abfluß des Nil, daß er befahrbar wurde. Dort münden auch einige andere Abflüsse aus dem Mareotis-See. Der genannte Kanal kann von großen Schiffen nicht benutzt werden; deshalb verlädt man das ägyptische Getreide in Chaireou auf Leichter, die

---

27 Epiphanius, *liber de mensuris et ponderibus* 9 = PG 43, 167a; dazu A. Ausfeld, Neapolis und Brucheion in Alexandria, Philologus 63, 1904, 481–497. Die dortigen Horrea sind in zahlreichen Papyri erwähnt; P. Flor. 1, 75 aus dem Jahre 380: ἐν τοῖς ὁρ(ρ)ίοις τῆς Νέας πόλεως, ferner P.Oxy. 60, 4063–4065.
28 CIL 10, 3847 = B. Lőrincz, Die römischen Hilfstruppen in Pannonien während der Prinzipatszeit. I: Die Inschriften, Wien 2001, Nr. 298 = H. Dessau, Inscriptiones Latinae Selectae, Berlin 1892–1916, Nr. 1398 aus Capua: *M(arco) Campanio M(arci) fil(io) M(arci) nep(oti) Fal(erna) Marcello proc(uratori) A[ug]ustor(um) ad Me[rc]urium Alexandr(iae)*; vgl. Wilcken (s. Anm. 25) 60.
29 R. O. Fink, Roman military records on papyrus, Ann Arbor 1971, Nr. 10.
30 Die Bedeutung der Häfen Alexandrias läßt sich auch daraus ablesen, daß sich in den Laufbahnen einiger *praefecti Aegypti* Erfahrungen in der Verwaltung von großen Häfen nachweisen lassen; G.W. Houston, The administration of Italian seaports during the first three centuries of the Roman empire, in: The seaborne commerce of ancient Rome, hrsg. v. J.H. D'Arms – E.C. Kopff, Rom 1980, 157–171, beispielsweise zu Lucius Mussius Aemilianus.
31 Der Name leitet sich vom griechischen Wort für Floß, Leichter ab; vgl. J. Rougé, 'Emporion nomimon'. Recherches sur la terminologie du Périple de la mer Erythrée, Index 15, 1987, 405–411, hier 406.

man Diaremata nennt, bringt es in die Stadt, in die man auf dem Flußkanal gelangen kann, und lagert es an einem von den Alexandrinern Phiale genannten Platz ein. Da aber aufgrund der häufigen Aufstände des Volkes das Getreide dort vernichtet worden war, ließ Kaiser Iustinian den Ort mit einer Mauer umgeben und verhinderte so Anschläge auf das Getreide."[32] Für Reisende, die von Alexandria auf dem umgekehrten Weg zu einer Fahrt auf dem Nil aufbrachen, galt Chaireou als erste Einkaufsmöglichkeit für Lebensmittel.[33] Die direkte Verbindung zum Nil über den Kanal konnte dazu führen, wie es Theophanes für das Jahr 459 berichtet, daß der Nil über Chaireou nach Alexandria durchbrach.[34]

1.5 Heraklion

Während seines Aufenthalts in Alexandria in den Jahren 25–20 v. Chr. stattete Strabo auch den östlichen Vororten einen Besuch ab; seine Darstellung läßt sich anhand der Karte nachvollziehen: „Kurz hinter Eleusis (der östlichen Vorstadt Alexandrias), auf der rechten Seite, zweigt der Kanal ab, der nach Schedia führt ... Nach diesem Abzweig des Kanals nach Schedia setzt sich die Schiffahrt nach Kanopus parallel zur Küste fort, die sich von Pharos bis zur kanopischen Mündung hinzieht. Dort zwischen Meer und Kanal gibt es einen schmalen Landstreifen, auf dem, hinter Nikopolis, sich das ‚kleine Taposiris' befindet, dann das Kap Zephyrium, an dessen äußerstem Ende sich ein kleiner Tempel zu Ehren der Aphrodite Arsinoë erhebt ... Kanopus ist 120 Stadien (ungefähr 22 Kilometer) auf dem Landweg von Alexandria entfernt. Auf Kanopus folgt Heraklion, das einen

---

32 Prokop, *de aedificiis* 6, 1, 1–4: ταῦτα μὲν Ἰουστινιανῷ βασιλεῖ τῇδε πεποίηται. ἐν δὲ Ἀλεξανδρείᾳ ἐξείργασται τάδε. Νεῖλος ποταμὸς οὐκ ἄχρι ἐς τὴν Ἀλεξάνδρειαν φέρεται, ἀλλ' ἐπὶ πόλισμα ἐπιρρεύσας. ὃ δὴ Χαιρέου ἐπονομάζεται, ἐπ' ἀριστερὰ τὸ λοιπὸν ἵεται, ὅρια τά γε Ἀλεξανδρέων ἀπολιπών. διὸ δὴ οἱ πάλαι ἄνθρωποι, ὡς μὴ ἀμοιροίη τὸ παράπαν ἡ πόλις, διώρυχα ἐκ τῆς Χαιρέου κατορύξαντες βαθεῖάν τινα βραχεῖα τοῦ ποταμοῦ ἐς αὐτὴν ἐκροῇ διεπράξαντο ἐσιτητὰ εἶναι. οὗ δὴ καὶ ἄλλας τινὰς ἐκροὰς ἐκ λίμνης Μαρίας ἐσβάλλειν ξυμβαίνει. ἐπὶ ταύτης δὲ τῆς διώρυχος μεγάλαις μὲν ναυσὶ πλώιμα οὐδαμῇ γίνεται, ἐς λέμβους δὲ τὸν Αἰγύπτιον σῖτον ἐκ τῆς Χαιρέου μεταβιβάσαντες, οὕσπερ καλεῖν διαρήματα νενομίκασιν, ἔς τε τὴν πόλιν διακομίζουσιν, ἵνα δὴ ἐξικνεῖσθαι δυνατά ἐστι τῷ κατὰ τὴν διώρυχα ποταμῷ, καὶ κατατίθενται ἐν χώρῳ ὅνπερ Ἀλεξανδρεῖς καλοῦσι Φιάλην. ἀλλ' ἐπειδὴ τῷ δήμῳ ἐς στάσιν πολλάκις καθισταμένῳ ἐνταῦθα διολωλέναι τῷ σίτῳ ξυνέβη, βασιλεὺς Ἰουστινιανὸς τειχίσματι τόνδε τὸν χῶρον περιπαλῶν τὴν ἐπὶ τῷ σίτῳ ἐπιβουλὴν ἀνεχαίτισε.
33 Athanasius, *vita Antonii* 86; *historia acephala* 4,3; P. Oxy. 56, 3864.
34 Theophanes, *chronographia* 1, 115, 6.

Tempel des Herakles besitzt, dann folgt die kanopische Mündung und der Beginn des Deltas."[35]

Ein wichtiger Vorgänger-Hafen Alexandrias, Heraklion, der seine Existenz behielt, als die Gründung des Makedonenkönigs längst zur Weltstadt geworden war, ist mit zwei Geschichten des griechischen Mythos verbunden. Sie betreffen das berühmteste Liebespaar Helena und Paris sowie den größten Helden aller Zeiten: Herakles.

Historisch sind die jeweiligen Erzählungen, so nett und teilweise moralisch sie auch sein mögen, ohne Belang. Entscheidend ist, daß sie die Gegend um Alexandria mit einem wichtigen Ereignis in Verbindung setzten, mit dem Troianischen Krieg, den die antiken Geschichtsschreiber für historisch hielten. Damit verknüpfte diese Tradition die Region mit der griechischen Geschichte, machte das Nildelta gleichsam zu einem Teil Griechenlands – und dies bereits in frühester Zeit.[36]

Denn schon Jahrhunderte vor der Gründung Alexandrias gab es die Siedlungen Kanopus und Menuthis mit engen Verbindungen zu Griechenland und vor allem das wichtige Heraklion. Hekataios von Milet,[37] der bedeutende Geograph, band den Ort gleichfalls in den aus Homer bekannten Sagenkreis ein, und Aischylos,[38] der berühmte griechische Tragödiendichter, pries zu seiner Zeit den Hafen von Heraklion. Deshalb kam Herodot nach Heraklion und begann hier um 450 v. Chr. seine Ägyptenrundreise. Der Dichter Poseidippos, der im 3. vorchristlichen Jahrhundert auch den Leuchtturm von Alexandria besang, pries den Hafen aufgrund seiner Lage, da das Kap Zephyrium – der Ausläufer eines Kalksteinsporns, der sich aus der Libyschen Wüste bis hier herüberzieht – „die See glatt wie Öl macht, wenn draußen der Sturm tobt".[39]

Mochte Heraklion auch lange Zeit einen guten Hafen abgegeben haben, gegen die Nord-Ost-Winde, die Zephyr-Winde, denen es seinen Namen verdankte, half

---

[35] Strabo 17, 1, 16–18 (800–801): ἀπὸ δὲ τῆς Ἐλευσῖνος προελθοῦσι μικρὸν ἐν δεξιᾷ ἐστιν ἡ διῶρυξ ἀνάγουσα ἐπὶ τὴν Σχεδίαν ... μετὰ δὲ τὴν διώρυγα τὴν ἐπὶ Σχεδίαν ἄγουσαν ὁ ἑξῆς ἐπὶ τὸν Κάνωβον πλοῦς ἐστι παράλληλος τῇ παραλίᾳ τῇ ἀπὸ Φάρου μέχρι τοῦ Κανωβικοῦ στόματος. στενὴ γάρ τις ταινία μεταξὺ διήκει τοῦ τε πελάγους καὶ τῆς διώρυγος, ἐν ᾗ ἐστιν ἥ τε μικρὰ Ταπόσειρις μετὰ τὴν Νικόπολιν καὶ τὸ Ζεφύριον, ἄκρα ναΐσκον ἔχουσα Ἀρσινόης Ἀφροδίτης ... Κάνωβος δ' ἐστὶ πόλις ἐν εἴκοσι καὶ ἑκατὸν σταδίοις ἀπὸ Ἀλεξανδρείας πεζῇ ἰοῦσιν ... μετὰ δὲ τὸν Κάνωβόν ἐστι τὸ Ἡράκλειον Ἡρακλέους ἔχον ἱερόν, εἶτα τὸ Κανωβικὸν στόμα καὶ ἡ ἀρχὴ τοῦ Δέλτα.
[36] Vgl. M. Clauss, Alexandria. Schicksale einer antiken Weltstadt, Stuttgart ²2004, 35–39.
[37] Hekataios bei Aristoteles 2, 359.
[38] Aischylos, *Prometheus* 847.
[39] Poseidippos bei Athenaios, *deipnosophistae* 7, 318 d: χείματι μέσσῳ τὸ πλατὺ λισσομένοις ἐκλιπανεῖ πέλαγος.

das Kap nicht so, wie Poseidippos schwärmerisch dichtete, weil die Bucht von Abukir doch zu ungeschützt lag. Ein Dauerproblem des Hafens von Heraklion war aber vor allem die Verlandung durch die Nilfluten, die ständige Kontrolle und Arbeit in den Hafenbecken erforderte, schließlich war der kanopische Nilarm der größte von allem im Delta, den der Geograph Ptolemaios, der in der ersten Hälfte des 2. nachchristlichen Jahrhunderts in Alexandria lebte, „den Großen Fluß" nannte.[40] Da Kanopus nicht direkt an dem gleichnamigen Nilarm lag, wurde dieser gelegentlich auch nach der Stadt Heraklion benannt; dieser Nilarm bildete die Ostgrenze Alexandrias.[41]

Mit der Gründung Alexandrias 331 v. Chr. büßte Heraklion seine Bedeutung als Hafen und Handelsplatz in dem Maße ein, in dem Alexandria expandierte. Wenn Heraklion als Hafen bis in die Spätantike hinein dennoch Bestand hatte, lag dies vor allem daran, daß man dort Schiffe fand, auf denen man die Nilmündung überqueren konnte. Ich nenne einige Beispiele aus der Zeit nach Christi Geburt: Germanicus, der im Jahre 19 von Alexandria ins ägyptische Theben reiste, bestieg erst in Heraklion das Nilschiff.[42] Ferner sei Titus erwähnt, der zusammen mit seinem Vater Vespasian in Alexandria weilte. Als er von dort zum jüdischen Kriegsschauplatz aufbrach, überquerte er von Heraklion aus das Nildelta, um anschließend auf dem Landweg mit dem Heer über Pelusium nach Osten zu ziehen.[43] Bei dem alexandrinischen Romanschriftsteller des zweiten Jahrhunderts Achilles Tatius kommen Leukippe und Kleitophon, die Titelhelden seines Liebesromans, vom Nil her in Alexandria an, durchschreiten das Sonnen-Tor und betreten die Stadt; das Nilschiff, das die beiden ins Land brachte, hatte im Hafen von Heraklion festgemacht.[44] Der Kaiser Hadrian wird Kanopus, das er in seiner großen Villa bei Tivoli nachbauen ließ,[45] auf dem Weg nach Heraklion aufgesucht haben; denn die alte Hafenstadt war immer noch der Ausgangspunkt für Reisen nilaufwärts.

2. Die Kanäle

Der berühmte Ausspruch Herodots von Ägypten als „Geschenk des Nil"[46] wird zurecht auf die ungewöhnliche Fruchtbarkeit des Nillandes bezogen, gilt aber in gleichem Maße für die Verkehrssituation innerhalb des Landes: Der Nil bildete

---

40 Ptolemaios, geographica 4, 5, 16: ὁ μέγας ποταμός.
41 Siehe Anm. 59.
42 Tacitus, annales 2, 60.
43 Flavius Josephus, bellum Iudaicum 4, 11, 5; siehe Anm. 133.
44 Achilles Tatius, Leucippa et Clitopho 5, 1–2.
45 H. Kähler, Hadrian und seine Villa bei Tivoli, Berlin 1950, 137–139.
46 Herodot 2, 5.

dessen Hauptverkehrsader. Von Süden nach Norden floß der Verkehr gleichsam von alleine, der umgekehrte Weg wurde von dem vorherrschen Nordwind erheblich begünstigt.[47] Es war für Alexandria als Im- und Export-Hafen also wichtig, viele direkte Verbindungen zum Nil zu haben, wie M. Rodziewicz prägnant formuliert: „As a matter of fact the whole life of ancient and mediaeval Alexandria depended mostly on artifical canals, linking her with a Nile."[48] Zu den Häfen gehören somit auch jene Verkehrsadern, die den Verkehr zwischen ihnen möglich machten, die Kanäle, welche die Stadt selbst und ihr Umland durchzogen.

Strabo beschreibt die Lage Alexandrias zwischen zwei Meeren.[49] Während das Mittelmer den Kontakt zur Welt eröffnete, ermöglichte der Mareotis-See, der in der Antike weitaus größer war, als er sich heute präsentiert,[50] über verschiedene Kanäle die Verbindung ins Landesinnere. Für den christlichen Autor Sozomenos, der um 450 seine Kirchengeschichte verfaßte, lag Alexandria am Mareotis-See.[51] Die christlichen Schriftsteller waren an Alexandria vor allem als Anlaufstation für einen Besuch der südlich der Hafenstadt und des Mareotis-Sees liegenden Klosteranlagen interessiert, und so berichtet der spätantike Hagiograph Palladius, daß er anderthalb Tage benötigte, um von Alexandria aus mit dem Boot über den Mareotis-See zu den Klöstern der Nitria zu gelangen, die an seinem Südende lagen.[52] Der See war sehr fischreich, und seine endlosen Papyrus-Sümpfe lieferten den Rohstoff für einen der wichtigsten Industriezweige der Stadt. Weniger beliebt in Alexandria waren allerdings die Bewohner dieser See- und Sumpflandschaft.[53]

2.1 Schedia-Kanal

„Geht man zum Kanopischen Tor hinaus, so hat man zur Rechten den mit dem See verbundenen, nach Konopus führenden Kanal. Auf diesem geht die Fahrt sowohl nach Schedia zum großen Fluß, als auch nach Kanopus, zuerst jedoch nach Eleusis. Dieser Wohnort liegt unweit von Alexandria und Nikopolis am Kanopischen Kanal …. Wandert man aber von Eleusis ein wenig weiter, so trifft man zur Rechten den nach Schedia führenden Kanal; Schedia aber ist vier Schoinen

---

47 D. J. Thompson, Nile grain transport under the Ptolemies, in: Trade in ancient economy, hrsg. v. P. Garnsey, London 1983, 64–75.
48 Rodziewicz (s. Anm. 19) 208.
49 Strabo 17, 1, 7 (792): ἀμφίκλυστόν τε γάρ εστι τὸ χωρίον δυσὶ πελάγεσι.
50 A. de Cosson, Mareotis, London 1935.
51 Sozomenos, *historia ecclesiastica* 1, 17, 2: Ἀλεξανδρείας τῆς παρὰ τὴν Μαρίαν λίμνην.
52 Palladius, *historia Lausiaca* 7, 1.
53 Clauss (s. Anm. 36) 186–190.

(22,2 km) von Alexandria entfernt und eine Siedlung der Stadt (Alexandria)."[54] Der Schedia-Kanal begann östlich der Stadt am Mareotis-See, teilte sich dann in zwei Arme, von denen der nördliche nach Kanopus, der südliche nach Schedia führte.

2.2 Kaiser-Kanal

Eine wesentliche Erleichterung für die Transporte vom und zum Nil sowie für den Verkehr innerhalb Alexandrias und eine erhebliche Verbesserung gegenüber dem Schedia-Kanal brachte jene Verbindung, welche die Stadt von West nach Ost durchzog und gleichzeitig mit den Orten am westlichen, kanopischen Nilarm verband; es ist der sogenannte „Kaiser-Kanal, der durch die ganze Stadt fließt", wie ihn eine entsprechende Bauinschrift aus dem Jahre 10/11 beschreibt.[55] Mit P. M. Fraser gehe ich davon aus, daß Augustus diesen Kanal neu anlegte, den östlich von Alexandria beginnenden alten Schedia-Kanal teilweise ersetzte und damit zugleich eine Verbindung vom Rhakotis-Kanal bis zu den Nilhäfen schuf.[56]

In der Nähe des Kibotos-Hafens wurde ein Gedenkstein gefunden, auf dem es heißt, der Kaiser-Kanal erstrecke sich über 25 Meilen, also 37 km: „Kaiser Augustus, Sohn des Staatsgottes, Oberpriester, hat den Kaiser-Kanal von Schedia zum 25. Meilenstein geführt, der durch die ganze Stadt fließt, unter dem Präfekten Ägyptens Gaius Iulius Aquila, im 40. Jahr des Kaisers."[57] Der Kaiser-Kanal lief so dicht an der Stadtmauer entlang, daß die Verteidiger der Stadt bei einem Angriff zu Schiff vom Kanal her, von der Mauer Steine auf die Gegner werfen konnten.[58]

---

54 Strabo 17, 1, 16 (800): ἐν δεξιᾷ δὲ τῆς Κανωβικῆς πύλης ἐξιόντι ἡ διῶρυξ ἐστιν ἡ ἐπὶ Κάνωβον συνάπτουσα τῇ λίμνῃ, ταύτῃ δὲ καὶ ἐπὶ Σχεδίαν ὁ πλοῦς ἐπὶ τὸν μέγαν ποταμὸν καὶ ἐπὶ τὸν Κάνωβον, πρῶτον δὲ ἐπὶ τὴν Ἐλευσῖνα. ἔστι δ᾽ αὕτη κατοικία πλησίον τῆς τε Ἀλεξανδρείας καὶ τῆς Νικοπόλεως ἐπ᾽ αὐτῇ τῇ Κανωβικῇ διώρυγι κειμένη ... ἀπὸ δὲ τῆς Ἐλευσῖνος προελθοῦσι μικρὸν ἐν δεξιᾷ ἐστιν ἡ διῶρυξ ἀνάγουσα ἐπὶ τὴν Σχεδίαν. διέχει δὲ τετράσχοινον τῆς Ἀλεξανδρείας ἡ Σχεδία κατοικία πόλεως.
55 CIL 3, 12046 = H. Dessau, Inscriptiones Latinae Selectae, Berlin 1892–1916, Nr. 5797: Imp(erator) Caesar divi f(ilius) August(us) pontif(ex) maxim(us) flumen Sebaston a Schedia induxit, quod per se toto oppido flueret; dieser Stein wurde östlich von Alexandria gefunden.
56 Fraser (s. Anm. 4) Band 1, 26 und Band 2, 80.
57 E. Breccia, Catalogue général des antiquités Égyptiennes du musée d'Alexandrie. Iscrizioni greche e latine, Leipzig 1911, Nr. 49 = Dessau 9370: Imp(erator) Caesar divi f(ilius) August(us) pontif(ex) maxim(us) flumen Sebaston ab Schedia induxit a milliario XXV, quod per se toto oppido flueret, praefecto Aegypti C(aio) Iulio Aquila, anno XXXX Caesaris.
58 Johannes von Nikiu, chronicon 107, 46–48.

Von diesem traversalen Kaiser-Kanal zweigten innerhalb des Stadtgebietes von Alexandria nun drei Kanäle in nord-südlicher Richtung ab: der Rhakotis-Kanal in den Kibotos-Hafen, der Nepherotes-Kanal in den Großen Hafen und der Abzweig nach Kanopus. Mit dem Kaiser-Kanal gab es estmals eine direkte Verbindung zwischen den drei Nord-Süd-Kanälen, die alle in den Mareotis-See gemündet hatten.

2.3 Rhakotis-Kanal

In einer langen Liste bei Pseudo-Kallisthenes beschreibt der Autor einen Kanal als „Rhakotischer Kanal, der nun die Straße des großen Gottes Sarapis trifft".[59] Dieser Kanal lief durch Stadtgebiet, denn Strabo schreibt, daß westlich des Kanals sich noch ein kleiner Teil der Stadt anschloß, ehe die Vorstadt Nekropolis begann.[60] Aus der Grabstele eines Priesters aus der Zeit Ptolemaios XII. und Kleopatras VII. erfahren wir, daß der Kanal im Ägyptischen den Namen Aqa trug.[61]

2.4 Nepherotes-Kanal

Wir wissen, daß Caesar bei seinem Aufenthalt in Alexandria zunächst das Palast-Gebiet mit dem Theater kontrollierte;[62] am südlichen Ende dieser Stadtregion schloß sich der Mareotis-See an. Der ägyptische Befehlshaber Ganymedes erkannte, daß Caesar unter anderem dadurch in Bedrängnis zu bringen war, daß man seine Wasserzufuhr einschränkte. Aus der Darstellung Caesars über den Alexandrinischen Krieg wird deutlich, daß es einen Kanal im Osten Alexandrias gab, der die dort lebenden ärmeren Bewohner mit Nilwasser versorgte: „Dieser Kanal befand sich in dem Teil der Stadt, der von den Alexandrinern gehalten wurde."[63] Ganymedes ließ nun alle Abzweigungen des Kanals, die in dem von ihm kontrollierten Bereich lagen, verstopfen und den Kanal mit Meerwasser füllen. Caesar reagierte dadurch, daß er zunächst Brunnen graben ließ und sich dann

---

59 Pseudo-Kallisthenes 1, 31, 4: Ῥακωτίτης ποταμός, ὃς νῦν δρόμος τοῦ μεγάλου θεοῦ Σαράπιδος τυγχάνει.
60 Siehe Anm. 3.
61 BM 886, übersetzt von E. Bevan, The house of Ptolemy: a history of Egypt under the Ptolemaic dynasty, Chicago 1968 (ND 1985), 347–348. Hier ist die Rede von Rhakotis, westlich des Aqa-Kanals.
62 Caesar, *bellum civile* 3, 112.
63 Caesar, *bellum Alexandrinum* 5, 3: *hoc tamen flumen in ea parte erat urbis quae ab Alexandrinis tenebatur.*

einen Zugang zum Mareotis-See erkämpfte, indem er jeweils die nächsten Häuser in südlicher Richtung durch Mauerbrecher niederreißen ließ. „Caesar bemühte sich vor allem darum, den Teil der Stadt, der auf der Südseite am stärksten durch einen See eingeengt wurde, durch Schanzen und Schützdächer von dem übrigen Teil der Stadt abzutrennen...Vor allem wollte er für ausreichend Wasser und Nahrung sorgen, denn von dem einen hatte er nur wenig, von dem anderen überhaupt nichts, während der See ihm reichlich beides bieten konnte."[64] Der Kanal, von dem hier die Rede ist, verband also den Mareotis-See dort, wo er bei Nilhochwasser im Westen tief in das Gebiet Alexandrias eindringt,[65] mit der Stadt.[66]

Die frühesten Zeugnisse für eine direkte Verbindung des Kaiser-Kanals mit dem Großen Hafen stammen zwar erst aus der Spätantike, aber die Überlegungen zur Lage von Iuliopolis (S. 321) und den gesamten Gütertransport vom Nil in den Großen Hafen legen nahe, daß der sogenannte Nepherotes-Kanal[67] bereits in Augusteischer Zeit angelegt wurde. Sophronius bechreibt zu Beginn des 6. Jahrhunderts diesen Kanal, der im südöstlichen Winkel der Mauer das Stadtgebiet betrat und in den ‚Großen Hafen' mündete;[68] er trennte den Stadtteil Δ von den übrigen ab. Als der Mönche Johannes[69] aus Ägypten abreisen wollte, führte ihn sein Weg von der Kirche der Heiligen Cyrus und Johannes in Menuthis auf der Landstraße, die Kanopus mit Alexandria verband, zum Sonnen-Tor am Ostende der „Laufbahn" genannten, in ost-westlicher Richtung verlaufenden, Hauptstraße Alexandrias. Auf dem Weg zum westlichen Ende der Stadt überquerte Johannes eine Brücke über den Nepherotes Kanal und gelangte nach Neapolis.[70] Der Ver-

---

64 Caesar, *bellum Alexandrinum* 1, 4: *Caesar maxime studebat ut, quam angustissimam partem oppidi palus a meridie interiecta efficiebat, hanc operibus vineisque agendis ab reliqua parte urbis excluderet ... in primis vero ut aqua pabuloque abundaret, quarum alterius rei copiam exiguam, alterius nullam omnino facultatem habebat; quod utrumque large palus praebere poterat.* Anders als C. Jahn, Gaius Iulius Caesar, Kriege in Alexandrien, Afrika und Spanien, lateinisch und deutsch, Darmstadt 2004, sehe ich *palus* hier beide Male in der Bedeutung von „See".
65 Zur Lage vgl. F. Noack, Neue Untersuchungen in Alexandrien, MDAI(A) 25, 215–279, hier 274–277.
66 Fraser (s. Anm. 4) Band 2, 80, will diesen Kanal mit dem Rhakotis-Kanal gleichsetzen, der aber viel zu weit Westen lag.
67 Zum Namen vgl. A. Ausfeld, Zur Topographie von Alexandria und Pseudokallisthenes I 31–33, RhM 55, 1900, 348–384, hier 369.
68 Sophronius, *alia vita acephala sanctorum martyrum Cyri et Joannis* = PG 87,3, 3694.
69 Vgl. Clauss (s. Anm. 36) 290.
70 Zum Text H. Usener, Beiträge zur Geschichte der Legendenliteratur, Jahrbücher für protestantische Theologie 13, 1887, 219–259, hier 224: ἀπερχομένου μου διὰ τῆς διαβάθρας τοῦ δρόμου ἐπὶ τὴν Νέαν πόλιν. Zur Interpretation des Textes und der Lokalisierung der Örtlichkeiten vgl. A. Ausfeld, Neapolis und Brucheion in Alexandria, Philologus 63, 1904, 481–497, hier 486–487.

lauf dürfte dem des neuzeitlichen Farkha-Kanals entsprochen haben, der erst 1957 angefüllt wurde.[71]

2.5 Kanopus-Kanal

Der Kanopus-Kanal von Alexandria zu der östlich gelegenen (Vor-)Stadt diente wohl vor allem dem Personentransport. Als gegen Ende des 4. Jahrhunderts der ‚heilige Mann' Antoninus, ein glänzender Redner und berühmter Wahrsager, in Kanopus wirkte, kamen immer wieder Studenten Alexandrias dorthin, um von ihm zu lernen, wie heidnische Pilger, um sich Orakel ausstellen zu lassen: „Nachdem man dort (in Alexandria) geopfert hatte, eilte man zu Antoninus, diejenigen, die es eilig hatten, zu Fuß, wer Muße hatte, benutzte Boote auf dem Kanal, indem sie sich in einer entspannten Art und Weise (nach Kanopus) zu einer ernsten Beschäftigung fahren ließen."[72] Handelswaren vom Nil wurden über den Agathos Daimon-Kanal nach Kanopus geführt.

Neben dem Kaiser-Kanal ließ Augustus auch die gerade genannten Nord-Süd-Kanäle der Stadt, jene pulsierenden Adern, auf denen die Barken unaufhörlich hin und her fuhren, die aber auch die Stadt mit Trinkwasser versorgten,[73] durch Soldaten wiederherrichten. Sie dienten unter anderem dem verbesserten Gütertransport zwischen den verschiedenen Häfen der Stadt und damit auch der Getreidezufuhr nach Rom. Plinius der Jüngere steht in einer langen Reihe von Autoren, wenn er in seinem berühmten Panegyricus auf Traian die Bedeutung des ägyptischen Getreides und damit indirekt diejenige Alexandrias als Ausfuhrhafen betont.[74]

Weitere Kanäle verbanden Schedia mit dem Mareotis-See, ohne daß wir deren Verlauf ausmachen können. Eine Inschrift aus Schedia nennt einen Philagrianus-Kanal, der in diesem Fall unter Domitian gegraben oder erneuert wurde und den wir nicht identifizieren können; vielleicht führte er zum Mareotis-See.[75] Eine weitere in Schedia gefundene Inschrift nennt einen Agathos Daimon-Kanal.[76] Er verband Schedia offenbar direkt mit Kanopus, das nicht an dem gleichnamigen Nilarm lag, der deshalb gelegentlich auch nach der Stadt Heraklion benannt wurde.[77] Nach Ptolemaios wurde dieser Nilarm, der „Große Fluß", auch Agathos

---

71 Vgl. den Plan bei A. Calderini, Alexandria, RAC 1, 1950, 273–274.
72 Eunapius, *vita sophistorum* 471.
73 Dazu Clauss (s. Anm. 36) 12–15.
74 Plinius, *panegyricus* 31.
75 OGIS 673 = IGRRP 1, 1099: *foditu(m) est flumen Philagrianu(m)*.
76 OGIS 672 = IGRRP 1, 1098: Ἀγαθὸς Δαίμων ποταμός.
77 Pseudo-Kallisthenes 1, 31, 7: Ἀγαθοδαίμονος τοῦ κατὰ τὸν Κάνωπον.

Daimon genannt.⁷⁸ Es ist vorstellbar, daß der Kanal, der weitgehend parallel zum Nilarm verlaufen sein dürfte, seinen Namen nach dem für Alexandria wichtigsten Fluß erhielt.

2.6 Traian-Kanal

Der Handelsmetropole Alexandria kam auch jener Kanal zugute, der den Nil mit dem Roten Meer verband und den Handel mit der Arabischen Halbinsel und Indien förderte. Dieser Kanal hatte eine lange Geschichte, denn seine Vorgängeranlagen stammen schon aus der Zeit Nechos II. (610–595 v. Chr.).⁷⁹ Dieses Bauwerk ließ Ptolemaios II. (283–246 v. Chr.) wieder instand setzen;⁸⁰ es führte von Bubastis am Nil bis nach Clyma, dem heutigen Suez, wo es das Rote Meer erreichte. Möglicherweise hat auch Augustus Arbeiten an diesem Kanal ausführen lassen.⁸¹

Es war dann Traian, der einen neuen Kanal graben ließ, der von nun an für Jahrhunderte seinen Namen tragen sollte: ποταμὸς Τραιανός, Traian-Kanal. Er fing ungefähr 60 km südlicher, bei dem Dorf Babylon, dem heutigen Alt-Kairo, an. Das früheste Zeugnis aus dem Jahre 112 bezeichnet ihn als „neuen" Kanal.⁸² Vor allem im 3. und 4. Jahrhundert gewann diese Route zunehmend an Bedeutung, weil im Aufstand des Jahres 297/98 Koptos zerstört und der Karawanenweg von dort zum Hafen Berenike immer unsicherer geworden war. So wundert es nicht, daß Zeugnisse für diesen Kanal aus dem Jahren 297, 332, 420, 423 und 710 vorliegen.⁸³

3. Die Frachtgüter

Das Handelsvolumen, das insgesamt über Alexandria abgewickelt wurde, ist zu keiner Zeit auch nur annähernd zu schätzen. Es sind nur gelegentliche Bemerkungen, die uns schlaglichtartig die Dimensionen des Waren- und Personenverkehrs erahnen lassen.

---

78 Siehe Anm. 40; Fraser (s. Anm. 4) Band 2, 253 spricht sich gegen ältere Überlegungen aus, die den Agathos Daimon-Fluß der Inschrift aus Schedia auf den Nilarm zu beziehen.
79 M. Clauss, Das Alte Ägypten, Berlin 2001, 440.
80 P. J. Sijpesteijn, Der ποταμὸς Τραιανός, Aegyptus 43, 1963, 70–83.
81 Auf derartige Arbeiten bezog G. Lumbroso, L'Egitto dei Greci e dei Romani, Rom ²1885, 23–24, die Inschriften IGRRP 1, 1055 und 1056, die einen „Augustus-Kanal" (*Augustus amnis*) nennen.
82 W. Müller, Griechische Ostraka, Archiv 16, 1956, 190–213, hier 211–212, Nr. 32: Ein Steuererheber bescheinigt den Empfang von vier Drachmen ὑπ(ὲρ) κενοῦ πωταμοῦ Βαβυλῶνος.
83 Die Texte bei Sijpesteijn (s. Anm. 80) 74–78.

3.1 Waren

Wenigstens an einem Beispiel, am Getreideexport, von dem Rom ebenso abhängig war wie andere Städte des römischen Reiches,[84] kann man die Lagerkapazitäten der Hafenstadt und das Ausmaß der innerstädtischen Transportleistungen illustrieren.

Für die Menge des von Alexandria aus verschifften Getreides besitzen wir drei Angaben, die zusammen ein einigermaßen kohärentes Bild ergeben. Die *epitome de Caesaribus* aus der zweiten Hälfte des 4. Jahrhunderts gibt für die augusteische Zeit die Menge von 20.000.000 *modii* an.[85] Ein solcher *modius*, Scheffel, Weizen entspricht 8,75 Litern oder 6,73 Kilogramm.[86] Die von dem unbekannten Autor mitgeteile Menge entspräche somit 134.600.000 kg oder 134.600 Tonnen. G. Rickman stellt die Frage, woher ein Autor des 4. Jahrhunderts Angaben über die augusteische Zeit haben könnte.[87] Verglichen mit den weiteren Angaben scheint mir diejenige des Epitomators allerdings nicht unmöglich zu sein.

In den siebziger Jahren des 1. Jahrhunderts legt der jüdische Autor Flavius Iosephus seinem Landsmann Agrippa eine Rede in den Mund, in dem dieser vor einem Aufstand gegen Rom warnt und unter anderem auf die riesigen Ressourcen des Imperiums verweist. In diesem Zusammenhang ist davon die Rede, daß Afrika Rom für acht Monate des Jahres mit Getreide versorge, Ägypten für vier Monate.[88] Nach den Berechnungen G. Rickmans betrug die für Rom in dieser Zeit benötigte Getreidemenge etwa 40.000.000 *modii*, so daß der Anteil Ägyptens und damit die Ausfuhrmenge über Alexandria sich auf 13.000.000 *modii* oder 87.500 Tonnen belief.[89] Ich will nun keineswegs die Angaben des Flavius Iosephus und des Epitomators mit Gewalt in Einklang bringen, aber es ist immerhin erwähnenswert, ob sich die höhere Angabe für die augusteische Zeit vielleicht aus den besonderen Umständen nach der Eroberung Ägyptens erklärt. Später, und diesen Zustand deutet Flavius Iosephus an, reduzierte man die Menge, da der Transport

---

84 Zu außergewöhnlichen Hilfsleistungen aus Alexandria im Falle lokaler Versorgungsschwierigkeiten vgl. C. Haas, Alexandria in late antiquity. Topography and social conflict, Baltimore – London 1997, 42–44.
85 *Epitome des Caesaribus* 1, 6.
86 Zu dieser Umrechnung vgl. M. Prell, Sozialökonomische Untersuchungen zur Armut im antiken Rom. Von den Gracchen bis Kaiser Diokletian, Stuttgart 1997, 104 mit Anm. 179.
87 G. Rickman, The corn supply of ancient Rome, Oxford 1980, 231. J. Carcopino, Rom. Leben und Kultur in der Kaiserzeit, Stuttgart 1977, Rom 1977, 33, geht von einer permanenten Lieferung von 20.000.000 *modii* aus Alexandria aus.
88 Flavius Iosephus, *bellum Iudaicum* 2, 383 und 386.
89 Rickman (s. Anm. 87) 232–233; ders., The grain trade under the Roman empire, in: Arms/Kopff (s. Anm. 30) 261–275, hier 263–264.

aus Nordafrika nach Rom schneller und gefahrloser war,⁹⁰ und die Route Alexandria – Puteoli/Ostia in aller Regel nur einmal im Jahr hin und zurück bewältigt werden konnte. Und schließlich verdiente Rom an allem Export, der Alexandria verließ.⁹¹

In der Spätantike ging wohl fast das gesamte ägyptische Exportgetreide in die rasant wachsende neue Hauptstadt Konstantinopel. Ein Edikt Iustinians erwähnt das aus Ägypten nach Konstantinopel als Steuer ausgeführte Getreide und beziffert es auf 8.000.000 einer nicht näher spezifizierten Maßeinheit.⁹² Gemeint war sicherlich die *artaba*, die damals 3,33 oder 4,5 *modii* entsprach.⁹³ Damit wurden in der Spätantike aus Alexandria 26.700.000/36.000.000 *modii* oder 180.000/242.000 Tonnen verschifft.

Es spricht manches dafür, die Exportziffern der Spätantike als Gesamtausfuhrvolumen des Getreides aus Ägypten zugrundezulegen. Die 26.700.000/ 36.000.000 *modii* entsprachen 2.700.000 Säcken, die mehrfach umgeladen und innerhalb der der Stadt transportiert werden mußten. Dies basiert auf der Annahme von von 3 Artaben pro Sack mit einem Gewicht von 67,3 oder 90 kg.⁹⁴

Die Saison für Schiffstransporte aus Alexandria ging von 11. März bis 10. November,⁹⁵ nach vorsichtigeren Angaben von Mitte April bis Mitte Oktober.⁹⁶ Diese insgesamt acht oder sechs Monate konnten nicht völlig für den Getreidetransport über das Mittelmeer genutzt werden, da die Lieferungen aus dem Hinterland frühestens ab Mitte April in Alexandria eintrafen, denn die Ernte begann Anfang

---

90 Rickman (s. Anm. 87) 263–264.
91 E. Leider, Der Handel von Alexandria, Hamburg 1933.
92 Iustinian *edictum* 13, 8 = CIC 3, 783.
93 3,33 *modii*: P. Mayerson, The sack (σάκκος) is the artaba writ large, ZPE 122, 1998, 189–194, hier 194. Auch A. Demandt, Die Spätantike. Römische Geschichte von Diocletian bis Justinian 284–565 n. Chr., München 1989, 397, setzt 3,33 *modii* für die *artaba* an und geht von einem Äquivalent von 27.000.000 *modii* aus. – 4,5 *modii*: Rickman (s. Anm. 87) 233; R. Duncan-Jones, The choenix, the artaba and the modius, ZPE 21, 1976, 43–52, sowie W. Habermann, Statistische Datenanalyse an den Zolldokumenten des Arsinoites aus römischer Zeit II, Münstersche Beiträge zur antiken Handelsgeschichte 9, 1990, 50–94, hier 83. – Ich biete im folgenden die Werte für beide Annahmen.
94 Mayerson (s. Anm. 93) 194. Habermann (s. Anm. 93) 85 betont, daß die antiken Angaben für den Transport durch Mensch, Esel oder Kamel auch bei der Annahme von einer *artaba* zu 4,5 *modii* sinnvolle, nämlich realistische Größen ergeben.
95 Vegetius 4, 39.
96 Codex Theodosianus 13, 9, 3. Paulinus von Nola schildert in seinem Brief 49 (M. Skeb, Paulinus von Nola, Epistulae – Briefe 3, Freiburg u.a. 1998, 1006–1041) was passieren kann, wenn sich ein Boot außerhalb der Saison aufs Meer wagt. Dazu W. Foerster – R. Pascual (Hrsg.), El naufragio de Valgius, Barcelona 1985.

April und zog sich bis Ende Mai/Anfang Juni hin.[97] Für einen intensiven Getreideexport bleiben vermutlich nur viereinhalb Monate.[98]

Quittungen für derartige Lieferungen liegen aus Chaireou für Mitte Mai vor.[99] Hier wurde das Getreide auf Leichter umgeladen, um auf dem Kaiser-Kanal nach Alexandria gebracht zu werden. Jede Schiffsladung war von einer oder mehreren Personen mit versiegelten Amphoren begleitet, die eine Probe des Getreides enthielt. Ein Begleitschreiben stellte die Qualität der Ladung fest, also daß „das Getreide (Weizen) unverfälscht war, keine Erdklumpen oder Gerste enthielt, unzertreten und geprüft war."[100] Zur Sicherung der Korntransporte waren ferner Begleitmannschaften eingesetzt, die Verladung und Fahrt zu überwachen hatten. Ihre griechische Bezeichnung ‚Machairophoren', „Schwertträger", verdeutlicht, wie dieser Schutz aussah.[101]

Schließlich kamen die Lieferungen in Iuliopolis an und gelangten in die riesigen Getreidespeicher, die sich entlang des Mareotis-Sees befanden.[102] Von hier aus wurden sie unter stetiger Aufsicht der dafür zuständigen römischen Beamten, wie des *praefectus annonae Alexandriae* in den Großen Hafen gebracht; „hier ist die Ausfuhr von Alexandria stärker als die Einfuhr", versichert Strabo.[103] Allein die Menge an Getreide, die Alexandria ausführte, entsprach der Ladung von etwa 2.700 bis 3.600 Schiffen, die jährlich den ‚Großen Hafen' verließen.[104] In den viereinhalb Monaten, in denen ein sicherer Schiffsverkehr nach Norden möglich war, stachen von Alexandria aus also 150 bis 200 Schiffe allein für den Getreideexport wöchentlich in See.[105] Leider ist bei keinem staatlichen Transport die für dessen Löschung beanspruchte Zeit bekannt.[106] Lediglich in einem privaten Frachtvertrag aus dem Jahre 236 n. Chr. ist für 250 Artaben Gemüsesamen eine Löschfrist

---

97 Börner (s. Anm. 24); M. Schnebel, Die Landwirtschaft im hellenistischen Ägypten, München 1925, 162–167.
98 Zu den Terminen vgl. J. Rougé, La navigation hivernale sous l'empire romain, REA 54, 1952, 316–325.
99 P. Cairo Isid. 61.
100 P. Strassb. 1, 31, 6; P. Oxy. 10, 1259; 60, 4064; zu diesen Phylakiten und den Kornproben vgl. Börner (s. Anm. 24) 31–32.
101 Börner (s. Anm. 24) 32–33.
102 Codex Theodosianus 13, 5, 32 (Lagerhäuser allgemein); P. Oxy. 51, 3634; P. Turner 45; P. Cairo Isid. 61.
103 Strabo 17, 1, 7 (793): ταύτῃ δὲ καὶ τὰ ἐκκομιζόμενα ἐξ Ἀλεξανδρείας πλείω τῶν εἰσκομιζομένων ἐστί.
104 Vgl. S. 323–327.
105 Dazu L. Casson, Ships and seamanship in the ancient world, Princeton ²1986, 170–173 und 183–190 geht von einer 10–20-tägigen Reise nach Konstantinopel und einer Saison von 138 Tagen aus.
106 Börner (s. Anm. 24) 34–35.

von vier Tagen festgesetzt.[107] Dieses Arbeitstempo hochgerechnet hätte für ein Getreideschiff von 60 t, etwa 2.700 Artaben, 42 Tage Beladung bedeutet. Was wir folgern können, ist, daß der staatliche organisierte Getreidetransport deutlich schneller abgewickelt worden sein muß. Wir wissen ferner, daß die Hafenbehörden den Kapitänen Anlegestellen und -stunden vorschrieben, um die Organisation des Hafenverkehrs sicherzustellen.[108]

Um diesem enormen Schiffsaufkommen bei anhaltendem Nordwind das Warten vor den Dardanellen zu ersparen, ließ Iustianian (527–565) auf der Insel Tenedos, vor der Einfahrt in die Dardanellen, große Lagerhallen bauen, aus denen das Getreide bei günstigem Wind nach Konstantinopel gebracht werden konnte. Durch diese Verkürzung der Route schafften die alexandrinischen Schiffe zwischen Ernte und Einbruch des Winters bis zu drei Fahrten.[109] Die in diesen Monaten nahezu ununterbrochenen Verladearbeiten ließen sich aufgrund der vielen Molen[110] in den „ruhigen und wellenfreien Häfen" Alexandrias reibungslos abwickeln, wie der alexandrinische Bischof Dionysius im 3. Jahrhundert stolz verkündete.[111]

Was den älteren Plinius zur Klage bewog, bedeutete für Alexandria erheblichen Profit: „(Das Meer Arabiens) schickt uns die Perlen, und nach der niedrigsten Berechnung rauben Indien, die Serer (die Seidenleute) und jene Halbinsel (Arabien) uns jährlich 100 Millionen Sesterzen. So viel kosten uns Luxus und Frauen!"[112]

Werfen wir einen Blick auf diesen Indienhandel,[113] der durch zwei Entwicklungen der Kaiserzeit neue Impulse erfuhr. Um die Zeitenwende herum beschrieb ein gewisser Harpalos an der Universität Alexandrias die Monsun-Winde und ihren Einfluß auf die Schiffahrt nach Indien;[114] fortan nutzte man die Möglichkeit dieser Winde. Die zweite Veränderung betraf den Bau des Traian-Kanals.

---

107 P. London 3, 948.
108 P. Ross.Georg. 18, VI und 108.
109 Prokop, *de aedificiis* 5, 1, 8–16.
110 De Graauw (s. Anm. 17) hat die drei bislang ermittelten Hafenbecken des Großen Hafens untersucht. Es handelt sich dabei um Becken von 7, 15 und 16 ha Größe; allein die letzten beiden weisen eine Molenlänge von über 2.000 m auf.
111 Eusebius, *historia ecclesiastica* 7, 21, 4: οἱ γαληνοὶ καὶ ἀκύμαντοι λιμένες.
112 Plinius, *naturalis historia* 12, 84: *ex illo namque margaritas mittit minimaque computatione miliens centena milia sestertium annis omnibus India et Seres et paeninsula illa imperio nostro adimunt. tanti nobis deliciae et feminae constant.*
113 M. G. Raschke, New studies in Roman commerce with the east, ANRW 2, 9,2, 1978, 602–1361.
114 A. Dihle, Die entdeckungsgeschichtlichen Voraussetzungen des Indienhandels der römischen Kaiserzeit, ANRW 2, 9,2, 1978, 546–580.

Der Aufbruch der Kaufleute aus Alexandria erfolgte seit dem 1. Jahrhundert im Juni vom Binnenhafen Iuliopolis, dann ging die Fahrt über Schedia 460 km den Nil aufwärts bis Koptos und dauerte dank der vom Mittelmeer wehenden Etesien zwölf Tage. Genauso lange waren anschließend die Karawanen unterwegs, welche die 380 km bis zum Hafen Berenike am Roten Meer zurücklegten; zwölfeinhalb Tage, besser gesagt: Nächte dauerte der Marsch, denn während der extrem heißen Sommermonate Juni/Juli rastete man tagsüber an den in regelmäßigen Abständen angelegten Brunnen. Um den 19. Juli herum brachen die Schiffe von Berenike nach Indien auf, das sie Ende September erreichten. Etwa drei Monate später erfolgte die Rückreise, so daß man zwischen Februar und April des nächsten Jahres wieder in Ägypten ankam.[115]

Wenn die Fracht aus Übersee im ägyptischen Zielhafen Berenike gelöscht war, begann der Papierkram. Die Ladung war teuer und mußte daher ständig bewacht werden, ferner lag auf ihr eine Einfuhrsteuer von 25 %, die in Alexandria erhoben wurde; dies zog etliches an Bürokratie nach sich. Bei dem folgenden Text des 2. Jahrhunderts handelt es sich um einen Vertrag zwischen einem Kaufmann und einem Reeder. Die Waren des Händlers sind vom indischen Muziris aus gerade im Hafen von Berenike am Roten Meer angekommen, und der Reeder sichert für den Weitertransport folgendes zu: „Ich werde (die Ware) durch die Wüste ins Landesinnere unter Bewachung und Sicherung zu dem öffentlichen Zollager in Koptos befördern. Ich werde (sie) unter deinen Namen und dein Siegel stellen[116] oder eines deiner Vertreter oder wer immer da ist, bis zur Verladung auf den (Nil-) Fluß. Ich werde (sic) zur vereinbarten Zeit auf ein sicheres Schiff auf den Fluß bringen und flußabwärts zu den Zollagern für 25 %ige Steuer in Alexandria transportieren."[117] Der Gesamtwert der Güter aus Indien betrug in diesem Fall fast 7 Millionen Sesterzen. Ein solcher Einzelfall bestätigt die Aussage des Plinius, wonach aufgrund des Indienhandels jährlich 100 Millionen Sesterzen für Waren dorthin flossen; den Gewinn beziffert er übertreibend auf das Hundertfache des eingesetzten Geldes.

---

115 Rougé (s. Anm. 31).
116 Während des Transports vom Roten Meer bis Alexandria stand die gesamte Ware unter Zollverschluß.
117 G. Thür, Hypotheken-Urkunde eines Seedarlehens für eine Reise nach Muziris und Apographe für die Tetarte in Alexandria (zu P. Vindob. G. 40.822*), Tyche 2, 1987, 229–245, hier 230: καὶ ἀνοίσω διὰ τοῦ ὄρους μετὰ παραφυλακῆς καὶ ἀσφαλείας [εἰς τὰ]ς ἐπὶ Κόπτου δημοσίας παραλημπτικὰς ἀποθήκας καὶ ποι[ήσω ὑ[πὸ τὴν σὴν ἢ τῶν σῶν ἐπιτρόπων ἢ τοῦ παρόντος αὐτῶν [ἐξουσία]ν καὶ σφραγεῖδα μέχρι ποταμοῦ ἐμβολῆς καὶ ἐμβαλοῦμαι [τῷ δέ]οντι καιρῷ εἰς ποταμὸν ἀσφαλὲς πλοῖον καὶ κατοίσω εἰς τὴν [ἐν Ἀλεξ]ανδρείᾳ τῆς τετάρτης παραλημπτικὴν ἀποθήκην καὶ ὁ[μοίω]ς ποιήσω ὑπὸ τὴν σὴν ἢ τῶν σῶν ἐξουσίαν καὶ σφραγεῖδα.

Mit Händlern aus Alexandria wird eine Episode in Zusammenhang gebracht, die in chinesischen Aufzeichnungen beschrieben wird. Für das Jahr 166 berichten sie, „Gesandte" des „Ngan-touen" oder „An-toun" – also des Marcus Aurelius Antoninus –, des Herrschers des römischen Reiches, hätten dem chinesischen Kaiser Geschenke gebracht. Es ist ein hübscher Zufall, daß sich in der Nähe von Saigon ein Goldmedaillon Marc Aurels fand. Jene Gesandte könnten Kaufleute aus Alexandria gewesen sein, die über Indien nach China gelangten.[118] Vielleicht war es seine Herkunft aus dem alexandrinischen Menuthis, die einen Indienfahrer auf die Idee brachte, eine Insel im Indischen Ozean Menuthias zu nennen.[119]

Ein beträchtlicher Teil der bei dem gesamten Handelsvolumen umgesetzten Summe wird als Verdienst in der Drehscheibe Alexandria verblieben sein. Vor diesem Hintergrund verwundert es nicht, daß Johannes von Ephesus im 6. Jahrhundert die Schiffsbesitzer „die mächtigste Gruppe in dieser reichen Stadt" nennt.[120]

3.2 Menschen

Die Anlage von Kanopus und des dortigen berühmten Sarapeion, eine Schöpfung des ersten Ptolemaiers, beschreibt Strabo: „Kanopus enthält den mit großer Ehrfurcht verehrten Tempel des Sarapis, so daß auch die angesehensten Männer daran glauben und entweder selbst für sich darin schlafen oder andere für sich (dort schlafen lassen). Es schreiben auch einige die Heilungen auf, andere aber die Wirkungen der dortigen (Traum-)Orakel. Vor allem aber ist die Menge derer (groß), die von Alexandria aus auf dem Kanal Lustfahrten dahin machen. Denn alle Tage und Nächte ist er voll von Männern und Frauen, die sich teils auf den kleinen Booten mit äußerster Ausgelassenheit in Flötenspiel und zügellosen Tänzen ergehen, teils in Kanopus selbst am Kanal gelegene und für dergleichen Zügellosigkeit und Schwelgerei geeignete Kneipen besuchen."

Kanopus war ein religiöses Zentrum der Region mit einer weit über diese hinausragenden Bedeutung. Neben dem wichtigsten, dem Sarapis-Tempel, gab es weitere für Osiris, den Ptolemaios III. gegründet hatte, für Isis und Anubis. Die zentralen Kultfeste waren nicht nur bei den Alexandrinern populär, sondern zogen darüber hinaus Pilger aus aller Welt an. Der christliche Autor Rufinus spricht den heidnischen Tempelanlagen von Kanopus sogar eine höhere Reputation als denjenigen Alexandrias zu.

---

118 A. Birley, Mark Aurel. Kaiser und Philosoph, München 1968, 262.
119 J. Faivre, Canope, Ménouthis, Aboukir, Paris 1917, 35.
120 Johannes von Ephesus, *historia ecclesiastica* 3, 1, 33 (CSCO 105). Zu den Reedern Alexandrias und ihren Verdienstmöglichkeiten vgl. Clauss (s. Anm. 36) 232–238.

Noch im 4. Jahrhundert zog das lokale Heiligtum der Isis viele Pilger an, und der dortige Kult veranlaßte die Kirchenväter zu harscher Kritik an den Frauen: „Die Frauen vergessen, von Erregung ergriffen, alle Zurückhaltung und Bescheidenheit."[121] Von dem Tempel dürfte heute nichts mehr zu finden sein, da die Christen ihn, als Predigten allein nicht halfen, zerstört haben. Kanopus[122] war einerseits ein heiliger Bereich ägyptisch-griechischer Gottheiten, andererseits aber auch die größte Vergnügungsstätte der Welt.

Die späteren christlichen Pilgerströme, die es nach Alexandria zog, und mit denen im 4. und 5. Jahrhundert die paganen parallel liefen, kamen zum einen wegen der Metropole selbst, vor allem aber auch, um den berühmten Schrein des Heiligen Menas zu besuchen, dem gewaltige Wunderkräfte, vor allem Heilkräfte, nachgesagt wurden; hier bestand vielerorts in und um Alexandria eine Kontinuität zu den zahlreichen Sarapis-Heiligtümern früherer Jahrhunderte mit ähnlichem Ruf. Von Alexandria, möglicherweise vom Hafen Iuliopolis aus, brachen die Pilger mit dem Schiff auf, um über den westlichen Arm des Mareotis-Sees zum Hafen Philoxenite[123] zu gelangen, der unter dem Kaiser Anastasius ausgebaut worden war;[124] von dort war es dann nur noch eine Tagesreise bis zum 45 km entfernten Menas. Zurück ging es wieder über Alexandria.

Daß die quirlige Großstadt Alexandria für manchen biederen Christenmenschen Gefahren bot, lehrt das Schicksal eines Mönches, das Palladius uns warnend vor Augen führt: „Er ging zum Theater und zu den Rennen im Hippodrom und trieb sich in den Kneipen herum. Er aß und trank im Übermaß und verfiel der Sinnenlust. Und da er versessen darauf war zu sündigen, nahm er Beziehungen zu einer Schauspielerin auf."[125] Alexandria war immer noch eine ‚weltliche' Stadt par excellence, und so blieb dem Mönch Johannes von Lykopolis zu Beginn des 5. Jahrhunderts nur die Warnung an alle Pilger, auf dem Rückweg von den Klöstern der Nitria, einem weiteren riesigen Pilgerzentrum,[126] Alexandria zu meiden, „denn dort geratet ihr mit Sicherheit in Versuchung".[127] Für uns ist es und für die Geschäftswelt Alexandrias war es ein Gewinn, daß viele diese Warnung in den Wind schlugen.

---

121 Epiphanius, *Ancoratus* 12 (GCS 25).
122 M. Malaise, L'étymologie égyptienne du toponyme „Canope", Chronique d'Égypte 74, 1999, 224–230.
123 Zur Identifizierung dieses Hafens vgl. Rodziewicz (s. Anm. 19) 202–204.
124 J. Drescher, Topographical notes for Alexandria and district, Bulletin. Société archéologique d'Alexandrie 38, 1949, 13–20, hier 15–16.
125 Palladius, *historia Lausiaca* 26, 4.
126 Clauss (s. Anm. 36) 285–287.
127 Palladius, *historia Lausiaca* 35, 14.

Exkurs 1: Nicopolis und Iuliopolis

Bei einigen antiken Autoren tauchen bei der Beschreibung der unmittelbaren Umgebung Alexandrias zwei Ortsnamen auf, Nikopolis und Iuliopolis, die von vielen Historikern als unterschiedliche Benennungen ein und derselben Lokalität interpretiert werden.[128]

Strabo spricht in seiner Beschreibung der Umgebung Alexandrias von Nikopolis, das 5,6 km von der Metropole entfernt sei.[129] Es handelt sich dem Geographen zufolge um eine Stadt am Meer, von Augustus am Ort des Sieges über Marc Anton und Kleopatra gegründet. An anderer Stelle beschreibt er den Schedia-Kanal, auf den man trifft, wenn man sich vom Kanopischen Tor aus südwärts wendet.[130] Das Meer liegt vom Kanopischen Tor aus gesehen im Norden, so daß die Feststellung von Hanson nicht richtig ist: „The canal harbour which served as the point of departure from Alexandria ... was located by Strabo and Josephus near or at Nicopolis."[131] Aus Strabo ist keineswegs zu entnehmen, daß er Nikopolis als mit dem Schedia-Kanal verbunden betrachtet. Er schreibt ausdrücklich, daß sich zwischen dem Mittelmeer und dem Kanal eine Landzunge erstreckt, auf der Nikopolis, Taposiris-Minor und Kap Zephyrium liegen.

Plinius der Ältere schildert ausführlich den Indienhandel und erwähnt unmittelbar daran anschließend die Hafenstadt Iuliopolis, 3 km von Alexandria entfernt, von wo aus man zum Nil und über Koptos schließlich nach Indien aufbricht.[132]

Diesen beiden Informationen stellten an sich kein Problem dar; Strabo beschreibt eine Stadt Nikopolis am Meer, 5,6 km von Alexandria entfernt, Plinius eine Hafenstadt, weitaus näher bei Alexandria liegend, die am Kanal nach Schedia liegt, also am Kaiser-Kanal.

Verwirrend ist dagegen eine Bemerkung des Flavius Iosephus. Er schildert den Aufbruch des Titus aus Alexandria, um in dem schon länger tobenden jüdischen Krieg Jerusalem zu erobern. „Dieser (Titus) marschierte zu Land bis Nikopolis, das zwanzig Stadien (3,6 km) von Alexandria entfernt liegt, ließ hier sein Heer Kriegsschiffe besteigen und segelte auf dem Nil bis zur Stadt Thmuis im Mendesischen Nomos"[133] Der in dem zitierten Abschnitt genannte Zielort ist

---

128 Die Literatur bis 1980 hat A.E. Hanson, Juliopolis, Nicopolis, and the Roman camp, ZPE 37, 1980, 249–254, zusammengestellt.
129 Strabo 17, 1, 10 (795); Anm. 3.
130 Strabo 17, 1, 16 (800); Anm. 54.
131 Hanson (s. Anm. 128) 249.
132 Anm. 23.
133 Flavius Iosephus, *bellum Iudaicum* 4, 11, 5: ὁ (Titus) δὲ προελθὼν πεζῇ μέχρι Νικοπόλεως, εἴκοσι δὲ αὕτη διέχει τῆς Ἀλεξανδρείας σταδίους, κἀκεῖθεν

klar: Thmuis liegt an einem der mittleren Nilarme; um dorthin zu gelangen, mußte Titus unter anderen den größten, den kanopischen Nilarm, überqueren. Auch der Ausgangspunkt ist bekannt, das Heerlager der Römer in Nikopolis, dessen Entfernung von Alexandria von jüdischen Autor mit 20 Stadien, statt 30 bei Strabo, angegeben wird. Strabos Angabe ist zuverlässiger, aber über Zahlenangaben in antiken Schriften sollte man ohnehin nicht rechten. Wichtiger scheint mir ein anderes Versehen des Autors zu sein, denn um ein solches handelt es sich offensichtlich. Flavius Iosephus läßt Titus von Nikopolis aus mit Schiffen aufbrechen. Dies bedeutete entweder eine Seereise um das Kap Zephyrium herum, dann über den kanopischen Meerarm und schließlich bis Thmuis. Das Risiko, die Truppen der Seereise um Kap Zephyrium auszusetzen, ist eigentlich unverständlich, konnte man doch von Nikopolis aus bequem nach Heraklion marschieren; dort kennen wir einen Hafen und wissen zudem, daß er genau für solche Aktionen, nämlich die Überquerung des kanopischen Nilarms genutzt wurde (S. 307).

Wenn Flavius Iosephus sagen wollte, daß Titus von Nikopolis aus über den Kaiser-Kanal nach Schedia gefahren sei, müßte Titus von dort irgendwie, über Kanal oder Nil, nach Heraklion und von dort über den Nilarm gefahren sein; auch hier ist zu fragen, weshalb Titus nicht direkt nach Heraklion marschierte. Wenn wir aber davon ausgehen, daß Flavius Iosephus den Weg stark verkürzt wiedergibt, das Legionslager Nikopolis als Ausgangspunkt und den Hafen Thmuis als Endpunkt der Etappe nennt, dann wäre die von mir vorgeschlagene Route über Heraklion nicht ausgeschlossen. Dadurch verschwände Nikopolis als Hafenstadt aus der Literatur, die nur im Kontext des Flavius Iosephus als solche erscheint.[134]

Aus den vorhergehenden Überlegungen ziehe ich folgende Schlüsse: Nikopolis und Iuliopolis sind zwei unterschiedliche Städte in der Nähe Alexandrias.[135] Nikopolis ist 5,5 km von der Metropole entfernt, über die *via Nico(politana)* mit ihr verbunden,[136] am Mittelmeer gelegen; dort oder ganz in der Nähe befindet sich

---

ἐπιβήσας τὴν στρατιὰν μακρῶν πλοίων ἀναπλεῖ διὰ Νείλου κατὰ τὸν Μενδήσιον νομὸν μέχρι πόλεως Θμούεως.

134 Die Entfernung von 20 Stadien, also 3,6 km, die Flavius Iosephus für die Strecke Alexandria – Nikopolis gibt, entspricht in etwa derjenigen des Plinius für die Strecke Alexandria – Iuliopolis (3 km), so daß Flavius Iosephus auch die beiden Städte verwechselt haben kann.

135 Hanson (s. Anm. 128), die sich dafür ausspricht, in Iuliopolis und Nicopolis zwei Namen einer Stadt zu sehen, argumentiert unter anderem mit der zeitlichen Verteilung der Zeugnisse für die beiden Namen. Ich vermag in der Reihenfolge (N = Nicopolis, I = Iuliopolis) kein Muster zu erkennen: I (35), N (90, 1. Jahrhundert), I (153, 163), N (169), I (177), N (3. Jahrhundert, 323, 335, 4. Jahrhundert).

136 P.Gen.Lat. 5, 4, 8; 15, 8; 26, 8 = CPL 106 aus dem Jahre 90; an dieser Straße befanden sich Posten von Soldaten: A. v. Premerstein, Die Buchführung einer ägyptischen Legionsabteilung, Klio 3, 1903, 1–46, hier 19.

das große Legionslager. Betrachtet man die Zeugnisse der literarischen und papyrologischen Quellen, die sich auf Nikopolis beziehen, dann erwähnen die meisten die dortigen Spiele, die den Actischen nachempfunden waren[137] oder das Militärlager.[138] Die Stadt[139] Iuliopolis liegt etwa 3 km südlich Alexandrias, am Kaiser-Kanal und ist der Hafen für die vom Nil kommenden Leichter. Daher ist Iuliopolis zusammen mit Schedia in der Abschrift eines amtlichen Schreibens erwähnt, das ein Sokratikos, vielleicht der *procurator Augusti* Aelius Socraticus[140] in der Mitte des 2. Jahrhunderts, an Steuerbeamte in die beiden Orte am Anfang und Ende des Kaiser-Kanals richtete.[141]

Exkurs 2: Tonnage der Frachtschiffe

Ein Problem neben vielen stellt die Tonnageleistung antiker Transportschiffe dar. Die Berechnungen der Fachleute schwanken erheblich.[142] Immer wieder geistert die Beschreibung Lukians durch die Berechnungen, der das Schiff einer Getreideflotte namens „Isis" beschreibt, das durch ungünstige Witterungsverhältnisse in den Piräus verschlagen worden war.[143] Aus den von Lukian genannten Maßen ist eine Tragfähigkeit von 1.200 Tonnen berechnet worden.[144] Die Tatsache, daß Schiffe dieser Größe erst wieder zu Anfang des 19. Jahrhunderts gebaut wurden, sollten zu Denken geben, ob die „Isis" nicht vielleicht eine Ausnahme war wie die „Alexandria" (S. 301) und deshalb einerseits die Aufmerksamkeit Lukians auf sich

---

137 Strabo 17 (795); Cassius Dio 51, 3 und 17.
138 P. Oxy. 1, 60 = Wilcken, Chrestomathie 43 (323 n. Chr.); P. Lond. 6, 1914 (335 n. Chr.); Chronicon rerum Sancti Athanasii 18 = PG 26, 1448–1449 (367 n. Chr.). Zu weiteren unspezifischen papyrologischen Belegen vgl. Hanson (s. Anm. 128) 251–253.
139 Für Iuliopolis liegen Zeugnisse als Geburtsort eines römischen Bürgers vor (BGU 7, 1694 = CPL 157 aus dem Jahre 163) und als Gerichtsort des Präfekten (BGU 3, 970 = Wilcken, Chrestomathie 242 und BGU 2, 525, beide aus dem Jahre 177).
140 J. Bingen, Les papyrus de la fondation égyptologique reine Elisabeth, CE 38, 1944, 271–280, hier 274–275.
141 Sammelbuch 6, 9210.
142 Casson (s. Anm. 105) 183–184 rechnet mit einer durchschnittlichen Tonnage eines antiken Schiffes von 130 Tonnen, K. Hopkins, Models, ships and staple, in: Garnsey (s. Anm. 47) 84–85 von Tonnagen zwischen 200 und 350 Tonnen.
143 Lukian, *navigium* 5–6.
144 L. Casson, The Isis and her voyage, TAPA 81, 1950, 43–56. Skeptisch äußern sich P. Pomey – A. Tchernia, Le tonnage maximum des navires de commerce romains, Archaeonautica 2, 1978, 233–251, hier 243–245. Als unzuverlässig bezeichnet G. W. Houston, Lucian's *Navigium* and the dimensions of the *Isis*, AJPh 108, 1987, 444–450, den Bericht.

zog,¹⁴⁵ andererseits als offenbar einziges Schiff der damaligen Flotte in Probleme geriet.

Zuverlässiger scheinen mir Überlegungen zu sein, die sich aufgrund einiger kaiserlicher Maßnahmen der ersten beiden nachchristlichen Jahrhunderte anstellen lassen. Um die Lebensmittelversorgung der Hauptstadt auf eine sichere Grundlage zu stellen, wobei es sicherlich vor allem um die Getreidezufuhr ging, verschaffte Claudius in den vierziger Jahren des ersten Jahrhunderts denjenigen, die Handelsschiffe bauten, Vorteile.¹⁴⁶ Aus den Institutionen des Gaius erfahren wir, daß es sich dabei um Schiffe von wenigstens 10.000 *modii* Transportvolumen handeln mußte, also mit 67,3 Tonnen.¹⁴⁷

Es ging hierbei um Schiffe einer Flotte, deren Aufgabe vor allem darin bestand, ein einziges Produkt über eine lange Distanz zu befördern. Das Edikt des Claudius legte nicht nur die Mindestgröße fest, für die er bereit war, die Vergünstigungen zu gewähren, sondern forderte auch die Verpflichtung des Händlers für mindestens sechs Jahre. Die Absicht des Kaisers, besser gesagt, der Verwaltung, war klar: Je weniger Schiffe für die Versorgung notwendig waren, deste geringer der bürokratische Aufwand; und dieser verringerte sich nochmals, wenn dieselben Schiffe mehrere Jahre lang im Einsatz waren. Diesen Maßnahme des Claudius kann man sicherlich entnehmen, daß ein erheblicher Anteil der Transporte von Schiffen unter 67,3 Tonnen geleistet wurde.¹⁴⁸

Über ein Jahrhundert später liegt uns erneut ein kaiserlicher Erlaß vor, der Schiffseigentümern unter bestimmten Bedingungen von Hand- und Spanndiensten befreite. Dies galt für alle diejenigen, die ein Schiff gebaut und zum Einsatz gebracht hatten, das nicht weniger als 50.000 *modii* fassen konnte, also 336 Tonnen, oder mehrere Schiffe – die Zahl wird nicht angegeben, aber fünf entsprächen der Leistung eines großen Frachters – mit einer Tonnage von nicht weniger als 10.000 *modii*, oder 67,3 Tonnen.¹⁴⁹ Es gab also Schiffe, die größer waren als

---

145 Dazu G. W. Houston, Ports in perspective: Some comparative materials on Roman merchant ships and ports, AJA 92, 1988, 553–564, mit ähnlichen Beispielen aus Mittelalter und Neuzeit. Es gilt auch zu bedenken, daß es für die Getreideschiffe wie für alle anderen Nothäfen geben mußte, die einzelne Schiffe oder die Flotte bei Gefahr anlaufen konnten. Für Schiffe in der Größe der „Isis" hätte es die an der normalen Route nicht gegeben, und es war daher kein Zufall, daß sie den Piräus aufsuchte.
146 Sueton, *Claudius* 18–19.
147 Gaius, *institutiones* 1, 32c.
148 Houston (s. Anm. 145) 558. Pomey/Tchernia (s. Anm. 144) 237–243, weisen darauf hin, daß die zweite Maßnahme aus zeitbedingten Versorgungsschwierigkeiten resultierte, in denen es darum ging, möglichst rasch viele – und dann eben kleine – Schiffe zu bauen. Dies wird durch die Tatsache widerlegt, daß 100 Jahre später immer noch Privilegien für Schiffe mit 67,3 Tonnen bewilligt wurden.
149 Digesten 50, 5, 3.

330 Tonnen, aber offensichtlich noch viele, die weitaus weniger als 100 Tonnen zu transportieren in der Lage waren. Offensichtlich scheuten viele Eigner das Risiko allzu großer Schiffe, die sicherlich anfälliger gegen Witterungsunbill waren als kleinere.

Die Ergebnisse, die aufgrund antiker Schiffswracks errechnet wurden, passen in das bisher ermittelte Bild. Ein von P. Pomey und A. Tchernia vermessenes Wrack aus La Madrague de Giens hat nach ihren Berechnungen eine Tonnageleistung von 385/450 Tonnen aus.[150] O. Vallespín Gómez vermaß ein Wrack, errechnete ein Fassungsvermögen von weit unter 200 t und argumentierte, man habe wohl nur einen kleinen Teil des Schiffes gefunden, da die Durchschnittstonnage römischer Schiffe weit über 200 t betrage.[151] G. W. Houston bietet eine Liste von Wracks mit weniger als 100 t Fassungsvermögen.[152]

Angesichts solcher Ergebnisse beschritt G. W. Houston einen anderen Weg, indem er Tonnagevolumina von Schiffen zusammenstellte, die 1567 und 1568 den Londoner Hafen angelaufen hatten. Gewiß beweist ein solches Vergleichsmaterial nichts für die antiken Bedingungen, aber die Angaben können helfen, die disparaten Informationen aus der Antike in einen größeren Zusammenhang zu stellen, um so vielleicht das eine oder andere Ergebnis wahrscheinlicher zu machen.

In vorindustriellen Flotten liegt liegt der Anteil der technisch möglichen Großfrachter unter 10 %, meist unter 5 % an der gesamten Zahl der Schiffe. Das Beispiel des Londoner Hafens für die oben angeführten Jahre zeigt, daß von 393 Schiffen der Anteil derjenigen bis 40 Tonnen 58 %, derjenigen der Schiffe bis 60 Tonnen 84 % ausmachte; der Anteil der Schiffe über 100 t betrug 4,6 %. Noch für das Jahr 1812 verzeichnet das Lloyds Register mit 400 Schiffen einen Anteil von 65,5 % der Schiffe unter 200 t.[153]

Ein wichtige Bestätigung, daß dieser ‚Trend' auch für die Antike galt, liefert ein alexandrinischer Schriftsteller. Hero von Alexandria, dessen Lebenszeit aus unsicheren Datierungen in das ausgehende 1. Jahrhundert gesetzt wird, hat ein Buch über Stereometrie verfaßt, in dem er zahlreiche Rechenbeispiele gibt. Hierbei führt er unter anderem – und dies ist in Alexandria gewiß kein Zufall – Formeln an, die es erlauben, die Ladekapazität von Schiffen unterschiedlicher Größe

---

150 Pomey/Tchernia (s. Anm. 144).
151 O. Vallespín Gómez, The copper wreck (Pecio del Cobre), The International Journal of Nautical Archeology and Underwater Exploration 15, 1986, 305–322, hier 322.
152 Houston (s. Anm. 145) 557; vgl. ferner A. J. Parker, Cargoes, containers and stowage: the ancient Mediterranean, The International Journal of Nautical Archeology and Underwater Exploration 21, 1992, 89–100.
153 Houston (s. Anm. 145) 554–555.

in Amphoren und *modii* zu berechnen. Auffällig ist, daß Heron sich mit eher kleinen Schiffen beschäftigt, wenn er drei Beispiele vorlegt:[154]

7.680	*modii*	≈	52 t
12.600	*modii*	≈	85 t
19.200	*modii*	≈	129 t

In keiner seiner übrigen Aufgaben über die mögliche Länge der Schiffe kommen Zahlen vor, die für eine größere Kapazität als die rund 130 Tonnen sprechen. Wenn Heron in Alexandria also an Handelsschiffe denkt, hat er meist Schiffe unter 100 t im Auge.

Gestützt werden solche Größenordnungen durch die Angaben, die sich aus einem Papyrus des 2. Jahrhundert n. Chr. ermitteln lassen. Es handelt sich dabei möglicherweise um ein in der Hafenmeisterei von Alexandria erstelltes Verzeichnis der täglich einlaufenden Frachtschiffe.[155] Die dort gemachten Angaben, ausgedrückt in Artaben, geben das Frachtvolumen von acht Schiffen an, das sich wie folgt verteilt:

Artaben	Tonnen: A	Tonnen: B
1.000	22,4	30
1.500	33,6	45
2.000	45	60
2.000	45	60
2.000	45	60
2.500	56	75
7.000	157	210
22.500[156]	505	675

Ich möchte die aus der Moderne für das 16. sowie für das 19. Jahrhundert vorliegenden Angaben auf antike Verhältnisse zu übertragen.

Für die Schiffe, deren Tonnage in den Jahren 1567 und 1568 im Londoner Hafen registriert wurde, liegen folgende Angaben vor;[157] zum Vergleich sind rechts Zahlen angefügt, die sich aus papyrologischen Angaben über die Größe der Nilschiffe ergeben.[158]

---

154 Heron, *stereometrica* 2, 50–52 = J. L. Heiberg, *Heronis Alexandrini opera quae supersunt omnia* 5, Stuttgart 1976, mit der Korrektur zu einem Rechenfehler Herons (s. Anm. 131).
155 P. Bingen 77; P. Heilporn, 77. Registre de navires marchands, in: Papyri in honorem Johannis Bingen octogenarii, Leuven 2000, 339–359. Die Berechnungsgrundlage ist: A: 1 Artabe = 3,33 *modii* = 22,43 kg; B: 1 Artabe = 4,5 *modii* = 30 kg.
156 Die Zahl für 22.500 Artaben ist nicht sicher zu lesen; ebd. 352.
157 Houston (s. Anm. 145) 555.
158 I. J. Poll, Ladefähigkeit und Größe der Nilschiffe, Archiv für Papyrusforschung 42, 1996, 127–138. Ich habe von der langen Liste Polls nur die Angaben aus Kaiserzeit und Spätantike übernommen und rechne in diesem Fall die *artaba* zu 30 kg.

Tonnage	Schiffe	Prozentanteil	Artaben	Schiffe	Prozentanteil
1– 20	35	10	bis 666	41	47
21– 40	155	48	bis 1.300	19	22
41– 60	88	26	bis 2.000	15	17
61–100	45	13	bis 3.300	9	10
101–200	14	4	bis 6.600	3	3,5
210–	2	0.6			

Dies bedeutet, wenn man die Kategorien etwas zusammenfaßt, daß im 16. Jahrhundert 84 % aller Schiffe eine Fassungsvermögen von höchstens 60 t hatten; es mag Zufall sein, daß der entsprechende Anteil bei den bezeugten Größen für Nilschiffe 86 % beträgt. Geht man davon aus, daß 84 % des alexandrinischen Ausfuhrgetreides – insgesamt 180.000 oder 242.000 t – von Schiffen mit 60 t befördert worden sind, die übrigen 16 % von solchen mit 200 t, dann wären für das gesamte Exportgetreide 2.520/3.390 Schiffe zu 60 t und 144/194 zu 200 t notwendig gewesen.

Anders sieht das Bild aus, wenn man die Angaben des Jahres 1812 aus dem Lloyds Register zugrundelegt; nach dem Prozentanteil finden sich die Angaben zu dem in der Antike zu transportierenden Getreide und die entsprechende Zahl von Schiffen, legt man jeweils die mittlere Kategorie zugrunde:[159]

Tonnage	Schiffe	Prozent-anteil	Getreide/t	Schiffe	Getreide/t	Schiffe
1–100	88	22	39.600	792	53.240	1.065
101–200	174	43.5	78.300	522	105.270	702
201–300	92	23	41.400	165	55.660	223
301–400	46	11.5	20.700	60	27.830	80

Sieht man die Verhältnisse des 19. Jahrhunderts als den antiken ähnlicher, wären 1.540/2.070 Schiffe für den Getreidetransport notwendig gewesen.

Zieht man die Angaben der juristischen Texte, die Berechnungsbeispiele Herons, die Angaben des Papyrus Bingen 77 und die Größe der Nilschiffe heran, berücksichtigt man ferner weitere literarische Zeugnisse und die Maße der gefundenen Wracks, schließlich die generellen Einschätzungen der Leistungsfähigkeit antiker Technik sowie der Risikobereitschaft der Reeder scheint mir alles dafür zu sprechen, die antiken Verhältnisse mit denen des 16. Jahrhunderts zu vergleichen.

---

159 Houston (s. Anm. 145) 556. Die erste Kategorie rechts des Prozentanteils legt die *artaba* von 3,33 *modii* zugrunde, die zweite von 4,5.

Abstract

The harbours of Alexandria were once called *claustra Aegypti*, the keys to Egypt. Spectacular results of maritime archaeology have recently focussed public interest on the Great or Eastern Harbour. Yet this harbour was in fact only one of four in and around the city: Eunostus Harbour and the Great Harbour on the Mediterranean and Cibotos and Iuliopolis on Lake Mareotis. The old harbour of Heraclion, wherefrom all crossings of the delta of the Nile started and the two harbours situated on the Nile itself, Schedia and Chaireou, were also part of this system. Canals connected the harbours and made transport of all sorts of goods and, most important, of corn from the Nile into Alexandria possible. South of the city wall the Augustan Canal ran from the West to the East, from Alexandria to Schedia; three canals diverged from this much travelled waterway to the North and connecting it to the Cibotos Harbour, the Great Harbour and the city of Canopus; this city was also directly linked to Schedia by the Agathosdaimon canal. On top of that, a series of smaller canals made use of Lake Mareotis on their way from the Nile.

In this context, a calculation of the amount of corn exported from Alexandria and the number of ships utilised in the process shall be attempted.

Miszelle

Fastrada – Karl der Große, die Bayern und Frankfurt am Main

Felicitas Schmieder

Im Jahre 794 hielt sich Karl der Große etwa acht Monate lang, von kurz nach Jahresanfang bis August, in seiner Pfalz Frankfurt am Main auf. Er feierte hier sein königliches Osterfest (23. März) sowie Pfingsten (11. Mai), und hielt im Juni ein großes, als ökumenisch gedachtes Konzil ab. Soweit wir wissen, war dies der erste, aber auch der einzige Aufenthalt Karls an diesem Ort (der zu diesem Anlaß überhaupt erstmals in den Quellen erscheint). Die restlichen zwanzig Jahre seiner Regierung kam Karl offenbar niemals wieder. Warum war er gekommen, und vor allem: warum kehrte er nicht zurück – Fragen, die die Forschung immer wieder umgetrieben haben. Vor allem für die zweite soll hier eine Antwort angeboten werden.

Nachdem Karl Weihnachten in Würzburg verbracht hatte, kam er zu Schiff den Main hinunter nach Frankfurt. Spätestens an Petri Cathedra, am 22. Februar 794, stellte er seine erste Urkunde aus, eine Schenkung an das Regensburger Kloster St. Emmeram. Der fränkische König verfügte damit über Gut in der bairischen Herzogsstadt, und noch mehr: An einem wichtigen Feiertag[1] beschenkte der König das Grab jenes Heiligen, der unter den bairischen Herzögen, den Agilolfingern, zu Tode gekommen war und den sie – so versäumt die erst kurz zuvor entstandene Vita des Heiligen nicht zu betonen – somit zum Märtyrer gemacht hatten.[2] Mit diesem Akt beginnt unser Wissen um Karls Tätigkeiten in Frankfurt –

---

1   22. 2. (MGH Diplomata Karol. I 176, S. 236/8): *Cathedra Sancti Petri*, Petri Stuhlfeier: Durch die Orientierung auf Rom waren im Frankenreich gerade die mit dem Apostel Petrus verbundenen Heiligentage von hoher Bedeutung. In der Diözese Mainz ist das in Rom seit dem 4. Jh. nachweisbare Fest (allg. Bernhard Schimmelpfennig, Cathedra Petri [1], in: LexMa II, 1983, Sp. 1575) im 9. Jahrhundert nachzuweisen als *Cathedra sancti Petri quam sedit apud Antiochiam, ubi et primum cognominati sunt discipuli Christiani* in Martyrologium Hrabani Mauri (St. Gallen, Stiftsbibl. 457), um 850, und Pal. lat. 1447, Mainz 808–813. In beiden ist aber auch der 18. 1. (*Depositio Cathedrae*) eingetragen, der vor allem in Gallien lange als Fest der Cathedra gefeiert wurde. Für diese Hinweise habe ich Astrid Krüger/ Bad Homburg zu danken, die für ihre Dissertation (demnächst: Litaneien des 8. und 9. Jahrhunderts. Überlieferung, Studien, Texte, in der Reihe MGH Hilfsmittel) alles greifbare Kalendermaterial der Zeit zusammengetragen hat, und Matthias Th. Kloft/Frankfurt am Main.
2   Die erste Vita aus dem Jahre 772 betonte besonders die anti-agilofingischen Tendenzen (Christine Rädlinger-Prömper, Emmeram, in: LexMa III, 1986, Sp. 1888) und

offensichtlich demonstrativ angesichts der für den weiteren Aufenthalt geplanten Ereignisse.

Im Rahmen des Konzils nämlich stand als einer der wichtigsten „Tagesordnungspunkte" der versöhnliche Abschluß des langen Abstiegs des letzten Agilolfingerherzogs an, Tassilos III. von Baiern. Mächtig, versippt mit den Langobarden in Italien und sehr nah verwandt mit Karl dem Großen[3] hatte Tassilo der Eingliederung Baierns ins Karlsreich im Wege gestanden. 787 hatte der König den bairischen Vetter vergeblich nach Worms geladen, um ihn einen umstrittenen früheren Eid erneuern zu lassen, und ihn, der nicht gehorchte, der Gefolgschaftsverweigerung bezichtigt. 788 wurde er „nach Ingelheim gelockt, dort, auf fränkischem Boden, doch von bairischen Großen verklagt, vor Gericht gestellt und von den Repräsentanten der Völker in Karls Reich zum Tode verurteilt, vom König begnadigt, zum Kleriker geschoren und ins Kloster gesteckt" – nicht „auf Grund der Rechtslage, sondern auf Grund der überlegenen Macht Karls".[4] 794 in Frankfurt endlich brachte König Karl den Prozeß zu einem offenbar notwendigen, demonstrativen Ende: Tassilo wurde nach sechs Jahren von weit her aus dem Klo-

---

dürfte, in den Auseinandersetzungen zwischen Karl dem Großen und dem letzten Agilolfinger Tassilo III. seit 781 (vgl. Johannes Fried, Zum Prozeß gegen Tassilo, in: 794 – Karl der Große in Frankfurt am Main. Ein König bei der Arbeit, Ausstellungskatalog, hg. von dems./Rainer Koch/Lieselotte E. Saurma-Jeltsch/Andreas Thiel, Sigmaringen 1994, 113–15, hier 115) entstanden, als Propagandamittel wirkungsvoll einsetzbar gewesen sein.

3 Tassilos Mutter war eine Tochter Karl Martells und Schwester Pippins: Wilhelm Störmer, Tassilo III., in: LexMa VIII (1997) Sp. 485/6.

4 Zitate Fried (s. Anm. 2), 115 und Matthias Becher, Eid und Herrschaft. Untersuchungen zum Herrscherethos Karls des Großen, Diss. Konstanz 1990, Sigmaringen 1993 (VuF. Sonderband 39), 73. Zur Vorgeschichte vor allem ebd., hier auch zu Worms, S. 58–72; Joachim Jahn, Ducatus Baiuvariorum. Das bairische Herzogtum der Agilolfinger, Stuttgart 1991 (Monographien zur Geschichte des Mittelalters. 35), bes. 541f. zum „Schauprozeß" von Ingelheim 788. Hintergrund, Umfeld und Akt von Frankfurt außerdem Peter Classen, Bayern und die politischen Mächte im Zeitalter Karls des Großen und Tassilos III., in: ders., Ausgewählte Aufsätze, hg. v. Josef Fleckenstein, Sigmaringen 1983 (VuF. 28), 231–48; Lothar Kolmer, Zur Kommendation und Absetzung Tassilos III., in: Zeitschrift für bayrische Landesgeschichte 43 (1980), 292–327; Rudolf Schieffer, Ein politischer Prozeß des 8. Jahrhunderts im Vexierspiegel der Quellen, in: Rainer Berndt SJ (Hg.), Das Frankfurter Konzil von 794. Kristallisationspunkt Karolingischer Kultur. Akten zweier Symposien (vom 23. bis 27. Februar und vom 13. bis 15. Oktober 1994) anläßlich der 1200-Jahrfeier der Stadt Frankfurt am Main, Mainz 1997 (Quellen und Abhandlungen zur Mittelrheinischen Kirchengeschichte. 80), 167–82; Johannes Fried, Der Weg in die Geschichte. Die Ursprünge Deutschlands bis 1024, Berlin 1994, Berlin 1998 (Propyläen Geschichte Deutschlands. 1), 256/8.

ster geholt, um öffentlich seine Schuld zu bekennen und auf all das, was ihm längst genommen war, ausdrücklich zu verzichten.[5]

Einiges spricht dafür, daß der Ort, zu dem Tassilo eigens aus dem fernen Jumièges gebracht werden mußte, sorgfältig gewählt war – ein Ort, der (soweit wir wissen) vorher nie von Königen besucht worden war. Seine plötzliche und intensive Nutzung hat bei den Historikern stets Erklärungsbedarf geweckt. Inzwischen wissen wir ein wenig mehr über den Ort Frankfurt vor Karl dem Großen, nachdem in den Neunzigerjahren des 20. Jahrhunderts bei archäologischen Grabungen unter dem „Dom" (Nachfolgebau der karolingischen Pfalzkapelle) Funde zum Vorschein gekommen sind, die eine hervorragende Bedeutung bereits um 700 belegen.[6] Nicht nur war er durch die an der Franken-Furt zusammenlaufenden Wege gut erreichbar, in der Lage, eine große Versammlung zu beherbergen, und auch geeigneter Sammel- und Ausgangspunkt für den nächsten auf Karl zukommenden Feldzug gegen die Sachsen. Vor allem lag er, wie die beiden durch Gefolgschaftsverweigerung und Verurteilung Tassilos bereits diskreditierten und daher für einen versöhnlichen Abschluß ungeeigneten Orte Worms und Ingelheim, im Frankenland und zugleich nahe dem bairischen Herzogtum. Mehr noch, er allein war mit dem Frankennamen behaftet und konnte einer Einigung des Frankenreiches symbolische Kraft verleihen.[7]

---

5   Konzilsakten: ... *veniam rogans pro commissis culpis* ... (ed. MGH Conc. II, 1 nr. 19G S. 165/6 (auch Capit. I, 28 S.73ff.).

6   Andrea Hampel, Der Kaiserdom zu Frankfurt am Main. Ausgrabungen 1991–1993, Nußloch 1994: Zum Vorschein kam ein Steinbau, wahrscheinlich eine Kirche, und in jedem Fall ein rechts des Rheins ganz ungewöhnliches Baumaterial, in Verbindung mit einem reich bebegabten, gleichwohl offenbar christlichen Kindergrab.

7   Johannes Fried, Karl der Große in Frankfurt am Main. Ein König bei der Arbeit, in: ders. u.a., 794 (s. Anm. 2), 25–34, hier: 31. Zur generellen Bedeutung, die Orten in Verbindung mit bestimmten Einzelereignissen oder aber für bestimmte Tätigkeiten zukommen kann, vgl. nur Thomas Zotz, Die Gegenwart des Königs. Zur Herrschaftspraxis Ottos III. und Heinrichs II., in: Bernd Schneidmüller/Stefan Weinfurter (Hg.), Otto III. – Heinrich II. Eine Wende?, Sigmaringen 1997 (Mittelalter-Forschungen. 1), 349–86, und Gerd Althoff, Zur Frage nach der Organisation sächsischer coniurationes in der Ottonenzeit, in: FMSt 16 (1982), 129–42. Zum Vergleich auf anthropologischer Ebene Bernhard Kölver, Ritual und historischer Raum. Zum indischen Geschichtsverständnis, München 1993 (Schriften des Historischen Kollegs. Vorträge. 35). – Gegen diesen eigentlichen Grund für die Ortswahl Frankfurts durch Karl spricht auch nicht, daß dem Adoptianismus in der Darstellung der Zeitgenossen offenbar die höhere Bedeutung zukam: Hartmann, Synoden der Karolingerzeit, S. 107. – Tribur, das später rein räumlich eine Alternative geboten hätte, wird 829 erstmals erwähnt, vgl. Walter Schlesinger, Die Pfalzen im Rhein-Main-Gebiet, in: Geschichte in Wissenschaft und Unterricht 16 (1965), 487–504, hier: 491.

Karl der Große – alles andere als ein Monarch im eigentlichen Sinne des Wortes – benötigte zur Führung seines riesigen Reiches den Konsens des Adels, und in diesem speziellen Falle war die öffentliche Zustimmung Tassilos zur eigenen Absetzung dringlich. Immer wieder hatte Karl mit Widerständen und veritablen Aufständen in Teilen des Adels, seitens regionaler, aber auch weiter ausgreifender Adelsgruppen bis ins unmittelbare familiäre Umfeld zu kämpfen. So bezahlte 786 der Thüringer Hartrad seinen Aufstand gegen Karl (vielleicht, weil er seine Tochter nicht an einen Franken verheiraten wollte, also eventuell wegen Widerstandes gegen die Reichsvereinheitlichungspolitik[8]) mit dem Leben. 792 wandte sich Karls eigener Sohn Pippin der Bucklige gegen den Vater. Und 794 waren offenbar die ostfränkischen adeligen Widerstände, in deren Kontext wohl der Akt von Ingelheim 788 gestanden hatte, noch immer nicht zum Schweigen gekommen.[9] Das Zustimmungsritual von Frankfurt wurde vollzogen – doch möglicherweise ist irgendetwas geschehen, das die mühevoll inszenierte Reichseinigung und -befriedung wieder störte und das Karl veranlaßte, Frankfurt fortan zu meiden. Dieses Fernbleiben wird kaum an ungenügenden oder gar baufälligen Pfalzgebäuden gelegen haben,[10] die doch offenbar für die Synode als zureichend betrachtet worden waren. Vielleicht ist jedoch etwas an der Meinung mancher Forscher, es hätte am Tod von Karls dritter Frau Fastrada am 10. August in Frankfurt gelegen. Doch nicht allein Karls Trauer dürfte das Problem gewesen sein.[11]

Königinnen wählte man nicht zufällig aus, sondern aus politischen Gründen. Jede adelige Dame war Exponentin ihrer Verwandtschaft, die durch Heirat an den König gebunden werden sollte. Das konnte gelingen, mußte jedoch nicht in allen

---

8 Zur heftigen Kritik Franz Staab, Die Königin Fastrada, in: Berndt (s. Anm. 4), 183–217; zur möglichen Begründung der Eheverweigerung Fried (s. Anm. 4), 702.

9 Widerstände: Karl Brunner, Oppositionelle Gruppen im Karolingerreich, Wien – Köln – Graz 1979 (Veröffentlichungen des Instituts für Österreichische Geschichtsforschung. 25), 49/ 53; diese in Baiern eventuell sogar rechtlich notwendig Jahn (s. Anm. 4), 545–50, mit ihm Becher (s. Anm. 4), 73; vgl. Heinrich Wanderwitz, Quellenkritische Studien zu den bayerischen Besitzlisten des 8. Jahrhunderts, in: DA 39 (1983), 27–84, hier 52/3 zur förmlichen *abdicatio*.

10 Baufälligkeit vermutete Stamm, Otto, Zur karolingischen Königspfalz in Frankfurt/Main, in: Germania 33 (1955), 391–401, hier 393.

11 Zur Rolle Fastradas Staab (s. Anm. 8), 211; Janet L. Nelson, The Siting of the Council at Frankfort. Some Reflections on Families and Politics, in: Berndt (s. Anm. 4), 149–65: sie erklärt aus der Person Fastradas die Wahl Frankfurts zum Ort des Konzils – noch wahrscheinlicher aber und weitergehend war Fastrada der Grund, warum Karl danach nicht mehr nach Frankfurt ging. – Das Fernbleiben aus Trauer könnte eine Parallele haben: Ph. Lamair (Recherches sur le palais carolingien de Thionville [VIIIe – début du XIe s.], in: Publications de la section historique de l'Institut du Grand-Duché de Luxembourg 96 [1982], 1–92, hier 52) macht darauf aufmerksam, daß Karl nach dem Tod seiner Frau Hildegard in Diedenhofen 22 Jahre lang nicht mehr dorthin kam.

Fällen wirken, vor allem, wenn die Verhältnisse bereits parteiisch aufgeheizt waren, wenn die Heirat zum Beispiel dazu dienen sollte, Keile in gegnerische Gruppen zu treiben und sie zu sprengen. Zudem schuf man sich möglicherweise neue Gegner in unberücksichtigt gebliebenen Kreisen. All dies ist im 8. und 9. Jahrhundert, einer Zeit, in der wir nicht allzu viel über die einzelnen Familien, ihre Angehörigen und ihre exakten Verwandtschaftsbeziehungen wissen, nicht immer einfach nachzuzeichnen.[12] Man muß versuchen, die wenigen Indizien zu lesen.

Dafür, daß die Ehe Karls mit Fastrada aus dem rechtsrheinischen fränkischen Adel – die er 783 nach dem Tod seiner zweiten Frau Hildegard geheiratet hatte[13] – dem Frieden der Adelsgruppen im Karolingerreich nicht diente, spricht manches. Allein schon der Streit noch 794 in Frankfurt, in dessen Verlauf Fastradas Großvater Hortlaicus einen Gegner erschlug und selbst den Tod fand,[14] kann kaum anders denn als Ausdruck hitziger Kämpfe des Adels in Karls unmittelbarer Umgebung gedeutet werden. Und Karls Biograph Einhard – wohl dem Familienkreis der Hildegard nahestehend,[15] der durch Karls Heirat mit Fastrada um seinen Einfluß fürchten mußte – notierte viele Jahrzehnte nach den Ereignissen als Ursache für die beiden Aufstände in Fastradas Ehezeit (der Hartrads 786 und der Pippins 792) die „Grausamkeit" der Königin.[16] Diese Bemerkung – die sicher darauf hinweisen soll, daß (wenigstens im Rückblick) durch die Heirat entweder alter Streit nicht zur Ruhe gekommen war oder aber sich neuer entzündet hatte – hat man oft zu entschlüsseln versucht. Zur Gruppe um den aufständischen

---

12 Und der Nachweis von Verwandtschaften unter den verschiedenen Herren und Damen allein genügt nicht einmal, denn sie waren alle mehr oder weniger nah miteinander verwandt – man denke nur an Karolinger und Agilolfinger selbst; vgl. Classen (s. Anm. 4), 240 und Schieffer (s. Anm. 4), der S. 169 vom „geradezu säkularen" Gegensatz zweier eng verwandter Familien unter und nach den Merowingern spricht. Die „Gruppe war zu groß, um politisch einheitlich aufzutreten" (Brunner [s. Anm. 9], 51).

13 Annales regni Francorum, ed. Friedrich Kurze, Hannover 1895 (MGH SRG us. Schol. 6), 66/7 (ad a. 783). Daß diese einen Versuch der Einbindung Ostfrankens darstellte, vermutet Nelson (s. Anm. 11), 154.

14 Hortlaicus Elsbet Orth, Frankfurt, in: Die deutschen Königspfalzen. Repertorium der Pfalzen, Königshöfe und übrigen Aufenthaltsorte der Könige im deutschen Reich des Mittelalters, hg. vom Max Planck-Institut für Geschichte, Bd. 1: Hessen, Lfg. 2, Göttingen 1985, 181.

15 Brunner (s. Anm. 9), 51; zu Hildegards Verwandtschaft Staab (s. Anm. 8), 183/4.

16 Einhard, Vita Caroli Magni c. 20, ed. Georg Waitz, Hannover 1905 (MGH SS us. schol. 25) 25/6: *harum tamen coniurationum Fastradae reginae crudelitas causa et origo extitisse creditur*; vgl. Annales qui dicuntur Einhardi ad a. 792, S. 91 *quibusdam Francis, qui se crudelitatem Fastradae reginae ferre non posse adseverabant atque ideo in necem regis conspiraverant.*

Thüringer Hartrad scheint Fastradas Vater Ratulf gehört zu haben,[17] und die Ehe Karls hatte wenigstens die väterliche Verwandtschaft Fastradas nicht ausreichend gebunden, um die Opposition zu beruhigen.

Inwieweit Fastrada mit Pippins des Buckligen Aufstand in Beziehung gestanden haben mag, ist weniger offensichtlich. Pippin, der schon den Söhnen der Hildegard hatte weichen müssen,[18] machte sich vermutlich bei seinem von Regensburg ausgehenden Aufstand Widerstände zunutze, die in der weiterhin existierenden alten Agilolfingerpartei glommen.[19] Und mit dieser – und damit mit Herzog Tassilo und der Notwendigkeit seiner öffentlichen Unterwerfung – könnte auch Fastrada verbunden gewesen sein. Wahrscheinlich hatte sie über ihre Mutter verwandtschaftliche Beziehungen nach Baiern.[20] Zudem verweist nach Baiern und auf den Kontext von Versöhnungsbemühungen mit den Baiern der Name ihrer Tochter Hiltrud (der manchem Forscher unerklärlich erscheint), benannt nach der Tante Karls des Großen, die die Mutter Tassilos gewesen war.[21] Dann wäre vielleicht die Heirat ein Versuch Karls gewesen, über Fastradas mütterliche Verwandte den bairischen Adel und die Agilolfingerpartei zufriedenzustellen – ein wiederum nicht recht gelungenes Unterfangen, das in Frankfurt 794 doch noch zu einem guten Ende hätte kommen sollen.[22]

Dann aber hätte Fastradas Tod Karl nicht nur persönlich getroffen, sondern durch den Ausfall der Königin als der Garantin den gerade erst mühsam erreichten Ausgleich sogleich wieder in Frage gestellt. Der Frieden hielt, doch der Ort der nicht völlig gelungenen Versöhnung war diskreditiert – und Karl kehrte niemals zurück, um nicht die falschen Erinnerungen zu wecken.

---

17 Brunner (s. Anm. 9), 51 (Zitat: 52)
18 Pippin und seine Brüder Brunner (s. Anm. 9), 62, vgl. 42 zu Hildegard; für eine auch hier eigene aktive Rolle der Königin bei den Problemen plädiert Nelson (s. Anm. 11), bes. 160.
19 Pippins Regensburger Partei: Brunner (s. Anm. 9), 62/3; Kolmer (s. Anm. 4), 316/7; Wanderwitz (s. Anm. 9), 52; Becher (s. Anm. 4), 73.
20 Fastradas Mutter: Brunner (s. Anm. 9), 61; vgl. zur Beziehung Ratulfs zu baierischen Hochadelskreisen S. 51.
21 Hiltrud soll, der Hofhistoriographie Ludwigs des Frommen (des Sohns der Hildegard) zufolge, Tassilos Vater Odilo gegen den Willen Pippins geheiratet haben; vgl. dazu auch Staab (s. Anm. 8), 212, der die Namengebung der Tochter Fastradas unerklärlich findet!
22 Diese Verwandten könnten die treibende Kraft hinter dem versöhnenden und abschließenden Unterwerfungsakt von Frankfurt gewesen sein – weil sie ihn brauchten, um ihr Gesicht zu wahren, oder weil sie Karls Herrschaft sonst nicht dauerhaft anerkannt hätten.

Abstract

In 794, Charlemagne spent several months at Frankfurt on Main, according to our sources a place never before visited by a Frankish king. Among other things, he celebrated a great council, in the course of which Tassilo of Bavaria, already having been deposed several years before, ritually denounced all claims to his former duchy. In the following twenty years of his reign, Charlemagne never returned, supposedly because of the death at Frankfurt of his wife Fastrada. This purported reason is examined in the present article, presenting the thesis that this was not due to the emperor's mourning, but because of Fastrada's deep involvement in the family networks behind several uprisings against Charlemagne, some, moreover, connected with the Bavarian issue; so that Charlemagne had married her as a part of his attempts to befriend his opponents with her death leaving the whole project without its primary guarantor.

Autoren dieses Bandes

Dipl.-Theol. Thomas Johann Bauer, Justus-Liebig-Universität, Institut für katholische Theologie, Philosophikum II, Karl-Glöckner-Straße 21, Haus H, D-35394 Gießen

PD Dr. Wolfram Brandes, MPI für Europäische Rechtsgeschichte, Hausener Weg 120 D-60457 Frankfurt am Main

Prof. Dr. Manfred Clauss, Goethe-Universität, Historisches Seminar, Abteilung Alte Geschichte, Grüneburgplatz 1, D-60629 Frankfurt

Dr. Katharina Luchner, Ludwig-Maximilians-Universität, Abteilung für Klassische Philologie, Geschwister-Scholl-Platz 1, D-80539 München

PD Dr. Karin Mosig-Walburg, Goethe-Universität, Historisches Seminar, Abteilung Alte Geschichte, Grüneburgplatz 1, D-60629 Frankfurt

Prof. Dr. Laurent Pernot, Université Marc Bloch – Strasbourg II, UFR Lettres, Le Portique, 14 rue Descartes, F-67000 Strasbourg

Prof. Dr. Felicitas Schmieder, Historisches Institut, Fernuniversität, Universitätsstraße 21/AVZ I, D-58097 Hagen

Dr. Jürgen Strothmann, Universität Paderborn, Fakultät für Kulturwissenschaften, Historisches Institut, Gebäude N, Pohlweg 55, D-33098 Paderborn

HD Dr. Kai Trampedach, Universität Konstanz, Philosoph. Fakultät, Fachgruppe Geschichte, Fach D 3, D-78457 Konstanz

Prof. Dr. Johannes Zachhuber, Humboldt-Universität. Theologische Fakultät, Seminar für systematische Theologie, Waisenstrasse 28, D-10179 Berlin

Prof. Dr. Constantin Zuckerman, Centre d'Histoire et Civilisation de Byzance, Collège de France, 52, rue du Cardinal Lemoine, F-75005 Paris

Abkürzungen
(Editionen, Zeitschriften, Reihen, Nachschlagewerke)

AA	Archäologischer Anzeiger
AASS	Acta Sanctorum
AB	Analecta Bollandiana
ABSA	Annual of the British School at Athens
ACO	Acta conciliorum oecumenicorum
ACR	American Classical Review
ADSV	Antičnaja drevnost' i srednie veka
AE	L'année épigraphique
AHC	Annuarium historiae conciliorum
AION	Annali del Istituto Orientale di Napoli
AIPHO	Annuaire de l'Institut de Philologie et d'Histoire Orientales et Slaves
AJA	American Journal of Archaeology
AJAH	American Journal of Ancient History
AJPh	American Journal of Philology
AJSLL	American Journal of Semitic Languages and Literatures
AKG	Archiv für Kulturgeschichte
AnatSt	Anatolian Studies
AncSoc	Ancient Society
ANRW	Aufstieg und Niedergang der römischen Welt
AntAfr	Antiquitès africaines
AnTard	Antiquité tardive
AntCl	L'antiquité classique
AOC	Archives de l'Orient chrétien
AP	Ἀρχεῖον Πόντου
APF	Archiv für Papyrusforschung
ArchDelt	Ἀρχαιολογικὸν Δελτίον
ASS	Archivio storico Siracusano
AT	Antiquité tardive
B.	Basilica, edd. H. J. Scheltema/N. van der Wal/D. Holwerda
BAR	British Archaeological Reports
BASOR	Bulletin of the American Schools of Oriental Research
BASP	Bulletin of the American Society of Papyrologists
BBA	Berliner Byzantinistische Arbeiten
BBS	Berliner Byzantinistische Studien
BCH	Bulletin de correspondence héllenique
BF	Byzantinische Forschungen
BGA	Bibliotheca Geographorum Arabicorum

BGU	Berliner griechische Urkunden
BHG	Bibliotheca Hagiographica Graeca
BJ	Bonner Jahrbücher
BK	Bedi Kartlisa
BKV	Bibliothek der Kirchenväter
BM²	J. F. Böhmer, Regesta Imperii I: Die Regesten des Kaiserreiches unter den Karolingern 751–918, neubearbeitet von E. Mühlbacher. Innsbruck ²1908 (Nachdruck Hildesheim 1966).
BMGS	Byzantine and Modern Greek Studies
BN	Catalogue général des livres imprimés de la bibliothèque nationale
BNF	Beiträge zur Namenforschung
BNJ	Byzantinisch-Neugriechische Jahrbücher
BollGrott	Bollettino della Badia Greca di Grottaferrata
BS	Basilikenscholien
BS/EB	Byzantine Studies/Études byzantines
BSOAS	Bulletin of the School of Oriental and African Studies
BSOS	Bulletin of the School of Oriental Studies
BSl	Byzantinoslavica
BThS	Bibliotheca theologica Salesiana
BV	Byzantina Vindobonensia
BWANT	Beiträge zur Wissenschaft vom Alten und Neuen Testament
Byz	Byzantion
ByzBulg	Byzantinobulgarica
BZ	Byzantinische Zeitschrift
BZNW	Beihefte zur Zeitschrift für die neutestamentliche Wissenschaft
C.	Codex Iustinianus, ed. P. Krueger
CAG	Commentaria in Aristotelem Graeca
CahArch	Cahiers archéologiques
CAH	Cambridge Ancient History
CANT	Clavis apocryphorum Novi Testamenti
CAVT	Clavis apocryphorum Veteris Testamenti
CC	Corpus Christianorum
CCAG	Corpus Codicum Astrologorum Graecorum
CC SG	Corpus Christianorum, series Graeca
CC SL	Corpus Christianorum, series Latina
CCCM	Corpus Christianorum, continuatio medievalis
CE	Chronique d'Égypte
CFHB	Corpus fontium historiae byzantinae
CIG	Corpus Inscriptionum Graecarum
CIL	Corpus Inscriptionum Latinarum
CJ	Classical Journal

CLA	E. A. Lowe, Codices Latini antiquiores: A Paleographical Guide to Latin Manuscripts prior to the Ninth Century, I–XI, Suppl. Oxford 1934/1972.
CPG	Clavis patrum Graecorum
CPh	Classical Philology
CPL	Clavis patrum Latinorum
CPPM	Clavis patristica pseudepigraphorum medii aevi
CQ	Classical Quarterly
CR	Classical Review
CRAI	Comptes rendus des séances de l'Académie des inscriptions et belles-lettres
CRI	Compendia rerum Iudaicarum ad Novum Testamentum
CSHB	Corpus scriptorum historiae Byzantinae
CSCO	Corpus scriptorum christianorum Orientalium
CSEL	Corpus scriptorum ecclesiasticorum Latinorum
CTh	Codex Theodosianus
D.	Digesta, ed. Th. Mommsen
DA	Deutsches Archiv für Erforschung des Mittelalters
DACL	Dictionnaire d'archéologie chrétienne et de liturgie
DHGE	Dictionnaire d'histoire et de géographie ecclésiastiques
Dölger, Regesten	F. Dölger, Regesten der Kaiserurkunden des Oströmischen Reiches von 565–1453, I. München 1924.
Dölger/Müller, Regesten	Regesten der Kaiserurkunden des Oströmischen Reiches, bearbeitet von F. Dölger. I/2, zweite Auflage neu bearbeitet von A. E. Müller, München 2003.
DOP	Dumbarton Oaks Papers
DOS	Dumbarton Oaks Studies
DOT	Dumbarton Oaks Texts
DThC	Dictionnaire de théologie catholique
EA	Epigraphica Anatolica
EEBS	Ἐπετηρὶς ἑταιρείας Βυζαντινῶν σπουδῶν
EPhS	Ὁ ἐν Κωνσταντινουπόλει Ἑλληνικὸς Φιλολογικὸς Σύλλογος
EEQu	East European Quarterly
EHR	English Historical Review
EI²	The Encyclopedia of Islam, second edition
EKK	Evangelisch-katholischer Kommentar zum Neuen Testament. Neukirchen
EWNT	Exegetisches Wörterbuch zum Neuen Testament, hrsg. von Horst Balz und Gerhard Schneider, I–III. Stuttgart u. a. 1992.
EO	Échos d'Orient
FDG	Forschungen zur deutschen Geschichte

FHG	Fragmenta historicorum Graecorum, collegit, disposuit, notis et prolegomenis illustravit C. Mullerus, I–VI. Paris 1841/1870.
FM	Fontes Minores
FMSt	Frühmittelalterliche Studien
FR	Felix Ravenna
FRLANT	Forschungen zur Religion und Literatur des Alten und Neuen Testaments
GCS	Die griechischen christlichen Schriftsteller
GRBS	Greek, Roman and Byzantine Studies
Grumel, Regestes	V. Grumel, Les regestes des actes du patriarcat de Constantinople, I/1: Les regestes de 381 à 751. Paris ²1972; V. Grumel, Les regestes des actes du patriarcat de Constan-tinople, I/1–3: Les regestes de 715 à 1206, 2ᵉ éd. par J. Darrouzès. Paris 1989.
Gym	Gymnasium
Hell	Ἑλληνικά
HBS	Henry Bradshaw society
HdAW	Handbuch der Altertumswissenschaften
HJb	Historisches Jahrbuch
HNT	Handbuch zum Neuen Testament
HSPh	Harvard Studies in Philology
HThK	Herders theologischer Kommentar zum Neuen Testament
HThR	Harvard Theological Review
HZ	Historische Zeitschrift
I.	Institutiones, ed. P. Krueger
İA	İslâm Ansiklopedisi
ICC	International critical commentary
IG	Inscriptiones Graecae
IEJ	Israel Exploration Journal
IGRRP	R. Cagnat/J. Toutain/P. Jougnet (Hgg.), Inscriptiones Graecae ad res Romanas pertinentes, I–IV. Paris 1927.
IJMES	International Journal of Middle East Studies
ILS	Inscriptiones Latinae Selectae
IstMitt	Istanbuler Mitteilungen
JA	Journal asiatique
JAOS	Journal of the American Oriental Society
JbAC	Jahrbuch für Antike und Christentum
JDAI	Jahrbuch des Deutschen Archäologischen Institutes
JE	Ph. Jaffé, Regesta pontificum Romanorum ab condita ecclesiae ad annum post Christum natum MCXCVIII …, auspiciis W. Wattenbach curaverunt S. Loewenfeld/F. Kaltenbrunner/ P. Ewald. Leipzig ²1885/1888.
JECS	Journal of Early Christian Studies

JEH	Journal of Ecclesiastical History
JESHO	Journal of the Economic and Social History of the Orient
JHS	Journal of Hellenic Studies
JJP	Journal of Juristic Papyrology
JJS	Journal of Jewish Studies
JNES	Journal of Near Eastern Studies
JÖAI	Jahrbuch des Österreichischen Archäologischen Instituts
JÖB	Jahrbuch der Österreichischen Byzantinistik
JÖBG	Jahrbuch der Österreichischen Byzantinischen Gesellschaft
JQR	Jewish Quarterly Review
JRA	Journal of Roman Archaeology
JRAS	Journal of the Royal Asiatic Society of Great Britain and Ireland
JRGZM	Jahrbuch des Römisch-Germanischen Zentralmuseums
JRS	Journal of Roman Studies
JS	Journal des Savants
JSS	Journal of Semitic Studies
JThS	Journal of Theological Studies
JWarb	Journal of the Warburg and Courtauld Institutes
KAT	Kommentar zum Alten Testament
KEK	Kritisch-exegetischer Kommentar über das Neue Testament. Begr. von Heinrich August Wilhelm Meyer. Göttingen 1832 ff.
LAW	Lexikon der Alten Welt
LexMa	Lexikon des Mittelalters
LIMC	Lexicon Iconographicum Mythologiae Classicae
LThK	Lexikon für Theologie und Kirche
MAMA	Monumenta Asiae Minoris Antiqua
Mansi	G. D. Mansi, Sacrorum conciliorum nova et amplissima collectio, I–LIII. Paris/Leipzig 1901/1927.
MBM	Miscellanea Byzantina Monacensia
MDAI(A)	Mitteilungen des Deutschen Archäologischen Instituts, Athenische Abteilung
MDAI(R)	Mitteilungen des Deutschen Archäologischen Instituts, Römische Abteilung
MEFRA	Mélanges de l'École française de Rome: Antiquité
MEFRM	Mélanges de l'École française de Rome: Moyen âge – Temps modernes
MGH	Monumenta Germaniae Historica
AA	= Auctores antiquissimi
Capit.	= Capitularia
Conc.	= Concilia
Epp.	= Epistolae

Poet.	= Poetae Latini aevi Carolini
SS	= Scriptores
SS rer. Lang. et It.	= Scriptores rerum Langobardicarum et Italicarum
SS rer. Merov.	= Scriptores rerum Merovingicarum
MH	Museum Helveticum
MIÖG	Mitteilungen des Instituts für Österreichische Geschichtsforschung
Mus	Le Muséon
N.	Novellae, edd. R. Schöll/W. Kroll
NA	Neues Archiv der Gesellschaft für ältere deutsche Geschichtskunde
NC	Numismatic Chronicle
NE	Νέος Ἑλληνομνήμων
NP	Der Neue Pauly. Enzyklopädie der Antike
NTS	New Testament Studies
OC	Oriens Christianus
OCA	Orientalia Christiana Analecta
OCP	Orientalia Christiana Periodica
ODB	The Oxford Dictionary of Byzantium, ed. by A. Kazhdan. Oxford 1991.
OGIS	Wilhelm Dittenberger (Hg.), Orientis Graeci Inscriptiones Selectae. Supplementum Sylloges Inscriptionum Graecarum, I–II. Leipzig 1903/1905.
ÖTK	Ökumenischer Taschenbuchkommentar zum Neuen Testament
PBB	Beiträge zur Geschichte der deutschen Sprache und Literatur (Pauls und Braunes Beiträge)
PBE	Prosopography of the Byzantine Empire
PBSR	Papers of the British School at Rome
PCPhS	Proceedings of the Cambridge Philological Society
PG	Patrologia Graeca
PIR	Prosopographia Imperii Romani
PL	Patrologia Latina
PLRE	Prosopography of the Later Roman Empire
PmbZ	Prosopographie der mittelbyzantinischen Zeit
PO	Patrologia Orientalis
P&P	Past and Present
QFIAB	Quellen und Forschungen aus italienischen Archiven und Bibliotheken
RA	Revue archéologique
RAC	Reallexikon für Antike und Christentum
RB	Revue bénédictine

RbK	Reallexikon zur byzantinischen Kunst
RE	Pauly's Real-Encyclopaedie der classischen Altertumswissenschaft
REA	Revue des études anciennes
REArm	Revue des études arméniennes
REB	Revue des études byzantines
REG	Revue des études grecques
REI	Revue des études islamiques
REJ	Revue des études juives
REL	Revue des études latines
RESEE	Revue des études sud-est européennes
RevPhil	Revue de philologie
RBPhH	Revue belge de philologie et d'histoire
RGA	Reallexikon der germanischen Altertumskunde
RGG	Religion in Geschichte und Gegenwart
RH	Revue historique
RHE	Revue d'histoire ecclésiastique
RHM	Römische Historische Mitteilungen
RhM	Rheinisches Museum für Philologie
RHR	Revue de l'histoire des religions
RIDA	Revue international des droits de l'antiquité
RIS	Rerum Italicarum Scriptores
RN	Revue numismatique
RNT	Regensburger Neues Testament
ROC	Revue de l'Orient chrétien
RPh	Revue philologique
RQ	Römische Quartalschrift für christliche Altertumskunde und Kirchengeschichte
RSBN	Rivista di studi bizantini e neoellenici
RSI	Rivista Storica Italiana
RSLR	Rivista di storia e letteratura religiosa
RSO	Rivista degli studi orientali
SBB	Stuttgarter biblische Beiträge
SBN	Studi Bizantini e Neoellenici
SBS	Studies in Byzantine Sigillography
SC	Sources chrétiennes
SE	Sacris erudiri
Script	Scriptorium
SEG	Supplementum epigraphicum Graecum
Set	Settimane di studio del centro italiano di studi sull'alto medioevo
SI	Studia Islamica
SM	Studi medievali

SNTS.MS	Society for New Testament Studies. Monograph Series
SO	Symbolae Osloenses
Spec	Speculum
StT	Studi e testi
SubHag	Subsidia Hagiographica
TAM	Tituli Asiae Minoris
TAVO	Tübinger Atlas des Vorderen Orients
TAPA	Transactions and Proceedings of the American Philological Association
ThLL	Thesaurus Linguae Latinae
ThLZ	Theologische Literaturzeitung
ThR	Theologische Rundschau
TIB	Tabula Imperii Byzantini
TM	Collège de France. Centre de recherche d'histoire et civilisation de Byzance. Traveaux et Mémoires
TRE	Theologische Realenzyklopädie
TU	Texte und Untersuchungen zur Geschichte der altchristlichen Literatur
UaLG	Untersuchungen zur antiken Literatur und Geschichte
VChr	Vigiliae Christianae
VSWG	Vierteljahrschrift für Sozial- und Wirtschaftsgeschichte
VTIB	Veröffentlichungen der Kommission für die Tabula Imperii Byzantini
VuF	Vorträge und Forschungen
VV	Vizantijskij Vremennik
WBC	Word Biblical Commentary
WBS	Wiener Byzantinistische Studien
WdF	Wege der Forschung
WI	Die Welt des Islam
WSt	Wiener Studien
WZKM	Wiener Zeitschrift für die Kunde des Morgenlandes
ZA	Zeitschrift für Assyrologie
ZBK.AT	Züricher Bibelkommentare. Altes Testament
ZBLG	Zeitschrift für bayerische Landesgeschichte
ZDA	Zeitschrift für deutsches Altertum und deutsche Literatur
ZDMG	Zeitschrift der Deutschen Morgenländischen Gesellschaft
ZDPV	Zeitschrift des Deutschen Palästina-Vereins
ZKG	Zeitschrift für Kirchengeschichte
ZMR	Zeitschrift für Missionskunde und Religionswissenschaft
ZNW	Zeitschrift für die neutestamentliche Wissenschaft
ZPE	Zeitschrift für Papyrologie und Epigraphik
ZRVI	Zbornik radova vizantološkog instituta

ZRG germ. Abt.	Zeitschrift der Savigny-Stiftung für Rechtsgeschichte, germanistische Abteilung
ZRG kan. Abt.	Zeitschrift der Savigny-Stiftung für Rechtsgeschichte, kanonistische Abteilung
ZRG rom. Abt.	Zeitschrift der Savigny-Stiftung für Rechtsgeschichte, romanistische Abteilung
ZThK	Zeitschrift für Theologie und Kirche